# 子育ての変貌と次世代育成支援

——兵庫レポートにみる子育て現場と子ども虐待予防

原田正文［著］

名古屋大学出版会

本書は財団法人日本生命財団の出版助成を得て刊行された．

# はじめに

　ここ数十年の日本社会の変化は，そこに生きる我々の実感をはるかに超えるほど大きいものであり，ますます加速されている．そのような中で，社会的矛盾が人の心の問題として顕在化している．

　かつて私は，現在「大阪レポート」と呼ばれている子育て実態調査の統計分析を担当した．「大阪レポート」は，大阪府A市で1980年の1年間に生まれた全数児を経年的に調査したものであり，世界的にも希な科学的検証に耐える子育て実態調査である．「大阪レポート」をまとめる過程であきらかになった1980年代初頭の日本の子育て実態に驚いた私は，当時の子育てを「育児不安と母性性の危機」と特徴づけざるを得なかった．そして，このような子育てでは子どもの心は育たない，と強く警鐘を鳴らした．

　私は，精神科「小児・思春期」専門外来を永年担当している．そして，子育ての結果は思春期にあらわれる，ということを強く感じている．乳幼児期から小学校低学年にかけての子育ての結果は，その当時ははっきりとはあらわれない．このことが子育てをむつかしくしている原因のひとつでもある．子育ての結果は，思春期にならなければ，誰の目にもわかる形ではあらわれないのである．「大阪レポート」の対象となった子どもたちは，すでに20歳代半ばを越えた．この間の不登校の急増や過度な「いじめ」の多発，後を絶たない少年事件，広がる「学級崩壊」，深刻化する子ども虐待などは，「大阪レポート」で打ち鳴らした警鐘が現実のものとなった，と言っても過言ではない．

　この度私は，厚生労働科学研究（子ども家庭総合研究事業）の一環として，「大阪レポート」に匹敵する規模の子育て実態調査を実施することができた．この調査は「兵庫レポート」と命名され，すでに広く知られるところとなっている．「大阪レポート」と「兵庫レポート」の基礎となった子育て実態調査では，同じ質問文で母子を取り巻く環境，食事や睡眠などの子どもの毎日の生活と親のかかわり，母親および父親自身のこと，育児における母親の不安や精神的ストレス，子どもの心身の発達状況などについて詳細に質問している．本書では「大阪レポート」との比較において，「兵庫レポート」にあらわれた子育て現場の実態を詳細に報告する．その結果を見ると，ほんの20数年しか経過していないにもかかわらず，子育て現場の状況は，私の想像をはるかに超えて大きく変化していた．そして，いつどこで痛ましい子ども虐待が起こっても不思議がないような状態が広がっていることが判明した．この現実を直視し，そこから子育て支援，次世代育成支援，子ども虐待予防などの方策を真剣に考えなければ，日本は今後取り返しのつかない事態に陥るであろう．

　私は精神科「小児・思春期」専門外来を担当した当初より，乳幼児期から少年・少女期の子育てをなんとかしなければ，という思いを強く抱いていた．そして，1980年代後半から自然発生的に全国に広がっていた母親たちのグループ子育ての動きに"希望の灯"のようなものを感じ

## はじめに

　私は，親と専門職でつくる子育て支援ボランティア団体『こころの子育てインターねっと関西』を1995年にたち上げた．私が子育て支援のボランティア活動を始めた1995年は，期せずして，国の少子化対策「エンゼルプラン」が始まった年である．そのため，私は地域の母親の視線を通して，この間の公的子育て支援の取り組みを見続けてきたことになる．

　少子化が急速に進むなか，国を挙げて取り組まれてきた少子化対策あるいは次世代育成支援は，ここ数年ブームのようになり，当初想像もできなかったほどの広がりを見せている．しかし，「なぜ今，子育て支援をしなければいけないのか」という根本のところで，社会的コンセンサス（合意）が今なお形成されていないことを，私は強く感じている．「上から言われるから」，あるいは「ブームに乗り遅れないように」というレベルで子育て支援に関与しても，ほんとうに実効のある子育て支援にはならない．そればかりか，若い親たちを傷つけることにもなりかねないのである．残念ながら，そのような事態が各地で起こっているのである．子育て支援，次世代育成支援において最もたいせつなことは，子育て真っ最中の親子の現状をよく知ることである．その点では，本書で紹介する「兵庫レポート」は，子育て支援，次世代育成支援，子ども虐待予防の出発点，と言えるものである．

　本書で紹介する「兵庫レポート」にあらわれた現代の子育て実態は，前述のとおり，極めて深刻な側面を抱えている．しかし，その一方で「大阪レポート」もそうであったように，調査結果そのものが解決の方向をも示している．本書では単に子育て現場の実態を紹介するにとどまらず，今ほんとうに必要な子育て支援とは何か，何をすることが少子化の歯止めになり，子ども虐待の予防になるのか，などを子育て現場の実態や私の精神科思春期臨床の経験，そして10年来実践している子育て支援ボランティア活動の経験を織りまぜながら述べてみたい．

　「大阪レポート」は財団法人日本生命財団の出版助成をいただき，1991年に『乳幼児の心身発達と環境—大阪レポートと精神医学的視点—』として名古屋大学出版会から上梓した．本書も幸いにも，「大阪レポート」と同じく財団法人日本生命財団の出版助成（平成17年度）をいただき，同じく名古屋大学出版会から出版することになった．ここに厚く感謝の意を表したい．また，子育て等々に忙しいなか，調査にご協力いただいた市民のみなさま，兵庫県H市および大阪府I市の関係者のみなさま，そして厚生労働科学研究班の主任研究員，服部祥子教授（大阪人間科学大学大学院）をはじめ研究班の諸先生方に対し，ここに衷心より御礼申し上げる．最後に，本書の出版にあたり多大なご協力をいただいた名古屋大学出版会編集部の橘宗吾氏，神舘健司氏に心より感謝の意を表したい．

　子どもが心身ともに健康に育ち，親がイキイキと子育てができ，しかも社会参加ができる社会が，一日も早く実現されることを，切に願うものである．

2006年3月

著　者

# 目　次

はじめに　i

プロローグ ················································································ 1
   1　母子保健の歴史と現在の課題——「大阪レポート」と「兵庫レポート」の位置　1
   2　子育て支援ボランティア活動と精神科思春期臨床の視点　4
   3　「大阪レポート」が明らかにしたもの　7
   4　先行研究「大阪レポート」があるが故に，より意義深い「兵庫レポート」　11

## 第Ⅰ章　精神科思春期臨床から見た「子ども・親・家族」

Ⅰ-1　思春期・青年期の諸問題をどのように考え，どのように
　　　　予防するか ···································································· 15
   Ⅰ-1-1　この20数年間で急増した思春期での不登校　15
   Ⅰ-1-2　多発する少年事件や子どもの犯罪被害　22
   Ⅰ-1-3　深刻化する子ども虐待とその予防　24

Ⅰ-2　日本社会の変貌と途絶える育児の伝承 ······························ 28
   Ⅰ-2-1　子育て支援，次世代育成支援の出発点　28
   Ⅰ-2-2　劇的に変わった日本人のライフコース　31
   Ⅰ-2-3　心とからだの発達の順序が逆転した現代日本人　34

Ⅰ-3　青年期の若者の諸問題と少子化 ········································ 36
   Ⅰ-3-1　少子化の原因は，晩婚化，非婚化　36
   Ⅰ-3-2　国民の10人に1人が「パラサイト・シングル」という異常　39

Ⅰ-4　子どもの目から見た家・家族 ············································ 43
   Ⅰ-4-1　「子どもの食卓」の風景から見る家族　44
   Ⅰ-4-2　描画にあらわれた子どもの心の中の家・家族　47

## I−5　現代の子育ては，なぜストレスが高いのか
　　　　——ストレス理論から考える …………………………………………50

　　I-5-1　現代社会は，なぜ精神的ストレスが高いのか——マズローの欲求の階層論　50
　　I-5-2　乳幼児を知らないことが育児でのストレスを高めている　53

## I−6　地域の子育て力，教育力を育てよう ……………………………………58

　　I-6-1　学齢期の「いじめ」の後遺症が，子育て中の親同士のコミュニケーションを阻害している⁉　58
　　I-6-2　「子どもの心の発達」と「地域の問題解決能力」という2つの視点　59
　　I-6-3　「いじめ」の事実は，まわりの保護者はよく知っている．これが突破口になり得るのでは⁉　62


## 第II章　変わる親子，変わる子育て
　　　　——「大阪レポート」から23年後の子育て実態調査「兵庫レポート」が示すもの

## II−1　「大阪レポート」，「兵庫レポート」とは何か
　　　　——調査体系と調査対象 ……………………………………………67

　　II-1-1　「兵庫レポート」の調査体系と調査対象，回答率，調査内容等　67
　　II-1-2　「大阪レポート」の調査体系と調査対象，回答率，調査内容等　70
　　II-1-3　調査地域の地域特性　71

## II−2　環境に大きく影響される子どもの発達 …………………………………73

　　II-2-1　子どもの発達スクリーニング項目とその分類　73
　　II-2-2　統計データおよびクロス集計結果の見方・考え方　74
　　II-2-3　環境に大きく影響される子どもの発達　81

## II−3　母子を取り巻く環境
　　　　——孤立化が進む中，子育て仲間を求める母親たち ………………83

　　II-3-1　住居形態と居住年数　84
　　II-3-2　家族構成　85
　　II-3-3　母親の就労　87
　　II-3-4　経済状態——子育て家庭への経済的支援の必要性　88
　　II-3-5　育児する上でのモデルの有無　90
　　II-3-6　育児の手助け　91
　　II-3-7　母親の近所の話し相手と子育て仲間の有無　93

　　　　II-3-8　子どもの遊び相手　99
　　　　II-3-9　子育て仲間を求める母親たち──グループ子育てに再び"希望の灯"を見て　102
　　　　II-3-10　ほんとうに効果のある子ども虐待予防策とは？　106

II－4　子どもの毎日の生活と親の具体的かかわり　……………………………………111
　　　　II-4-1　子どもの睡眠について　111
　　　　II-4-2　食事について　116
　　　　II-4-3　テレビについて　124
　　　　II-4-4　入浴　126
　　　　II-4-5　トイレットトレーニングに見る時代の変化　126
　　　　II-4-6　子どもの事故（けが・やけどなど）　128
　　　　II-4-7　歩行器の使用状況　129
　　　　II-4-8　４か月の赤ちゃんへのかかわり　129
　　　　II-4-9　天気の良い日の遊び場所　131
　　　　II-4-10　育児に費やす時間　133
　　　　II-4-11　親の子どもへの話しかけ　135

II－5　母親について
　　　　──まったく子どもを知らないまま親になる日本の母親たち　…………138
　　　　II-5-1　現代の母親はどのような時代に育ったのか　138
　　　　II-5-2　ますます増える乳幼児をまったく知らないまま親になる母親たち　142
　　　　II-5-3　「育児経験」「子どもとの接触経験」は，子育てを楽にする　144
　　　　II-5-4　母親の関心事　146
　　　　II-5-5　母親の子どもの要求の理解度と子育て　146
　　　　II-5-6　子どもとのかかわり方に迷い，育児に自信がもてない母親たち　149
　　　　II-5-7　イメージと現実の育児のギャップに悩む母親たち　153
　　　　II-5-8　今緊急に求められる，「親育て」プログラムの実践　158

II－6　父親について　………………………………………………………………………162
　　　　II-6-1　父親の育児参加　163
　　　　II-6-2　父親の子育て参加が母親に及ぼす影響　167
　　　　II-6-3　父親と子ども　169

II－7　育児における母親の心配・不安　…………………………………………………173
　　　　II-7-1　育児で最も心配だった時期は？──育児不安は内容を変え，消えることなく続く　173
　　　　II-7-2　母親の具体的心配事とその特徴　176

Ⅱ-7-3　増大する育児不安とその解決度　179
　　Ⅱ-7-4　親の育児不安と子どもの発達　180
　　Ⅱ-7-5　心配なときの相談相手および最も頼りにできる人——増える母親の肉親の支援　181
　　Ⅱ-7-6　『大阪レポート』で挙げられた育児不安の原因は，改善されたか　183
　　Ⅱ-7-7　現代の育児不安の原因とその特徴　184
　　Ⅱ-7-8　育児不安とは相関関係がなかった質問項目——人間関係の希薄化　191

## Ⅱ-8　親子関係と体罰，子どもの虐待予防 …………………………192
　　Ⅱ-8-1　親子関係のパターンの変化とその特徴——「不安と支配」傾向の増大　193
　　Ⅱ-8-2　新しい質問による親子関係図と親子関係とのクロス集計結果の図　197
　　Ⅱ-8-3　日本の親たちの強い体罰指向は改善されているのだろうか　200
　　Ⅱ-8-4　体罰を用いている母親の特徴　201
　　Ⅱ-8-5　体罰の原因と子ども虐待予防方策について　204
　　Ⅱ-8-6　誰か，私の子ども虐待に気づいて欲しい
　　　　　　——「子どもと離れたい！」は，母親のＳＯＳか!?　207
　　Ⅱ-8-7　子ども虐待の潜在的危険因子——「望まない妊娠・出産」と貧困　208

## Ⅱ-9　現代母親の精神的ストレスとその新たな原因 …………………210
　　Ⅱ-9-1　多くの母親たちは精神的には健康である　210
　　Ⅱ-9-2　育児での精神的ストレスが非常に大きくなっている　211
　　Ⅱ-9-3　育児における「イライラ」の原因は何か　213
　　Ⅱ-9-4　子ども虐待につながる育児でのイライラ感　215
　　Ⅱ-9-5　親子関係に悪影響を与える精神的ストレス　216
　　Ⅱ-9-6　育児での精神的ストレスと産後うつ病　217
　　Ⅱ-9-7　マズローの欲求の階層論と母親たちの訴え　219
　　Ⅱ-9-8　現代母親の精神的ストレスの新たな原因　221
　　Ⅱ-9-9　「自己実現」と「親役割」の狭間で悩む母親たち　224

## Ⅱ-10　母性は育つもの，引き出されるもの
　　　　　——母性・父性について考える …………………………227
　　Ⅱ-10-1　母親の母性の成長・発現をうながす要因は何か　227
　　Ⅱ-10-2　少女・娘時代の子どもとの接触経験・育児経験は，母性を育てる　228
　　Ⅱ-10-3　自分自身の子育ての中でも，なお，母性は育つ　229
　　Ⅱ-10-4　母性性の発現をうながす夫の育児への参加・協力　230
　　Ⅱ-10-5　母親の母性性の発現は環境要因に大きく左右される
　　　　　　——「愛の手」欄の親子のデータより　231

II−11　子ども虐待などの不適切な養育を予防するために
　　　　──第三次調査結果 ………………………………………………234

　　II-11-1　第三次調査の目的と方法　234
　　II-11-2　第三次調査の調査項目　235
　　II-11-3　「不適切な養育」は，何によってもたらされるのか
　　　　　　──共分散構造分析による「子ども虐待予防モデル」　236
　　II-11-4　子育て状況と「育児負担感」との関連についての検討　240
　　II-11-5　子育て状況と「不適切な養育」との関連についての検討　243
　　II-11-6　子どもの発達に及ぼす影響　243
　　II-11-7　評価尺度を使っての分析結果の読み方について　246
　　II-11-8　現代日本社会が求めている人材は，子育てには不向きである!?
　　　　　　──少子化や子ども虐待の背景　246

II−12　ここ20数年間の日本社会の大きな変貌を映し出す
　　　　「兵庫レポート」 …………………………………………………249

　　II-12-1　大阪府Ｉ市での調査結果と「大阪レポート」「兵庫レポート」との比較　249

## 第 III 章　親子の心の発達と環境

III− 1　子どもの発達に大きな影響をもつ子育て環境 ……………………255

　　III-1-1　事実にもとづいた子育て論の大切さ　255
　　III-1-2　乳幼児期の体験は，ほんとうに子どもの育ちに影響するのだろうか　256
　　III-1-3　子育て支援では，早期知育教育の問題は避けて通れない　256
　　III-1-4　幼少期の不適切な子育ては「キレる子」をつくる　257

III− 2　人生を成功に導くのは，「IQ」ではなく「EQ」である ……………260

　　III-2-1　時代は「IQ」に疑問を抱き，「EQ」を求めていた　260
　　III-2-2　EQとは，心の健康度指数　260
　　III-2-3　激動する人生をのりこえるだけの精神的な強さと柔軟さを養いたい　261

III− 3　子どもの心の発達には，道筋があることを知ろう ………………262

　　III-3-1　赤ちゃんから思春期までを視野に入れた子育て観を！　262
　　III-3-2　からだの発達と相呼応して，心は育つ　263

## Ⅲ−4　子どもの心の発達，4つの特性 ……………………………………………264

　Ⅲ-4-1　心の発達の特性①：「個人差・性差」
　　　　　──発達には個人差・性差があり，早い遅いが問題ではない　264
　Ⅲ-4-2　心の発達の特性②：「積み重ね」　265
　Ⅲ-4-3　心の発達の特性③：適時性
　　　　　──個々の心の発達課題には，獲得しやすい時期がある　267
　Ⅲ-4-4　心の発達の特性④：「育ちなおし」
　　　　　──行きつ戻りつしながら心は発達していく　268
　Ⅲ-4-5　「発達障害」について　270

## Ⅲ−5　心の発達とバランス感覚 ………………………………………………272

　Ⅲ-5-1　心の健康とは何だろうか？　272
　Ⅲ-5-2　心の発達とは，「バランス感覚」をグレード・アップしていく過程　273

## Ⅲ−6　思春期になり，行き詰まる「いい子」たち ……………………………274

　Ⅲ-6-1　子ども集団の論理を体得できていない「いい子」たち　274
　Ⅲ-6-2　集団の中での生きた生活体験の中でこそ，心は磨かれる　275

## Ⅲ−7　「しつけ」とバランス感覚 ………………………………………………276

　Ⅲ-7-1　「しつけ」で問われる「親子の信頼関係」　276
　Ⅲ-7-2　子どもにより，「しつけ」の強弱を変えることの必要性　278
　Ⅲ-7-3　叱れない親，叱らない親の問題　278

## Ⅲ−8　親の心の発達課題 …………………………………………………………280

　Ⅲ-8-1　人の表面的言動のバックにあるものを理解する　280
　Ⅲ-8-2　物事を多面的に見る能力　282
　Ⅲ-8-3　子育てで問われる親のバランス感覚　283


### 第Ⅳ章　真に実効のある次世代育成支援，子ども虐待予防の実現のために

## Ⅳ−1　森を育てるように，社会が子どもを育てよう ……………………………287

　Ⅳ-1-1　対人サービスの本来あるべき姿とエンゼルプラン　287
　Ⅳ-1-2　意外に知られていない「国の子ども施策の大転換」　288
　Ⅳ-1-3　国民的コンセンサスを醸成しよう　289
　Ⅳ-1-4　森を育てるように，子どもを育てたい──子育て支援の発想の転換　290

## IV-2　子育て支援，次世代育成支援の課題とその特徴　……………292
### IV-2-1　子育て支援の課題は，まったく新しい質の課題　292

## IV-3　親たちの自己防衛としての市民活動のひろがり
　　　　──自主的グループ子育てに"希望の灯"を見つけて　……………297
### IV-3-1　母親たちの熱い期待に支えられて　297
### IV-3-2　"当事者主体"が時代の流れ　300

## IV-4　市民活動と公的子育て支援との関係はどうあるべきか
　　　　──親を運転席に！　支援職は助手席に！　……………302
### IV-4-1　母親たちの自主的な活動が消えていく　302
### IV-4-2　なぜ，従来の事業展開方法が子育て支援では成功しないのか　304
### IV-4-3　市民活動と公的子育て支援との関係──市民活動の2つの使命　305

## IV-5　子育て支援の基本戦略　……………306
### IV-5-1　基本戦略(1)：大多数の親子への支援は，市民主体の「子育てネットワーク」を軸に！　306
### IV-5-2　基本戦略(2)：困難事例には，専門職が前面に立って積極的にかかわる　308
### IV-5-3　基本戦略(3)：地域全体を視野に入れた「子育て支援ネットワーク」を各市区町村につくる　309
### IV-5-4　基本戦略(4)：時代に見合った新しい園・学校づくりを！　310
### IV-5-5　基本戦略(5)：次世代の親育てを学齢期から，しっかりと！　310
### IV-5-6　基本戦略(6)：「子育てをする人生を選んで，良かった！」と言える街づくりを！　311
### IV-5-7　「孤立と不安，競争の子育て」から，「安心と信頼，共同の子育て」へ　312

## IV-6　次世代育成支援を飛躍的にレベルアップするために
　　　　──親と親をつなぎ，親を育てるプログラムの実践　……………313
### IV-6-1　「Nobody's Perfect Japan」とは？　313
### IV-6-2　カナダの親支援プログラム"Nobody's Perfect"とは？　314
### IV-6-3　なぜカナダのプログラムを使うのか，なぜ資格が必要なのか　316
### IV-6-4　日本の親にこそ，Nobody's Perfectを届けたい！　316

## エピローグ　……………319
### 1　当事者主体の次世代育成支援を！──"親を運転席に！　支援職は助手席に！"　319

x　目　次

　　2　親を親として育て，間接的に子どもを育てる　321
　　3　親子を孤立から解放し，親同士安心して話ができ，支えあえるグループ子育ての推進　322
　　4　具体的育児での親のスキルアップと幅広い啓発活動　322
　　5　子どもの心身の健康な発達を保障しよう　323
　　6　現代に見合った子育てインフラの整備と支援者の質の向上　323
　　7　親がイキイキと子育てができ，しかも社会参加できる社会の実現　324

# 資料編　……………………………………………………………………327

　　4か月児健診アンケート調査用紙（第二次調査）　328
　　1歳6か月児健診アンケート調査用紙（第二次調査）　332
　　1歳6か月児健診アンケート調査用紙（第三次調査）　336
　　アンケート集計結果
　　　A．「赤ちゃんの妊娠中，お産の前後についてお聞きします．」　340
　　　B．「お子さん（赤ちゃん）の最近の様子をお聞きします．」　341
　　　C．「お子さん（赤ちゃん）の育児についてお聞きします．」　344
　　　D．「その他，次の事をおたずねします．」　349
　　　E．「H市で現在おこなわれている「子育て支援事業」についてお聞きします．」　354
　　　F．「子育てに最も必要と思われることに○をしてください．」　355
　　　G．回答者の特性　356
　　　H．各健診での発達スクリーニング項目と発達分類　358
　　　I．子どもの発達に関するクロス集計結果　362
　　　J．第三次調査結果　365

調査結果一覧　369
索　引　372

# プロローグ

　急速な少子高齢化が進む中,「エンゼルプラン」として1995年度より開始された国の少子化対策は,2005年度から実施に移された次世代育成支援対策法により新たな段階に入っている.プロローグでは,この20数年間の私の仕事を通して「大阪レポート」と今回の調査「兵庫レポート」の母子保健の歴史上での位置を明らかにするとともに,今後,子育て支援,次世代育成支援,子ども虐待予防などを進めていく上でのこれら子育て実態調査の意義について述べる.また,「大阪レポート」を分析し,まとめた当時の私の思いも紹介したい.そのことにより,私がどのような立場や視点からこれらの子育て実態調査を分析し,検討したか,をお伝えしたい.

## 1　母子保健の歴史と現在の課題
　　　──「大阪レポート」と「兵庫レポート」の位置

### 日本の母子保健の歴史と現段階
　母子保健の発展過程はどの国においても一般に以下の3つの段階を通るものである.
(1) 栄養・感染症の時代（第1世代の母子保健）
(2) 先天異常・慢性疾患の時代（第2世代の母子保健）
(3) 心理・社会的問題の時代（第3世代の母子保健）

　図1に「乳児死亡率年次推移の国際比較」を示す.日本は,戦後の混乱期を経て,めざましい経済的復興と医療の進歩に支えられ,世界でも最も乳児死亡率の低い国となった.乳児死亡率は,母胎の健康状態や成育環境などの影響を強くうける.そのため,乳児死亡率はその国の保健水準や生活水準の重要な尺度と言われてきたものである.また,図2には「日本の周産期死亡数と率の年次推移」を示す.周産期死亡とは,妊娠満22週以後の死産と生後1週未満の早期新生児死亡を合わせたものであり,「出生をめぐる死亡」と言われるものである.周産期死亡は母体の健康状態に影響される点が大であり,母子保健水準の重要な指標とされる.これらの図より,日本の母子保健の水準は現在世界のトップレベルにあると言える.

　母子保健の歴史を振り返るとき,第1世代の母子保健の課題,すなわち古い意味での栄養の問題や感染症による死亡等の問題は,1950年代後半までには一応解決していたと言える.一方,戦後出生率は低下し,生まれた子どもをいかに健康に育てるかという問題や障害児,慢性疾患の

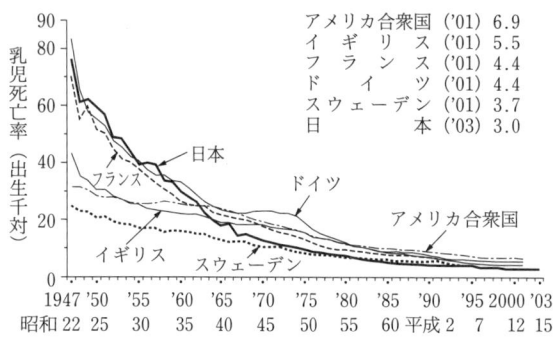

図1　乳児死亡率（出生千対）年次推移の国際比較

注：1）ドイツの1990年までは旧西ドイツの数値である．
　　2）以下は暫定値である．
　　　アメリカ合衆国・フランス・ドイツ2001年
資料：厚生労働省「人口動態統計」
　　　WHO「World Health Statistics Annual」
　　　UN「Demographic Yearbook 2001」
　　　UN「Population and Vital Statistics Report」

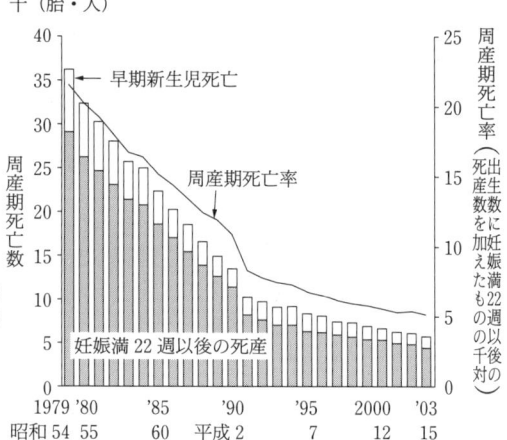

図2　日本の周産期死亡数と率の年次推移
資料：厚生労働省「人口動態統計」

子どもの問題がクローズアップされ，日本は1950年代後半より第2世代の母子保健の時代へと移行していくことになる．そして，「大阪レポート」の基礎となる実態調査が始まった1980年には，育児不安や育児ノイローゼなど心理・社会的問題がすでに表面化しており，日本は第2世代の母子保健の課題を残しながら，第3世代の母子保健の時代にすでに入っていたのである．

### 「大阪レポート」が生まれた背景とその夢

　このような背景の中で，大阪府下では1960年代後半より多くの若い小児科医たちが保健所をフィールドに活躍しはじめた．そして，障害児の早期発見・早期支援のための乳幼児健診や周産期でのトラブル防止のための妊婦教室，障害児と親を支えるための家族会の育成支援など，新しい取り組みを保健師たちとともに次々に展開した．そのような取り組みの中で「大阪レポート」の基礎となった子育て実態調査は企画されたのである．そして1975年頃からの予備調査の後，大阪府下のA市において1980年1月1日～12月31日までの1年間に生まれた全数児，約2,000人を対象に本調査が実施された．約2,000人としているのは，転出・転入があるためである．この調査の調査方法の詳細については第Ⅱ章1節に述べるが，この調査は一市全数児を妊娠・出産から小学校入学時点まで経年的に追跡したProspective Cohort Studyであり，世界的にも稀な科学的検討に耐える子育て実態調査である．

　このような大掛りな実態調査が企画・実施された背景は，第2世代の母子保健の全国的な大きな盛り上がりである．「大阪レポート」の基礎となった調査には「地域母子保健サービスに関する研究―新しい乳幼児保健活動の標準方式の策定のための研究―」というタイトルがつけられている．このように，「大阪レポート」の基礎となった調査の直接の目的は，第2世代の母子保健活動の総まとめとして，乳幼児健診の時期や方法，フォローアップシステムなどについて総合的に評価し，乳幼児健診の標準案を策定することであった．しかし，この調査にはその目的だけでな

く大きな夢が託されていた．というのは，地域での母子保健事業を担っていた医師や保健師たちにとって，地域の医療機関では対応が困難な妊産婦や新生児などに対応できる高度な専門的医療を提供できる周産期専門施設が切実な要望であった．この調査はそのような夢を実現するための基礎資料としての位置づけがあったのである．そしてその夢が現実のものとなったのが，調査対象地域の市に新設された「大阪府立母子保健総合医療センター」[1]である．このセンターは周産期部門が1986年から診療を開始し，その後小児部門や研究部門等が拡充され，現在に至っている．

## 第3世代の母子保健を見通していた「大阪レポート」

私は1980年3月に医学部を卒業し，すぐに大阪府庁に奉職した．私は大阪府立病院（現，大阪府立急性期・総合医療センター）での小児科臨床研修の折から大阪府庁内の小児科医を中心とした母子保健グループの会合に出席していた．そのため，大規模な子育て実態調査が進行していることは知っていたし，すごいな，と感心しながら見ていた．2年間の小児科研修が終わり，保健所に配属された時点で，「大阪レポート」の基礎となった調査の「統計分析を担当するように」という指示をいただいた．それ以来数年間，その調査の統計処理と分析をおこない，毎年行政報告として冊子にまとめてきた．

回りまわって医学部に入学した私は，医学部に入学する前に理学部で10年近く研究生活を送っていた．そのため統計処理と分析には慣れていた．しかし，この調査が対象としている子育ての分野に関してはほとんど知識もなく，この分野の研究の発展段階が把握できていなかった．分析を進めていく中で，結果として出てくる子育て現場の実態については非常に驚くことが多かった．しかし，研究としてこれらの結果をどう評価すべきか，となると十分な自信が持てなかった．そのため，数年前にモスクワから帰国され，大阪教育大学で教鞭をとっておられた服部祥子先生にスーパーバイズをお願いし，行政報告をまとめる度に研究室にお伺いして指導を仰いでいた．

ところが，気がついてみると大阪府の母子保健グループのメンバーでさえ，それらの報告冊子をまとめてもっておられる方が少ないことがわかった．こんな貴重なデータなのに……，何とか世に出せないものかと考えていたところ，幸いにも，本書と同じく㈶日本生命財団の助成金をいただくことができ，服部祥子先生との共著として『乳幼児の心身発達と環境―「大阪レポート」と精神医学的視点―』[2]を名古屋大学出版会から上梓することができたのである．本書では，この「大阪レポート」の書籍を『大阪レポート（名大出版会）』と表記することにする．

大阪レポートの基礎となった調査を企画・実施した主体は，前述のとおり第2世代の母子保健の創成期に活躍した大阪府の小児科医や保健師たちである．彼らの中心的興味は，障害児の早期発見・早期支援に直接的に関係している妊娠中から新生児期を中心とした問題であっただろうと想像している．しかしこの調査の中では，第3世代の母子保健の課題，すなわち子育てにおける心理・社会的問題についても詳細に質問をしているのである．保健所をフィールドにしての10年以上の実践の中で，すでに中堅として働きざかりとなっていた小児科医や保健師たちが，第3世代の母子保健の諸問題をいち早く肌で感じ，そのことを「大阪レポート」の質問紙の中に的確

に反映させていたことは，見上げたものであり，その先見の明に感服するものである．

**第3世代の母子保健の課題がすでに社会問題化している時点での調査「兵庫レポート」**

この度私は，厚生労働科学研究（子ども家庭総合研究事業）「児童虐待発生要因の解明と児童虐待への地域における予防的支援方法の開発に関する研究」（平成14～16年度）の分担研究者として，主任研究者の服部祥子先生から「児童虐待発生要因の構造分析と地域における効果的予防方法の開発に関する研究」というテーマをいただいた．「兵庫レポート」の基礎となった子育て実態調査は，この厚生労働科学研究の一環として実施されたものである．

今回の子育て実態調査「兵庫レポート」では，「大阪レポート」の時点との違いを明らかにするために，「大阪レポート」で意味のあったほとんどすべての質問を同じ文章で問うという形式を取った．しかし私は，本書で詳細に報告するような驚くべき変化が子育て現場で起こっているということを予測して，この調査を企画した訳ではない．むしろ，たった20数年しか経っていないのだから，大した変化が起こっているはずがないと考えていた．しかし，今回の調査によりデータとして子育て現場の変化を突きつけられると，それらはどれも納得のいくものばかりであった．

「大阪レポート」は母子保健の第2世代における調査でありながら，すでに子育て現場で顕在化しつつあった第3世代の諸問題をデータとして我々に突きつけた．そして親子にかかわる専門職に大きな示唆をあたえた．今回の「兵庫レポート」は，子ども虐待の社会問題化や不登校，社会的ひきこもりの若者の急増，多発する少年事件，非婚化・晩婚化と少子化の進行などに象徴される第3世代の諸問題がすでに顕在化し，大きな社会問題になっている時期での調査である．これら2つの子育て実態調査は，調査方法，対象，回答率などの点で科学的検証に耐える信頼性の高いものであり，我々が今後進むべき道を明確に示している．

## 2　子育て支援ボランティア活動と精神科思春期臨床の視点

**精神科思春期専門外来を担当して感じたこと，2つ**

私が精神科「小児・思春期」専門外来を担当した当初，強く感じたことが2つあった．それから20数年の年月が経つが，私のこの間の仕事はその頃に感じた2つのことが軸になっている．強く感じたことのひとつは，思春期になってから，中学生や高校生になってから精神科に来てもらっても遅いのではないか，乳幼児期から小学校低学年の時期の子育てがもう少し違っていれば，親子ともどもにこんなに悩まなくてもよかったのではないか……，という思いである．つまり，思春期でのいろいろな問題は結果であり，その原因である乳幼児期から小学校低学年の時期の子育てを放置したままで，思春期のケースをいくら治療しても後追いにすぎないのではないか，という思いである．ただ誤解を避けるために付け加えるが，思春期に何か症状を出してしまうと，「もうとり返しがつかない」という意味では決してない．私はその後多くの事例を経験する中で，思春期専門の精神科医たちがよく言う「思春期は，最後の調整時期だ」との言葉の意味もよく理解できるようになっている．事実そのとおりだと思う．人間はけっこう強い面を持って

いる．子育てはやり直しが効かないものではないのである．

　もうひとつ強く感じたことは，思春期専門外来を訪れるのは学齢期の子どもたちであるから，精神科の外来で診ているだけでは不十分ではないか，学校との連携が必要ではないか，という思いである．私は医学部に入りなおすまで，理学部で研究をしながら非常勤講師として高等学校でずっと教壇に立っていた．その経験が作用したためか，私には学校との連携なしに，精神科外来だけで治療をすすめるのでは，不十分ではないか，という思いが強かったのである．

## FSC システムアプローチから FSCC ネットワークサポートへ

　小児科医から出発した私には乳幼児期の子育てを何とかしなければ，という思いの方が強かったのであるが，当時は，まだ結果の出ていない乳幼児期の子どもを育てている親にかかわる術もなかった．そのため，後述するボランティア団体『こころの子育てインターねっと関西』を1995年に立ち上げるまでは，本務である保健所をキーステーションにしてもっぱら学校の先生方，特に保健室の養護教諭や教育相談係の先生方との取り組みをおこなってきた[3～6]．そして，心の問題を抱える子どもたちに最善の支援サービスを提供するためのシステムづくりにつとめてきた．その取り組みは，「FSC システムアプローチ」と呼んでいる．FSC は家庭（Family）と学校（School）と専門機関（Counseling-center）の頭文字を取ったものである．心の問題を抱えた子どもたちへのかかわり方については，拙著『学校に行きたくないと言われたとき―保健室からのアプローチ―』（農文協，1993年）[3]，『不登校をプラス思考でのりこえる―親子の道しるべ，30の事例―』（農文協，1995年）[4]，『スクールカウンセリング再考―コーディネーター型教育相談の実践―』（朱鷺書房，1997年）[5]，『小学生の心がわかる本―低学年と高学年でちがう処方箋―』（農文協，2001年）[6]を参照されたい．

　「いじめ」が大きくマスコミで取り上げられたのは1994年であり，私が子育て支援のボランティア活動をはじめたのが1995年であるが，その頃から私は「FSC システムアプローチ」だけでは不十分だなぁ，と感じるようになっていた．不登校の問題は，家庭と学校と専門機関の連携でかなり効果があるが，大きな社会問題になっていた「いじめ」については，家庭と学校と専門機関だけでは不十分で，ここに地域の親たちのネットワークがぜひ必要だと思うようになった．そして子育てボランティア活動をはじめ，地域の子育て力の必要性と手応えを感じていたこともあり，従来のFSCシステムアプローチに代えて，FSCCネットワークサポートを提唱した．ここで，FSCCとは，Family，School，Counseling-center，Community の頭文字を取ったものである．乳幼児期はいろいろと困難なことがあっても，まだ単独の家庭で解決できる課題がほとんどである．しかし，子どもが小学校に入り，「いじめ」や「学級崩壊」などに直面すると単一の家庭だけではどうにも解決のしようがないものであり，FSCCネットワークサポートが必要である．FSCCネットワークサポートの中でも重要な位置を占める親同士のネットワークは乳幼児期にもっとも作りやすいものである．しかしその真価が発揮されるのは子どもが学齢期になってからである．このあたりのことは第IV章で述べることにする．

### 「親を運転席に！ 支援職は助手席に！」——ボランティア活動を通して

　私が子育て現場の変化に気づいたのは1980年代後半である．私が強く印象づけられたのは大阪府貝塚市の公民館を軸に形成され活動していた「貝塚子育てネットワークの会」の活動である[7]．それ以降気をつけて観察していると，全国各地に親たちの自主的な「子育てサークル」が津々浦々に生まれ，活動していることがわかった．また，自分の暮している街の子育て情報が欲しい，という親たちの欲求から各地で親たち自身がつくった「子育て情報紙」が発行されていることもわかった．私は自然に生まれた親たちの自主的なグループ子育ての広がりに"希望の灯"を見る思いがした．親たちがそのように活動しているのであれば，専門職として何か手伝えることがあるのではないか，と思い，仕事仲間や地域で活動している親たちと一緒に子育て支援のボランティア団体『こころの子育てインターねっと関西』(http://www9.big.or.jp/~kokoro-i/) を1995年に立ち上げた．以来10年あまり，地域で「子育てサークル」や「子育てネットワーク」，情報誌の発行，子育てサロンなどを運営している親たちと一緒に活動してきた．それらの活動の成果は，『みんなで子育てQ&A―はじめの一歩からネットワークづくりまで―』(農文協，1997年)，『みんな「未熟な親」なんだ―グループ子育てのすすめ―』(農文協，1999年)，『子育て支援とNPO―親を運転席に！ 支援職は助手席に！―』(朱鷺書房，2002年) などで発信してきた[8~10]．

　ボランティア団体を立ち上げた1995年という年は，国のエンゼルプランが開始された年である．そのため，私は親たちの目を通して公的子育て支援の状況をずっと見てきたことになる．2000年前後からの子育て支援の動きはめざましいものである．しかし，高齢者問題では1989年より開始された国の高齢者施策「ゴールドプラン（高齢者保健福祉推進10ヵ年戦略）」により，"介護の社会化"があっという間に世間の常識になった．すなわち，「介護が必要になった親の世話をするのは，子どもの責任である」というかつての考え方は，「介護の必要な高齢者は，社会が責任をもって介護すべきだ」という考え方へと大きく変わった．一方，子育てにおいては「子どもを育てるのは親の責任である」という考え方は根強く，"子育ての社会化"は一向に進まないばかりか，子育て支援の必要性についてさえまだ社会的コンセンサス（合意）が得られていない状況である．

　一方，公的子育て支援が進むに従い，親の自主的な活動が成りゆかないという状況も各地でみられるようになった．また自然発生的に生まれていたグループ子育ての機運も削がれている．しかし，子育ては日常の営みであり，専門職が直接たずさわる支援サービスだけでは到底完結できるものではない．当事者である親同士の支え合いが不可欠である．カナダの子育て支援のモットー，"親を運転席に！ 支援職は助手席に！"が明確に述べているように，子育て支援においては主体である親をいかに主人公にするか，が成否の鍵をにぎっているのである．そういう意味でも，本書で紹介する子育て現場の実態と親のニーズは，今後の子育て支援，次世代育成支援，子ども虐待予防などを考える上で貴重な資料になるものと考える．

## 3 「大阪レポート」が明らかにしたもの

「大阪レポート」は，本書ではもっぱら今回実施した調査「兵庫レポート」との比較対象として登場するのみである．そのため，ややもすると「大阪レポート」の頃（1980年代前半）はまだよかった，という印象だけを与えるのではないか，と危惧するものである．私が「大阪レポート」の基礎となった調査を分析し，まとめた当時の感覚は，今「兵庫レポート」をまとめ終えた時点での感覚と同じものであり，「何とかしなければ……」という強い危機感を抱いていた．『大阪レポート（名大出版会）』をまとめた当時，私はある雑誌に次のように書いている．

> 子どもは母親のかかわりを中心とする養育環境に，驚くほど影響されていた．そして，子どもの反応の仕方はきわめて妥当なものばかりであった．他方，養育環境そのものは首をかしげざるを得ないものが多く，Maternal Deprivation（母性的養育の欠如）を想起させられるものであった．
>
> 物質文明の急激な発達に先導された時代の急激な変化の中で，しわ寄せが子どもと母親に集中して現れており，不登校や心身症に代表される思春期の若者達の苦悩の原点を見る想いがした．

あれから20年ほどが経ち，今回「兵庫レポート」をまとめてみて，私は日本の子育てにさらに危機感を深めている．ここでは「大阪レポート」の内容を簡単に要約し，当時の私の思いも紹介しておきたい．

「大阪レポート」をまとめた当時は，私はまだ子育て支援ボランティア活動を始める前であり，乳幼児を育てている母親たちの生の声を聞く機会はほとんどなかった．そして私自身まだ乳幼児を抱えていた．現在の親たちがそうであるように，当時の私は他の夫婦も皆，私たち夫婦とおなじような，子育てをしているものと思い込んでいた．だから，「大阪レポート」のデータを見て，びっくりしたのである．しかし，今回「兵庫レポート」の基礎となった調査を分析した私は，ボランティア活動の中で乳幼児を育てている母親たちの生の声をよく聞いてきた．そのため，「兵庫レポート」のデータに驚く，と言っても，「大阪レポート」の時とは驚きの内容がまったく異なるのである．「大阪レポート」の時はデータそのものに驚いた．「こんな子育てでは，子どもの心は育たない」とびっくりしたのである．今回は，データそのものにはそれほど驚いてはいない．「ボランティア活動の中で聞いた母親たちの声は，こういうことを言いたかったのか，と納得した」と言った方があたっている．今回驚いたのは，「兵庫レポート」と「大阪レポート」との差異である．ほんの20数年しか経っていないのに，こんなにも子育て現場は変わったのか，と驚いたのである．

### 子どもの心身発達は環境に大きく影響される

まだ生まれる前の胎児が，母親がゆったりとした気分の時には安らいだり，夫婦喧嘩におののいたり，という様子が1990年前後にNHKの特別番組で放映され話題になった．そこに示されたように，近年の科学の発達は，母体内の胎児がすでに外界の刺激に敏感に反応しているという

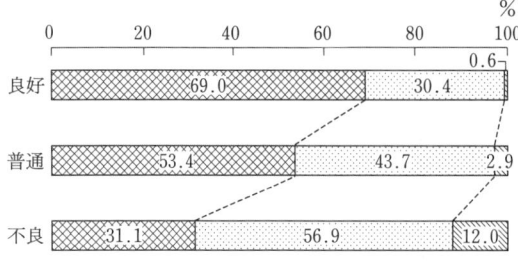

図3 赤ちゃんの身体発達と「手にものを持たせたことがありますか」とのクロス集計結果（「大阪レポート」，4か月児健診）

ことを実証した．

私事になるが，「大阪レポート」のデータ処理もかなり進んだ昭和60年の大晦日に次男が生まれた．次男がちょうど4か月児の頃，『大阪レポート（名大出版会）』の共著者である服部祥子先生から「お父さんお母さんのかかわりは，岳志くん（次男）の発達に影響がありますか」と聞かれたことを思い出す．その時私は，「まったく関係ないですね．まだ，本人の内界の生理的欲求で動いているだけですよ」と自信を持って答えたのである．ところが，その直後に4か月児健診結果のクロス集計を実施し，驚いてしまった．と言うのは，4か月児健診での「手にものを持たせたことがありますか」とか「日光浴をさせたことがありますか」「よく外へ連れていきますか」「赤ちゃんをうつぶせにしたことがありますか」などの母親の具体的かかわりと子どもの身体発達や精神発達との間には，きわめて高い相関が認められたからである．図3にその一例として「大阪レポート」の4か月児健診での子どもの身体発達と「手にものを持たせたことがありますか」とのクロス集計結果を示す．なお，子どもの発達の度合は，発達スクリーニング項目（4か月児健診では23項目，その内，身体発達項目は14項目，精神発達項目は12項目，3項目は重複）の通過率で，「普通」が50〜60%，「良好」「不良」がそれぞれ20〜25%になるように設定している．図3からわかるように，発達「良好」群の69.0%は手にものを「ほとんど毎日」持たせている赤ちゃんであり，持たせたことが「ほとんどない」赤ちゃんは発達「良好」群にはほとんど入っていないのである．子どもが外界に対し，このように敏感に反応し，それが発達の差として現実にはっきりと形をとどめていることに，当時私は一種の驚異を感じるとともに，親としてのかかわりに身の引き締まる思いがしたものである．なお，統計的結果やクロス集計結果の見方は，第II章2節でくわしく説明をしているので参照されたい．

**子どもを伸ばすかかわりは，従来から「良い子育て」と言われてきたものばかり**

このように「大阪レポート」は，母親を中心とした周囲の働きかけが子どもに対し，きわめて大きな影響を与えることを実証した．しかし私自身は，毎年『大阪レポート（名大出版会）』の元となった行政報告を書きながら，ひとつの疑問というか不安を持ち続けていた．というのは，私は思春期精神保健が専門であり，思春期臨床の視点から乳幼児期や少年少女期を見ている．だから，乳幼児期の「見かけの発達」の早い・遅いは，ほとんど問題にしていないのである．前述した私の不安は，「発達スクリーニング項目」の通過率による評価，すなわち，乳幼児期の発達の早い・遅いを問題にした評価が，思春期まで見通した時，その有効性が保証できるのであろうか，という疑念である．

その不安をずっと持ち続けていたため，子どもの発達に影響を持つ因子を総点検してみた．そ

の結果，子どもの発達に良いかかわりは，従来から心理学・精神医学において「好ましい」と言われてきた子どもへのかかわり方ばかりであり，その逆のものはないということが判明した．そのことがわかり，私は胸を撫でおろす思いがしたものである．

「大阪レポート」で明らかになった子どもの発達と親のかかわりとの関係の主なものを以下に列挙する．

①赤ちゃん体操や「うつ伏せにする」とか「手にものを持たす」などのかかわりは子どもの発達に良い（4か月児健診）
②天気の良い日には「よく外で」遊ばせている母親の子どもは発達が良い
③歩行器の使用は子どもの発達に悪い
④子どもが一緒に遊ぶ友だちが多いほど，発達が良い
⑤母親の近所の話し相手が多いほど，子どもの発達が良い
⑥食事のとき，手づかみででも自分で食べられるようにしている母親の子どもは発達が良い（10か月児健診）
⑦食事のとき「特に気をつけていること」として，「食べる楽しみ」をあげた母親の子どもは発達が良い
⑧体罰は子どもの発達に悪い
⑨子どもによく話しかける母親の子どもは発達が良い
⑩母親のかかわる時間やかかわりの度合が多いほど，子どもの発達は良い
⑪子どもの欲求が理解できる母親の子どもは発達が良い
⑫母親の育児不安が少ないほど，子どもは発達が良い
⑬母親の「イライラ」や「疲れ」などの精神的ストレスは子どもの発達に悪い
⑭父親の育児への参加・協力は子どもの発達に良い
⑮育児の手本がある母親の子どもは発達が良い
⑯出産以前の子どもとの接触経験や育児経験がある母親の子どもは発達が良い

なお，⑯でいう「子どもとの接触経験と育児経験がある」とは，「お母さんは子どもができるまでに，他の子どもを抱いたり遊んだりしたことがありますか」および「お母さんは子どもができるまでに，他の子どもに食べさせたりおむつをかえたりしたことがありますか」という質問に「よくあった」と答えた母親のことである．

### 母親の就労は子どもの発達に悪影響を与えていない

子どもの発達と関係がありそうで，実際にはなかった項目もいくつかあった．例えば，テレビの使用とか，ここで取り上げる母親の就労の有無とか，である．

働く母親たちは，自分が働きに出ることで「子どもに何か悪影響があるのではないか」という後ろめたさと罪障感にさいなまれている場合が多い．「大阪レポート」では，母親の就労の有無，および就労形態と子どもの発達との関係について，特に注意をはらい，あらゆる角度から詳しく検討した．働く母親の条件は明らかに悪いこともわかった．例えば，近所に母親の話し相手がいない，とか，子どもと接する時間が少ない，とか等々である．そして，それらのことは，子ども

の発達にはマイナスに作用していることもわかった．にもかかわらず，母親の就労の有無や就労形態と子どもの発達とのクロス集計では，どの健診結果でも，相関は見られなかった．すなわち，母親が働いているかどうかと子どもの発達とは，小学校入学時点までは，特にはっきりとした関係はない，という結果であった．この結果は，働く女性にとっては朗報であった．そして，この点についてはマスコミにも何度か紹介された．

### なぜ"母性性の危機"に言及せざるを得なかったのか

子育てを問題にする時，ともすると母親たちの欠点を挙げつらうことになりかねない．それは私の本意ではない．ましてや，母親の母性の有無などを議論に乗せること自体，タブーに近いことのように思う．しかし，「大阪レポート」の基礎となった調査における母親の子どもに対する具体的かかわりや育児における母親の感情などを検討する過程で，いくつかの首をかしげたくなるデータに遭遇した．以下に例示するが，母親の育児に関する関心は極めて高いにもかかわらず，

①乳児期には天気がよくても，日光浴をさせたり戸外に連れていくという姿勢は少ない
②テレビや歩行器の使用においては，母親の意図とは別に，常識を逸しすでに子ども虐待の域に達しているケースがかなりの率にのぼっている
③「赤ちゃんがなぜ泣いたり，むずがったりするのか」がわかりにくい母親がかなりの率に達している
④親子関係の調査に示された，現代母親の強い体罰指向と厳格さ
⑤母親の育児不安は子どもの成長とともに形を変え遷延する．そして，聞かれた"今"が一番心配，といつも回答する10〜15％の母親の存在

等々である．④は，日本でも当時から社会問題になっていた子ども虐待のベースをなすものである．また，⑤の「聞かれた"今"が一番心配」と回答する10〜15％の母親の存在は，育児ノイローゼの社会的基盤をなしているものと考えられる．

これらは，当時の私には予測できなかった子育て実態であった．そのため「大阪レポート」では"母性性の危機"あるいは"Maternal Deprivation"について言及せざるを得なかったのである．

### 「大阪レポート」のデータ自身が解決の方向を示していた

前述のように，「大阪レポート」では，"母親の母性性"あるいは"Maternal Deprivation"について言及せざるを得なかった．しかし，それと同時に，それらの問題の原因と解決の方向を「大阪レポート」のデータそのものが示していたのである．例えば，母親の育児不安を招く要因として，

①母親が，子どもが何を求めているのか，がわからないこと
②母親の具体的心配事が多いこと，及びその未解決放置
③母親に出産以前の子どもとの接触経験や育児経験が不足していること
④夫の育児への参加・協力が得られないこと

⑤母親が地域で孤立していること

の5点が明らかになった．そして，それら5つの不安要因を解決すれば，子育ての状況は大きく改善されるであろうことを示唆していた．

また，母性とは，一般に言われているような「母親に生まれながらにそなわっているもの」ではなく，父性とも共通するものであり，人の人格特徴のひとつにすぎないことを示した．そして，「大阪レポート」のデータそのものにより，「母性は，育つものであり，まわりの良い環境により引き出されるものである」ことを実証した．このように「大阪レポート」のデータ自身が，当時の子育ての特徴としてあげられた「育児不安と母性性の危機」という状況を解決するための方向性を示していたのである．

以上，簡単に「大阪レポート」の内容のポイントを紹介した．本書ではこの「大阪レポート」から20数年後の子育て実態調査「兵庫レポート」を，「大阪レポート」の結果と比較しながら検討する．そして，正確な実態把握の上に立って，若い母親・父親たちのために，大人社会は今何をなすべきか，を明らかにしたい．

## 4　先行研究「大阪レポート」があるが故に，より意義深い「兵庫レポート」

図4に，「あなたは自分の子どもが生まれるまでに，他の小さな子どもさんに食べさせたり，おむつをかえたりした経験はありましたか」という質問結果を，「大阪レポート」と「兵庫レポート」とで比較して示している．図4をみると，1980年代初頭の「大阪レポート」の段階では，そのような育児経験が「まったくない」という母親は40.7%であったが，2003年の今回の調査では54.5%へと増加し，半数以上になっている．逆に「よくあった」と答える母親は22.1%から18.1%へと減少している．私はボランティア活動などを通して「現代日本における子育ての困難さは，親が乳幼児を知らないことにある」と強く感じてきたが，ここに示した調査結果はまさにそのことを実証するものである．

ところで，「大阪レポート」を分析検討していた当時，図4のように比較するデータが無かったため，調査結果として出てきた図4の下の帯グラフの数値が，果たして多いものか少ないものか，判断できなかった．というのは，1980年当時から「最近のお母さんは，自分の赤ちゃんを抱くまで，まったく小さい子に触ったことがない人が増えている」ということは言われていたのである．そのため，大阪府の母子グループで図4の下の帯グラフのデータを検討していたときも，「そうは言うけど，"よくあった"という母親もけっこういるね」という議論になり，これらの数値が何を意味しているのか，もうひとつ明確な結論が出なかった．

ところが今回は，同じ質問を20

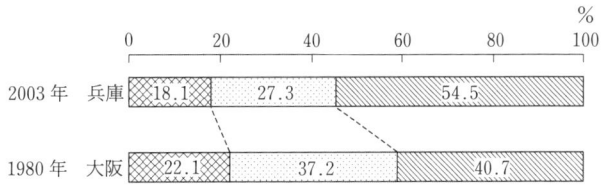

図4　あなたは自分の子どもが生まれるまでに，他の小さな子どもさんに食べさせたり，おむつをかえたりした経験はありましたか

数年後におこなっている．そのため比較してみることが可能になった．その結果，この20数年間の日本の子育て現場の変化の方向やその大きさ，速さがわかり，かなり明確な結論が得られる．例えば，図4に示した質問結果からは，「自分の子どもを生むまでに，小さな子どもの世話をまったくしたことがない母親がかなり増加している」と結論づけられる．この傾向は「大阪レポート」の時点でも予測されていたものであるため，その傾向がさらに強まったという方が実態に則している．このように，今回の「兵庫レポート」は先行研究としての「大阪レポート」が存在するため，一層価値があるのである．

### 参考文献

1) 大阪府立母子保健総合医療センター：URL http://www.mch.pref.osaka.jp/
2) 服部祥子，原田正文著：『乳幼児の心身発達と環境—「大阪レポート」と精神医学的視点—』，名古屋大学出版会，1991年．
3) 原田正文著：『学校に行きたくないと言われたとき—保健室からのアプローチ』，農文協，1993年．
4) 原田正文著：『不登校をプラス思考でのりこえる—親子の道しるべ，30の事例—』，農文協，1995年．
5) 原田正文，府川満晴，林秀子著：『スクールカウンセリング再考—コーディネーター型教育相談の実践—』，朱鷺書房，1997年．
6) 原田正文著：『小学生の心がわかる本—低学年と高学年でちがう処方箋—』，農文協，2001年．
7) 貝塚子育てネットワークの会，10周年冊子．
8) 服部祥子，原田正文編著：『みんなで子育てQ&A—はじめの一歩からネットワークづくりまで—』，農文協，1997年．
9) 原田正文著：『みんな「未熟な親」なんだ—グループ子育てのすすめ—』，農文協，1999年．
10) 原田正文著：『子育て支援とNPO—親を運転席に！ 支援職は助手席に！—』，朱鷺書房，2002年．

# 第Ⅰ章

# 精神科思春期臨床から見た「子ども・親・家族」

思春期・青年期に顕在化する諸問題は，乳幼児期から少年・少女期の子育ての結果であるという側面が強い．現代日本では，不登校や社会的ひきこもり，「いじめ」，少年事件，子ども虐待，「学級崩壊」など，思春期・青年期の若者の問題が深刻化している．これらのことは，現代日本社会において，子どもの心が育ちにくくなっていることを象徴的にあらわしている．

　子どもの心が育ちにくくなっている原因のひとつは，科学技術の急速な進歩がもたらす日本社会の急激な変化の中で，子どもが育つ環境が失われつつあることである．しかし，科学技術がもたらした物質的豊かさは人類が求めつづけてきたものであり，それを拒否し，昔に戻ることはできないことである．我々が今考えるべきことは，日本社会の変化を冷静に分析し，子どもの心身の健やかな発達を保障するために，また親が夢をもって子どもを生み育てられる社会をつくるために，何が必要か，また何をどう変えるべきかを明らかにすることである．そして，大人社会の責任において，現代に見合った子どもが育つ環境をつくりあげることである．

　本章第1節では，不登校，少年事件および子ども虐待という思春期・青年期で顕在化している若者の現状を検討することにより，子どもの心が育ちにくくなっている現状をあきらかにしたい．第2節では，日本女性のここ3・4世代のライフコースの変化を提示し，日本人の生活が変わったということだけでなく，日本人のからだと心の成熟の順序が逆転したことを述べる．日本の子どもたちの心が育ちにくくなっている原因は，単に「親が悪い」あるいは「学校が悪い」というレベルの問題だけではなく，もっと本質的な原因があることを示す．第3節では，少子化をテーマに親について考える．第4節では，小学生が描いた食卓の風景に関する調査とHTP法による描画に関する調査を紹介することにより，子どもから見た家・家族について考える．第5節では，現代の子育てがなぜストレスの高いものになっているのか，を理解する準備として，ストレス理論を紹介する．そして，第6節では，「いじめ」を題材とし，子どもをめぐる諸問題の解決の方向を考える．

# I−1
# 思春期・青年期の諸問題をどのように考え，どのように予防するか

　どの親も自分の子どもが心身ともに健やかに育って欲しいと願って育てている．また，日本の子どもにかかわる専門職は皆，一所懸命である．にもかかわらず，不登校や社会的ひきこもり，「いじめ」，少年事件，子ども虐待，「学級崩壊」などに象徴的にあらわれているように，心が健全に育っていない子どもが増えている．そのことをまず正視すべきである．親も専門職も一所懸命であるにもかかわらず，思春期で行き詰まる子どもたちが増えているという現実は，今までの方向でさらに努力するということだけでは，思春期・青年期の若者たちの諸問題は解決できないことを示している．

　これからの子育て支援，次世代育成支援では，"子どもの心が育っていない"という現実を真剣に受け止めることが，まず必要である．そして，従来の方法ではなぜ子どもの心が育たなくなっているのか，を考えるとともに，従来とは異なる発想での取り組みが求められている．この節では，不登校，少年事件および子ども虐待について検討する．そして，それらの問題をどのように考え，どのように予防するか，について述べたい．

## I-1-1　この20数年間で急増した思春期での不登校

　私は精神科「小児・思春期」専門外来を担当する一方で，保健所をキーステーションにして学校の先生方と一緒に研修会や事例検討会を企画し，共にずっと学んできた．

　長期欠席や不登校の子どもの動向は，子どもたちの心の健康状態を最もよく反映するデータのひとつである．というのは，学齢期の子どもたちが心の問題を抱えたとき，「学校を休む」という形で心のSOSを発することが最も自然な姿だから，である．そのため，まず長期欠席および不登校の子どもの動向から考えてみたい．

### 大きく変化した長期欠席児童・生徒の欠席理由

　図I-1-1-1に，文部科学省の学校基本調査から作成した小学校・中学校での長期欠席児童・生徒の出現率の年次推移を示す．文部科学省の学校基本調査では，年間30日以上欠席した児

童・生徒を「長期欠席」としている．なお，年間30日以上で統計を取り始めたのは1991年（平成13）年からである．それまでは「長期欠席児童・生徒」を「年間50日以上欠席した児童・生徒」と定義し，統計を取っていた．

図Ⅰ-1-1-1からわかるように，小・中学校での長期欠席児童・生徒の出現率は，戦後の日本社会の復興に合わせて，順調に減少していた．1960年代には，長期欠席生徒の出現率は，このまま限りなく0％に近づく，と予測されていたのではないか，と想像する．ところが，中学校での長期欠席生徒の出現率は，1970年代は横ばいになり，1980年代に入り，急増しはじめている．そして，1975年には0.5％であった長期欠席生徒の出現率は，2001年には3.72％にまで，増加した．その理由は，「不登校」という理由の長期欠席生徒の増加である．図Ⅰ-1-1-2には，不登校児童・生徒数および出現率の年次推移を示している．毎年夏にマスコミで報道される「不登校」の人数や出現率は，図Ⅰ-1-1-2のものである．

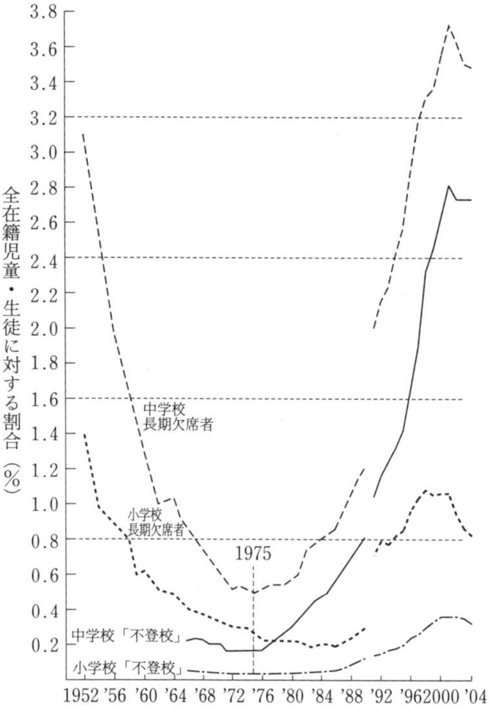

学校基本調査では，「長期欠席」の理由を「病気」「経済的理由」「不登校」「その他」の4つに分類している．図Ⅰ-1-1-1には，不登校児童・生徒の出現率も示している．ここでいう「不登校」とは，「何らかの心理的，情緒的，身

図Ⅰ-1-1-1　小・中学校長期欠席児童・生徒の出現率の年次推移，およびそのうち「不登校」を理由とした長期欠席児童・生徒の出現率の年次推移

注：1990年までは「年間50日以上の欠席」，1991年からは「年間30日以上の欠席」．

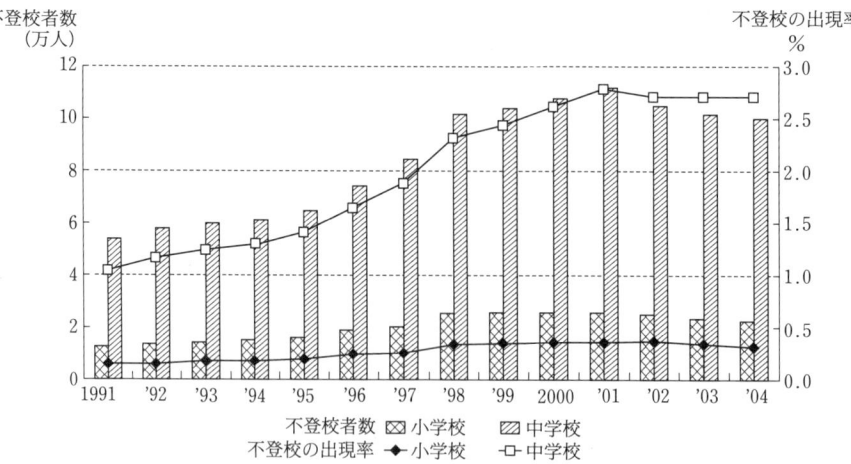

図Ⅰ-1-1-2　小・中学校での不登校児童・生徒数と不登校の出現率の年次推移
注：「不登校の出現率」は，不登校児童・生徒数の全児童・生徒数に対する率を表す．

体的，あるいは社会的要因・背景により，児童生徒が登校しない，あるいはしたくともできない状況にあること（ただし，病気や経済的な理由によるものを除く）」と定義されている。「不登校」という理由が追加されたのは，1966年（昭和41年）度からである。

「学校には行きたいけど，朝になるとお腹や頭が痛くなり，登校できない」「学校の近くまで行くと心臓がドキドキして，身がすくんでしまう」などと訴える子どもたちが相談機関を訪れるようになったのが，昭和30年代の後半からである。当時，このような子どもたちは「学校恐怖症」と言われた。「学校恐怖症」というような相談はそれまではなかったため社会問題になった。それを受けて，文部省（現：文部科学省）は長期欠席の理由として従来の「病気」「経済的理由」「その他」に加えて「学校ぎらい」という項目を設けて1966年（昭和41年）度より統計を取りだしたのである。「学校ぎらい」というのも不適当ではないかという意見があり，1995年頃に「学校になじめない」という理由に変えられた。そして，「誰でも不登校になり得る」という文部省の見解が出され，「学校になじめない」という理由は，現在の「不登校」という表記に変えられたのである。図Ⅰ-1-1-1からわかるように，「学校ぎらい」という理由で統計を取り始めたが，当初は横ばい状態であった。ところが，1970年代後半から増えはじめ，長期欠席生徒の出現率を押し上げる結果となっている。小学生についても同様の傾向である。

図Ⅰ-1-1-1に示すように，長期に学校を欠席をする子どもはかつても多かった。1950年の頃は，今と同じく30人に1人くらいの子どもが長期に欠席をしていたのである。このことをとらえて，「不登校，不登校と騒ぐことはない。昔は今よりも多かった」という専門家もいる。以下でとりあげる少年犯罪についても同様である。少年による凶悪犯罪は昔の方が多いのである。このような理由で，不登校についても少年事件についても「騒ぐことはない」と主張される方もある。しかし，それは表面的な見方にすぎない。確かにグラフや数字だけを見ていると昔と同じである。しかし，現実の子どもたちを見ると，その長期欠席の理由はまったく異なるのである。1980年前後から長期欠席の中学生が増えたのは，「不登校」の子どもたちが増えたためであり，かつてとは理由が異なるのである。

なお，「学校ぎらい」あるいは「学校になじめない」という理由の表記は，欠席理由をあらわしている。しかし，「不登校」という表記は状態をあらわしているのであり，長期欠席の理由をあらわしているわけではない。そのため，いかがなものか，と私は感じている。

### 小学校まではどの担任からも"いい子ですね"と言われ続けてきたのに，……

信じがたいかも知れないが，私が担当している精神科「小児・思春期」専門外来を訪れる子どもたちは，小学校までは懇談の度に，"いい子ですね。明るくて元気で……。何も言うことありません"と担任から言われ続けてきた子どもたちがほとんどである。この小学校では"いい子"だ，問題ないと言われ続けてきた子どもたちが，中学，高校になり行き詰まっているというのが現代の特徴のひとつである。このような子どもたちが訪れるのが精神科「小児・思春期」専門外来の特徴である。家庭基盤も比較的しっかりとしている。親も一所懸命に育ててきた。にもかかわらず，思春期になり，親から精神的に自立していく時期になり，行き詰まってしまったケースである。

一方，小・中学校や高等学校の先生方との事例検討会で問題になる事例には，家庭機能がきわめて低い家庭の子どもたちが多い．豊かな現代日本で"なぜ"と驚かされるような，衣食住のレベルでケアされていない子どもたちである．家庭が子どもを育てる機能を失っているのである．その中で，子どもたちは不登校という形で"心のSOS"を発している．家庭の子育て機能の問題は，本章第4節で考える．

不登校や高校中退の原因には学校の問題や日本社会全体の問題も当然ある．しかし，不登校の子どもの相談に直接当たっている私の経験から考えると，不登校や高校中退の主な原因はクラスや学校の中で孤立することである．それは言い換えると，人と柔軟に豊かに交われる力が育っていないためである．本書で取り扱う子どもの年齢は乳幼児期であるため，学校をはじめ子どもを取り巻く環境の問題には深く触れられないが，子どもの心の発達に関しては第III章で考えることにする．

保育園や幼稚園，小学校の先生方は中学生や高校生の不登校にはほとんど関心がないように思われる．しかし，乳幼児期から小学校低学年の時期での子どもへのかかわりの結果は思春期にあらわれるものである．そのような視点から考えるとき，不登校の子どもたちがこの20数年の間に急増したことは，親や学校の教師だけでなく，保育園や幼稚園の先生方をはじめ仕事として子どもにかかわるすべての大人にも責任があることになる．不登校の問題を直視し，その原因を理解し，対策を考える必要があるのではないだろうか．本書で紹介する子育て実態調査は，子どもの心の育ちや，その対策を考える上で重要な参考資料を提供するものである．

## 「不登校」は現代社会の必然的な産物

図I-1-1-3に「不登校に代表される思春期の社会不適応の原因を考える概念図」を示す．図I-1-1-3では思春期を超えて大人へと巣立つことを山登りにたとえて概念化している．そして，不登校など思春期での諸問題の原因として以下の3点を示している．

①日本において思春期が急激に長くなったこと
②思春期に到達した段階での子どもたちの精神面での脆弱さ
③モデル（目標）である「大人たちの実像」が，現代の子どもたちには見えにくくなっていること

①については本章第2節で説明するが，現代の思春期は質的に大きな変貌を遂げ，長くけわしいものになっている．②については，拙著『大阪レポート（名大出版会）』や『育児不安を超えて』の中で，育児の実態調査にもとづいて警鐘を打ち鳴らした．思春期に至るまでの子育てを見直さないかぎり，思春期の子どもたちの問題は根本的には解決しないと私は考えている．

③は①と密接な関係がある．図I-1-1-3に示した昭和30年頃の中学生たちは，小学校時代に一緒に遊んだ仲間たちが大人社会に巣立ち，大人に混じって働く姿を直接見ることができた．しかし，今中学生たちに見えるのは，延々と続く学校生活ばかりである．中学生にとって大学生たちは遠い存在であり，自分の生き方のモデルにはならない．先輩を見ながら自分の人生を考えるということは，現代ではできにくくなっているのである．

また，社会の複雑化・高度化の中で大人の真の姿も子どもからは見えなくなっている．父親を

例にとると，職場と住居が離れてしまった現代では，子どもが見る父親の姿は家で横になりテレビを見ているなどという，父親の休憩の姿ばかりである．企業が世界規模で動いている現代では，ひとり一人の大人を見てもその果している役割は，子どもにはわからない．そのため，たとえ父親の仕事姿を見たとしても，父親が何をしているのか，何を生きがいにし，どんなことに苦労しているのか，という子どもが知りたい父親の真の姿は見えない．このように現代の子どもからは目標とすべき大人の姿は見えにくいのである．目標が見えないままに山を登るということは，きわめて不安の多い困難なことである．

図Ⅰ-1-1-3に示した内容は，すべて現代日本の科学技術文明の急速な発展が必然的にもたらした産物である．科学技術の発達に先導されて登場した物質的に豊かな社会に対して，社会システムや人間の心がついていけなくなった結果が，不登校や社会的ひきこもり，「いじめ」，少年事件，子ども虐待，「学級崩壊」など，思春期・青年期での若者の問題として象徴的にあらわれているのである．

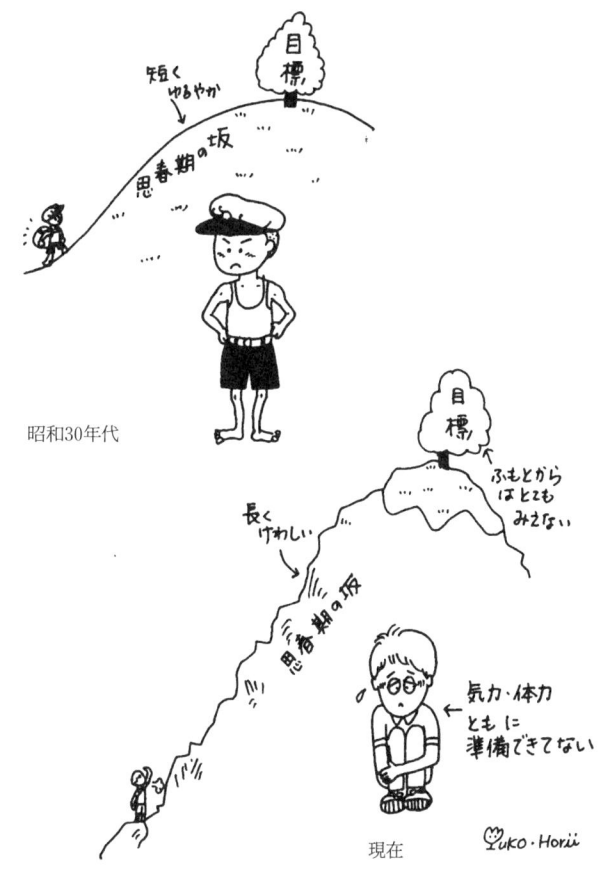

図Ⅰ-1-1-3　不登校に代表される思春期の社会不適応の原因を考える概念図

**「学校が悪い」「親が悪い」では解決しない**

「不登校」に代表される学齢期の子どもたちの心の問題の原因をどのように考えるか，は大変重要な問題である．なぜなら，原因をどう考えるかにより，解決の方策が異なってくるからである．

私が先に「不登校」の原因として「物質文明に先導された日本社会の激変」を強調した理由は，一般によく言われるように「学校が悪い」と学校を責めてみても，また，学校関係者がよく言うように「家庭が悪い」と保護者を責めてみても，現実的解決にはあまりならないと考えるからである．それとともに私が提唱しているFSCCネットワークサポートの必要性の根拠を明らかにしたいためである．

私は「不登校」の子どもたちの急増の原因として，学校や家庭などの責任を追求するだけでは

本質的な解決にはならないと思っている．学校や家庭は子どもたちに直接かかわっている当事者にすぎない．私は「学校が悪い」というのを学校の先生方自身が言われるのであれば，あるいは，「親が悪い」というのをその親自身が言われるのであれば，それはそれで建設的な意見であり，問題の解決につながると思う．しかし，現在「学校が悪い」「家庭が悪い」と言っているのは，すべて部外者が言っているのである．専門家やマスコミが学校を非難し，学校が親を非難するというパターンは，建設的ではない．

確かに，当事者である学校や個々の家庭には，多くの問題がある．しかし，学校が変わりさえすれば，家庭が変わりさえすれば，問題が解決するというほど現代日本の子どもたちの心の問題は根が浅くないのである．そして，学校だけが変わろうにも，また個々の家庭がどんなに努力しても，社会全体が変わらなければどうにもならないという要素が多いのである．

私は教師経験が長いこともあり，学校の悪い点もよくわかる．しかし同時に，熱心に頑張っておられる先生方がたくさんおられることもよく知っている．そして，現在たくさんの誠意のあるすばらしい先生方と一緒に仕事をしている．私は子どもにかかわるすべての機関やスタッフが，それぞれのいい面悪い面を正確に評価しながら手をたずさえて，子どもたちにとって最もいい援助はなにかを模索すべきだと考えている．そのように考えるからこそ，プロローグで紹介したFSCCネットワークサポートを提唱し，実践しているのである．

次の世代を担う子どもの養育は社会全体の責任である．「不登校」に代表される学齢期の社会不適応の急増の問題は，行政も企業も，また，世論を代表するマスコミも，自分自身の問題として捉える必要がある．家庭や学校や子どもに関わる専門職が努力しなければいけないのは当然であるが，その努力だけでは解決できないほど，現代日本の子どもたちの問題は根が深く深刻である．とは言え，なんといっても，大人社会の責任を直接果たすのは，学校・園の先生方と親と，そして専門機関で日々子どもたちの相談・治療にあたっているスタッフなど，直接子どもたちにかかわる大人である．子どもたちに直接かかわっている我々がまず頑張らなければいけないとも思う．

### 不登校の減少──ここ10年間の学校の取り組みの成果

図Ⅰ-1-1-1,2を見て気づくことは，2001年以来3年連続して不登校の児童・生徒数も出現率も低下していることである．私自身，このように低下するという予測はしていなかったので驚くとともに，学校現場の取り組みに敬意を表するものである．図Ⅰ-1-1-4に，長期欠席児童・生徒の理由別割合を示す．4つの理由の内，「経済的理由」は非常に少ないので，問題になるのは，「病気」「その他」と「不登校」の割合である．なぜこのような図を提示するかというと，巷には「不登校」の減少は操作的なものであり，実際は減少していないという噂がある．しかし，図Ⅰ-1-1-4からわかるように，「病気」および「その他」の比率は減少し，「不登校」と分類される率は増加している．にもかかわらず，図Ⅰ-1-1-1,2に見るように，不登校の出現率は減少しているのである．このことから，「不登校」の減少は操作上のものではなく，実際に減少していることがわかる．

かと言って，子どもの心の育ちが良くなったとは考えにくい．図Ⅰ-1-1-5に「不適応の原因，

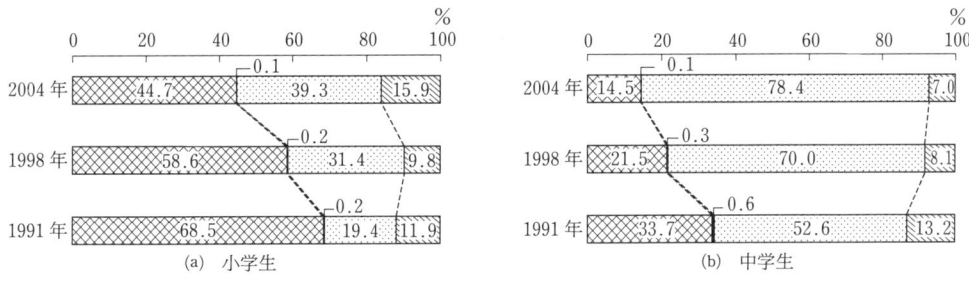

図 I-1-1-4　長期欠席児童・生徒の理由別割合の年次推移

その2つの側面」を示す．長期欠席や不登校は，「学校不適応」である．不適応の原因には，2つの側面がある．一つは，適応できない子どもの適応能力が低いという問題である．このことはよく指摘されることである．しかし，不適応という場合，適応できない本人にばかり責任がある訳ではない．もう一つの原因は，学校や子ども集団の許容力や受け入れ幅の問題である．「いじめ」が原因で不登校になる子どもも多い．その場合は，子ども集団の問題である．2001年以降の不登校の減少の原因を考える時，子どもの側の適応能力が増したという原因よりは，「学校の受け入れ幅が広がった」と考えるのが現実に合っている．

図 I-1-1-5　不適応の原因，その2つの側面

私はある大阪府立の高等学校での10年間の実践を，一緒に取り組んできた先生方と，『スクールカウンセリング再考―コーディネーター型教育相談の実践―』（朱鷺書房，1997年）という本にまとめ，学校内での心の問題を抱える子どもたちへの新しい支援方法を提案した．それは，一言でいうと，学校内での教師たちの連携プレーをベースに，学校外の専門機関とも連携しながら，心の問題を抱えた子どもたちへの支援をすすめていこう，というものである．しかし1997年当時，学校内での教師の連携は非常にむつかしい，と感じていた．ところが，現在では『スクールカウンセリング再考』で提案したような校内のチームが，大阪府立のほとんどの高等学校では作られ，機能し始めている．スクールカウンセラーという他職種が学校現場に配置されはじめたのが1997年頃からであるが，その効果も出始めているのではないだろうか．

学齢期の子どもたちへの支援方法については，「いじめ」を題材に本章第6節で述べるが，不登校の減少という具体的成果があがっている取り組みから学ぶ点は大きいと考える．

## Ⅰ-1-2　多発する少年事件や子どもの犯罪被害

**10歳まで社会が子どもを守らなければ，10歳以降，その子から社会を守らなければならない**

　欧米では子ども虐待に対してすでに数十年の取り組みの歴史がある．その中で言われている言葉が「10歳まで社会が子どもを守らなければ，10歳以降，その子から社会を守らなければならない」という言葉である．「10歳まで」とは，思春期に入るまで，という意味である．乳幼児期から小学校低学年までの育ちの結果が思春期以降にあらわれるため，乳幼児期から小学校低学年までの子どもを社会がしっかりと守り育てよう，そうしないと，社会から守られて来なかった子どもたちが思春期を迎え大人になって，いろいろなトラブルを起こし，その子たちから社会を守らなければいけなくなる，という戒めである．

　日本ではすでにこのような事態が生じている．多発する少年事件や社会から守られて来なかった若者たちが起こす事件などのために，少年法を厳罰化すべきという意見がつよく，また，多くの学校で校門が閉ざされている．最近では子どもの登下校も大人が警護しなければならない状況が生まれている．安全の確保もたいせつである．しかし，それだけでは根本的な解決にはならない．乳幼児期から小学校低学年までの時期の子どもをたいせつに育てることにより，しっかりとした心の子どもを育て，トラブルを予防することが第1に考えられるべきことである．ここでは，最近の少年事件を考える中で，乳幼児期の子どもへのかかわりの重要性を述べたい．

**多発している少年事件から国民は何か教訓を得られただろうか**

　神戸の14歳の少年による小学生連続殺傷事件（1997年）以来，子どもをめぐる痛ましい事件が多発している．神戸の事件の衝撃もさめやらぬ1998年1月，栃木県黒磯市の中学校で中学1年生の男子生徒が女性教師をナイフで刺殺するというショッキングな事件が発生した．この事件は，従来学校批判一辺倒だったマスコミの姿勢を大きく変えた点で画期的な事件である．その後も京都市伏見区の小学校の校庭で起こった小学2年生の男児殺害事件（1999年12月），佐賀県での西鉄バスのハイジャック事件（2000年5月）などなど，たくさんの事件が起こった．そして，14歳問題，17歳問題という言葉が生まれた．少年事件ではないが，子どもをめぐる事件として，東京・文京区の幼稚園で起こった「春名ちゃん殺害事件」（1999年11月），そして，大阪・池田市の大阪教育大学附属小学校への乱入殺害事件（2001年5月）と数えればきりがない．その都度マスコミは大騒ぎをした．しかし，私たち国民はこれらの事件から何か教訓を得たのだろうか．ただ不安をかきたてられただけのような気がする．そして，最近の特徴は事件が起こったことは報道されるが，あまりにも次々と事件が起こるためもあり，それっきり忘れ去られることである．

　事件のあと，精神鑑定にかけるという報道がよくなされているが，その内容は公表されていない．個人のプライバシーの問題もあり公表する必要は必ずしもないが，多数の事件の原因を究明する国レベルの調査研究プロジェクトがそれらの情報を総合し，原因を究明し，具体的予防策を提示すべきである．いろいろな危機管理も必要であるが，私は「子どもを社会がしっかりと守り

育てることにより，心身ともに健康な子どもを育てること」が何よりもたいせつではないか，と考えている．

### 時代を反映する少年事件──昔は戦車，今は地雷

本書のひとつの視点は，日本社会が急激に変化している，ということである．前項の不登校でも，図Ⅰ-1-1-1に示したように1980年代から新しい形の長期欠席生徒が数値的にも増加しているが，その兆候は1960年代に入りあらわれている．少年事件の分野でも，時代の変化は明確にあらわれている．

もう20数年ほど前から，いわゆる「非行」タイプの子どもたちと，私が担当しているような精神科思春期外来を訪れる，いわゆる「引きこもり」タイプの子どもたちとの差異が不明確になったと言われていた．最近は特にそのことを実感している．最近の事件は「この子がなぜ!?」と親や周囲を驚かすような事件，普段何も問題がなかった子の突然の暴発による事件である．栃木・黒磯市立中学校でのナイフ殺傷事件直後，当時私が中心になり保健所主催で行っていた学校の先生方との研究会では，"昔は戦車，今は地雷"という言葉が学校の職員室では言われているという報告があった．かつては，問題を起こす子は特定の子どもであり，先生方も予測がついた．しかし今は「地雷のように，踏んで爆発するまで，そんなに怒っていたことがわからない」というのである．"昔は戦車，今は地雷"という教師の実感は，昔の事件と今の事件との質的な違いを象徴的に物語っている．今の少年事件は，ノーマークの「いい子」が突然事件を起こしている．しかも「初犯で，即，殺人」というのが特徴である．

最近の少年事件のもうひとつの特徴は，犯罪を犯した少年自身，「自分はもうどうなってもいい」と死を覚悟していることである．佐賀・西鉄バスのハイジャック事件でも，京都・伏見区の小学校校庭での男児殺害事件でも，死を覚悟しているのである．これは「自分の将来はもうダメだ」という絶望感によるものである．

### 社会不安を招く青年問題

子どもをめぐる最近の事件として，社会適応できなかった20歳代・30歳代の青年というか大人が起こす事件が目につく．2000年1月に発覚した「新潟少女拉致監禁事件」，大阪・池田市の大阪教育大学附属小学校への乱入殺害事件（2001年5月），奈良市で小学校2年生の女児が誘拐殺害された事件（2004年），などである．

「新潟少女拉致監禁事件」は，小学校5年生のときから9年間も無職の男性の自宅に拉致監禁されていた少女が発見されたというあまりにも悲惨な事件であるが，現代日本を象徴している事件である．「新潟少女拉致監禁事件」がきっかけで，20歳を過ぎても定職につかず，ほとんど自宅に閉じこもった生活を送っている「社会的ひきこもり」の青年の問題が社会問題になった．「社会的ひきこもり」の若者は，30万人とも100万人とも言われている．実際のところはよくわからないが，小・中・高校での不登校，中退を合わせると，年間約26万人になる．それがここ何年も続いているのである．2004年に『フリーター，417万人の衝撃』というNHKスペシャルが放映された．また，25歳から39歳の親と同居している独身者，いわゆる「パラサイト・シン

グル」の数が1990年の375万人から2000年には574万人へと1.5倍に増加している．このような事実から考えると，家に閉じこもって外の世界とほとんど接触を持っていない「社会的ひきこもり」の若者が30〜100万人はいると言われても，驚くというより，「それくらいは，いるだろうなぁ」と思ってしまう．なんとも空恐ろしい数字である．

　一方，社会から引きこもった状態やフリーターという不安定な雇用状態は精神的ストレスのきわめて高いものであり，すでに社会不安のひとつの要因になっている．そのことが乳幼児を育てている親たちに大きな不安を及ぼしていることも見逃せない．それも単に被害にあわないように，という願いだけでなく，「自分の子どもが大きくなって，事件を起こすようになったら，どうしよう」「人を殺すことがありませんように！」という切実な願いにまでなっているのである．このような状況では，子どもを生み育てることに夢を持つことはできないであろう．

　子育てを親の責任にだけ帰する現在の日本の風潮では，子どもは育たないし，親もイキイキと子育てはできない．そのことは，第II章で述べる子育て現場の実態から明白である．10歳までの子どもを社会がしっかりと守り育てるという社会的コンセンサスと社会システムを確立することが急務である．

## I-1-3　深刻化する子ども虐待とその予防

　少年事件が多発する一方で，子ども虐待による子どもの死も多発している．専門職の永年の努力や子ども虐待の社会問題化を受けて，2000年（平成12年）5月に「児童虐待の防止等に関する法律」が公布され，同年11月に施行された．図I-1-3-1に，全国の児童相談所に寄せられた子ども虐待に関する相談件数を示す．図からわかるように，子ども虐待の通報件数は，1998年（平成10年）頃から急増している．図I-1-3-2には2003年（平成15年）の「子ども虐待の内容別件数」を示している．全体で26,569件であるが，その内身体的虐待が12,022件で全体の45.2％，性的虐待が876件で3.3％，心理的虐待が3,531件で13.3％，ネグレクトが10,140件で38.2％である．ネグレクトとは，「養育の放棄または怠慢」のことである．この中で特に性的虐待は表面化しにくいものであるため，実数はもっと多いものと考えられる．図I-1-3-3には「虐待を受けた子どもの年齢別内訳」を示している．0〜3歳未満が20.1％，3〜学齢以前児童27.2％，小学生が36.5％，中学生が11.7％，高校生が4.4％となっている．図I-1-3-4には

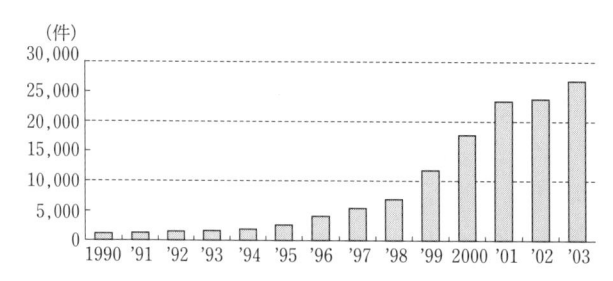

図I-1-3-1　児童相談所における虐待に関する全国の相談件数の推移

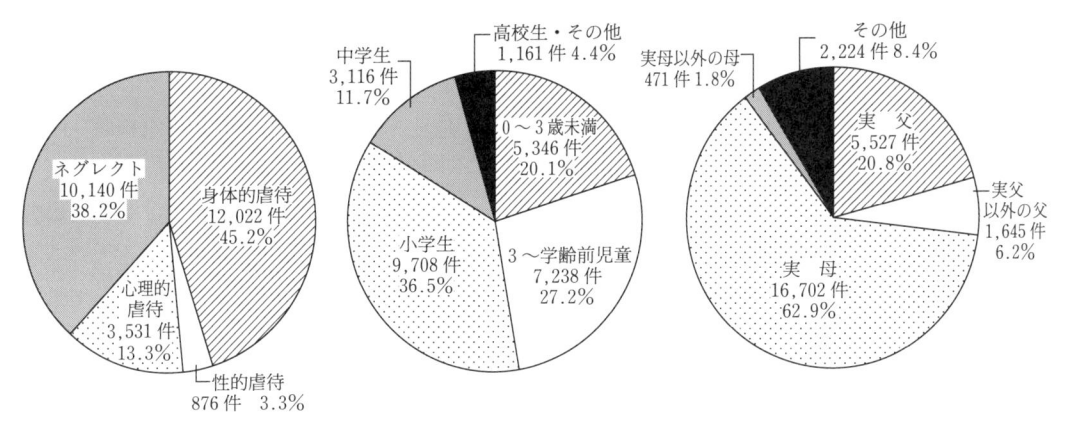

図 I-1-3-2 虐待の内容別件数
注：全国，2003年（平成15年）．
合計：26,569件
（以上図 I-1-3-3, 4 に共通）

図 I-1-3-3 被虐待者の年齢別分布

図 I-1-3-4 主な虐待者

「主たる虐待者の内訳」を示す．実父が20.8%，実父以外の父が6.2%，実母が62.9%，実母以外の母が1.8%，その他が8.4%となっている．

死に至るケースは氷山の一角である．死に至らないまでも，幼少期に親により虐待を受けて育った子どもは増えている．図 I-1-3-1〜4 に示した数字は，児童相談所に通報され，子ども虐待として把握された事例の数である．しかし，実際にはこれらの背後に多数の子ども虐待事例が存在するものと考えられる．本書で紹介する「大阪レポート」や「兵庫レポート」では，親の体罰指向は今なおきわめて高いことがわかっている．これらのデータは，子ども虐待が広く存在することを示唆するものである．

虐待を受けながら育った子どもは深刻な心理的ダメージを受けている．そのため，健やかな人格の発達がゆがめられ，PTSD（心的外傷後ストレス障害）や多重人格症などの心の問題や対人関係での障害を抱える事例も多い．

### 被虐待児の苦悩

精神科「小児・思春期」専門外来では，「私はなぜ生まれてきたのか．生まれて来なかった方がよかった……」と幼稚園の頃からずっと思っていた，という若者によく出会う．彩佳さん（仮名）もそんな子のひとりだった．彼女が私の外来を訪れたのは中学1年生の終わりだった．中学1年生の1月からプツンと学校を休みはじめた．彼女は私の外来に2週間に1度欠かさず訪れたが，最初の1年半ほどはほとんど話さなかった．私の質問にほんの少しうなずいたり，首を横に振るだけで，声らしい声は聞いたことがなかった．そんな彩佳さんはときどき自分の気持ちを書いた手紙を私に渡した．その手紙には，母親への恨みつらみが並べられていた．手紙によると，小さいとき彩佳さんは母親から虐待を受けてきた．今も母親の咳ばらいひとつが私を責めているようですごく気になると訴える．そんなに気にいらないのならなぜ産んだのか．産んで欲しいと頼んだつもりはない，と心の中で毒づくが，彩佳さんは自分の感情を家の中では一切出すことができない．多くの子たちのように，親に言葉や暴力などで刃向かえばどんなに楽になるだろう

か，と思うが彼女には何もできない．ただ無言で抵抗するのが精いっぱいである．そして，ひどいリストカットをしたり，自殺をはかったり，という状況が続いた．

「大阪レポート」では，体罰が多用されている現実を踏まえ，子ども虐待の予防の必要性について強く警鐘を鳴らした．しかし，「大阪レポート」の対象になった子どもたちはすでに20歳半ばを過ぎている．幼少期に受けた親からの虐待によるトラウマ（心的外傷）は，子どもの心の発達に大きな問題を生む．彩佳さんの母親は「あの子はずっといい子だった」という．本人は「叱られないように，親の気にいることを先々にしていた」という．子どもの心の発達において最もたいせつなものは，エリクソンが「基本的信頼感」と表現した人や人間社会に対する信頼感であり，そこから芽生える「生きる希望」である．最も信頼できるはずの親に虐待を受けた子どもの心の傷は根深いものである．

本章4節で紹介するように家庭が子どもを育てる機能を失いかけている．これをどうするのか，が今大人社会に問いかけられているのである．

## 子ども虐待の予防

子育ての結果は思春期にあらわれるものである．子育て支援や子ども虐待予防を考えるときには，不登校やひきこもりの若者たち，「いじめ」，親などによる子ども虐待，少年事件など，思春期の子どもをめぐる諸問題をいかに解決するか，という視点がぜひ必要である．そこを抜きにして，ただ単に「乳幼児を抱えた母親の子育てにおける不安やイライラを紛らわす」というレベルに終始したのでは，何も解決しない．親などによる子ども虐待は，大人の問題のように見えるが，実は「幼少期から思春期にかけて，親になるための人格的準備ができていない」という子どもの育ちの問題である．第Ⅱ章で紹介する「兵庫レポート」では，親になるための準備がいかに不足しているか，またその不足が実際の育児においてどのような不適切な事態を生み出しているか，をデータで明らかにする．

子ども虐待に関心のある専門職は多い．しかし現状は，通報のあった虐待事例にいかに対応するか，また，親から離し保護した子どもの処遇や親との再統合の方法などに関する取り組みがほとんどである．確かにそれらの問題は重い問題であり，研究も議論も必要である．しかし，それらの取り組みは，ちょうど私が精神科「小児・思春期」専門外来で診ている事例に対する対応と似ている．すなわち，すでに臨床ケースになった事例への対応である．私は思春期になり，問題が顕在化してからだけの取り組みでは後追いにすぎないと考え，子育て支援のボランティア活動を始めた．同様の指向が子ども虐待に取り組む専門職のみなさんにも必要ではないだろうか，と最近感じている．確かに臨床ケースは興味深いものである．医学の分野でも圧倒的に人気があるのは，臨床部門であり，私が所属している公衆衛生部門や保健部門のような予防医学にはほとんどの医師が興味を示さない．しかし，現代の重要な病気のほとんどは臨床症状が出てからでは遅いものである．そのため，国は生活習慣病などの予防に力を注いでいるのである．

同様のことが子ども虐待の分野についても言えるように思う．現に子ども虐待が起こっている事例については，多くの専門職が関心を示すが，子育て支援となると非常に関心が薄い．我々がボランティア団体『こころの子育てインターねっと関西』を立ち上げ，母親たちが自発的に運営

している子育てサークルや子育てネットワークなどのグループ子育てへの支援を始めたとき，共感してくれる専門職も多かったが，「そんなサークルに行くような元気な母親の支援なんて，必要ない．私たちはもっと深刻なケースを抱えている」とか，「そんな優雅なことはできない」などと批判されたものである．確かに，保健師たちが抱えている事例の深刻さもよくわかるし，手一杯であることもよくわかる．児童相談所などで，子ども虐待にかかわっている職員で「燃え尽き症候群」になるケースも何人も見てきている．たいへんだと思う．しかし，そのたいへんな努力をいくらしても解決につながるのか，と考えると，そうはならないだろうと思う．次から次へと子どもは生まれ，虐待が起こってくる．その根本のところでの解決なしに，通報された虐待事例の対応のみに終始していても，きりがない．その間に多くの子どもたちが被害を被っている．

　私は元々医者志向ではないし，小児科医から出発し，保健所という予防医学の部門で働いてきたという特殊性があるのかも知れないが，子ども虐待の予防には，第II章で紹介する子育て現場の改善がまず必要なことだと思う．その一方で，現に起こっている虐待事例への対応もするというスタンスが必要ではないだろうか．そういう点で，本書で紹介する「兵庫レポート」「大阪レポート」は，子ども虐待予防を考える上での基礎資料としても貴重なものと考える．

# I−2
# 日本社会の変貌と途絶える育児の伝承

　国を挙げて子育て支援，次世代育成支援がすすめられているが，「今なぜ子育て支援が必要か」という最も根本的なところでの社会的コンセンサスがまだできていないように感じる．「今なぜ子育て支援が必要か」について，ほんとうに納得するためには，日本社会のここ数十年の急激な変化を認識することが不可欠である．そこでこの節では日本社会の変貌について考えることにする．

## I-2-1　子育て支援，次世代育成支援の出発点

　『雪国はなったらし風土記』（無明舎出版編，1998年）という一冊の写真集に出会った．昭和20年代後半の写真を中心に昭和30年代の初め頃まで，すなわち1955年前後の子どもたちの遊びや日常生活の写真220枚を集めた写真集である．この写真集は，秋田県の風土記をつくった際の副産物として生まれた．風土記をつくり終えて編集者たちが集まったときに「（風土記には使わなかったけど）子ども時代の懐かしい写真がたくさんあったなぁ」という会話から生まれた写真集だそうである．私も同じ時代に幼少期を過ごしているので，なんとも懐かしい写真集であった．そういえば，写真 I-2-1-1〜3のように小学校1，2年までは，農繁期には子守りをしていたなぁ，小学校3，4年になると写真 I-2-1-4，5のように家の手伝いも当たり前のようにしていたし，写真 I-2-1-6，7のように子ども同士で群れになってよく遊んだなぁ，と自分の子ども時代を懐かしく思い出した．と同時に時代の変化をはっきりと再確認できた．そして，最近のテレビゲームや早期知育教育の広がりなどを考え合わせると，こんなに時代が変わってしまったのだから，子どもの心が育たないのも当然かなぁ，とも思った．

　私は子育て支援の必要性を述べるとき，『雪国はなったらし風土記』の中の写真を何点かスライドでお見せすることが多い．そうすると，それまではなかなか納得してもらえなかった年配のみなさんが「我々の時代は，地域の子ども集団の中で，遊びの中で育ったということがよくわかった」「親は忙しくて，今のように子どもにかかりきりということはなかった」「時代が変わったので，子育て支援が必要なことがよくわかった」というような感想を述べていただくことが多くなった．やはり，写真や映像の力は大きいなぁ，と感じている．本書では無明舎出版のご好意により，『雪国はなったらし風土記』の中の写真を転載させていただいた．時代が変わった，と

写真 I-2-1-1

写真 I-2-1-2

写真 I-2-1-3

いうことをぜひ実感していただきたいと思う．と同時に，かつては育ちの中で当たり前のように子守りをし，異年齢の子ども集団で遊んでいたことを感じ取っていただきたい．第II章では「兵庫レポート」の結果を「大阪レポート」と比較し紹介するが，現代の子育ての最も大きな問題点のひとつとして，親が自分の子どもを生むまで小さな子どもとかかわった経験がないことがあげられている．一方，『雪国はなったらし風土記』の写真を見ると，子どもたちは当たり前のように子守りをしながら大きくなっているのである．小さい子どもに触れるという経験がほとんどない現代の親たちが子育てに苦労するのは当たり前のことである．

　子育て支援をするとき，日本社会の変化をしっかりと認識することは最もたいせつなことのひとつである．というのは，子育て支援をしようとされる方の中には，自分の時代の子育てを基準に話をされる方が非常に多いためである．善意なのであるが，現代の育児とかけ離れた話であり，しかも往々にして「私はこんなに苦労して，一所懸命に子育てをし，何人もの子どもをちゃんと育てた」というような自慢話になってしまう場合が多い．そのため，若い母親たちには受けいれられない．受けいれられないための苛立ちからか，最後には若い母親たちへの不満になったり，説教になったりするようである．そんなことで，若い母親たちからは，2度と行きたくない，かかわりたくない，という不満の声があがることになる．時代はすっかり変わってしまって

30　第Ⅰ章　精神科思春期臨床から見た「子ども・親・家族」

写真Ⅰ-2-1-4

写真Ⅰ-2-1-6

写真Ⅰ-2-1-5

写真Ⅰ-2-1-7

いる．「時代が変わった」という認識なしには，子育て真っ最中の世代と折り合うことはできないのではないだろうか．「時代が大きく変わった」ということを認識する上で，『雪国はなったらし風土記』は貴重な資料であり，子育て支援，次世代育成支援を考える上で出発点のようなものである．

　なお，無明舎出版のホームページ（http://www.mumyosha.co.jp/）には，「雪国はなったらし写真館」というサイトがあり，ここに転載させていただいた写真以外にもかなりの数の写真が展示されているので，ぜひご覧いただきたい．また，『写真で綴る昭和30年代農山村の暮らし─高度成長期以前の日本の原風景─』（農文協，2003年）も参照されたい．

## Ⅰ-2-2 劇的に変わった日本人のライフコース

図Ⅰ-2-2-1に「日本女性三世代のライフコースの変化」を示している．図の3世代を，便宜上，左から「祖母の世代」「母の世代」「娘の世代」と呼ぶことにする．この図は「現代日本において女性の社会進出は必然である」ということを説明するために，労働省（現：厚生労働省）が作成した「婦人のライフサイクルの変化」の図に，私が初経年齢を追加したものである．初経年齢を書き込むと，興味深い事実が浮かびあがってきた．それは図Ⅰ-2-2-1からわかるように，「学校卒業年齢」と「初経年齢」が「母の世代」から逆転していることである．逆転したことにより新たにあらわれた期間を「精神科的思春期」と『大阪レポート（名大出版会）』の中で私が命名した．表Ⅰ-2-2-1に，従来からあった産婦人科的思春期と昭和になり新たに生まれた「精神科的思春期」を比較して，その始まりの時期と終わりの時期を示している．何気なく「思春期」という言葉が使われているが，かつての思春期（産婦人科的思春期）と現代の思春期（精神科的思春期）とは質的に大きく異なるものである．なお，表Ⅰ-2-2-1の中にある「アイデンティティ（identity）」とは，エリクソンが使用したものである．「アイデンティティが確立される」とは，簡単に言うと社会的にも性的にも，「自分は誰か」という問に自分も周囲も納得できる答

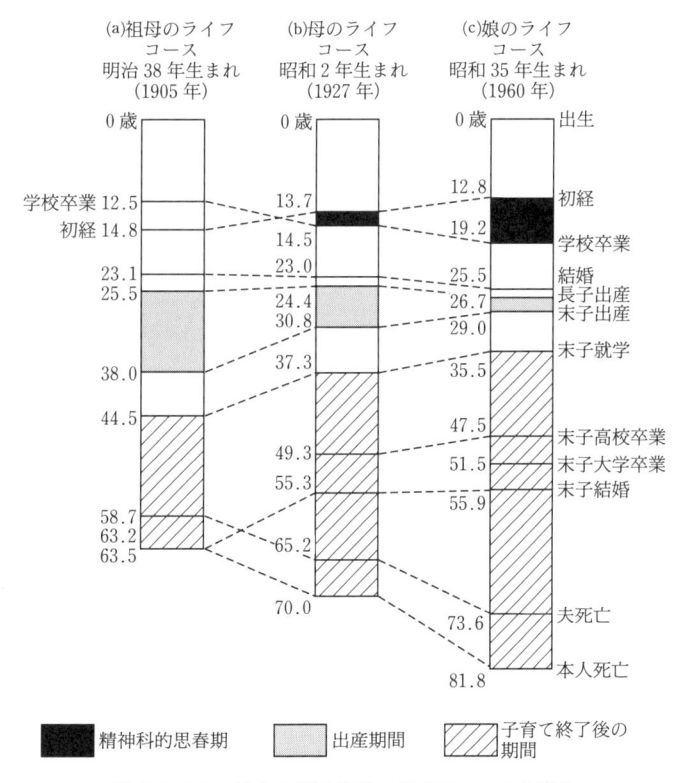

**図Ⅰ-2-2-1 日本女性三世代のライフコースの変化**

出典：「乳幼児期の人間形成と環境に関する調査研究―子ども，地球21世紀への旅立ち―」『科学技術庁資源調査会報告』科学技術庁資源調査会，1988年．初経年齢については，澤田昭「現代青少年の発達加速」前田嘉明編『発達加速現象の研究』創元社，1982年．

えを見つけた時である．

図Ⅰ-2-2-1の3つの世代のライフコースを比較する時，大きく変わったのは以下の6点である．

表Ⅰ-2-2-1 産婦人科的思春期と精神科的思春期との比較

|  | 始まり | 終わり |
|---|---|---|
| 産婦人科的思春期 | 第二次性徴の始まり | 定期的に月経が到来するようになったとき |
| 精神科的思春期 | 同上 | アイデンティティが確立される頃 |

①寿命が63.5歳から81.8歳へと，18.3歳も延びたこと
②初経の到来が早くなる一方で，学校卒業年齢が遅くなった．結果として，従来なかった「精神科的思春期」が新たに生まれ，急激に長くなったこと
③長子出産から末子出産までの期間である「出産期間」が12.5年から2.3年へと極端に短くなったこと
④出産する子どもの人数が5.1人から1.6人へと激減したこと
⑤長子出産から末子就学までの期間と定義された「子育て期間」が19.0年から8.8年へと短縮されたこと
⑥寿命が延びる一方で「子育て期間」が短縮したため，子育て終了後の期間が19.0年から46.3年へと延びたこと

などである．この図は，少子化や子育ての問題をはじめ，女性の生き方の問題や高齢者の介護の問題まで，現代日本が抱えるあらゆる問題を包含している．そのため，私がよく引き合いに出す図である．この図に示された時代の変化の理解なしに，現代日本の諸問題は理解できないと私は考えている．たった3世代の間にもかかわらず，日本社会も日本人の生活スタイルも大きく変わってしまったのである．現在子育て真っ最中の世代は，図Ⅰ-2-2-1の「娘の世代」よりもさらに10数年若い世代であるが，私が図Ⅰ-2-2-1に示した3世代にこだわる理由は，この3世代が時代のターニング・ポイント（変わり目）に当たるためである．

**親になるための準備ができていた初代専業主婦**

図Ⅰ-2-2-1の左端の「祖母の世代」の頃は，子どもは生めるだけ生み（平均5.1人），子どもを育てながらお年寄りを看取り，末っ子が成人するかしないかという頃には父親が亡くなり，…という時代であった．農業・漁業・林業など第一次産業中心の時代であるから，当然女性は仕事をしていた．「祖母の世代」の子育て時期は，大正末期から昭和20年代初め（1920～1950年）頃であるが，この頃までの子育ては何百年もの間ほとんど変わらずに続いてきたものである．そして，この頃までは子育ての伝承はしっかりとできていたのである．

図Ⅰ-2-2-1の真ん中の「母の世代」の子育て時期は，いわゆる日本の高度成長期（1955～1975年）に相当するもので，専業主婦が初めて登場した時代である．この世代は，言わば，初代専業主婦の世代である．この時期から子育てが大きく変化し，子育ての伝承はことごとく途絶え始める．しかし，親自身はまだ生活実体験をたくさん積みながら育ってきた世代であったため，それほど問題は表面化しなかったのである．ちなみに，1950年代の子どものいる風景を撮った『雪国はなったらし風土記』の写真は，図Ⅰ-2-2-1の「母の世代」よりも20年近く後に生まれた世代の写真が中心である．1950年代にはまだ「古き良き時代」が残っていたのである．そのため，

初代専業主婦の世代は『雪国はなったらし風土記』の写真に出てくるように，子ども時代には子守りを日常的にしていたし，家事もしていた．すなわち，親になるための準備を小さい頃から日常的に積み重ねてきた最後の世代なのである．そのため育児といっても，特に困難なことはなかったであろう．しかも，初代専業主婦には何と言っても野良仕事から解放された喜びがあった．そして，日本社会の高度成長期に当たっているため，生活はどんどん便利に豊かになり，将来にも夢があったのである．

### 「二代目，三代目専業主婦」の苦悩

「専業主婦」という言葉を何気なく使っているが，「専業主婦」という層は昔からあったものではない．前述のとおり，図Ⅰ-2-2-1の「母の世代」が「専業主婦」のはじまりの世代である．『雪国はなったらし風土記』に登場した子どもたちが都会に出てきて，サラリーマンになり，「専業主婦」になったのである．いまも同じように「専業主婦」という言葉を使うが，その育ちの環境は大きく異なるものである．そのため，私は図Ⅰ-2-2-1の「母の世代」を「初代専業主婦」と呼び，専業主婦に育てられた「娘の世代」を「二代目専業主婦」と呼んで明確に区別して考えている．というのは，同じように専業主婦と呼ばれても，その育ちの過程で体験した経験やそれに伴う価値観，感性や発想などはまったくと言っていいほど異なるのである．

図Ⅰ-2-2-1の右端の「娘の世代」が子ども時代を過ごす頃（1970年代）には，すでに日本社会は急激に変化し，生活実体験よりも間接体験・メディア体験の方が多くなりつつあった．そして，子育ての時期はあっという間に終わり，その後に40年，50年という長い人生が残っている，という世代なのである．

子育ての時期の後に40年，50年という自分自身が使える人生が残っているということは，人生を豊かにする可能性が広がったと言える．しかし一方では，子育てだけでは一生をイキイキとは生きられない時代になった，ということでもある．子育てという人生の目標がなくなった後に40年，50年という人生が残っていること，しかもその将来に展望が持てないことが現代の子育てを苦しいものにしているひとつの要因である．また，結婚をし子どもを育てることに夢が持てず，少子化が進む要因にもなっている．第Ⅱ章で紹介するように，「兵庫レポート」はこのことをデータで明確に示している．

1995年に国の少子化対策・子育て支援「エンゼルプラン」が開始されて10年以上が経過したが，最も基本のところである「なぜ子育て支援が必要なのか」について，まだ社会的コンセンサスが得られていないと私は感じている．特に専業主婦に対する子育て支援についてはその傾向が顕著である．確かに本人が選んで専業主婦になったという面もあるが，母親本人が自主的に選んだとは必ずしも言えない．母親以外に誰も子どもを見てくれる人がおらず，「やむなく」という場合も多い．男性主体の日本社会の中で，女性に子育ての負担がすべてかかっているということも歴然とした事実である．たとえ，自分で望んで専業主婦になったとしても，24時間休みなしの子育ての苦しさは，実際に経験しないとわからないものである．「兵庫レポート」では「自分の子どもをもつ前にイメージしていた育児と実際の育児とでは違いがありましたか」という質問をしている．その質問に「大いにあった」と3人に1人の母親が答えている．「なかった」は

6～7人に1人にすぎない．

　今の時代は，働いている女性への支援も当然必要であるが，在宅で子育てをしている母親への支援がより緊急度が高くなっている．それも単に子育て支援という狭いものではなく，女性として社会人としてイキイキと生きるための支援が求められているのである．親自身が自立できていないことの悪影響が，子育てのいろいろな面で出てきている．そのことは精神科「小児・思春期」専門外来での事例を通して，私が特に感じている点である．

　そして今は，図Ⅰ-2-2-1の「娘の世代」よりも10数年若い世代が子育てをしている．パラサイト・シングルとして「外では大人としてシングル・ライフを謳歌し，家では子どもとしての特権を満喫していた」世代が子育てをしているのである．子育ての現実をまったく知らないままに子どもを生み，否応なくひとりで子育てをするがために，「こんなはずではなかった！」という言葉が子育て真っ最中の親たちの多くから出てくるのである．それは，今子育てをしている世代の責任ではない．日本社会が「子どもを生み育てる」という，人類にとって最も基本的な生存環境を失いかけているということのひとつの証ではないだろうか．

## Ⅰ-2-3　心とからだの発達の順序が逆転した現代日本人

　私が，図Ⅰ-2-2-1に示した3世代にこだわり，もっと新しい世代のものを使わないでいる理由は，この3世代が時代の変化を最も明確に表現しているからである．

　図Ⅰ-2-2-1の「祖母の世代」は，10歳過ぎで社会に出て，大人と一緒に働き，「自分も大人社会でやっていける」という自信がついてから，からだが大人になりはじめた世代である．すなわち，心が大人になってから，からだが大人になっていたのである．これは人類が地球上に登場して以来30万年，ずっとこの順序で心とからだは発達していたのである．ところが，この図の「母の世代」で逆転し，「娘の世代」ではその心とからだの発達のギャップが6年あまりにもなっている．「娘の世代」では，初経（初潮）が平均12.8歳である．図Ⅰ-2-2-1では思春期の始まりを「初経」としているが，表Ⅰ-2-2-1に示したように，思春期のはじまりは「第二次性徴」の始まりと定義されるものである．ご存じのとおり，女子の場合，「乳房のふくらみ」などの第二次性徴がはじまってから，かなり経った後に「初経」は到来するものである．そのため，思春期のはじまりは図Ⅰ-2-2-1に示したよりも実際は早いのである．一方，「精神科的思春期」の終わりは，表Ⅰ-2-2-1に示したとおり「アイデンティティ（自我同一性）が確立された時期」である．わかりやすく言うと「社会的に一人前になる時期」ということである．図Ⅰ-2-2-1では「社会的に一人前」になる時期として「学校卒業」の時期を取っている．しかし，今は学校を卒業しても「社会的に一人前」とはなかなか言いがたい．そのため，実際の「精神科的思春期」の終わりはもっと後になる．すなわち，思春期の始まりはどんどん早くなり，今では小学校中・高学年で思春期に入る．一方，思春期の終わりは段々と遅くなっている．そのため，人格的にもまだ大人になりきれていない時期から子育てがはじまるのである．だから，「兵庫レポート」があきらかにしたように，「大阪レポート」の時期に比べ，育児の負担感やイライラ感，不安感は大きく増大している．親による子ども虐待がどこで起こっても不思議がない状態が広がっているの

である．

### 1960年生まれがターニング・ポイント!?

「大阪レポート」の調査対象になった母親は1950〜1955年生まれの方がほとんどであり，第一次ベビーブーム（1947〜1949年）より少し後に生まれた世代である．一方，「兵庫レポート」の対象になった母親たちの多くは1970年代前後から1975年頃までの第二次ベビーブームの時期に誕生した世代である（後述図Ⅰ-3-1-1）．図Ⅰ-2-2-1の「娘の世代」は1960年生まれである．そのため図Ⅰ-2-2-1の「娘の世代」は，「大阪レポート」の母親より少し若い世代であり，「兵庫レポート」の母親より10数年前に生まれた世代である．

図Ⅰ-2-2-1の3世代はいろいろな意味でターニング・ポイントに当たっている．例えば，前述のように「精神科的思春期」は「母の世代」から新しく生じている．今では，思春期と言えば「精神科的思春期」であり，従来の思春期（産婦人科的思春期）はほとんど意味をもたなくなっている．

一方，「1960年生まれ以降で，考え方や発想，指向，常識などがガラッと変わってしまった」という識者が多い．1960年生まれがターニング・ポイントだ，というのである．これは，図Ⅰ-2-2-1のような長いスパンではなく，戦後以降のことを念頭に置いて考えたことである．新しいタイプの不登校の出現もそうであるし，新しいタイプの少年犯罪も1960年生まれ以降にあらわれているという．また，1960年代前半生まれの人たちが社会に出た時，あまりにも従来の世代と感性が異なったため，「新人類」と言われた．そしてその「新人類」世代が家庭をつくったとき，その家庭は「ニューファミリー」とか，「友達家族」とか言われたのである．このように，1960年生まれがひとつのターニングポイントである可能性は高い．

ところで，第Ⅱ章で紹介する「兵庫レポート」が明らかにしたことの最も大きい点は，「この20数年間で日本の子育て現場が大きく変わった」ということである．考えてみると「大阪レポート」の対象者と「兵庫レポート」の対象者とは，1960年を挟んで前と後の世代になっている．「この20数年間で日本の子育て現場は大きく変わった」という「兵庫レポート」の結果は，「1960年生まれ以降で，考え方や発想，指向，常識などがガラッと変わってしまった」という多くの論調と一致するものである．

# Ⅰ-3
# 青年期の若者の諸問題と少子化

## Ⅰ-3-1　少子化の原因は，晩婚化，非婚化

　図Ⅰ-3-1-1に「出生数および合計特殊出生率の年次推移」を示す．1989年（平成元年）に丙午（ひのえうま）の年（1966年）よりも合計特殊出生率が低くなったということで，「1.57

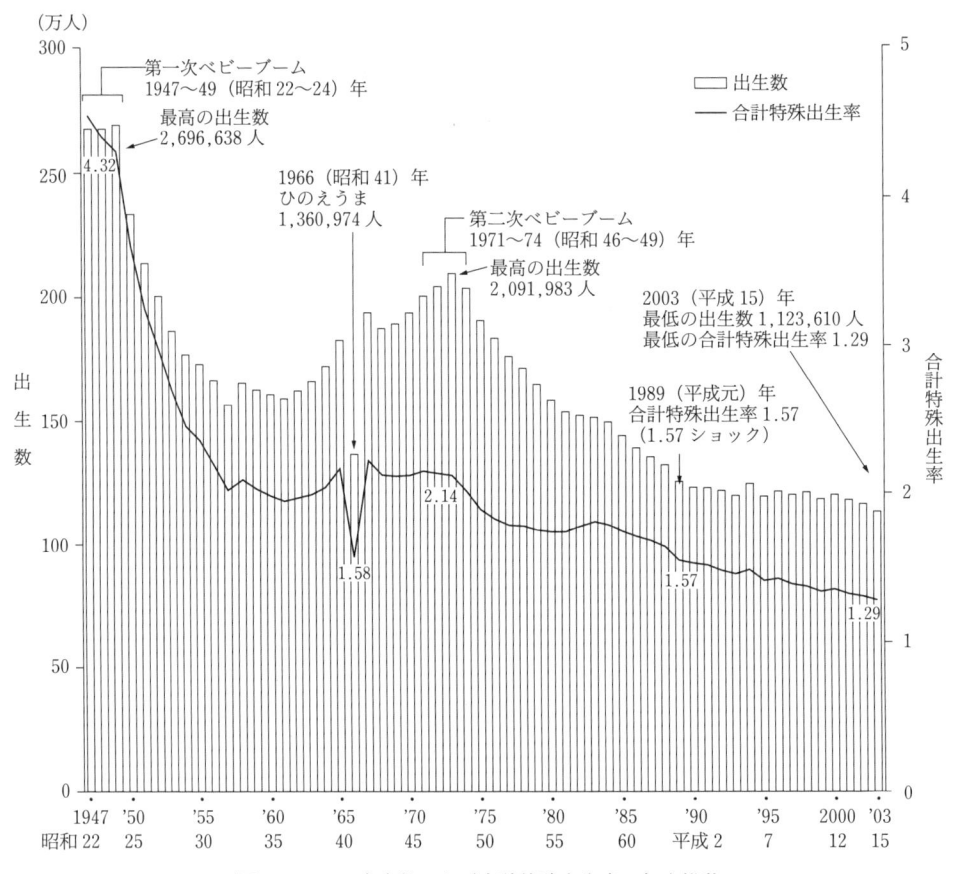

**図Ⅰ-3-1-1　出生数および合計特殊出生率の年次推移**

注：合計特殊出生率とは，15～49歳までの女子の年齢別出生率を合計したもので，1人の女子が仮にその年次の年齢別出生率で一生の間に生むとしたときの子どもの数に相当する．
資料：厚生労働省，人口動態統計．

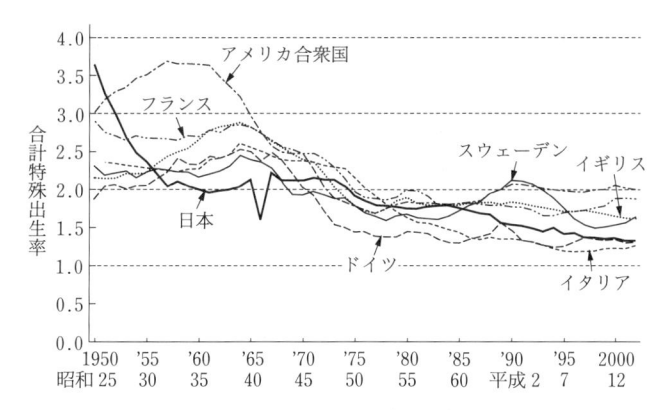

図Ⅰ-3-1-2 主な国の合計特殊出生率の年次推移

注1：点線は，数値なし．
2：ドイツは，1991年までは旧西ドイツの数値である．
3：イギリスは，1985年まではイングランド・ウェールズの数値である．

資料：厚生労働省，人口動態統計．
国立社会保障・人口問題研究所，人口統計資料集．
UN, Demographic Yearbook.
Council of Europe, Recent Demographic Developments in Europe.
U.S. Department of Health and Human Services, National Vital Statistics Report.

ショック」という流行語が生まれた．しかし，国の危機感にもかかわらず，図Ⅰ-3-1-1に示すように，合計特殊出生率の低下傾向はいっこうに止まらず，2003年には1.29となり，この先とどまる見込みも今のところない．そして，2005年には，初めて人口が減少に転じた．図Ⅰ-3-1-2の「主な国の合計特殊出生率の年次推移」に示すとおり，少子化の問題は先進諸国と言われる国の共通の問題である．この節では青年期の諸問題が提起する日本社会の問題を考えることにする．

### 「結婚をし，子どもを生み育てる人生」は，当たり前の人生ではなくなってきている

「最近は少子化で，ひとりっ子が多いから……」と言われる方にときどき出会うが，それは当たっていない．図Ⅰ-3-1-3に「平均出生児数・理想子ども数の年次推移」を示す．「平均出生児数」，すなわち結婚している夫婦が実際に生む子どもの数の平均は，ここ30年来変化はなく，かつてと同じように2～3人子どもを生んでいる．「夫婦の出生力の低下」という言葉を最近よく聞く．『平成16年版 少子化社会白書』（内閣府）でも「夫婦の出生力の低下」についてのデータが示されている．それによると，やはり1960年生まれ以降の世代から「夫婦の出生力の低下」傾向があらわれており，「平均出生児数」が低下することが懸念されている．しかしそれはここ最近のことであり，これまでの少子化の原因は未婚率の増加と晩婚化・非婚化が主因である．

図Ⅰ-3-1-4に「年齢別未婚率の年次推移」を示すが，1975年以降の未婚率の増加は驚くべきものがある．30歳代前半（30～34歳）の男子で見ると，1975年には未婚率は15％には達しておらず，30歳代前半で未婚というと少数派であった．ところが，2000年には30歳代前半の男子の

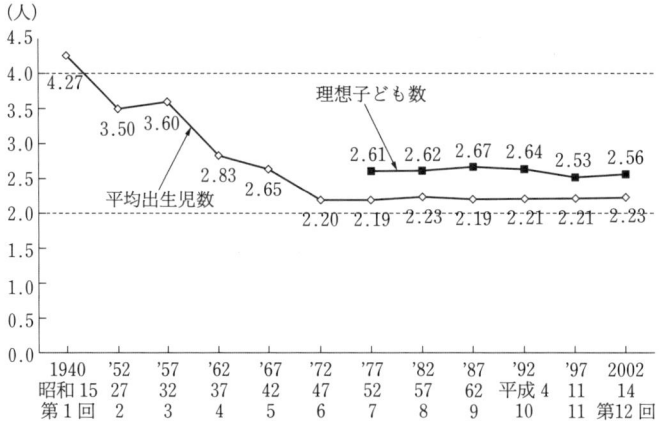

38　第Ⅰ章　精神科思春期臨床から見た「子ども・親・家族」

図Ⅰ-3-1-3　平均出生児数・理想子ども数の年次推移

注1：理想子ども数については，50歳未満の妻に対する調査
　2：平均出生児数は，結婚持続期間15〜19年の妻を対象とした出生児数の平均．第9回調査は，初婚の妻を対象とした集計である．第8回，第10回調査と同一の初婚同士の夫婦に基づいた平均出生児数は2.19人である．

資料：国立社会保障・人口問題研究所「出生動向基本調査（第10〜12回）」,「出産力調査（第1〜9回）」

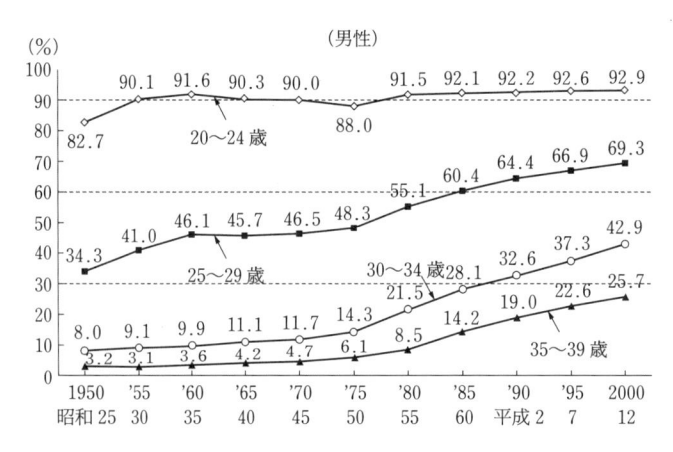

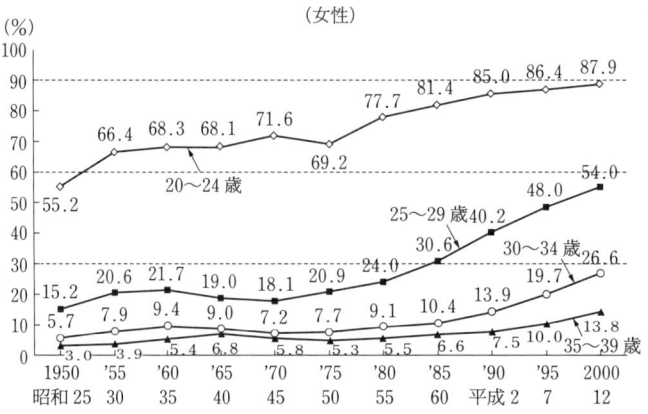

図Ⅰ-3-1-4　年齢別未婚率の年次推移

資料：総務省統計局「国勢調査」

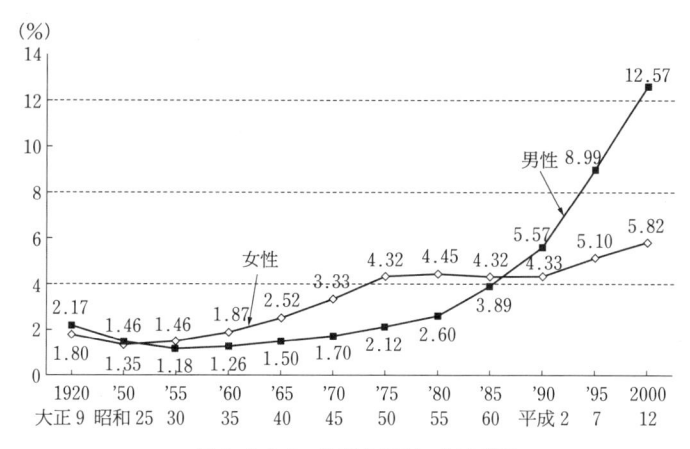

図 I -3-1-5　生涯未婚率の年次推移

注：総務省統計局「国勢調査」より算出．生涯未婚率は，45〜49歳と50〜54歳未婚率の平均値であり，50歳時の未婚率を示す．
資料：国立社会保障・人口問題研究所「人口統計資料集」

未婚率は43％とほぼ半数にまで増加している．また，20歳代後半（25〜29歳）の男子で見ても，1975年にはほぼ半数が結婚していた．ところが，2000年には未婚率が約70％となっており，結婚していない男性が3人に2人を越えているのである．図 I -3-1-5に「生涯未婚率の年次推移」を示す．「生涯未婚率」とは50歳時の未婚率であるが，1980年代以降，急上昇していることがわかる．かつては「結婚をし，子どもを生み育てる人生」が当然とされていた．しかし，今では「結婚するか，しないか」「子どもを生むか，生まないか」は，選ばれる時代になっているのである．少子化の問題は日本に限ったことではなく，先進諸国と言われる国に共通した問題である．しかし，日本の少子化は欧米諸国のそれとはちがう面もあるようである．

生物の唯一の生存目的は「種の保存」ではないか，と思う．どの動物でも，性的に成熟すれば，異性を求め，子孫を残そうとするものである．ここ数十年の間に日本人の未婚率が急上昇しているということは，生物体としては「不健康である」と言わざるを得ない事態である．

## I -3-2　国民の10人に1人が「パラサイト・シングル」という異常

"パラサイト・シングル"という言葉が一時話題になった．山田昌弘氏が使った言葉である．氏は著書『パラサイト・シングルの時代』（ちくま新書，1999年）の中で，論を展開している．少子化や晩婚化の問題についてはいろいろな議論があったが，"パラサイト・シングル"という切り口で社会学的に検証した山田氏の論は，ある意味本質を突いている．そして，少子化・晩婚化の問題だけではなく，親子関係の問題から急増するフリーターの問題，日本経済の不況の問題まで，今日本で起こっている諸問題を理解する上で"パラサイト・シングル"はひとつのキーワードである．

### 外では「一人前の大人」として振る舞い，家では「子どもの特権」を満喫

「パラサイト」とは「寄生」という意味である．1995年のデータでは，20〜34歳の独身者で親と同居（親に寄生?）している人，すなわちパラサイト・シングルがなんと1,080万人（男性565万人，女性515万人）である．2000年のデータでは，年齢が25〜39歳と5歳上の年齢層であるが，独身者が575万人（男性324万人，女性251万人）である．親との同居・別居の率がわからないが20〜24歳の独身者が690万人（男性372万人，女性318万人）であるので，パラサイト・シングルと言われる青年が1,000万人近くはいるのであろう．日本人の約10人に1人はパラサイト・シングルであるという異常事態が生じている．外では「大人」として振る舞い，家では「子どもの特権」を満喫している．まさに「王子さま」「お姫さま」である．

パラサイト・シングルの多くの女性は，一般によく言われるように「仕事との両立に悩み，結婚に踏み切れない」ということでは決してない．「結婚はしたい」と考えているのである．専業主婦指向はむしろ強くなっている．「現在の生活水準を下げたくない」のである．当たり前と言えば当たり前のことではある．すでに豊かな生活をしているがために，今の生活レベルを下げてまで結婚はしたくない．そのあたりがほんとうのところのようである．「ハンサムで，給料が高くて，家事も育児も手伝ってくれる男性，いませんか!?」という高望み（?）故になかなか結婚できないのである．

男も「結婚したい」とは思っている．しかし，「自分の給料に文句を言わず，家事から子育てすべてをしてくれる」お嫁さんを探しているのである．しかし，それはお母さんがお嫁さんに代わっただけである．だから，なかなか結婚できないし，結婚してもなかなか続かないのである．

### 子育ておよび思春期臨床のキーワード，「共依存」

「パラサイト・シングル」という言葉には若者バッシングというトーンが何となくあった．しかしこのパラサイト・シングルの急増という日本独特の現象は，子どもがパラサイトしているという側面もあるが，親が子どもを離さないという側面も強い．最近の二十歳前後の女性の名前を見ていると，フィギュアスケート選手の安藤美姫のように，「美姫」とか「夏姫」とかのように「姫」と命名された子どもをちらほら見受ける．自分の子どもに「姫」と命名する親の感覚は私には理解しかねるが，親自身が自分の子どもを「王子さま」「お姫さま」として育てようとしていることの象徴であろう．

欧米諸国で「シングル」といえば親から独立して生活をしている若者のことを指している．米国では，18歳を過ぎると特別な理由がない限り，若者は親から独立する．一方，日本では特別な理由がない限り親から離れないのである．経済的な理由もあるが，日本でパラサイト・シングルが増える大きな理由は，親が離さないことである．パラサイトしている子どもだけを責めるわけにもいかない．子どもが親に依存し，親も子どもに依存している．まさに「共依存」の関係である．

思春期臨床の場でも，この「共依存」という言葉はひとつのキーワードである．子どもが成人してからの「共依存」であればそれほど害はない．しかし，乳幼児期から親子の「共依存」関係が強い場合，精神的に幼い子どもは親の縄縛から逃れられないまま成長せざるを得ない．その結

果，思春期になり「思春期やせ症」のような重篤な精神的危機を迎えるのである．図Ⅰ-3-2-1に平成16年度版『厚生労働白書』に掲載された「心の病の推移」を示す．「うつ病」とともに「思春期やせ症（摂食障害）」が急増していることがわかる．「思春期やせ症」に象徴される思春期での危機を理解するキーワード，そして現代日本の子育てを特徴づけるひとつのキーワードは「共依存」である．

パラサイト・シングルの中には，対人関係が持てないために，定職を持たず，週刊誌を買いに近くのコンビニまで行く以外，家から一歩も出ない生活をしている，いわゆる「社会的ひきこもり」の若者の数が，かなりの割合を占めているであろう，と私は考えている．

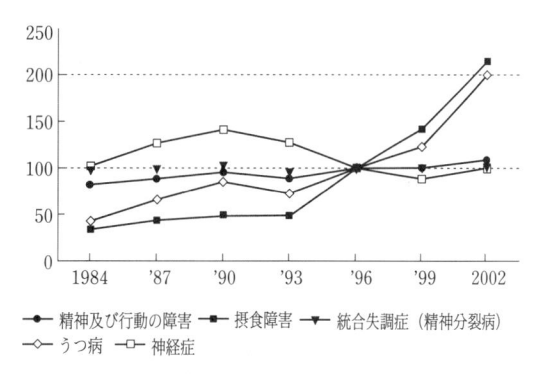

図Ⅰ-3-2-1 心の病の推移
注：1996年の受療率を100とした場合の指数
資料：厚生労働省統計情報部「患者調査」より厚生労働省政策統括官付政策評価官室作成

日本の少子化や晩婚化の問題は，親世代の自立がひとつのポイントである．親自身が子離れして，子どもの自立を促さない限り，パラサイト・シングルは増え続け，少子化はますます進むであろう．そして，少子化による子育て家庭の孤立化や高齢出産による親の高齢化は，子育て自体を困難なものにしているのである．

### 若者層の没落による「下流」層の出現，という予測

どこかで妥協したのか，とにかく結婚し，子育てをしている現在の若い子育て世代は，この少子化の日本において褒められこそすれ，誹られる存在ではない．ところで，子育て真っ最中の世代はパラサイト・シングル層とそれほど異なった思考をしているとは考えられない．事実，実家への依存度は相当なものである．「王子さま」「お姫さま」として育てられた若者が結婚し，子育てをしているのであるから，現代の子育てはたいへんなのである．当然，結婚や子育てで生じる不満やイライラは『雪国はなったらし風土記』に登場した1950年代に子ども時代を過ごした世代とは大きく異なる．そのあたりも考慮した少子化対策や子育て支援が，今求められている．

パラサイト・シングル状態は，親も子もある意味で快適で豊かな生活である．だからこそ，そこから抜けられないのである．しかし，個々の家庭は豊かでも子どもや若者の少なくなった社会は確実に活力を失う．そして，国は衰退し，結局は個々の家族も貧しくなる．また今のパラサイト状態が継続できるのは，せいぜい後10年くらいまでである．親が年を取り，経済力を失ったとき，もはやパラサイトはできない．かといって，子が自立し，親の介護をするのかというと，それは極めて期待薄である．親子ともどもに社会的弱者に転落する可能性が高い．『若者が〈社会的弱者〉に転落する』（洋泉社，2002年）の著者，宮本みち子氏はそのあたりのことを社会学的に検討・分析し，ヨーロッパ諸国のような若者対策の必要性を訴えている．

また，「新人類」という言葉を生み出したと言われるマーケティング・アナリスト三浦展氏の

最近の著作『下流社会―新たな階層集団の出現―』（光文社新書，2005年）の「はじめに」には，

> 「下流」とは，単に所得が低いということではない．コミュニケーション能力，生活能力，働く意欲，学ぶ意欲，消費意欲，つまり総じて人生への意欲が低いのである．その結果として所得が上がらず，未婚のままである確率も高い．そして彼らの中には，だらだら歩き，だらだら生きている者も少なくない．その方が楽だからだ．
>
> 団塊ジュニアは日本の社会が中流社会になってから生まれた初めての世代だ．だから団塊ジュニア以降の世代は著しい貧富の差を見たことがないまま育った．郊外の新興住宅地では，同じような年格好の，同じような年収の人が，同じような家に住み，同じような車に乗っている．みんながそこそこ豊かだ．それが当たり前なのだ．だから，「下」から「中」へ上昇しようという意欲が根本的に低い．「中の中」から「中の上へ」という上昇志向も弱い．「中」から「下」に落ちるかも知れないと考えたこともなく育った．
>
> （中略）
>
> しかし，この団塊ジュニアを中心とする若者がこれから生きていく社会は，これまでとは違う．同じ会社に勤める同期の人間でも，30歳をすぎれば給料が倍も違ってくる．極端に言えば，わずかのホリエモンと，大量のフリーター，失業者，無業者がいる．社会全体が上昇気流に乗っているときは，個人に上昇意欲がなくても，知らぬ間に上昇できた．しかし，社会全体が上昇をやめたら，上昇する意欲と能力を持つ者だけが上昇し，それがない者は下降していく．

と述べ，そういう時代の到来を前に，若い世代の価値観，生活，消費が今どう変わりつつあるのか，についてデータを元に論を展開している．そして，今後「下流社会」という新しい階層が創出されるであろうことを予測している．ところで，「兵庫レポート」の基礎となった調査の対象は，「団塊ジュニア」なのである．若者たちが没落するということは，「団塊の世代」の定年の後，急増する高齢者層も一緒に没落するということである．

2004年にNHKスペシャル『フリーター，417万人の衝撃』が放映され，フリーターを便利使いしている企業の実態があきらかになった．ここ数年，「失業者」という言葉では言いあらわせない層のために「無業者」という言葉が使われるようになった．「無業者」は，「ニート(NEET)」とよく似ている．「無業者」とは，学校にも属していないし，働いてもいない労働年齢の人で，「失業者」と違い「仕事を探していない」層のことである．現在，「無業者」が100万人はいるだろうと言われている．このように，若者の没落と下流社会の出現は，すでに始まっているのである．

日本の子育ての問題では，「今の若い親は!!」と，とかく若い親たちを責める．しかし，結婚をして子どもを育てている若い親たちは，それ自体が大きな社会貢献であり，褒められこそすれ，誹られるいわれは何もないのである．今社会が問われているのは，このような若者層の価値観をも考慮した若者対策であり，子育て中の若い親たちへの支援である．

## I−4
# 子どもの目から見た家・家族

　家庭は子どもが育つ基本単位であり，安定した夫婦関係をベースにした温かい家庭は子どもの心身の成長にきわめて重要な役割を担っていることはまちがいのない事実である．しかし，結婚したからといって，すぐにお互いに気心が知れた夫婦になり，温かい家庭が築ける訳ではない．かつては，家制度や地域社会という家族を取り巻く外枠がしっかりと存在したため，世間体や義理人情などが絡んで夫婦の破綻はあまり表面化しなかった．そのこと自体はいいことかどうかはわからないが，夫婦仲が悪いということだけで離婚ということはめったに起こらなかった．しかし，現在はきわめて簡単に離婚は成立している．国の統計でも単親家庭は確実に増えている．
　日本社会の急激な変化の中で，家族のあり方も大きく変化している．まったく別の家庭で育った二人が一緒に生活をするのであるから，新しい家庭を創る作業というか，努力は欠くことのできないものである．そのためには，家族の中でのコミュニケーションが一番大切である．しかし，現実にはなかなかうまくコミュニケーションは取れていないようである．「下宿人の集まりのような家族」という表現もかなり以前にされたことがある．大人はそれでいいかもしれないが，育つ過程にある子どもはそれでは育たない．この節では子どもの目から見た家・家族について考える．
　「兵庫レポート」の分析をすすめながら，予測していなかったデータがあまりにも次々に出てきたために，なぜだろうと考えていたとき，前述の『若者が〈社会的弱者〉に転落する』の中にあった「日本社会ではこの20数年間に親子関係や夫婦の役割関係，男女の地位，結婚観・離婚観などに関する価値観が大きく変動した」というフレーズに出会った．言われてみれば，その通りである．私は子育て現場の変化を予測して今回の調査を実施した訳ではない．むしろ，20数年という短期間に子育て現場が変わっているとは考えていなかったのである．「兵庫レポート」で明らかになった子育て現場の大きな変化は真実であろうか，と考えたとき，2つの研究が浮かび上がってきた．ひとつは，女子栄養大学足立己幸教授が実施した小学生の食卓の風景に関する調査である．この調査は，NHKスペシャル『知っていますか，子どもたちの食卓』と題して放映され紹介された．1982年と1999年の2度にわたり，小学校5年生の子どもたちに自分の朝食と夕食の風景を描いてもらったものである．1982年のデータもNHKで放映され，子どもたちが一人で食事をしていることが大きな衝撃を呼んだ．そして，1999年のデータは1982年のデータに比べ大きく変化していたのである．それも悪い方に．

もうひとつの調査は，明治大学三沢直子教授が実施した調査で，著書『殺意をえがく子どもたち』（学陽書房，1998年）に紹介されている．この調査は，統合型HTP法という描画法をもちいた調査である．1981年と1997年の小学生の描画を比べたとき，極めて大きな変化があった．「子どもたちにとって，家庭はもはやあたたかい癒しの場所ではなくなっている」と著者は表現しているが，子どもたちの描く家が小さく，かつ存在感のないものに変貌していることがひとつの特徴である．

　これらの2つの調査は，日本の家族・家庭に何か大きな変化がこの20年間に起こっていることを示しており，我々の今回の調査結果とも一致するものである．そこでこれら2つの調査結果を簡単に紹介し，子どもたちには，家や家族というものがどのように映っているのか，考えたい．

## Ⅰ-4-1 「子どもの食卓」の風景から見る家族

　1999年6月にNHKスペシャル『知っていますか，子どもたちの食卓』が放映された．翌日の読売新聞夕刊に「恐ろしい番組を見てしまった．録画していたのを深夜ひとりで見始めたのだが，あまりの怖さに2階から家人を呼びつけて一緒に見てもらったくらい．それでも衝撃の深さは変わりようがなく，一夜明けてもまだ半ば呆然としたままこの原稿を書いている．……」という記事が出ていた．筆者は著名なコラムニストである．

　調査研究をされているのは，女子栄養大学足立己幸教授である．調査対象は全国の小学校5年生．調査方法は子どもに昨日の夕食と今朝の朝食の様子を絵に描いてもらうというものである．その他にも質問紙による調査や聞き取り調査もしている．小学校5年生というのは，描画テストとしては最も適している年齢である．思春期に入りかけた年齢ではあるが，まだ家庭の状況を素直に絵に表現してくれる年齢である．子どもたちの描いた食卓の風景を見ていると現代日本の家族の状況がよくわかる．

　足立教授の研究は1982年に実施された調査結果がNHK特集『子どもたちの食卓―なぜひとりで食べるの―』でもすでに大きな反響を呼んでいた．そして，1999年に同様の調査をし，比較検討している．1982年の調査の時点で，子どもたちのひとり食べが全国的に広がっていること，それにつながる食生活のさまざまな問題点や健康上の問題が深刻であることが指摘されていた．そして，17年後の1999年の調査ではそれがますます悪化していたのである．この調査はちょうど「大阪レポート」と「兵庫レポート」との関係によく似ている．そして結果も同様である．すなわち，「大阪レポート」でも，このままの子育てでは子どもたちは健康には育たないことを指摘し，警鐘を鳴らした．しかし，今回の「兵庫レポート」の結果はさらに大きく悪化しているのである．

　図Ⅰ-4-1-1に「だれといっしょに食べましたか」という質問の結果を示している．1982年と1999年の調査結果を比べるとき，朝食も夕食もともに家族揃っての食事風景が減少し，「子どもだけ」とか「ひとり」で食べている子どもが増加していることがわかる．特に，朝食・夕食ともにひとりで食べている子が3.3%もいる．家族全員で食事をすることが「ない」と答えた子ども

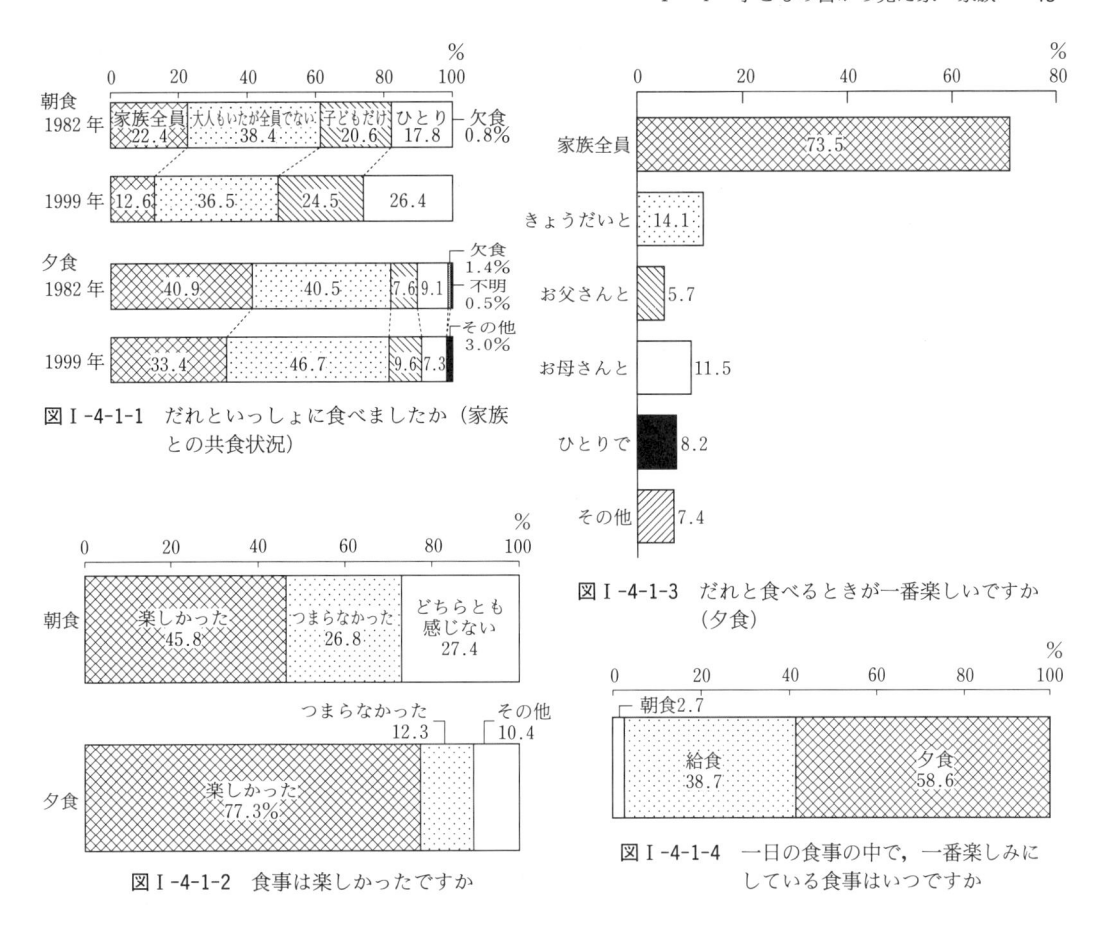

図 I-4-1-1　だれといっしょに食べましたか（家族との共食状況）

図 I-4-1-2　食事は楽しかったですか

図 I-4-1-3　だれと食べるときが一番楽しいですか（夕食）

図 I-4-1-4　一日の食事の中で，一番楽しみにしている食事はいつですか

が7.9％にも達していることが判明している．

　図 I-4-1-2～4 には，それぞれ「食事は楽しかったですか」と「だれと食べるときが一番楽しいですか」「一日の食事の中で，一番楽しみにしている食事はいつですか」という質問の結果を示している．図 I-4-1-2 では，食事が「つまらなかった」とはっきりと言い切る子どもが朝食で26.8％，夕食で12.3％も存在することは非常に気になる結果である．図 I-4-1-3 では，実際には「家族全員」で食べることは少ないにもかかわらず，「家族全員」で食べるのが一番楽しいと73.5％の子どもたちが答えている．これは「家族全員で食べたい」という子どもたちの願いである．一方で，「ひとりで」食べるのが一番いいと答える8.2％の子どもは気になる存在である．その理由は，自分の好きなテレビが見たいとか，親からいろいろ言われるのが嫌，一人が落ち着く，などさまざまである．図 I-4-1-4 に示した「一日の食事の中で，一番楽しみにしている食事はいつですか」という質問の結果はどのように解釈すればいいのだろうか．「給食が一番楽しみ」という子どもが38.7％も存在するのである．「給食が一番楽しみ」と言っても何も悪いことではない．しかし，この結果も，家族や家というものの存在が子どもたちの心に占める位置が低くなっていることを反映した結果である．

　私がびっくりした結果は，図 I-4-1-5 に示した「子どもだけで，夕食を買って食べることがありますか」という質問の結果である．「毎日」：0.1％，「よくある」：3.3％，「ときどきある」：

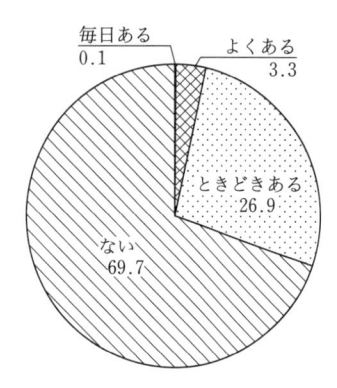

図Ⅰ-4-1-5 子どもだけで，夕食を買って食べることがありますか
- 毎日ある 0.1
- よくある 3.3
- ときどきある 26.9
- ない 69.7

26.9％となっている．子どもは夕食を自分で買って食べているのである．大半の子がコンビニで買っている．ひとり暮らしの大学生ならいざ知らず，これは小学校5年生の子どもたちの実態である．

栄養学的に見てどうかについても検討している．栄養学的に見て，合格点の朝食は8.7％，夕食は24.0％にすぎないという寒い現実が明らかになっている．ここに紹介したデータとともに，子どもが描いた食卓の風景は，『なぜひとりで食べるの―食生活が子どもを変える―』（足立己幸著，NHK出版，1983年）および『知っていますか 子どもたちの食卓―食生活からからだと心がみえる―』（同，2000年）にたくさん掲載されている．ぜひ，見ていただきたい．この豊かな日本の子どもの食事とは考えられない実態である．

「なぜ，ひとりで食べるのか」を検討した結果では，
　①ライフスタイルの変化
　②家族それぞれの生活を大事にしたい
　③子どもの希望で
という3つの理由があがっている．「ライフスタイルの変化」では，親も子どもも忙しく，生活のリズムが合わなくなっているのである．2つ目の「家族それぞれの生活を大事にしたい」という理由は，ライフスタイルの変化とも関係しているが，したいこと，させたいことがたくさんある中で，「家族それぞれがしたいことをする」という関係である．3つ目は「子どもの希望」ということであるが，見たいテレビがあるとか，親に文句を言われたくない，とかいろいろな理由があげられている．NHKスペシャルの放映では，絵を描いた子どもの生活をたどったり，家族にインタビューをしたりしていた．そこに登場した親は手を抜いているというわけではなかった．親は栄養のこととか，家族の団欒の必要性とか，わかっているのである．しかし，もっと「させたいこと」があり，「したいこと」があるのである．なにを大事にして家庭生活を営むか，子どもを育てるか，という際の，物事の優先順位が変わってきているのである．このように家族がバラバラに生活をする中で，子どもは育つものであろうか．

ここに紹介した足立教授の調査はほんの一部にすぎないが，食卓という生活の最も基本の部分でこのような実態が広がっているということに危機感を抱くのは私だけであろうか．小学校5年生というのは，思春期に入りかけた時期であり，からだの成長も著しいし，精神的にも多感で揺れ動く時期である．家庭は子どもにとって本来母港であり，激しい外海での疲れを癒すところである．このような食卓の風景が描き出す家庭というものは子どもにとって母港となり得ているのであろうか．

## Ⅰ-4-2　描画にあらわれた子どもの心の中の家・家族

　数年前からカナダの親支援プログラム"Nobody's Perfect"の日本での普及活動を私たちとともに実践している明治大学の三沢直子教授の調査結果を次に紹介する．『知っていますか，子どもたちの食卓』の足立教授は，食卓の風景を自由に書いてもらったが，三沢教授の場合は，「統合型HTP法」という心理学の分野で確立されている描画法を使用している．調査結果は『殺意をえがく子どもたち―大人への警告―』(三沢直子著，学陽書房，1998年)にまとめられている．

　三沢教授は，1997年に東京都の小学1～6年生183名，1981年に長野県伊那市の小学1～6年生242名を対象に同じ描画テスト「統合型HTP法」を実施している．この描画法は「家と木と人を入れて，なんでも好きな絵を描いてください」という指示で描いてもらうものである．私も精神科思春期専門外来で描画テストをよく使用するのでわかるが，描画テストは心の表面（意識部分）にはあらわれにくい，また，言葉ではうまく表現できない心の内部（無意識部分）をもかなり鮮明に映し出すことができる手法である．この三沢教授の調査結果は，1981年と1997年，16年しか経っていないにもかかわらず，子どもたちの描く絵が驚くほど変わってしまっていることを明らかにした．

　三沢教授の調査結果をまとめると，
①「青信号の子がいない」と言えるほど，どの子の絵も問題がある
②問題が多くなっただけでなく，その問題が両極化して，非常に多様になった
③家が小さくなった．多くの子どもたちにとって，「家」というのは，もはやお母さんや家族のぬくもりのある暖かい家ではなくなっている
④リアリティがなくなった．自分自身や他者に対して，イキイキとした関心や実感がなくなっていることを象徴している
⑤変わってしまった女の子たち
⑥破壊的な絵や，攻撃性，衝動性が認められる絵がかなり多かった
などである．

　①の「青信号の子がいない」と言えるほど，どの子の絵も問題があるという点では，1981年と比べ，1997年の絵は(i)全体的に現実感の乏しい絵になっていること，(ii)問題のある絵が非常に多いこと，が言える．かつては，問題のある絵は1～2割程度であったが，今回は，問題のない絵の方が少ない状況であった．

　②の「問題が多くなっただけでなく，問題が両極化・多様化している」ということは，例えば，躁状態を彷彿とさせるような紙面一杯にたくさんのアイテムを描く女子と消え入りそうな影の薄い絵を描く女子とに分かれているのである．この状況は現在の子育て状況とも共通するものである．

　③の「家が小さくなった．多くの子どもたちにとって，家というのは，もはやお母さんや家族のぬくもりのある暖かい家ではなくなっている」ということは，この調査結果の中でも最も信頼性の高い結果である．表Ⅰ-4-2-1に，「統合型HTP法における家の大きさの比較」結果を示している．描画は心の有り様を象徴的に表現するものである．家の大きさは，子どもの心の中での

表 I-4-2-1　S-HTP法における家の大きさの比較
（単位：cm²（縦×横））

|  |  | 1981年 | 1997年 |
|---|---|---|---|
| 1年 | 男 | 130.6 | 90.6 |
|  | 女 | 115.2 | 148.6 |
|  | 計 | 123.3 | 120.6 |
| 2年 | 男 | 160.4 | 95.6 |
|  | 女 | 137.5 | 92.7 |
|  | 計 | 149.7 | 94.3 |
| 3年 | 男 | 136.3 | 107.4 |
|  | 女 | 173.7 | 80.1 |
|  | 計 | 153.8 | 92.4 |
| 4年 | 男 | 202.0 | 125.0 |
|  | 女 | 174.4 | 174.4 |
|  | 計 | 190.4 | 144.8 |
| 5年 | 男 | 214.4 | 72.0 |
|  | 女 | 186.0 | 123.7 |
|  | 計 | 199.8 | 94.1 |
| 6年 | 男 | 146.6 | 53.9 |
|  | 女 | 149.7 | 88.3 |
|  | 計 | 148.3 | 72.9 |
| 総計 | 男 | 163.2 | 89.7 |
|  | 女 | 155.5 | 112.0 |
|  | 計 | 159.5 | 100.6 |

家や家族の大きさを象徴的にあらわしている．表をみると全体的に家の大きさは小さくなっているが，特に小学校2，3年生の絵は家の大きさは3分の2に減少し，5，6年生の絵では家の大きさは半分以下になっている．『殺意をえがく子どもたち』の中に掲載されている絵からもそのことは一目瞭然である．1981年の子どもたちの絵の中には，しっかりと存在感のある家が書かれている．一方，1997年の子どもたちの絵の中の家は小さいだけでなく，線が薄かったり，傾いていたりして，影が薄いのである．HTPとは，House，Tree，Person の頭文字を取ったものであるから，絵を描く際の指示の中に，「家」を描くことが入っている．にもかかわらず，家らしきものが見当たらない絵も存在する．

　描画法では，描いたあとその絵についてインタビューをすることが多い．その回答がまたすごいのである．「家には誰か，いますか」という問いに対して，「誰もいない」という回答が，特に1，2年生に多く，40％を越えたという．全体でも3分の1以上の子どもが「誰もいない」と答えたのである．しかし，「誰もいない」「母親はいない」と答えた子どもの家庭は，かならずしも母親が働いている訳ではなかった．「家というものが，もはやお母さんや家族のぬくもりのある暖かい家ではなくなっている」のではないか，という三沢教授の指摘は，子どもの心の発達を考えるとき，注目すべきものである．

　⑤に「変わってしまった女の子たち」という指摘がある．従来は男子と女子の絵ははっきりと区別がついた．しかし，今回は名前を確認したにもかかわらず，女子の絵を男子のものと間違えて分類したものが何枚かあったという．本書では日本社会の変化をひとつの軸にしているが，最も変わったのは女性ではないか，と私は感じている．それは悪いということではないが，なにが変わったと言っても女性ほど変わったものはないであろう．そのことが子育て現場も変えているのである．ただし，私は女性にしか期待はしていない．というか，日本の男性は現状にそれほど不満をもっていないし，問題意識も低い．女性が最も困難を抱えているからこそ，世の中を変えられるのだと私は思い，期待しながら一緒に活動をしている．

　⑥に「破壊的な絵や，攻撃性，衝動性が認められる絵がかなり多かった」があげられている．このことが『殺意をえがく子どもたち』という本のタイトルにつながっているのであるが，少年事件が頻発するのも無理はないか，という気がする．テレビやテレビゲームの世界で常にこのような殺伐とした風景を見ていることも大きく影響していると思う．そのような映像や情報を子どもに与えている大人社会が問われているのである．営利主義の日本では，売れれば何でもOKである．そして，子どもや子育て現場を有望な市場としてしか見ていない．それではいけないと思う．企業の社会的責任とは何かについて，問い直す必要があるのではないだろうか．

　ここに紹介した三沢教授の調査結果はほんの一部である．ご興味のある方は，『殺意をえがく

子どもたち―大人への警告―』の中の絵をぜひ見ていただきたい．三沢教授は「これほど大きな，しかも一般化しているとしかいいようのない子どもたちの問題に対しては，もはやお母さんや先生たちの努力だけではとうてい解決できないことを，この検査結果から痛感していました」（「まえがき」より）と書いておられる．そして，神戸の事件や栃木の事件は特殊な事件ではなく，単にプロローグでしかない，と感じていると述べている．

　以上，「知っていますか，子どもたちの食卓」と「殺意をえがく子どもたち」という2つの調査結果を紹介し，子どもの目から見た家庭や家の現状を考えた．子どもにとって，家族というものは，苗木が育つ土壌のようなものである．適度な水分と光と温かさがなければ苗木が育たないように，子どもが育つためには家庭の中にそれなりの条件が必要である．その必要最低限の環境がいま失われつつあるのではないだろうか．

# I−5
# 現代の子育ては，なぜストレスが高いのか
### ストレス理論から考える

　ここで少し横道に逸れるようであるが，ストレス理論を紹介し，現代社会はなぜ精神的ストレスが高いのか，また，ストレスに強い人と弱い人はなぜ生じるのか，について考えることにする．そのことにより，第II章で紹介する「兵庫レポート」において，なぜ子育てがそのように困難になっているのか，育児はなぜストレスがたまるのか，について考える準備をしたい．世の中が豊かになり，家庭も電化され，育児用品もそろっているにもかかわらず，なぜ現代の親たちにとって子育てがしんどくなっているのか，が理解できないと，子育て支援，次世代育成支援，子ども虐待予防などにも心の底から取り組むことはできないであろうと考える．

## I-5-1　現代社会は，なぜ精神的ストレスが高いのか
　　　　　――マズローの欲求の階層論

### 青年期の様相が変わってきている
　現代社会が精神的ストレスの高いものであることは，特に例をあげるまでもなく多くの方が実感していることである．図I-3-2-1の「心の病の推移」からわかるように，ストレス疾患という側面が強い「うつ病」が，今日本では急増している．また，図I-5-1-1に「男女別自殺死亡者数の年次推移」を示すが，1998年（平成10年）以来，自殺死亡者数は3万人を越えている．特に男性に多いが，中でも50歳代男性の自殺死亡者数が突出している．これはバブル崩壊後の不況とそれに伴うリストラなどが大きく影響しているものと考えられる．
　ところで1966年医学部のインターン闘争に端を発した大学紛争が終わった頃（1970年代前半）から，まじめに授業に出るなど「大学生の質が変わった」ということが大学人の間で言われていた．その頃を境に，青年期の様相が変わったのではないかという推論を支持するデータがある．図I-5-1-2に示す「性・年齢階級別自殺死亡率の推移」である．図からわかるように，1950年や1960年のグラフでは，20〜24歳の年齢層で自殺率が高く，はっきりとしたピークを形成していた．ところが，1980年代以降では，20歳代の自殺率は30歳以上のどの年齢層よりも低くなっている．このことは当然悪いことではないが，青年期の様相が1960年生まれ前後を境にして大きく変化したことは確かである．

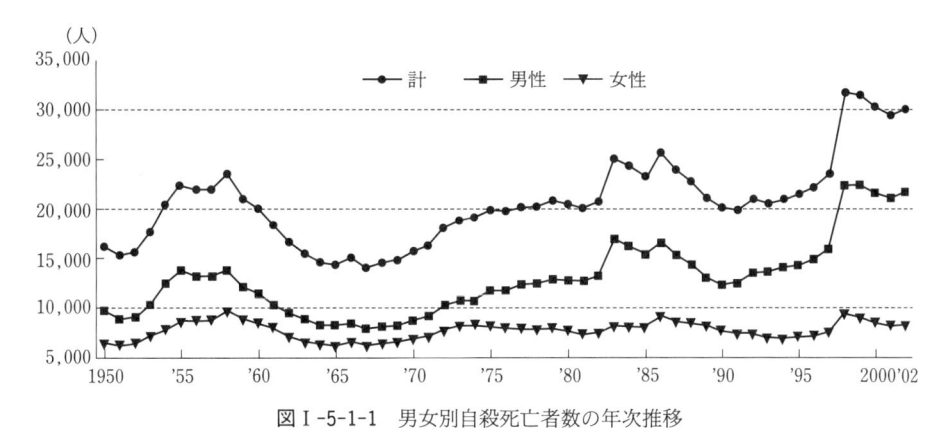

図Ⅰ-5-1-1 男女別自殺死亡者数の年次推移
資料：厚生労働省統計情報部，人口動態統計．

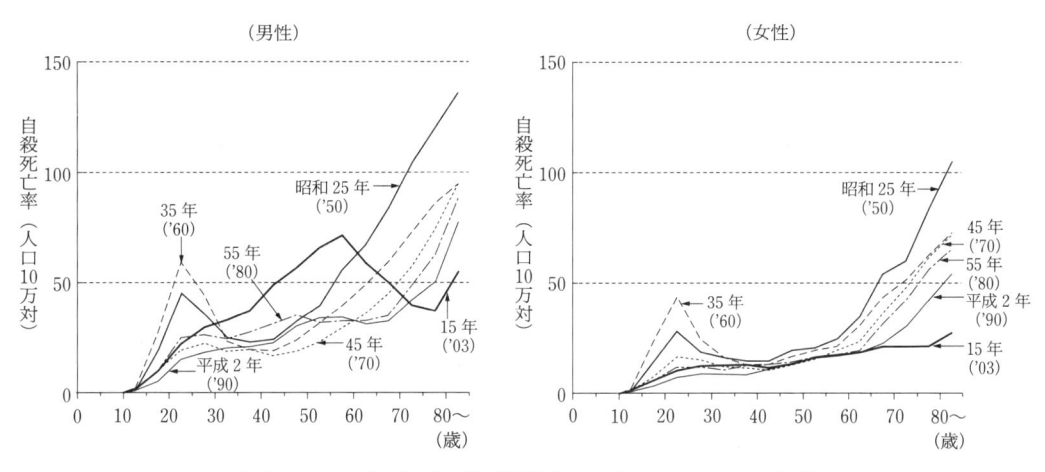

図Ⅰ-5-1-2 性・年齢階級別自殺死亡率（人口10万対）の推移
資料：厚生労働省，人口動態統計．

ちなみに，大学紛争を起こしたのは，「団塊の世代」である．「大阪レポート」の調査対象になった母親たちの多くは，1950年代前半生まれであり，「団塊の世代」の少し後に生まれた世代である．一方，「兵庫レポート」の調査対象となった母親たちは1970年代の生まれであり，「団塊ジュニア」である．すなわち，この2つの「レポート」が対象とした母親たちは，生活体験や思考方法，価値観などが質的に大きくちがっていても不思議はない．事実，第Ⅱ章で紹介するように，私の予想をはるかに超えて「大阪レポート」と「兵庫レポート」のデータは異なっていたのである．

### マズローの基本的な考え方と「欲求の階層論」

現代社会では，なぜストレスが高いのか，を説明する理論として「マズローの欲求の階層論」（アブラハム・マズロー，1908-70年，米国の心理学者）がある．「人間は何らかの欲求をもっている．人間の行動は，この欲求を満足させるためのプロセス（過程）であり，欲求は人間のエネルギーの源である．そして欲求が満たされていないとき，人は精神的ストレスを感じる」という考

え方がマズローの理論の前提である．そして，マズローは「人間は欲求を満たすために，なんらかの行動をとる．しかし，満たされていなかった欲求が満たされると，その欲求はもはや行動を動機づける力をもたなくなる」と考える．これがマズローの基本的な考え方である．

図Ⅰ-5-1-3に「マズローの欲求の階層」を単純化して示す．図のように，人間の欲求には階層がある．下位から，「生理的欲求」「安全の欲求」「所属，愛情欲求」「承認の欲求」とあり，最上位に「自己実現への欲求」がくる．それぞれの欲求をわかりやすく述べると，

　生理的欲求　　　：人間が生きる上で欠かすことのできないもの（例えば，空気，水，食べ物，睡眠など）に対する欲求
　安全の欲求　　　：身の安全や生活の安定，不確実な状況を回避したいという欲求
　所属欲求　　　　：人と関わりたい，どこかの集団に所属したいという欲求
　愛情欲求　　　　：人から愛されたいという欲求
　承認欲求　　　　：自分の所属している集団から，価値のある人物として評価されたい，尊敬されたいという欲求
　自己実現の欲求　：自分の能力や希望，可能性を社会的に実現したいという欲求．そして，自分らしい人生，自分にしかできない人生を生きたいという欲求

である．そして，下位にある欲求ほど基本的なもの，生きるために必要不可欠なものである．たとえば，最も下位にある「生理的欲求」は人間が生きる上で欠かすことのできないものである．現代日本ではこれらの「生理的欲求」の多くは満たされている．食べ物や水などは簡単に手に入る．そうなると，生理的欲求はもはや人が何か行動を起こす原動力にはなり得ず，人は次の満たされていない欲求に向かうのである．そして，上位の欲求に行くほど実現がむずかしくなる．いわゆる先進諸国では下位の欲求にあたるものはすでに実現されており，人々は上位のより実現困難な欲求を求めようとする．そのため，欲求が実現されず，精神的ストレスが溜まる．これがマズローの欲求の階層論による，「現代社会は，なぜストレスが高いのか」の説明である．

昨今の日本では，ツキノワグマが人家を襲ったり，誘拐殺人事件などの人為的な事件も多発している．そのため，「安全欲求」は下位にあるが必ずしも満たされているわけではない．この例が示すように，欲求は図Ⅰ-5-1-3のように単純に下位から上位に積み上げられる訳ではない．にもかかわらず，このマズローの欲求の階層論は「現代日本社会が，なぜストレスの高い社会なのか」を理解する上で非常に有効である．

「家庭は電化されているし，紙おむつもあるし，子どもも少ないし，野良仕事がある訳でもない．なんで今の親たちは子育てがしんどいというのか」という声をよく聞く．確かに，「団塊の世代」以前の人が，自分の子育て体験と比べて，現代の子育てが楽に違いない，と思うのは当然かと思う．しかし，現在子育て真っ最中の世代は「団塊ジュニア」世代である．子どもの時から豊かであり，家庭も電化されていたし，家業を手伝うこともなかったのである．だから，マズローの欲求の階層論から考えると，家事が電化されているとか，家業を手伝う必要もなく子育てに専

図Ⅰ-5-1-3　マズローの欲求の階層

念できるとか，ということは，なんの満足も与えてくれないのである．第II章で述べるが，現在の母親たちの育児におけるストレスの大きな原因は，"育児で努力している自分を誰もほめてくれない"という承認欲求や，"育児のために自分のしたいことができない"という自己実現欲求が満たされないことである．

## I-5-2　乳幼児を知らないことが育児でのストレスを高めている

「大阪レポート」においても当時の子育ては，ストレスの高いものであった．そして，20数年後の「兵庫レポート」では子育てにおけるストレスは，私の想像をはるかに超えて増大していた．子育て中の母親たちのストレスを理解する上で，前項ではマズローの「欲求の階層論」を使い，説明した．ここでは「ストレスマネージメント」の理論を紹介する．

### (1) 精神的ストレスとは何か

何気なく「精神的ストレス」あるいは単に「ストレス」という言葉を使っているが，まず準備段階として「精神的ストレス」とは何か，について述べる．

図I-5-2-1は，「精神的ストレス」を概念的に説明した図である．「精神的ストレス」とは，簡潔にいうと，「ストレッサー」に対する「からだや心の反応（ストレス反応）」である．ここでのポイントは，何気なく使っている「精神的ストレス」を，その原因である「ストレッサー」と，その結果である「ストレス反応」に分けて考えている点である．

#### ストレッサーを知ろう

ストレッサーとは，ストレス反応を起こす原因であるが，私たちが受ける刺激は何でもストレッサーになり得る．一般にストレッサーは以下の3つのタイプに分けられる．

①物理的・化学的ストレッサー：暑さ，寒さ，太陽光線，騒音，薬物，悪臭など
②生物的ストレッサー：蚊，細菌，ウイルス，花粉など
③社会的・心理的ストレッサー：配偶者の死，離婚，会社の倒産，OA化，転勤など

これら3つのタイプの内，物理的・化学的ストレッサーや生物的ストレッサーは科学技術の発達で解決可能なものが多い．一方，社会的・心理的ストレッサーは，現代日本においてはますます複雑化・多様化し，精神的ストレスの大きな原因となっている．

ストレッサーの分類方法として，図I-5-2-2に示すようにストレッサーの持続時間で分ける方法も有用である．主に社会的・心理的ストレッサーに使われる．「トラウマティック・イベント（traumatic event：心的外傷体験）」は，比較的持続が短期間のものが多い．地震や戦争，交通事故，レイプ，家庭内暴力（DV：Domestic

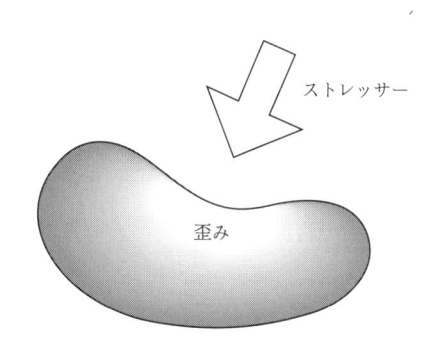

図I-5-2-1　精神的ストレスの概念図
「精神的ストレス」とは，「ストレッサー」に対する「歪み」，すなわち「からだや心の反応（ストレス反応）」である．

Violence）など，生命を脅かすような衝撃的な出来事である．それが後々まで精神的な問題を生じるとき，PTSD（心的外傷後ストレス障害）という．図Ⅰ-5-2-2の中にある「ライフ・イベント」とは，生活をする上で起こる出来事である．たとえば，よい「ライフ・イベント」としては，結婚や子どもの誕生，子どもの入学，引っ越し，昇進など．悪い「ライフ・イベント」としては，自分自身や家族の大きな病気やけが，暮らし向きの急変（例：収入の大幅減少，多額の借金）など．しかし，「よいイベント」か「悪いイベント」かは，人と場合により異なるものである．また，「よいライフ・イベント」でもストレッサーになる．

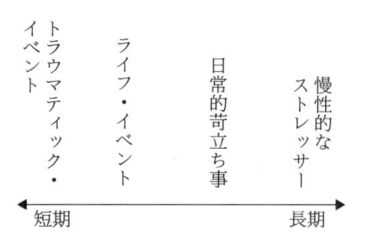

図Ⅰ-5-2-2 持続時間によるストレッサーの分類

（縦書きラベル：トラウマティック・イベント，ライフ・イベント，日常的苛立ち事，慢性的なストレッサー／短期 ← → 長期）

「日常的苛立ち事」は，持続的，慢性的な出来事である．「ライフ・イベント」は，しょっちゅう体験するものではないが，「日常的苛立ち事」はしょっちゅう体験するものである．そのため，「ライフ・イベント」よりも健康に与える影響が大きいと言われている．「日常的苛立ち事」とは，例えば，近隣とのトラブル，家事，多忙，職場の人間関係，育児などである．本書では，「日常的苛立ち事」の典型例として挙げられている育児がテーマである．

「慢性的なストレッサー」は，解決の目途のつかないライフ・イベントや長期に続く日常的な苛立ちである．例えば，夫婦の不仲，離婚問題の長期化，慢性的な多忙，仕事量の多さ，職場の人間関係のこじれ，などである．子育てにおいては，夫婦の問題が大きい．夫への不満が子どもに向かうことはよくあることである．その場合，母親が気づいていない場合が多い．第Ⅳ章で紹介するカナダの親支援プログラム"Nobody's Perfect"では，夫婦の問題をトピック（話題）として扱うことがよくある．その際に，「子育てのイライラが子どものせいだ，と思っていたが，実際は夫に対する不満が最も大きいことがわかった」と言われる母親がよくいる．問題の所在がわかると解決の方法も見つかるものである．

### 子育て時代は，強いストレッサーに曝されている

ストレッサーの大きさを図るための代表的な質問紙として，「ホームズの生活変化尺度」がある．この質問紙は，「人は生活の変化に弱い」という点に着目したもので，43項目の代表的なライフ・イベントが並べられている．そして，過去1年間に経験したライフ・イベントを点数化する．その判定基準は，点数の合計が300点以上の人は近い内に心筋梗塞やうつ病などの病気になる可能性が80％，150〜299点の人は50％，150点以下の人は30％，という刺激的なものである．この質問紙を見ていて興味深いことは，結婚とか，子どもができるとか，昇進とか，一見いいことに思えるライフ・イベントに高い点数がつけられていることである．

ところで，子育て中の母親について考えてみると，結婚から出産，そして子どもの成長とともに大きく変わる子育て状況など，目まぐるしい生活の変化を体験している．若さ故にこのようなストレスの高い状況を乗り越えられるのであるが，……．このように，子育て時代には，親は強いストレッサーにさらされている，という認識が大人社会にも必要ではないだろうか．

## (2) ストレスに強い人，弱い人

　私は大学で「ストレスマネージメントと福祉」という講義を担当している．先日，「ホームズの生活変化尺度」を学生に実施したところ，450点というきわめて高い点数の女子学生がいた．判定基準から考えると，近い内に心筋梗塞やうつ病などの病気になる可能性が80％であり，本人はびっくりして青ざめた．この学生はいたって健康である．理由があって，1年間休学し，復学したところであった．休学した1年間にいろいろな出来事があり，450点にもなったのである．1週間後の講義時間にストレス反応の大きさを調べるための検査「日本語版GHQ（精神健康調査票：The General Health Questionnaire）」を実施したところ，その女子学生は「ストレス反応」をほとんど示していないことがわかった．すなわち，すごい強さのストレッサーを受けたにもかかわらず，それらを何とも感じていないのである．その結果を見て，本人はずいぶんと安心したようである．

　このように人によりストレス耐性は異なるのである．すなわち，同じストレッサーにさらされても人によりストレス反応の程度は異なるのである．

　なぜ人によりストレス耐性は異なるのか，を説明する理論として，米国の心理学者ラザルスとフォークマン（Lazarus & Folkman, 1984年）の「心理学的ストレスモデル」がある．ラザルスは「人によりストレスに対する耐性の違いがあるのは，ストレッサーをどう感じ（認知的評価），どう対処するか，の違いだ」という理論を出した．図Ⅰ-5-2-3 にラザルスの「心理学的ストレスモデル」を図式化して示している．ストレッサーをどのようにとらえるか（認知的評価）により，ストレッサーへの対処が異なってくる．その結果，ストレス反応も異なってくるのである．と同時に，認知的評価が同じでも，対処能力（社会生活技能：Social Skills）のちがいによりストレス反応も異なってくるのである．

### 「どう感じるか，どう受け止めるか」は人により異なる

　同じ出来事を「どのように感じるか，その意味をどう受け止めるか」は，その人の価値観に大きく左右されるものであり，人により大きく異なるものである．

　我々が取り組んでいるカナダの親支援プログラム"Nobody's Perfect"のキーコンセプトは「価値観の尊重」と「体験を通して学ぶ」の2つである．「価値観の尊重」というのは，「価値観というものは，その人のこれまでの人生の中で培われてきたものであり，人により様々である」ということと，「人は自分の価値観が尊重されるとき，最も学習効果が上がる」という考えに基づいている．"Nobody's Perfect"のセッションの中では，価値観は人により異なることを体験してもらうアクティビティー「私って，どんな人？」を使うことがある．その際に使用する質問紙の一例を表Ⅰ-5-2-1 に示すが，この質問紙は参加者に合わせて，毎回変えるべきもの

図Ⅰ-5-2-3　ラザルスの心理学的ストレスモデル
「ストレッサー」をどのようにとらえるか（認知的評価）により，「ストレッサー」への対処（コーピング）が異なってくる．その結果，「ストレス反応」も異なってくる．

表Ⅰ-5-2-1　「私って，どんな人？」質問紙(作：原田寿子)

| 1 | 子どもは，厳しくしつけた方が良い | そう思う・どちらともいえない・思わない |
| 2 | 夫も家事をするべきだ | そう思う・どちらともいえない・思わない |
| 3 | 子育て中に，母親が自分の好きなことをするのは良いことではない | そう思う・どちらともいえない・思わない |
| 4 | 子どもは，毎日外で遊ばせなくても良い | そう思う・どちらともいえない・思わない |
| 5 | 子どもの態度が悪いのは，親のしつけ方が悪いからだ | そう思う・どちらともいえない・思わない |
| 6 | 子どもを誰かにみてもらって，夫と遊びにいくことは悪いことだ | そう思う・どちらともいえない・思わない |
| 7 | 子どもは，早いうちにいろいろな教育を受けさせる方が良い | そう思う・どちらともいえない・思わない |
| 8 | 掃除は毎日するべきだ | そう思う・どちらともいえない・思わない |
| 9 | 車に乗るときは，チャイルドシートがなければ乗らない | そう思う・どちらともいえない・思わない |
| 10 | 子どもは，けんかをしない方が良い | そう思う・どちらともいえない・思わない |
| 11 | 子どもが昼寝をしている間に，買い物に行くことは悪いことだ | そう思う・どちらともいえない・思わない |
| 12 | 子どものクセは，できるだけ直すようにした方が良い | そう思う・どちらともいえない・思わない |
| 13 | 自分の子どもがよその子どもに乱暴なことをしたら，親はまず謝るべきだ | そう思う・どちらともいえない・思わない |

である．セッションの中では，質問紙にさっと記入してもらった後，回答の「はい」「どちらでもない」「いいえ」に従って並んでもらう．そうすると，参加者がきれいに3つに分かれる質問も多い．すなわち，ひとつの質問に対して，その回答は人それぞれなのである．日本では「みんな一緒」指向が強いが，実際には価値観は人それぞれである．図Ⅰ-5-2-3のラザルスの「心理学的ストレスモデル」に従えば，価値観が異なれば，受け止め方も異なる．受け止め方が異なれば，受ける心理的プレッシャーも異なるのである．

### (3) 現代の育児は，なぜストレスが高いのか？

さて，現代の育児が，なぜストレスが高いのか，を考えてみる．すでに，マズローの欲求の階層論から，現代の育児におけるストレスは，育児が誰からも評価されないことや母親の自己実現が育児により妨げられていることが大きな原因であることを述べた．これについては，第Ⅱ章9節で「兵庫レポート」のデータを検討する過程で，さらに詳しく述べる．

**「認知的評価」の問題：赤ちゃん（子ども）の要求がわからない**

「大阪レポート」でもそうであったが，「兵庫レポート」の対象となった親たちの最大の問題は，育ちの中で，乳幼児を知る機会がほとんどなかったことである（図Ⅱ-5-2-1，2参照）．乳幼児を遊ばせたり，抱っこしたりという体験はほとんどない．まして，小さい子に食べさせたり，おむつを替えたり，という育児経験は半数以上の母親がほとんどないままに，自分の子を抱くのである．そして，「さぁ，お母さん！　ちゃんと育ててね」と責任を一任される．

そのような状況の中で始まる育児を，図Ⅰ-5-2-3のラザルスの「心理学的ストレスモデル」に従って考えてみる．当然のこととして，「赤ちゃんや子どもが何を要求しているのかが，わからない」という母親たちが多いことがわかっている（図Ⅱ-5-5-1）．このことを図Ⅰ-5-2-3で考えると，「認知的評価」の問題がクローズアップされる．何を赤ちゃんや子どもが要求しているのか，がわからない場合，どう対処したらいいのか，当然わからず，育児に自信がもてない，という事態が生じることは容易に想像できることである．現実にそのようなことが子育て現場で生じているのである．第Ⅱ章で紹介するが，「赤ちゃんや子どもが何を要求しているのかが，わか

らない」（図Ⅱ-5-5-1）あるいは「自分の育児に自信がもてない」（図Ⅱ-5-6-2）と訴える母親は，育児におけるストレスが非常に高いことがわかっている．

**「対処能力」の問題：赤ちゃん（子ども）にどうかかわっていいのか，わからない**

　育児でのストレスは，出産後退院してからの1か月くらいが高いであろうことは想像がつくことである．確かに，退院後の1～2か月間は心配が多いし，育児の手助けも欲しいと母親たちは訴えている．ところが，それでおさまるかというと，実際には子どもが1歳前後から心配が増え，イライラ感や負担感は3歳児健診の頃が最も高いのである．

　子どもが3歳にもなれば，何を要求しているかはわかる．しかし，どう子どもにかかわったらいいのか，却ってわからないのである．2歳児は"恐怖の2歳児"と言われているくらい，対応に困っているようである．まだ言葉で意志を伝えることができないので「いや，いや」が多く，同年代の子どもと遊ぶというところまで成長していないのでけんかも多く，母親たちは手を焼いている．すなわち，図Ⅰ-5-2-3のラザルスの「心理学的ストレスモデル」に従って考えてみると，「対処方法」がわからないのである．経験不足により，2～3歳児をうまく遊ばせるスキルを持ち合わせていない．だから，ストレスが溜まるのである．『雪国はなったらし風土記』に登場した世代であれば，幼児の相手をすることには慣れていて，いろいろとスキルを持ち合わせている．しかし，現代の親たちはそのようなスキルを身につける機会がなかったのである．そのため，育児でのストレスが高くなるのである．このように，図Ⅰ-5-2-3のラザルスの「心理学的ストレスモデル」に従って考えてみると，現代の親たちの苦労がよくわかる．

　以上簡単に育児でのストレス場面を紹介した．第Ⅱ章ではデータを示しながら，もう少し丁寧に説明する．

# I−6
# 地域の子育て力，教育力を育てよう

　これからの子育てを考えるとき，個々の家庭の努力だけでは限界があると私は強く感じている．本章の終わりに当たり，これからの子育ての方向について，「いじめ」対策を例に考えることにする．

　私は「いじめ」については，学校で，また子ども集団の中で起こっていることなので，精神科医としては出番がないような気がして，それほど関心を寄せていなかった．私が「いじめ」の実態に衝撃を受けたのは，1994年11月の大河内清輝くんの自殺を契機にマスコミの「いじめ」大キャンペーンがあり，その年の12月にNHK総合で放映された『中学生日記』に出演している名古屋放送局の劇団員の中学生による「緊急クラス討論」を見たときである．期待もせずにスイッチを入れたが，その討論に私は釘づけにされた．生身の中学生が自分の体験として，「もう何度も死のうと思った」「小学校からの一番仲のよい友だちに相談したら，"私を巻き込まないで"と言われ，ショックを受けた」「教室に行くと机が廊下に放り出されていた」「なぜ，いじめるのか」と涙ながらに訴えた．それに対して，「いじめられる方にもいじめられるだけの理由がある」「いじめると，スカッとする」などという，いじめる側の生徒もいて，喧々囂々の討論であった．私は今の子どもたちが日常的に「いじめ」と背中合わせの学校生活を送っていることを実感した．それから，「いじめ」関係の出版物などにかなり目を通した．

　そして，機会があり，拙著『小学生の心がわかる本―低学年と高学年でちがう処方箋―』（農文協，2001年）という単行本を上梓した．それは，不登校，キレる子，「いじめ」，そして「学級崩壊」の4つのテーマで4章構成になっている．基本的な考え方は，プロローグで述べたFSCCネットワークサポートの考え方である．乳幼児期はなんとか個々の家庭の努力で問題が解決できるが，子どもが小学校に入り，「いじめ」や「学級崩壊」などが起こってきたとき，個々の家庭の対応では明らかに限界がある．

## I-6-1　学齢期の「いじめ」の後遺症が，子育て中の親同士のコミュニケーションを阻害している⁉

　精神科「小児・思春期」専門外来での診察を通して，「いじめ」により子どもたちが受ける心の傷はきわめて深いものであることを私は実感している．社会が変わり，子育て環境が変わる中

で，子どもたちの育ちが変わり，今では"これ以上いじめてはいけない"という限界をすぐに越えてしまう状況が生まれている．どの子も，安心して安全に学校生活を送る権利がある．しかし，今日本ではその権利が侵されている．

暴力やおどし，蔑み，仲間はずしなどの「いじめ」行為は，受ける側に強い恐怖体験を与える．そして，いじめられている子は「いじめられるのは，ぼくが悪いのでは?」「わたしがいけないからでは……」と，自信を失っていく．本来いじめっ子が責められるべきなのに，いじめられている子が自分で自分自身を責めて，自尊心を失っていく場合が多い．この自尊心（self-esteem）というのは，小学生時期の心の発達課題のひとつで，「誰が何と言おうと，自分には自分なりの力があり，長所がある」と自分自身を尊重する気持ちのことである．そして，この自尊心こそ"生きる力の根源のひとつ"である．それが「いじめ」では大きく損なわれる．

義務教育である小・中学校が子どもたちにとって，安全で安心できる場でなくなっているという現実を大人社会はもっとしっかりと認識する必要がある．そして大人が真剣に取り組まない限り，「いじめ」の解決はない．

### 「いじめ」とPTSD

阪神・淡路大震災を契機に，PTSD（Post-Traumatic Stress Disorder，心的外傷後ストレス障害）という言葉がマスコミなどに多く登場するようになった．震災という自然災害で受けた心の傷がもとで，それ以降もいろいろと心身に不調をきたすことをPTSDという．「いじめ」の場合も，「いじめ」を受けている期間だけでなく，後々になっても「同年代の集団には怖くて入れない」というような対人関係での支障をきたすことが多い．これも典型的なPTSDである．特に，小学校時代から長期にわたっていじめられてきた子どもの場合にはPTSDが顕著に見られる．

私が子育て支援のボランティア活動をしながら感じることは，母親たちの対人関係のぎこちなさである．これも「いじめ」の後遺症ではないか，と感じている．直接いじめられた人もいれば，いじめていた人もいる．また，「いじめ」の中心人物ではなかったが取り巻きとして，「いじめ」に加わった人もいるし，それを遠巻きに眺めていた人もいる．多くの人たちが「いじめ」のターゲットが自分に向かないように，友だちとの表面的なつきあいに終始し，目立たないように，細心の注意を払って長い学齢期を送ってきている．このことが子育てにおいて，親同士のコミュニケーションをぎこちないものにしているのである．

そういう意味で，「いじめ」対策は現在学齢期の子どもたちにとって重要ということだけでなく，次の世代を育てる上でも大きな意義を持っている．

## I-6-2 「子どもの心の発達」と「地域の問題解決能力」という2つの視点

### 「いじめ」はどこででも起こり得るもの

大河内くんの自殺を契機としたマスコミの「いじめ」反対大キャンペーンは，翌年1月に発生した阪神・淡路大震災で吹っ飛んでしまった．今はまた，「いじめ」自殺など無いかのような雰囲気になっている．しかし，「いじめ」自体はますます深刻化しているように感じる．「いじめ」

は決して鎮静化していないばかりか，ますます深刻化している．

　「いじめ」という行為は人間のもつ本能的なものだ，と私は思っている．ストレスにさらされた人間が自分の心のバランスを保つために，人をいじめるのである．「いじめ」はいじめっ子の"心のSOS"という側面もある．そのため，「いじめ」はどこでも起こり得る．「いじめ」は"あってはならないもの"と考え，その事実を隠したり，事実そのものを見ないようにしている学校もいまだに多い．しかし，「いじめ」は本来小・中学校では，あるのが当たり前である．そこから目をそらすのではなく，その「いじめ」事件を通して，子どもや親，学校，教師が一段と高まるような取り組みをしていきたいと思う．

　そのためには，従来のように閉ざされた学校のままで，すべてを教師で対処しようという姿勢では解決できない．「いじめ」は教師の見えるところでは，普通はしないものである．また保護者の側も，すべてを教師に任せて，学校を責めるだけでは事態は何も解決しないことを自覚する必要がある．これからは保護者が学校に積極的に参加していくことが必要である．保護者や学校，大人社会が真剣に「いじめ」に対応しないかぎり，「いじめ」は解決しない．私が子育て支援をしているのは，学校と親と地域が一体となって子どものことを考えられるような社会をつくりたいがためである．

### 年齢を無視した「いじめ」議論には，大きな落とし穴がある

　「いじめ」に関する書物はたくさん発刊されている．私は「いじめ」に関する本を取り寄せて片っ端から読んでみた．それぞれにすぐれた本だと思う．しかし，1995年当時にたくさん出された本の中では，実践的な解決方法がまだ明示できていなかったように思う．それだけ「いじめ」問題はむずかしいのだと思うが，特に「子どもの心の発達」という視点と「地域の問題解決能力」という2点が見事に欠落していると私は感じた．

　「子どもの心の発達」という視点がない，ということを言い換えると，年齢を無視して「いじめ」が議論されているということである．私が伝えたいメッセージのひとつは「年齢に見合ったかかわりをしたい」ということである．子育てにおいてもそうであるが，「いじめ」や不登校ではなおのこと，年齢に見合ったかかわりが必要である．

　1994年当時のマスコミなどの議論はもっぱら思春期の子どもたちの，事件となった「いじめ」をテーマにしていた．そして，「いじめは絶対いけない，いじめを根絶しよう」という大合唱が起こった．しかし，「いじめを根絶する」という目標設定は正しいのだろうか．これらの「いじめ」論議には，少年・少女期の友だち仲間の組み替え過程におけるいざこざから，中学生の恐喝や殺傷行為などまさに犯罪行為まで，なんでもかんでも「いじめ」という言葉でひとまとめにして議論している．そこにひとつの大きな問題点がある．それにも増して，年齢を考慮せずに議論されているところに最大の問題があったように思う．

### 「これ以上してはいけない」という線を子どもたちに体得させる具体的取り組みが必要

　私が参加しているボランティア団体『こころの子育てインターねっと関西』の活動の中で出会う母親たちの声を聞いていると，「いじめは絶対いけない，いじめを根絶しよう！」という大合

唱の中で，砂場での幼児のぶつかり合いに親が出てきて，「いじめた」「いじめられた」と親同士のいがみ合いにまで発展するという．そのような事態がいたるところで起こっているとのこと．そのため，「子ども同士遊ばせるのが怖い」という親も多く，「母子カプセル」状態の子育てを助長している実態がある．これでは「いじめ」がなくなるどころか，逆効果である．幼児期から小学校時期には，子ども同士のぶつかり合いやいじめ・いじめられ体験は絶対に必要な生活体験である．それらの時期でのいじめ・いじめられ体験の中で，子どもたちは生きた対人関係を学び，「これ以上してはいけない」という線を体得していくのである．

「いじめは絶対いけない，いじめを根絶しよう！」という主張はわかりやすい．しかし，そのような○か×かの議論は弊害が多い．人の心や人間関係はそんなに単純ではない．「いじめ根絶」というような○×式の目標を設定し，声高に叫ぶだけでは，何も効果があがらない．

「いじめ」をほんとうに解決するためには，「いじめ」が多くなってくる小学校時期に，具体的な「いじめ」事件をチャンスととらえて，タイミングよく介入することが必要である．そして，子どもたちに「これ以上してはいけない」という線を体得させるような具体的取り組みが必要なのである．そのような取り組みにより，中学校以降での過度な「いじめ」事件を防止したいと私は思っている．

拙著『小学生の心がわかる本』で，特に小学生時期を取り上げたのは，まだ大人の手の届くところに子どもたちがいるためである．いじめ・いじめられ体験の中で，子どもたちが大人と一緒にトレーニングできるのは小学校時代までなのである．

### FSCCネットワークサポートの基本的視点

私が考える「いじめ」対策は，FSCCネットワークサポートという考え方により，学校と保護者，地域，専門機関などが協力し合いながら「いじめ」問題に取り組んでいこうというものである．「いじめ」対策では学校の果たす役割が極めて大きいものがある．しかし，手をこまねいて待っていても学校は何も変わらない．私は学校を変えるのは保護者だと考えている．親同士が横につながり，ネットワークを組み，学校に働きかけないかぎり，学校だけでは変われないのである．

FSCCネットワークサポートにおける「いじめ」対策の基本的な視点を列挙すると，

①どの子も安全で安心して学校生活をおくる権利があり，それを保障する．そして，いじめられている子の自尊感情を高める支援をする

②いじめる子にこそ問題があるという視点で，いじめっ子対策を並行しておこなう

③年齢による発達段階を考慮した対策を考える

④"いじめはあってはならないもの"とは考えない．「いじめ」はどこにでもあるという前提で取り組む

⑤学校が先頭に立ち「いじめ」対策に取り組むことがまず大事であるが，学校だけで解決できるとは考えない

⑥子どもの意見をできるだけ聞き，取り入れる

⑦専門機関との連携をはかる

⑧「学校を変えるのは親であり，地域である」という考え方に立って取り組みを進める．何もかも学校任せにせず，親のネットワークや地域の大人のつながりで，学校や子どもを支えていくことをめざす

⑨外国の取り組みを積極的に学び，取り入れる

　最近は，欧米諸国の「いじめ」対策もかなり紹介されている．スウェーデンやノルウェーの取り組みもすばらしいが，イギリス，アメリカ合衆国，カナダなどの実践も非常に参考になる．

　「いじめ」議論はずいぶんされてきたが，実効のある「いじめ」対策はほとんどされていない．『小学生の心がわかる本』では以上のような視点による「いじめ」対策を提示した．キーワードは，「子どもを主体にした取り組み」と「開かれた学校」，そして「親のネットワーク」である．そして，小学校時期での「いじめ」に，親のネットワークで積極的にかかわり，「いじめ」を解決する体験を小学校で積ませたい．そして，大人の手が届かなくなる中学校では，子どもたち自らが「いじめ」を解決できるようにしたい，と願っている．

## Ⅰ-6-3　「いじめ」の事実は，まわりの保護者はよく知っている．これが突破口になり得るのでは⁉

### 当事者の親は何も知らないが……

　「いじめ」対策の第一歩は「いじめ」の事実を知ることである．これはいじめられている子の親には，意外とむずかしい．しかし，驚くことに，クラスの他の親たちはよく知っているのである．特に小学校の「いじめ」事件では，その傾向が顕著である．それも誰が首謀者で，その取り巻きが誰々で，ターゲットになっていじめられているのは誰とだれ，というように詳しい．にもかかわらず，いじめられている子の親や首謀者の親などの当事者は何も知らないというのが一般的な図式である．

　私は2年ほど，中学校のPTA会長をしていたことがある．中学校でもまわりの親は「いじめ」の事実をよく知っていた．次男のクラスで「いじめ」があったという話をPTAの役員会の雑談の中で聞いた．次男は何も家では言わないが，女子生徒の間での事件で，たぶん知っているのだろうとは思う．同じクラスの女子生徒のお母さんが妻の友だちなので，それとなく聞いてもらうと，驚くことによく知っているのである．「クツ隠し」程度のものらしいが，今いじめている子は小学校のときにいじめられた報復として，いじめているようで，「複雑なのよ」ということだった．まだ親が乗り出すほどの事ではないようであった．この事例のように，小学校のときにいじめていた子が中学校で「いじめ」にあうということはよくあることである．

### 親たちが一緒にみんなで考え，悩むようになれば……

　このように当事者の親は知らなくても，まわりの保護者は「いじめ」の事実をよく知っているものである．ところが，「いじめ」の事実をこれほど保護者が知っていても動こうとはしない．自分の子がいじめられていなければ，傍観者として噂ばなしのネタのレベルで終始している場合がほとんどである．私はまずここが突破口だと思っている．「いじめの事実を保護者が把握して

いる」ということは非常に大事なポイントである．「噂ばなしの段階」から，次のステップ，すなわち，「みんなの問題として考えるようになるステップ」へ進めば，「いじめ」問題は大きく変わってくると思う．特に小学校では保護者同士の横のつながりにより「いじめ」問題はかなり解決できるのではないか，と考えている．

ところが，PTAが「いじめ」対策で積極的な役割を担うかというと，むしろ逆に学校サイドについて，「いじめ」の真相究明をはばむという事例の方が多いのである．そんなPTAであれば，かえってない方がいい．PTA会長をして，わかってきたことであるが，一年任期で代わるPTA組織自体の持つ限界がある．私は，入学式の後に保護者の方々に残っていただき，PTAからのお願いをした．恒例のことであるが．そして，「いじめに対してPTAはそれほど解決能力がある訳ではありません．しかし，一緒に考え，悩むことはできます．中学校というところは，子どもの年齢からして，何が起こっても不思議ではありません．とにかく困られたとき，PTAに言ってきてください．PTAとして，また同じ親として，一緒に考え，悩み，できることはしていきたいと思っています」というお願いをした．親がみんなの問題として考えることができると，直接かかわらなくても，子どもたちには大きな影響を与えて，「いじめ」事件は大きく解決に向かうのである．

### 期待される，市民として成熟した保護者会

FSCCネットワークサポートの特徴は，地域の親の横のつながりをベースにして，学校と専門機関とが連携することにより，問題を解決していこうという点である．そのためには，保護者が市民として成熟する必要がある．

先に述べたように，学校で起こっている「いじめ」事件については，部外者のお母さんたちは驚くほどよく知っている．しかし，それを解決しようと，親同士が横につながり動き出すケースはまだ希である．「いじめ」の構造では"囃し立てる観客"の子どもたちがいる．保護者たちも"囃し立てる観客"で留まっているのである．「次は自分の子が，いじめにあうのではないか」「他人ごととは，思えない」と動き出すことは，なかなかできない．しかし，親同士が動きだすかどうか，が大きなポイントである．

### 乳幼児期から培ってきた親同士のネットワークが真価を発揮するのは子どもが学齢期になってから

母親たちが横につながり動き出すためには，コーディネーター役の保護者が必要である．『こころの子育てインターねっと関西』では，乳幼児期の子育てサークルや子育てネットワークに対する支援を中心に活動してきた．しかし，乳幼児期につくった親同士の横のつながりが真価を発揮するのは，子どもが小・中学校に入ってから，と考えている．「いじめ」が起こったとき，「学級崩壊」が起こったとき，乳幼児期から培ってきた親同士のネットワークが真価を発揮するのである．そんな目標を掲げて，私は子育て支援のボランティア活動を続けている．親同士の横のつながりをコーディネートできるサークルリーダー経験者の母親たちも増えている．これからが楽しみである．

今の日本の学校の状況は，いつ自分の子どもが「いじめ」にあうともわからない．たとえいじめられなくても，いじめられないようにいつも気を使い，相手に合わせるばかりの学校生活が及ぼすであろう，子どもの人格発達に対する悪影響もしっかりと見据えたいと思う．「よその子，うちの子，みんなの子」という気持ちで，親同士のつながりをたいせつに持ちながら親が生きることは，子どもは親の姿勢を学びながら成長するものであるから，きっといいことがあると思う．

ここに述べたFSCCネットワークサポートの考え方による子育て支援，次世代育成支援，子ども虐待予防については，第IV章でさらに述べることにする．

# 第II章

# 変わる親子，変わる子育て

「大阪レポート」から23年後の
子育て実態調査「兵庫レポート」が示すもの

# II−1
# 「大阪レポート」,「兵庫レポート」とは何か
### 調査体系と調査対象

本節では,「大阪レポート」および「兵庫レポート」の基礎となった子育てに関する実態調査の,調査体系,調査対象,回答率,調査内容等を紹介する.そして,「大阪レポート」とは何か,「兵庫レポート」とは何か,を説明する.

## II-1-1 「兵庫レポート」の調査体系と調査対象,回答率,調査内容等

「兵庫レポート」の基礎となった調査は,2002年(平成14年)から2004年(平成16年)の3年間に厚生労働科学研究(子ども家庭総合研究事業)の一環として実施されたものである.調査の概要を表II-1-1-1にまとめている.

調査対象となった地域は兵庫県西部の中核市H市(人口48万人)と大阪府北部のI市(人口26万人)である.調査は兵庫県H市および大阪府I市が実施する乳幼児健診(H市:4か月児健診,10か月児健診,1歳6か月児健診および3歳児健診,I市:4か月児健診,1歳6か月児健診および3歳6か月児健診)の機会を利用して実施された.調査は兵庫県H市では3つの異なる時期に,大阪府I市では1時期にのみ実施した.これらの調査の調査対象者数,回答者数,回答率を表II-1-1-2に示す.

兵庫県H市での第一・二次調査と大阪府I市での調査は,「大阪レポート」の追試という目的で実施した.そのためアンケートの調査項目には「大阪レポート」において意味のあった質問が

表II-1-1-1 「兵庫レポート」の調査対象地域,調査実施時期,調査の特徴

| 対象地域 | 調査実施時期 | 調査の特徴 |
|---|---|---|
| 兵庫県H市 | 2003年1〜3月<br>(第一次調査) | 「大阪レポート」で意味のあった質問をほとんど使用しての「大阪レポート」の追試 |
| | 2003年10〜12月<br>(第二次調査) | 第一次調査での不備を修正,かつ季節をずらせての「大阪レポート」の追試 |
| | 2004年7〜10月<br>(第三次調査) | 標準化された尺度を使用し,かつ多変量解析が可能な形の質問紙を使用しての調査 |
| 大阪府I市 | 2003年2〜3月 | 兵庫県H市の第一次調査と同じ質問紙を使用しての「大阪レポート」の追試 |

表II-1-1-2　「兵庫レポート」の調査対象者数，回答者数，回答率

(1) 兵庫県H市，第一次調査（2003年1～3月に実施）

|  | 対象者数(人) | 回答者数(人) | 回答率(%) |
| --- | --- | --- | --- |
| 4か月児健診 | 1,267 | 793 | 62.5 |
| 10か月児健診 | 1,327 | 763 | 57.5 |
| 1歳6か月児健診 | 1,354 | 1,193 | 88.1 |
| 3歳児健診 | 1,294 | 1,151 | 88.9 |

(2) 兵庫県H市，第二次調査（2003年10～12月に実施）

|  | 対象者数(人) | 回答者数(人) | 回答率(%) |
| --- | --- | --- | --- |
| 4か月児健診 | 1,348 | 876 | 65.0 |
| 10か月児健診 | 1,239 | 877 | 70.8 |
| 1歳6か月児健診 | 1,282 | 1,060 | 82.7 |
| 3歳児健診 | 1,403 | 1,212 | 86.4 |

(3) 兵庫県H市，第三次調査（2004年7～10月に実施）

|  | 対象者数(人) | 回答者数(人) | 回答率(%) |
| --- | --- | --- | --- |
| 4か月児健診 | 1,593 | 986 | 61.9 |
| 10か月児健診 | 1,650 | 1,077 | 65.3 |
| 1歳6か月児健診 | 1,647 | 1,410 | 85.6 |
| 3歳児健診 | 1,837 | 1,605 | 87.4 |

(4) 大阪府I市での調査（2003年2～3月に実施）

|  | アンケート手渡し数(人) | 回答者数(人) | 回答率(%) |
| --- | --- | --- | --- |
| 4か月児健診 | 421 | 113 | 26.8 |
| 1歳6か月児健診 | 433 | 116 | 26.8 |
| 3歳6か月児健診 | 384 | 81 | 21.1 |

表II-1-1-3　本書で使用する「兵庫レポート」（兵庫県H市，第一・二次調査の合計，2003年実施）の調査対象者数，回答者数，回答率

|  | 対象者数(人) | 回答者数(人) | 回答率(%) |
| --- | --- | --- | --- |
| 4か月児健診 | 2,615 | 1,669 | 63.8 |
| 10か月児健診 | 2,566 | 1,640 | 63.9 |
| 1歳6か月児健診 | 2,636 | 2,253 | 85.5 |
| 3歳児健診 | 2,697 | 2,363 | 87.6 |
| 計 | 10,514 | 7,925 | 75.4 |

注：本書に示す「兵庫レポート」のデータは，特に断らない限り，この表に示す兵庫県H市での第一・二次調査を合計したデータである．

同じ質問文章で用いられている．H市では第一・二次調査結果を踏まえ，多変量解析が可能な形の調査用紙を新たに作成し，2004年（平成16年）7～10月の4か月間にわたり，調査を実施した（第三次調査）．

兵庫県H市における調査は，H市の全面的ご協力により実現できたものである．H市での第一次調査の具体的方法は以下のとおりである．

① 4か月児健診は一部医療機関委託であり，また10か月児健診はすべて医療機関委託である．そのため，健診対象者の保護者宛てに健診の案内と同時に調査への協力依頼文と調査用紙を郵送し，調査用紙を郵送にて返送してもらうという方法を取った．

② 1歳6か月児健診と3歳児健診については，医療機関委託はしておらず，保健所および2か所の保健センターで実施している．そのため，健診対象者の保護者宛てに健診の案内と同時に調査への協力依頼文と調査用紙を郵送し，調査用紙は健診時に回収するという方法を取った．

第一次調査では，表II-1-1-2に示すように，4か月児健診および10か月児健診での回収率が少し良くなかった．そのため，第二次調査では回収方法を変更し，また，質問内容も少し変更して調査を実施した．すなわち，第二次調査では，4か月児健診と10か月児健診においても健診の場である医療機関および保健所にて回収することとした．その結果，回収率は4か月児健診では2.5ポイント，10か月児健診では13.3ポイント上昇した．

第二次調査の調査用紙の内，4か月児健診と1歳6か月児健診で使用したものを巻末資料に掲載している．10か月児健診と3歳児健診で使用した調査用紙は1歳6か月児健診で使用したものと基本的に同じである．また，第三次調査の調査用紙の内，1歳6か月児健診で使用したものを巻末資料に掲載する．

表 II-1-1-4　本書で使用する「兵庫レポート」（兵庫県 H 市，第一・二次調査の合計，2003 年実施）の回答者の内訳

|  | 4 か月児健診 | | 10 か月児健診 | | 1 歳 6 か月児健診 | | 3 歳児健診 | |
| --- | --- | --- | --- | --- | --- | --- | --- | --- |
|  | 人数 | % | 人数 | % | 人数 | % | 人数 | % |
| 母親 | 1,624 | 97.3 | 1,617 | 98.6 | 2,197 | 97.5 | 2,272 | 96.1 |
| 父親 | 8 | 0.5 | 7 | 0.4 | 9 | 0.4 | 19 | 0.8 |
| その他 | 1 | 0.1 | 1 | 0.1 | 5 | 0.2 | 14 | 0.6 |
| 不明 | 36 | 2.1 | 15 | 0.9 | 42 | 1.9 | 58 | 2.5 |
| 合計 | 1,669 | 100.0 | 1,640 | 100.0 | 2,253 | 100.0 | 2,363 | 100.0 |

　本書では「大阪レポート」との比較が主な内容になるため，兵庫県 H 市での第一・二次調査のデータが主に登場する．第一次調査と第二次調査は基本的に同じ調査であるため，本書では断らない限り第一次調査と第二次調査の結果を合わせたデータを「兵庫レポート」の結果として示す．兵庫県 H 市での第一次調査と第二次調査を合わせた対象者数，回答者数，回答率を表 II-1-1-3 に示す．

　また，表 II-1-1-4 には，兵庫県 H 市での第一次調査と第二次調査の回答者の内訳を示している．母親の割合が，4 か月児健診：97.3%，10 か月児健診：98.6%，1 歳 6 か月児健診：97.5%，3 歳児健診：96.1% であり，「不明」分を除くとほとんどの回答者が母親である．そのため，「兵庫レポート」の結果は，母親についての結果であると考えて考察を進める．

**地域差ではなく，20 数年間の時代の差であることの証明に寄与した大阪府 I 市での調査**

　大阪府 I 市での調査は H 市とは異なり，民間ベースで実施したものである．そのため，I 市での調査は H 市における調査とは目的を少し異にしている．というのは，調査用紙の配布方法として，H 市の場合のように全員に郵送するのではなく，健診前に健診に来所した保護者に対して I 市の子ども虐待予防ネットワークのメンバー（民生児童委員協議会や保育士会婦人部など）がアンケート用紙を手渡すという方法を取った．回収は郵便にて返送してもらった．そのため表 II-1-1-2(4) に示すとおり回収率は低くなっている．この調査の目的は単に調査そのものだけではなく，調査用紙と同時に子ども虐待予防ネットワークの紹介パンフや公的子育て支援の情報を手渡すことにより，子ども虐待予防ネットワークの活動紹介や公的子育て支援の情報を子育て中の保護者にひろく知らせることをひとつの目的とした．また，調査用紙の他に葉書を同封し，「子育てについての相談の希望」の有無などについて聞き，今後のつながりの糸口にしようという試みもおこなった．I 市での調査結果は本章第 12 節に示すとおり，兵庫県 H 市での調査結果とよく一致するものであった．そして，「大阪レポート」と「兵庫レポート」の差異が「大阪レポート」の対象地域である大阪府 A 市と兵庫県 H 市という調査地域による差異ではなく，ここ 20 数年間の日本社会の変化を反映したものであるということを証明する上で，大阪府 I 市のデータは無くてはならない役割を果した．

## II-1-2　「大阪レポート」の調査体系と調査対象，回答率，調査内容等

　一方「大阪レポート」の基礎となった調査は，表II-1-2-1に示す調査体系にしたがい，大阪府A市で1980年（昭和55年）1月1日〜12月31日に生まれた全児を対象として，経年的に行われた調査である．表II-1-2-1には各健診の対象者数，回答者数，回答率を示している．表からわかるように，小学校入学後健診を除き，回答率は一貫して高率である．これらの調査結果は「大阪府保健問題研究報告」の中に1979年（昭和54年）から1986年（昭和61年）まで，毎年1回，合計8回にわたり，予備調査も含め報告されている．そして，本書と同じく㈶日本生命財団の助成を受けて，1991年に『乳幼児の心身発達と環境―大阪レポートと精神医学的視点―』として名古屋大学出版会から発刊された[1]．この『大阪レポート（名大出版会）』はどちらかというと学術書としてまとめた感があり，なかなか読みこなすのに困難をともなうため，「大阪レポート」のエッセンスをまず知りたいという方には，朱鷺書房から出版した拙著『育児不安を超えて―思春期に花ひらく子育て―』[2]から先に読まれることを勧める．

　「大阪レポート」の基礎となった調査は，大阪府庁勤務の医師，保健師などで構成されている「大阪府保健問題研究会」に大阪府から委託された形で進められた研究事業であり，大阪府の全面的協力のもとに実施された．調査対象者は前述のとおり大阪府南部のA市に在住する1980年1〜12月に出生した全児約2,000名である．出生時A市に在住し，その後転出した子どもは除外し，出生後A市に転入した子どもは対象として追加した．そのため，表II-1-2-1に示すように，対象児数は健診ごとに少し変動がある．

　調査は保健所での乳幼児健診（4か月児健診，6か月児健診，10か月児健診，1歳6か月児健診，3歳6か月児健診）として実施された．また，小学校入学後健診として小学校1年生の6月にアンケート調査を実施した．

　「大阪レポート」のひとつの特徴はアンケート調査だけでなく，4か月児健診，10か月児健診，3歳6か月児健診の3回は小児科医等による診察も含め健康診査を実施している点である．これらの健診では調査用紙は事前に郵送し，健診当日に回収した．6か月児健診や1歳6か月児健診，小学校入学後健診の場合は，調査用紙を郵送し，回収も郵送によっている．

表II-1-2-1　「大阪レポート」（大阪府A市，1980年1〜12月生まれの全数児対象に実施）の調査対象者数，回答者数，回答率

|  | 調査方法 | 対象者数(人) | 回答者数(人) | 回答率(%) |
|---|---|---|---|---|
| 4か月児健診 | 全員健診＋アンケート | 1,766 | 1,469 | 83.2 |
| 6か月児健診 | アンケート＋呼び出し健診 | 1,795 | 1,646 | 91.7 |
| 10か月児健診 | 全員健診＋アンケート | 1,805 | 1,488 | 82.4 |
| 1歳6か月児健診 | アンケート＋呼び出し健診 | 1,828 | 1,545 | 84.5 |
| 3歳6か月児健診 | 全員健診＋アンケート | 1,953 | 1,541 | 78.9 |
| 小学校入学後健診 | アンケート | 1,953 | 1,092 | 55.9 |

## II-1-3　調査地域の地域特性

### 「兵庫レポート」の調査対象地域，兵庫県H市の特性

　今回の調査の対象となった兵庫県H市は，兵庫県の西部の瀬戸内海に面した中核市であり，古くから城下町として栄えた街である．面積は276 km²と広い．瀬戸内海沿岸には工業地帯がある．

　2000年の国勢調査では，人口は478,309人，世帯数は169,765世帯であり，2005年の国勢調査では人口482,307人，世帯数は179,912世帯である．年々人口は増加しているが，ここ30年ほどは大きな変動はない．2000年時点では，年少人口（15歳未満）は16.3％，生産年齢人口は65.6％，老年人口（65歳以上）は18.1％である．

　第1次産業に従事する人は1.3％と少なく，第2次産業34.9％，第3次産業60.0％である．第2次産業従事者が多いのが特徴である．昼間流出人口は約4.6万人であり，流入人口は約7.2万人である．このことから，H市の人は市外に勤めている方は比較的少ないことがわかる．

### 「兵庫レポート」の調査対象地域，大阪府I市の特性

　今回の調査対象となった大阪府I市は，大阪府の北部に位置し，南北に長い地形である．北半分は山間部であり京都府と接している．南半分は平野部であり，農地も残っているが少なく，大半は住宅地である．面積は76 km²である．東海道沿線の大阪と京都の間に位置する交通の要所でもあり，産業・住宅都市としての要素をあわせもつ都市である．

　2000年の国勢調査では，人口は260,648人，世帯数は99,557世帯であり，2005年の国勢調査では人口267,976人，世帯数は105,666世帯である．兵庫県H市同様に，年々人口は増加しているが，ここ30年ほどは大きな変動はない．2000年時点では，年少人口は14.8％，生産年齢人口は72.7％，老年人口は12.4％である．

　第1次産業に従事する人は0.8％と少なく，第2次産業26.4％，第3次産業70.5％である．昼間流出人口は約8万人，流入人口は約6万人であり，昼間は人口の約3割が市外に出ている一方，それにほぼ匹敵する人口が流入していることがわかる．大阪市の方向に勤めに出る人が多いが，京都市方向にも便利である．

### 「大阪レポート」の調査対象地域，大阪府A市の特性

　「大阪レポート」の基礎となった調査の対象となった大阪府A市は堺市の南に位置し，大阪港側は泉大津市・忠岡町に接し，西は岸和田市，東は河内長野市に接し，南は和泉山脈を介して和歌山県に接している．面積は85 km²である．市制施行当時の昭和31年（1956年）には人口約5万人であったが，昭和55年（1980年）の国勢調査では，人口124,322人，世帯数は34,775世帯である．

　「大阪レポート」の調査当時のA市の状況を『大阪レポート（名大出版会）』は，次のように述べている．

南北に長い地勢で南部の山間部は農林業地帯，山間部から平野部への移行地帯は農業地帯であるが，大半は兼業農家である．ともに交通の便の悪い地域である．平野部は，商業地域や繊維中心の中小零細企業主体の工業地域を含んで，古くからの住宅が広がっている地域と，昭和40年前後に宅地開発が行われ人口流入の多かった新興住宅地を含む地域に二大別される．後者の住人は市外に勤務するサラリーマンが大半である．人口流入は現在はにぶっており，大阪市や大阪市に隣接する衛生都市にみられるような極度の都市化の現象はみられていない．

　分析では，対象地域を旧市街地域，農林業地域，及び新興住宅地の3地域に分け，他の質問項目とのクロス集計を行なった．旧市街地域，農林業地域，及び新興住宅地の地域分類は小学校区よりももっと細かい町番地で行ったので，かなり正確である．対象者の地域別内訳は……，3歳半児健診時点で，旧市街地域の人数の比率は42.4％，農林業地域は22.9％，新興住宅地は34.7％である．

大阪府A市では，上記の新興住宅地に私鉄が乗り入れたため，その後人口がさらに増加した．2005年の国勢調査では人口181,260人，世帯数65,734世帯となっている．

なお，「兵庫レポート」の統計分析には，SPSS 11.5 J for Windows, Amos 4.0 を使用した．

**参考文献**

1) 服部祥子，原田正文著：『乳幼児の心身発達と環境―「大阪レポート」と精神医学的視点―』，名古屋大学出版会，1991年．
2) 原田正文著：『育児不安を超えて―思春期に花ひらく子育て―』，朱鷺書房，1993年．

## II−2
# 環境に大きく影響される子どもの発達

---

　調査結果の具体的検討に入る前に，本書で扱う「大阪レポート」および今回の調査「兵庫レポート」の調査結果の見方について簡単に説明する．特に，調査結果の検討方法として多用した子どもの発達分類およびクロス集計結果の見方について説明する．それらの説明の過程で"環境がいかに子どもの発達に大きな影響を及ぼすか"について，その象徴的データの一端をこの節でも紹介する．

## II-2-1　子どもの発達スクリーニング項目とその分類

　「大阪レポート」の基礎となった調査の研究テーマは「新しい乳幼児保健活動の標準方式の策定のための研究」と題されている．このように「大阪レポート」の基礎となった調査は，乳幼児健診に焦点を当てたものであった．当時はプロローグで述べたように母子保健の第2世代の時期であり，障害児の早期発見・早期支援が中心的な課題であった．そのためもあり，「大阪レポート」では各健診ごとに子どもの身体的・精神的発達に関するスクリーニング項目を設定し，母親に尋ねている．その発達スクリーニング項目数は，4か月児健診：23項目，6か月児健診：30項目，10か月児健診：51項目，1歳6か月児健診：31項目，3歳6か月児健診：38項目，小学校入学後健診：43項目である．これらの発達スクリーニング項目は，発達心理学にもとづき設定されたものである．それぞれの健診における発達項目は，発達の軸にしたがって各健診ごとにいくつかのグループに分類した．例えば，4か月児健診では，身体発達と精神発達の2群に，10か月児健診および1歳6か月児健診では移動運動の発達，操作性運動の発達および言語・社会性の発達の3群に分類した．それぞれの健診における具体的発達スクリーニング項目，その発達の軸分類，およびそれらの通過率は，『大阪レポート（名大出版会）』の巻末資料編の表Ⅰ-1から表Ⅰ-14に示している．そして，それぞれの発達の軸について，発達スクリーニング項目の通過率より，発達の「良好」「普通」および「不良」の3グループに分類し，他項目とクロス集計させ，分析した．

　一方，今回の調査ではアンケートのボリュームの関係もあり，発達スクリーニング項目は，4か月児健診：14項目，10か月児健診：14項目，1歳6か月児健診：16項目，3歳児健診：17項目，と「大阪レポート」に比べてかなり少ない．そのため，発達の軸分類は「大阪レポート」

のように移動運動の発達，操作性運動の発達および言語・社会性の発達の3群に分けることはせず，身体発達と精神発達の2群にのみ分けた．そして，「大阪レポート」と同様に発達スクリーニング項目の通過率により，発達の「良好」「普通」および「不良」の3グループに分類し，他項目とクロス集計させた．その比率は「普通」が50～60％，「良好」と「不良」がそれぞれ16～33％になるように設定している．それぞれの健診における具体的発達スクリーニング項目，その発達の軸分類，およびそれらの通過率は巻末資料の表H-1から表H-8に示している．

「大阪レポート」は，「新しい乳幼児保健活動の標準方式の策定」というテーマでの研究であったために，使用した発達スクリーニング項目の通過率は80～90％という高い値のものが多かった．一方，今回の調査では「発達の差を明らかにする」ことを目的に発達スクリーニング項目を選定した．そのために，通過率は70％以下のものもかなり入っている．その結果，今回の調査では「大阪レポート」よりも発達スクリーニング項目数は少ないが，「良好」「普通」および「不良」の3グループの分類は今回の調査の方がより明確である．その結果，子どもの発達と他項目とのクロス集計結果も「大阪レポート」よりも今回の調査の方が相関関係がより明確にあらわれている．そういう意味で，今回の調査「兵庫レポート」の方が，子どもの発達と他項目とのクロス集計結果は信頼性の高いものになっている．

## II-2-2 統計データおよびクロス集計結果の見方・考え方

図II-2-2-1，2に今回の調査「兵庫レポート」での4か月児健診における「手にものを持たせたことはありますか」という質問と子どもの発達とのクロス集計結果を示す．「兵庫レポート」および「大阪レポート」では調査データの検討方法として，プロローグの図4に示したような単純集計結果とともに，図II-2-2-1，2のような，2つの異なった質問についてのクロス集計結果を多用している．クロス集計というのは，2つの異なった質問の間に関係があるかどうか，を調べる統計手法である．2つの質問の間に関係があるかどうか，すなわち，相関関係があるかどうかは，$\chi^2$検定により評価した．有意差水準が1％以下であれば，"高い相関関係である"と一般には言われている．しかし，本文中で取り上げたものは，すべて$\chi^2$検定の有意差水準が0.0％

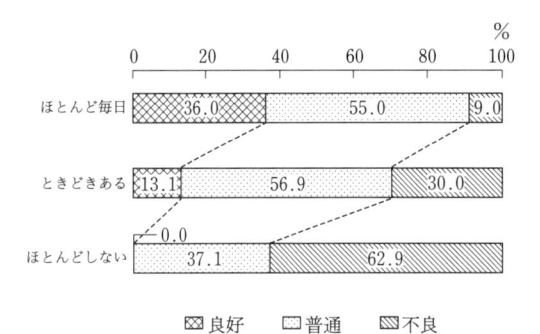

図II-2-2-1 「手にものを持たせたことはありますか」と子どもの身体発達とのクロス集計結果（4か月児健診）

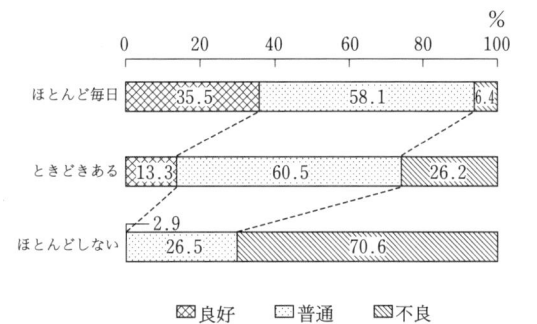

| | 良好 | 普通 | 不良 |
|---|---|---|---|
| ほとんど毎日 | 36.0 | 55.0 | 9.0 |
| ときどきある | 13.1 | 56.9 | 30.0 |
| ほとんどしない | 0.0 | 37.1 | 62.9 |

図II-2-2-2 「手にものを持たせたことはありますか」と子どもの精神発達とのクロス集計結果（4か月児健診）

| | 良好 | 普通 | 不良 |
|---|---|---|---|
| ほとんど毎日 | 35.5 | 58.1 | 6.4 |
| ときどきある | 13.3 | 60.5 | 26.2 |
| ほとんどしない | 2.9 | 26.5 | 70.6 |

未満のものだけであり，きわめてはっきりとした相関関係のあるものばかりである．

**親のかかわりは，子どもの発達に大きな影響を与えている**

　ここで，"相関関係がある"とは，2つの質問は独立ではなく，一方の質問に対する回答と他方の質問に対する回答が何らかの関係があるということである．図II-2-2-2の「手にものを持たせたことはありますか」という質問と子どもの精神発達とのクロス集計結果を使い，クロス集計結果の見方を説明する．

　図II-2-2-2の一番上の帯グラフは，「手にものを持たせたことはありますか」という質問に「ほとんど毎日」と回答した母親について，その赤ちゃんの発達程度を集計した結果にあたる．2段目の帯グラフは「手にものを持たせたことはありますか」という質問に「ときどきある」と回答した母親についての結果であり，最下段の帯グラフは「ほとんどしない」と回答した母親についての結果である．

　図II-2-2-2の一番上の帯グラフ，すなわち，「手にものを持たせたことはありますか」という質問に「ほとんど毎日」と回答した母親について，その赤ちゃんの発達程度を集計した結果をみると，赤ちゃんの35.5％が発達「良好」群に属し，発達「不良」群に属している赤ちゃんは6.4％にすぎないことがわかる．一方，最下段の帯グラフ，すなわち，「手にものを持たせたことはありますか」という質問に「ほとんどしない」と回答した母親について，その赤ちゃんの発達程度を集計した結果をみると，発達「良好」群に属する赤ちゃんは2.9％と少なく，発達「不良」群には70.6％もの赤ちゃんが属している．真ん中の帯グラフは，上下2つの帯グラフの中間の値になっている．これら3つの帯グラフをこのように比較することにより，図II-2-2-2のクロス集計結果から「"4か月までの時期に赤ちゃんの手にものを持たす"という親のかかわりは子どもの精神発達を促進する」という結論が導き出せる．ちなみに，4か月児健診での精神発達の分類は，発達「良好」群：22.5％，「普通」群：58.3％，「不良」群：16.2％という割合になっている．

　以上説明したように，子どもの発達と「赤ちゃんの手にものを持たせたことがありますか」という質問の結果との間には"はっきりとした"関係があることがわかる．このような場合に，2つの質問の間には"相関関係がある"という．

　また，$\chi^2$検定による有意差水準が0.0％未満という意味は，「"4か月までの時期に赤ちゃんの手にものを持たす"という親のかかわりは，子どもの精神発達を促進する」という結論がまちがっている確率が0.0％未満であるということである．すなわち，その結論がまちがっている可能性は，「0.0％未満，あるいは，1000分の1より小さい」ということである．なぜ0.0％未満という値で終わっているのか，というと，「1000分の1より小さい」確率というのは絶対的に信頼できる結論であり，普通はそれ以上細かい確率まで計算しないのである．そのため，統計ソフト（本書では，SPSS 11.5 J for Windowsを使用しているが）上では「0.0％未満の信頼性がある」という結果になっているのである．

　以上説明した4か月児健診時点の精神発達と同様に，図II-2-2-1に示した4か月児健診における「手にものを持たせたことはありますか」という質問と子どもの身体発達とのクロス集計結

果から,「"4か月までの時期に赤ちゃんの手にものを持たす"という親のかかわりは,子どもの身体発達を促進する」と結論づけられる.

**母親の就労は,子どもの発達に影響を与えていない**

図II-2-2-1, 2には,2つの質問の間にきわめて高い相関関係があるクロス集計結果を紹介した.ここでは反対に,2つの質問の間に相関関係が認められないクロス集計結果を紹介する.図II-2-2-3, 4には,1歳6か月児健診での子どもの身体発達および精神発達と母親の就労状況とのクロス集計結果を示している.図II-2-2-3, 4を見ると,一見,フルタイムで働いている母親やパートタイムで働いている母親の子どもの発達が良いように見える.例えば,図II-2-2-3では,発達「良好」群にフルタイムで働いている母親の子どもが14.7%,パートタイムで働いている母親の子が12.6%を占めているのに対して,専業主婦の子どもは68.4%である.一方,発達「不良」群には,フルタイムで働いている母親の子どもが9.1%と少なく,パートタイムで働いている母親の子が11.6%に対して,専業主婦の子どもは73.5%と多い.しかし,統計的に$\chi^2$検定を行うと,図II-2-2-3, 4の結果は有意差が認められなかった.ちなみに,数の少ない「自営」と「内職」を除いて$\chi^2$検定を行ってみたが,有意差はあらわれなかった.これらの結果から,母親の就労は,子どもの発達に影響を与えていない,と結論できる.

「大阪レポート」においても,母親の就労は子どもの発達に悪影響を与えていない,という結果が得られ,働いている母親には大いに安心材料になった.また,マスコミからも注目された.今回の調査結果では,3歳児健診での身体発達については,1%の有意差水準ではあるが,むしろ働いている母親の子どもの発達が良いという結果が出ている(図II-3-3-3参照).これらの結果は,従来あった「母親が働いていることは,子どもに悪影響を与える」という一般的通念とは逆の結果である.それは,以下で紹介する「兵庫レポート」の結果であきらかになるが,専業主婦が置かれている育児の環境が良くないこと,働いている母親の子どもは保育園で子ども同士の仲間遊びができていること,などが関係して,3歳児健診時点では働いている母親の子どもの方

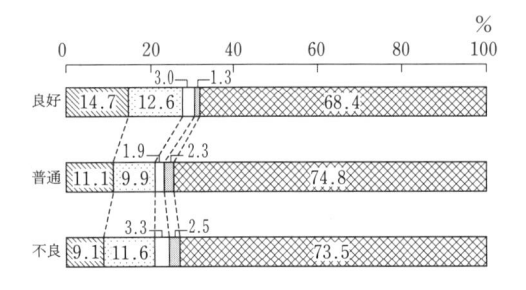

図II-2-2-3 子どもの身体発達と母親の就労状況とのクロス集計結果(1歳6か月児健診)

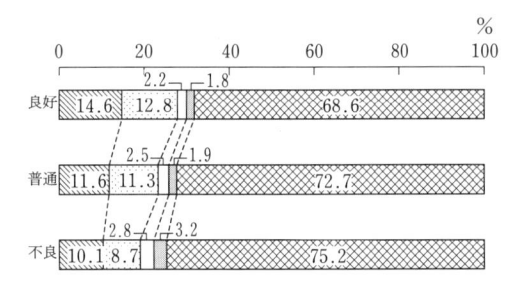

図II-2-2-4 子どもの精神発達と母親の就労状況とのクロス集計結果(1歳6か月児健診)

が発達が少し良いという結果になったものと考えられる．

**統計データの見方――確率として受け止めること**

以下の調査結果を見るとき注意すべきことのひとつは，導き出された結論は統計的処理に基づくものであり，結論は確率の問題として受け止めるべきであるという点である．

図II-2-2-2のクロス集計結果を例にして，$\chi^2$検定における有意差水準の意味および結論を確率の問題として受け止める，ということの意味について説明する．図II-2-2-2のクロス集計結果の有意差水準は0.0％未満であった．そのため前述のとおり"4か月までの時期に，親が赤ちゃんの手にものを持たすというかかわりは，子どもの精神発達に良い"と結論した．この結論を確率の問題として受け止めるべきであるということは，「ほとんど毎日」手にものを持たせている母親の子どもは発達が良い傾向にあるということであり，そのような子どもの全員が発達が良いということではない．事実，図II-2-2-2からわかるように，「ほとんど毎日」手にものを持たせている母親の子どもでも，発達「不良」群に属する子どもが6.4％はいるのである．逆に，手にものを持たすようなことはしていない母親の子どもでも，発達「良好」群に属する子どもが2.9％と少ないながらも，いるのである．このように統計的結論は，大きな傾向を述べているのであり，"100％""例外なく""絶対に"ということを言っているのではない．確率の問題として受け止めるというのは，そういう意味である．改めて考えてみるまでもなく，世の中のあらゆる物事は"100％""例外なく""絶対に"ということはあり得ないのである．

本書では調査結果を統計的に分析し，考察をすすめていくという手法を使っている．しかし，少数の極端なケースが時代を象徴している場合も少なくない．統計処理をするとそのような少数の極端なケースは表面には出ず，隠れてしまう可能性がある．この点については，私の精神科思春期臨床や子育て支援ボランティア活動などの経験により補完していきたいと考えている．

**統計的結論や考え方が受け止められにくい日本の現状が，子育てを困難にしている**

第I章5節で，人によりなぜストレス耐性が異なるのか，について考えた．その際，図I-5-2-3の「ラザルスの心理学的ストレスモデル」を使い，ストレスの原因であるストレッサーをどう受け止め・認識するのか，が人により大きく異なること，また認識した結果が同じでも「対処する方法・能力」が大きく異なるために，精神的ストレスに対する耐性のちがいが生じることを述べた．ここでは，「統計データの見方・考え方」との関係で現代日本社会の○×思考について述べる．

偏った思考は，無理な受け止め方や認識をもたらすために精神的ストレスの原因になる．というのは，『大阪レポート（名大出版会）』を出した当時，ある女性センターで「大阪レポート」の話をする機会があった．そのとき，数人の女性が後で質問に来られ，「市の保健センターでこんなチラシを配布していた．このとおりに子育てをすると子どもはちゃんと育つのですか」と詰め寄られた．そのチラシには「大阪レポート」の結果として，子どもの発達に良い親のかかわりとして，プロローグに紹介した16項目が書かれていたのである．質問に来られた女性たちに，「この結果は統計的なものであり，皆が皆そうなるものではない」と伝えても，彼女たちは納得でき

ない様子であった．そして，「そのような例外のあるようなものは出すべきでない」と主張されるのである．世の中のすべてのものは統計的結論であり，100％正しいということはあり得ない．にもかかわらず，「例外があってはいけない」という．このあたりの認識の偏りが現代日本の子育てをしんどくさせている一因である．

　もう20年以上も前になるが，母親たちから「育児書は嘘ばっかり書いている！」という不満の声があがった．「育児書に書いていることと，自分の子どもとがちがう」というのである．子どもは皆個性があり，発達もおそい早いがある．育児書は平均的な育ちや多くのケースに当てはまるかかわり方を書いているのである．だから，「育児書に書いていることと，自分の子どもとがちがう」という事態は当たり前のことである．「子どもは育児書どおりに育つもの」という考え方の方が事実からずれているのである．このような偏った思考がひろがっているために，育児書とはちがう自分の子どもの発達や行動に戸惑い，自分の子どもとちがうことを書いている育児書を「育児書は嘘ばっかり書いている！」と非難する大合唱が起こったのである．「育児書は平均的な子どものことを書いているのであり，子どもの成長には個性があり，皆ちがう」と考えておれば，悩むこともないのである．

　現代の子育てを考える上で，親たちの思考の偏りは，重要なポイントである．"親を親として育てる"という課題がクローズアップされているが，単に子どもについての知識を教えるということに留まっていたのではあまり効果が期待できない．今までほとんど考慮されていないが，親たちの思考の偏りを修正するというのも大きな課題である．私たちが普及活動を進めているカナダの親支援プログラム"Nobody's Perfect"は，"完璧な親なんていない！"と訳されている[1]．この"完璧な親なんていない！"というフレーズは，現代の母親たちから強く支持されている．「完璧でなくても良かったのだ」と思えることで「ホッとする」という感想をよく聞く．裏返して考えると，現代日本の母親たちの完璧志向はかなり強いのである．「そのような例外のあるようなものは出すべきでない」とか，「育児書は嘘ばっかり書いている！」というのも○×思考であり，完璧主義のあらわれである．ところで，子育てはほどほどがいいのであり，完璧をめざしてはいけない．厳しすぎても，やさしすぎても良くない．「good-enough」，ほどほどに良い，というのがちょうどいいのである．現代の子育てでの問題は，この「ほどよい加減」「good-enough」がわからなくなっていることである．第Ⅲ章では，心の健康と自我機能の概念図（原田のピエロ・バランス：図Ⅲ-5-1-1）を使い，バランス感覚の発達という視点から，心の発達について考える．そして，「しつけ」を題材に「ほどよい加減」とは何かを考えることにする．

### 親たちの思考は，日本社会のマニュアル指向，完璧指向を反映したもの

　ところで，このような思考は若い親たちに責任があるのか，というとそうではない．日本社会全体のマニュアル指向，完璧指向を反映したものである．時計やラジオなどの家庭の電化製品を例に考えてみる．かつてそれらの製品は自分で修理できるものが多かった．しかし，最近では機能が多くなり，複雑になって，マニュアルなしにはどうにもならないことがほとんどである．このように，日常生活でもマニュアルに依存する傾向が強くなっている．また，何か事故が起こると，「マニュアルはあったのか」とマスコミが追求する．マニュアルがあれば，「マニュアルどお

りにしていたのか」と追求する．完璧を要求し，失敗を許さない雰囲気が強まっている．そのような風潮は育ちざかりの若い世代にいち早く伝わるものである．もう10年以上前になるが，母親たちから「赤ちゃんは，なぜ"取り扱い説明書"付きで生まれて来ないのか」という不満の声が沸き起こった．それも日本のマニュアル指向を反映したものである．子育てにマニュアルが欲しいという親たちの要求はわかるような気がする．しかし残念ながら子育てにはただひとつの正解はない．当然マニュアルもないのである．

　現在の大学入試センター試験の前身である「共通一次試験」が始まったのは，1979年（昭和54年）である．当時，マークシート方式の試験に対して懸念を表明する知識人も多かった．しかし，私自身はそれほど弊害があるとは考えていなかった．ところが，現在子育て中の親たちや若者たちにかかわる中で私は，「マークシート方式という入試形態も影響しているのかな」と思うことが多い．というのは，「必ず1つの正しい答えがある」ということを疑わない親たちや若者たちが多いのである．確かにマークシート方式のテストでは，「答えは1つである」という前提で問題を作っている．先に紹介した女性たちのように，「答えが2つ以上ある」とか，「例外がある」とか，ということが受け入れられない人たちが多くなるのも仕方がないかも知れない．ところが現実には，世の中には絶対に正しいということなど，ないのである．見方や立場によって正しくもなれば，間違いにもなる．このあたりのことは，第Ⅲ章8節でさらに考えることにする．

　「必ずひとつの正しい答えがある」という思考とともに気になるのが，「その正しい答えは用意されるべきだ」という思考である．「正しい答えを考え出すのは私の役割ではない，私の役割は用意された答えの中から正しい1つの答えを選びだすことである」という思考である．これもマークシート方式のテストの影響だろうか．そのような結果として，「赤ちゃんは，なぜ"取り扱い説明書"付きで生まれて来ないのか」という不満が母親たちから沸き上がってくるのかも知れない．

　第Ⅰ章5節で紹介したように，このような偏った考え方，事実からずれた考え方は精神的ストレスの原因になる．今の日本社会全体についても，また子育て中の世代についても，最も必要な思考は統計的なものの考え方である．すなわち，確率として物事をとらえることである．別の言い方をすると，○×的思考ではなく，バランス感覚がたいせつなのである．

### 日常の育児風景から導き出された結論と実験による結論の違い

　ボランティア活動をはじめた当初からのつきあいである女性新聞記者が今回の調査「兵庫レポート」の件で取材に訪れたときの話である．彼女は「夫が先生のところに来た後，たいへんだったんですよ！」という．「何がたいへんだったのか」と聞くと，私が「子どもの発達が環境に大きく影響される」という例として，図Ⅱ-2-2-1, 2に相当する「大阪レポート」のデータを見せたものだから，「夫が帰宅した際に，三男（当時4か月）の手に何も持たせていないと，"あれほど手に何か持たすように"と頼んでおいたのに！」とすごく怒るのだそうだ．彼女もあきれかえっていたが，私も驚いた．彼は科学記者なのである．

　科学記者でさえそのような受け止め方をするのであるから，普通の若い母親たちが図Ⅱ-2-2-

1, 2から導き出された"4か月までの時期に, 赤ちゃんの手にものを持たすという親のかかわりは子どもの心身の発達に良い効果をもたらす"という結論を, ○×式に固く受け止めたり, 研究室での実験結果のように受け止めるのも無理はないか, と思う.

前項では, クロス集計結果を確率の問題として理解するように, と述べた. 以下ではクロス集計結果の見方・考え方でのもうひとつの注意点について述べる.

というのは, "4か月までの時期に, 赤ちゃんの手にものを持たすという親のかかわりは子どもの心身の発達に良い効果をもたらす"という結論は, 研究室でおこなうような実験結果ではない. 赤ちゃんに「ものを持たせる」場合と「持たせない」場合との発達の違いを測定する, という研究室でおこなわれた実験であれば, 前述の科学記者が執着したように,「赤ちゃんの手にものを持たせる」という行為そのものが極めて重要である. しかし,「大阪レポート」や今回の「兵庫レポート」の結論は, 研究室でおこなうような実験結果ではない. 日常的に普通に育児をしている大阪府 A 市と兵庫県 H 市の親全体を対象にした調査結果である. そのため, 4か月までの赤ちゃんにものを持たせる母親には, それなりの特徴があるのである.

「手にものを持たせたことはありますか」という質問に「ほとんど毎日」と答える母親は

　①赤ちゃんによく話しかけている

　②赤ちゃんへのかかわりの時間が長い

　③夫が育児に協力的であり, 夫婦でよく話し合っている

　④日光浴や赤ちゃん体操をよくさせている

　⑤育児でのイライラが少なく, 赤ちゃんが何を要求しているかがよくわかる

という5つの特徴が母親にあることが, 他項目とのクロス集計結果からわかっている. また, 逆に,「手にものを持たせたことはありますか」という質問に「ほとんどしない」と答える母親の特徴は, 上記①〜⑤の逆であるが, 上にあげなかったものとして

　⑥赤ちゃんを産まなかったらよかったと思うことがある

　⑦赤ちゃんから離れたいという欲求が強く, 実際, 赤ちゃんをひとり置いたまま出かけることが多い

　⑧子育て情報をあまり求めていない

　⑨4か月の赤ちゃんにもかかわらず,「赤ちゃんを叱るとき, たたく, つねるとか, けるなどの体罰」を使う傾向がある

などの特徴があることが他項目とのクロス集計結果からわかっている.「ほとんど毎日」と答える母親の場合は, ⑥〜⑨は逆である.

「大阪レポート」や今回の「兵庫レポート」の結論は, 日常の育児風景の実態から導き出された結論である. そのため, "4か月までの時期に, 赤ちゃんの手にものを持たすという親のかかわりは子どもの心身の発達に良い効果をもたらす"という結論には, 上記①〜⑨に挙げたような背景があるのである. 単に, 実験室で「赤ちゃんの手にものを持たせた」からといって, 図II-2-2-2のクロス集計結果に示されたような結果は得られる訳ではない. だから, ①〜⑨に示したような育児姿勢とは関係なく, 単に赤ちゃんの手に一所懸命にものを持たせたところで, 子どもの心身発達が良くなる, という保証はないのである. 本書の調査結果を見るときには, このよう

な見方・考え方をしていただきたいと願うものである．

## II-2-3　環境に大きく影響される子どもの発達

　子どもの発達と環境に関しては「大阪レポート」の結果を「兵庫レポート」が追認

　「大阪レポート」が明らかにしたことのひとつは，子どもの発達は親のかかわりをはじめとする子育て環境に大きく左右されるということである．「大阪レポート」で明らかになった子どもの発達と親のかかわりをはじめとする環境との関係は，プロローグ（9ページ）にまとめた．以下では，「兵庫レポート」の結果の主なものを列挙する．

　①赤ちゃん体操や「手にものを持たす」などのかかわりは子どもの発達に良い（4か月児健診）
　②日光浴をさせたり，天気の良い日には「よく外で」遊ばせている母親の子どもは発達が良い
　③子どもが一緒に遊ぶ友だちが多いほど，発達が良い
　④近所に話し相手がいるとか，子育て仲間がいる母親の子どもは発達が良い
　⑤食事のとき，手づかみででも自分で食べられるようにしている母親の子どもは発達が良い（10か月児健診）
　⑥子どもによく話しかける母親の子どもは発達が良い
　⑦子どもの要求が理解できる母親ほど，子どもの発達が良い
　⑧母親の育児不安が少ないほど，また心配事が解消されているほど，子どもの発達が良い
　⑨子どもとのかかわりで迷ったり，自信がもてない母親の子どもは発達が悪い
　⑩父親の育児への参加・協力は子どもの発達に良い
　⑪育児の手本がある母親の子どもは発達が良い
　⑫出産以前の子どもとの接触経験や育児経験がある母親の子どもは発達が良い
　⑬睡眠と覚醒のリズムが決まっている子どもほど発達が良い
　⑭テレビを見る時間が少ない子どもほど発達が良い

　ここに挙げたものは0.0％未満の有意差水準のものばかりであるが，子どもの月齢により大きく変化するものもあるため，詳細については巻末資料の表I-1〜8を参照されたい．

　「大阪レポート」の結果として挙げたもので，ここに挙げていないものは，歩行器と体罰，「イライラ」などの精神的ストレスである．逆に「大阪レポート」の結果としては挙げられていない項目で，ここに挙がっているものは，子どもとのかかわりにおける迷いや自信のなさや，睡眠と覚醒のリズム，テレビ，子育て仲間である．全体としては，「大阪レポート」の結果を今回の「兵庫レポート」が追認した形になっているが，今回の調査結果の方が相関が高く，より明確な結果が得られている．なお，子どもの発達と関係がありそうで，実際には関係がなかったものとして，母親の就労などがある．これらの項目を含め，ここに挙がっていない項目については，本章のそれぞれの節を参照されたい．

　「大阪レポート」と「兵庫レポート」で示された子どもの発達によい親のかかわりは，従来から精神医学あるいは心理学で，好ましいかかわりと言われてきたものばかりであり，その逆はな

かった．

### 人間関係の単純化と希薄化を象徴する「兵庫レポート」

　子どもの発達と他の質問との間の相関の度合は，「大阪レポート」では4か月児健診で最も高いという結果であった．このことは，一見まだ外界からの刺激に対して反応性が低いと考えられがちな4か月児健診までの時期でも，実際には母親のかかわりに対して赤ちゃんが敏感に反応し，その結果が発達の差になっていることを示している．そして，これらの結果は，子どもの発達に対する環境の及ぼす影響が極めて大きいことを示すものであり，人格形成における母子関係を中心とした生育環境の果たす役割が重要であることをあらためて実証するものである．

　今回の調査結果「兵庫レポート」を分析しながら，予想しないデータにたくさん遭遇してきた．本書を執筆する過程でもいくつかの事実に気づいたが，そのひとつに子どもの発達と他の項目とのクロス集計結果がある．というのは，「大阪レポート」では親のかかわりや心理状態と子どもの発達は確かに相関があったが，それは1歳6か月児健診までであって，3歳6か月児健診においてはほとんど相関は認められなかった．ところが，今回の調査では，「母親の育児における不安の度合い」や「母親が子どもに話しかけるかどうか」「外で遊ばせるかどうか」などの母親のかかわりと子どもの発達との相関は，むしろ3歳児健診の方がどの健診時点よりも相関が高いという結果になっている．これは何を意味しているのであろうか．

　「大阪レポート」の基礎となった調査データを分析していたときには，3歳6か月児健診で親のかかわりや子育て状況と子どもの発達との相関がほとんど認められなくなるのは，3歳6か月児くらいになれば，母親のかかわりだけでなく，他の大人や遊び友だちなどとのかかわりが増えるために，母親の影響が相対的に小さくなり，相関が消えるのであろうと考えていた．今回の調査結果で，母親との関係が3歳児健診でなお鮮明に出ているということは，母親以外の刺激が少なくなったことをあらわしているのではないだろうか．子どもが育つ過程において，人間関係が希薄になり，かつ単純化されているとは言われているが，そのことがデータとしてはっきりとあらわれているものと考えられる．このこと自体，きわめて深刻な事態である．

### 参考文献

1) ジャニス・ウッド・キャノン著，三沢直子監修，幾島幸子翻訳：『完璧な親なんていない！―カナダ生まれの子育てテキスト―』，ひとなる書房，2002年．

## II－3

# 母子を取り巻く環境
### 孤立化が進む中，子育て仲間を求める母親たち

　環境は人間生活にとって極めて大きなウェイトを占めている．乳幼児期の環境や体験がその個人の人格形成に及ぼす影響はきわめて大きいと言われている．前節で述べたように，「大阪レポート」は親を中心とした子どもへのかかわりが子どもの心身発達にきわめて大きな影響を与えることを実証した．また，今回の調査「兵庫レポート」は，「大阪レポート」を追認するとともにさらに詳しい知見を提示している．

　一方で，日本社会は急速な変貌を遂げている．早期知育教育の広がりや車社会の進展，テレビ・ビデオ，テレビゲーム，携帯電話の普及などは，子どもと親を取り巻く環境に極めて大きな変化をもたらしている．人間は乳幼児期から少年少女期をとおり，思春期，青年期と成長していく中で，人と柔軟にまじわる能力を身につけ，社会でイキイキと生きて行けるだけの人格に成長する必要がある．そのためには，一定の環境が必要である．しかし，子どもが心身ともに健康に育つ環境が日本では急速に失われつつある．そのことをどう解決していくのかが，今問われている．

　育児の方法や考え方はその民族固有のものであり，代々親から子へ，子から孫へと伝えられてきたものである．そして育児の方法にはその民族の知恵が結集しており，民族文化の最も基本的な基盤をなすものである．ところが社会の急速な変化により育児の伝承は途絶えつつある．「兵庫レポート」が明らかにした「子どもをまったく知らないままに親になる」という親が半数を越えているという事態は，育児の伝承が途絶えつつある現実を象徴している．

　育児の伝承が途絶えるということは，母親たちが一から子育て方法を考え出す必要があることを意味している．ところがその母親たちは地域で孤立していて，自分のささやかな体験や思い込みで育児をしている．結果として，今日本では両極端で千差万別な子育てが展開されている．しかも親たちは孤立しているが故に，極端な育児をしていても「みんな，こうしているのだろう」と考えているのである．このあたりに現代日本の子育ての困難さや子ども虐待などの親子の悲劇の原因のひとつがある．

　本節で示すように子育て中の親子の孤立化はここ20数年の間にも大きく進んでいるが，一方で，夫は育児に協力的になっており，母の実家とのつながりも密接になっている．また，子どもの遊び相手や母親自身の子育て仲間を求めるニーズは強く，今回の調査結果からはこれからの子

育て支援，次世代育成支援，子ども虐待予防などの方向を示唆するデータがかなりたくさん得られている．本節では親子を取り巻く環境について検討する．具体的には，出産の状況や育児の伝承，母親の就労状況，経済状況，育児の手伝い，子育て仲間，子どもの遊び相手などについて検討する．

## II-3-1　住居形態と居住年数

　図II-3-1-1に住居建物形態についての調査結果を示す．図からわかるように，4か月児健診時点では，住居建物形態は「一戸建て」：33.4%，「集合住宅」：54.7%であるが，子どもの月齢が上がるとともに「一戸建て」の割合が上昇し，3歳児健診時点では，「一戸建て」と「集合住宅」との割合がほぼ同率であり，それぞれ42.9%と45.8%となっている．

　「近所に子どもの遊び場になるような場所がありますか」という質問に対し，4か月児健診では82.6%が「はい」と答えている．この質問に対する「はい」という回答は年齢が上がるとともに少し増加し，3歳児健診では87.1%になっている．「集合住宅」よりも「一戸建て」の方が，遊び場がやや少ない傾向が見られた．近所の遊び場の有無と発達との相関があらわれたのは1歳6か月児健診であり，近所に遊び場があることが子どもの発達に良い影響があるという結果であった．3歳児健診では，遊び方が多様になるためか，後に述べるようにテレビ・ビデオを視聴する時間が増え，外遊びが少なくなるためか，遊び場の有無と発達との関係は有意ではなかった．

　「大阪レポート」では，住居環境について，住居建物形態（一戸建て，長屋，アパート，団地など），「住宅所有形態（自宅，借家，間借，その他）」「部屋数」「何階に住んでいるか」など詳しく聞いている．また，地域特性（旧市街地，農林業地域，新興住宅地）については住所から判断して区分し，かなり詳しく調べている．その結果，「新興住宅地」に比べ，「旧市街地」や「農林業地域」では「近所の話し相手」がいない母親が多く，子どもも「同年代の遊び相手」がいない傾向が顕著であった．また，「一戸建て」住宅では，「近所の話し相手」がいない母親が多く，「同年代の遊び相手」がいない子どもが多い傾向が顕著であった．しかし，今回の調査では「母親の近所の話し相手」「子どもの遊び相手」に関しては「一戸建て」住宅と「集合住宅」との差はあまり認められなかった．

　今回の調査では「大阪レポート」での質問の内，住居建物形態（一戸建て，集合住宅，その他）についてのみしか聞いていないが，「兵庫県H市に住んで何年か」という「大阪レポート」にはなかった質問をしている．図II-3-1-2に，兵庫県H市での居住年数を示す．4か月児健診時点でみると，1年未満が12.0%，1〜2年が13.4%，2〜5年が26.1%，5〜10年が14.4%，10年〜25

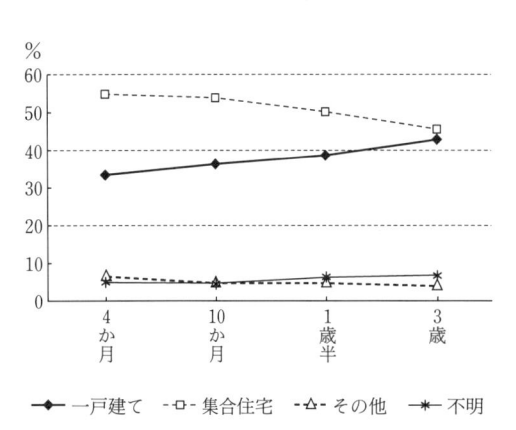

図II-3-1-1　住居建物形態について

図II-3-1-2　兵庫県H市に住んで何年ですか

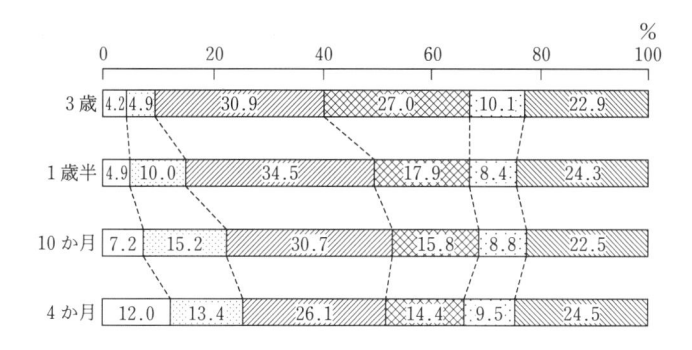

凡例：□1年未満　□1年以上～2年未満　▨2年以上～5年未満　▨5年以上～10年未満　▨10年以上～25年未満　▨25年以上

3歳：4.2／4.9／30.9／27.0／10.1／22.9
1歳半：4.9／10.0／34.5／17.9／8.4／24.3
10か月：7.2／15.2／30.7／15.8／8.8／22.5
4か月：12.0／13.4／26.1／14.4／9.5／24.5

年が9.5％，25年以上が24.5％である．居住年数が長いほど，母方祖父母やきょうだいが育児を手伝ってくれると答える率が高くなっている．また，居住年数が長いほど，三世代家族が多く，「一戸建て」住宅に住む人が多くなっている．

　子育て時代は新しい土地で生活する人が多い時代である．ひとつには知らない土地に嫁ぐためであり，他のひとつは転勤の多い年代であるためである．新しい土地での子育ては子育て仲間もなく，近所に知り合いもいないため，ストレスの多いものである．そのような予測をしていたが，実際は必ずしもそうではなかった．居住年数と「母親の近所の話し相手」および「子どもの同年代の遊び相手」とのクロス集計結果はともに有意差が認められなかった．兵庫県H市に居住して25年以上といっても一か所に居住しつづけているとは限らないが，他地域からの転入者よりは地域の事情に明るいと思われる．にもかかわらず，孤立傾向は同じであった．長年H市に居住している人の場合，育児の手伝いが母方祖父母などの肉親が多いことが判明しているが，血縁関係のみの狭い交遊関係しか持てていない可能性が伺われる．現代日本では，他地域から転入してきた母親はもとより，長期間ひとつの地域に居住している母親でも地域では同様に孤立しているのである．それには，少子化だけでなく，プライバシーに敏感になり，お互いの事情に深く立ち入らないようにする風潮も影響していると考える．また，車社会の進展により，乳幼児を育てている母親も車を多用している．そのため，親同士が出会い，話をする機会が減少していることもひとつの原因であろう．

　第I章で日本の若者の特徴のひとつとして「パラサイト・シングル」について述べたが，結婚して子どもを生んだ後も，実家に依存している母親は多い．今回の調査はそのあたりのことも明らかにしている．

## II-3-2　家族構成

**弱体化する家族機能**

　近年，地域社会の崩壊とともに，家庭機能の弱体化が言われている．私が担当している精神科

「小児・思春期」専門外来を訪れる親子は，比較的家庭基盤がしっかりした親子が多い．このような家庭の問題点は一言でいうと"親と子の距離が近すぎること"である．子どもは親の期待に応えたいと本能的に望んでいる．親子の距離が近すぎると，子どもは親の期待がよくわかるために，過剰に応えてしまう．その結果，思春期で行き詰まるのである．一方，私が学校の先生方とおこなっている事例検討会で出会う事例では，衣食住という最低限の生活さえ保障されていない子どもたちがたくさんいることに驚く．親や社会に守られて育って来なかった子どもたちはいろいろな問題を抱えてしまう．そして，思春期にそれらが表面化するのである．日本は物質的には確かに豊かになった．しかし，子どもたちが育つ環境として最も大切な家族機能は確実に弱体化している．

家庭は人が生まれ，育ち，働き，老いを迎える人間生活の基本的な場である．そして，子どもの養育やしつけなどの教育の機能，安らぎやくつろぎなどの情緒的機能をはじめとして様々な機能を持っている．現代日本社会では，少子化と核家族化が進むとともに，家族や夫婦，男女の役割分担などに関する価値観が急激に変化してきている．そのような状況の中で，第Ⅰ章4節で述べたように，日本の家庭の風景や機能は大きく様変わりしつつある．一言でいうと，「家庭はもはや，安らぎやくつろぎの場所，外での心の疲れや傷を癒す温かいぬくもりのある場所」ではなくなりつつあるのである．

図Ⅱ-3-2-1に，今回の調査の対象となった家庭の家族類型を示す．4つの健診の平均の値は，「夫婦と子どものみ」の世帯が81.4％であり，圧倒的に多く，三世代家族は12.3％，「その他」の世帯は4.1％，「不明」が2.1％である．3歳児健診では，「その他」の世帯（4.9％）の約半数が「母子家庭」と明記されていた．4か月児健診時点よりも3歳児健診時点の方が三世代家族が多くなっているが，その一因として離婚による同居もあるものと考えられる．近年の家族の崩壊を象徴する事象である．

子どもの数は4か月児健診で平均1.63人，10か月児健診：1.65人，1歳6か月児健診：1.70人，3歳児健診：1.92人であった．

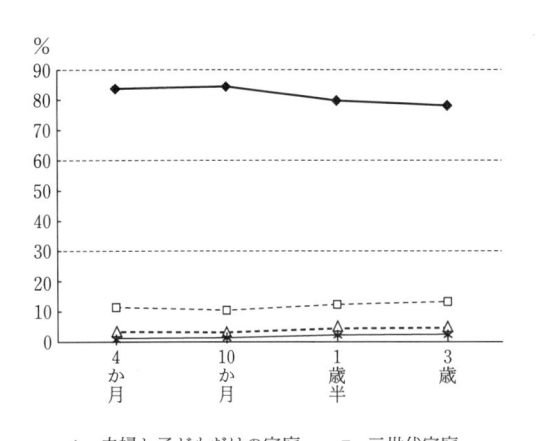

一方，「大阪レポート」の場合は72％が「夫婦と子どものみ」の世帯であり，三世代家族は27％であった．「大阪レポート」と今回の調査を比較したとき，三世代家族が27％から12.3％に減少していることがひとつの特徴である．三世代家族の減少と「ひとり親家庭」の増加が，今後注目すべき点である．

子どもと親を取り巻く人間環境の"縮小化と希薄化"は，確実に進んでいる．家族規模が縮小することにより，子どもを取り巻く人間関係は単純化され，希薄になっていく．このことは，子どもの対人関係能力がますます育たない可能性を示唆している．このあたりのことを社

図Ⅱ-3-2-1　家族構成

会としてどう考えるのか，子どもの心身の健康な成長をいかに保障していくのか，が今緊急な問題として問われているのである．

## II-3-3 母親の就労

図II-3-3-1に母親の就労状況を示す．就労率そのものは「大阪レポート」での率とほとんど変わらない．

今回の調査では，「フルタイム」「パートタイム」「内職」「自営」という分類にした．図II-3-3-1からわかるように，「フルタイム」はそれほど増加せず，3歳児健診時点でも10人に1人くらいである．一方，「パートタイム」が4か月児健診時点では3.0%であるが，子どもの月齢とともに増え，3歳児健診時点では16.8%である．パートタイム勤務が子どもの月齢とともに急速に伸びるのが今回の調査の特徴である．

「大阪レポート」の場合は，「外勤」「内職」「自営」という分類である．「外勤」が4か月児健診時点では8.5%であるが，子どもの月齢とともに増え，3歳6か月児健診時点では15.1%になっている．しかし，フルタイム勤務か，パートタイムかはわからない．「内職」は4か月児健診時点では3.7%であるが，子どもの月齢とともに増え，3歳6か月児健診時点では17.8%と急速に増加していた．

今回の調査では「内職」はあまり増えていない．この結果はここ20数年間の就労形態の大きな変化を反映したものである．4か月児健診時点で「フルタイム」で働く母親が7.5%いるが，産休中なのか，実際に働きに出ているのか，については不明である．

図II-3-3-2に「年齢階級別女性の労働力率の推移」を示している．1970年（昭和45年）が最も女性の就労率が低く，1980年（昭和55年）もほとんど同じであるが，その後は年々高くなっていることがわかる．第I章図I-2-2-1に，「日本女性三世代のライフコースの変化」を示した．その図の左端「祖母の世代」は，農業などの第一次産業が中心であり，女性はほとんど皆働いていた．中央の「母の世代」すな

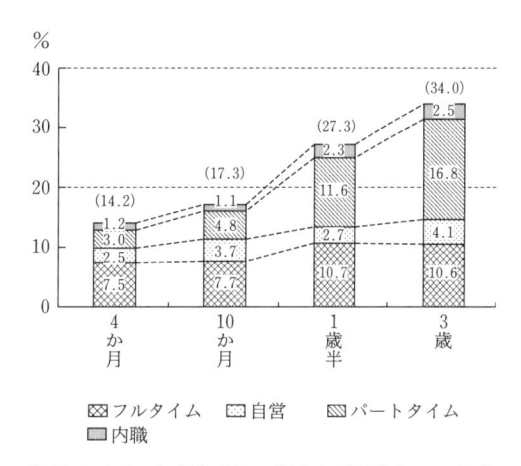

図II-3-3-1 お母さんは，現在お仕事をしていますか（第二次調査）
注：カッコ内は合計．

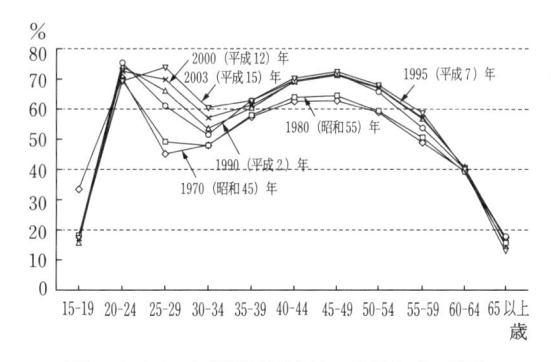

図II-3-3-2 年齢階級別女性の労働力率の推移
資料：総務省統計局「労働力調査」

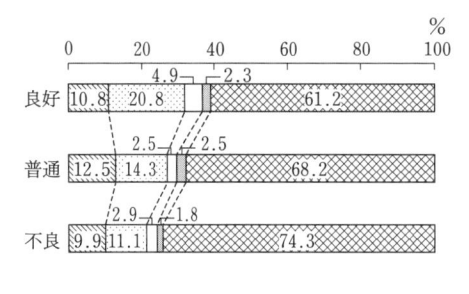

図II-3-3-3　子どもの身体発達と母親の就労状況とのクロス集計結果（3歳児健診）

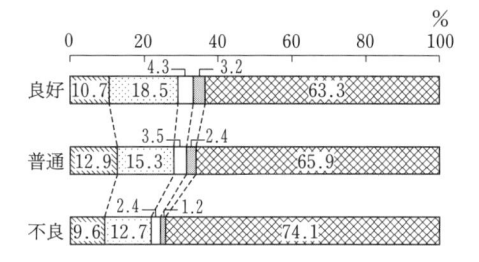

図II-3-3-4　子どもの精神発達と母親の就労状況とのクロス集計結果（3歳児健診）

わち，昭和1ケタ代の世代が「専業主婦」のはじまりの世代である．そして，図II-3-3-2に示すように，最も専業主婦が多かったのは，団塊の世代あたりである．「兵庫レポート」の対象となった母親たちは「団塊ジュニア」世代である．すなわち，専業主婦に育てられた世代なのである．この点については，本章第5節でさらに検討する．

母親の就労と子どもの発達の関係については，本章第2節で，1歳6か月児健診でのクロス集計結果（図II-2-2-3，4）を示し，母親の就労と子どもの発達との間には，1歳6か月児健診時点では相関は認められないと述べた．図II-3-3-3，4に，3歳児健診での子どもの発達と母親の就労とのクロス集計結果を示す．この2つの図は，1歳6か月児健診での図II-2-2-3，4とほとんど変わりはないが，$\chi^2$検定では，精神発達では相関は認められないが，身体発達では，1％水準の有意差があった．すなわち，フルタイムで働いている母親の子は特に発達の差はないが，「パートタイム」労働の母親の子が少し発達が良く，専業主婦の子が少し発達が悪いという結果である．これは保育所での子ども同士のかかわりが影響しているものと考えられる．どちらにしても，いわゆる「3歳児神話」がいうところの，専業主婦として母親が子どもを育てていることが子どもに良いという結果ではなく，むしろ，専業主婦の子が遅れているのである．母親の就労と他項目とのクロス集計結果は，それぞれの項目のところで取り上げることにする．

## II-3-4　経済状態――子育て家庭への経済的支援の必要性

経済面での不安は最も大きな精神的ストレスの原因である．経済状態についての質問は「大阪レポート」にも「兵庫レポート」の第一次調査にもなかったが，「兵庫レポート」の第二次調査では「経済状況についてお聞きします」という質問をしている．その結果を図II-3-4-1に示す．子どもの月齢別で見ると，4か月児健診時点のみが異なるが，他の3つの健診時点ではほとんど同じ比率を示している．すなわち，4か月児健診時点では，「安定している」が41.4％，「まあまあ暮らせる」が46.6％，「苦しい」が9.9％，「不明」2.1％となっているが，他の3つの健診時点では「安定している」が36〜37％，「まあまあ暮らせる」が約46％，「苦しい」が約15％，「不明」2〜3％となっている．

図Ⅱ-3-4-2, 3にそれぞれ「父親の年齢」および「母親の年齢」と「経済状況」とのクロス集計結果を示す．これらの図より，年齢と「経済状況」とは強い相関があることがわかる．「父親の年齢」では，25歳未満で「経済状況」が「苦しい」が最も多く，年齢があがるとともに「安定している」が多くなる．母親の年齢でも同様のことが言えるが，「父親の年齢」の場合に比べ，25〜29歳の年齢層は，30歳代とほとんど差がない．また，40歳以上の母親は少ないため，図Ⅱ-3-4-3には掲載していない．

　図Ⅱ-3-4-4に，3歳児健診での経済状況と親子関係とのクロス集計結果を示す．図からわかるように，経済状況と親子関係に関しては，経済的に「苦しい」という親が「片親任せ」になっている家庭が少し多く，また「溺愛」の傾向が少し高いことくらいで，目立った相関は認められない．「お子さんの事に関しては，一方の親だけが責任をとり他方はまかせっきりですか」という「片親任せ」の傾向が経済状況が「苦しい」親に強いが，これはひとり親家庭が多いことと関係しているものと考えられる．なお，この図の作成方法や読み方については，本章第8節2項で説明しているので，参照されたい．

図Ⅱ-3-4-1　経済状況（第二次調査）

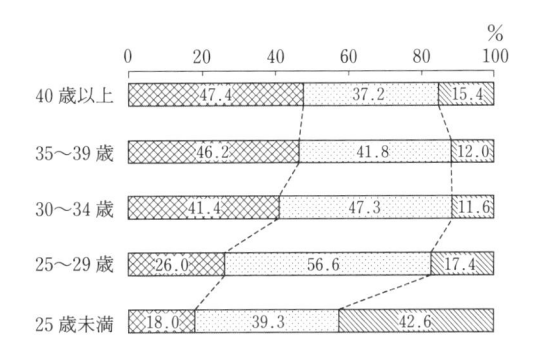

図Ⅱ-3-4-2　父親の年齢と「経済状況」とのクロス集計結果（第二次調査）

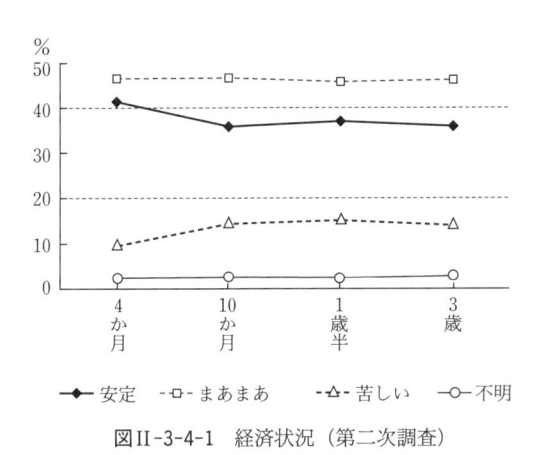

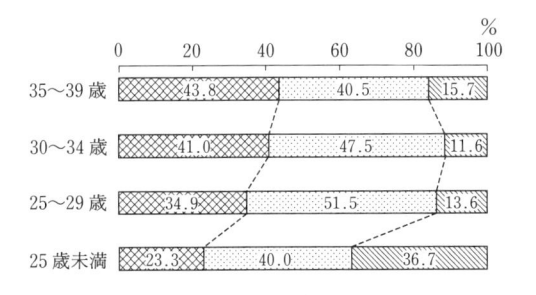

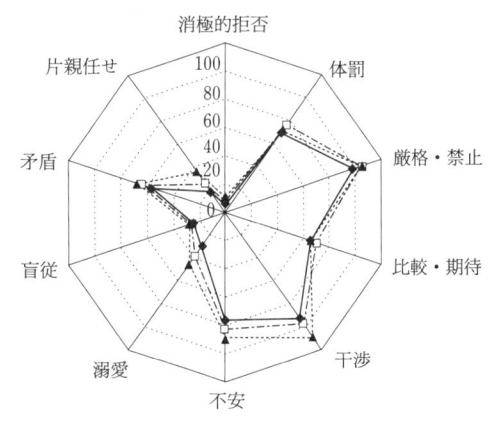

図Ⅱ-3-4-3　母親の年齢と「経済状況」とのクロス集計結果（第二次調査）

図Ⅱ-3-4-4　経済状況と親子関係のクロス集計結果（3歳児健診：第二次調査）

経済状況についての質問は,「大阪レポート」にないため,比較はできないが,本章第5節4項「母親の関心事」の項で述べるように,4～5人に1人が最も関心のあることとして「お金(家計)のこと」を挙げている.バブル崩壊後の日本社会の経済的悪化の中で,子育て家庭への経済的支援は,次世代育成支援,子ども虐待予防策として,きわめて重要なものである.子育てをしている家庭に対する経済的支援は,子育ての社会的評価を高めることになるため,少子化対策としても有効なものであろう.

## II-3-5　育児する上でのモデルの有無

本項では育児の伝承手段のひとつである「育児をする上でのモデルの有無」について検討する.図II-3-5-1に「育児をする上でモデルとなる人はいますか」という質問の結果を示す.4か月児健診時点では,「いる」が57.4%,「いない」が36.1%であるが,子どもの月齢とともにモデルは少なくなり,3歳児健診時点では,「いる」が45.4%,「いない」が46.4%とほぼ同率になっている.「大阪レポート」では,子どもの月齢での変化は認められず,「いる」が約50%であった.

図II-3-5-2に「モデルの内訳」を示す.モデルとして最も多いのは「両親」であり約30%弱,次に「友人」と「兄弟姉妹」が続く.「友人」と「兄弟姉妹」は子どもの月齢での変化が大きく,4か月児健診時点ではともに約25%であるが,3歳児健診時点では16～18%へと減少する.これは「友人」や「兄弟姉妹」は乳児期にはモデルになれても,幼児期の子育てにはなかなかモデルにはなりにくいことを示している.今回の調査では「タレント」という選択肢を入れたが,1%にも達しなかった.このことは,現実のモデルは身近な実母や友人,きょうだいであり,雑誌などのタレントはモデルにはなっていないことを示している.

「育児でのモデルの有無」と他項目とのクロス集計結果では,モデルがある母親ほど「イライラ」が少なく,子どもへの話しかけが多いという結果が出ている.

育児の伝承という意味では,自分の子どもを生む前の「育児経験」も検討すべきであるが,こ

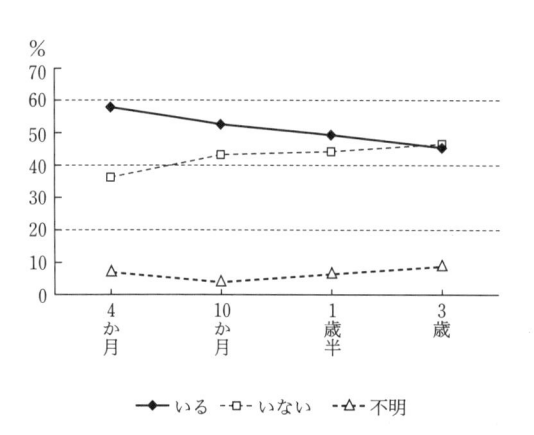

図II-3-5-1　育児をする上でモデルとなる人はいますか

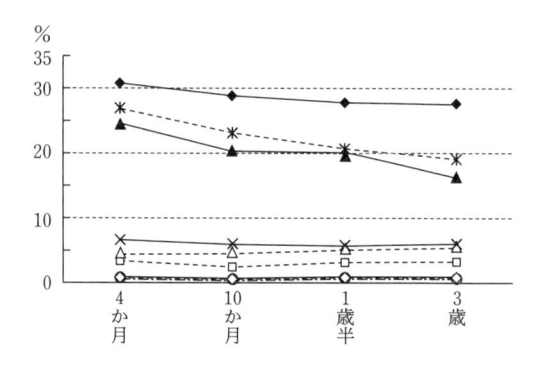

図II-3-5-2　育児のモデルの内訳

の点については本章第5節で検討する．現代日本社会では少し上の世代がモデルになり得ないほど，育児用品や育児に関する考え方が変化している．そのあたりの事情も育児の伝承を困難にしているひとつの大きな要因である．

## II-3-6　育児の手助け

　第Ⅰ章で紹介した写真集『雪国はなったらし風土記』に登場する写真は，1952〜1957年頃の子どものいる風景を写したものである．当時は，まさに「放牧の子育て」である．放牧の牛や馬が日中は牧場に放たれるように，子どもたちは日中は地域で子どもたちだけで遊んでいて，大人は登場しない．夜になると牛や馬たちが牛舎に戻るように，子どもたちが帰宅し，親も農作業などの仕事から帰り，子どもの相手をするという子育て風景である．

　一方，現在の子育てはどうであろうか．車社会になり，また誘拐・殺害などの事件が起こる状況の中で，子どもたちだけで遊ばせることはできないという状況が広がりつつある．そのような中で，母親たちは四六時中子どもから目を離せない状況である．この状況は親もしんどいし，子どもも息がつまる状況である．また，子どもの精神発達にとっても好ましい環境ではない．

　カナダの親支援プログラム "Nobody's Perfect" を実施している中で，「もうひとり子どもを生むかどうか」が話題になった．共通して言われたことは，「もうひとり欲しいとは思うが，私が出産で入院している間，上の子をみてくれる人がいない」ということであった．「2人目の子のとき，上の子を実家の母親にみてもらったが，母親のあの疲れようではもう一度頼むことはできない」という．四六時中子どもの世話をするということは，たいへんなことなのである．

　この項では「育児の手伝い」について検討する．

### 最も手助けが欲しかった時期は？

　図II-3-6-1に「一番育児の手助けが欲しかったのはいつですか」という「大阪レポート」での質問結果を示す．この質問は今回の調査ではおこなっていない．図II-3-6-1より，「最も育児の手助けが欲しい」時期には，2つの時期があることがわかる．ひとつは，退院直後から1か月くらいの時期である．この時期については一般によく認識されている．そしてもうひとつは，子どもが1歳前後から2歳前後にかけての時期である．この時期は，子どもが歩きはじめ，活動が活発になってくる時期であり，目が離せない時期である．また風邪などの感染症にもかかりやすい時期である．次の子を妊娠するということもあり，1歳前後から2歳前後にかけての時期は，母親としては手助けが欲しい時期である．しかし，そのような認識は一般にはないのではないだろうか．

　図II-3-6-1の「一番育児の手助けが欲しかったのはいつですか」という質問の結果と，本章第7節1項で検討する「育児の中で一番心配なときは，いつでしたか」という質問の結果とは非常によく似た結果になっている．このことについては，本章第7節1項で検討するが，「手助けが欲しい」という育児上の事態が母親の不安を高める一因になっていることは確かである．

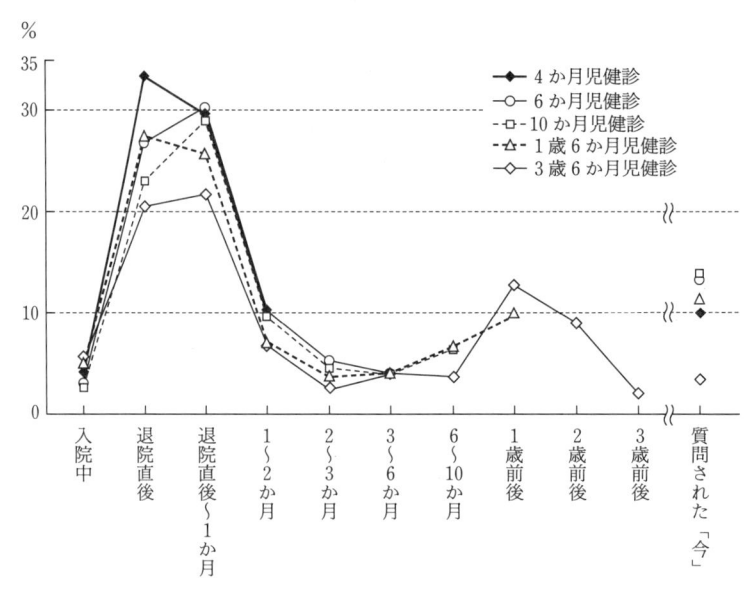

図II-3-6-1　一番育児の手助けが欲しかったのはいつですか（大阪レポート）

### 育児を手助けしてくれるのは誰？：父親の育児参加と母親の実家の支援の増加

　図II-3-6-2に「育児の手伝いをしてくださる方はありますか」という質問の結果を「大阪レポート」と比較して示す．図からわかるように，ともに月齢での変化はほとんどないが，2つの調査では「手伝いの有無」は大きく変化している．「不明」を補正した値で示すと，「大阪レポート」では「育児の手伝い」が「ある」が65％，「ない」が35％である．一方，今回の調査では，「ある」が多く95.4％，「ない」は4.6％にすぎない．このように，20数年前は「育児の手伝い」が「ない」と答える母親が，約3人に1人はいた．ところが現在は，20人に1人となっている．これは意外な結果であった．

　図II-3-6-3に「育児の手伝いをしてくれる人」の内訳の月齢変化を，「大阪レポート」と比較して示す．図II-3-6-3を見ると，手伝ってくれる人数も多くなっているし，その内訳も大きく変化していることがわかる．手伝ってくれる人の数をまず考える．「育児の手伝いをしてくれる人」がある場合，その平均人数は，「大阪レポート」の場合は1.5～1.6人であった．ところが，今回は2.1～2.2人であり，手伝ってくれる人の人数も多くなっている．

　誰が「育児を手伝っているのか」を調べてみると，その内訳が「大阪レポート」とは大

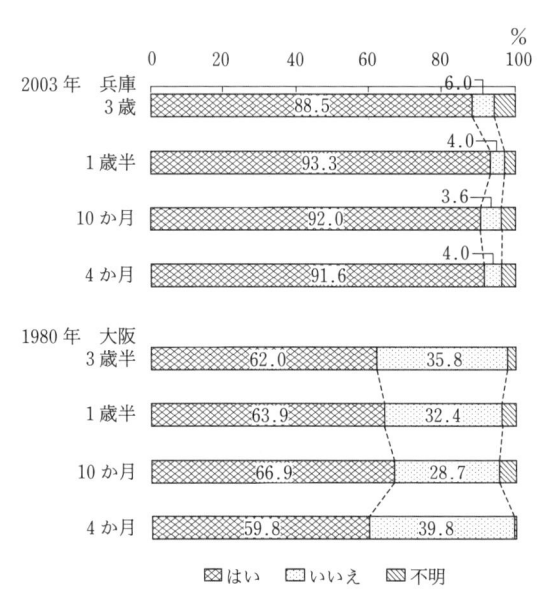

図II-3-6-2　育児の手伝いをしてくださる方はありますか

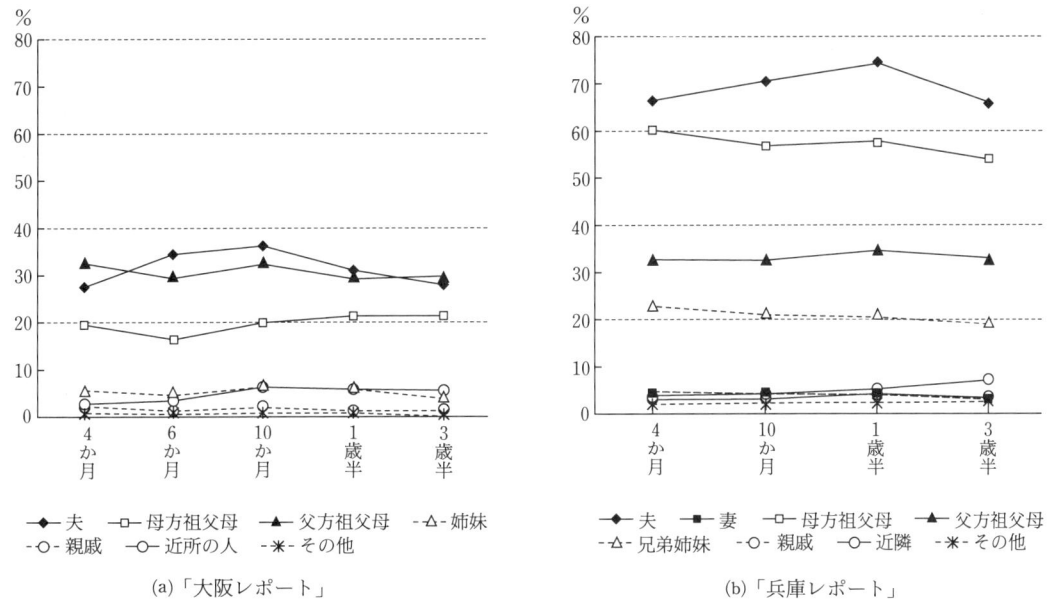

図II-3-6-3 育児の手伝いの内訳
(a)「大阪レポート」
(b)「兵庫レポート」

きく変化していることがわかる．すなわち，夫の比率が30〜37％から66〜74％と約2倍に増加している．夫（父親）については本章第6節で検討するが，この70％前後という数値は，「お父さんは育児に協力的ですか」という質問に「はい」と答える率とよく一致する値である（図II-6-1-1）．すなわち，父親が育児をよく手伝うようになっていることがわかる．

次に大きく変化しているのは「母方祖父母」である．「大阪レポート」では20％前後でしかなかったものが，今回の調査では53〜60％へと3倍近くに増加している．一方，「父方祖父母」は30％前後であり，特に変化は見られない．「兄弟姉妹」が，今回は20％前後と多く，「大阪レポート」の6％前後の3〜4倍に増加している．これらの結果は，「育児で心配なときの相談相手」や「育児で心配なとき，一番頼りにする人は誰ですか」という質問の結果ともよく一致する結果である．すなわち，母親の実家の支援が大きく増加し，父親の協力も増えているのである．母親の実家の支援の増加，と言えばプラスの面のみに聞こえるが，母親の実家への依存とも言える．実家への依存はプラスの面ばかりではない．このように夫や肉親による子育て支援はかなり進んでいるが，「近隣」「その他」への広がりは見られていない．

## II-3-7 母親の近所の話し相手と子育て仲間の有無

すべての人にとって「孤立」は最大の精神的ストレスである．特に乳幼児をほとんど知らないまま親になった現代の母親にとって，子育てについて日常的に話し合える子育て仲間の有無は，精神的安定にきわめて大きな要因である．そして，その話し相手の中には，同じように子育て真っ最中の親がいることが必要である．当事者同士でなければ子育てについては共感的に話し合えないものであり，また理解し合えないものである．そして，話し合う中で自然と解決する部分

は想像以上に多いのである．特に価値観が急速に変化している日本社会では，当事者の親同士のつながりが不可欠である．親の精神的安定は，子どもとのかかわり方にもきわめて大きな影響を持つものであり，子どもの心身の発達に及ぼす影響も大きい．ここでは母親の近所の話し相手と子育て仲間の有無について，今回の調査結果を検討する．

### 急速に進む子育て中の母子の孤立化：3人に1人が孤立している4か月児とその母

図II-3-7-1には，「近所でふだん世間話をしたり，赤ちゃんの話をしたりする人がいますか」（以下，「近所の話し相手」と略称する）という質問の結果を「大阪レポート」の結果と比べて示している．図からわかるように「大阪レポート」の結果と比べて，どの健診時点でも「数名いる」が少なくなり，「いない」が多くなっている．特に，乳児を育てている母親の孤立化が極端に進んでいる．すなわち，4か月児健診での結果を比較すると，「1～2名」もいないまったく孤立している母親が「大阪レポート」では15.5％であったものが「兵庫レポート」では32.0％と2倍以上に増加し，約3人に1人の母親が孤立している．いわゆる"母子カプセル"状態でいるのである．10か月健診時点でも26.2％，4人に1人以上の母親が「近所の話し相手」が「1～2名」も「いない」，まったく孤立した状態にいる．この結果は，乳幼児に，特に乳児にはほとんどかかわった経験のない現代の母親が，母子カプセル状態で孤立して育児をしている割合が急増していることを示している．

図II-3-7-1が示す「大阪レポート」と異なるもうひとつの点は，「大阪レポート」の場合，「1～2名」もいないまったく孤立している母親はどの健診でも約10～15％であり，特に子どもの年齢による変化は認められなかった．ところが，今回の調査では，子どもの年齢とともに母親の話し相手が順調に増えている．とは言え，3歳児健診時点で孤立している母親がなお16.9％であり，「大阪レポート」のどの健診時点よりも多いという結果である．この子どもの年齢とともに母親の話し相手が増える要因として，本節9項で取り扱う「子育てサークル」や子育てサロン，つどいの広場などの子育て支援の効果もあるものと考える．

図II-3-7-2に，「親子で一緒に過ごす子育て仲間がいますか」（以下，「子育て仲間」と略称する）という質問の結果を示す．この質問は「大阪レポート」にはなかった質問である．図から，4か月児健診時点で約3人に1人，3歳児健診時点でも約5人に1人は，親子で一緒に過ごす子育て仲間がいないままに孤立していることがわかる．

前項では，育児の手助けについて調査結果を紹介した．その結果では，「大阪レポート」

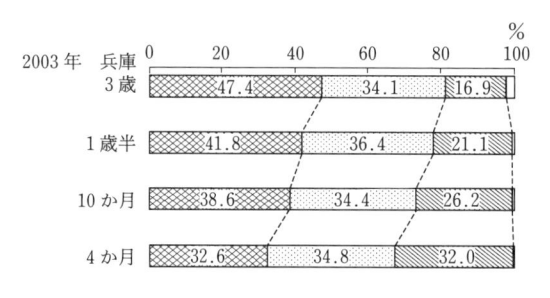

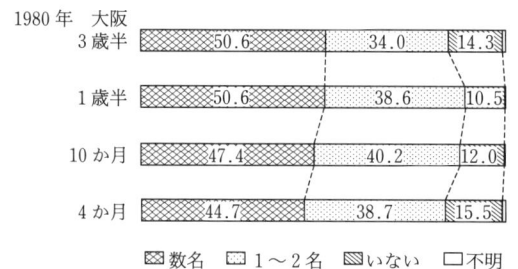

| 2003年 兵庫 | 数名 | 1～2名 | いない |
|---|---|---|---|
| 3歳 | 47.4 | 34.1 | 16.9 |
| 1歳半 | 41.8 | 36.4 | 21.1 |
| 10か月 | 38.6 | 34.4 | 26.2 |
| 4か月 | 32.6 | 34.8 | 32.0 |

| 1980年 大阪 | 数名 | 1～2名 | いない |
|---|---|---|---|
| 3歳半 | 50.6 | 34.0 | 14.3 |
| 1歳半 | 50.6 | 38.6 | 10.5 |
| 10か月 | 47.4 | 40.2 | 12.0 |
| 4か月 | 44.7 | 38.7 | 15.5 |

図II-3-7-1 近所でふだん世間話をしたり，赤ちゃんの話をしたりする人がいますか

のときに比べ，育児の手助けは増加していた．しかし，夫や実家の母親などは日常的に育児を手伝ったり，話し相手になったりはできないものである．日中の長い時間をどのように過ごすのか，母親たちは苦労している．そのようなとき，立ち寄れる場所や子育て仲間の存在はきわめて大きいものである．現在その必要性はかなり認識されてきているが，量的にも質的にも一層の充実が望まれる．

### 近所に話し相手がいる人は，子育て仲間が多い

　図II-3-7-3には，「近所の話し相手」の有無と「子育て仲間」の有無とのクロス集計結果を示している．「話し相手」が「数名いる」と答える母親の場合でも親子で一緒に過ごす「子育て仲間」が「いない」という人が10人に1人くらいはいる．他方，「近所の話し相手」が「いない」という母親の場合でも，44.0％は「子育て仲間」は「いる」と答えている．このことは，近所以外で「子育て仲間」を見つけていることを意味している．それ自体はいいことである．母親自身が「子育て仲間」を求めるということは，きわめて健康なことである．しかし，図II-3-7-3の結果は，「近所の話し相手」がいないということが，「子育て仲間」が得られない大きな要因であることを示すものである．すなわち，「近所の話し相手」が「数名いる」母親の場合，「子育て仲間」は90.2％もいるのである．一方，「近所の話し相手」は「いない」という母親の場合は44.0％しか「子育て仲間」は得られていない．

　「大阪レポート」では，「一戸建て」住宅に暮らしている母子に孤立化傾向が強かった．また，「農林業地域」に居住している母子の孤立化傾向が強く，「新興住宅地」では子どもの年齢とともに母親の話し相手も増えるが，「農林業地域」では相変わらず孤立していることがわかっている．このことは1980年当時から「農林業地域」や「旧市街地」では少子化の影響が顕著にあらわれていたことを示している．

　今回の調査では，「建物形態」についてのみしか調査をしていないが，「一戸建て」住宅と「集合住宅」とでは，特に差が認められなかった．このことは，ここ20数年間の車社会の進展により，乳幼児を育てている母親も車で出かけるために，道で出会う機会が減少したことが影響しているのであろうか．最近では，プライバシーやセキュリティーの問題などがあり，同じマンショ

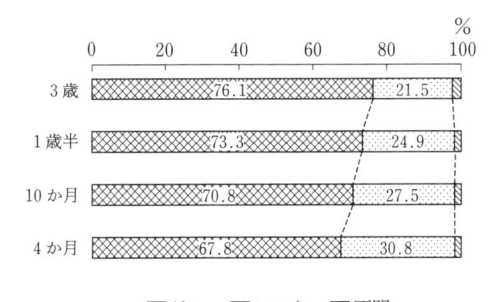

図II-3-7-2　親子で一緒に過ごす子育て仲間がいますか

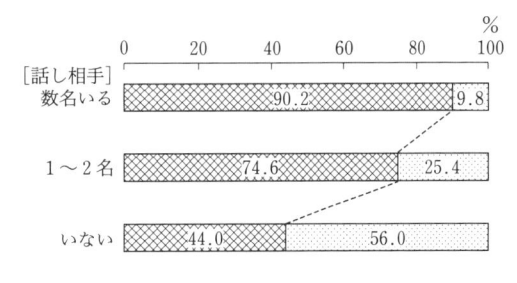

図II-3-7-3　「近所の話し相手」の有無と「子育て仲間」の有無とのクロス集計結果（1歳6か月児健診）

ンでも親同士知り合う機会が少なくなっている，と聞くが，そのようなことがこのデータにもあらわれているのであろう．子育て中には地域の人間関係はなくてはならないものである．それは親にとっても，子どもにとっても，である．

### 母親のコミュニケーション能力と，近所の話し相手や子育て仲間の有無

次に母親の特徴と「近所の話し相手」の有無の関係について述べる．図II-3-7-4に「育児や家庭のことについて，他の人とおしゃべりするのは好きですか」（以下「話好き」と略称する）という質問の結果を示す．図II-3-7-4の結果は，4つの健診での結果の総計である．この質問は「大阪レポート」にはない質問である．図からわかるように，「話好き」と自認する母親は72.3％で約4人に3人である．「どちらでもない」が23.9％，はっきり「いいえ」と答える母親は2.8％と少ない．子どもの月齢が高くなるほど「話好き」な母は少なくなる傾向はあるが，統計的有意差はない．「話好き」と自認する母親が約4人に3人であり，はっきり「いいえ」と答える母親は2.8％にすぎないという結果は，比較する対象がないので多いとも少ないとも言えないが，私の個人的感想では，予想よりは話好きな人が多いと感じる．

図II-3-7-5に3歳児健診での「育児や家庭のことについて，他の人とおしゃべりするのは好きですか」と「親子で一緒に過ごす子育て仲間がいますか」とのクロス集計結果を示す．図からわかるように「話好き」な母親は子育て仲間がはっきりと多いことがわかる．同様に，「話好き」な母親には，「近所の話し相手」が多いことがわかっている（図II-3-9-2参照）．また，子どもの年齢があがるに従って子育ての中で，「近所の話し相手」や「子育て仲間」が増えるが，「話好き」な母親の方がより増え方が多いことがわかっている．逆に，「話好き」ではない母親の場合，「近所の話し相手」や「子育て仲間」はそれほど増えないことが判明している．これはある意味，当然の結果であるが，母親のコミュニケーション能力も子育て仲間の確保には大事な要素であることがわかる．

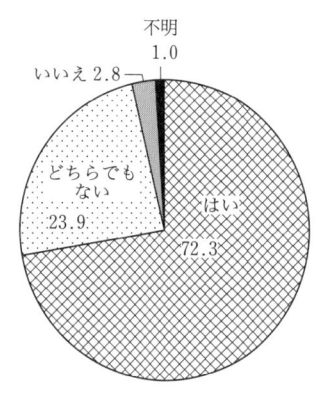

図II-3-7-4　育児や家庭のことについて，他の人とおしゃべりするのは好きですか（全健診の総計）

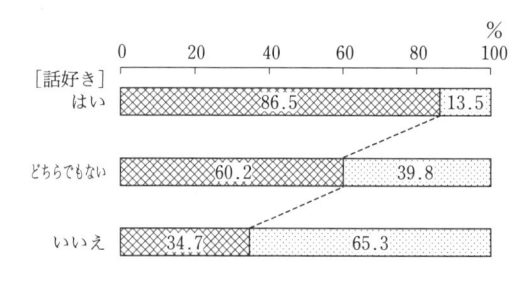

図II-3-7-5　「育児や家庭のことについて，他の人とおしゃべりするのは好きですか」と「子育て仲間」の有無とのクロス集計結果（3歳児健診）

前項で明らかになったように，育児を手伝ってくれる人は20数年前よりは多くなっている．しかし，「近所にふだん世間話をしたり，赤ちゃんの話をしたりする人」は少なくなっているのである．その要因として，少子化の影響や社会環境の変化が大きいと考えられるが，一方で同世代の人と話すことに緊張感を抱く人は確実に多くなっている．このことも影響しているものと思われる．

## 近所の話し相手や子育て仲間の有無と他項目とのクロス集計結果

「近所の話し相手」と「子育て仲間」について述べてきたが，以上述べた以外のクロス集計結果を以下にまとめる．

今回の調査では「育児サークルに参加したことがありますか」という質問をしている．この質問については本節9項で検討するが，「子育てサークル」に参加している母親の場合，「近所の話し相手」や「子育て仲間」が多い，という結果が得られている．特に，2年以上「子育てサークル」に参加している人には「近所の話し相手」や「子育て仲間」が特に多くなっている．これは「子育てサークル」が「子育て仲間」をつくる上で大きな効果があることを示すものである．

また，最初の子どもを育てている母親より，2人目3人目の子どもを育てている人の方が孤立傾向が少ないというはっきりとした結果が出ている．すなわち，子育てをする中で必要にせまられて親たちは人間関係のネットワークを広げているのである．そのことは，親自身の人間的成長をもたらすものである．

母親の仕事との関係をみると，フルタイムで働いている母親は，「近所の話し相手」も「子育て仲間」も少ないことが判明している．これは「大阪レポート」でも明らかになっている結果である．小さい子に食べさせたり，おむつを替えたり，という「育児経験」の有無では差は出ていないが，小さい子を抱いたり，遊ばせたり，という「子どもとの接触経験」のある母親は孤立傾向が少ないという結果がはっきりと出ている．

「近所の話し相手」や「子育て仲間」がいる母親は，「子どもが一緒に遊ぶ同年代の子ども」が多いという傾向がはっきりと出ている．また，「天気の良い日には外へ連れて行く」という傾向もはっきりと出ており，子どもとのかかわり時間も長いことがわかっている．子育てでの「イライラ感」や「不安」は，「近所の話し相手」や「子育て仲間」がいる母親の方がすこし少ない傾向にある．しかし，「体罰」の使用に関しては差が認められていない．また，親子関係と「近所の話し相手」の有無とのクロス集計結果では，特に相関は認められなかった．

「大阪レポート」では，「近所の話し相手」の有無は母親の精神的安定に大きく寄与していた．ところが今回の調査では，「近所の話し相手」の存在や「子育て仲間」の存在が母親の精神的安定に寄与はしているが，「大阪レポート」よりは相関が低いことが判明している．この点が現代日本の子育て現場が抱えている深刻な問題を象徴しているように思う．すなわち，長い学齢期を「いじめ」の風景の中で過ごした現在の子育て真っ最中の世代は同世代同士，安心して悩みを相談したり，教えあったり，支えあったりという心のかよった人間関係が持ちにくくなっているのである．そのあたりを解決し親同士をつなぐような支援が今求められている．私が代表をつとめている『NPO法人 こころの子育てインターねっと関西』（URL；http://www9.big.or.jp/~kokoro-i/）が取り組んでいるカナダの親支援プログラム"Nobody's Perfect"は，10数人の親が集まり，自分たちの生活や子どものこと，親としての役割などについて安心して話し合える場を提供するプログラムであり，参加型の体験学習プログラムである．このような親支援プログラムが広汎に展開されることが今の日本には必要であると考えている．親支援プログラム"Nobody's Perfect"については，第Ⅳ章で紹介する．

### 近所の話し相手や子育て仲間の存在は，子どもの発達に良い

母親に「近所の話し相手」や「子育て仲間」がいるかどうか，は子どもの発達にどのような影響をあたえるのであろうか．今回の調査では，この点に関して非常に明確な結果が得られている．

図Ⅱ-3-7-6に1歳6か月児健診での「近所でふだん世間話をしたり，お子さんの話をしたりする人がいますか」と子どもの精神発達とのクロス集計結果を示す．この図から，「近所の話し相手」が「数名いる」母親の子どもは，発達「良好」群に27.6％属し，発達「不良」群には16.1％である．一方，「近所の話し相手」が「いない」母親の子どもは，発達「良好」群には17.9％しか属しておらず，発達「不良」群に30.7％も属している．このように，「近所の話し相手」が「数名いる」母親の子どもははっきりと発達が良いという結果が出ている．同様の結果は子どもの身体発達についても言えるが，精神発達の方が相関が高いという結果が得られている．1歳6か月児健診での相関が最も高いが，他のすべての健診についても同様の結果が得られている．

また，「子育て仲間」がいる母親の子どもについても，「近所の話し相手」と同様の結果が得られている．「近所の話し相手」の有無と子どもの発達との相関と，「子育て仲間」の有無と子どもの発達との相関を比較してみると，「近所の話し相手」の有無と子どもの発達との相関の方が少し高いという結果である．

次に，なぜ母親に「近所の話し相手」や「子育て仲間」がいる場合に子どもの発達が促進されるのか，について考える．次の項で子どもの同年代の「遊び相手」の存在が子どもの発達を大きく促進させるという結果を紹介するが，前述のとおり母親に「近所の話し相手」や「子育て仲間」がいる場合に，子どもも「遊び相手」がたくさんいることがわかっている．そのため，ひとつには「子どもの遊び相手」の存在が子どもの発達を促進させていると考えられる．一方，1歳6か月児健診や3歳児健診では「子どもの遊び相手」の存在が大きいと考えられるが，4か月児健診では赤ちゃんの発達が「赤ちゃんの遊び相手」の存在に左右されるということは考えにくい．そのため，「子どもの遊び相手」の存在だけでなく，「近所の話し相手」や「子育て仲間」がいる母親の育児姿勢や精神的ストレ

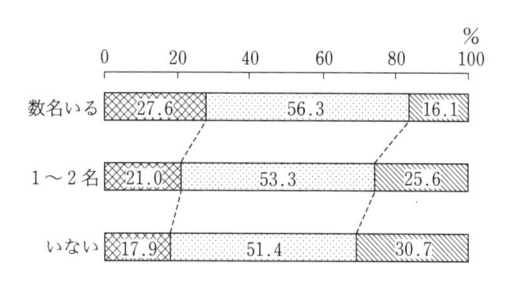

図Ⅱ-3-7-6 「近所でふだん世間話をしたり，お子さんの話をしたりする人がいますか」と子どもの精神発達とのクロス集計結果（1歳6か月児健診）

スが少ないことが子どもの発達を促進しているという面もあると考えられる．すなわち，先に挙げた「近所の話し相手」や「子育て仲間」がいる母親は，天気の良い日には外へ連れて行き，子どもとのかかわり時間も長い．これらのことは子どもの発達に良いことが判明している．また，「近所の話し相手」や「子育て仲間」がいる母親は，子育てでの「イライラ感」や「不安」が少ない傾向にあることもわかっている．これらのことも子どもの発達に良いことが判明している．そのようなことが総合して，母親に「近所の話し相手」や「子育て仲間」がいることが，子どもの発達に良い結果をもたらしているのである．

これらの結果は，逆の角度から言うと，子どもを心身ともに健やかに育てるためには母親には「近所にふだん世間話をしたり，赤ちゃんの話をしたりする人」が必要であり，「親子で一緒に過ごす子育て仲間」が必要であると言える．

一方，「話好き」かどうか，という母親の特性と子どもの発達との関係を見てみたが，4か月児健診では相関がなかった．3歳児健診では「話好き」な母親の子どもの方が少し発達が良いという結果が出ているが，「話好き」な母親は子育ての中で「近所の話し相手」をつくる傾向が強いこと，また子どもの遊び相手もできやすいことの二次的効果であると考えられる．すなわち，母親の「話好き」という社交性そのものが子どもの発達に良いというよりも，母親に「近所の話し相手」や「子育て仲間」がいることが，子どもの発達に良い効果をもたらしているのであろう．

以上の調査結果から浮かび上がる子育て支援，次世代育成支援，子ども虐待予防策は，「母子カプセル」状態で孤立している母子を孤立から救い出すこと，である．

## II-3-8　子どもの遊び相手

子どもが同年代の子ども同士の遊びの中で揉まれながら育つことは，子どもの心の発達にとって，なくてはならないことである．少子化がもたらす最も危惧する点のひとつは，子どもが子ども同士の遊びの中で揉まれる機会を失うことであり，そのことにより心の発達のために必要な生活体験をする機会が奪われることである．

子どもが子ども同士の遊びの中で揉まれながら育つ，というとき，本来は親や大人の目の届かないところでの子ども集団の遊びが必要である．『雪国はなったらし風土記』の写真に登場する子どもたちは，子どもたちばかりで遊んでいる．昼間は大人の姿はほとんど登場しない．ところが，現在では子どもは親や大人の視線の中でのみ遊んでいる．このことが子どもの心の成長にとって大きなマイナス要因であることを，思春期臨床の場面では痛感する．また，テレビゲームの普及に加え，犯罪の多発や乳幼児を育てている母親が車で移動することが一般化しつつある現在，子どもの集団遊びの機会はますます奪われている．乳幼児期の子どもは基本的に親のなすがままである．自分から環境を作り出すだけの力はまだ育っていない．社会が大きく変わる中，子どもが心身ともに健康に育つための環境の確保は大人社会に課せられた大きな課題である．

## 相当数の子どもに,「遊び相手」がいない

図II-3-8-1に「お子さんと一緒に遊ぶ同年代の子どもがいますか」(以下,「子どもの遊び相手」と略称する)という質問結果を「大阪レポート」と比較して示している。「大阪レポート」と比べたところ,「子どもの遊び相手」が「ほとんどいない」という回答が少し増加していることがわかる。この20数年間で「子どもの遊び相手」は少なくなっている傾向はあるが,この調査では,ほんの少しであることがわかる。

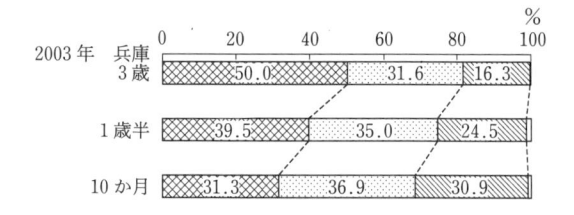

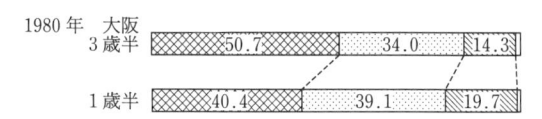

データ上それほど変化がないとは言え,一緒に遊ぶ同年代の子どもが「1～2名」もいない,まったく遊び相手がいない子どもが1歳6か月児健診時点で約4人に1人,3歳児健診時点で約6人に1人とかなりの数いることは確かである。この状況を解消する課題も,子育て支援,次世代育成支援に求められる重要な課題である。

図II-3-8-1 お子さんと一緒に遊ぶ同年代の子どもがいますか

## 住宅形態・家族形態・経済状況と子どもの遊び相手

「大阪レポート」では,「新興住宅地」と「団地」に住んでいる子どもが「遊び相手」が多く,「農林業地域」や「一戸建て」住宅に住んでいる子どもは「遊び相手」が少ないという明確な結果が出ていた。今回の調査では,「大阪レポート」ほど明確な結果は出ていないが,「一戸建て」住宅に住んでいる子どもは「集合住宅」に住んでいる子どもよりも同年代の「遊び相手」が得られにくいという結果が出ており,「大阪レポート」と同じ傾向である。

家族形態では,「三世代同居」家族の子どもが同年代の「遊び相手」がいない傾向にある。

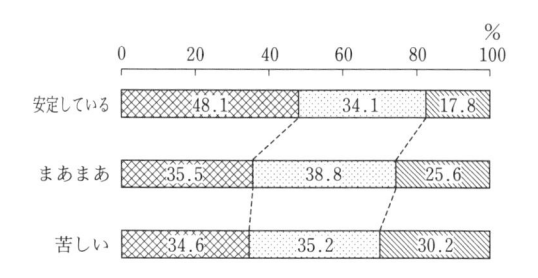

図II-3-8-2に,「経済状況」と「子どもの遊び相手」の有無とのクロス集計結果を示す。図からわかるように,経済状況が「安定している」家庭の子どもには「子どもの遊び相手」が多く,「苦しい」と訴える母親の子どもには「遊び相手」が少ない傾向がはっきりと出ている。「あなたが日常最も関心のあることに1つ○をつけてください」という質問に「お金(家計)のこと」と答える母親の子どもには「遊び相手」が少ない傾向があるという結果も得られているが,これは図II-3-8-2の「経済状況」とのクロス集計結果と一致する傾向である。

図II-3-8-2 経済状況と「子どもの遊び相手」の有無とのクロス集計結果(1歳6か月児健診)

### 母親の状況と子どもの遊び相手

母親の「近所の話し相手」や「子育て仲間」の有無は，環境要因にも左右されるが，母親自身の社会性とも深く関係している．一方，「子どもの遊び相手」の有無は，子ども本人の意志とか性格よりも環境要因や母親の社会性に左右されるものである．このことはすでに「大阪レポート」において証明されている．

図Ⅱ-3-8-3に母親の「近所の話し相手」の有無と「子どもの遊び相手」の有無とのクロス集計結果を示す．この図からわかるように，母親に「近所の話し相手」が「数名いる」場合は，「子どもの遊び相手」が「数名いる」が62.0%であり，「いない」は10.1%にすぎない．一方，母親に「近所の話し相手」が「いない」場合には，「子どもの遊び相手」が「数名いる」は20.1%にすぎず，「いない」が54.7%と半数を越えている．このように，母親の「近所の話し相手」が多いほど，子どもの同年代の「遊び相手」が多いことが歴然としていることがわかる．

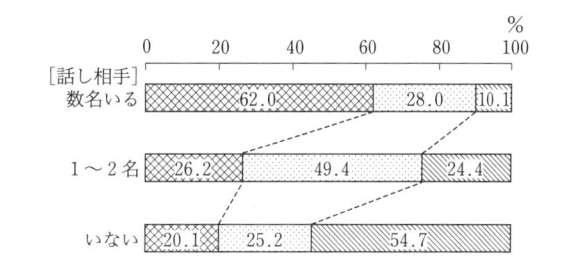

図Ⅱ-3-8-3 母親の「近所の話し相手」の有無と「子どもの遊び相手」の有無とのクロス集計結果（1歳6か月児健診）

しかし，「大阪レポート」での同様のクロス集計結果と比較するとき，今回の調査結果の方が相関が低い．すなわち，母親に「近所の話し相手」が「数名いる」場合には，図Ⅱ-3-8-3では「子どもの遊び相手」が「数名いる」が62.0%であるが，「大阪レポート」では66.3%であり，「母親の近所の話し相手」が「数名いる」にもかかわらず，「子どもの遊び相手」が「ほとんどいない」というケースは図Ⅱ-3-8-3では10.1%であるが，「大阪レポート」では5.5%である．一方，母親に「近所の話し相手」が「いない」場合，図Ⅱ-3-8-3では「子どもの遊び相手」が「数名いる」が20.1%であるが，「大阪レポート」では6.0%であり，「子どもの遊び相手」が「ほとんどいない」は図Ⅱ-3-8-3では54.7%であるが，「大阪レポート」では76.8%である．母親に「近所の話し相手」が「数名いる」場合に，「子どもの遊び相手」がいないというのは，少子化により近所に子どもがいないためであろう．その状況が今回の調査ではさらに進んだと言える．逆に，母親に「近所の話し相手」が「ほとんどいない」にもかかわらず，「子どもの遊び相手」が「数名いる」というケースには働いている母親がかなりの数含まれているであろう．ここ20数年間で保育所はかなり充実してきたし，フルタイムでなくても子どもが入所できるようになっていることも影響しているのであろう．また，前述のように「近所の話し相手」はいないが，「子育て仲間」はいるというケースも増えてきている．そのような場合にも母親には「近所の話し相手」はいないが，「子どもの遊び相手」はいるという結果になっているのではないだろうか．1995年度から開始された国の少子化対策「エンゼルプラン」も21世紀に入った頃からかなり効果があらわれ，「つどいの広場事業」などに代表されるように「行こう」と思えば親子で行けるところもかなり作られてきた．そのような施策の効果がこのデータに出ている可能性もある．

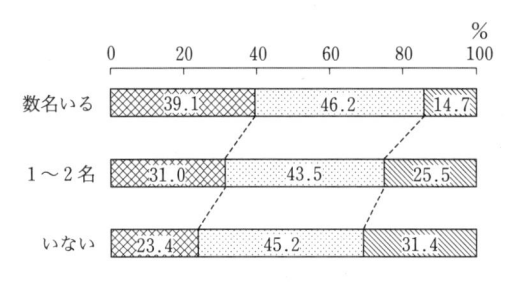

図II-3-8-4 「子どもの遊び相手」の有無と子どもの身体発達とのクロス集計結果（3歳児健診）

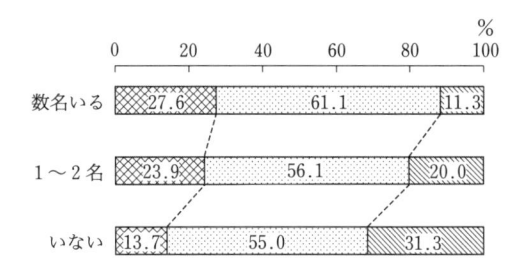

図II-3-8-5 「子どもの遊び相手」の有無と子どもの精神発達とのクロス集計結果（3歳児健診）

今回の調査では「育児サークルに参加したことがありますか」という質問をしている．「子育てサークル」に参加した母親には，「子どもの遊び相手」が多いという結果が得られている．

**遊び相手の存在は，子どもの心身発達に非常に良い**

子どもの心身の発達にとって同年代の遊び相手は不可欠のものである．「大阪レポート」においてもそのことが証明されている．今回の調査においても，「子どもの遊び相手」の有無と子どもの発達との間には，はっきりとした相関があらわれている．すなわち，10か月児健診ではまだ「子どもの同年代の遊び相手」の有無と発達との間の相関はあらわれていないが，1歳6か月児健診では「同年代の遊び相手」のいる子どもの発達がはっきりと良いという結果が出ており，3歳児健診ではより明確に相関があらわれている．

例として，図II-3-8-4に3歳児健診での「子どもの遊び相手」の有無と子どもの身体発達とのクロス集計結果を示す．また，図II-3-8-5には，同じく3歳児健診での子どもの精神発達とのクロス集計結果を示す．図II-3-8-4をみると，「遊び相手」が「数名いる」子どもの場合は，発達「良好」群に39.1％が属し，「不良」群には14.7％が属するにすぎない．一方，「遊び相手」が「いない」子どもの場合は，発達「良好」群には23.4％が属するのみであり，「不良」群には31.4％もの子どもが属している．図II-3-8-5の精神発達についても同様の結果である．このように，子どもに遊び相手がいることは，身体発達，精神発達ともに大きく促進されることがわかる．これらはきわめてはっきりとした結果である．このように，子どもの心身発達にとって，「同年代の遊び相手」の存在は不可欠のものである．

## II-3-9　子育て仲間を求める母親たち
### ——グループ子育てに再び"希望の灯"を見て

『NPO法人こころの子育てインターねっと関西』の前身は，1980年代後半から日本全国に自然発生的に生まれた「子育てサークル」や「子育てネットワーク」，子育て情報紙など，子育て真っ最中の母親たちの自主的なグループ子育てに，現代日本の閉塞した子育て状況を打開する

"希望の灯"のようなものを感じて設立された親と専門職とで一緒につくるボランティア団体である．そのため，設立以来，「子育てサークル」や「子育てネットワーク」などのグループ子育てへの支援活動を続けてきた．本項では，その「子育てサークル」についての調査結果を検討する．

ここで取り上げる「子育てサークル」は，「大阪レポート」では調査項目にあがっていない．というのは，「子育てサークル」というのは1980年代後半から日本全国に自然発生的に生まれたものだからである．「大阪レポート」の基礎となった調査を分析していた頃には「子育てサークル」についての話題はまったく出て来なかった．『NPO法人こころの子育てインターねっと関西』が設立された1995年当時には，「子育てサークル」という統一的な名称もなかった．

私が子育て支援，特にグループ子育てへの支援活動をする中で感じていることのひとつは，専門職のみなさんが「子育てサークル」に参加している母親たちを誤解しているのではないか，ということである．専門職の方から，「子育てサークルに参加しているような元気な母親は支援する必要がない」とよく言われたものである．しかし，果たしてその認識は正しいのであろうか．

「兵庫レポート」の結果は，私がまったく予測できなかったものが多かったが，本項で取り上げる「子育てサークル」に関する調査結果も，まったく予測できなかったもののひとつである．

## 驚くほど多くの母親たちが「子育てサークル」に参加している

図II-3-9-1に「育児サークルに参加したことがありますか」および「育児サークルへの参加期間は？」の質問結果を示す．図II-3-9-1からわかるように，4か月児健診時点で10.4%，10人に1人の母親がすでに「子育てサークル」に参加しているか，参加した経験があると答えている．そして，「子育てサークル」への参加率は子どもの月齢とともに急速に増加し，3歳児健診の時点では26.1%にも達している．実に，4人に1人以上の母親が「子育てサークル」に参加しているか，参加した経験があるという結果である．この参加率は極めて高い値である．

「母子カプセル」という言葉が一時よく使われたことがあるが，子育てにおいて母子が孤立することは，最も避けるべきである．「子育てサークル」の自然発生的広がりは，まさに「母子カプセル」から親子を開放するものであり，私は大いに「希望の灯」を感じたものである．そして，『NPO法人こころの子育てインターねっと関西』は，この10年間，「子育てサークル」や「子育てネットワーク」などの「グループ子育て」を支え，広げることを主な目的に活動してきた．そのため，常に「子育てサークル」には関心を寄せて，「子育てサークル」の調査もこれまで3度実施してきた．しかし，それらの調査は個々のサークルの活動状況やニーズ，抱えている課題などの調査であり，今回のような兵庫県H市というある地域全体で，何%の母親が「子育てサークル」に参加しているのか，とい

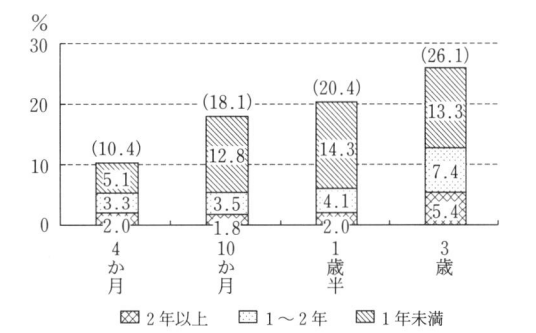

図II-3-9-1 育児サークルに参加したことがありますか．また，その期間は？
注：カッコ内は合計．

う調査をしたのは初めてである．そして，こんなにもたくさんの母親たちがサークルに参加していることに，非常に驚くとともに，また新たな"希望の灯"を見る思いがしている．というのは，子育て仲間を求めるというのは極めて健康な指向であるからである．

ところで，この調査結果を見た当初，私はこれは兵庫県の特殊性ではないか，と考えた．というのは，兵庫県は「エンゼルプラン」が始まる以前から地域での親たちのグループ子育てを奨励し，取り組みをおこなってきた．その成果か，阪神間の各市では多くの子育て自主グループが活動をしていた．例えば，1998年当時，人口約20万人の兵庫県宝塚市では把握しているだけでも150の子育て自主グループが活動していると言われていた．そのような事情を知っていたので，このデータだけは地域特性が強く出ているのではないか，と考え，並行して調査を実施していた大阪府Ｉ市のデータを調べてみた．ところが驚いたことに，大阪府Ｉ市の調査結果では3歳児健診時点で何と30.0％の母親が「子育てサークル」に参加したことがあると答えているのである．このことは，図II-3-9-1の結果が，単に兵庫県Ｈ市の特徴ではないことを示している．

### 「子育てサークル」の変貌

「子育てサークル」は一体どのようなニーズのもとに自然発生したのであろうか．この件について，多くのサークル・リーダーたちに聞く機会があった．彼女たちが異口同音に答えるのは，「子どもを集団の中で遊ばせたい，自然の中で遊ばせたい」という母親の願いから生まれた，ということである．

「子育てサークル」が自然発生的に生まれたもうひとつの大きな理由は，現在の子育てが非常にしんどいという体験である．そのような体験から，母親たちの自己防衛手段として，グループ子育てが広がってきたのである．そのあたりの状況は，ボランティア団体『こころの子育てインターねっと関西』が発足したすぐ後に，地域で子育て自主グループや子育てネットワークのリーダーをしている母親たちの実践報告をまとめた『みんなで子育てQ&A―最初の一歩から子育てネットワークまで―』（服部祥子・原田正文編著，農文協，1997年）に詳しく紹介している．

当時は公立幼稚園が1年間だけしか子どもの保育をしていなかった時代である．そのため，1990年代の後半までの「子育てサークル」に集まる子どもたちの年齢は3～4歳ぐらいが主体であった．「子育てサークル」には，集団遊びができる年齢の子どもたちとその親たちが集まっていたのである．

ところが，私たちがボランティア団体『こころの子育てインターねっと関西』を立ち上げた頃（1995年）から，妊婦さんや0歳の赤ちゃんを持った母親から，「子育てサークルはありませんか」という電話がかかってくるようになっていた．一緒に活動していた母親リーダーたちが，「サークルといっても，まだ子どもは遊べないのにね，……？」と，不思議がっていたことを思い出す．妊婦さんや赤ちゃんを育てている母親からのサークルに関する問い合わせは，「私の子育て仲間がほしい」という欲求から出てきたものである．かつての「子どもを集団の中で遊ばせたい，自然の中で遊ばせたい」という母親の願いとは，少し異なったニーズである．「私は子どもについてよく知らない．どう赤ちゃんにかかわっていいのか，よく分からない」ということを自覚し，他のお母さんたちはどうしているのか，「話をしたい．聞いてみたい」という欲求から

出た問い合わせである．これはとても健康な欲求である．

　一方で，少子化が進む中，3〜4歳の子どもたちは保育園や幼稚園に取り込まれてしまった．そのため現在では，ほとんどの子育てサークルは0〜2歳の子どもの親が中心になっている．子どもがまだ0〜2歳の時期からサークルに参加していることが，図II-3-9-1の調査結果からもよくわかる．しかし，集まる子どもの年齢が変わると，「子育てサークル」の中身は変わらざるを得ない．0〜2歳の子どもでは，まだ子ども同士遊ぶというところまでには子どもは発達していない．当然「子育てサークル」の活動の中身は母親主体のものに変わらざるを得ない．3〜4歳ぐらいが主体だった頃は，子どもの集団遊びが可能であった．以前も今も「子育てサークル」というように同じ名前で呼ばれているが，「子育てサークル」の中身は，ここ10年間に大きく変わってしまったのである．「子育てサークル」の支援をする際には，このことをしっかりと認識する必要がある．

　「子育てサークル」の変貌というとき，ここに挙げたサークルに集まる母親たちが育てている子どもの年齢の変化も大きい．しかし，私がもっと大きい変化と考えていることがある．それは，自主サークルか，それとも受け身のサークルか，という問題である．私が"希望の灯"を見たのは，親たちの自主サークルである．ところが，1995年度から開始された国の少子化対策「エンゼルプラン」の中で，「子育てサークルの支援」という項目が付け加えられた．そのため，1990年代の後半から，子育て支援センターなどの公的機関が「子育てサークル」をつくるという取り組みが各地で展開されはじめた．それと軌を一にして親たちの自主的なグループ子育ての機運は潮が引くように消退してしまった．

## 親たちが安心して集えるグループに「子育てサークル」を育てる役割

　これはなかなかむつかしい問題であるが，次世代育成支援のキー・コンセプトにかかわる問題である．日本の歴史的経緯もあり，市民活動はまだ成熟の段階にまで達していない．公的機関が出てくれば，市民は受け身になってしまう傾向が根強くある．とは言え，それから数年が経過する中で，公的子育てサークルの運営もかなり工夫されつつあることは事実である．また，地域の自主的子育てサークルの価値も認められつつある．

　カナダの子育て中の家族支援のモットーは，"親を運転席に！　支援職は助手席に！"である．第IV章で述べるが，子育てという日常の営みに対する支援は，やはり当事者の主体性をいかに伸ばすか，にかかっていると私は考えている．そういう点で，"親を運転席に！　支援職は助手席に！"というモットーは本質をついている．ところで今回の調査で，「育児サークルに参加したことがありますか」という質問をしたが，母親たちがどのようなものを「育児サークル」とイメージして答えたのか，さらなる調査が必要な気がしている．

　第IV章5節で，「次世代育成支援の基本戦略」について述べるが，その中心に位置するものが，グループ子育ての推進である．グループ子育てを進める上で，「子育てサークル」の位置はきわめて大きい．「子育てサークル」の今後を考えるとき，サークルが真にグループ子育ての長所を発揮できるようにグレードアップするという課題が緊急の課題として浮かびあがっている．かつては，サークル・リーダーの中には保育士の資格をもった方がかなりの割合でいた．子どもを集

団で遊ばせるという当時の「子育てサークル」の目的を考えると，保育士がリーダー的な役割を果たすことは目的にかなっていた．そしてたいへんありがたい存在であった．しかし，現在の「子育てサークル」は，母親たちのグループである．母親たちをつなぎ，安心して子育ての悩みや心配事を出し合えるような場に，「子育てサークル」という親グループを育てていく必要がある．しかし，親グループを育てていくという役割は，実のところどの専門職もその専門性として持ち合わせていないのが日本の現状である．今後，「子育てサークル」がグループ子育ての本領を発揮するためには，そのような人材のかかわりがぜひ必要であると考えている．そのような専門性をもった人材養成も急務になっているのである．そして，今回の調査であきらかになったように，多くの親たちが仲間を求めてサークルに集まっている．その親たちを受け止め，安心して集えるグループとして育て，グループ子育ての真価を発揮できるようにすることが，今求められているのである．

## II-3-10 ほんとうに効果のある子ども虐待予防策とは？

　ところでどんな母親たちが「子育てサークル」に参加しているのであろうか．前述のとおり，『NPO法人こころの子育てインターねっと関西』は，「子育てサークル」や「子育てネットワーク」などの「グループ子育て」を支援し，広げることをひとつの大きな目的に発足した．ところが，立ち上げた当時から，専門職からは「私たちはもっと深刻なケースを抱えている．そんなサークルに参加するような元気なお母さんなんか，支援する必要はない！」という批判をよくされてきた．しかし，この調査結果では，「子育てサークル」に参加している母親は，専門職が想像するような元気な母親ではないことが判明している．

　今，子ども虐待が社会問題になっている．専門職は子ども虐待には非常に熱心である．しかし，子育て支援には関心が薄い．「児童虐待予防」という言葉はよく使われているが，この「予防」は，現在は子ども虐待の通報ケースへの対応のレベルに終始している．それも大事な仕事である．しかし，通報ケースに対応しているだけでは，ほんとうの意味での解決にはつながらない．現実に虐待をしているケースは，言ってみれば，私が精神科「小児・思春期」専門外来で診ているような臨床ケースである．それも大切であるが，本来の「予防」という意味では，乳幼児期の子育て状況の改善がぜひ必要である．そこを抜きには，子ども虐待は防げない．私はそういう目的で子育て支援のボランティア活動を続けている．今，専門職に求められているのは，子育て支援，次世代育成支援による虐待予防という視点であり，そのための具体的取り組みではないだろうか．「私たちはもっと深刻なケースを抱えている．そんなサークルに参加するような元気なお母さんなんか，支援する必要はない！」という批判は，的外れのような気がしているが，どうだろうか．

### 人づきあいが苦手な母親も参加している「子育てサークル」

　今回の調査では，「育児や家庭のことについて，他の人とおしゃべりするのは好きですか」という質問をしている．その結果は，すでに図II-3-7-4に示したところである．この「話好き」

かどうかという質問と他項目とのクロス集計結果も，すでに本節7項で検討した．ここでは，再確認する意味で，「おしゃべりするのが好きですか」と「近所の話し相手」の有無とのクロス集計結果を図Ⅱ-3-10-1に示した．図Ⅱ-3-10-1からわかるように，「おしゃべりするのが好きですか」という質問に「はい」と答える母親は，「近所の話し相手」が「数名いる」が49.7％と多く，「いない」は15.0％にすぎない．一方，「おしゃべりするのが好きですか」という質問に「いいえ」と答える母親では，「数名いる」は8.2％と極端に少なく，「いない」が70.5％と非常に多くなっている．すなわち，「話好き」な母親には「近所の話し相手」がはっきりと多いことがわかる．また図Ⅱ-3-7-5に示したように「話好き」な母親には「親子で一緒に過ごす子育て仲間」が多いという明確な結果が出ている．「話好き」で社交的な母親は，「近所の話し相手」も多いし，自分で「子育て仲間」を見つけていることがわかる．それはそれでいいのであり，本来の姿であるとも言える．しかし一方では，図Ⅱ-3-10-1や図Ⅱ-3-7-5からわかるように，そのような社交的な母親でも約7人に1人は，「近所の話し相手」や「子育て仲間」がいないということも判明している．これは少子化の影響であろうと考える．

さて，「子育てサークル」にはどのような母親が集まっているのであろうか．一般には「育児や家庭のことについて，他の人とおしゃべりするのが好き」な母親たちが「子育てサークル」に多く参加しているのではないか，と想像されていると思う．ところが，調査結果ではそうはなっていない．図Ⅱ-3-10-2に「育児や家庭のことについて，他の人とおしゃべりするのは好きですか」と「育児サークルに参加したことがありますか」および「育児サークルへの参加期間は？」という質問とのクロス集計結果を示す．図Ⅱ-3-10-2を見ると，一見「話好き」な母親の方が少しサークルに入っている率が高いように見える．しかし，はっきり「いいえ」と答える母親もけっこう「子育てサークル」には参加していることがわかる．そして統計的に $\chi^2$ 検定をしてみると，有意差は認められないのである．言い換えると，「子育てサークル」に参加している母親はごく普通の一般的な母親であり，「話好き」ではない母親も多く参加しているのである．「おしゃべりが好きではない」「人づきあいが得意ではない」と自覚している母親が参加してい

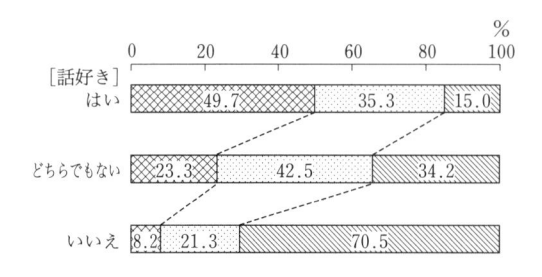

図Ⅱ-3-10-1 「育児や家庭のことについて，他の人とおしゃべりするのは好きですか」と「近所の話し相手」の有無とのクロス集計結果（1歳6か月児健診）

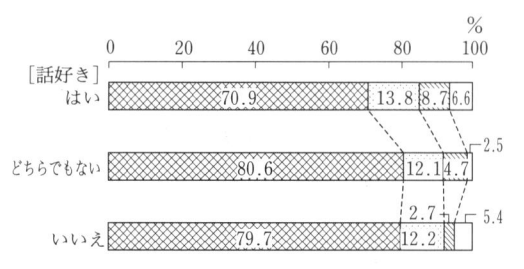

図Ⅱ-3-10-2 「育児や家庭のことについて，他の人とおしゃべりするのは好きですか」と「育児サークルに参加したことがありますか」とのクロス集計結果（3歳児健診）

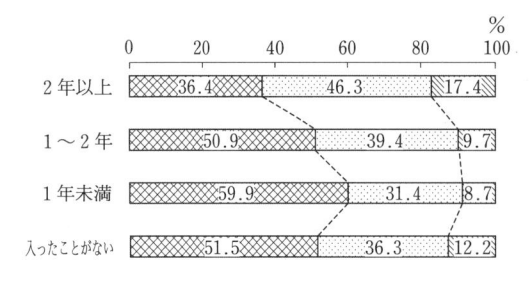

|       | 0    | 20   | 40   | 60   | 80   | 100 % |
|-------|------|------|------|------|------|-------|
| 2年以上  | 36.4 |      | 46.3 |      | 17.4 |       |
| 1〜2年  | 50.9 |      | 39.4 |      | 9.7  |       |
| 1年未満  | 59.9 |      | 31.4 |      | 8.7  |       |
| 入ったことがない | 51.5 | | 36.3 | | 12.2 | |

⊠第1子　▧第2子　▨第3子以上

図II-3-10-3 「育児サークルに参加したことがありますか」と「何番目のお子さんですか」とのクロス集計結果（3歳児健診）

とが，何よりも重要な点である．

本章第6節2項では，父親の育児への協力が母親に及ぼす影響について検討している．そこで明らかになったことは，夫が育児に協力的でない場合，母親は「近所の話し相手」も「子育て仲間」もいない傾向が強く，孤立していることである．ところが，「子育てサークル」には，夫が協力的な母親と同様に，夫が協力的でない母親も参加しているという結果が得られている．夫が育児に協力的でない，育児が片親任せになっているという場合，母子家庭であるという場合も多い．そのように何かとしんどい母親も「子育てサークル」には参加しているのである．

ところで，「人づきあいが得意ではない」と自覚している母親たちがなぜ，「子育てサークル」には参加できるのであろうか．それは，「子育てサークル」が，「人づきあいが得意ではない」という人も気軽に参加できる何か仕組みを持っているということである．もう20〜30年も前になると思うが，「小学生が学校で遊ぶ約束をしていないと，帰宅後友だちの家に遊びに行けない」ということが話題になった．「子育てサークル」も同じではないかと考える．すなわち，「子育てサークル」は場所と時間が決まっているため，すなわち約束ができているため，「人づきあいが得意ではない」という母親も参加しやすいのである．

図II-3-10-3に，3歳児健診での「育児サークルに参加したことがありますか」および「育児サークルへの参加期間は？」と「何番目のお子さんですか」とのクロス集計結果を示している．図からわかるように，サークルに参加して「1年未満」の母親の場合，初めての子の親が多い．一方，2年以上サークルに参加している母親には，2人目3人目以上の親が多くなっている．その理由として，2人目3人目の子どもを育てている母親は，子育てをしている期間が長いためということも当然ある．しかし一方で，子育てサークルに参加する中で，2人目3人目と子どもを産んでいるのも事実である．これは私の感想であるが，地域で子育てサークルや子育てネットワークにかかわっている母親には，3人4人と子どもを育てている母親が多いのである．

「子育てサークル」に参加している母親は在宅で子育てしている親が多いが，働いている母親もかなりの数「子育てサークル」に参加していることがわかっている．

### 「子育てサークル」への参加の効果は，大きい

母親たちは，「子育てサークル」に参加して，どのような点でよかったと考えているのであろうか．図II-3-10-4に，3歳児健診での「子育て仲間ができて，特に感じることを3つまで○をつけてください」と「育児サークルに参加して，特に感じることを3つまで○をつけてください」という質問について，項目ごとに○のついた率を示している．なお，パーセンテージは，「子育て仲間」が「いる」，あるいは「子育てサークル」に参加したことが「ある」と答えた人の

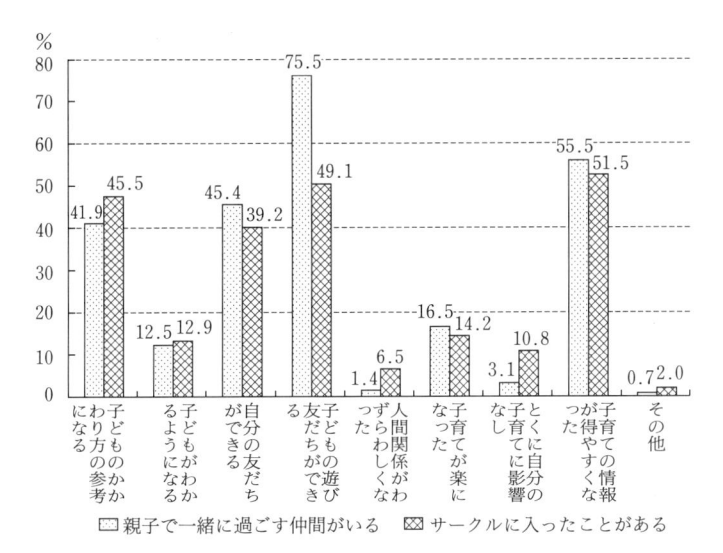

図II-3-10-4 「子育て仲間」ができて、あるいは「育児サークル」に入って、特に感じるところを3つまであげてください（3歳児健診）

図II-3-10-4からわかるように、2つの質問の結果は非常によく似ている。このことは、「子育て仲間」の存在と「子育てサークル」への参加が同じような効果があると母親たちが考えていることを示すものである。具体的には、「子どもの遊び友だちができた」が、「子育て仲間」では75.5%、「子育てサークル」では49.1%である。同様に、「子育て情報が得やすくなった」が55.5%と51.5%、「子どもへのかかわり方の参考になった」が41.9%と45.5%、「自分の友だちができた」が45.4%と39.2%である。これら4項目が突出しているが、「子育てが楽になった」も16.5%と14.2%、「子どもがわかるようになった」が12.5%と12.9%となっている。この結果を見ると、「子育てサークル」がかなり大きな役割を果たしていることがわかる。

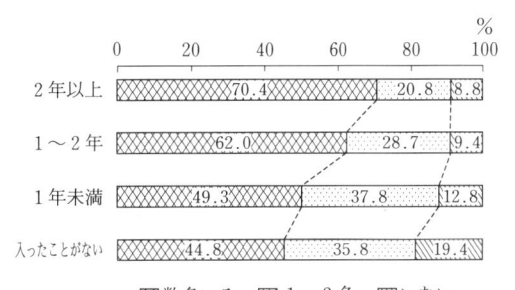

図II-3-10-5に「育児サークルに入ったことはありますか、また、それは何年間ですか」と「近所でふだん世間話をしたり、お子さんの話をしたりする人がいますか」とのクロス集計結果を示す。図II-3-10-5からわかるように、「子育てサークル」に長く参加している母親ほど、「近所の話し相手」が多いというはっきりとした結果が得られている。

図II-3-10-5 「育児サークルに参加したことがありますか」と「近所でふだん世間話をしたり、赤ちゃんの話をしたりする人がいますか」とのクロス集計結果（3歳児健診）

図II-3-10-5に示したような他項目とのクロス集計をおこなった結果、「子育てサークル」にある程度長く参加している母親には、「近所の話し相手」が多く、「子どもを外で遊ばせる」母親が多いこと、「子育て仲間」や「子どもの遊び相手」が多いことがわかっている。これらの結果

には「子育てサークル」の効用がはっきりとあらわれている．しかし，子育てにおける「イライラ感」や育児不安，子育ての負担感などの精神的ストレスの軽減には，子育てサークルへの参加は，それほど目立った効果はあらわれていないことも判明している．

このように統計的結果としてもはっきりとした成果があきらかになったが，私はボランティア活動の中で，母親たちから多くの声を聞いている．その声をひとつ挙げると，「私は最初は子どものために子育てサークルに参加したのですけど，……．子どもを子ども集団の中で育てたい，自然の中で育てたいと思って，……．確かに子どものためにもなったと思うけど，実は子育てサークルは私自身のために最も役立ったと思う」というものである．子育てサークルに2年ほどいると，母親自身がサークルで成長したということを実感できるようになるという．これはすばらしいことだと私は思っている．

子育てサークルはその運営に工夫の余地がかなりあるが，ここに述べたように子育てサークルの効用も多い．これらの調査結果から，子育て支援，次世代育成支援，子ども虐待予防策として
- 親同士のグループ子育ての推進
- 親と親を積極的につなぐコーディネーターの育成
- 子育てサークルやつどいの広場・子育てサロンをあらたにつくること，そして親自身が主体的に運営できるように支援すること
- 子育てサークルやつどいの広場，子育てサロンなどが，親の仲間づくりをコーディネートできるように機能アップを図ること

などが浮かび上がってくる．

以上，子育て中の母子を取り巻く環境を見てきた．暗澹たる思いになる面も多いが，親自身が仲間を求めているという明るい面もみえる．そのような親たちの声を大事にして，現代に見合った子育て環境を作り上げていくことが急務であると考える．

## II—4
# 子どもの毎日の生活と親の具体的かかわり

　乳幼児期は子どもの人格形成にとって重要な時期である．人格は日々の生活の中でつくられるものである．親はともすると育児において困る事象，例えば夜泣きやかんしゃく，ぐずる，食べない，子ども同士のけんかなど，について一つひとつに解決策を求めがちである．そのためか，育児雑誌も個々の事象に対するハウツウ的な断片的解決策の掲載が多い．ところが，子どもの何でもない日々の生活には驚くほど無関心である．第Ⅰ章4節で紹介した『知っていますか，子どもたちの食卓』であきらかになったように，今日本の子どもたちの日々の生活では目を疑うばかりの悲惨な事態が広がっている．『知っていますか，子どもたちの食卓』で紹介されたデータは小学生の食卓であったが，乳幼児の日常生活にも大きな変化が起こっているものと思われる．NHKスペシャル『知っていますか，子どもたちの食卓』に登場した親たちは，皆自覚的には一所懸命に子育てをしている．家族の団欒の必要性も栄養のバランスの大切さも知っている．にもかかわらず，もっとさせたいことがあり，もっとしたいことがある．優先順位がちがうのである．そして日常のあたり前のことが後回しになり，悲惨な状況が出現しているのである．
　乳幼児期は心身ともに日々大きく成長する時期である．睡眠と覚醒のリズムや体内時計を獲得する時期であり，また人間や人間社会に対する基本的な信頼感を獲得し，生きる希望を芽生えさせるべき時期である．このように大事な時期をどのような環境で過ごすのか，言い換えると，どのような経験をしながら日々成長するのか，はその子の人生を大きく左右するものである．
　『知っていますか，子どもたちの食卓』の研究では，小学生の食卓の様子を定期的に記録していこうとしている．このような記録は貴重なものである．本書は急激に変わる日本の子育て現場の様子を同じ質問で克明に記録しようとしている．このことも大きな意義があるものと考える．その意味で，この節では1980年生まれの子どもを対象とした「大阪レポート」のデータと2003年に実施した「兵庫レポート」の子どもの日常の生活のデータを比較検討する．それとともに，そのような日常生活が子どもの発達にどのような影響を及ぼしているのか，についても検討する．またこの節では，親の具体的子どもへのかかわりについても検討する．

## II-4-1　子どもの睡眠について

　「太陽が沈むと眠くなり，太陽が昇ると目覚める」というのが子どもの生理である．そして，

毎日の規則的な睡眠の確保は子どもの心身の健康な発達の前提であり，最も重要なもののひとつである．また，人には体内時計がある．体内時計は月の自転の時間と同じで，1日25時間であるが，人は太陽の光で毎日1時間ずつ調整しながら生活しているのである．では，この体内時計は何歳頃に確立されるのであろうか．一般に生まれたばかりの赤ちゃんは，昼と夜の差がなく，寝たり起きたりしているものである．生後1か月くらいの赤ちゃんは夜の睡眠の方が長くなるが，まだはっきりしない子もいる．2～3か月になると夜と昼の睡眠パターンがはっきりしてくる．そして，4～5か月になると，夜ミルクを飲むと朝までぐっすりと寝る子が多くなる．昼寝は朝と昼2回くらいだったものが，10～11か月の赤ちゃんになると昼寝は1回くらいになり，夜もぐっすり寝るようになる．このようにして，睡眠と覚醒のリズムが確立してくるものである．睡眠と覚醒のリズムがしっかりとしてくるということは，体内時計が確立されるということであろう．

睡眠は人体の最大のブラックボックスと言われてきた．人間はなぜ眠る必要があるのか．なぜ夢を見るのか．睡眠を司るシステムはどうなっているのか．わからないところが多かった．しかし最近，睡眠についてもかなりのことがわかってきている．睡眠を司るシステムは2つある．ひとつは体内時計であり，もうひとつは恒常性維持機構である．体内時計は1日25時間のリズムで，太陽光線により調整しながら，毎日の規則的睡眠・覚醒リズムを司っている．一方，恒常性維持機構は体の要求に従って，眠らせるシステムである．例えば，徹夜した後などは時刻に関係なく眠気がおそってくる．これは恒常性維持機構のなすところである．

現代は昼も夜も明るくなっている．大人の生活はどんどん夜型になっている．その夜型生活に乳幼児も引きずられている．体内時計が確立してしまった大人が夜型生活を送ることはそれほど問題ではない．しかし，まだ体内時計が確立していない乳幼児が夜型の不規則な生活を送ることは極力避けるべきことである．かなり以前から「だるい」「ねむたい」「やる気がおこらない」などの不定愁訴を訴える小学生がふえている．それは睡眠・覚醒のリズムが確立していないがために，睡眠不足になり，恒常性維持機構が眠気を誘っている可能性がある．

## 親の夜型の生活リズムに引きずられる子どもたち

幼児は"太陽が沈むと眠くなり，太陽が昇ると起き出してくる"という睡眠・覚醒のリズムが本来ははっきりとしているものである．図II-4-1-1～3に「朝，目覚める時刻」と「夜，眠る時刻」「昼寝の時間」についての今回の調査結果を示す．また，図II-4-1-4～6に1歳6か月児健診での結果を「大阪レポート」と比較して示す．

### a）子どもの夜寝る時間が，さらに遅くなっている

「朝，目覚める時刻」「夜，眠る時刻」「昼寝の時間」を示したが，中でも最もたいせつな夜眠る時刻から検討する．というのは，夜眠る時刻により，朝起きる時刻も決まると考えられるからである．まず図II-4-1-5の1歳6か月児健診での「大阪レポート」と今回の調査結果との比較図では，明らかに今回の調査の方が子どもの夜眠る時刻は遅くなっている．すなわち，「大阪レポート」では，21時台に眠る子どもが最も多く約半数の44.8％であり，次に22時台が24.2％，20時台が16.8％と続いている．21時台までに眠る子どもの合計は，63.1％であり，22時台まで

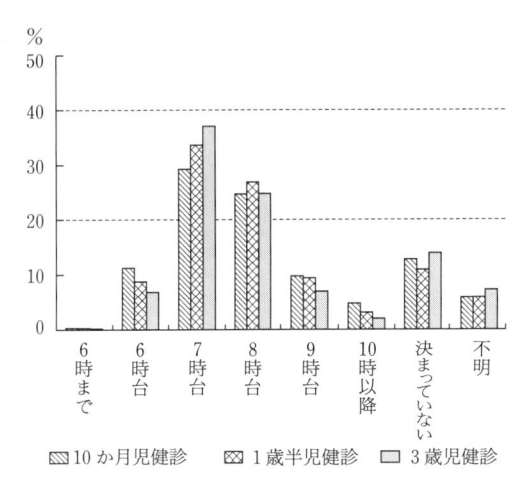

II-4 子どもの毎日の生活と親の具体的かかわり　113

図II-4-1-1　朝,目覚める時刻は？　　　　　図II-4-1-4　「朝,目覚める時刻」の比較（1歳6か月児健診）

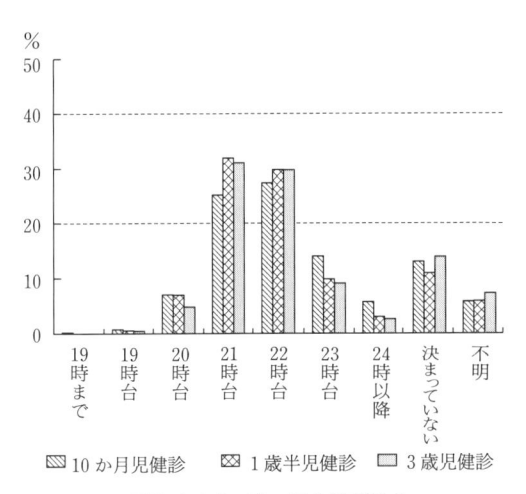

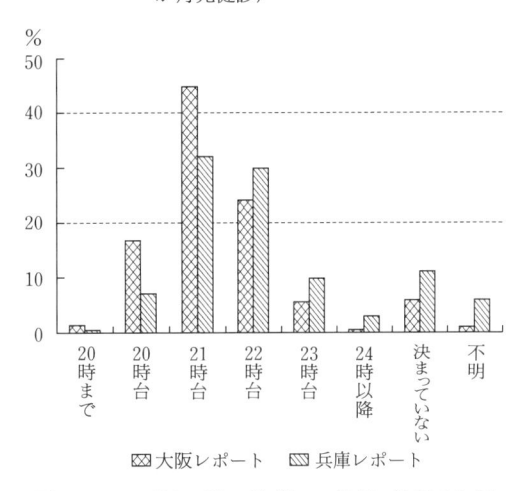

図II-4-1-2　夜,眠る時刻は？　　　　　　　図II-4-1-5　「夜,眠る時刻」の比較（1歳6か月児健診）

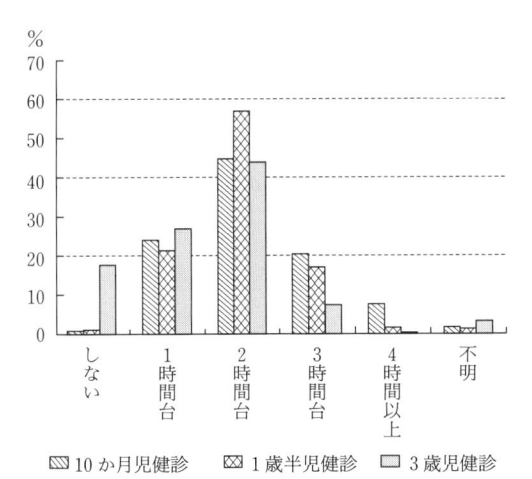

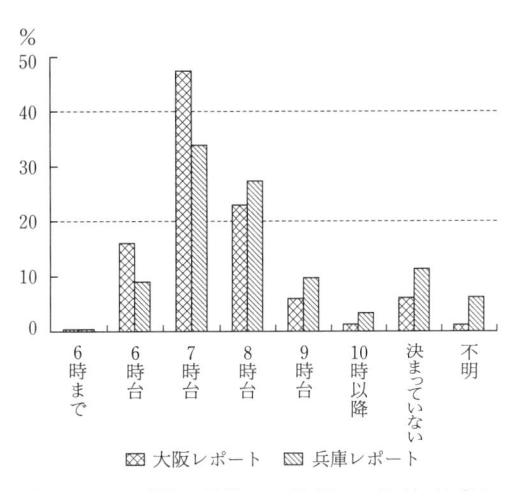

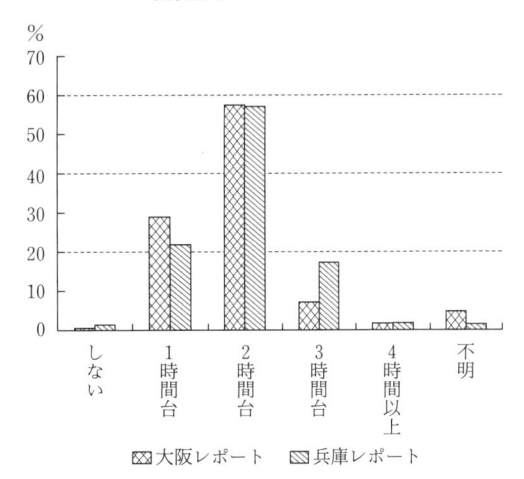

図II-4-1-3　昼寝の時間は？　　　　　　　　図II-4-1-6　「昼寝の時間」の比較（1歳6か月児健診）

の合計は85.8%である．一方，今回の調査では21時台と22時台がほとんど同じ率であり，21時台が32.1%，22時台が30.0%である．21時台までに眠る子どもの合計は39.8%と「大阪レポート」の時よりも23.3ポイントも少なく，22時台までの合計が69.8%であるので，「大阪レポート」の時よりも16.0ポイント少なくなっている．すなわち，子どもたちは夜遅く寝ているのである．「大阪レポート」では23時台に眠る子どもは5.6%であり，24時以降は0.6%であった．ところが今回は，23時台に眠る子どもは10.0%，24時以降が3.1%となっている．10人に1人は23時台以降に眠っており，約30人に1人は24時以降に眠っているのである．ただし，「兵庫レポート」の場合，睡眠と覚醒のリズムが確立していない子どもや「不明」が「大阪レポート」に比べ多いため，例えば21時までに眠る子どもの率が低くなっていることも考慮しておく必要がある．

　図II-4-1-5に示した1歳6か月児健診での傾向は，3歳児健診でも同じである．「大阪レポート」では，6か月児や10か月児，1歳6か月児よりも3歳6か月児が最も早く眠っていた．しかし，図II-4-1-2に示すように，今回の調査結果では1歳6か月児と3歳児はほとんど同じ時刻に眠っている．そして，「大阪レポート」と同じく，10か月児が最も遅くまで起きていることがわかる．特に，10か月児では夜中の1時，2時という子がけっこうな数いることは特記すべきである．「大阪レポート」の時でも，「子どもが大人の夜型の生活に引きずられている」という警鐘を鳴らしたが，今回の結果はそれがさらに大きく進んだという結果であった．

　そのひとつの理由として，父親の帰宅を待って，赤ちゃんを風呂に入れてもらう，というケースもあると思う．現実問題としては，母親だけで子どもを風呂に入れるのはたいへんである．子育て中の父親の働き方の見直しが強く望まれるところである．

**b）朝遅くまで眠っている子，昼寝を長時間する子**

　このように夜眠る時刻が遅くなっていることは，当然朝目覚める時刻にも影響があらわれる．図II-4-1-4に1歳6か月児健診での「朝，目覚める時刻」の調査結果を比較して示している．図からわかるように，夜眠る時刻の場合と同じように，今回の調査結果の方が「朝，目覚める時刻」ははっきりと遅くなっている．特に，10時以降という子が30人に1人という高率でいるのは特記すべきである．このような常識をはずれた生活リズムの子どもたちは，そのこと事態が虐待に当たると思うが，その他のはっきりとした子ども虐待と背中合わせの生活をしている可能性もあるのではないだろうか．

　図II-4-1-6に1歳6か月児健診での「昼寝の時間」の調査結果を「大阪レポート」と比較して示している．今回の調査結果の特徴は，3時間以上昼寝をしている子どもが増えていることである．図II-4-1-3に「昼寝の時間」についての今回の調査結果を示している．月齢で比較してみると，10か月児の場合，3時間が20.2%，4時間以上が7.4%と多い．このように長時間昼寝をするのは，夜十分に眠れていないためと考えられる．

　子どもが夜9時くらいまでに眠ると，母親も自分の時間が持てて，育児も楽になるものである．そのあたりのことを育児の具体的スキルとして啓発することも必要ではないだろうか．

## 睡眠・覚醒リズムが確立していない子どもの増加

睡眠については「大阪レポート」と「兵庫レポート」は同じ質問をしている．睡眠・覚醒リズムが確立されているかどうかの調査では，4か月児健診では「赤ちゃんはよく眠りますか」と尋ねており，10か月児以上の健診では，「赤ちゃん（お子さん）は，朝目覚める時間と夜眠る時間がだいたい決まっていますか」と尋ねている．

「赤ちゃんはよく眠りますか」という4か月児健診での調査結果では，「起きている時と寝ている時のリズムがはっきりしているようだ」との答えが86％を占め，「すぐ目をさましてむづがる」が8％，「1日中うとうとしているようだ」が3％となっている．

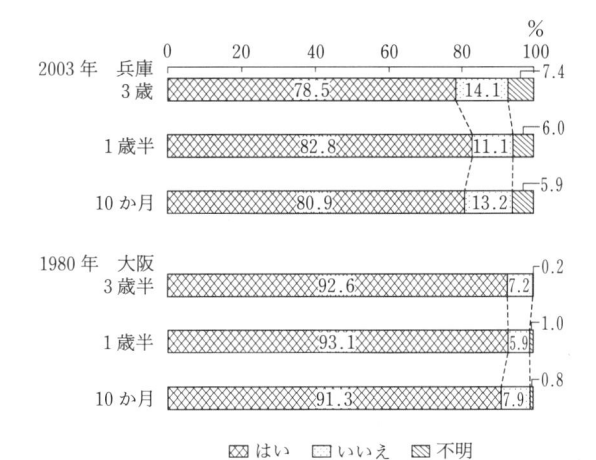

図II-4-1-7 赤ちゃん（お子さん）は，朝目覚める時間と夜眠る時間がだいたい決まっていますか

図II-4-1-7に「赤ちゃん（お子さん）は，朝目覚める時間と夜眠る時間がだいたい決まっていますか」という質問の結果を「大阪レポート」の結果と比較して示している．「大阪レポート」では，月齢での変化はほとんどなく，約91～93％の子どもたちが朝目覚める時刻と夜眠る時刻がだいたい決まっていた．「いいえ」は6～8％であり，「無回答（図中では「不明」）」は0.2～1.0％にすぎない．ところが，今回の調査では，10か月児健診では，朝目覚める時刻と夜眠る時刻がだいたい決まっているとの回答は80.9％，1歳6か月児健診では82.8％，3歳児健診では78.5％と「大阪レポート」の値よりも約11～14ポイント減少している．一方，「いいえ」は11～14％と「大阪レポート」の結果よりも明らかに多くなっている．また，「無回答」が今回の調査では多いのがひとつの特徴であり，6～7％に上っている．「無回答」がどういう意味なのか不明な点はあるが，子どもの睡眠・覚醒について「大阪レポート」の頃よりも母親が把握できていないのではないか，という危惧を抱くものである．

以上の結果は，この20数年間に睡眠と覚醒のリズムが確立していない子どもが増加していることを示している．十分睡眠が取れていない状態は頭の覚醒が悪く，大人でも気分がすぐれず，頭痛がしたり，集中力も続かないものである．子どもも当然同じである．ただ訴えられないだけである．冒頭にも述べたが，乳幼児期は心の発達としては最も重要な時期である．その大事な時期に睡眠不足の状態で毎日を過ごすことは，子どもの発達にとって非常に良くないことである．

## 睡眠・覚醒リズムが確立している子どもは，心身の発達が良い

ここでは，睡眠・覚醒リズムの確立と子どもの発達との相関について検討する．

4か月児健診および10か月児健診では，睡眠・覚醒リズムと子どもの発達の間には明確な相関関係はなかった．一方，1歳6か月児健診と3歳児健診では，身体発達，精神発達のいずれにおいてもはっきりした相関が見られた．中でも，1歳6か月児健診よりも3歳児健診での相関の

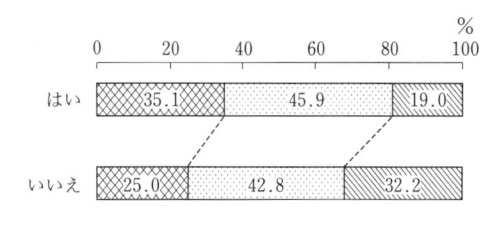

図Ⅱ-4-1-8 「お子さんは，朝目覚める時間と夜眠る時間がだいたい決まっていますか」と子どもの身体発達とのクロス集計結果（3歳児健診）

| | 良好 | 普通 | 不良 |
|---|---|---|---|
| はい | 35.1 | 45.9 | 19.0 |
| いいえ | 25.0 | 42.8 | 32.2 |

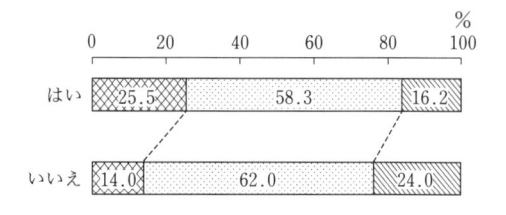

図Ⅱ-4-1-9 「お子さんは，朝目覚める時間と夜眠る時間がだいたい決まっていますか」と子どもの精神発達とのクロス集計結果（3歳児健診）

| | 良好 | 普通 | 不良 |
|---|---|---|---|
| はい | 25.5 | 58.3 | 16.2 |
| いいえ | 14.0 | 62.0 | 24.0 |

方が高いという結果が得られている．図Ⅱ-4-1-8, 9 に3歳児健診での「お子さんは，朝目覚める時間と夜眠る時間がだいたい決まっていますか」と子どもの身体発達および精神発達とのクロス集計結果を示す．図からわかるように，朝目覚める時刻と夜眠る時刻が決まっている子どもは発達が良好であるという傾向がはっきりと出ている．例えば，図Ⅱ-4-1-8 の子どもの睡眠・覚醒リズムの確立と身体発達とのクロス集計結果をみると，「お子さんは，朝目覚める時間と夜眠る時間がだいたい決まっていますか」という質問に「はい」と答える母親の子どもでは 35.1% が発達「良好」群に属し，発達「不良」群は 19.0% にすぎない．一方，「いいえ」と答える母親の子どもの場合には，発達「良好」群には 25.0% しか属しておらず，「不良」群に 32.2% も属しているのである．

子どもの睡眠・覚醒リズムの確立には，子どもの日常生活が深く関係している．子どもが睡眠・覚醒リズムを確立しやすいような日常生活環境を整えることが，親としては必要である．そのことがひいては子どもの発達を促進することにもなるのである．どのような日常生活環境かというと，生活を大人のペースに合わせるのではなく，子どもの生理的リズムにできるだけ合わせることである．しかし，現実の子育ては逆の方向に，すなわち子どもが大人の夜型生活に引きずられる方向に，動いている．

## Ⅱ-4-2　食事について

前項の「睡眠」と並び「食事」は子どもの健康にとってきわめて重要なものである．特に食事は子どもにとっては日々の生活体験である．食事は「自分の欲求にもとづく体験」であり，子どもの心の成長にとってきわめて重要なものである．どのように食事を摂っているかは，毎日繰り返される体験であるため，子どもの心身発達に大きな影響を持つのである．

### 母乳栄養の状況とその与え方

4か月児健診での「お乳の飲みはどうですか」という質問では，「よい」が 79.9%，「わるい」が 1.1%，「むらがある」が 18.3% である．

4か月児健診時点での栄養法についての質問結果では，56% の母親が母乳を与えているが，そ

の内訳は完全母乳が35％，混合が21％であり，人工乳のみが44％である．「大阪レポート」の結果と比較すると，母乳を与えている比率は10ポイント上昇し，人工乳のみは10ポイント減少している．これは，母乳栄養の利点が認められてきた結果であろうか．

4か月児に与える1回のミルクの量は200〜240 ml程度と思われるが，100 mlに満たない例や250 ml以上という例が少数ながら存在する．1日に与える回数は，標準的には5回前後と思われる．今回の調査においても，5回をピークに，6回，4回と続くが，8回，9回は多すぎるように思う．逆に1回とか2回というように少なすぎる例も見受けられる．ちなみに，一日に飲ませるミルクの量を積算すると，600 ml未満の例や1300 ml以上という極端ともとれる例がある．量・回数が少ない例については，混合栄養の回答者が誤答したとも考えられるが，多すぎる例については，赤ちゃんの健康状態や育児の状況が気になるところである．

アトピー性皮膚炎，喘息などアレルギー疾患に罹患する子どもが増加し，発症年齢も低下する傾向が続く現在，母乳を与えると母親由来のアレルゲンが赤ちゃんに移行し，早期に感作が成立するなどの理由で，母乳を控える場合もある．また，乳汁に含まれるダイオキシン類も問題視されている．その一方で，人工乳の改良が進み，赤ちゃんの状態や成長段階に応じて様々な選択ができるようになってきた．

とはいえ，母子関係を基盤とする子どもの精神発達の観点からは，母乳栄養の効用は計り知れない．ちなみに，お乳の与え方をみると，母乳の場合「泣いたら与える」が84％であるのに対し，人工乳は46％である．人工乳は与えた量を数字で把握できるため，授乳の間隔も時間で計る傾向が強まるのであろう．授乳の時間を決めておくと，親は一日の計画を立てやすく過ごしやすい面はある．一方，「空腹や不安で泣けば必ず親が助けに来てくれ，安心と満足を与えてくれる」という確固たる信頼感を赤ちゃんの心に築くという点では，「泣いたら与える」というのが自然なようにも思える．しかし，「赤ちゃんが泣けば，必ずおなかが空いている」という訳でもない．

母乳栄養の推進は重要である．しかし，先に述べたように，様々な理由で母乳栄養が難しくなっている．そのような現実を踏まえ，母乳栄養でなくても，できるだけ赤ちゃんの生理的な欲求に応える形で養育することの必要性についての啓発活動が必要であろう．

ここに興味深い調査がある．社会学者の品田知美の「母子健康手帳副読本」の内容の変遷を分析した調査である[1]．品田氏は，妊婦全員に配布される「母子健康手帳副読本」の内容の変遷を分析した結果，1985年（昭和60年）を境に，子育て方法が「親主導から子ども中心へと」革命的とも言える大きな変化があったと指摘する．1960年代のものと1985年のものとを比較すると，「母子健康手帳副読本」は表II-4-2-1に示したように変化したという．品田氏は，1980年代半ばに登場したこのような育児法を「超日本式育児」と呼び，歴史上初めて登場した新しい育児方法としている．そして，この育児法について，「徹底して子ども中心のペースとなる．不規則授乳という風習は，……『泣けば飲ます』が主流となる．昼間は，抱っこをせがまれればできるだけ応えつづけ，夜も添い寝をするのだから，親が子どもと少し距離を置く時間がほとんどなくなっても不思議ではない」「子育てにかける親の労力を増やし，親が子どものペースに合わせる必要があるため，とにかく疲れるのである」と，「超日本式育児」に潜む問題点を指摘している．

表 II-4-2-1 「母子健康手帳副読本」の内容の変遷

| 1960 年代 | 1985 年以降 |
| --- | --- |
| 母乳，混合栄養，人工栄養の各栄養様式を並列に扱う | 母乳が一番よい |
| 母乳を出し続けるには「周囲のささえ」が必要 | 母乳が母親の孤独な責務になった |
| 規則授乳：「3〜4 時間」という標準的な規則を提示 | 子どもの「自己要求」型に．母乳は子どもが欲しがる時間に，欲しがる期間だけあげるよう |
| 抱っこ：抱くことの大切さと同時に抱きすぎ，かまいすぎへの注意の促し | 抱きぐせの心配より母と子のスキンシップ重視．要求に応え，抱きあげたり寄り添うのがよい |
| 夜泣き：困った問題という認識 | 「そのうちなおるでしょう」と楽観的表現 |
| 添い寝：ひとり寝を推奨（添い寝をやめるよう） | 添い寝の勧め |

品田知美著：〈子育て法〉革命，中公新書，2004 年による．

そして，このように子育てにおける親と子の密着した生活が，育児不安や児童虐待の背景には横たわっているのではないだろうか，と指摘する人もいる[2]．

確かに，育児の方法に関する指導はころころと変わっている．現実の育児が親主導になっているため，育児書や育児指導はどうしても子ども中心にならざるを得ないのであろう．このような状況から考えると，現代の生活環境や親の価値観にも配慮し，かつ子どもの発達も保障するバランスのよい指導方法を提示する必要があると考える．

### 食事の時刻・所要時間

図 II-4-2-1〜3 に，それぞれ「朝食の時刻」「昼食の時刻」「夕食の時刻」の調査結果を示す．また，図 II-4-2-4〜6 に，それぞれの食事の所要時間の調査結果を示している．

図 II-4-2-1 の朝食の時刻はどの健診時点でも午前 8 時台が最多であり，10 か月児健診時点で 32.6%，1 歳 6 か月児健診時点で 40.8%，3 歳児健診時点では 42.6% である．子どもの月齢とともに朝食の時間は早くなる傾向がある．図 II-4-2-1 からわかるように，10 時台，11 時以降という例もかなり見られる．特に 10 か月児では 10 時台が 16.1%，11 時以降が 3.6% であり，合わせると約 20% になり，何と 5 人に 1 人は朝食を 10 時以降に食べている．これは夜眠る時刻が遅いことと関係があると考えられる．

朝食の所要時間（図 II-4-2-4）は 10 か月児では 10〜19 分が最も多く 39.4% であり，1 歳 6 か月児，3 歳児はともに 30〜39 分が最も多く，それぞれ 33.5%，34.4% となっている．大半の子どもたちは朝食を 10〜39 分の間に食べているが，極端に短いケースや長いケースも少数ながら見られる．

昼食の時刻（図 II-4-2-2）はいずれの健診時点でも 12 時台が最多であるが，14 時台，15 時以降の例もある．これは朝起きる時刻が遅いため，生活のリズムがずれていることを示している．特に体内時計がつくられる乳児期の方が親の夜型生活リズムに引きずられているという現実は，気になる結果である．昼食の所要時間（図 II-4-2-5）についても，朝食と同じような傾向であるが，1 歳 6 か月児，3 歳児においては，30〜39 分かかる子どもの率が朝食の場合よりも増加し

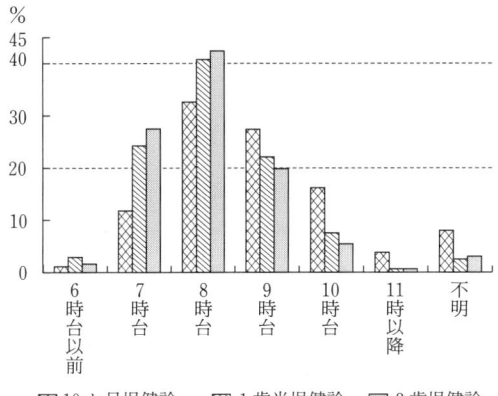

図II-4-2-1　朝食の時刻

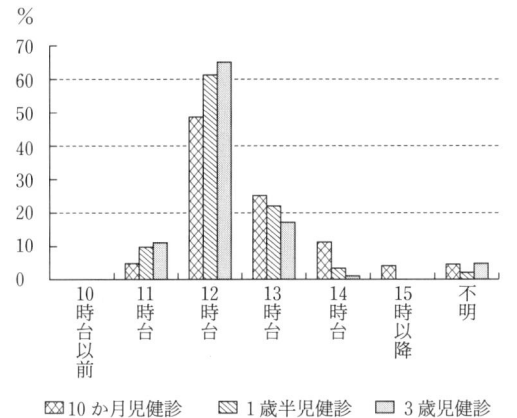

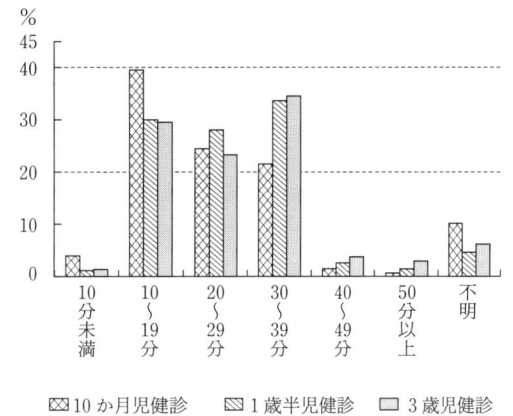

図II-4-2-4　朝食の所要時間

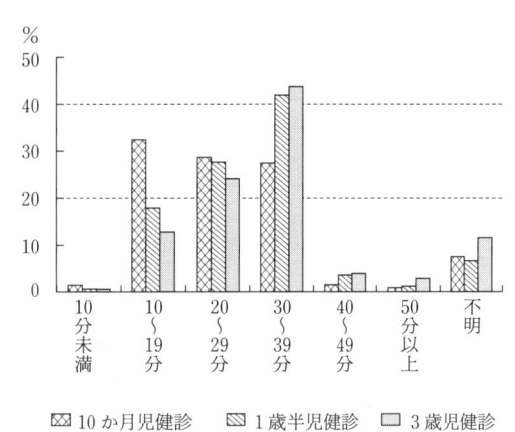

図II-4-2-2　昼食の時刻

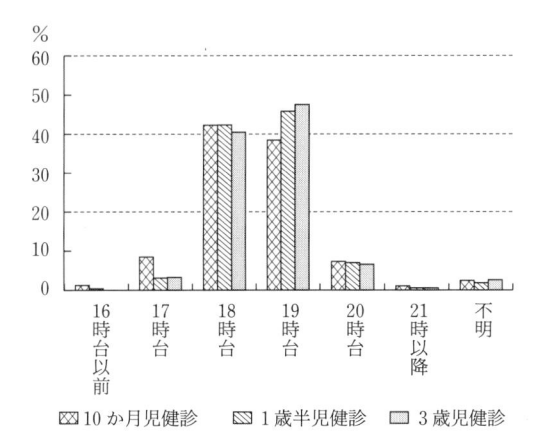

図II-4-2-5　昼食の所要時間

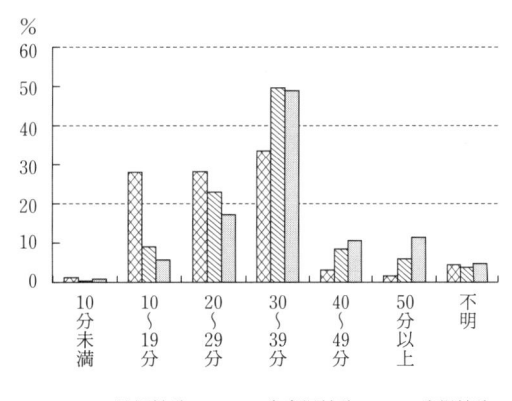

図II-4-2-3　夕食の時刻

図II-4-2-6　夕食の所要時間

ており，40数％になっている．

夕食の時刻（図II-4-2-3）は18時台，19時台が最多であり，10か月児健診時点では18時台が41.9％，19時台が38.1％である．1歳6か月児と3歳児とはほとんど同じであり，18時台が41％前後，19時台が46％前後である．20時台はどの健診時点でも7％前後であり，21時以降の例も見られる．夕食の所要時間（図II-4-2-6）は，朝食，昼食に比べさらに延長する傾向が見られる．

食事の時刻が常識的な時刻から大きく外れている場合，子どもが本来持つ自然な生活リズムが失われていると思われる．子どもは環境への適応能力が大人よりはるかに高いので，今の時期は毎日が問題なく過ごせているように見える．しかし，やがて成長し集団生活に入る時期になると，様々な形で適応困難感を露呈する可能性がある．子どもの生活リズムを守ることの大切さについての啓発活動が必要であろう．

### 食卓の情景：誰と食べているか

「夕食はどのように食べていますか」という質問の結果を図II-4-2-7に示す．図からわかるように，10か月児健診，1歳6か月児健診，3歳児健診のいずれにおいても，「家族みんなで食べる」との回答が最も多く，10か月児健診：42.8％，1歳6か月児健診：48.0％，3歳児健診：47.9％となっている．「父親以外みんなで食べる」と「子どもだけで食べる」については，子どもの年齢によりかなり違いが出ている．「父親以外みんなで食べる」との回答は10か月児健診：26.2％，1歳6か月児健診：38.4％，3歳児健診：43.1％と年齢とともに増加している．また，「子どもだけで食べる」との回答は，10か月児健診：25.8％，1歳6か月児健診：8.4％，3歳児健診：2.5％と年齢とともに急速に減少しているが，10か月児健診では，4人に1人が「子どもだけで食べる」と回答している．10か月児であれば，まずほとんどが離乳食であろう．次に述べるように全体の70％が「親が全部食べさせている」という状況がわかっているので，まず子どもに食べさせ，その後に親が食事をする，ということであろう．

「大阪レポート」は，「夕食は家族と一緒に食べますか」という質問に対し，選択肢が「はい」と「いいえ」のみであり，1歳6か月児健診と3歳児健診ともに「はい」が88％となっている．しかしこの場合，家族に父親が入っているかどうかは不明であった．今回の調査では，図II-4-2-7に示すとおり，選択肢を4つにしたため，状況がかなりよくわかった．

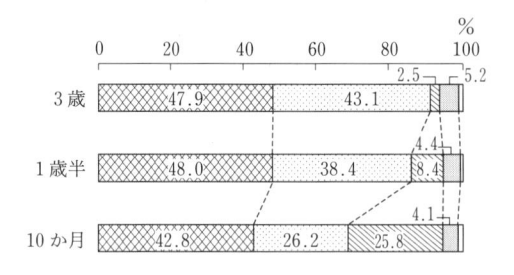

この「夕食はどのように食べていますか」という質問の結果は，父親の通勤時間との関係が強く，都会と地方では結果が大きく異なるのではないだろうか．今回の調査は兵庫県H市であり，神戸市に通う父親はあると思うが，大阪市まで通勤している父親はごく少数と考えられる．父親の多くは兵庫県H市内あるいは近郊で，それほど通勤時間がかからないところで働

図II-4-2-7　夕食はどのように食べていますか

いているものと考えられる．

　父親の育児への協力と，夕食の状況との関係を調べると，「家族みんなで食べる」と回答した親については，父親が育児に協力的であり，育児について夫婦でよく話し合う傾向がはっきりと出ている．家族みんなで食事のできる時間帯に帰宅が可能な父親であれば，時間的な余裕もあり，母親に協力しやすいという面があるであろう．一方，食事の場は，たとえ短時間ではあっても子どもの成長や母親の育児の実際を目の当たりにする場である．この場に同席している父親と，そうでない父親とでは，育児の大変さに対する認識や自らも積極的に育児に協力しようという意識に違いが出てきても不思議ではない．結果として育児への協力や夫婦での話し合いなどに差が出るのは当然かもしれない．育児中の父親が夕食に参加できるようになるためには，父親自身だけでなく，社会全体の意識改革が急務である．

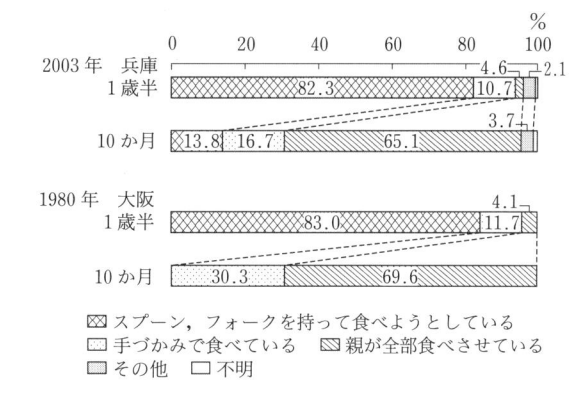

図II-4-2-8　食事のとき，赤ちゃん（お子さん）はどうしていますか

## 食事の方法について

　食事は親にとっては一大仕事であり，子どもにとっては大事な生活体験の場である．子どもはどのように食事をしているのであろうか．図II-4-2-8に「食事のとき，赤ちゃん（お子さん）はどうしていますか」という質問の結果を「大阪レポート」の結果と比較して示している．その結果はほとんど同じである．ただ，選択肢の表現が異なるので，そのまま比較できるものではない．「スプーン，フォークを持って食べようとしている」という選択肢は，「大阪レポート」の10か月児健診にはない．また，「手づかみで食べている」という今回の選択肢は，「大阪レポート」では「手づかみでも自分で食べられるようにしている」である．「その他」という選択肢は「大阪レポート」にはない選択肢である．

　このデータのポイントは，「親が全部食べさせている」という状況の把握である．「親が全部食べさせている」は，10か月児健診：65.1％，1歳6か月児健診：4.6％である．「大阪レポート」の結果は，10か月児健診：69.6％，1歳6か月児健診：4.1％であり，今回の結果とほとんど同じである．1歳6か月児においてさえ，「全部親が食べさせている」との回答が4.6％もあるが，これは子どもの側の問題なのか，親の側の問題なのか，検討を要するであろう．

　子どもの発達にとって自発的生活体験，すなわち「自分の欲求に基づき行動し，その結果から学ぶ」という経験はきわめて重要なものである．近年の子どもの問題として「自発的生活体験の不足」はひろく認識されているところである．食事は子どもの食欲という本能的欲求から出発する典型的な自発的生活体験であり，子どもの自発的生活体験の原点のひとつである．乳幼児期からの毎日の生活のなかでどのような体験をしながら育つかはきわめて重要な問題である．

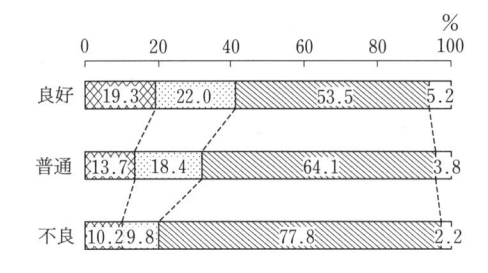

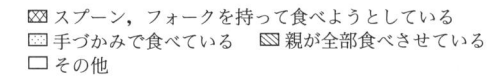

図II-4-2-9　子どもの身体発達と「食事のとき，赤ちゃんはどうしていますか」とのクロス集計結果（10か月児健診）

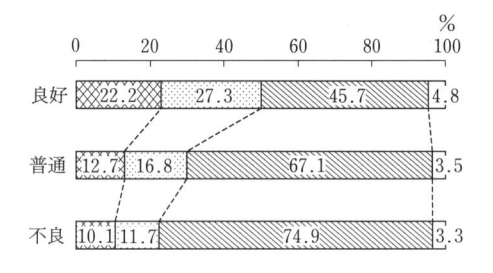

良好：スプーン，フォークを持って食べようとしている 19.3／手づかみで食べている 22.0／親が全部食べさせている 53.5／その他 5.2
普通：13.7／18.4／64.1／3.8
不良：10.2／9.8／77.8／2.2

図II-4-2-10　子どもの精神発達と「食事のとき，赤ちゃんはどうしていますか」とのクロス集計結果（10か月児健診）

良好：22.2／27.3／45.7／4.8
普通：12.7／16.8／67.1／3.5
不良：10.1／11.7／74.9／3.3

## すべて母親が食べさせている子どもの発達は，遅れている

「大阪レポート」でも子どもの発達と食事の方法とははっきりとした相関が認められた．今回の調査においても図II-4-2-9，10に示すとおり，10か月児健診では「スプーン，フォークを持って食べようとしている」「手づかみで食べている」子どもは発達が良く，「すべて母親が食べさせている」子どもは発達がはっきり遅れていることが明らかになった．1歳6か月児健診では，「スプーン，フォークを持って食べようとしている」子どもは心身ともに発達がはっきりと良く，「手づかみで食べている」あるいは「すべて母親が食べさせている」子どもは発達がはっきりと遅れていることが判明している．

食事は毎日の生活の中でもかなり大きな部分を占めている．そのため，10か月児健診時点では，自分で手づかみでも食べられる子どもは日々生活体験をし，伸びていくが，すべて母親任せになっている子は自発的生活体験が奪われているので，差が生じるのである．1歳6か月児健診時点では，スプーンやフォークを持って食べられるということそのものが発達の指標になっているのであろう．

食事を自分で食べられるようになるまでには，子ども自身も周囲も汚れてしまうのはしかたがない．そのあたりは，現代の親の感覚とはかなりかけ離れたものであり，ストレスがたまることと思う．最近はコップで飲むより先に，ストローで飲むことを覚えさせる親が目立つ．また，哺乳瓶からストローに移行させるべく，意図的に作られた商品も出回っている．このような傾向は子どもが飲み物をこぼしたり，着衣や周囲を汚したりすることを嫌ってのことであろう．しかし，親の感覚に子どもを従わせるのではなく，子どもの意欲を大切にしながら見守り，待つという姿勢がなければ，本来順調なはずの子どもの発達が阻害されることにもなりかねない．こぼす，汚すなどは，大人にとって都合がよくないだけで，子どもにとってはそれも重要な学びである．子どもの心身ともにすこやかな成長には，そのようなことが欠かせないものであることを伝えていく必要があろう．また，こぼしたり，汚してもそれほど困らないような工夫を伝え，子育てのスキルアップをはかるような取り組みも必要であろう．その際には，子ども主体の立場からのみの考え方では現代の親には受けいれられない．親の立場と子どもの立場とのバランスをどの

ように取るのか，を会得できるような働きかけが必要であろう．

### 食事で特に気をつけていること

食事の時，何を重要視するかは親の価値観であり，ここから育児に対する親の姿勢をうかがい知ることができる．「お子さんの食事で特に気をつけているもの2つに○をつけてください」という質問の結果を図II-4-2-11に示す．この結果は「大阪レポート」の結果とほとんど同じである．

「栄養のバランス」を選んだ率がどの健診時点でも最も多く，10か月児健診：79%，1歳6か月児健診：72%，3歳児健診：70%前後である．次に，「食べる量」が続き，10か月児健診，1歳6か月児健診，3歳児健診のいずれにおいても50%弱である．子どもの年齢で大きく変化するのは「しつけ」を選ぶ率である．子どもの年齢が高くなるほど高率を示し，10か月児健診：9.8%，1歳6か月児健診：28.0%，3歳児健診：41.7%となっている．

「大阪レポート」では，10か月児健診，1歳6か月児健診において，食事の時に気をつけている点のうち，「食べる楽しみ」を挙げた母親の子どもは操作性運動発達と言語・社会性の発達が他の子どもに比べて際立って良いとの結果が出ている．今回の調査では，「食べる楽しみ」と発達の関係において差が見られたのは10か月児健診の精神発達であり，1歳6か月児健診，3歳児健診では特に差は見られなかった．

### 食事中のテレビの視聴について

図II-4-2-12に「食事はテレビを見ながら食べていますか」という質問の結果を示す．図からわかるように，「はい」は10か月児健診で28.9%，1歳6か月児健診で38.1%，3歳児健診では44.1%である．「いいえ」は，10か月児健診で24.9%，1歳6か月児健診で19.6%，3歳児健診では17.1%である．「大阪レポート」では，「はい」と「いいえ」だけであったが，今回の調査では「ときどき」という回答を設定しているので，「いいえ」は「大阪レポート」よりも明確な「食事中，テレビをつけていない」割合である．

どの年齢にも言えることだが，食事中にテレビをつけている場合，食事にかかる時間は延長する傾向がある．テレビの方に気を取られながらも，きちんと食物を咀嚼しかつ味わうなどと

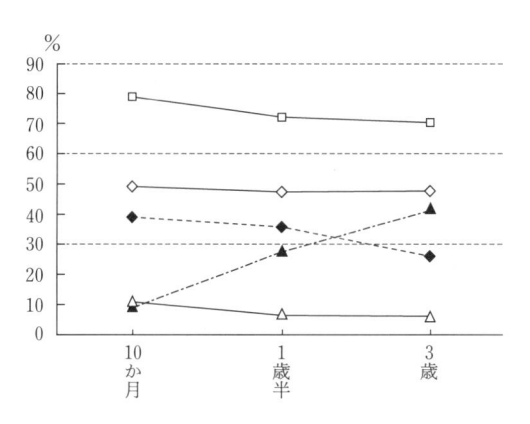

図II-4-2-11 お子さんの食事で特に気をつけているもの2つに○をつけてください

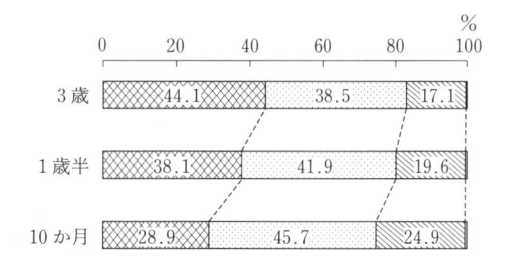

図II-4-2-12 食事はテレビを見ながら食べていますか

いうことは，3歳までの乳幼児にはまず不可能と思われる．実際，「食事のとき，お子さん（赤ちゃん）はどうしていますか」とのクロスをとってみると，10か月児健診，1歳6か月児健診のいずれにおいても，テレビを見ながら食事をしている場合，「親が全部食べさせている」との回答が他に比べて高率であった．子どもがテレビを見ながら口をあけ，そこへ親が食物を入れ込んでいる状況が想像される．親は早く片付けることができるので楽かもしれないが，子どもにとってはよくない．何でもないような毎日の食事の場が，実は子どものたいせつな自発的生活体験の場である，というあたりの啓発活動が必要であろう．

## II-4-3　テレビについて

### 長時間テレビ・ビデオをひとりで見ている子どもたち

　前述の食事の部分でテレビのことは少し取りあげたが，ここでは日常生活との関係について述べる．「お子さんが一人でテレビやビデオを一日どのくらい見ますか」という質問の結果を図II-4-3-1 に示している．図からわかるように，10か月児健診では「見ない」が36.5%，「30分前後」が39.7%であり，合わせると76.2%である．一方，「3時間以上」一人でテレビを見ている10か月児は4.0%である．1歳6か月児健診では，「見ない」は11.9%に減り，「30分前後」と「1～2時間」がともに37%強であり，「3時間以上」一人でテレビを見ている子どもは12.2%とかなりの割合に達している．3歳児健診では，「見ない」は5.5%とさらに減り，「30分前後」が26.8%，「1～2時間」が47.9%と最も多くなる．「3時間以上」一人でテレビを見ている3歳児は19.0%であり，5～6人に1人が「3時間以上」一人でテレビを見ていることがわかる．

　「大阪レポート」の結果では，一人ではテレビを「見ていない」という回答が，10か月児健診：59.2%，1歳6か月児健診：44.6%，3歳6か月児健診：25.8%であった．それに対して今回の調査では，10か月児健診：36.5%，1歳6か月児健診：11.9%，3歳児健診：5.5%であり，大きく変化していることがわかる．また，「3時間以上」テレビを見ている子どもの割合は，「大阪レポート」では10か月児健診：20.4%，1歳6か月児健診：1.4%，3歳6か月児健診：6.0%であったが，今回の調査では10か月児健診：4.0%，1歳6か月児健診：12.2%，3歳児健診：19.0%である．「大阪レポート」の10か月児健診の結果（20.4%）は常識の範囲を越えていたが，今回は4.0%である．一方，今回の調査では1歳6か月児と3歳児の「3時間以上」テレビを一人で見ている割合がそれぞれ12.2%，19.0%であり，「大阪レポート」の結果よりも大幅に増加していることがわかる．最近は子ども向けのビデオが普及しており，この影響も大きいのであろう．3歳までの幼児にとっては，テレビの画面に登場する人やものと，現実世界の人やものとの区別はまだついて

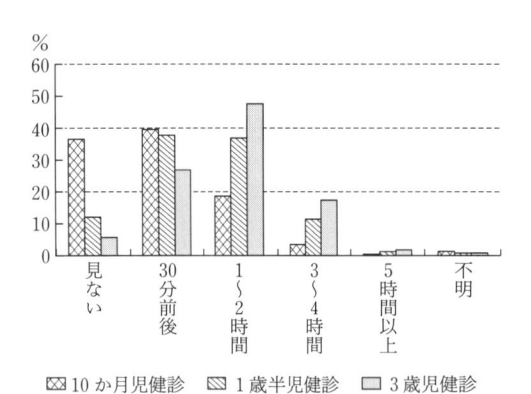

図II-4-3-1　お子さんが一人でテレビやビデオを一日どのくらい見ますか

いない．そのような発達段階の幼児が非現実世界の映像を長時間見ているということは，気になる現実である．

### テレビ・ビデオの長時間視聴は子どもの発達に悪い

長時間のテレビ・ビデオの視聴が，子どもの発達にどのような影響を及ぼしているか調べてみると，10か月児健診および1歳6か月児健診では明確な関係は見られなかったが，3歳児健診では図Ⅱ-4-3-2，3に示すように，身体発達と精神発達ともにテレビを一人で3時間以上見ている子どもは遅れており，0〜30分の子どもは発達が良いというはっきりとした結果が得られている．「大阪レポート」ではテレビ・ビデオの視聴時間と子どもの発達の間にははっきりとした相関が見られなかった．にもかかわらず，今回の調査ではっきりとした相関が明らかになったのは，3時間以上テレビを見ている子どもの割合が前述のとおり，「大阪レポート」では3歳6か月児健診では6.0％と少なかったが，今回の調査では19.0％と約3倍に増えていることが大きな要因と考えられる．

テレビ・ビデオはあまりにも深く日常生活に根をおろしている．マイカーの中にも，はては浴室にまでテレビが設置される時代である．それ故に問題意識はますます薄らぐ一方である．しかし，発達途上である子どものテレビ・ビデオの視聴や時間については，社会全体として真剣に見直してみる必要があるであろう．

### 子どものテレビ・ビデオの視聴と親の育児姿勢

子どもに一人で長時間テレビ・ビデオを見せている親は，普段育児にどのような思いを持ち，どのような育児態度なのであろうか．10か月児健診，1歳6か月児健診のいずれにおいても，3時間以上子どもに一人でテレビ・ビデオを見せている親は，「お子さん（赤ちゃん）が何を要求しているかわかりますか」との質問に対し，「はい」と答える率は他の群に比べて低く，「お子さん（赤ちゃん）にどうかかわったらいいか迷う」，「育児に自信がない」という傾向が見られた．3歳児健診においては，視聴時間が長くなるにつれて，「育児でいらいらすることが多い」

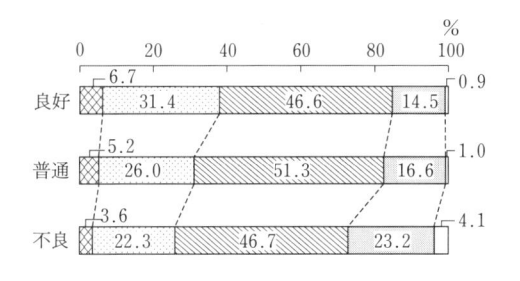

図Ⅱ-4-3-2　子どもの身体発達と「お子さんが一人でテレビやビデオを一日どのくらい見ますか」とのクロス集計結果（3歳児健診）

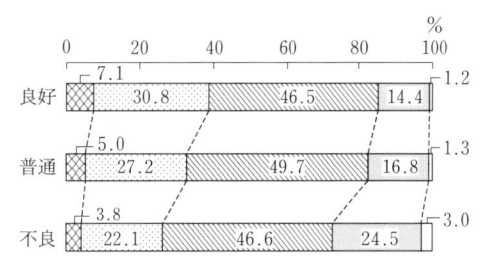

図Ⅱ-4-3-3　子どもの精神発達と「お子さんが一人でテレビやビデオを一日どのくらい見ますか」とのクロス集計結果（3歳児健診）

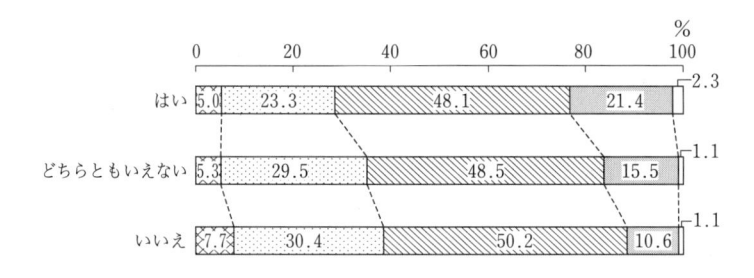

126　第II章　変わる親子，変わる子育て

|  | 見ない | 30分前後 | 1〜2時間 | 3〜4時間 | 5時間以上 |
|---|---|---|---|---|---|
| はい | 5.0 | 23.3 | 48.1 | 21.4 | 2.3 |
| どちらともいえない | 5.3 | 29.5 | 48.5 | 15.5 | 1.1 |
| いいえ | 7.7 | 30.4 | 50.2 | 10.6 | 1.1 |

図II-4-3-4　「育児でいらいらすることは多いですか」と「お子さんが一人でテレビやビデオを一日どのくらい見ますか」とのクロス集計結果（3歳児健診）

と回答する率が増え（図II-4-3-4），「お子さんに話しかけながら世話をしたり，遊んだりする」率が減少する傾向が見られた．

　以上の結果から，親の育児経験の不足やストレスが，子どもに長時間テレビ・ビデオを見せる原因になっている可能性が高い．親としての自信のなさや育児のストレスは，子どもをテレビの前に座らせておけば解決するものではない．具体的な解決のためには，親としての学びや成長する機会を得ることが必要である．しかし，「親を癒し，成長を促す」効果のある子育て支援サービスのメニュー自体が，今の日本にはほとんどないのが現状である．その点では，第IV章で紹介するカナダの親支援プログラム "Nobody's Perfect" は効果的であると考えている．

## II-4-4　入浴

　入浴の間隔は，96〜98％が1日1回，2〜3％が2〜3日に1回と回答しており，全体的には特に問題はない．しかし，数人であるが，1週間に1回程度というケースもある．「大阪レポート」では，「1日2回以上」という選択肢があったが，今回の調査では設定されていない．

## II-4-5　トイレットトレーニングに見る時代の変化

　「排尿便のしつけ」は幼児期のしつけの中心テーマのひとつであり，フロイト以来，精神医学や心理学では，人格形成との関連において「排尿便のしつけ」に注目してきている．精神医学や心理学で「排尿便のしつけ」に注目しているポイントは，しつけと子どもの発達とのずれである．すなわち，子どもの発達がまだそこまで達していないのに母親がトイレットトレーニングを急ぐとか，あるいは逆に，子どもが排尿便のコントロールに十分興味を示しているにもかかわらず母親が関心を示さないとか，という子どもの発達と親のかかわりとのずれがもたらすであろう人格の歪みである．

　図II-4-5-1に「トイレットトレーニング（おしっこ）は始めていますか」という質問の結果を「大阪レポート」の結果と比較して示している．図II-4-5-1は，どう比較したらいいのか，判然

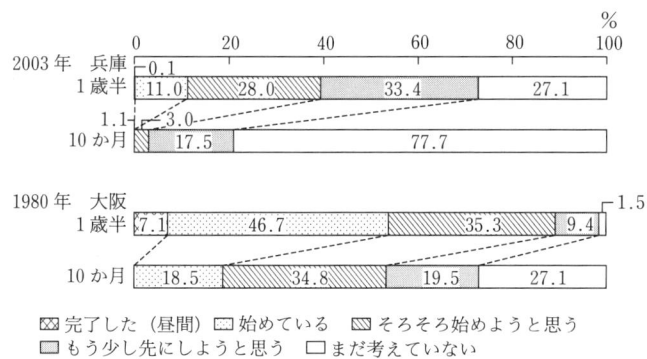

|   | 0 | 20 | 40 | 60 | 80 | 100 % |

2003年 兵庫
1歳半　0.1 / 11.0 / 28.0 / 33.4 / 27.1
10か月　1.1 / 3.0 / 17.5 / 77.7

1980年 大阪
1歳半　7.1 / 46.7 / 35.3 / 9.4 / 1.5
10か月　18.5 / 34.8 / 19.5 / 27.1

凡例：完了した（昼間）／始めている／そろそろ始めようと思う／もう少し先にしようと思う／まだ考えていない

図II-4-5-1　トイレットトレーニング（おしっこ）は始めていますか

としないほど，今回の調査結果は「大阪レポート」の結果からは大きく変化している．すなわち，トイレットトレーニングの開始時期や完了時期などが「大阪レポート」の頃に比べ，極端にゆっくりとなっているのである．10か月児健診でみると，「大阪レポート」では「始めている」が18.5%であるが，本調査では1.1%，同様に「そろそろ始めようと思う」：34.8%→3.0%，「もう少し先にしようと思う」：19.5%→17.5%，「まだ考えていない」：27.1%→77.7%．1歳6か月児健診時点では，「大阪レポート」では「もう完了した」が7.1%であったものが，本調査では0.1%である．同様に「始めている」：46.7%→11.0%，「そろそろ始めようと思う」：35.3%→28.0%，「もう少し先にしようと思う」：9.4%→33.4%，「まだ考えていない」：1.5%→27.1%という結果であり，母親の意識はこの20数年間に大きく変化してしまっている．それはなぜだろうか．

　紙おむつが登場したのが，1970年代の後半であり，「大阪レポート」の調査時期である1980年代前半にはまだ高価なものであった．当時は「貸しおしめ」の全盛期である．最近は紙おむつの質も向上し，安価になって広く普及している．子ども自身もおしっこをしても違和感がないらしく，毎回替える必要がないらしい．母親としても，汚れれば捨てればいい訳であって，そういやいや言っておむつを取る必要もないのである．そのようなことから，トイレットトレーニングは以前と比べて先延ばしになるようである．このこと自体が問題かどうかは議論のあるところである．しかし考えてみると，2, 3回分のおしっこはかなりの重さである．それを子どもは腰にぶら下げて動いている訳であるから腰への負担は相当のものである．

　今回の調査では，1歳6か月児健診において「まだ考えていない」という回答が27.1%あった．また，3歳児健診においてさえ，「もう少し先にしようと思う」や「まだ考えていない」という回答がそれぞれ2.0%，0.3%ある．子どもの側に特別な事情がないのであれば，これらは遅すぎるように思う．なお，3歳児健診では，「おしっこのみ完了した（昼間）」が6.9%，「おしっこ，うんこともに完了した（昼間）」が53.7%であった．

　他項目とのクロス集計の結果，排泄の自律に関係する要因として，「母親の就労」が浮かびあがった．フルタイムで働いている母親の子どもが排尿便の自律が早いという結果である．これはひとつには，排泄が自律している方が子どもを預けやすいので，母親もトイレットトレーニングに熱心になるからであろう．また，保育所に入所した場合は，保育士による支援が関与している

ことも考えられる．

　ここに示したトイレットトレーニングにみる母親の意識の変化は，紙おむつが大きな原因であると考えられる．しかし，タイミングの良いトイレットトレーニングを通して，子どもの心は大きく成長するものであり，かつてはトイレットトレーニングのタイミングと方法はきわめて重要視された．そういう点では，子どもたちは心の発達のひとつの重要なきっかけを逃しているとも考えられる．このように次々に開発される商品により，子どもの育ちの機会がうばわれるという現象はいたるところで生じてきているのである．

## II-4-6　子どもの事故（けが・やけどなど）

　図II-4-6-1，2に，それぞれ「やけどをしたことはありますか」と「大きなけがをしたことはありますか」という質問の結果を示している．「やけど」や「大きなけが」の発生は子どもの年齢とともに上昇し，3歳児健診では「やけど」が20.6％，約5人に1人，「大きなけが」が8.9％，約10人に1人という高率である．「やけど」と「大きなけが」の発生率は「大阪レポート」での値とほとんど同じである．すなわち，「大阪レポート」では，3歳6か月児健診では「やけど」が20.2％，「大きなけが」が10.8％であった．「大阪レポート」でも指摘しているように，これらの率は先進諸国に比し，1.7倍も高いのである．

　現在子育て中の親の多くは，自分の子どもができるまでは，乳幼児と生活を共にした経験がない．そのため，乳幼児にとって危険なものは何か，それを先ず認識することから始め，環境を整える必要がある．子どもの事故防止の啓発が重要である．

　他項目とのクロス集計結果では，1歳6か月児健診において，「育児でいらいらすることが多い」と回答した母親の子どもに，「けが」や「やけど」が多い傾向があった．10か月児健診，3歳児健診ではややその傾向はあるものの有意差はなかった．1歳6か月といえば，活発に動き回るようになってきてはいるが，まだ言葉による親の指示がしっかり理解できない時期である．善

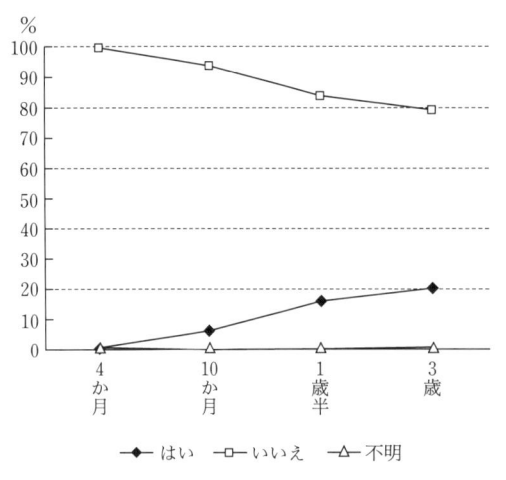

図II-4-6-1　やけどをしたことはありますか

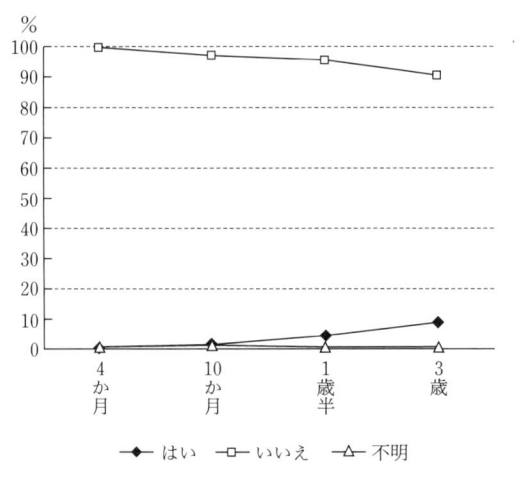

図II-4-6-2　大きなけがをしたことはありますか

意にとれば，活発な子どもを危険から守りたくとも，うまく制止できないところに親の「イライラ」の原因があるのかもしれない．逆に，子どもの「けが」や「やけど」が子ども虐待と関係している可能性もある．

## II-4-7　歩行器の使用状況

図II-4-7-1に10か月児健診での「歩行器を使うことがありますか」という質問の結果を示す．「いいえ」は56.7%であり，「はい」は42.1%である．歩行器の使用時間では，「30分前後」が最も多く，20.1%，「1時間前後」が14.6%である．「使用しない」も含めて「1時間前後」までは，91.4%であり，「2時間前後」：4.9%まで含めると，96.3%である．このように歩行器の使用については，おおむね常識の範囲であるが，「4時間前後」：0.2%，「5時間以上」：0.3%と長時間使用しているケースもある．この結果は「大阪レポート」の結果とほとんど同じであるが，「4時間前後」および「5時間以上」のケースは今回の調査の方が多い．

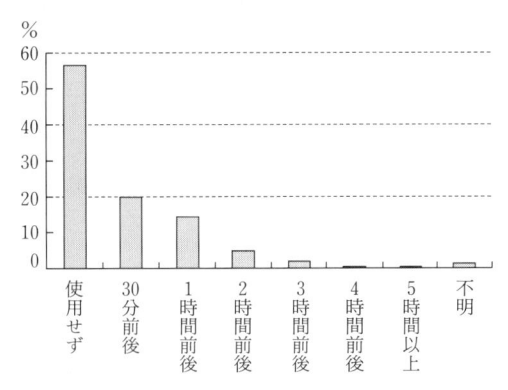

図II-4-7-1　歩行器を使うことがありますか（10か月児健診）

「大阪レポート」では，6か月児健診時点（実際の月齢は，7か月12日±8日）での歩行器の使用が常識の範囲を越えたケースがかなりあり，それらは「すでに子ども虐待の域に達している」と警鐘を鳴らした．今回はそれに相当する健診がないので，7～8か月児の歩行器の使用状況については不明であるが，10か月児健診での「4時間前後」および「5時間以上」歩行器を使用しているケースが「大阪レポート」よりも多くなっていることを考えると，気になるところである．

## II-4-8　4か月の赤ちゃんへのかかわり

親の子どもへのかかわりとして，4か月児健診のみの質問がある．すなわち，「赤ちゃん体操をしていますか」「手にものを持たせたことはありますか」「日光浴をさせていますか」の3つの質問である．この項では，これら3つの質問について考察する．

上記3つの質問の結果を図II-4-8-1に示す．「大阪レポート」でも同じ質問をおこなっているが，図II-4-8-1の結果は「大阪レポート」の結果とほとんど同じであり，変化は見られない．

子どもの出生順位で，上記3つの質問の結果が異なるかどうか，検討してみたところ，「赤ちゃん体操をしていますか」と「手にものを持たせたことはありますか」という2つの質問では，第1子の方がよく行っているということがわかった．しかし，「日光浴をさせていますか」については特に差は認められなかった．

子どもの発達とこれら3つの質問との間には極めてはっきりとした相関関係が認められた.「手にものを持たせたことはありますか」と子どもの発達とのクロス集計結果については,本章第2節で「クロス集計結果の見方」の説明のために,すでに紹介した.そこで説明したように,「手にものを持たせたことはありますか」と子どもの発達とのクロス集計結果(図II-2-2-1,2)から,赤ちゃんの手にものを持たすということが「ほとんど毎日」という母親の子どもは,きわめてはっきりと発達が良く,逆に「ほとんどしない」という母親の子どもは,はっきりと遅れていることがわかった.同様のことが,「赤ちゃん体操をしていますか」および「日光浴をさせていますか」という質問と子どもの発達についても言えることがわかった.その例として,図II-4-8-2,3に「日光浴をさせていますか」と子どもの身体発達および精神発達とのクロス集計結果を示す.図II-4-8-3の精神発達とのクロス集計結果をみると,「ほとんど毎日」日光浴をさせるという母親の子どもは,発達「良好」群に34.4%属し,「不良」群には9.6%のみである.一方,日光浴を「ほとんどしない」という母親の子どもは,発達「良好」群に14.2%しか属しておらず,「不良」群には24.6%も属している.このように,日光浴をさせることは,子どもの発達にきわめて良い効果があることがわかる.これらの結果は「大阪レポート」でも明らかにされたものである.一見,まだ親のかかわりとはほとんど関係なくすごしているかにみえる4か月までの赤ちゃんが,親のこのようなかかわりに敏感に反応し,その結果を発達の差として留めているのであ

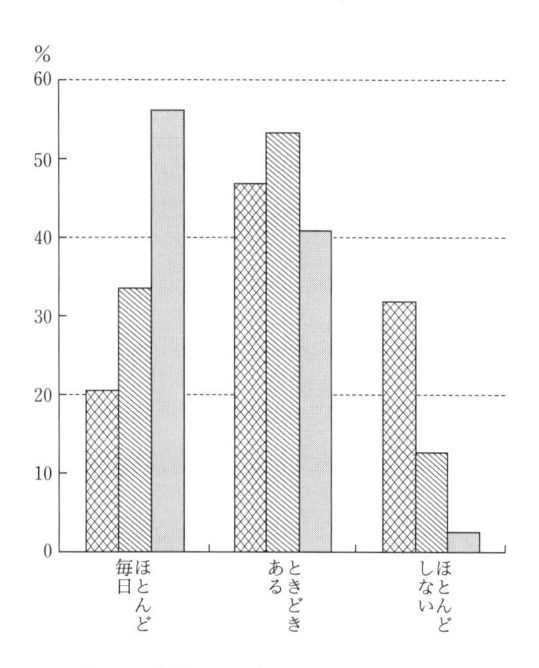

図II-4-8-1 「赤ちゃん体操をしていますか」「日光浴をさせていますか」および「手にものを持たせたことはありますか」という質問結果(4か月児健診)

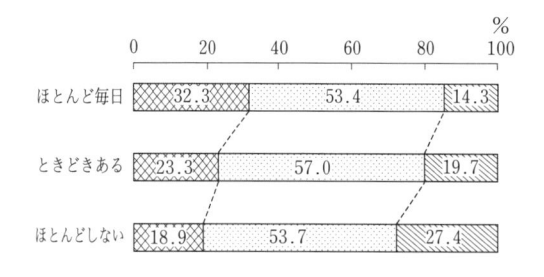

図II-4-8-2 「日光浴をさせていますか」と子どもの身体発達とのクロス集計結果(4か月児健診)

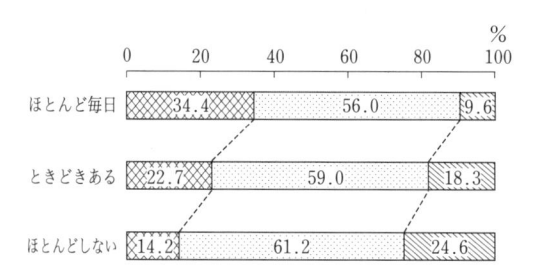

図II-4-8-3 「日光浴をさせていますか」と子どもの精神発達とのクロス集計結果(4か月児健診)

る．このことに私は「大阪レポート」を分析していた当時，非常に驚くとともに親としての責任を感じたものである．

## II-4-9　天気の良い日の遊び場所

### 天気の良い日の遊び場所の月齢変化

図II-4-9-1には「天気の良い日，外で遊ばせますか」という質問の結果を「大阪レポート」の結果と比較して示している．「大阪レポート」での質問は少し異なり，「天気の良い日の遊び場所をおたずねします」であり，選択肢は「よく外で遊ばせる」「少しは外で遊ばせる」「天気の良い日でも家の中で遊ばせる」となっている．図II-4-9-1からわかるように，全体として「天気の良い日，外で遊ばせる」という傾向が減少している．特に，3歳児健診時点では，「よくある」が57.2%であり，「大阪レポート」の時の74.1%からは，16.9ポイントも減少している．そして，今回の調査では，1歳6か月児健診時点と3歳児健診時点とで，ほとんど変化がないという結果である．『大阪レポート（名大出版会）』では，この天気の良い日の遊び場所に象徴される当時の子育ての特徴を以下のように述べている．

> テレビ・歩行器の使用や子育てにおける母親の感情などの結果とつき合わせると，次のように考えられる．「天気のよい日には外へ連れていく」ということには必ずしもなっていない母親がかなり多いようである．そして，子どもが1歳を越え，動きが活発になるとともに"外に出たい"という子どもの欲求により，はじめて外へ連れていくという母親が多い．このパターン，すなわち，子どもの欲求により具体的子育ての状況が改善されるというパターンは，本調査において一貫してあらわれている傾向である．

『大阪レポート（名大出版会）』ではこのように述べているが，図II-4-9-1に示した今回の調査

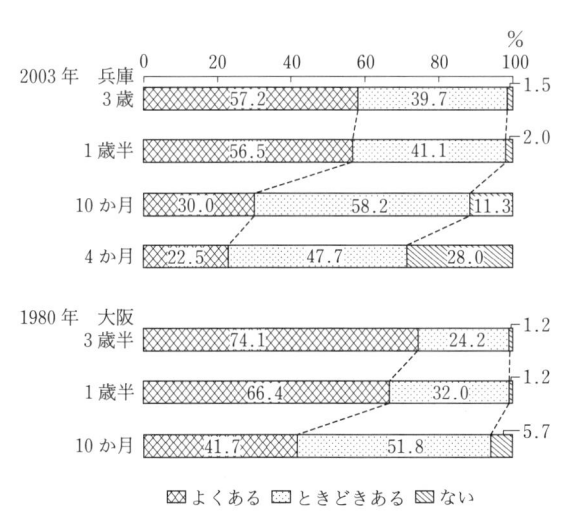

図II-4-9-1　天気の良い日，外で遊ばせますか

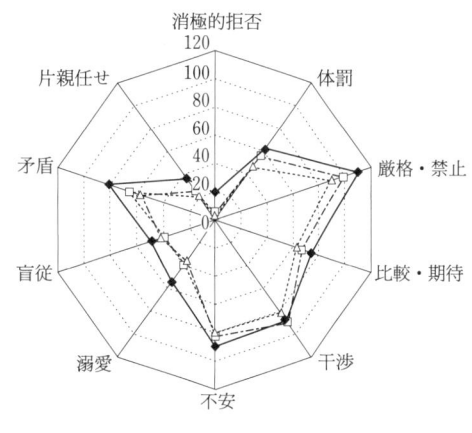

図II-4-9-2　「天気の良い日，外で遊ばせますか」と親子関係とのクロス集計結果（1歳6か月児健診）

結果は，"子どもが欲求してもなかなか親が子どもの欲求に従わない"という傾向が強くなっているという可能性を示唆している．

図II-4-9-2に，1歳6か月児健診での「天気の良い日，外で遊ばせますか」という質問と親子関係とのクロス集計結果を示している．このレーダーチャート図の作り方や読み方は，本章第8節で説明しているが，図の外側に寄るほど，親子関係が好ましくない傾向にあることを示している．図II-4-9-2では，天気が良い日には「外で遊ばせる」という母親の親子関係は内側に偏っており，好ましい関係である．一方，外で遊ばせないという母親の親子関係は外側に寄っており，好ましくないことがわかる．

今回の調査では，地域特性や住環境についてのデータが得られていないが，「大阪レポート」では地域特性や住環境，住宅形態などとのクロス集計結果により，天気の良い日に外で遊ばせるかどうかは，地域特性や住環境，住宅形態などとはほとんど相関がなく，母親の外で遊ばせようという意志の有無によるものであることが判明している．

### 天気の良い日に外で遊ぶ子は，発達が良い

図II-4-9-3，4に，3歳児健診での子どもの身体発達および精神発達と「天気の良い日，外で遊ばせますか」とのクロス集計結果を示す．図II-4-9-3から，「天気の良い日，外で遊ばせますか」という質問に「よくある」と答える母親の子どもは，発達「良好」群の66.5%を占めているが，発達「不良」群では45.0%しか占めていない．一方，「ときどきある」と答える母親の子どもは，発達「良好」群の32.8%であるが，発達「不良」群では51.4%と多くを占めていることがわかる．「ない」と答える母親は少数のため，十分比較することはできないが，発達「不良」群に属する率が高い．図II-4-9-4の精神発達とのクロス集計結果も同様の結果である．すなわち，よく外で遊んでいる子どもの身体発達および精神発達がはっきりと良いことがわかる．他の健診時点でも同様の結果が得られている．ここに示したように，母親の子どもへの具体的かかわりは，子どもの心身の発達に大きな影響を与えているのである．

「大阪レポート」でも同様の結果であったが，「大阪レポート」の場合は3歳6か月児健診時点では発達との相関は不明確であった．今回の調査では，逆に図II-4-9-3，4に示した3歳児健診

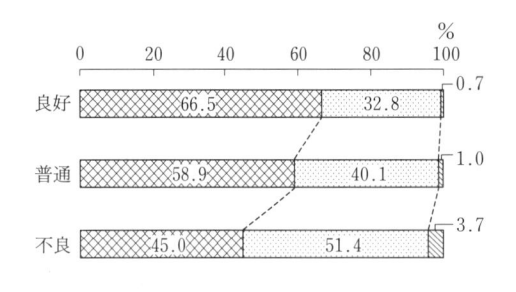

図II-4-9-3 子どもの身体発達と「天気の良い日，外で遊ばせますか」とのクロス集計結果（3歳児健診）

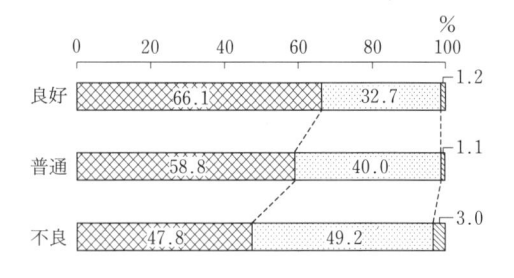

図II-4-9-4 子どもの精神発達と「天気の良い日，外で遊ばせますか」とのクロス集計結果（3歳児健診）

での結果が他の健診時点よりもむしろ最もはっきりとした相関を示した．それは3歳児健診時点での外遊びが前述のとおり減少していることと関係があるように思う．ところで，3歳児健診時点での子どもの発達と母親のかかわりとのクロス集計において相関が高くでることは，ここに示した「天気の良い日の遊び場所」とのクロス集計のみならず今回の調査全体にわたって言えることである．このことは，母親以外のかかわりが少なくなっていること，すなわち，人間関係が狭まっていることと希薄になっていることが関係しているのではないか，と考えている．この「人間関係の単純化と希薄化」はよく言われているが，このようにデータにはっきりあらわれるということは，相当深刻な事態である．

## II-4-10 育児に費やす時間

### 母親が子どもと実際にかかわる時間が減少している

「大阪レポート」では，母親の子どもへのかかわり時間に関して，「子供を十分あやしたり遊んだりする時間はありますか」，「排泄や食事の世話以外にお母さんが子供と遊んだり散歩したりする時間は1日どのくらいですか」，そして「お母さんは子供とよく遊びますか」という3つの質問をしている．これらは，子どもの相手をしようと思えば「時間はあるかどうか」，実際にかかわる時間，そして，母親の自覚として「遊んでいるかどうか」，についての質問である．今回の調査では「排泄や食事の世話以外にお子さんと遊んだり散歩したりする時間は一日どのくらいですか」という実際のかかわり時間についてのみしか質問していない．

図II-4-10-1に「排泄や食事の世話以外にお子さんと遊んだり散歩したりする時間は一日どのくらいですか」（以下，「実際に子どもとかかわる時間」と略称する）という質問の結果を「大阪レポート」と比較して示している．ただし，「大阪レポート」では，4か月児健診および3歳6か月児健診にはこの質問がない．図II-4-10-1から，今回の調査では「2時間以上」と答える率が「大阪レポート」の結果と比較して，10か月児健診で67.9%から51.2%へと16.7ポイント減少し，1歳6か月児健診では65.5%から54.1%へと11.4ポイント減少していることがわかる．逆に，「1時間くらい」が10ポイント弱増加し，「30分くらい」が6%前後から10〜13%へと約2倍に増えている．また，3歳児健診時点が最もかかわりの時間が少なくなっている．3歳児健診時点が最もかかわりの時間が少なくなっている，という結果は「大阪レポート」でも他の2つの質問結果から指摘されていたことである．

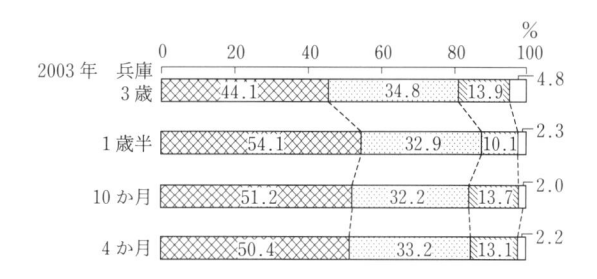

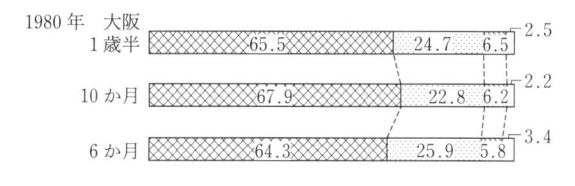

図II-4-10-1 排泄や食事の世話以外にお子さんと遊んだり散歩したりする時間は一日どのくらいですか

### 子どもとのかかわり時間と他項目（外遊び，母親の仕事）との関係

図II-4-10-2に，3歳児健診での「天気の良い日，外で遊ばせますか」と「実際に子どもとかかわる時間」とのクロス集計結果を示す．この図から「実際に子どもとかかわる時間」が多いほど，よく外で遊ばせていることがわかる．この結果はきわめてはっきりとした結果である．この図から，天気の良い日でも外で遊ばせることが「ない」という親の内，「2時間以上」子どもと遊んでいる母親が17.1%もいることがわかる．天気の良い日に家の中で何をしているのか，気になるところである．

子どもとのかかわりの時間については，母親の就労との関係が深いと考えられる．図II-4-10-3に3歳児健診での母親の就労状況と「実際に子どもとかかわる時間」とのクロス集計結果を示す．この図から，フルタイムで働いている母親の場合，最も子どもとのかかわりの時間が少なく，次に，自営とパートタイム労働が同じくらい，専業主婦が最も長く子どもにかかわっていることがわかる．このように，「実際に子どもとかかわる時間」と母親の就労との間には高い相関関係があることがわかる．

### 親のかかわる時間が長いほど，子どもの発達は良い

図II-4-10-4，5に，4か月児健診での子どもの身体発達および精神発達と「実際に子どもとかかわる時間」とのクロス集計結果を示す．これらの図から，「実際に子どもとかかわる時間」と子どもの発達との間には高い相関があり，「実際に子どもとかかわる時間」が長い母親の子どもははっきりと発達が良いことがわかる．特に，精神発達の方が高い相関を示している．

「実際に子どもとかかわる時間」と子どもの発達との相関は，4か月児健診が最も高く，子どもの月齢とともに段々低くなり，3歳児健診では相関は見られない．そして，精神発達の方が身体発達よりも高い相関を示す，という傾向は10か月児健診でも，1歳6か月児健診でも認められた．親が「実際に子どもとかかわる時間」と子どもの発達との間の相関が子どもの月齢とともに低くなるのは，今回の調査では珍しいことである．これは，図II-4-10-3に示したように，「実際に子どもとかかわる時間」は母親の就労と深く関係しているが，一方で母親が働いている

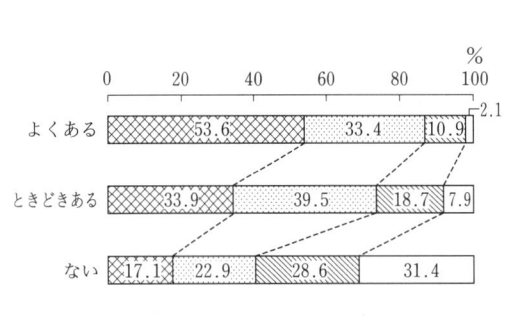

図II-4-10-2　「天気の良い日，外で遊ばせますか」と「実際に子どもとかかわる時間」とのクロス集計結果（3歳児健診）

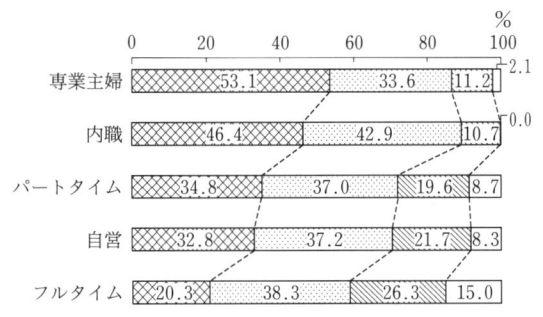

図II-4-10-3　母親の仕事と「実際に子どもとかかわる時間」とのクロス集計結果（3歳児健診）

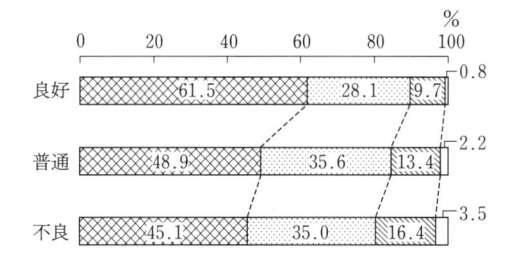

II−4 子どもの毎日の生活と親の具体的かかわり 135

図II-4-10-4 子どもの身体発達と「実際に子どもとかかわる時間」とのクロス集計結果（4か月児健診）

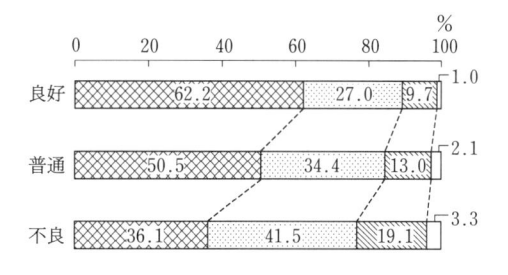

図II-4-10-5 子どもの精神発達と「実際に子どもとかかわる時間」とのクロス集計結果（4か月児健診）

子どもは保育所に通っている子どもが多い．そのため，母親が「実際に子どもとかかわる時間」が少ないというマイナス要因が，保育所での同年代の子どもとの遊びというプラス要因で相殺されているのではないか，と考えている．

## II-4-11 親の子どもへの話しかけ

### 子どもによく話しかけている，と自認している母親が増えている

図II-4-11-1 に「お母さんはお子さん（赤ちゃん）の世話をしたり遊ぶ時，話しかけますか」（以下，「子どもへの話しかけ」と略称する）という質問の結果を「大阪レポート」と比較して示している．

『大阪レポート（名大出版会）』では，"母親の話しかけが多いのか，少ないのか，については比較する対象がないため，あまり議論は出来ない"とし，もっぱら子どもが成長し言語能力が飛躍的に発達してくるにもかかわらず，「いつもよく話しかけている」という比率が子どもの月齢とともに変化しないことに注目した．「大阪レポート」の場合は，同一集団の追跡調査である利点がここに出ている．というのは，縦のクロス集計，すなわち，10か月児健診と3歳6か月児健診とで「子どもへの話しかけ」のクロス集計を行っている．その結果，よく話しかける母親はどの健診時点でもよく話しかけており，あまり話しかけない母親は子どもが言葉を発し始めてもやは

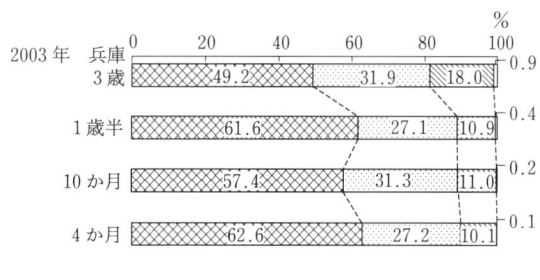

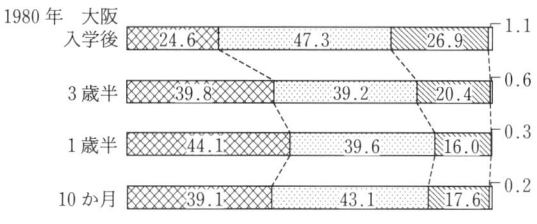

図II-4-11-1 お母さんはお子さん（赤ちゃん）の世話をしたり遊ぶ時，話しかけますか

りあまり話しかけないということがわかっている．そのため，「大阪レポート」では「子どもへの話しかけ」をよくするかどうかは，母親の母性性のひとつの目安である，と考え議論した．

今回は比較の対象があるので，「子どもへの話しかけ」そのものについて少し議論ができる．図II-4-11-1 からわかるように，「大阪レポート」に比し，今回の調査の方が母親の「子どもへの話しかけ」はかなり多くなっている．すなわち，「いつもよく話しかけている」は，10か月児健診では 39.1%→57.4%，1歳6か月児健診では 44.1%→61.6%，3歳児健診では 39.8%→49.2% というふうに 10〜20 ポイントも大きく増加しているのである．この結果から，母親の母性性が 20 数年後の現在，豊かになっていると結論づけることには無理がある．すなわち，他の質問項目の結果などから総合的に考えるとき，そのようには結論づけられない．「子どもへの話しかけ」をよくするかどうかは，母親の母性性のひとつの目安である，という点はそのままでいいと思うが，「お母さんはお子さん（赤ちゃん）の世話をしたり遊ぶ時，話しかけますか」という質問にどのように答えるかは，ここ 20 数年間にかなり変化していると考えられる．そのため，今回の調査対象となった母親の中で，母性性の豊かさを比較する上では，ひとつの目安になる，というくらいに考えるのが妥当であろう．母性については，父性とともに本章第 10 節で改めて扱うことにする．

### よく話しかける母親の子どもは，発達が良い

図II-4-11-2〜4 に，10か月児健診および3歳児健診での子どもの身体発達および精神発達と「お母さんはお子さん（赤ちゃん）の世話をしたり遊ぶ時，話しかけますか」とのクロス集計結果を示す．これらの図から，よく話しかけている母親の子どもは発達がはっきりと良いことがわかる．特に，精神発達の方が身体発達よりも相関が強く出ている．すなわち，親の話しかけにより，

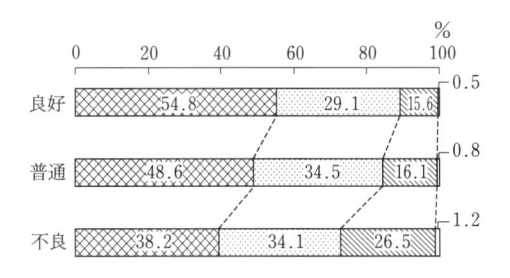

図II-4-11-2 子どもの精神発達と「子どもへの話しかけ」とのクロス集計結果（10か月児健診）

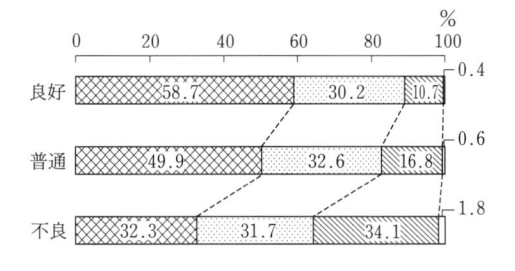

図II-4-11-3 子どもの身体発達と「子どもへの話しかけ」とのクロス集計結果（3歳児健診）

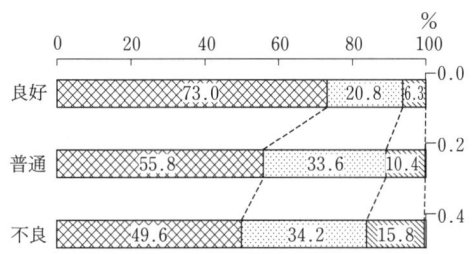

図II-4-11-4 子どもの精神発達と「子どもへの話しかけ」とのクロス集計結果（3歳児健診）

子どもの精神発達が身体発達よりもより促進されるのである．
　母親の「子どもへの話しかけ」と子どもの発達との関係は「大阪レポート」でも同様に明らかにされたことである．

### 子どもによく話しかけている母親はどのような特徴があるのであろうか

「お母さんはお子さん（赤ちゃん）の世話をしたり遊ぶ時，話しかけますか」と他項目とのクロス集計結果では，きわめて高い相関があった．その結果から，子どもによく話しかける母親の特徴を以下に列挙すると，

①子どもの欲求をよく理解できている
②「天気の良い日」には子どもをよく外で遊ばせている
③育児でのイライラや心配が少なく，心配事の解決度も高い
④子どもへのかかわり方に迷うことが少なく，自分の育児に自信が持てないということは少ない
⑤子どもをかわいいと思い，一緒にいると楽しいと感じている
⑥近所にふだん世間話をしたり，子どもの話をする話し相手が多い
⑦夫は，育児をよく手伝い，子どもとよく遊ぶ
⑧子どもと遊んだり，あやしたりする時間が長い
⑨出産以前の子どもとの接触経験や育児経験が多い
⑩自分の親にかわいがられて育った人が多い
⑪子どもを産んでよかったと思い，子どもと離れたいとは思わない
⑫子どもを叱るとき体罰を使うことは少ない

などである．以上の特徴はきわめてはっきりと出ている．これら①〜⑫の特徴は，上で述べた，「子どもへの話しかけ」の多寡が母親の母性性の豊かさのひとつの目安であるという推測を支持するものである．

### 参考文献

1）品田知美著：『〈子育て法〉革命』，中公新書，2004年．
2）飯田邦男著：『虐待観への接近―家裁調査官の目と技法―』，民事法研究会，2004年．

# Ⅱ-5
# 母親について
まったく子どもを知らないまま親になる日本の母親たち

　この節では，母親について考える．本書で読者のみなさんにお伝えしたいことの最も大きなことのひとつは，わずか20数年しか経っていないにもかかわらず，今回の調査にあらわれた子育て現場の状況が「大阪レポート」の結果から大きく変化していることである．なぜそのように大きく変化したのか，を理解するカギは，日本社会のここ20数年間の大きな変化である．その中で親たちの思考や価値観，生活感覚などが大きく変化してきているのである．そこで本節ではまず，今回の調査「兵庫レポート」と「大阪レポート」で調査対象になった母親たちはどのような時代に育ったのか，について検討する．

　現代の子育ての困難さの大きな要因は，日本の親たちが子どもを育てるための準備をまったくしないままに親になってしまうことである．本節では，「兵庫レポート」と「大阪レポート」を比較し，親になるための準備の状況を検討する．そして，親になる準備が十分にできていないための結果として生じるであろう子育てにおけるさまざまな事態，例えば子どもが何を要求しているのかわかりにくい，子どもとのかかわりでの迷いや自分の子育てに自信がもてない，自分が育児をする前にイメージしていた育児と現実の育児との大きなギャップ，などについて検討する．そしてこれらの結果から導き出される今後の子育て支援，次世代育成支援，子ども虐待予防などの課題を明らかにしたい．

## Ⅱ-5-1　現代の母親はどのような時代に育ったのか

　戦後60年になるが，この間の日本社会の変化はすさまじいものである．戦後，1950年からの朝鮮戦争特需を契機に日本経済はめざましい回復をしはじめた．図Ⅱ-5-1-1に「経済成長率の年次推移」を示すが，大きく分けると3つの時期に分けられる．すなわち，1973年の第一次石油ショックまでの「高度経済成長期」，「高度経済成長期」の後から1991年のいわゆるバブル崩壊までの「安定成長期」，バブル崩壊後からの「低成長期」の3つの時期である．「大阪レポート」の対象となった母親たちは，また今回の調査の対象となった母親たちはどのような時代に生まれ，育ってきたのであろうか．

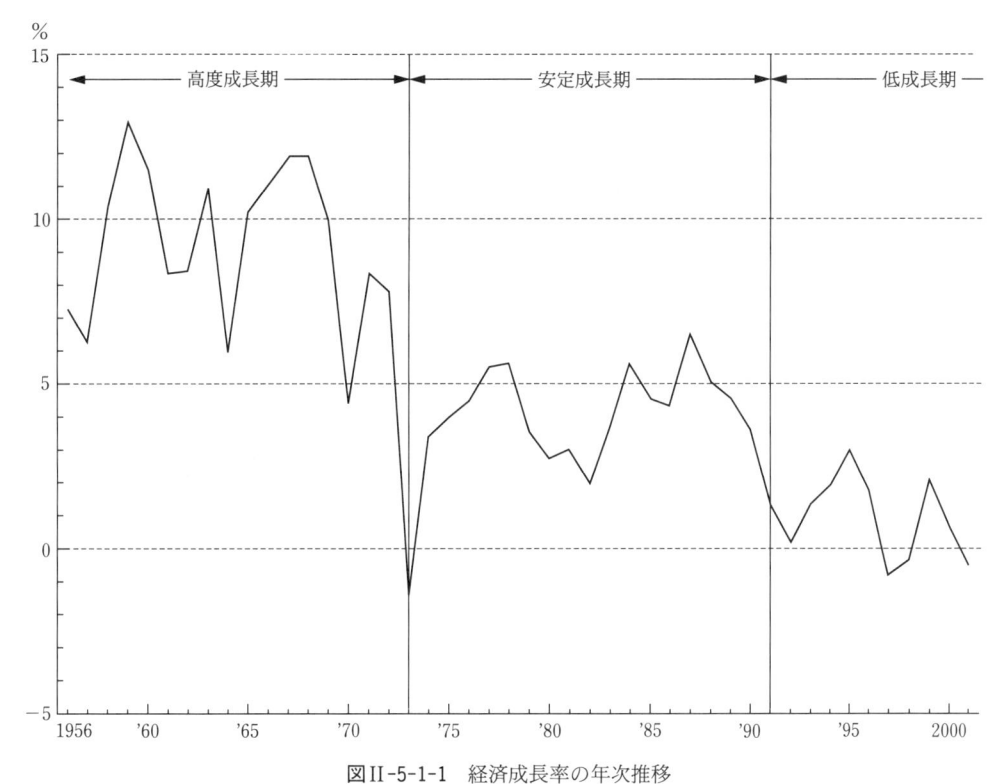

図II-5-1-1 経済成長率の年次推移
出典：『経済要覧（平成16年版）』内閣府経済社会総合研究所編の数値による．

## 母親の年齢

図II-5-1-2に，4か月児健診での母親の年齢を「大阪レポート」と今回の調査「兵庫レポート」で比較して示している．今回の調査対象となった母親の4か月児健診での年齢は，「30～34歳」と「25～29歳」の2つの年齢層の率がほとんど同じであり，それぞれ39.4%と37.1%である．そしてこの2つの年齢層を合わせると76.5%である．「20～24歳」は10.3%，「35～39歳」は9.7%である．40歳以上は1.6%であり，20歳未満は0.8%となっている．一方，「大阪レポート」の対象となった母親の4か月児健診での年齢分布は，「25～29歳」が54.3%と半数以上であり，「20～24歳」は20.7%，「30～34歳」は20.9%である．これら3つの年齢層で95.9%を占めている．「兵庫レポート」の対象の母親と「大阪レポート」の対

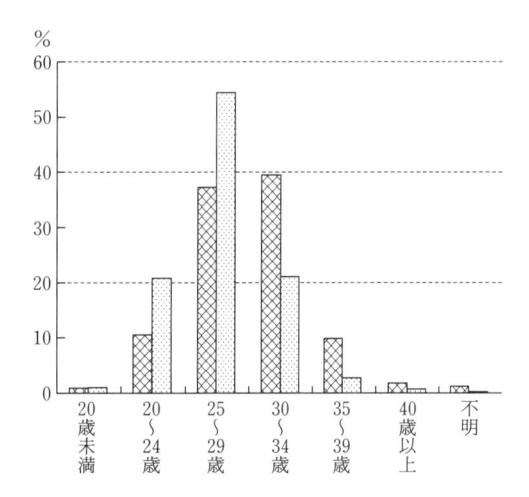

図II-5-1-2 「大阪レポート」と「兵庫レポート」の対象となった母親たちの4か月児健診での年齢の比較

象の母親の年齢を比較するとき，昨今の晩婚化・晩産化の傾向がここにもはっきりとあらわれていることがわかる．

### 「兵庫レポート」の対象となった母親世代は，団塊ジュニアである

「兵庫レポート」の対象となった母親の最も多い年齢層は「25～29歳」と「30～34歳」であり，全体の76.5%を占めている．生まれた年代をみると，「25～29歳」の親は1974～1978年生まれであり，「30～34歳」の親は1969～1973年生まれである．

第Ⅰ章の図Ⅰ-3-1-1に「出生数および合計特殊出生率の年次推移」を示した．この図に示されているように，1971～1974年の4年間は第二次ベビーブームの時期と言われる時期であり，1973年に直近の最高の出生数（年間2,091,983人）を記録している．1973年生まれといえば，2003年には30歳である．すなわち，「兵庫レポート」の対象になった母親たちの多くは1970年前後から75年頃までの第二次ベビーブームの時期の前後に誕生した世代である．別の言い方をすると「兵庫レポート」の調査対象となった母親たちは，いわゆる「団塊の世代（1947～1949年生まれ）」の子どもであり，「団塊ジュニア」と言われる世代である．この「団塊ジュニア」たちは，経済面では第一次オイルショック後も経済大国として安定的に成長した時期に育った世代であり，バブルの時期に10歳代の多感な時期を過ごした世代である．家庭生活においては電化製品の性能も向上し，ほとんどの家庭に普及し終えた後の時代に育っている．経済大国と騒がれ，物質的には欲しいものはなんの苦労もなくほとんど手に入れられるという時代に育っているのである．貧しさを知らない世代として「団塊ジュニア」は独特の浮遊感をもっていると言われている[1]．

第Ⅰ章5節では，図Ⅰ-5-1-3の「マズローの欲求の階層論」を使い，なぜ現代社会はストレスの高い社会か，を説明した．「兵庫レポート」の対象となった母親たちはすでに物質的豊かさを手に入れており，そのような豊かな生活自体は満足の対象にはもはやならない世代である．そして，幼少期から「自己実現」を目指して育てられた世代である．そのあたりの親の育ちが現代の子育てを困難なものにしている一因である．本書で紹介する「兵庫レポート」の中でもそのことがはっきりとあらわれている．

### なぜ，「兵庫レポート」が「大阪レポート」と大きく異なるのか
──世代という切り口からの考察

「大阪レポート」の対象になった母親は，前述のとおり4か月児健診時点で「25～29歳」が54.3%と半数以上を占めている．1980年当時，「25～29歳」というと，1951～1955年（昭和26～30年）生まれである．そこで，1951～1955年生まれ，1980年当時25～29歳の母親を「大阪レポート」の対象となった母親の代表と考え，その育った背景を考えることにする．そのことにより，今回の調査「兵庫レポート」の対象となった母親たちとの育った時代のちがいを明確化したい．

「大阪レポート」の母親たちのことを考える前に，少しさかのぼって，話を進める．私は1945年生まれで，「金の卵」世代と言われた世代である．私よりも3年後からの3年間が第一次ベ

ビーブーマー，いわゆる「団塊の世代」である．「金の卵」世代と言っても何のことか，と思われる読者も多いと思う．私の世代では，中学校を卒業してすぐ就職する子どもが約半数であった．中学を卒業して都会へ集団就職していった子どもたちを，当時の大人社会は「金の卵」と呼んで迎えたのである．現在では考えられないような時代である．今から考えると，私の世代は中学卒で都会へ集団就職をしていく最後の世代なのである．当時（1960年頃）は高度経済成長のはじまりの時期であり，労働力が求められていた．一方で，高校進学率も増え，中学を卒業して都会へ集団就職をしていく子どもが少なくなりつつあった．そのような状況の中で，「金の卵」という言葉が生まれたのであろう．ところが現在は，新聞に折り込まれるパートの求人広告でさえ，「高校卒」という条件がついている場合が多い．日本社会のここ半世紀の激変を象徴する事象である．

　私は29，30ページに示した『雪国はなったらし風土記』に登場する子どもたちと同世代である．幼稚園から小学校1，2年生までは，農繁期には分家の姪たち2人といとこの3人の子守りと風呂炊きが仕事であった．風呂を沸かすといっても井戸から水をつるべで汲んで，五右衛門風呂を沸かすのであるから，今のように簡単にはいかない．小学校3，4年生からは大人たちに混じって田植えや稲刈りをしていた．私が小学校3年生くらいまでは農耕用の牛が家にいた．『雪国はなったらし風土記』に出てくる写真とまったく同じである．私が小学校から中学校，高校にかけて時代は大きく変わった．私よりも3つ4つ年上の農家の長男たちは"跡継ぎ"として育てられ，当然「大学にも行く必要がない」と親も本人たちも考えていた．しかし，その人たちが高校を卒業する頃には"農家の跡継ぎ"というようなことは考えられない時代になっていた．私が中学校の頃には炊飯器や洗濯機が普及し，かまどを使う機会も少なくなっていた．テレビもかなり普及しはじめ，家事の電化が急速に進みはじめたのである．

　「大阪レポート」の対象となった母親たちは，1951〜1955年生まれの世代が半数以上を占めている．すなわち，「大阪レポート」の対象となった母親たちは「団塊の世代」よりも少し後の世代であり，「夫婦と子ども2人」という核家族の典型的な形が急速に定着しつつあった時期に生まれた世代である．家庭の電化と家業の機械化が進み，子どもを働き手として親が期待することは少なくなった．しかし，「大阪レポート」の母親たちは幼少期には『雪国はなったらし風土記』に出てくるような生活を送っているのである．すなわち，まだ地域社会が残っており，車もほとんど通らなかったため，子どもたちは地域の中で子ども集団の中で育っているのである．そのあたりの事情が「兵庫レポート」の対象となった母親たちの育ちとは大きく異なるところである．

　多くの識者が1960年生まれ以降の世代から価値観やライフスタイルなどが大きく変わったと述べている．最近社会学者を中心に世代という切り口で日本社会を分析する著作も多く出るようになった．その中に，三浦 展著，『新人類，親になる！』[2]がある．「新人類」という名称は，1960年代前半生まれの世代を指すそうである．この世代が成人し，社会に出たとき，従来の世代とは大きく異なった考え方や行動をしたために，「新人類」と呼ばれたのである．「新人類」と言われた世代が作った家族が，「ニューファミリー」とか，「友だち家族」と言われた新しい家族形態である．

　「兵庫レポート」の対象となった親たち，すなわち「団塊ジュニア」たちは，「新人類」と言わ

れた世代よりも10年ほど若い世代である．「新人類」と呼ばれた世代よりもさらに新しい感性や価値観を身につけて育っている．「大阪レポート」と「兵庫レポート」の対象者は，「新人類」と呼ばれた世代をはさんで前後の世代であり，価値観や趣向，生活感覚などは当然大きく異なっているであろう．このように世代の変化という切り口から眺めると「大阪レポート」と「兵庫レポート」の結果が大きく異なるのもうなずけるものがある．

## II-5-2 ますます増える乳幼児をまったく知らないまま親になる母親たち

人間にとって経験ほど大切なものはない．人の思考や感情などは，自分自身の経験に支配される部分が非常に大きいものである．そのことを私は担当する精神科「小児・思春期」専門外来で，強く感じている．

図II-5-2-1と図II-5-2-2に「あなたは自分の子どもが生まれるまでに，他の小さい子どもさんを抱いたり，遊ばせたりした経験はありましたか」，および「あなたは自分の子どもが生まれるまでに，他の小さい子どもさんに食べさせたり，おむつをかえたりした経験はありましたか」という質問の結果をそれぞれ「大阪レポート」での同じ質問の結果と比較して示している．以下では，「あなたは自分の子どもが生まれるまでに，他の小さい子どもさんを抱いたり，遊ばせたりした経験はありましたか」という質問を「子どもとの接触経験」と略称し，「あなたは自分の子どもが生まれるまでに，他の小さい子どもさんに食べさせたり，おむつをかえたりした経験はありましたか」を「育児経験」と略称することにする．

図II-5-2-1からわかるように，「小さい子どもさんを抱いたり，遊ばせたり」という「子どもとの接触経験」でさえない母親が増加し，4人に1人以上に達している．すなわち，「子どもとの接触経験」が「なかった」という母親が「大阪レポート」では15.0%であるが，今回の調査では26.9%へと，約12ポイントも増加している．逆に「よくあった」と答える母親は42.3%から32.3%へと，10ポイント減少しているのである．

「子どもとの接触経験」でさえ経験できないのであるから，「小さい子どもさんに食べさせたり，おむつをかえたり」という「育児経験」はさらに困難になっている．図II-5-2-2をみると，1980年の「大阪レポート」の段階では，そのような育児経験が「なかった」という母親は

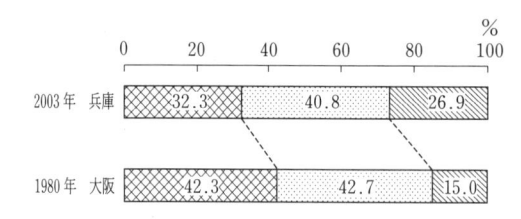

図II-5-2-1　あなたは自分の子どもが生まれるまでに，他の小さい子どもさんを抱いたり，遊ばせたりした経験はありましたか

| | よくあった | ときどきあった | なかった |
|---|---|---|---|
| 2003年 兵庫 | 32.3 | 40.8 | 26.9 |
| 1980年 大阪 | 42.3 | 42.7 | 15.0 |

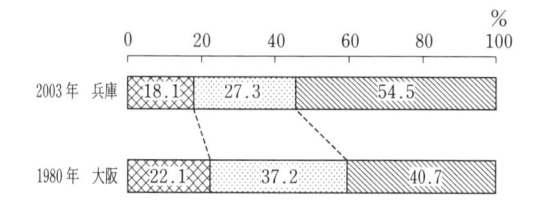

図II-5-2-2　あなたは自分の子どもが生まれるまでに，他の小さい子どもさんに食べさせたり，おむつをかえたりした経験はありましたか

| | よくあった | ときどきあった | なかった |
|---|---|---|---|
| 2003年 兵庫 | 18.1 | 27.3 | 54.5 |
| 1980年 大阪 | 22.1 | 37.2 | 40.7 |

40.7%であったが，2003年の今回の調査では54.5%と，約14ポイント増加し，半数以上になっている．逆に「よくあった」という母親は22.1%から18.1%へと，4ポイント減少している．なお，図II-5-2-2はプロローグの図4と同じ図である．私はボランティア活動や精神科「小児・思春期」専門外来などを通して「現代日本における子育ての困難さは，親が乳幼児を知らないことにある」と強く感じてきたが，ここに示した調査結果はまさにそのことを裏付けるものである．

また，図II-5-2-1, 2で「よくあった」と同じように答える母親の場合でも，「大阪レポート」と「兵庫レポート」ではその量と質は大きく異なっているものと考える．というのは，『雪国はなったらし風土記』に登場する子どもたちが成人し子育てをしているときに，「あなたは自分の子どもが生まれるまでに，他の小さい子どもさんに食べさせたり，おむつをかえたりした経験はありましたか」という質問をされたとする．その際，「よくあった」と回答するが，その「よくあった」という体験は日常的なものである．毎日子守りをし，子どもをおんぶしながら遊んでいたのである．一方，「兵庫レポート」の母親の場合，年に2, 3回姉が子どもを連れて帰ってきたときに触れたり，学校の総合的学習の時間に保育所などに行き，子どもに触れた体験でもって「よくあった」と答えている可能性もある．同じ「よくあった」という回答でも，子どもとのかかわりの度合いは量的・質的に大きく異なるであろう．

そのように考えていたので，今回の調査で「育児経験」や「子どもとの接触経験」が「よくあった」と言っても，大した経験ではないだろう，というふうに当初考えていた．ところが，以下で紹介するように，そのような希薄な体験でさえも，体験しているかどうかで，現実の育児の内容や育児における心配やストレスなどが大きく変わっているのである．この結果には私自身，非常に驚いた．やはり，体験からは多くのことを学んでいるのである．

このように「子どもとの接触経験」さえないままに親になっている親たちが多くなっているが，このことは本人たちにはなんの責任もないことである．日本の大人社会の責任である．かと言って，昔に戻ることは不可能であるし，昔に戻ることがいいことでもない．今問われていることは，現代に見合った子育て環境を大人社会の責任で作り上げていくことである．

「群れから離れて育った雌ザルは，たとえ子ザルを産んだとしても育てることができない」という実態は，ニホンザルの生態研究で判明している．日本でも大きな社会問題になっているが，先進諸国における子ども虐待の深刻化を見ると，人間でもやはり同様のことが言えるのではないだろうか，と考えさせられる．子育てを手伝ったり，子どもの育て方を見聞きしないままに少年・少女期や青年期を過ごしてしまった親たちが，まったく経験がないままに自分の子どもを育てるという事態は，私の世代の想像をはるかに超えて困難なことである可能性が高い．このことをストレスマネージメントの視点，認知行動療法的視点（図I-5-2-3参照）から考えてみる．子どもに触れたことがない，子どもを知らない，ということは，

①赤ちゃんや幼児が発するいろいろなメッセージが理解できにくい（「認知」での問題）

②理解できたとしても，それにどう対処したらいいのか，スキルをもっていない（「対処」での問題）

①②の結果として，子どもへのかかわり方に迷ったり，自分の育児に自信がもてないという事

態に陥る可能性が高い．このような状況はきわめてストレスの高い状態である．実際にはどうなのか，以下で考えてみるが，結論から先にいうと，この予測は適中しているのである．

## II-5-3　「育児経験」「子どもとの接触経験」は，子育てを楽にする

　ここでは，図II-5-2-1, 2に示した「子どもとの接触経験」や「育児経験」の有無と他項目とのクロス集計結果を検討する．また，「育児経験」という意味で，初めての子どもを育てている母親と2人目，3人目以上を育てている母親とを比較し，育児経験がどのように子育て状況を変えるのか，についても検討する．

### 「子どもとの接触経験」や「育児経験」が得難くなっている現代日本

　「あなたは自分の子どもが生まれるまでに，他の小さい子どもさんに食べさせたり，おむつをかえたりした経験はありましたか」という「育児経験」では，「よくあった」と答える母親の場合，「育児を手伝ってくれる方はいますか」という質問や「育児で心配なとき，一番頼りにするのは誰ですか」，「育児をする上でモデルとなる人はいますか」という質問に「兄弟姉妹」をあげる母親がはっきりと多かった．例として，図II-5-3-1に「育児経験」の有無と「育児のモデルとなる人」として「兄弟姉妹」が挙げられているかどうか，とのクロス集計結果を示す．図からわかるように，「育児経験」が「よくあった」と答える母親の35.4%が「育児のモデルとなる人」として「兄弟姉妹」を挙げている．逆に，「育児経験」が「なかった」という母親の場合には，「育児のモデルとなる人」として「兄弟姉妹」を挙げたのは11.6%にすぎない．このことは，「兄弟姉妹」，たぶん「姉」がいて，姉の赤ちゃんの世話をする機会がある母親が「育児経験」を多く体験していることを示しているものと考えられる．逆にいうと，そのような条件がなければ，自分の子どもを産む前に「育児経験」をすることが困難なことを示している．

　図II-5-3-2に，「子どもとの接触経験」の有無と「育児経験」の有無とのクロス集計結果を示す．図からわかるように，「子どもとの接触経験」が「よくあった」と答える母親でも，「育児経験」が「よくあった」と答える母親は55.6%であり，「なかった」と答える母親が10.7%に上っ

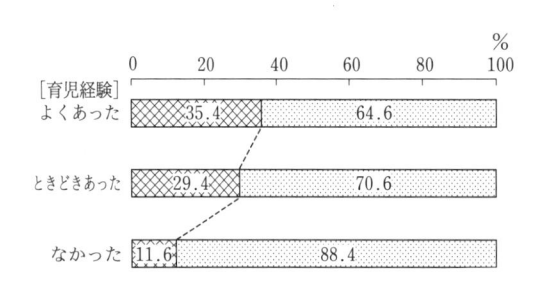

図II-5-3-1　「育児経験」の有無と「兄弟姉妹が育児のモデルになっているかどうか」とのクロス集計結果（10か月児健診）

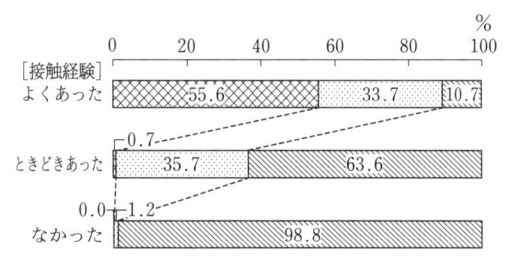

図II-5-3-2　「子どもとの接触経験」の有無と「育児経験」の有無とのクロス集計結果（10か月児健診）

ている．「子どもとの接触経験」が「ときどきあった」と答える母親では「育児経験」が「よくあった」と答える母親は 0.7% ときわめて少なく，「子どもとの接触経験」が「なかった」と答える母親では「育児経験」が「よくあった」と答える母親は 0.0% であり，「ときどきあった」が 1.2% にすぎない．この図Ⅱ-5-3-2 の結果は「子どもとの接触経験」はあっても「育児経験」をすることはきわめて困難な状況にあることを示している．

**「育児経験」や「子どもとの接触経験」は育児そのものを良くし，子どもの発達にも良い**

「小さい子どもさんを抱いたり，遊ばせたり」という「子どもとの接触経験」と他項目とのクロス集計結果は，「育児経験」と他項目とのクロス集計結果と同じ傾向を示すが，「子どもとの接触経験」の方は，他項目との相関が「育児経験」よりも全般に高い傾向にあることが判明している．この結果は，「子どもとの接触経験」が「よくあった」という母親が，「子どもへの興味や子どもとの親和性」が高いことを反映した結果であると考えられる．

他項目とのクロス集計結果では，「子どもとの接触経験」や「育児経験」のある母親は，「育児に自信がもてない，と感じること」が少ないとか，「赤ちゃんとのかかわりの時間」が多い，「育児での心配」が少なく，かつその解決度が高い，など育児そのものが良い傾向を示している．また，以下で検討する「子どもの要求の理解」も良く，「イメージしていた子育てと現実の子育てとのギャップ」が少ないという結果も出ている．これらの結果は「子どもとの接触経験」や「育児経験」という体験がいかにたいせつか，を示すものである．

「育児経験」や「子どもとの接触経験」のある母親の子どもは発達が良い，という結果が出ている．興味深いことに，子どもの発達との相関は「子どもとの接触経験」よりも「育児経験」の方が高いのである．例として，図Ⅱ-5-3-3 に，10 か月児健診における「育児経験」の有無と子どもの精神発達とのクロス集計結果を示す．図からわかるように，「育児経験」が「よくあった」という母親の子どもは 27.3% が発達「良好」群に入っている．「不良」群に入っているのは 14.4% にすぎない．一方，「育児経験」が「なかった」という母親の子どもは，発達「良好」群には 14.4% しか入っておらず，発達「不良」群に 35.7% もの子どもが入っているのである．このことは，「子どもへの興味や子どもとの親和性」が必ずしも高くない母親でも「育児経験」により子どもへのかかわりが良くなり，結果として子どもの発達が促進されていることを示すものである．

以上の調査結果からは，小学生や中学生，高校生など，次世代の親たちに，社会として「子どもとの接触経験」や「育児経験」の機会を提供することが子育て支援，次世代育成支援，子ども虐待予防の方策として，非常に重要であることを示すものである．

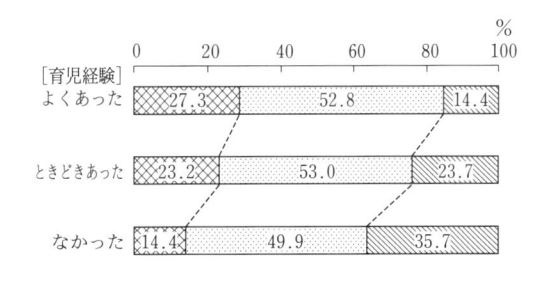

図Ⅱ-5-3-3 「育児経験」の有無と子どもの精神発達とのクロス集計結果（10 か月児健診）

## II-5-4　母親の関心事

今回の調査では,「お母さんが日常最も関心のあることに一つ○をつけてください」という質問をしている．その結果を図II-5-4-1に示す．「家族の健康」が54〜58%ともっとも多く，次に「お金（家計）のこと」が21〜24%である．そして，3番目には「家族関係」が挙がり，13%である．これら3つの項目で88〜95%を占めている．「仕事のこと」は，1.6〜3.2%と少ない．「大阪レポート」での同様の質問結果を図II-5-4-2に示す．選択肢が異なるので単純には比較できないが,「経済的問題」が5.1〜7.6%と少なく，「仕事」が4.2〜6.4%と少し多くなっている．今回の調査では,「お金（家計）のこと」が21〜24%，4〜5人に1人とかなり多くなっている．「経済状況についてお聞きします」という質問結果を図II-3-4-1に示した．その結果では，経済的に「苦しい」は15%前後であり,「まあまあ暮らせる」が約46%であった．単純には比較できないとは言え,「大阪レポート」の結果と比べて，今回の結果は経済的な心配が増えているように思う．この結果は,「安定成長期」における調査である「大阪レポート」と,「低成長期」における調査である「兵庫レポート」という日本の経済状況を反映した結果であろう．次世代育成支援，子ども虐待予防策として，子育て家庭への経済的支援も重要であろう．

## II-5-5　母親の子どもの要求の理解度と子育て

「母親が子どもの要求を理解できるかどうか」は，子育てにおいてはきわめて重要なポイントである．認知行動療法的視点（図I-5-2-3）から考えると，「育児経験」や「子どもとの接触経験」の不足は,「子どもが何を要求しているのか」を正確に認知する力が育たないために，子ど

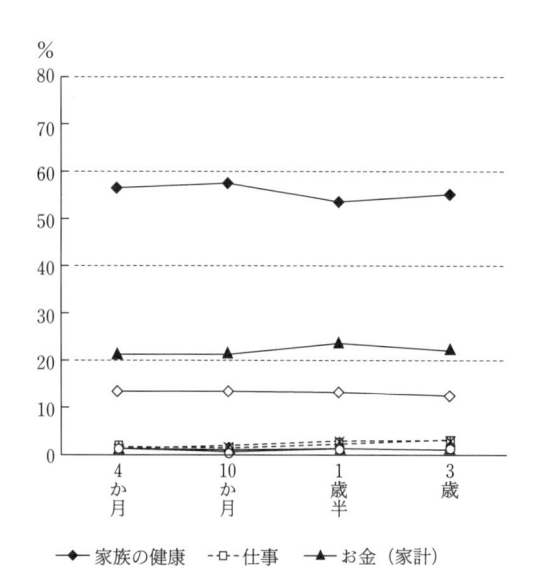

図II-5-4-1　お母さんが日常最も関心のあることに一つ○をつけてください（「兵庫レポート」）

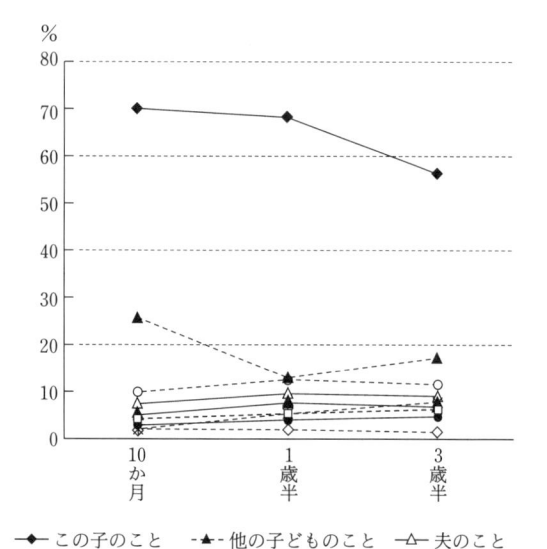

図II-5-4-2　現在，お母さんが一番関心をもっているのは？（「大阪レポート」）

もに対するかかわり方（対処方法）が不適当になり，結果として育児における精神的ストレスを高める可能性がある，と考えられる．本項ではこの点を検討する．

**小さい子との触れ合いや育児体験により子ども理解が進む**

　図II-5-5-1には，「お子さん（赤ちゃん）が何を要求しているかわかりますか」という質問の結果を示している．この質問を以下では，「子どもの要求の理解度」と略称することにする．図II-5-5-2には，「お子さん（赤ちゃん）が何を要求しているかわかりますか」という質問に対して「はい」と回答する率を，「大阪レポート」と今回の調査とで比較して示している．図II-5-5-2より，「大阪レポート」の対象となった母親の方が今回の調査対象の母親より「子どもの要求の理解度」が少し高いことがわかる．

　「子どもの要求の理解度」と他項目とのクロス集計ではきわめてはっきりとした相関が認められた．「子どもの要求の理解度」と「育児経験」とのクロス集計結果では，4か月児健診時点では「育児経験」がある母親は，子どもが何を要求しているか，理解しやすいというはっきりとした結果が出ている．しかし，10か月健診時点では相関は消えている．一方，「子どもとの接触経験」は，4か月児健診時点でも10か月健診時点でも正の相関があることがわかっている．すなわち，「子どもとの接触経験」がある母親ほど，「子どもの要求の理解度」が高いという結果である．以上の結果は，自分の子どもを育てる以前の「子どもとの接触経験」や「育児経験」が，母親の子ども理解能力を育てていることを実証するものである．

　図II-10-3-1に4か月児健診での出生順位と「子どもの要求の理解度」とのクロス集計結果を示している．図から，「赤ちゃんが何を要求しているかわかりますか」という質問に「はい」と答える母親は，第1子の場合には49.7％であり，約半数であるが，第2子の母親は70.7％，第3子以上の母親では78.4％と増加することがわかる．このことは，自分の子どもを育てる中で，「子どもが何を要求しているのか」についての母親の理解が大きく進むことを実証している．このように，子育てにおいて

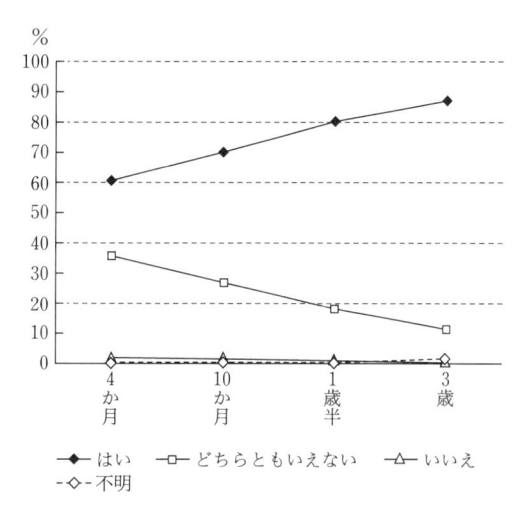

図II-5-5-1　お子さん（赤ちゃん）が何を要求しているかわかりますか

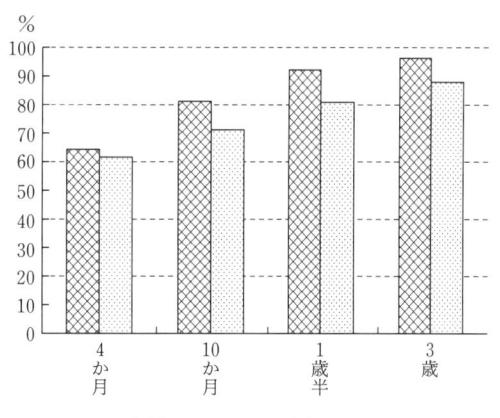

図II-5-5-2　「お子さん（赤ちゃん）が何を要求しているかわかりますか」という質問に「はい」と回答する率

は経験が非常に重要であることがわかる．

### 子どもの要求が理解できることは，育児不安やストレスを軽減する

「子どもの要求の理解度」が低い母親の場合，「子どもとのかかわりで迷う」ことが多く，「自分の育児に自信がもてない」と訴えるケースが多い．また，育児での不安が強く，育児でのイライラ感も強く訴えている．そして，育児を負担に感じる母親が多い．「子どもの要求の理解度」の高い母親はその逆であり，育児不安やストレスが低いというはっきりとした結果が出ている．例として，図II-5-5-3 に，「赤ちゃんにどうかかわったらいいか迷う時がありますか」と「子どもの要求の理解度」とのクロス集計結果を示す．図から，「赤ちゃんにどうかかわったらいいか迷う時がありますか」という質問に「よくある」と答える母親の場合，「赤ちゃんが何を要求しているかわかりますか」という質問に「はい」と答える人は40.0％にすぎないが，迷うことが「ない」と答える母親の場合，要求がわかると答える人は81.4％と多いことがわかる．このように，子どもの要求がわかるということは，育児で子どもとのかかわり方に迷うことがはっきりと少ない傾向があるのである．

「子どもの要求の理解度」の高い母親は，「近所の話し相手」や「子育て仲間」がいる母親が多く，人と話をするのが好きな母親が多い．「子どもの要求の理解度」が低い母親の場合，その逆の結果であるが，矛盾したかかわりが多く，子どもを産んで良かったと思えず，子どもと離れたいという欲求も強い．体罰を使う母親には，要求の理解度が低い母親が多く，ものを使って叩くケースもはっきりと多くなっている．この結果は，子どもが何を求めているのかがわからないことが，子ども虐待のひとつの原因になっていることを示すものである．

### 子どもの要求が理解できることは，子どもの心身発達に良い

巻末資料の表I-1～8に，子どもの発達と他項目とのクロス集計結果をまとめている．これらの表から，母親が子どもの要求を理解できることは，子どもの心身発達に良いことがはっきりと結論づけられる．特に，身体発達よりも精神発達の方がより相関が高い傾向にある．図II-5-5-4

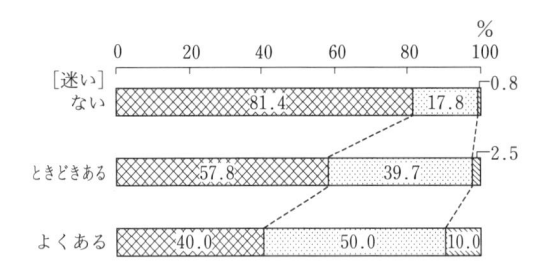

図II-5-5-3 「赤ちゃんにどうかかわったらいいか迷う時がありますか」と「赤ちゃんが何を要求しているかわかりますか」とのクロス集計結果（10か月児健診）

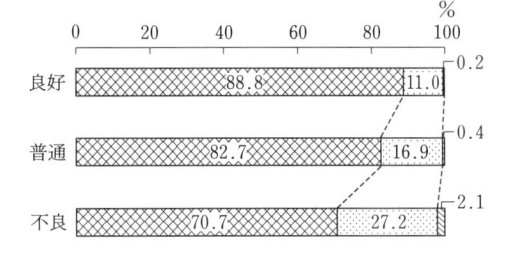

図II-5-5-4 子どもの精神発達と「お子さんが何を要求しているかわかりますか」とのクロス集計結果（1歳6か月児健診）

に，1歳6か月児健診での子どもの精神発達と「子どもの要求の理解度」とのクロス集計結果を示す．図から子どもの要求理解度の高い母親の子どもが発達「良好」群に多く属していることがわかる．子どもの発達との相関は，1歳6か月児健診時点が最も高いという結果であった．

## II-5-6 子どもとのかかわり方に迷い，育児に自信がもてない母親たち

この項では「お子さん（赤ちゃん）にどうかかわったらいいか迷う時がありますか」と「育児に自信がもてない，と感じることがありますか」という2つの質問について検討する．それぞれを以下では「子どもとのかかわり方での迷い」と「育児での自信の無さ」と略称することにする．この2つの質問はかなり似かよった結果をもたらしているが，親になるための準備がされないままに自分の子どもを育てないといけない現代日本の母親たちにとって，「子どもとのかかわり方での迷い」や「育児での自信の無さ」に関する訴えは深刻なものである．この2つの質問は，「大阪レポート」にはない質問であるが，現代の育児の困難さを測る上で重要な質問であることが本調査で判明している．

### 子どもの成長とともに増える，子どもとのかかわり方での迷いや自信の無さ

図II-5-6-1，2にそれぞれの質問の単純集計結果を示す．「お子さん（赤ちゃん）にどうかかわったらいいか迷う時がありますか」という質問では，「ない」が4か月児健診時点の59.2％から3歳児健診時点では35.1％まで低下する．それに伴い，「ときどきある」が4か月児健診時点の37.9％から3歳児健診時点では57.7％まで増えてくる．同様に，「育児に自信がもてない，と感じることがありますか」という質問でも，「ない」が4か月児健診時点の50.3％から3歳児健診時点では，33.9％まで低下し，「ときどきある」は4か月児健診時点の45.8％から3歳児健診時点では57.7％まで増えてくる．「よくある」は，2つの質問ともに4か月児健診時点では3％前後であるが，徐々に増加し，3歳児健診時点では6〜7％である．図II-5-6-1，2の結果をみると，子どもとのかかわりに関しては乳児期よりも幼児期の方が母親の迷いや自信の無さが高まることがわかる．

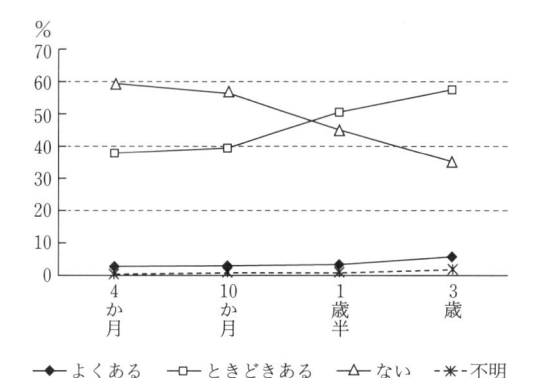

図II-5-6-1 お子さん（赤ちゃん）にどうかかわったらいいか迷う時がありますか

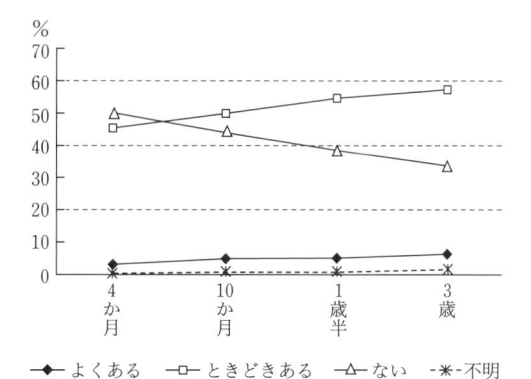

図II-5-6-2 育児に自信がもてない，と感じることがありますか

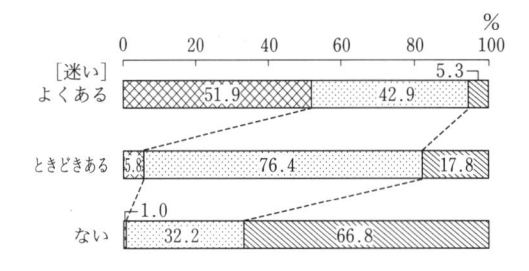

図II-5-6-3に，3歳児健診における「子どもとのかかわり方での迷い」と「育児での自信の無さ」とのクロス集計結果を示す．この図から，2つの質問の間にはきわめて高い相関があり，「子どもとのかかわり方での迷い」が「育児での自信の無さ」の原因として大きな位置を占めていることがわかる．

前項の図II-5-5-3に，子どもが何を要求しているかわからないことが，子どもにどうかかわったらいいか迷う原因であることを示した．図II-5-6-4に，4か月児健診における「赤ちゃんが何を要求しているかわかりますか」と「育児に自信がもてない，と感じることがありますか」とのクロス集計結果を示している．「赤ちゃんが何を要求しているかわかりますか」という質問に「はい」と答える母親の場合，育児に自信がもてない，と感じることが「よくある」は1.8％，「ない」が61.7％である．一方，「赤ちゃんが何を要求しているかわかりますか」という質問に「いいえ」と答える母親の場合，育児に自信がもてないと感じることが「よくある」は20.6％と多く，「ない」は32.4％と少ない．このように，子どもの要求が理解できないことが，「子どもとのかかわり方での迷い」や「育児での自信の無さ」の原因になっていることがわかる．

図II-5-6-3 「お子さんにどうかかわったらいいか迷う時がありますか」と「育児に自信がもてない，と感じることがありますか」とのクロス集計結果（3歳児健診）

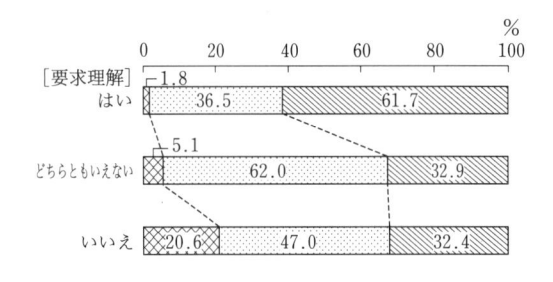

図II-5-6-4 「赤ちゃんが何を要求しているかわかりますか」と「育児に自信がもてない，と感じることがありますか」とのクロス集計結果（4か月児健診）

## 「育児経験」や「子どもとの接触経験」で解消される育児での迷いや自信の無さ

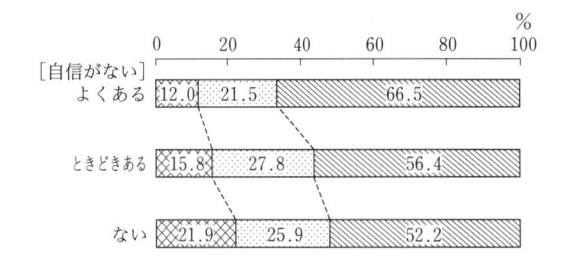

図II-5-6-5に，3歳児健診における「育児での自信の無さ」と「育児経験」の有無とのクロス集計結果を示す．図に示すように，育児に自信がもてないと感じることが「よくある」母親の場合，「育児経験」が「よくあった」は12.0％，「なかった」は66.5％である．一方，育児に自信がもてないと感じることが「ない」母親の場合，「育児経験」が「よくあった」は21.9％，「なかった」は52.2％である．こ

図II-5-6-5 「育児に自信がもてない，と感じることがありますか」と「育児経験」の有無とのクロス集計結果（3歳児健診）

のことから,「自分の子どもを産むまでに,小さな子どもに食べさせたり,おむつを替えたり」という「育児経験」が自分自身の育児において,自信につながっていることがわかる.「自分の子どもを産むまでに,小さな子どもを抱いたり,遊ばせたり」という「子どもとの接触経験」も「育児経験」と同様に,育児での自信につながっていることがあきらかになっている.「子どもとのかかわり方での迷い」と「育児経験」や「子どもとの接触経験」とのクロス集計結果でも,「育児での自信の無さ」と同様の結果が得られている.これらの「育児経験」や「子どもとの接触経験」は,多くの場合,4か月児健診で他項目との相関が高いという結果であったが,「子どもとのかかわり方での迷い」および「育児での自信の無さ」とのクロス集計結果は,どの健診時点でも高い相関を示した.

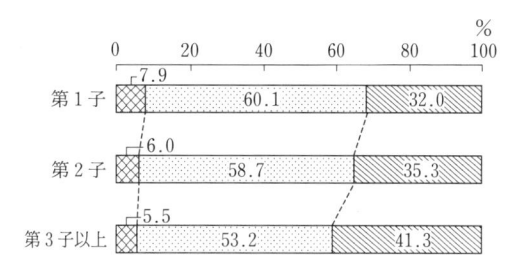

図II-5-6-6 子どもの出生順位と「育児に自信がもてない,と感じることがありますか」とのクロス集計結果(3歳児健診)

図II-5-6-6に3歳児健診における子どもの出生順位と「育児での自信の無さ」とのクロス集計結果を示す.図から,第1子の場合,育児に自信がもてないと感じることが「よくある」が7.9%,「ない」が32.0%である.一方,第3子以上では「よくある」が5.5%,「ない」が41.3%であり,自分の子どもを育てる中でも子育てに自信がついていくことがわかる.

## 育児での迷いや自信がもてないことが,育児不安やイライラ,負担感の大きな原因

「子どもとのかかわり方での迷い」および「育児での自信の無さ」は,育児での母親の不安やイライラ感,子育ての負担感などときわめて高い相関を示した.図II-5-6-7に「育児のことで今まで心配なことがありましたか」という質問と「子どもとのかかわり方での迷い」とのクロス集計結果を示す.育児で今まで心配なことが「しょっちゅうあった」という母親の場合,子どもにどうかかわったらいいか迷うことが「ない」は15.4%,迷うことが「よくある」が19.3%である.一方,心配が「なかった」という母親の場合,迷うことが「ない」は58.7%と多く,迷うことが「よくある」は1.5%と少ないというきわめてはっきりとした結果が得られている.「育児での自信の無さ」と「育児のことで今まで心配なことがありましたか」とのクロス集計結果も同様の結果であり,「子どもとのかかわり方での迷い」や「育児での自信の無さ」が育児不安の大きな原因であることがわかる.

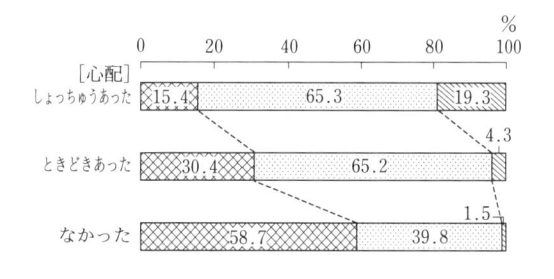

図II-5-6-7 「育児のことで今まで心配なことがありましたか」と「お子さんにどうかかわったらいいか迷う時がありますか」とのクロス集計結果(3歳児健診)

図II-5-6-8に「育児でいらいらすること

[イライラ感]
はい 13.1 / 70.1 / 16.8
どちらともいえない 1.9 / 57.1 / 41.0
いいえ 1.2 / 27.5 / 71.3

[自信がない] ✕よくある □ときどきある ◇ない

図Ⅱ-5-6-8　「育児でいらいらすることは多いですか」と「育児に自信がもてない，と感じることがありますか」とのクロス集計結果（1歳6か月児健診）

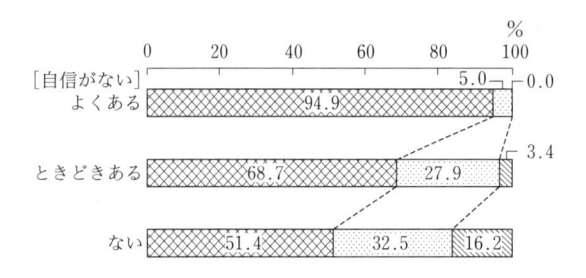

[自信がない]
よくある 94.9 / 5.0 / 0.0
ときどきある 68.7 / 27.9 / 3.4
ない 51.4 / 32.5 / 16.2

[大変] ✕はい □どちらともいえない ◇いいえ

図Ⅱ-5-6-9　「子育てを大変と感じますか」と「育児に自信がもてない，と感じることがありますか」とのクロス集計結果（3歳児健診）

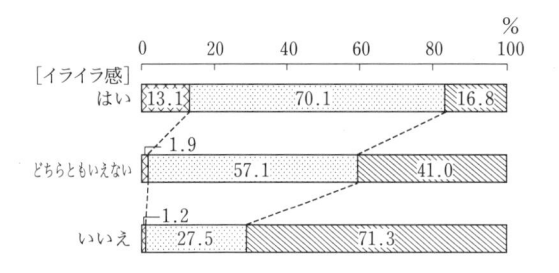

は多いですか」という質問と「育児での自信の無さ」とのクロス集計結果を示す．「育児でいらいらすることは多いですか」という質問に「はい」と答える母親の場合，育児に自信がもてないと感じることが「よくある」は13.1％，「ない」は16.8％である．一方，「育児でいらいらすることは多いですか」という質問に「いいえ」と答える母親の場合，育児に自信がもてないと感じることが「よくある」は1.2％と少なく，「ない」は71.3％と多いというきわめてはっきりとした結果である．すなわち，育児に自信がもてないことが子育てでのイライラの大きな原因であることがわかる．「子どもとのかかわり方での迷い」と「育児でいらいらすることは多いですか」とのクロス集計でも同様の結果が得られており，育児に自信がもてないことや子どもとのかかわり方がわからないことが子育てにおけるイライラの大きな原因であることがわかる．

図Ⅱ-5-6-9に，「育児での自信の無さ」と「子育てを大変と感じますか」という質問とのクロス集計結果を示す．この結果より，「育児での自信の無さ」が子育ての負担感の大きな原因であることがわかる．図Ⅱ-5-6-9と同様の結果が「子どもとのかかわり方での迷い」についても得られている．

以上示したように，「子どもとのかかわり方での迷い」や「育児での自信の無さ」が，育児不安や育児でのイライラ感，育児の負担感の原因になっていることが明らかになった．子どもに対するかかわり方（対処方法）における迷いや自信がもてないことが，育児における精神的ストレスを高めているのである．

### 育児に自信がもてない親の親子関係は良くない

図Ⅱ-5-6-10に，3歳児健診での「育児に自信がもてない，と感じることがありますか」と親子関係とのクロス集計結果を示す．図Ⅱ-5-6-10では，育児に自信がもてないと感じることが「よくある」母親の親子関係は，大きく外側に寄っており，親子関係が好ましくないことがわかる．一方，自信がないと感じない母親の親子関係は，ぐっと内側に寄っており，良い親子関係であることがわかる．特に，育児に自信がもてないと感じることが「よくある」母親では，不安が高く，よその子と自分の子とを比較して見る傾向（比較・期待）や子どもがしていることを黙っ

てみておられず，口出しをしてしまう傾向（干渉），「あれはいけない」「これはいけない」と禁止する傾向（厳格・禁止）が強く，矛盾したかかわりも多いことがわかる．よその子と比較して見ることも多く，体罰も多用している．このように，育児に自信がもてないことは，親子関係にも大きな影響を与えているのである．

### 育児での迷いや自信の無さは子どもの発達に良くない

「子どもとのかかわり方での迷い」や「育児での自信の無さ」と子どもの発達とのクロス集計結果では，4か月児健診では相関は認められないが，10か月児健診では「子どもとのかかわり方

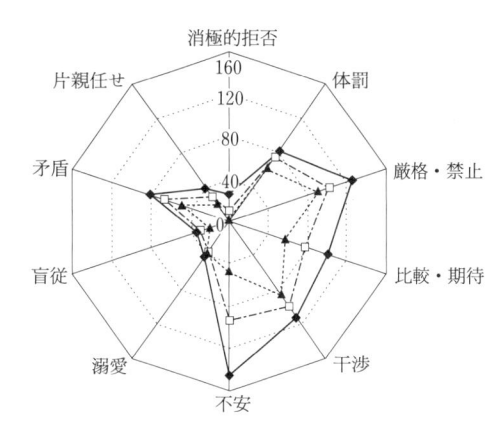

図II-5-6-10 「育児に自信がもてない，と感じることがありますか」と親子関係とのクロス集計結果（3歳児健診）

での迷い」や「育児での自信の無さ」が子どもの精神発達や身体発達を遅らせているというはっきりとした結果が得られている．また，1歳6か月児健診と3歳児健診では子どもの精神発達との相関がはっきりと出ており，「子どもとのかかわり方での迷い」や「育児での自信の無さ」が子どもの精神発達を遅らせているという結果であった．

以上のことより，「子どもとのかかわり方での迷い」や「育児での自信の無さ」を解消することが，子育て支援，次世代育成支援，子ども虐待予防において，きわめて重要な課題であることがわかる．

## II-5-7　イメージと現実の育児のギャップに悩む母親たち

今回の調査では，「自分の子どもをもつ前にイメージしていた育児と実際の育児とでは違いがありましたか」という質問をしている．以下では，この質問を「イメージと現実の育児とのギャップ」と略称することにする．この質問は「大阪レポート」にはない質問である．ここでは，「イメージと現実の育児とのギャップ」について検討する．

### こんなはずではなかった！

ここ数年，子育てに関するテレビ放映も多くなった．特に子育て真っ最中の親たちが登場して子育てについて生の声を発信する番組は非常にいいと思う．先日，子育て真っ最中の10数組の夫婦が参加した生番組があった．最初に子育てについてひとり一言を聞いてみたところ，共通して言われた言葉は「こんなはずではなかった！」であった．結婚前，子育て前に想像していた子育てのイメージと現実の子育てがあまりにも違い，そのギャップに「こんなはずではなかった！」と皆叫んでいるのである．この「イメージと現実の子育てとの乖離」は現代日本の子育ての実態を象徴的にあらわしている．

154　第II章　変わる親子，変わる子育て

```
         0    20    40    60    80   100 %
3歳      38.5       44.8       13.7
1歳半    37.9       45.8       14.8
10か月   35.0       48.3       15.2
4か月    30.8       52.0       16.7
```

⊠大いにあった　□少しあった　▨なかった　□不明

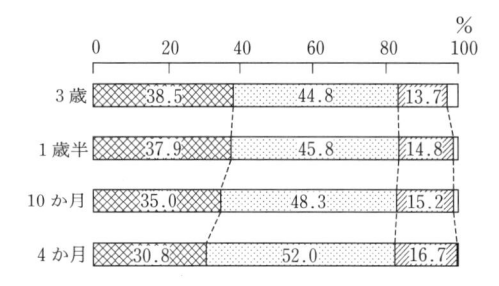

図II-5-7-1　自分の子どもをもつ前にイメージしていた育児と実際の育児とでは違いがありましたか

図II-5-7-1に「自分の子どもをもつ前にイメージしていた育児と実際の育児とでは違いがありましたか」という質問の単純集計結果を示す．この図からわかるように，「イメージと現実の育児とのギャップ」が「大いにあった」という母親は，4か月児健診時点で30.8%，子どもの月齢とともに少しずつ増加し，3歳児健診時点では38.5%である．一方，「なかった」という母親は子どもの月齢とともに逆に減少し，4か月児健診時点での16.7%から3歳児健診時点では13.7%になっている．すなわち，「イメージと現実の育児とのギャップ」は，子どもの成長とともに増大するのである．

「イメージと現実の育児とのギャップ」が「大いにあった」という母親は約3人に1人と多い．「大阪レポート」との比較ができないのが残念であるが，もし比較ができたならば，「イメージと現実の育児とのギャップ」が「大いにあった」という母親は図II-5-7-1よりは少ないのではないか，と予想している．

**イメージと現実の育児とのギャップは，ストレスの大きな原因である**

第I章5節では「現代社会が，なぜストレスが高いのか」ということの説明のためにマズローの欲求の階層論について述べた．図I-5-1-3の「マズローの欲求の階層」のなかで，「安全の欲求」すなわち，身の安全や生活の安定，不確実な状況を回避したいという欲求は下から2番目に位置するものであり，人間の最も基本的な欲求である．子どもをもつ前にイメージしていた育児と現実とのギャップが「大いにあった」ということは，育児では「予測できないことが多く，不確実な状況に遭遇する機会が多い」と言い換えることができる．予測できないことがいっぱい生じるという状況は大きな精神的ストレスの原因（ストレッサー）である．以下に紹介する「兵庫レポート」の調査結果は，「イメージと現実の育児とのギャップ」が強いストレス反応を引き起こすストレッサーであることを実証している．

図II-5-7-2には「育児でいらいらすることは多いですか」と「イメージと現実の育児とのギャップ」とのクロス集計結果を示す．図からわかるように，「育児でいらいらすることは多いですか」という質問に「はい」と答える母親の場合，「イメージと現実の育児とのギャップ」が「大いにあった」が50.8%と約半数であり，「なかった」は9.4%と少ない．一方，「育児でいらいらすることは多いですか」という質問に「いいえ」と答える母親では，「イメージと現実の育児とのギャップ」が「大いにあった」は22.4%と4人に1人以下であり，「なかった」が26.1%と多くなっている．このことは，想像していた育児と現実とのギャップが大きいほど，育児でのイライラ感が強いことをあらわしている．これは，きわめてはっきりとした結果である．

図II-5-7-3には，「育児のことで今まで心配なことがありましたか」と「イメージと現実の育児とのギャップ」とのクロス集計結果を示している．図からわかるように，「育児のことで今ま

で心配なことがありましたか」という質問に「しょっちゅうあった」と答える母親の67.9%，3人に2人以上は，「イメージと現実の育児とのギャップ」が「大いにあった」と答えている．そして，「なかった」は6.3%にすぎない．一方，育児での心配は「あまりなかった」と答える母親では，「イメージと現実の育児とのギャップ」が「大いにあった」は26.7%，約4人に1人にすぎず，「なかった」は26.4%と多くなっている．このことは，想像していた育児と現実とのギャップが大きいほど，育児での心配や不安が強いことをあらわしている．

図II-5-7-4に，1歳6か月児健診での「育児に自信がもてない，と感じることがありますか」と「イメージと現実の育児とのギャップ」とのクロス集計結果を示す．図からわかるように，育児に自信がもてないと感じることが「よくある」という母親では，「イメージと現実の育児とのギャップ」が「大いにあった」が67.8%，「なかった」は6.8%である．一方，育児に自信がもてないと感じることが「ない」という母親では，「イメージと現実の育児とのギャップ」が「大いにあった」は27.9%にすぎず，「なかった」は23.8%と多くなっている．現実の育児のイメージが想い描けていないことが，育児に自信がもてないひとつの原因になっていることがわかる．

図II-5-7-5には，1歳6か月児健診での「子育てを大変と感じますか」と「イメージと現実の育児とのギャップ」とのクロス集計結果を示す．「子育てを大変と感じますか」という質問に「はい」と答える母親の場合，「イメージと現実の育児とのギャップ」が「大いにあった」は47.7%，「なかった」は11.1%である．一方，「子育てを大変と感じますか」という質問に「いいえ」と答える母親の場合，「大いにあった」は9.9%にすぎず，「なかった」は40.1%と多くなっている．このように，現実の子育てが自分がイメージしていたものと大きく異なることが，育児に負担感を感じる原因のひとつになっ

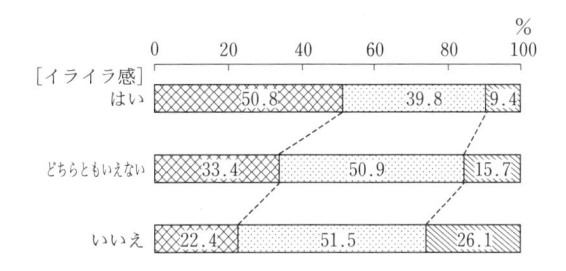

図II-5-7-2 「育児でいらいらすることは多いですか」と「イメージと現実の育児とのギャップ」とのクロス集計結果（3歳児健診）

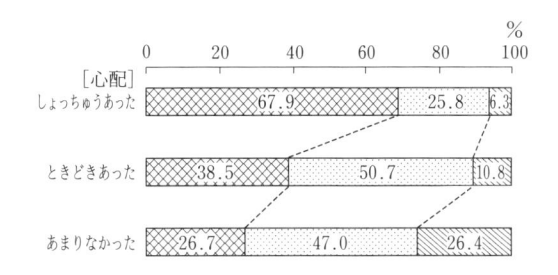

図II-5-7-3 「育児のことで今まで心配なことがありましたか」と「イメージと現実の育児とのギャップ」とのクロス集計結果（3歳児健診）

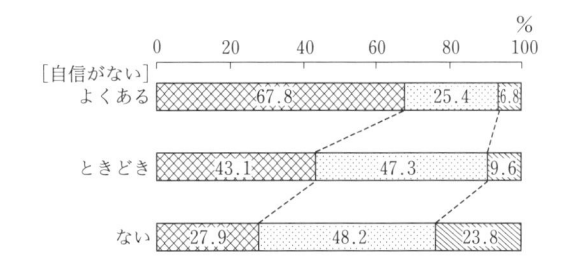

図II-5-7-4 「育児に自信がもてない，と感じることがありますか」と「イメージと現実の育児とのギャップ」とのクロス集計結果（1歳6か月児健診）

ていることがわかる．

　以上示したように，「イメージと現実の育児とのギャップ」の有無や程度は，他の質問項目ときわめて高い相関関係があった．想像していた育児と現実とのギャップが大きい母親の子育ては，好ましいものではない．すなわち，結婚する前，あるいは子どもを産む前に想像していた子育てのイメージと現実の子育てとのギャップが「大いにあった」という母親は，「子どもとのかかわり方での迷い」と「育児での自信の無さ」を強く訴え，「子育てを大変と感じる」ことが多く，育児の負担感がきわめて強い．そして，育児不安が強く，子育てにおけるイライラ感も強い．そのあたりのしんどさを反映してか，育児での自分の努力をほめて欲しいという気持ちが強く，自分の育児を他の人がどのように見ているのかが気になり，自分の子どもとよその子とを比較して見ることが多いという傾向が顕著に表われている．

　また，イメージと現実とのギャップが大きい母親は子どもを叱るとき，「たたく，つねる，ける」という体罰を多用していること，しかも頭や顔をたたくことが判明している．そして，子どもと一緒にいるときは楽しいと思えず，「子どもと離れたい」という気持ちを強く抱いている．

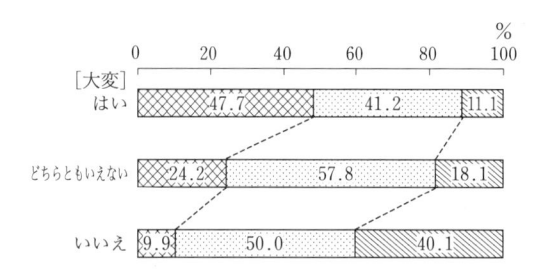

図II-5-7-5　「子育てを大変と感じますか」と「イメージと現実の育児とのギャップ」とのクロス集計結果（1歳6か月児健診）

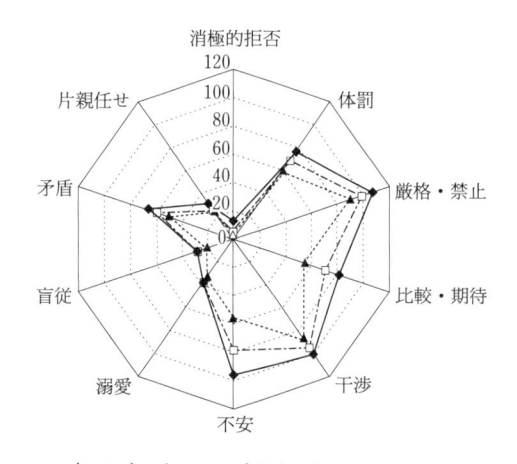

図II-5-7-6　「イメージと現実の育児とのギャップ」と親子関係とのクロス集計結果（3歳児健診）

　これらの結果は，「イメージと現実の育児とのギャップ」が「大いにあった」という母親が子育ての不安やイライラのなかで，子どもに暴力的になっている可能性を示唆している．すなわち，現実の子育てが子どもを産む前の育児のイメージとかけ離れていることが子ども虐待のひとつの原因であることがわかる．

　図II-5-7-6に，3歳児健診での「イメージと現実の育児とのギャップ」と親子関係とのクロス集計結果を示す．図II-5-6-10に示した「育児に自信がもてない，と感じることがありますか」と親子関係とのクロス集計結果ほどではないが，「イメージと現実の育児とのギャップ」が「大いにあった」という親の場合，親子関係の図は外側に寄っており，好ましくないことがわかる．特に，ギャップが「大いにあった」という親の場合，育児不安が強く，よその子と自分の子とを比較して見ること（比較・期待）も多く，体罰も少し多い傾向にあることがわかる．

**子どもとの接触経験や育児経験は，イメージと現実の育児とのギャップを小さくする**

以上述べてきたように，実際に育児をする前にもっていた育児のイメージと現実の育児とのギャップは，育児における母親の感情や育児そのものにきわめて大きな影響を与えることがわかった．このような「イメージと現実の育児とのギャップ」を少なくすることは，子育て状況を改善する上でも，子ども虐待を防ぐためにも，また何よりも親たちがイキイキと子育てができ，子どもたちが健やかに育つためにも非常に大事なことである．どのようにすることが，このギャップを埋めることになるのか．この点について，今回の調査結果自身がひとつの回答を用意している．

図Ⅱ-5-7-7に，3歳児健診での「イメージと現実の育児とのギャップ」と「子どもとの接触経験」（「あなたは自分の子どもが生まれるまでに，他の小さい子どもさんを抱いたり，遊ばせたりした経験はありましたか」）とのクロス集計結果を示している．図から，「イメージと現実の育児とのギャップ」が「大いにあった」という母親は「子どもとの接触経験」が少なく，逆にギャップが「なかった」という母親は「子どもとの接触経験」が多いことがわかる．同様の結果は，3歳児健診だけでなく，すべての健診時点で明らかになっている．

図Ⅱ-5-7-8には，4か月児健診での「イメージと現実の育児とのギャップ」と「育児経験」（「あなたは自分の子どもが生まれるまでに，他の小さい子どもさんに食べさせたり，おむつをかえたりした経験はありましたか」）とのクロス集計結果を示している．図Ⅱ-5-7-8に示すように，「イメージと現実の育児とのギャップ」が「大いにあった」という母親は「育児経験」が少なく，逆にギャップが「なかった」という母親は「育児経験」が多いことがわかる．同様の結果は，すべての健診時点でのクロス集計結果から得られている．

本節のタイトルには，「まったく子どもを知らないまま親になる日本の母親たち」という副題をつけた．そして，本節2項で自分の子どもを育てる前の「子どもとの接触経験」や「育児経験」がますます少なくなっているという調査結果を，図Ⅱ-5-2-1，2に示した．今回の調査で，「子どもとの接触経験」や「育児経験」が「よくあった」と答える親についても，その体験はずいぶんと内容の薄いものであり，他の質問項目とはそれほど顕著な相関は出ないであろうと私は予測していた．しかし，図Ⅱ-5-7-7，8や図Ⅱ-5-6-5に示したクロス集計結果はきわめて明確なものであり，私自身驚いている．

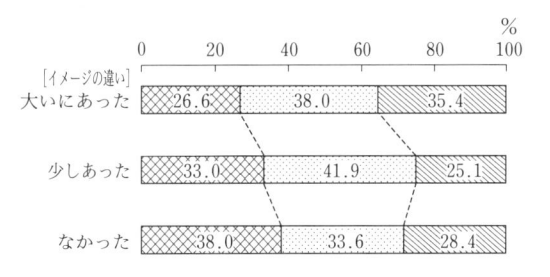

[イメージの違い]
大いにあった 26.6 / 38.0 / 35.4
少しあった 33.0 / 41.9 / 25.1
なかった 38.0 / 33.6 / 28.4

[接触経験] ◨よくあった ▨ときどきあった ▨なかった

図Ⅱ-5-7-7 「イメージと現実の育児とのギャップ」と「子どもとの接触経験」とのクロス集計結果（3歳児健診）

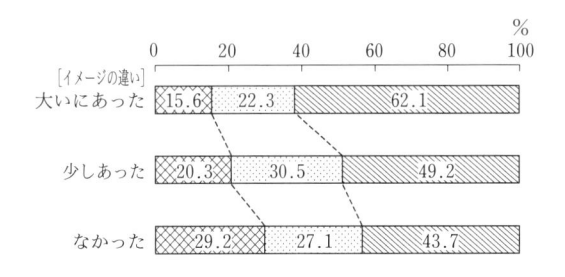

[イメージの違い]
大いにあった 15.6 / 22.3 / 62.1
少しあった 20.3 / 30.5 / 49.2
なかった 29.2 / 27.1 / 43.7

[育児経験] ◨よくあった ▨ときどきあった ▨なかった

図Ⅱ-5-7-8 「イメージと現実の育児とのギャップ」と「育児経験」とのクロス集計結果（4か月児健診）

図II-5-7-7，8の結果は，「イメージと現実の育児とのギャップ」を少なくする上で，自分の子どもを育てるまでの「子どもとの接触経験」や「育児経験」が大きな効果があることを示すものである．このことは，今後の子育て支援，次世代育成支援あるいは子ども虐待予防のひとつの方向性を明示するものである．自分の子どもを育てるまでに「子どもとの接触経験」や「育児経験」ができるように，大人社会はどのような環境を次世代の親たちに用意するのか．それが今問われているのである．

### 親になるための準備として，体験型学習が求められている

もう20年近く前になるが，ハワイでスクールソーシャルワーカーとして長らく仕事をしていた方から聞いた話である．ハワイの高等学校では生徒の妊娠・出産が多いため，保育室を設置していない高等学校には州の補助金がつかないそうである．そして，妊娠したカップルは育児教室に通う義務があり，それは高等学校の単位として認められているという．いまだに妊娠をすると，退学になったり，人工中絶したりしている日本とは大きな違いである．私が感心したのは，それだけではなく，育児教室の内容についてである．妊娠した生徒は，3～4 kgの荷物を一日中抱いていなければならないという．トイレに行くときも友だちに預けて行かないといけない．育児教室といっても日本のように知識を一方的に教えるのではなく，このような体験型学習だという．赤ちゃんが生まれるとこうなるのだ，ということを実際に体験させているのである．また，「赤ちゃんはかわいい」という教育ではなく，生まれたての赤ちゃんは羊水で髪が頭にへばりつき，血もついていて，3，4か月の赤ちゃんのように"かわいい"ことはないということを写真やビデオなどで学習するという．このような体験型の学習がなされていれば，イメージと現実の育児とに大きなギャップを感じることは少なくなるのではないだろうか．今妊娠中の母親に対する教育として求められているのは，知識中心の妊婦教室ではなく，このような体験型の学習である．日本でも赤ちゃんを風呂に入れるというようなことは体験学習がされている．それも必要であるが，もっと精神面での準備に役立つ体験型学習が求められているのである．

## II-5-8　今緊急に求められる，「親育て」プログラムの実践

この節では，今回の調査「兵庫レポート」の調査対象となった母親（団塊ジュニアが大半）について，育った時代背景や自分の子どもを産む前の小さな子どもとの接触経験や育児経験，子どもの要求の理解度，子どもとのかかわり方での迷いや育児に自信がもてないこと，イメージと現実の育児との大きなギャップなどについて考えてきた．ここに示した調査結果は，親になるための準備がまったくなされないままに親になってしまった現代日本の母親たちの不幸な現実を如実にあらわしている．このような実態を踏まえたとき「今，何をすることが求められているのか」について，この節の最後にあたり考える．

親と専門職でつくる子育て支援の『NPO法人こころの子育てインターねっと関西』（http://www9.big.or.jp/~kokoro-i/）は，活動をはじめて10年が過ぎた．子育て支援をめぐる状況はこの10年間で目まぐるしく変化した．『NPO法人こころの子育てインターねっと関西』では，日

本の子育て支援，次世代育成支援の質を一段とグレードアップするために，2003年（平成15年）の4月に，カナダの親支援プログラム "Nobody's Perfect" を日本で展開するためのプロジェクトを立ち上げて，取り組みをはじめている．ここで述べたいことの結論を先に述べると，欧米先進諸国では，すでに20年ほど前から広汎に実施されている「親育てプログラム」を，日本でも開発し，実践することが求められているのではないか，ということである．

　子どもを産んで親になったからと言って，親の役割がすぐに果たせる訳ではない．今回の調査結果は，親を親として育てるための支援の必要性を強く示唆するものである．

### 乳幼児期の親子関係クリニック??

　2001年の夏前に，東京のあるテレビ局のディレクターの方から，「"こんな乳幼児期の子育てが，少年犯罪を犯す子どもを育てる"というようなデータはありませんか」という問い合わせの電話があった．あまりにも短絡的な発想に，私はびっくりしてしまった．もし，そのようなデータがテレビで放映されたりすると，ただでさえ育児不安の高い現代の親たちをさらに追いつめるのではないか，と心配になったものである．

　そのディレクター氏は，「東京では乳幼児期の親子関係のクリニックが今注目されています．先生はされていませんか？」という．そのときは，「乳幼児期の親子関係のクリニック」と言っても，何をどうするんだろう？　子育てなんて，日常の営みなんだから，「専門職がクリニックとして」と言われても切りがないのになぁ，というのが私の印象であった．そのため，そのディレクター氏の依頼は素っ気なく断わった．一年後にそのディレクター氏とたまたま出会ったが，意外なことに，すごくまじめそうな若い，たぶん結婚前の女性であった．もしかしたら，真剣に「乳幼児期の親子関係のクリニック」が欲しいと思っておられたのではないだろうか．彼女が言っていたところかどうか知らないが，偶然そのような取り組みを20数年来続けているという，小平記念会・日立家庭教育研究所のみなさんと一緒に2001年の夏に講座をもつ機会があった．

### 能面のような赤ちゃんの登場

　小平記念会は，企業の社会還元事業の一環として，1978年に設立された家庭支援施設で，親子教室（0～3歳）をもう20数年続けているとのこと．親子教室というと，早期知育教育などをすぐ連想しそうだが，小平記念会の2つの教室は，臨床心理士と保育士が中心になって運営している「親子関係づくり」のクリニックのようなイメージである．20数年の実践に裏付けられた考え方は，『21世紀の親子支援―保育者へのメッセージ―』[3] に紹介されている．この本を読み，また講座で話を聞かせていただき，ずいぶん勉強になった．中でも，「預かり型支援」から「親子関係づくり型支援」へ，という提案は，現代の子育て現場に密着した実践からの提案であり，そういうところまで来てしまっているのだ，と改めて現代日本の子育て現場の深刻さを実感した．

　なぜ「親子関係づくり型支援」なのか，というと，ここ5，6年，親に抱かれたことがないために抱くとそっくり返る赤ちゃんや能面のような表情のない赤ちゃん，眉間にシワを寄せた赤ちゃんが加速度的に増えてきたとのこと．まだ話ができない赤ちゃんにどうかかわっていいのか

わからない，という母親の訴えを私もボランティア活動の中でよく聞くようになっていた．

### 極めて具体的な親へのメッセージ——米国の親育てプログラム「ECFE」

私は 2002 年の夏，米国ミネソタ州ミネアポリスに長期滞在して，米国の子育て支援や学校，精神障害者対策などについて，実際にかかわっている人たちの話を聞いたり，行政の担当者にインタビューをしたりして来た．子育て支援関係では『Washburn Child Guidance Center』という NPO 団体を訪問し，話を聞いた．また，州政府の「子育て支援課」の中にある ECFE（Early Childhood Family Education）の職員で，実際に地域で実践している人にも話を聞いた．

今回の訪米で最も印象に残ったものは，小平記念会が実践しているような「親子関係づくり型支援」のプログラムが，0〜3 歳の子どもの親子を対象に地域でたくさんされていることである．ECFE が行政の中心であるが，プログラム自体は小学校などを使い地域でたくさんおこなわれているとのこと．そして，何よりも，その基本理念が「子育ては，いつも楽しい訳ではない」「四六時中子どもといると，イライラするのは当たり前だ」「時には，夫婦二人だけの時間をつくらないといけない」「誰も完璧な親はいない」というものであり，感心した．それでも，子育ては価値ある経験であり，苦労するだけの値打ちがあることを伝え，親が"親としての自信"がもてるように教えようとしている．それも極めて具体的に，赤ちゃんの抱き方から声のかけ方，水遊びのさせ方，物の置き方・遊ばせ方，などなどイラスト入りのテキストなども用意されている．その一コマを図 II-5-8-1 に紹介する．小さな短冊形のものであるが，これを「いつも目に留まるところ，例えば冷蔵庫のフタなどに貼っておいてください」というコメントも書かれている．

ところで，ミネソタ州の ECFE は，10 年近くの実践研究の結果を受けて，1984 年に州議会で決められ，実践されているものだという．その実践研究の結果では，"乳幼児期に 1 ドルを惜しんだら，後で 7 ドルのつけが回ってくる"という結論だったという．詳しくはホームページ http://cfl.state.mn.us/ecfe を参照されたい．

図 II-5-8-1　米国ミネソタ州，ECFE の啓発短冊の一例

親支援プログラムを広め，子育て支援の質をぐっとグレードアップしたい！

そんなことに感心して帰国したところ，『完璧な親なんていない！―カナダ生まれの子育てテキスト―』（三沢直子監修，ひとなる書房）[4,5]という本が届いていた．まさに，ミネソタで見聞きしてきたものと共通の理念で書かれたものであった．そこで，さっそく明治大学の三沢直子教授と連絡をとり，いろいろと相談し，連携して「Nobody's Perfect」（以下，NPと略称する）を日本で一緒に展開していくことになった．そして前述のように，ボランティア団体『こころの子育てインターねっと関西』の中にプロジェクト・チーム（NPプロジェクト）を2003年（平成15年）4月に立ち上げ，取り組みを進めてきた．2003年9月にはカナダより，カナダ保健省公認のマスター・トレーナー，バーバラ・オローク氏を招き，NPファシリテーター養成講座を開催し，NPプロジェクトのメンバーを中心に13名のカナダ保健省公認のファシリテーターが『こころの子育てインターねっと関西』の中に誕生した．そして，具体的にNPを関西各地で実践しはじめた．2004年9月には，再びバーバラ・オローク氏を招き，NPファシリテーターを養成できる資格であるNPトレーナー養成講座を開催し，NPプロジェクトの中に10名のNPトレーナーが誕生した．その結果，『こころの子育てインターねっと関西』としてNPファシリテーターを養成できるようになり，2004年12月より関西を中心に60名の第1期生を養成し，2005年度には71名の第2期生を養成した．2006年3月現在，関西で約80のNPプログラムを実践し，約900名の母親たちがNPプログラムを終了した．NPの実施状況については，『こころの子育てインターねっと関西』のホームページ（http://www9.big.or.jp/~kokoro-i/）にアップしているので参照されたい．『こころの子育てインターねっと関西』として，NPをはじめてまだ日が浅いが，参加者の母親たちの変化やプログラム終了後のアフター・グループの活動などに確かな手応えを感じている．

なお，親支援プログラム "Nobody's Perfect"，そのものの説明は第IV章で述べることにする．

### 参考文献

1) 三浦展著：『下流社会―新たな階層集団の出現―』，光文社，2005年．
2) 三浦展著：『新人類，親になる！』，小学館，1997年．
3) 中野由美子，土谷みち子編著：『21世紀の親子支援―保育者へのメッセージ―』，ブレーン出版，1999年．
4) ジャニス・ウッド・キャタノ著，三沢直子監修，幾島幸子翻訳：『完璧な親なんていない！―カナダ生れの子育てテキスト―』，ひとなる書房，2002年．
5) ジャニス・ウッド・キャタノ著，三沢直子監修，幾島幸子他翻訳：『親教育プログラムのすすめ方―ファシリテーターの仕事―』ひとなる書房，2002年．

# II−6
# 父親について

　かつては地域のつながりが緊密であり，日常出会う人はみな顔なじみであった．そして，子どもは地域の人全体で育てていたのである．かつて地域のつながりがそれほど緊密にできていたのには理由がある．地域のみんなが協力しなければ生きていくことさえできなかったのである．しかし，現代では地域から離れた，会社等に勤務する人が多くなった．生きるためには地域でお互いに協力し合う必要はもはやなくなった．特に元気な間は，そうである．そのような状況の中で，子育て家庭は孤立し，母親のみが育児の負担を一身に背負うという状況が生まれている．現在，母親のみで子育てをすることは当たり前のように考えられているが，決してそうではない．母親のみの子育ては40年くらい前から一般化した子育て風景であり，きわめて無理のある状況である．そのような中で，父親が母親とともに育児をすることが，かつてなく期待されている．また，実際問題として必要になってきている．現実の父親はどうであろうか．本節では父親に関する調査結果を検討する．

　日本社会ではこの20数年間に親子関係や夫婦の役割，男女の地位，結婚観・離婚観などに関する価値観が大きく変動した．本調査結果はそれらの変化が子育て現場をも大きく変化させているという現実を実感させるものであった．ここで取り上げる「父親」についての調査結果においても，私がまったく予想できていなかった結果がいくつか存在する．

　図II-3-2-1に「兵庫レポート」の調査対象となった家庭の家族構成を示した．「夫婦と子どもだけの家庭」が79〜85％，「その他」の家族は，3〜5％であり，その約半数は，母子家庭と明記されていた．また，後述する表II-6-1-1に，主な養育者の内訳を示したが，その2〜3％は父親であった．本節では父親に関する調査結果を検討するが，父親が不在の家庭が3〜5％存在すること，また，主な養育者が父親という家庭が2〜3％存在することを念頭に置いて調査データを見る必要がある．

　なお，4か月児健診での父親の年齢は，30〜34歳が最も多く37.0％であり，以下多い順に25〜29歳：30.1％，35〜39歳：17.6％，20〜24歳：6.8％，40歳以上：6.3％，20歳未満：0.2％，不明：2.1％であった．

## II-6-1 父親の育児参加

**育児に協力的な父親が大幅に増加している**

図II-6-1-1に「お父さんは育児に協力的ですか」という質問の結果を示す．子どもの月齢とともに「協力的」な父親は減少する傾向にあるが，4か月児健診時点では78.3%，3歳児健診時点でも66.7%の母親が「父親は協力的である」と答えている．一方，「大阪レポート」では「お父さんは育児に協力的ですか」という質問はないので，直接比較はできないが，以下のような考え方で比較ができることがわかる．

すなわち，「大阪レポート」では「お父さんは育児に協力的ですか」という質問はないが，「お父さん（夫）は育児をよく手伝ってくれますか」という質問がある．その結果を図II-6-1-2に示す．この質問に「よく手伝ってくれる」という回答は33〜40%である．「まあまあ手伝ってくれる」が50〜60%である．一方，本章第3節6項の図II-3-6-3に「育児の手伝いの内訳」を示している．この質問は「大阪レポート」と今回の調査とで同じ質問である．図II-3-6-3(a)の「大阪レポート」の結果では「育児の手伝いの内訳」として「夫」をあげた率は28.4〜37.4%であり，図II-6-1-2の「お父さん（夫）は育児をよく手伝ってくれますか」という質問に「よく手伝ってくれる」と答えた率とほぼ同じである．一方，今回の調査でも，図II-6-1-1の「お父さんは育児に協力的ですか」という質問に「はい」と答える率は，図II-3-6-3(b)に示した「育児の手伝いの内訳」で，「夫」を挙げた率，66〜74%，とほとんど一致する結果である．このことから，図II-6-1-1の「お父さんは育児に協力的ですか」という質問と，図II-6-1-2に示した「大阪レポート」の「お父さん（夫）は育児をよく手伝ってくれますか」という質問は，ほとんど同じ結果をもたらしていると考えられる．

そのように考えて，図II-6-1-1と図II-6-1-2を比較すると，育児に協力的な父親は「大阪レポート」の33〜40%から，67〜78%へと約2倍に大きく増加していると言うことができる．この結果は他の質問結果とも整合性が取れる結果である．すなわち，20数年前には3〜4人に1人

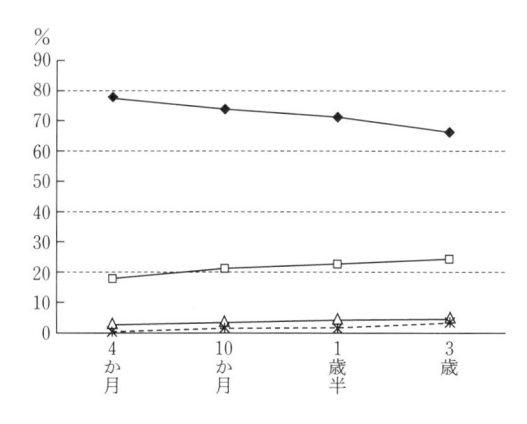

図II-6-1-1　お父さんは育児に協力的ですか

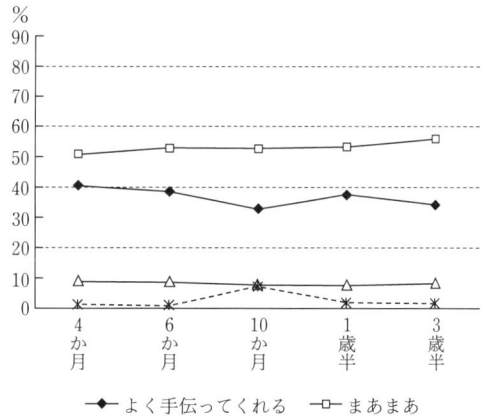

図II-6-1-2　お父さんは育児をよく手伝ってくれますか（「大阪レポート」）

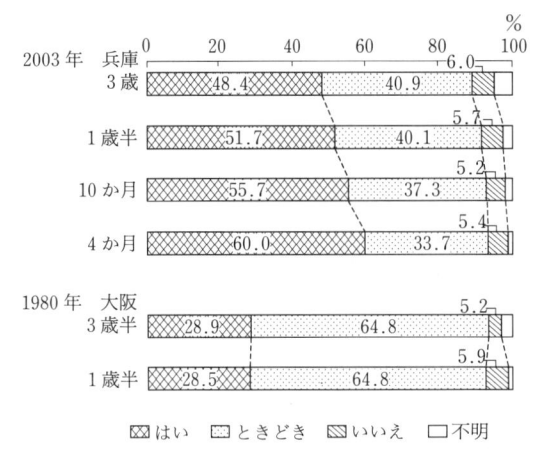

の父親が「育児に協力的」であり、「よく手伝ってくれる」と母親が考えていた。ところが今回の調査では4人に3人から3人に2人の父親が「育児に協力的」であり、「よく手伝ってくれる」と母親に評価されているのである。これは大きな変化である。このような大きな変化が生じているとは当初、予測できなかったことである。

図Ⅱ-6-1-3には、「育児の事について夫婦でよく話し合いますか」という質問の結果を「大阪レポート」の結果と比較して示している。今回の調査での「はい」の回答率は、4か月児健診で60.0%、10か月児健診で55.7%、1歳6か月児健診で51.7%、3歳児健診では48.4%である。一方、「大阪レポート」での「はい」の回答率は、1歳6か月児健診で28.5%、3歳児健診では28.9%であり、今回の調査の方が1歳6か月児健診では約23ポイント、3歳児健診では約20ポイントと大幅に増加している。

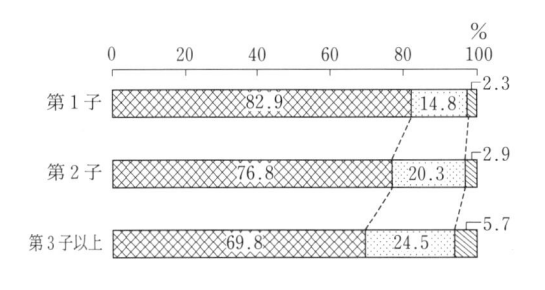

「大阪レポート」では、父親は、第1子ではよく手伝うが第2子以上では手伝わなくなる傾向がはっきりと出ていた。今回の調査でも、図Ⅱ-6-1-4に示すように、4か月児健診では、その傾向がはっきりと出ているが、10か月児健診以降では、有意差がなくなっている。すなわち、10か月児健診以降は、父親の協力の度合いは第1子でも第2子でも第3子以上でも変わりないという結果である。

以上の結果より、20数年前と比較すると、今回の調査結果の方が父親は「育児に協力的」であり、よく育児を手伝っていることがわかる。また、20数年前と比較して育児について夫婦でよく話し合っていると感じている母親が大幅に増加していることもわかった。このように、男性が育児に協力的な方向に変化してきていることは頼もしいことである。

### 子どものことは母親任せになっている父親の率は、変わっていない

「お子さんの事に関しては、一方の親だけが責任をとり他方はまかせっきりですか」(以下、「一方の親任せ」と略称する)という質問の結果は巻末資料の表D-16に示している。この質問に「いいえ」と回答する割合は、4か月児健診：78.8%、10か月児健診：76.5%、1歳6か月児健診：76.1%、3歳児健診：73.4%であった。この結果は「大阪レポート」の結果とほとんど同じである。「子どもの事に関しては、一方の親だけが責任をとり、他方はまかせっきり」というこ

とは、「父親が責任を持ち、母親は父親に任せっきり」ということは日本の現状では考えにくく、現実は母親が育児の全責任を負わされているということであろう。この調査結果は、そのような母親が4人に1人くらいはいる、ということをあらわしている。母親が子育ての責任を一身に背負う、という現在の日本の社会風潮を変えるという課題は子育て支援、次世代育成支援、子ども虐待予防にとって非常に重要な点である。

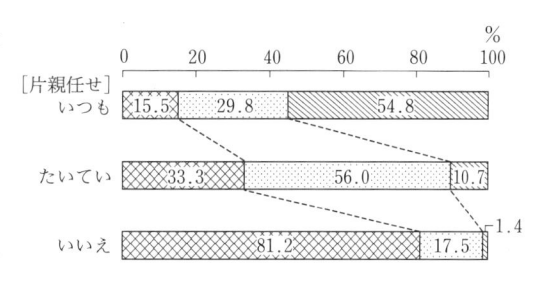

図Ⅱ-6-1-5 「お子さんの事に関しては、一方の親だけが責任をとり他方はまかせっきりですか」と「お父さんは育児に協力的ですか」とのクロス集計結果（3歳児健診）

「子どもの事に関しては、一方の親だけが責任をとり、他方はまかせっきり」にはなっていないと母親が感じるのは、具体的にはどのような父親であろうか。図Ⅱ-6-1-5に「一方の親任せ」と「お父さんは育児に協力的ですか」とのクロス集計結果を示す。図Ⅱ-6-1-5は極めて高い相関関係があることを示している。すなわち、子どものことは母親任せになっている父親は育児に協力的ではない。同様の結果は、「お父さんはお子さんと一緒に遊びますか」や「お父さんと一緒にいるときのお子さんの様子はどうですか」「育児の事について夫婦でよく話し合いますか」でも言える。すなわち、子どものことは母親任せになっている父親は、育児に協力的でなく、夫婦で話し合うことも少なく、子どもと一緒に遊ばないし、子どもは父親に寄りつかない、という傾向であることが判明している。

なお、ここで扱った「一方の親任せ」という質問は、親子関係の質問のひとつであるため、本章第8節も参照されたい。

### 育児をする上で父親は母親の頼りになれているか

育児をする上で心配なとき、父親が母親の相談相手になったり、頼れる相手になれていれば、母親の育児に対する不安が軽減したり、母親が育児を肯定的にとらえ、取り組むための支えとなるであろうことは容易に想像しうる。

「育児で心配なとき、誰に相談しましたか」という質問の結果については、本章第7節5項で検討するが、そこに示した図Ⅱ-7-5-1からわかるように、この質問で「夫」をあげる率は「大阪レポート」の結果より少し減少している。すなわち、「大阪レポート」の場合は、4か月児健診時点では57.0%であったものが、10か月児健診：67.7%、1歳6か月児健診：68.5%、3歳6か月児健診：73.1%、というように子どもの月齢とともに増加していた。一方、今回の調査では、子どもの月齢とともに増えてはいるが、4か月児健診時点では53.7%、10か月児健診：57.4%、1歳6か月児健診：60.6%、3歳児健診時点が61.8%であり、それ程大きく増加はしていない。そして、心配なときの相談相手としてあげられる率はむしろ減少している。

「育児について心配なとき、一番たよりにする人はだれですか」という質問で、「夫」があげられている率は、「大阪レポート」のときよりも、むしろ減少している。すなわち、「大阪レポート」では、子どもの月齢とともに「夫」の率は増加し、4か月児健診時点の59.2%から、6か

月児健診：61.7％，10か月児健診：69.2％，1歳6か月児健診：70.7％，3歳6か月児健診：75.4％となっていた．一方，今回の調査では，「一番たよりにする人」としては，4か月健診：54.6％，10か月児健診：65.7％，1歳6か月児健診：57.6％，3歳児健診：57.8％となっており，子どもの成長とともに増加した20数年前とは異なり，ほとんど変化が認められない．結果として，今回の調査結果では「大阪レポート」の結果よりも，1歳6か月児健診で13.1ポイント減少し，3歳児健診では17.6ポイント減少している．

このように，夫は育児に協力的になっているにもかかわらず，心配なときの相談相手として，また最も頼りにする相手としては「大阪レポート」の結果よりもむしろ減少しているのである．この「兵庫レポート」の調査結果をどのように考えるべきであろうか．それは，本章第3節6項や以下の第7節5項であきらかになったように，母親と実家とのつながりがきわめて強くなり，しかも，育児の手助けや相談相手も増えていることに原因があるのであろう．そのあたりの事情により，育児について心配なときの相談相手として，また，最も頼りにする人として，「夫」の位置が相対的に低下しているのであろう．このこと自体は，悪いというものではない．肉親に限定されているとは言え，母親へのサポートが増えているという点では喜ばしいことである．

### 母親の就労と父親の育児での協力

母親の就労状況と父親の育児での協力の度合いを調べてみた．母親が働いている場合には，父親は育児に協力的であろうと予測したが，結果は必ずしもそうはなっていなかった．図Ⅱ-6-1-6に，3歳児健診での母親の就労状況と「お父さんは育児に協力的ですか」という質問とのクロス集計結果を示す．内職と自営の人数が少ないので，その2つを外して$\chi^2$検定を行うと，有意差水準5％で有意差があらわれたが，内職と自営も含めると「お父さんは育児に協力的ですか」という質問と母親の就労状況とのクロス集計結果は，有意な相関はなかった．

有意差水準5％であるが，「お父さんは育児に協力的ですか」という質問に「いいえ」と回答する率は，専業主婦が3.1％と

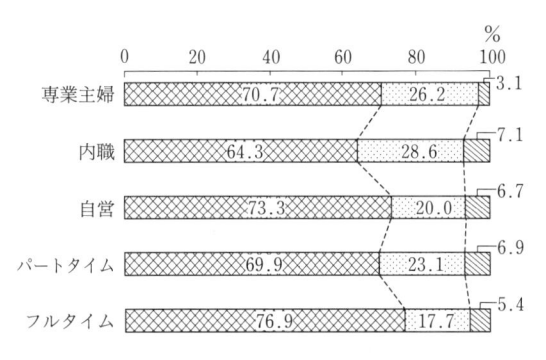

図Ⅱ-6-1-6 母親の就労状況と「お父さんは育児に協力的ですか」とのクロス集計結果（3歳児健診）

表Ⅱ-6-1-1 主な養育者の内訳

|  | 4か月児健診 | | 10か月児健診 | | 1歳6か月児健診 | | 3歳児健診 | |
|---|---|---|---|---|---|---|---|---|
|  | 人数 | ％ | 人数 | ％ | 人数 | ％ | 人数 | ％ |
| 母親 | 1,580 | 94.7 | 1,594 | 97.1 | 2,113 | 93.8 | 2,196 | 92.9 |
| 父親 | 41 | 2.5 | 22 | 1.3 | 53 | 2.4 | 68 | 2.9 |
| その他 | 3 | 0.2 | 7 | 0.4 | 25 | 1.1 | 27 | 1.1 |
| 不明 | 45 | 2.7 | 18 | 1.1 | 61 | 2.7 | 73 | 3.1 |
| 合計 | 1,669 | 100.0 | 1,641 | 100.0 | 2,252 | 100.0 | 2,364 | 100.0 |

最も少なかった．一方,「お父さんは育児に協力的ですか」という質問に「はい」と答える率は, フルタイムで働いている母親が76.9％と最も多かったが, フルタイムで働く母親の場合「いいえ」も5.4％と専業主婦の場合の3.1％より多かった．全体的に見て, 母親の就労と夫の育児への協力の度合いには明確な差異はないようである．

表II-6-1-1に, 主な養育者の内訳を示す．表からわかるように,「父親」が主な養育者である場合が, 4か月児健診：2.5％, 10か月児健診：1.3％, 1歳6か月児健診：2.4％, 3歳児健診：2.9％であり, それなりの率になっている．「その他」は少なく, 母親の実家とのつながりが深くなったとは言え, 主な養育者として祖父母が登場することはほとんどないことがわかる．

## II-6-2　父親の子育て参加が母親に及ぼす影響

「大阪レポート」では, 育児に対する父親の姿勢が母親に及ぼす影響が大きいことを指摘した．今回の調査ではどのような結果になっているか, 検討する．ここでは主に「お父さんは育児に協力的ですか」および「お子さんの事に関しては, 一方の親だけが責任をとり他方はまかせっきりですか」と他項目とのクロス集計結果を取り扱う．これらの2つの質問と他項目とのクロス集計結果は相互によく似た結果が得られている．また,「お父さんはお子さんと一緒に遊びますか」および「育児の事について夫婦でよく話し合いますか」という質問項目と他項目とのクロス集計結果でも同様の結果が得られている．

**夫が育児に協力的でない母親は地域で孤立しているが, 子育てサークルには参加している**

図II-6-2-1に,「お父さんは育児に協力的ですか」と「近所でふだん世間話をしたり, お子さんの話をしたりする人はいますか」とのクロス集計結果を示す．また, 図II-6-2-2には,「お子さんの事に関しては, 一方の親だけが責任をとり他方はまかせっきりですか」と「近所でふだん世間話をしたり, お子さんの話をしたりする人はいますか」とのクロス集計結果を示す．これら

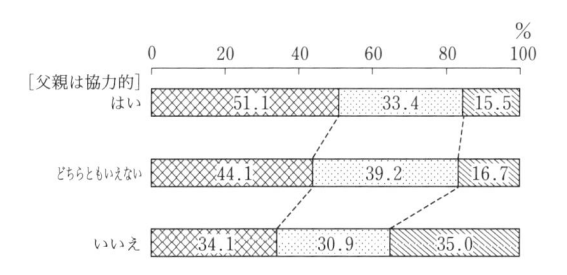

図II-6-2-1　「お父さんは育児に協力的ですか」と「近所でふだん世間話をしたり, お子さんの話をしたりする人はいますか」とのクロス集計結果（3歳児健診）

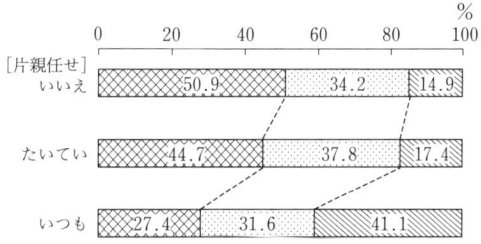

図II-6-2-2　「お子さんの事に関しては, 一方の親だけが責任をとり他方はまかせっきりですか」と「近所でふだん世間話をしたり, お子さんの話をしたりする人はいますか」とのクロス集計結果（3歳児健診）

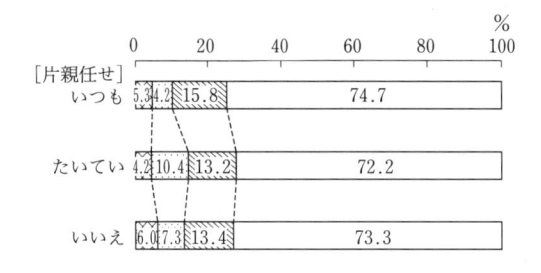

2つの図からわかるように,「父親が育児に協力的でない」場合や「一方の親だけが責任をとり, 他方はまかせっきり」になっている場合には,「近所の話し相手」がいない傾向が極めてはっきりと出ている. 同様に, そのような母親には「子育て仲間」がいない傾向が強い. そして, 子どもにも「一緒に遊ぶ同年代の子ども」がいない傾向が強い.

ところが, 図II-6-2-3に「お子さんの事に関しては, 一方の親だけが責任をとり他方はまかせっきりですか」と「育児サークルに参加したことがありますか」および「育児サークルへの参加期間は？」という質問とのクロス集計結果を示すが, 子育てサークルへの参加状況とのクロス集計結果をみると, 差がないのである. すなわち, 一身に子育ての責任を負っているいろんな意味でしんどい思いをしている母親（当然母子家庭の母親も含まれているが）も, そうでない母親と同じ率で子育てサークルには参加しているのである. 子育てサークルについては, 本章第3節9項で取り扱ったが, そこでは「話好きでない」という母親が「話好き」な母親同様に子育てサークルに参加していることを述べた. これらの結果から子育てサークルには, 普通の, というか, 平均的な分布の母親たちが参加していることがわかる. このようなことが判明すると, 子育てサークルが子育て支援, 次世代育成支援, 子ども虐待予防という点で非常に重要な支援対象であることがわかる.

図II-6-2-3 「お子さんの事に関しては, 一方の親だけが責任をとり他方はまかせっきりですか」と「育児サークルに参加したことがありますか」とのクロス集計結果（3歳児健診）

### 父親が協力的な場合, 母親の精神的ストレスは少ない

クロス集計結果から, 父親が育児に協力的でなかったり, 母親が一身に子育ての責任を負っている場合, そのような母親は「子どもの要求の理解」がしにくく, 子育てに自信がなく, 子どもとのかかわり方に迷う親が多いことがわかった. また, そのような母親は心配や不安が高く, またその心配が解決されず放置されている, 育児でのイライラ感が強い, などという傾向が強いことがわかった. このような傾向は, 子どもの月齢が高いほど強くなり, 3歳児健診で最も相関が高く出ることが判明している.

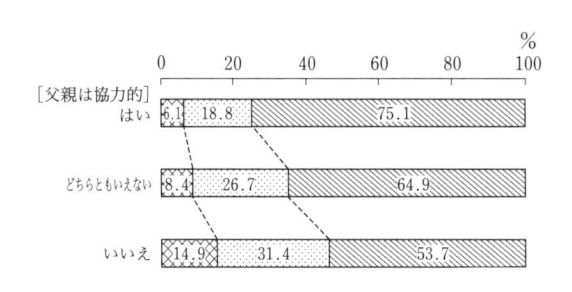

親子関係とのクロス集計結果では, 図II-6-2-4に示すように, 夫が育児に協力的でない母親の場合,「子どもだけを生きがいにしている」という親がはっきりと多いことがわかる. 母親が子どもだけを生きがいにしているという親子関係は, 子どもにとっても母親

図II-6-2-4 「お父さんは育児に協力的ですか」と「子どもだけが生きがいだと思っていますか」とのクロス集計結果（3歳児健診）

にとっても良くない関係である．

　夫が育児に協力的でない母親の場合，この子を産んでよかった，という思いは少なく，「子どもと離れたい」という欲求もかなり強く，子どもと一緒にいると楽しいとか，子どもがかわいいという感情もはっきりと薄いことがわかっている．そして，矛盾した子どもへのかかわりや子どものしていることを黙ってみておれず干渉する傾向も強かった．しかし，体罰を多用するという傾向は明確には認められなかった．

　育児に協力的でない父親は，母親に対する暴力があるケースが多いことがわかっている．

　以上見てきたように，父親が育児に協力的で，しかも育児の責任を母親のみに背負わせない，という姿勢をもつことは，母親の育児における精神的ストレスを軽減し，育児そのものも良い状況になることが判明した．これらの結果は，父親の育児参加を進める施策が，次世代育成支援や子ども虐待予防において，きわめて大きな意義があることを示すものである．

## II-6-3　父親と子ども

　子どもの人格形成において，母親とは異なる父親の存在は極めて大きな意味を持つものである．特に子どもが思春期に達したとき，父親の出番は多い．しかし，乳幼児期から子どもとの接触がない父親の場合，子どもが思春期になり，母親の手には負えなくなったとき，「さぁ，お父さん！　出番ですよ」と言われても，期待されるような役割を果たすことは不可能である．思春期に父親が父親としての役割を果たすためには，まずその前提として子どもと父親が乳幼児期から日常的に接触し，父親の存在を「好ましいもの」と子どもが認識している必要がある．そのような視点を持ちながら，父親と子どもとの関係に関する調査結果を以下で検討する．

### 現代の父親は子どもとよく遊んでいる

　図II-6-3-1には「お父さんはお子さんと一緒に遊びますか」という質問の結果を示している．この図から，「お父さんはお子さんと一緒に遊びますか」という質問の結果は，子どもの月齢での変化はほとんどないことがわかる．そして，「はい」と答える母親が80～85％と多く，「どちらともいえない」は12～15％，「いいえ」は2～3％にすぎないという結果である．

　一方，図II-6-3-2には「大阪レポート」での「お父さんは子供とよく遊びますか」という質問の結果を示している．「よく遊ぶ」は4か月児健診では61.7％であるが，子どもの月齢とともに大きく減少し，3歳6か月児健診では44.0％になっている．そして，「あまり遊ばない」は3～7％である．図II-6-3-1と図II-6-3-2は，質問内容が少し異なるため，単純には比較できない面があるが，今回の調査の方が父親は子どもとよく遊んでいることは明らかである．

### よく育児に参加している父親には，子どもは喜んで近寄っていく

　図II-6-3-3には「お父さんと一緒にいるときのお子さんの様子はどうですか」という質問の結果を「大阪レポート」での結果と比較して示している．全体的には「大阪レポート」よりも今回の調査の方が，父親は育児に協力的であり，子どもともよく遊んでいるという結果ではある

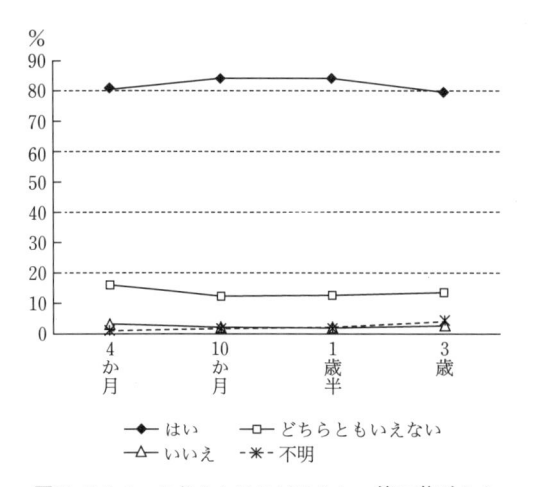

170　第II章　変わる親子，変わる子育て

図II-6-3-1　お父さんはお子さんと一緒に遊びますか（「兵庫レポート」）

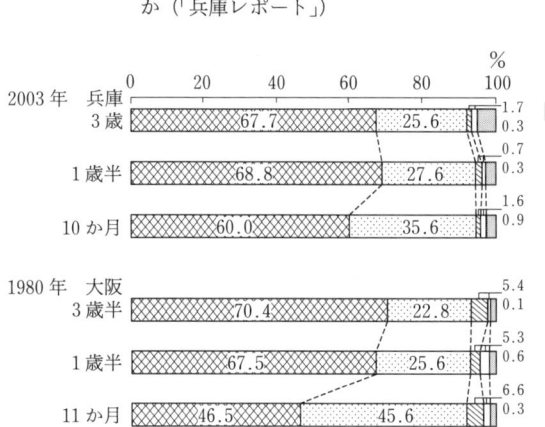

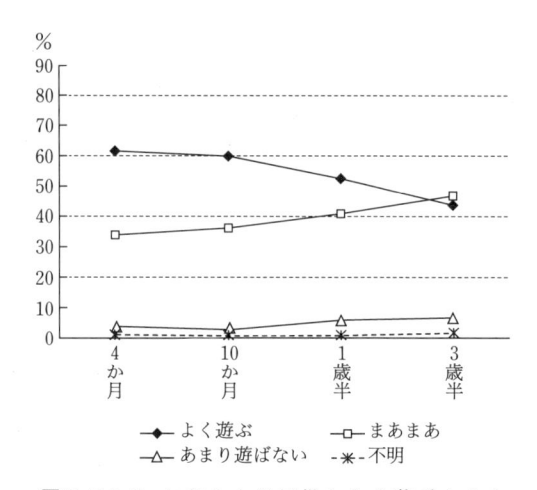

図II-6-3-2　お父さんは子供とよく遊びますか（「大阪レポート」）

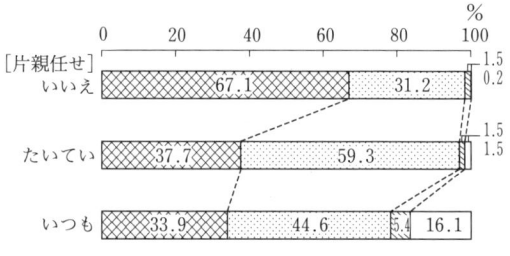

図II-6-3-3　お父さんと一緒にいるときのお子さんの様子はどうですか

図II-6-3-4　「赤ちゃんの事に関しては，一方の親だけが責任をとり他方はまかせっきりですか」と「お父さんと一緒にいるときのお子さんの様子はどうですか」とのクロス集計結果（10か月児健診）

が，図II-6-3-3を見るかぎり，父親と一緒にいる子どもの様子はそれほど変化は認められない．少数であるが，父親と一緒にいると「機嫌が悪くなる」という子どもがいる．気になるところである．なお，「大阪レポート」のデータは100％補正を行っているため，『大阪レポート（名大出版会）』に掲載している表とは値が異なる．

　図II-6-3-4に，10か月児健診での「お子さんの事に関しては，一方の親だけが責任をとり他方はまかせっきりですか」と「お父さんと一緒にいるときのお子さんの様子はどうですか」とのクロス集計結果を示す．図からわかるように，父親がいると赤ちゃんの機嫌が悪くなる場合のほとんどは，育児をいつも母親任せにしている父親の場合であることがわかる．図II-6-3-5に，3歳児健診での「お父さんは育児に協力的ですか」と「お父さんと一緒にいるときのお子さんの様子はどうですか」とのクロス集計結果を示す．父親が育児に協力的な場合とそうでない場合の子どもの様子の差異がきわめて明確にあらわれている．父親がいると子どもが嫌がる場合のほと

んどは，やはり父親が育児に協力的でない場合であることがわかる．このように，乳幼児期から子どもは，父親の姿勢を感じて，喜んで近寄ったり，嫌がったりという形で自分の感情を表現していることがわかる．この項の冒頭に述べたように，思春期で父親が父親としての役割を果たすためには，乳幼児期からの積み重ねが必要であることを，これらのデータは実証するものである．

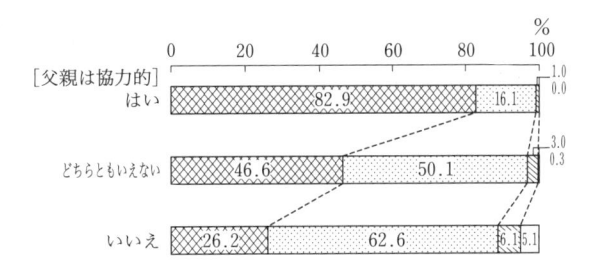

図II-6-3-5 「お父さんは育児に協力的ですか」と「お父さんと一緒にいるときのお子さんの様子はどうですか」とのクロス集計結果（3歳児健診）

### 父親の育児参加は，子どもの発達に良い

父親の育児参加は，子どもの発達にどのような影響を与えているだろうか．「お父さんは育児に協力的ですか」，「お父さんはお子さん（赤ちゃん）と一緒に遊びますか」および「育児の事について夫婦でよく話し合いますか」と子どもの発達とのクロス集計の結果から，父親が育児に協力的な場合，子どもの発達が良いことが判明している．健診ごとの比較では，10か月児健診では相関は認められなかったが，4か月児健診でも3歳児健診でもはっきりとした相関が認められた．なぜか，1歳6か月児健診時点で最も高い相関があった．3つの質問では，「育児の事について夫婦でよく話し合いますか」が最も相関が高かった．次が「お父さんは育児に協力的ですか」であった．例として，図II-6-3-6に，1歳6か月児健診での「育児の事について夫婦でよく話し合いますか」と子どもの精神発達とのクロス集計結果を示す．この図からわかるように，育児のことについてよく話し合っている夫婦の子どもは発達が良いという結果である．

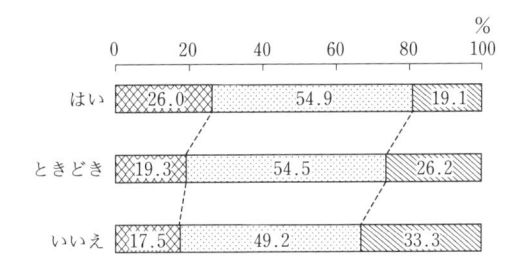

図II-6-3-6 「育児の事について夫婦でよく話し合いますか」と子どもの精神発達とのクロス集計結果（1歳6か月児健診）

以上，父親についてみてきたが，父親の育児参加がいかに重要であるか，を実証する結果であった．

厚生労働省のポスターのキャッチフレーズ「子育てをしない男を父親とは呼ばない」が話題になったが，1995年のエンゼルプラン施行以降，父親の子育てへの参加とその責任が自明のこととして語られるようになっている．そして，その方針はその後の国の児童福祉施策においても引き継がれている．次世代育成支援対策推進法（平成15年7月16日法律第120号）では，事業主の責務として男性も含めた「労働者の職業生活と家庭生活との両立が図られるようにするために必要な雇用環境の整備を行う」ことが明記された．このような国の施策の流れもここ20数年の日

本社会の価値観を象徴するものである．

　しかし，そのように次世代育成支援対策推進法に書かれても，現実社会での育児の価値に対する認識は低く，男性が育児休暇を取るところまでには，まだほど遠いのが現実である．若い父親の意識そのものはかなり変化してきているが，社会全体の意識が変わらなければ，単なる父親いじめに終始しかねない．男性の働き方全般の見直しがぜひ必要である．この課題は個々の企業の努力では不可能であり，法的な規制が必要と考える．

　育児における父親の役割は，母親の育児を手伝うというものもあるが，ただ単に育児を母親と父親で分担するということだけではなく，母親には母親としての役割があり，父親には父親独自の役割があるものである．今後はそのあたりの父親の役割についても明確化していく必要があるであろう．

## II－7
# 育児における母親の心配・不安

　育児における心配や不安は母親の精神的ストレスのひとつの指標である．「大阪レポート」では，当時の育児のひとつの特徴として「育児不安」があげられた．今回の調査「兵庫レポート」では以下に示すとおり，育児不安はさらに強くなっていた．また，育児不安の強い母親は体罰傾向も強いことが明らかになっている．母親の精神的ストレスについては，本章第9節で取り上げる．本節では育児での心配や不安について取り上げることにする．なお，育児での不安があってはいけないか，というと，そうではない．育児においては多少の心配や不安は当然あるものである．問題なのは，過度の不安であり，具体的心配事が解決できないことである．そのような視点に立ち，現代の母親の育児不安について，その特徴を明らかにしたい．

## II-7-1　育児で最も心配だった時期は？
### ——育児不安は内容を変え，消えることなく続く

　図II-7-1-1に「育児の中で一番心配なときは，いつでしたか」という質問の結果を示す．図II-7-1-2には，3歳児健診での今回の調査結果を「大阪レポート」の結果と比較して示している．図II-7-1-2からわかるように，「育児で最も心配な時期」は20数年前の「大阪レポート」の結果とほぼ同じである．すなわち，育児での心配は，一般に予測されるように出産後「退院～1・2か月」でひとつの大きなピークがある．そして，子どもの成長につれて一度は安定してくる（3～10か月）．ところが子どもが1歳前後になると再び心配は増大し，それは消えることなく続くのである．「退院～1・2か月」頃の第1のピークは，図II-7-1-1を見ると一見どの時期よりも高く見える．しかし，それは1歳以降の心配な時期に達していない4か月児健診や10か月児健診での結果であり，3歳児健診の結果を見ると，1歳前後から以降の時期が心配だったという回答が人数的にも半数近くを占める．「大阪レポート」では小学校入学時点でも調査している．その結果を図II-7-1-3に示す．図からわかるように，1歳以降はどの時期も同じくらい心配であったと母親たちは答えていて，0歳時期が心配だったと振り返る母親は18.9%にすぎない．子育てにおける母親の不安や心配事は，その内容を変えながら消えることなく続くのである．

　このように育児での不安や心配な時期に2つのピークがあることは，わかってみれば当たり前

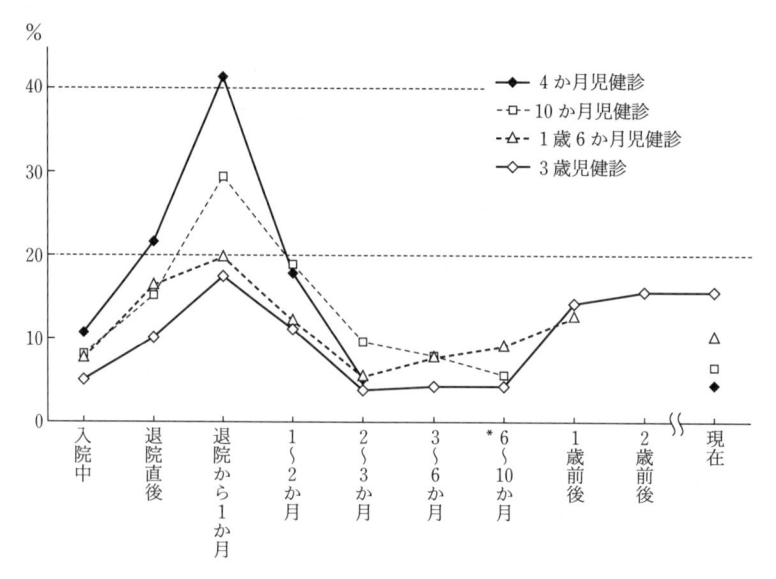

図II-7-1-1 育児の中で一番心配なときは，いつでしたか
＊10か月児健診のみ，6〜9か月

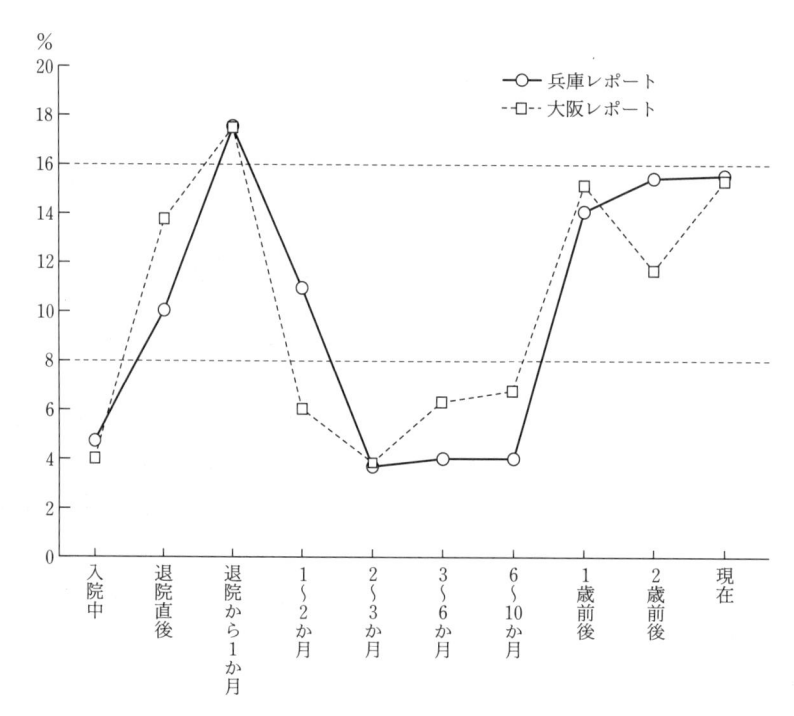

図II-7-1-2 育児の中で一番心配なときは，いつでしたか（「大阪レポート」との比較，3歳児健診．ただし，「大阪レポート」は3歳6か月児健診）
注：図で「大阪レポート」の「現在」の値は，「3歳前後」と「現在」を合計した値である．

のような結果である．しかし，「大阪レポート」を分析する時点では，「退院〜1・2か月」の時期の不安や心配は予測できたが，1歳以降の不安がこれほど高く，また消えることなく続くということは予測できなかった．なお，『平成15年版　厚生労働白書』では，図Ⅱ-7-1-2の「大阪レポート」の結果が使われている．

「大阪レポート」では，「最も手伝いの欲しかった時期」と「最も心配だった時期」を比較した．その結果を図Ⅱ-7-1-4に示す．図からわかるように，両者は2歳くらいまではよく似ているが，「最も手助けの欲しかった時期」の方は「3歳前後」には2.3％と値が急激に減少

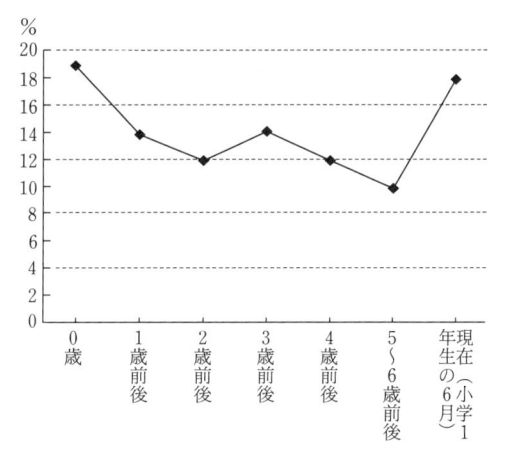

図Ⅱ-7-1-3　育児のことで，今までで最も心配だったのは，いつですか（「大阪レポート」での小学校入学後健診の結果）

する．すなわち，「手助けが欲しい」というニーズは子どもが3歳くらいになると急速に少なくなる．一方，育児の心配の方は子どもの成長とともに内容を変えながら消えることなく続くのである．なお，図Ⅱ-7-1-4の「育児での心配」のグラフでは「3歳前後」の値が低くなっているが，それは「現在」が3歳6か月時点であり，「3歳前後」と時期が接近しているためである．

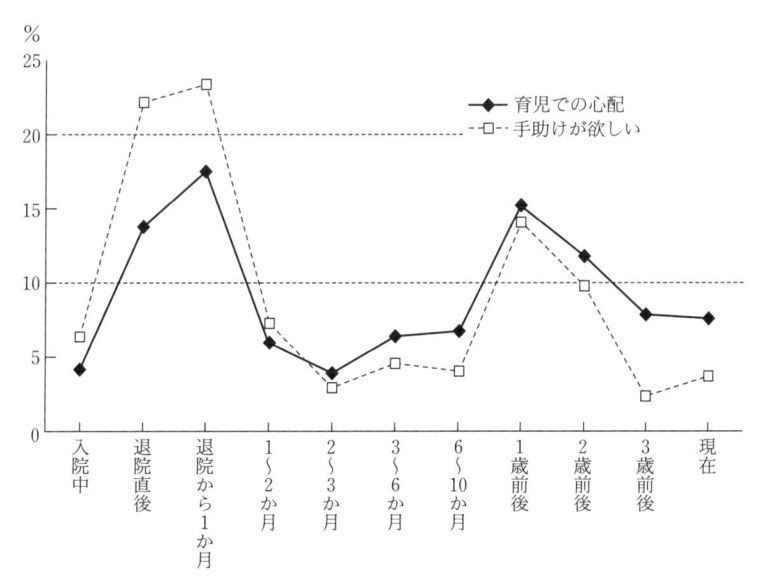

図Ⅱ-7-1-4　「育児のことで，今までで最も心配だったのは，いつですか」と「一番育児の手助けが欲しかったのは，いつですか」との比較（「大阪レポート」での3歳6か月児健診の結果）

## II-7-2　母親の具体的心配事とその特徴

　今回の調査では質問紙のボリュームの関係で，具体的に何が母親の心配の種になっているのか，については調査していない．そのため，ここでは「大阪レポート」の調査結果を紹介することにする．ここに紹介する「大阪レポート」の育児での心配項目に関するデータは，現在とは変わっていると思うが，「兵庫レポート」の他のデータから推測すると，変化の方向は心配な率がより増加する方向であると考える．

　「大阪レポート」では，各健診ごとに「子どもさんについて心配なことをお聞きします」という項目をもうけ，考え得る心配項目を並べて，「はい」「いいえ」で答えてもらった．項目数は，4か月児健診：31項目，6か月児健診：38項目，10か月児健診：43項目，1歳6か月児健診：46項目，3歳6か月児健診：58項目である．

　親が「はい」と回答した心配項目数の平均は，4か月児健診：4.9項目，6か月児健診：4.0項目，10か月児健診：3.6項目，1歳6か月児健診：2.5項目，3歳6か月児健診：3.6項目であった．

　育児における母親の心配は2つに大別できる．すなわち，ひとつは感染症や事故など直接生命をおびやかす事態に直面しての心配であり，他のひとつは「子どもが正常に成長するかどうか」に関する心配で，急は要さないが常に気になっているものである．「大阪レポート」で調査した心配項目は，大半が後者に属するものである．

　図II-7-2-1には，乳幼児期全般にわたり「心配である」と答える母親の率が高かった心配項目の月齢変化を示す．また，以下にそれぞれの健診について，5％以上の高い率で母親が心配であると訴えた項目を列挙する．

〈4か月児健診〉

　「指しゃぶりがひどい」(45％)，「湿疹ができやすい」(38％)，「よだれが多い」(38％)，「頭が変形している」(36％)，「よく便秘をする」(28％)，「寝つきが悪い」(20％)，「あざが消えるか心配」(17％)，「体をそらして抱きにくい」(17％)，「ノドがゼイゼイしている」(16％)，「よくカゼをひく」(14％)，「体重のふえが悪い」(13％)，「目やに，充血が心配」(11％)，「お腹がすいても泣かずおとなしい」(10％)．

〈6か月児健診〉

　「よだれが多い」(34％)，「湿疹ができやす

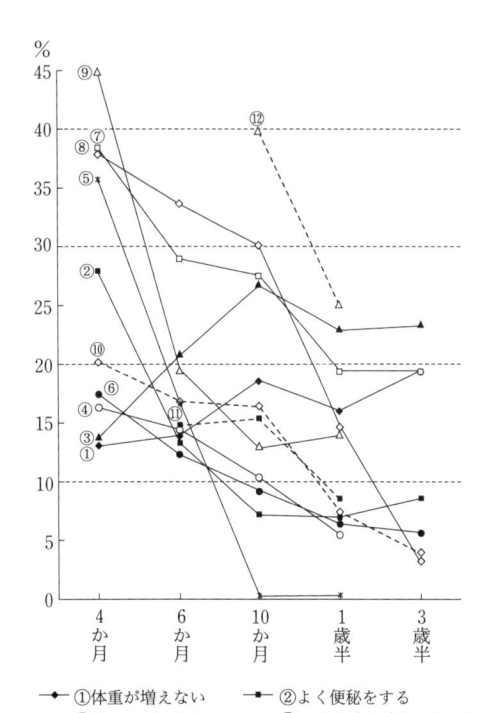

図II-7-2-1　乳幼児期全般にわたり，「心配である」と答える率の高かった項目とその率の月齢変化（「大阪レポート」）

凡例：
- ①体重が増えない
- ②よく便秘をする
- ③よくカゼをひく
- ④ノドがゼイゼイしている
- ⑤頭が変形している
- ⑥あざが消えるか心配だ
- ⑦湿疹ができやすい
- ⑧よだれが多い
- ⑨指しゃぶりがひどい
- ⑩寝つきが悪い
- ⑪特に悪いところはないが何となく不安
- ⑫いっときも目を離せないほど動きまわる

い」(29%),「よくカゼをひく」(21%),「指しゃぶりがひどい」(19%),「頭が変形している」(17%),「寝つきが悪い」(17%),「特に悪いところはないが,何となく心配」(15%),「体重のふえが悪い」(14%),「ノドがゼイゼイしている」(14%),「よく便秘をする」(13%),「あざが消えるか心配」(12%),「他の児に比べ遅いような気がする」(11%),「身体をそらして抱きにくい」(7%),「お腹がすいても泣かずおとなしい」(7%),「人みしりがひどい」(7%),「夜泣きがひどい」(6%).

〈10か月児健診〉

「いっときも目が離せないほど,動きまわる」(40%),「よだれが多い」(30%),「湿疹ができやすい」(27%),「よくカゼをひく」(27%),「かんがきつい」(21%),「体重のふえが悪い」(19%),「寝つきが悪い」(16%),「特に悪いところはないが,何となく心配」(15%),「指しゃぶりがひどい」(13%),「歯のはえがおかしい」(12%),「他の児に比べ遅いような気がする」(11%),「ノドがゼイゼイしている」(10%),「人みしりがひどい」(10%),「お母さんからいっときも離れられない」(9%),「あざが消えるか心配」(9%),「よく下痢をする」(8%),「夜泣きがひどい」(8%),「よく便秘をする」(7%),「よく熱を出す」(6%),「お腹がすいても泣かずおとなしい」(5%).

〈1歳6か月児健診〉

「いっときも目が離せないほど,動きまわる」(25%),「よくカゼをひく」(23%),「湿疹ができやすい」(19%),「かんがきつい」(18%),「体重のふえが悪い」(16%),「よだれが多い」(15%),「指しゃぶりがひどい」(14%),「いつも母親のそばにくっついている」(12%),「特に悪いところはないが,何となく心配」(9%),「よく便秘をする」(7%),「寝つきが悪い」(7%),「人みしりがひどい」(7%),「あざが消えるか心配」(6%),「歯のはえ方がおかしい」(5%),「よく熱を出す」(5%),「ノドがゼイゼイしている」(5%),「お母さんからいっときも離れられない」(5%).

〈3歳6か月児健診〉

「たいへん怖がり」(27%),「よくカゼをひく」(23%),「湿疹ができやすい」(19%),「体重のふえが悪い」(19%),「とてもよく泣く」(17%),「怒りっぽくて,すぐ物をなげたり,たたいたりする」(15%),「ひどい爪かみ,指しゃぶり,性器いじりのいずれかがある」(15%),「身長の伸びが悪い」(14%),「夜尿がひどい」(12%),「敏感すぎる」(12%),「いつも母親のそばにくっついている」(12%),「たいへんおちつきがない」(11%),「よくころぶ」(11%),「おそろしく強情」(10%),「よく便秘をする」(9%),「ひとり遊び,ひとりごとが多い」(8%),「よく熱を出す」(6%),「肥えすぎている」(6%),「変わったものを集め大切にしている」(6%),「人みしりがひどい」(6%),「よく下痢をする」(6%),「あざが消えるか心配」(5%).

このような事項が母親の具体的心配事である.詳細については『大阪レポート(名大出版会)』の巻末資料編の表H-1・2,表H-4および表H-7を参照されたい.

図II-7-2-1の心配項目の月齢変化から見ると心配項目は,次のように3つのタイプに分けて考えることができる.すなわち,

① 4か月児健診では高率であるが，月齢に従い急速に解消するもの（タイプⅠ）
② 4か月児健診でも高率であり，その後もかなりの高率を示すもの（タイプⅡ）
③ 4か月児健診では高率ではないが，それ以降で高率になるもの（タイプⅢ）
の3つのタイプである．

タイプⅠに属するものは，
「よだれが多い」「頭が変形している」「ノドがゼイゼイしている」「あざが消えるか心配」「目やに・充血が心配」「寝つきが悪い」「身体をそらして抱きにくい」「おなかがすいても泣かずおとなしい」
などである．

タイプⅡに属するものは，
「体重のふえが悪い」「よくカゼをひく」「よく便秘をする」「湿疹ができやすい」「指しゃぶりがひどい」「よく熱をだす」「よく下痢をする」
などである．

タイプⅢに属するものは，
「いっときも目が離せないほど，動きまわる」「かんがきつい」「たいへん怖がり」「とてもよく泣く」「怒りっぽくて，すぐ物をなげたり，たたいたりする」「夜泣きがひどい」「人見知りがひどい」
などである．

それぞれのタイプを検討すると，単に身体的発達に関する項目はタイプⅠに属し，月齢と共に急速に解消されるが，疾病とくに感染症と関係する心配項目はタイプⅡに属し，子どもの日常の行動や性格に関する心配項目はタイプⅢに属しているというふうに大まかに分けられる．疾病，特に感染症に関するものは，1歳前後をピークに鎮静化するが，子どもの日常の行動や性格に関する心配項目は3歳児健診で初めてあがってくるものも多く，3歳児健診以降に長引くものがほとんどである．

育児における母親の心配項目と子どもの発達とのクロス集計では，母親の心配項目のほとんどは，直接子どもの発達とは相関がないことがわかった．その中で，相関が認められたのは，「他児に比べて遅いような気がする」及び「特に悪いところはないが，何となく心配」の2項目である．また，前述のとおり，親が「はい」と回答した心配項目数の平均は，4か月児健診：4.9項目，6か月児健診：4.0項目，10か月児健診：3.6項目，1歳6か月児健診：2.5項目，3歳6か月児健診：3.6項目であるが，心配項目が多い母親の子どもは発達が遅れている傾向にあることがわかっている．その1例として，1歳6か月児健診での子どもの言語・社会性の発達と心配項目数とのクロス集計結果を図Ⅱ-7-2-2に示す．そ

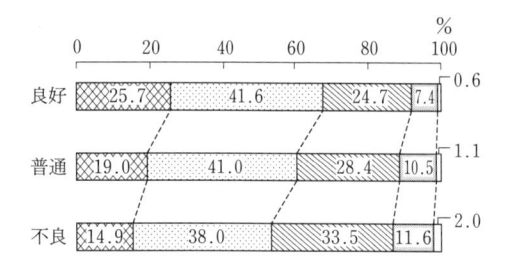

図Ⅱ-7-2-2 子どもの言語・社会性の発達と母親の心配項目数とのクロス集計結果（「大阪レポート」での1歳6か月児健診での結果）

して，心配が解決せず，放置されている母親の子どもは発達が悪いことも判明している．

## II-7-3 増大する育児不安とその解決度

ここでは，「育児のことで今まで心配なことがありましたか」と「子育ての心配は，そのつど解決しましたか」という2つの質問について，「大阪レポート」での結果と比較検討する．また，これらの質問と子どもの発達との関係について考える．

図II-7-3-1に「育児のことで今まで心配なことがありましたか」という質問の結果を「大阪レポート」の結果と比較して示している．図II-7-3-1からわかるように，心配の度合いは子どもの月齢での変化はほとんど認められない．「大阪レポート」の結果と比較すると，「しょっちゅう」心配だったと訴える母親は，「大阪レポート」では4か月児健診は10.5%であるが，他の健診では6～7%である．一方，今回の調査では，どの健診でも13～14%であり，「大阪レポート」の結果より約2倍に増えている．また，「あまり」心配ではなかったと答える母親は「大阪レポート」では34～40%であったものが，今回の調査では26%前後へと大きく減少している．このように母親の育児での心配や不安は，「大阪レポート」の頃に比し，明らかに増大していることがわかる．

図II-7-3-2に「子育ての心配は，そのつど解決しましたか」という質問の結果を示している．「解決した」は，4か月児健診と10か月児健診時点で48.5%と約半数であり，3歳児健診時点では39.5%と減少する．一方，「解決しなかった」は，1～4%であり，子どもの月齢とともに増加し，心配が解決しにくくなることがわかる．これは，前項で見たように，心配事の内容が子どもの行動や性格などに関することが多くなるためである．図II-7-3-2の「子育ての心配は，そのつど解決しましたか」という質問結果を「大阪レポート」での結果と比較すると，3歳児健診での解決度が今回の調査の方が少し低いが，それ以外はほとんど同じ結果であった．

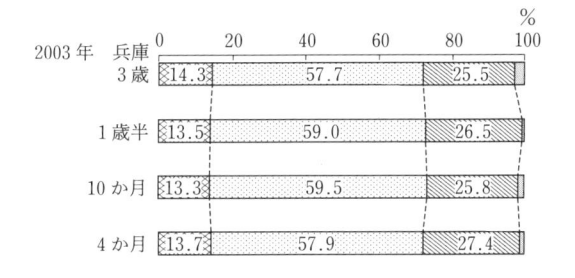

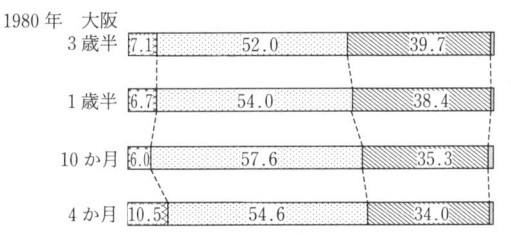

図II-7-3-1 育児のことで今まで心配なことがありましたか

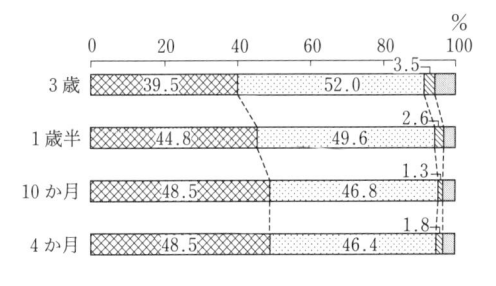

図II-7-3-2 子育ての心配は，そのつど解決しましたか

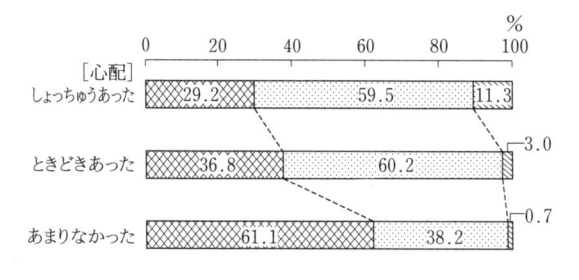

図II-7-3-3に，3歳児健診での「育児のことで今まで心配なことがありましたか」と「子育ての心配は，そのつど解決しましたか」とのクロス集計結果を示す．この図より，育児のことで心配が「しょっちゅうあった」という母親の場合，心配事がそのつど解決できない傾向が非常に強いことがわかる．この2つの質問の間の相関はどの健診時点でもきわめて高いものであり，母親の育児不安を軽減する上で，子育ての心配事をそのつど解決していくことがいかに大切かを示している．

図II-7-3-3 「育児のことで今まで心配なことがありましたか」と「子育ての心配は，そのつど解決しましたか」とのクロス集計結果（3歳児健診）

## II-7-4 親の育児不安と子どもの発達

図II-7-4-1, 2に，3歳児健診での「育児のことで今まで心配なことがありましたか」と子どもの身体発達および精神発達とのクロス集計結果を示す．また，図II-7-4-3, 4には，同じく3歳児健診での「子育ての心配は，そのつど解決しましたか」と子どもの身体発達および精神発達とのクロス集計結果を示す．これらの図から，心配や不安が少ない母親の子ども，および心配がそのつど解決できている母親の子どもがはっきりと発達が良いことがわかる．

相関関係の月齢変化をみると，子どもの身体発達と母親の育児での心配や不安との相関は，4か月児健診時点ですでに少しあらわれており（有意差4％水準），10か月児健診時点ではすでに0.0％水準未満のきわめてはっきりとした結果であり，子どもの月齢とともに相関はさらに高くなっている．子どもの精神発達では，4か月児健診時点では相関はないが，10か月児健診時点でかなりの相関があらわれ（0.2％水準），1歳6か月児健診時点ではすでに0.0％水準未満のきわめてはっきりとした結果であり，3歳児健診時点での相関が最も高くなっている．

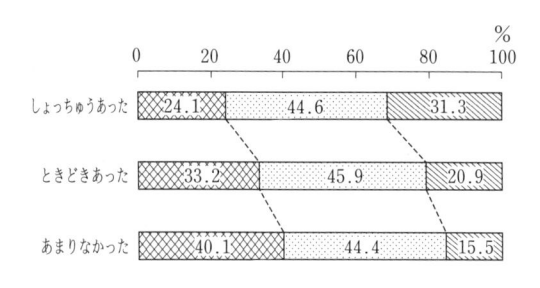

図II-7-4-1 「育児のことで，今まで心配なことがありましたか」と子どもの身体発達とのクロス集計結果（3歳児健診）

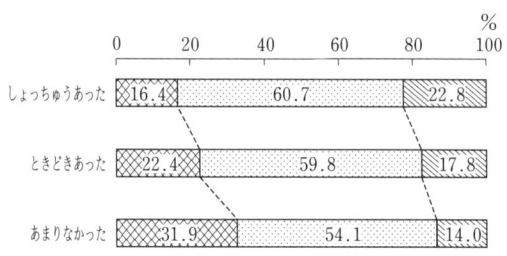

図II-7-4-2 「育児のことで今まで心配なことがありましたか」と子どもの精神発達とのクロス集計結果（3歳児健診）

図II-7-4-3 「子育ての心配は、そのつど解決しましたか」と子どもの身体発達とのクロス集計結果（3歳児健診）

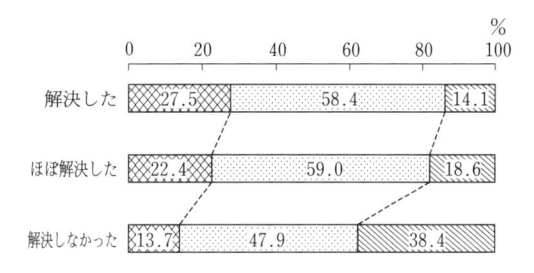

図II-7-4-4 「子育ての心配は、そのつど解決しましたか」と子どもの精神発達とのクロス集計結果（3歳児健診）

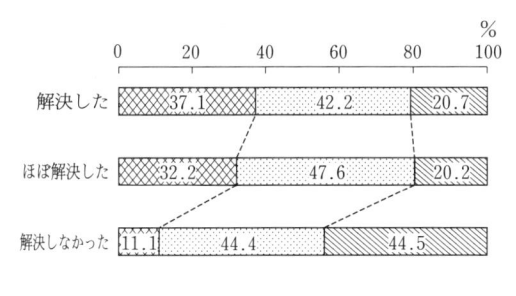

## II-7-5　心配なときの相談相手および最も頼りにできる人
### ——増える母親の肉親の支援

　育児のことで母親が心配なとき，相談相手がいるかどうかは，重要な問題である．図II-7-5-1に「育児で心配なとき，誰に相談されましたか」という質問の結果を「大阪レポート」の結果と並べて示している．ただし，質問の形式が少し異なるため，パーセンテージの算出の際，「大阪レポート」では全回答者を100としているが，「兵庫レポート」では，「相談した」と回答した90～92％の回答者（巻末資料の表C-13参照）を100としている．その結果，「兵庫レポート」の方がパーセンテージが少し大きく出ているはずである．さて，図II-7-5-1の(a)の「大阪レポート」の結果を(b)の今回の調査結果と比較したとき，大きく変化していることに気づく．すなわち，「大阪レポート」の場合，「夫」が突出して高い率になっているのに対して，(b)の今回の結果では，「母方祖父母」が最も高率であり，また「友人」も「夫」と同じくらいの高率になっているのである．

　ちなみに，相談相手として一人平均何人くらいをあげているかを見てみる．「大阪レポート」の場合は，4か月児健診時点が最も多く平均2.34人であるが，その後徐々に人数が減少し3歳6か月児健診では1.85人になっている．「大阪レポート」では，小学校1年生の6月に「入学後健診」を実施している．その時には少し増えて，1.99人である．小学校入学後健診で「その他」が18.1％と多くなっているのは，幼稚園や小学校の先生が相談相手に加わっているためである．「大阪レポート」では「育児書」という選択肢がある．「育児書」をあげた母親がけっこうな率である．「相談相手」を人に限定すると，4か月児健診時点で1.93人，3歳6か月児健診では1.70人になる．一方，今回の調査では，4つの健診でほとんど変化はなく，一人あたり2.7～2.9人の相談相手をあげている．この値は「大阪レポート」での値よりもかなり多い．すなわち，この20数年間に母親の相談相手の人数は，1.7～1.9人から2.7～2.9人へと増えているのである．これは予測できなかった結果である．

　同様のことが，本章第3節6項で検討した「育児の手助け」でも言えた．すなわち，「大阪レポート」では「育児の手伝い」が「ある」が65％，「ない」が35％であったが，今回の調査では

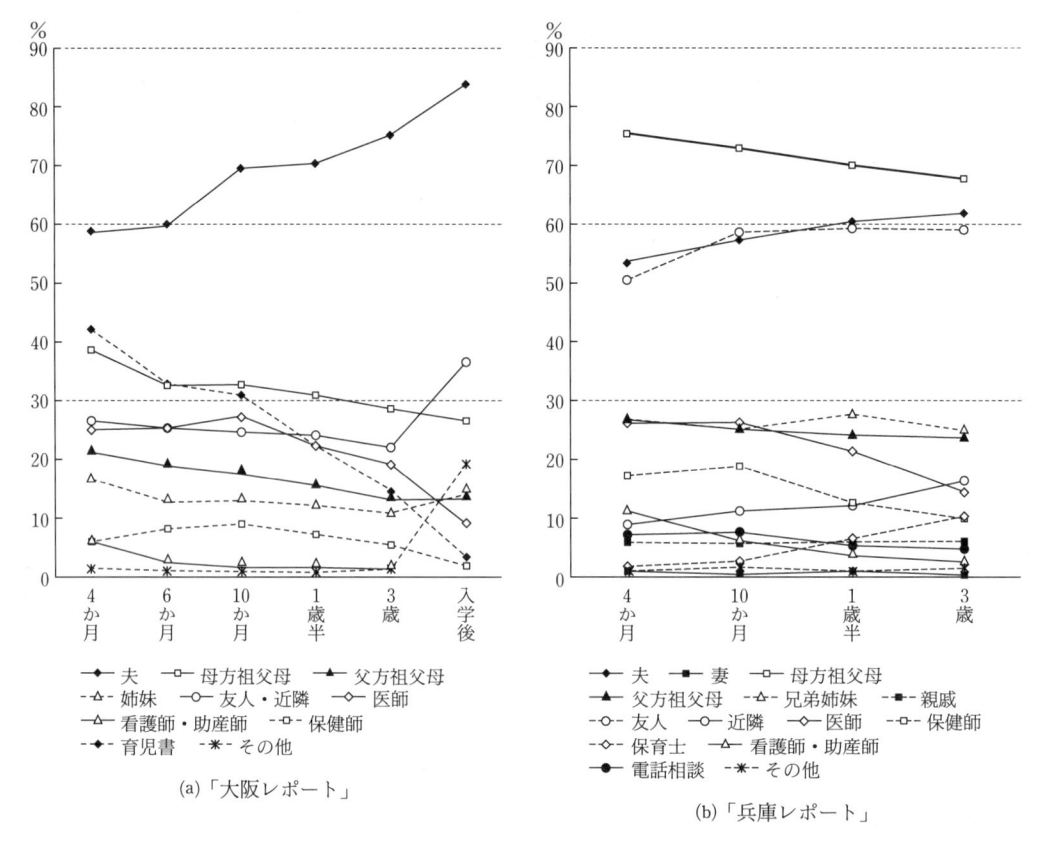

182　第Ⅱ章　変わる親子，変わる子育て

図Ⅱ-7-5-1　心配なとき，誰に相談しましたか（当てはまる人に○，いくつでも可）

「ある」が多く95.4％，「ない」は4.6％にすぎないのである．20数年前は「育児の手伝い」が「ない」と答える母親が，約3人に1人はいたが，今は20人に1人となっている．「育児の手助け」の内訳を見ると，図Ⅱ-3-6-3に示したように「夫」と「母方祖父母」「兄弟姉妹」が急増している．その項で検討したように，肉親による支援はかなり進んでいるのである．しかし，「育児の手助け」に関しては，近隣や友人というような範囲にまでは広がりは見られていない．

　さて，話を図Ⅱ-7-5-1にもどす．相談相手として「夫」をあげる率を「大阪レポート」と比較すると，全体的にはほとんど変化がない．しかし，「大阪レポート」の場合は，子どもの月齢とともに相談者としての夫の率は増加し，4か月児健診時点の57.0％から3歳6か月児健診時点では73.1％へと増えている．一方，今回の調査では，子どもの月齢とともに増えてはいるが，4か月児健診時点では53.7％，3歳児健診時点が61.8％であり，「大阪レポート」の結果ほどではない．また，本章第6節で検討したように，「育児について心配なとき，一番たよりにする人はだれですか」という質問で「夫」をあげる率は「大阪レポート」の値よりも減少している．

　以上の調査結果を全体的に眺めたとき，ここ20数年の間に母親と実家とのつながりが非常に強くなっていることが判明した．そのためもあり，心配なときの相談者として，また心配なとき最もたよりになる人として，「夫」をあげる率は少し低下しているのであろう．

## II-7-6 『大阪レポート』で挙げられた育児不安の原因は，改善されたか

　今回の調査をする以前には，子育て中の母子の孤立が深まっている，と単純に予測していた．しかし，調査結果ではすでに述べてきたように，育児の手助けは増え，心配なときの相談相手も増加している．にもかかわらず，育児での母親の心配や不安は増大し，次節以降で述べるように精神的ストレスは非常に高まっている．その理由は次のように考えられる．確かに育児の手伝いや相談相手は増えているが，それは当然四六時中という訳にはいかない．相談相手や一時的手助けは得られても日々の育児は母親が一身に背負っている．そして，地域では子育て中の母子の孤立化は進んでおり，特に精神的孤立が深まっているのである．

　『大阪レポート（名大出版会）』では当時の子育ての特徴を「育児不安と母性的養育の危機」と表現した．と同時に，育児不安が何によりもたらされ，どのようにすれば解決できるか，を提示した．そして，「母性」は"育つものであり，引き出されるものである"ことを明らかにした．そのように「大阪レポート」の調査データ自身が解決の方向を示していたのである．

　『大阪レポート（名大出版会）』では，育児不安をもたらす要因として以下の5点を挙げた．
　①母親が子どもの要求を理解できないこと
　②母親の具体的心配事が多いこと，およびその未解決放置
　③母親に出産以前の子どもとの接触経験や育児経験が不足していること
　④夫の育児への参加・協力が得られないこと
　⑤近所に母親の話し相手がいないこと
これら①〜⑤の不安要因はどれも解決可能なものばかりである．

　ところで，これら5つの不安要因は，今回の調査ではどのようになっているのであろうか．①の「子どもの要求の理解」については，本章第5節5項で述べたように，「大阪レポート」より今回の調査の方が母親の「子どもの要求の理解度」は，残念ながら少し低下していることが判明している（図II-5-5-1, 2参照）．

　②の「母親の具体的心配事が多いこと，およびその未解決放置」については，今回の調査では具体的心配事の調査をしていないが，図II-7-3-1に示したように「育児のことで今まで心配なことがありましたか」という質問に「しょっちゅうあった」という母親は約2倍に増え，「あまりなかった」と答える母親は7〜14ポイント減少している．また，図II-7-3-2に示した「子育ての心配は，そのつど解決しましたか」という質問の結果は，「大阪レポート」の結果とほとんど変化はみられない．ただし，3歳児健診時点での心配事の解決度は少し悪くなっている．

　③の自分の子どもを生むまでの「子どもとの接触経験」や「育児経験」については，本章第5節2項で述べたように，ますますそのような経験ができにくい社会になっていることが判明している（図II-5-2-1, 2参照）．

　④の「夫の育児への参加・協力が得られないこと」については，今回の調査の方が夫は大幅に育児に協力的になっている（本章第6節参照）．

　また，⑤の「近所に母親の話し相手がいないこと」に関しては，本章第3節7項に述べたように，地域での母子の孤立化は急速に進んでおり，4か月児健診時点では3人に1人の母親が「近

所でふだん世間話をしたり，赤ちゃんの話をしたりする人」がひとりもおらず，孤立していることが判明している（図II-3-7-1参照）．

このように『大阪レポート（名大出版会）』で挙げられた5つの育児不安の要因のうち，改善されたのは④の「夫の育児への参加・協力」のみであり，③「母親に出産以前の子どもとの接触経験や育児経験が不足していること」と⑤「近所に母親の話し相手がいないこと」はさらに大きく悪化していることが今回の調査であきらかになっている．

④の夫の協力については，確かに改善されているが，図I-3-1-4に示した「年齢別未婚率の年次推移」からわかるように，未婚率のここ20〜30年の急上昇を考えるとき，手放しで喜べるものではない．結婚をし，子どもを育てている男性は育児に協力的になっているが，結婚や子育てから降りてしまった青年たちがたくさんいるのである．そのように考えると，社会全体の"子育てに対する共感の輪"は必ずしも広がってはいないと感じる．そして，『大阪レポート（名大出版会）』で指摘した5つの育児不安の要因は，解決されておらず，育児不安はますます増大する状況にあると言える．

## II-7-7　現代の育児不安の原因とその特徴

この項では，今回の調査による育児不安の原因とその特徴について考える．

### 『大阪レポート』で挙げられた育児不安の原因についての検証

まず，『大阪レポート（名大出版会）』で挙げられた5つの育児不安要因
①母親が子どもの要求を理解できないこと
②母親の具体的心配事が多いこと，およびその未解決放置
③母親に出産以前の子どもとの接触経験や育児経験が不足していること
④夫の育児への参加・協力が得られないこと
⑤近所に母親の話し相手がいないこと
について考える．

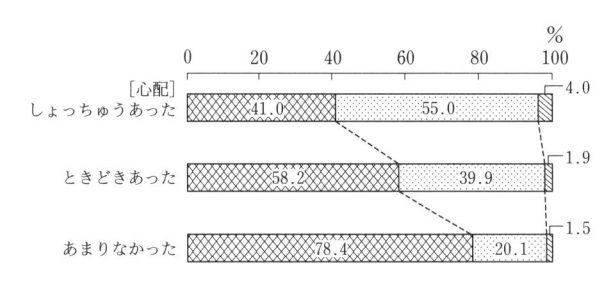

図II-7-7-1　「育児のことで今まで心配なことがありましたか」と「赤ちゃんが何を要求しているかわかりますか」とのクロス集計結果（4か月児健診）

まず①の「子どもの要求の理解」についてであるが，「大阪レポート」と同様に育児不安とは高い相関が認められた．その例として，図II-7-7-1に4か月児健診時点での「育児のことで今まで心配なことがありましたか」と「赤ちゃんが何を要求しているかわかりますか」とのクロス集計結果を示す．心配が「しょっちゅうあった」という母親の場合，「赤ちゃんが何を要求しているかわかりますか」という質問に対して「はい」が

41.0%,「どちらともいえない」が55.0%,「いいえ」が4.0%である。一方,心配が「あまりなかった」という母親の場合,「はい」が78.4%,「どちらともいえない」が20.1%,「いいえ」が1.5%であり,育児の心配や不安が高い母親の場合,「子どもの要求」が理解しにくい傾向がはっきりと読み取れる。この傾向はどの健診時点でもはっきりとした相関が認められたが,赤ちゃんの要求がわかりにくい4か月児健診時点で最も顕著であった。

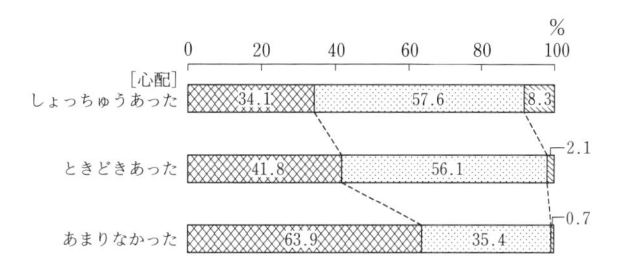

②の「母親の具体的心配事が多いこと」については,今回は調査していないが,「心配の未解決放置」と育児不安との間にはきわめて強い相関が認められた。その例として,図Ⅱ-7-7-2に1歳6か月児健診時点での「育児のことで今まで心配なことがありましたか」と「子育ての心配は,そのつど解決しましたか」とのクロス集計結果を示す。また,3歳児健診でのクロス集計結果は,図Ⅱ-7-3-3に示した。図Ⅱ-7-7-2を見ると,心配が「しょっちゅうあった」という母親の場合,「子育ての心配は,そのつど解決しましたか」という質問に対して「解決した」が34.1%,「ほぼ解決した」が57.6%,「解決しなかった」が8.3%である。一方,心配が「あまりなかった」という母親の場合,「解決した」が63.9%,「ほぼ解決した」が35.4%,「解決しなかった」が0.7%であり,育児の心配や不安が強い親の場合,それらの心配や不安が解決できていない傾向がはっきりと読み取れる。これらの図からわかるように,「心配が解決できていない」ことが,子育てでの心配や不安を強めていることがわかる。逆に,不安の強い親の場合,心配事がなかなか解決できない傾向が強いとも言える。このような傾向はどの健診時点でも同程度にはっきりとした相関が認められた。

母親は何が心配なのか,については「大阪レポート」で詳細に調べた。その結果は本節第2項で紹介したとおりであるが,母親の心配事はいわば些細なことで,「子どものあたり前の成長過程で起こることが,あたり前かどうかわからないで悩んでいる」という質のものである。図Ⅱ-7-7-2や図Ⅱ-7-3-3の結果は,そのような母親の心配事を"取るに足らない"と放置するのではなく,そのつど解決していくことが育児不安の解消,ひいては子ども虐待の予防にとって大切であることを示している。

図Ⅱ-7-7-2 「育児のことで今まで心配なことがありましたか」と「子育ての心配は,そのつど解決しましたか」とのクロス集計結果(1歳6か月児健診)

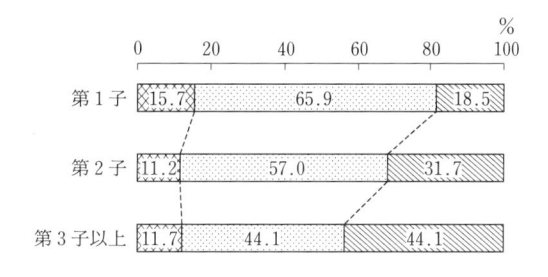

図Ⅱ-7-7-3 子どもの出生順位と「育児のことで今まで心配なことがありましたか」とのクロス集計結果(1歳6か月児健診)

③の「母親に出産以前の子どもとの接触経験や育児経験が不足していること」に関しては，「子どもとの接触経験」および「育児経験」と「育児のことで今まで心配なことがありましたか」とのクロス集計をしたところ，4か月児健診時点では相関がはっきりと認められたが，10か月児健診では相関は低くなり，1歳6か月児健診と3歳児健診時点では明確な相関は認められなかった．「大阪レポート」に比べ，今回の調査では，「子どもとの接触経験」の有無や「育児経験」の有無との相関が低くなった．

③の項目は，親が赤ちゃんや幼児を知らないことが心配や不安の原因になっているということであるが，そのことを実証するデータとして，図II-7-7-3に1歳6か月児健診時点での子どもの出生順位と「育児のことで今まで心配なことがありましたか」とのクロス集計結果を示す．図から第1子の場合には「しょっちゅうあった」が15.7％，「あまりなかった」が18.5％であるが，第3子以上の場合は，「しょっちゅうあった」が11.7％，「あまりなかった」が44.1％であり，明らかに第1子に比し，第2子，第3子以上となるに従い，育児での心配・不安が少なくなっていることがわかる．このように，育児不安は育児の経験を積み，乳幼児を知ることで解消される部分が大きいのである．

④の「夫の育児への参加・協力が得られないこと」に関しては，4か月児健診時点では相関は認められなかったが，子どもの月齢とともに相関が高くなり，3歳児健診時点では，夫が育児に協力的な母親は育児の心配や不安がはっきりと少ないことが判明している．

⑤の「近所に母親の話し相手がいないこと」に関しては，4か月児健診，10か月児健診および1歳6か月児健診では相関関係が1％の有意差水準であり，3歳児健診時点では5％水準にすぎない．この結果は，「大阪レポート」の結果に比べて，「近所の話し相手」があっても母親の育児不安はそれ程解消されなくなっていることを示している．これは，母親の近所づき合いがより表面的になっていることを示唆するものである．

このように，「大阪レポート」で挙げられた5つの育児不安の原因については，今回の調査でも同様に確認できたが，一方で，「子どもとの接触経験」や「育児経験」は質量ともにより浅いものになっている可能性や近所づき合いが希薄になっている可能性を示唆する結果も得られている．

## 育児不安の原因に関する「兵庫レポート」独自の質問項目について

次に，今回の調査「兵庫レポート」独自の質問項目について検討する．母親の育児不安の原因とその結果とは必ずしも明確には分けられるものではないが，ここでは便宜上，分けて考えることにする．今回の調査から，育児不安の原因としては以下の7つの項目が浮かびあがってきた．カッコ内には，対応する質問内容を示している．各項目の番号は，「大阪レポート」で挙げられた5つの育児不安の原因に続けて，通し番号にした．

⑥「イメージしていた育児と現実との大きなギャップの存在」（「自分の子どもをもつ前にイメージしていた育児と実際の育児とでは違いがありましたか」）

⑦「自分の育児に自信がもてないこと」（「育児に自信がもてない，と感じることがありますか」）

⑧「子どもにどうかかわっていいか，わからないこと」（「赤ちゃん（お子さん）にどうかかわっ

たらいいか迷う時がありますか」）

⑨「よその子と自分の子とを比較して気にすること」（「あなたはお子さんをよそのお子さんと比較して見ることが多いですか」）

⑩「自分の育児に対する，人の目が気になること」（「他の人があなたの育児をほめたり批判したりするのは気になりますか」）

⑪「育児についての努力を誰もほめてくれないこと」（「あなたが育児について努力しているのをほめて欲しいと思うことがありますか」）

⑫「自分の思い通りにものごとをすすめたいこと」（「あなたは，自分の思い通りにものごとをすすめたい方ですか」）

これら7つの項目と育児の心配・不安とはきわめて高い相関を示した．

⑥の「イメージしていた育児と現実との大きなギャップの存在」は，本章第5節7項ですでに扱った．図Ⅱ-5-7-3には，3歳児健診での「育児のことで今まで心配なことがありましたか」と「自分の子どもをもつ前にイメージしていた育児と実際の育児とでは違いがありましたか」とのクロス集計結果を示した．図から，イメージしていた育児と現実とのギャップが育児不安の大きな原因であることがわかる．イメージと現実の育児とのギャップと育児不安とはどの健診時点でもきわめてはっきりとした相関があることがわかっている．自分の子どもを育てる前に想い描いていた育児のイメージと現実の育児との大きなギャップの存在は，現代の育児の困難さを象徴するものである．

⑦の「自分の育児に自信がもてないこと」と⑧の「子どもにどうかかわっていいか，わからないこと」については，本章第5節6項で扱った．図Ⅱ-7-7-4に，1歳6か月児健診での「育児のことで今まで心配なことがありましたか」と「育児に自信がもてない，と感じることがありますか」とのクロス集計結果を示す．また，図Ⅱ-5-6-7には，3歳児健診での「育児のことで今まで心配なことがありましたか」と「お子さんにどうかかわったらいいか迷う時がありますか」とのクロス集計結果を示した．「自分の育児に自信がもてないこと」および「子どもにどうかかわっていいか，わからないこと」と育児不安とのクロス集計結果では，どの健診時点でもきわめてはっきりとした相関関係があることがわかっている．これらの結果より，「自分の育児に自信がもてないこと」や「子どもにどうかかわっていいか，わからないこと」が大きな不安要因となっていることがわかる．

これら⑥〜⑧の内容は，①③とも共通するものであり，親になるための準備ができていない現代日本の状況を象徴するものである．親になるための準備ができていないことが育児不安の大きな要因になっているのである．

図Ⅱ-7-7-5に，3歳児健診での「育児のことで今まで心配なことがありまし

図Ⅱ-7-7-4 「育児のことで今まで心配なことがありましたか」と「育児に自信がもてない，と感じることがありますか」とのクロス集計結果（1歳6か月児健診）

[心配] しょっちゅうあった：23.7 / 65.0 / 11.3
ときどきあった：5.3 / 67.0 / 27.7
あまりなかった：0.7 / 35.9 / 63.4

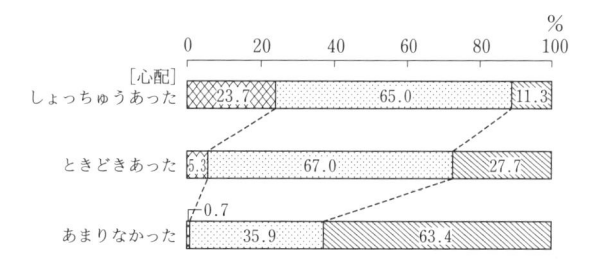

[自信がない] ■よくある ▨ときどきある ▧ない

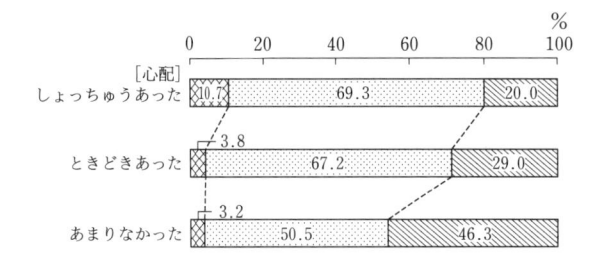

```
              %
    0  20  40  60  80  100
[心配]
しょっちゅうあった  10.7 | 69.3 | 20.0
ときどきあった    3.8 | 67.2 | 29.0
あまりなかった    3.2 | 50.5 | 46.3
```

[比較・期待] ■いつも ▨ときどき ▧いいえ

図Ⅱ-7-7-5 「育児のことで今まで心配なことがありましたか」と「あなたはお子さんをよそのお子さんと比較して見ることが多いですか」とのクロス集計結果（3歳児健診）

```
              %
    0  20  40  60  80  100
[心配]
しょっちゅうあった  56.0 | 33.9 | 10.1
ときどきあった    42.1 | 45.5 | 12.4
あまりなかった    31.3 | 44.7 | 24.0
```

[批判] ■はい ▨どちらでもない ▧いいえ

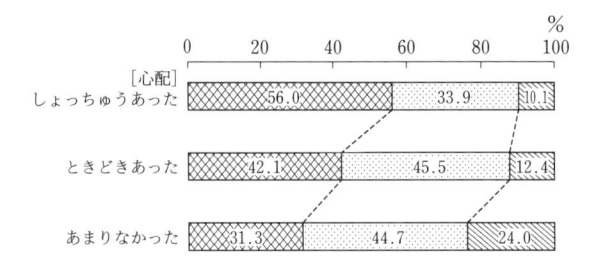

図Ⅱ-7-7-6 「育児のことで今まで心配なことがありましたか」と「他の人があなたの育児についてほめたり批判したりするのは気になりますか」とのクロス集計結果（3歳児健診）

```
              %
    0  20  40  60  80  100
[心配]
しょっちゅうあった  60.1 | 28.7 | 11.2
ときどきあった    48.4 | 36.1 | 15.5
あまりなかった    32.6 | 42.4 | 25.0
```

[ほめて欲しい] ■はい ▨どちらでもない ▧いいえ

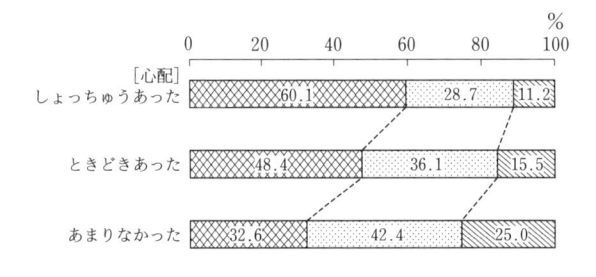

図Ⅱ-7-7-7 「育児のことで今まで心配なことがありましたか」と「あなたが育児について努力しているのをほめて欲しいと思うことがありますか」とのクロス集計結果（1歳6か月児健診）

たか」と「あなたはお子さんをよそのお子さんと比較して見ることが多いですか」とのクロス集計結果を示す．図から，心配なことが「しょっちゅうあった」という母親の場合，自分の子どもをよその子と「いつも」比較して見ている母親が10.7％と多く，「ときどき」が69.3％，「いいえ」が20.0％である．一方，心配が「あまりなかった」という母親の場合，「いつも」は3.2％と少なく，「ときどき」が50.5％，「いいえ」が46.3％と多くなっている．この結果は，育児不安が強い母親は，⑨の項目「よその子と自分の子とを比較して気にする」傾向が強いことをあらわしている．また，図Ⅱ-7-7-6, 7に，それぞれ「育児のことで今まで心配なことがありましたか」と「他の人があなたの育児をほめたり批判したりするのは気になりますか」および「あなたが育児について努力しているのをほめて欲しいと思うことがありますか」とのクロス集計結果を示す．これらの2つの図から，⑩⑪の項目と育児不安はきわめて高い相関関係にあることがわかる．また，⑫の「自分の思い通りにものごとをすすめたいこと」も同様に育児不安の原因になっている．⑨〜⑫については，どの健診時点でも育児不安との相関はきわめてはっきりとしたものであった．

心配なことが「しょっちゅうあった」という母親の場合，「ほめて欲しい」という他の人からの承認欲求が強いが故に，人が自分の育児をどのように見ているかが非常に気になるのではないだろうか．そして，子どもを自分の思い通りに育てようとする傾向が強く，自分の子をあたかも自分の育児の成果品のように見なし，よその子と比較し，優劣を競う子育て競争をしてしまう傾向が強いのではないだろうか．⑨〜⑫の4つの不安要因は現代の親たちに特徴的なものであると考える．そのため，節

を改めて，本章第9節「現代母親の精神的ストレスとその新たな原因」で，ストレスとの関連でさらに考えることにする．

### 育児不安がもたらすもの

次に育児不安が結果としてもたらすものと考えられる項目について考える．それらの項目として今回の調査からは，

⑬体罰の多用（「お子さんを叱るとき，たたく，つねるとか，けるなどの体罰を用いますか」など）
⑭育児でのイライラ感（「育児でいらいらすることは多いですか」）
⑮育児での負担感（「子育てを大変と感じますか」）
⑯好ましくない親子関係
⑰子どもから離れたい（「お子さんと離れたい，と思うことがありますか」）
⑱産まなければよかった（「このお子さんを産んでよかったと思いますか」）

などが浮かびあがってきた．番号はこの項の育児不安の原因からの通し番号である．

⑬「体罰の多用」とは，「お子さんを叱るとき，たたく，つねるとか，けるなどの体罰を用いますか」や「叱る時，頭や顔などをたたいてしまうことがありますか」「叱る時物を使ってたたいてしまうことがありますか」などの質問に「いつも」とか「よくある」あるいは「ときどきある」と答える場合を指している．

図II-7-7-8に，「育児のことで今まで心配なことがありましたか」と「お子さんを叱るとき，たたく，つねるとか，けるなどの体罰を用いますか」とのクロス集計結果を示す．この図から，心配なことが「しょっちゅうあった」という母親の場合，体罰を「いつも」使うが4.2％，「ときどき」使うが73.3％，「使わない」は22.5％である．一方，心配が「あまりなかった」という母親の場合，体罰を「いつも」使うは1.2％，「ときどき」使うが59.4％，「使わない」は39.4％と，心配が「しょっちゅうあった」という母親に比べると体罰の使用ははっきりと少なくなっている．しかし，心配が「あまりなかった」という母親でさえ，6割の親が「たたく，つねるとか，けるなど」の体罰を使用しているという日本の現状は，早急に改善しなければならない．体罰の使用と育児不安との相関関係は，4か月児健診時点ではそれほどはっきりしないが，子どもの月齢とともに増加し，1歳6か月児健診時点でははっきりとした相関関係があらわれ，3歳児健診時点ではきわめてはっきりとした相関関係を示した．

図II-7-7-9に，3歳児健診での「育児のことで今まで心配なことがありましたか」と「お子さんと離れたい，と思うことがありますか」（⑰の項目）とのクロス集計結果を示す．図から，心配なことが「しょっちゅうあった」という母親の場合，15.6％の母親が子どもと離れた

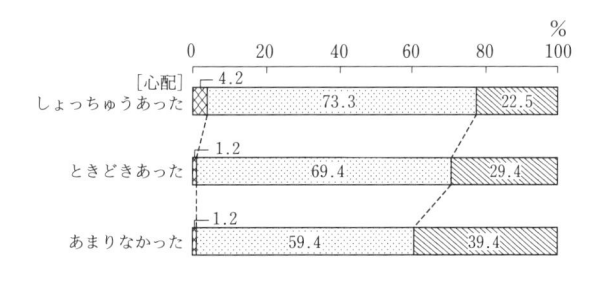

図II-7-7-8 「育児のことで今まで心配なことがありましたか」と「お子さんを叱るとき，たたく，つねるとか，けるなどの体罰を用いますか」とのクロス集計結果（3歳児健診）

図II-7-7-9 「育児のことで今まで心配なことがありましたか」と「お子さんと離れたい、と思うことはありますか」とのクロス集計結果（3歳児健診）

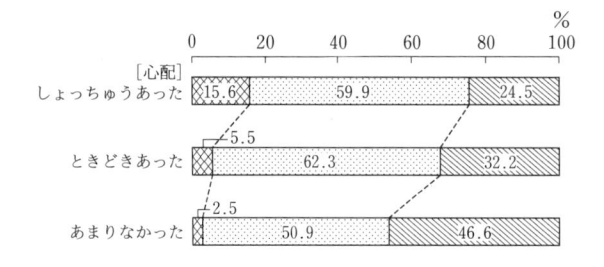

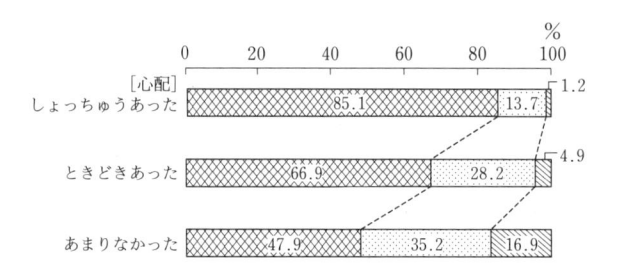

図II-7-7-10 「育児のことで今まで心配なことがありましたか」と「育児でいらいらすることは多いですか」とのクロス集計結果（3歳児健診）

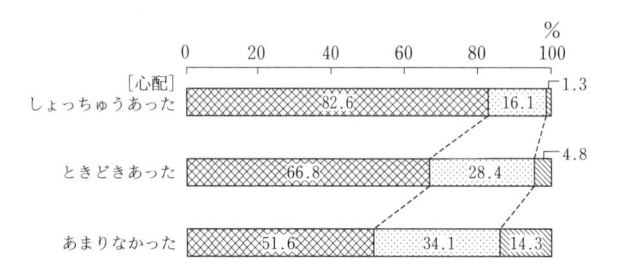

図II-7-7-11 「育児のことで今まで心配なことがありましたか」と「育児を大変と感じますか」とのクロス集計結果（1歳6か月児健診）

いと思うことが「よくある」と答え，「思わない」は24.5％にすぎない．一方，心配なことが「あまりなかった」という母親では，子どもと離れたいと思うことが「よくある」は2.5％にすぎず，46.6％の母親が離れたいとは「思わない」と答えている．このことから，育児不安の強い母親は子どもと一緒にいることに強い拒否感を抱いていることがわかる．子どもと離れたいという思いと育児不安は4か月児健診から3歳児健診まで同じようにきわめて高い相関を示した．育児での心配や不安が強く，この子を産まなかったらよかったと思いながら，しかも子どもと一緒にいることに強いストレスを感じている状況は，子ども虐待と背中合わせの生活であろうと考える．

⑯「好ましくない親子関係」と⑰「子どもから離れたい」，⑱「産まなければよかった」については，以下の第8節「親子関係と体罰，子どもの虐待予防」で検討する．そこでは⑬「体罰の多用」についてもさらに検討する．なお，⑯「好ましくない親子関係」とは具体的にどういうことかというと，子どもがしていることを「あれはいけない」「これはいけない」と禁止したり，子どもが同じことをしていても「ある時はしかり，ある時はみのがしたり」という矛盾したかかわりとか，子どもがしていることを黙って見ておれず口を出してしまうとか，という内容である．⑬「体罰の多用」や⑰「子どもから離れたい」，⑱「産まなければよかった」も，親子関係に関する質問項目である．

次に⑭「育児でのイライラ感」について検討する．図II-7-7-10に，3歳児健診での「育児のことで今まで心配なことがありましたか」と「育児でいらいらすることは多いですか」とのクロス集計結果を示す．この図からわかるように，心配なことが「しょっちゅうあった」という母親の85.1％が子育てはイライラすることが「多い」と答え，「いらいらしない」は1.2％にすぎな

い．一方，心配なことが「あまりなかった」という母親では，子育てはイライラすることが「多い」は 47.9％であり，「いらいらしない」が 16.9％である．この結果から，育児不安の強い母親は，育児でイライラすることがはっきりと多いことがわかる．とは言え，育児でのイライラ感を募らせている母親が 3 歳児健診時点でこのように多いことは，予測の範囲外であった．

図 II-7-7-11 に，1 歳 6 か月児健診での「育児のことで今まで心配なことがありましたか」と「育児を大変と感じますか」(⑮「育児での負担感」) とのクロス集計結果を示す．この図からわかるように，育児不安が子育ての負担感の原因のひとつになっていることがわかる．⑭の「育児でのイライラ感」と⑮の「育児での負担感」については，第 9 節の「現代母親の精神的ストレスとその新たな原因」で改めて考えることにする．

## II-7-8　育児不安とは相関関係がなかった質問項目──人間関係の希薄化

ここでは，母親の育児での心配や不安と関係がありそうで，そうでもなかった質問項目について考える．

まず，母親の就労と育児不安との関係であるが，どの健診時点でも有意な相関は認められなかった．3 歳児健診時点では，一見差があるように見えたので，内職と自営を外し，自由度を下げて $\chi^2$ 検定を実施した．しかし，5％水準の有意差には達しなかった．すなわち，母親の就労と育児不安との関係はないという結果である．

「子育てサークル」についてであるが，子育てサークルには元々育児不安の強い親たちが集まる傾向が認められた．「子育てに最も必要と思われることに○をしてください」というニーズ把握調査においても，育児不安の強い親たちが「育児サークルなどのような親子で集まれる場」に○をつける傾向がはっきりとあらわれている．そのためもあり，子育てサークルと育児不安とのクロス集計結果では，サークルに入っている親が不安が強いという傾向があらわれている．しかし，2 年以上子育てサークルに参加し続けているという母親の場合はあきらかに育児での心配や不安が少ないという結果が得られている．そのため，長くサークルに属していると育児不安が解消されるという効果があることがわかる．

「子育て仲間」の存在が育児不安をやわらげることを予想したが，育児不安との相関は認められなかった．また「近所の話し相手」の存在も，少し母親の育児不安をやわらげるものの有意差水準はせいぜい 1％どまりであり，顕著なものではなかった．これらの結果は，「育児サークル」への参加の結果も含めて，母親たちの対人関係が希薄になっているのではないかという危惧をいだかせるものである．

家庭の経済状況は，母親の育児不安とは特に相関は認められなかった．

以上，母親の育児での心配や不安について，その特徴を検討してきた．"育児不安の解消"は，子育て支援，次世代育成支援，子ども虐待予防のキーワードのひとつである．そして，ここに紹介したデータそのものが，"育児不安の解消"の方向性を示している．育児不安の具体的解消方策については，第Ⅳ章で述べることにする．

## II−8
# 親子関係と体罰，子どもの虐待予防

　暴力は人の心を萎縮させ，凍てつかせるものである．乳幼児期の子どもにとって，親は絶対的強者である．しかも，生きていく上で親に頼らざるを得ないことを子どもはよくわかっている．子どもは親の暴力をさけるために，親の顔をうかがったり，機嫌を取ったり，「いい子」を演じたり，意識的に，あるいは無意識的にいろいろと努力する．本来最も信頼できるはずの対象であり，庇護される対象であるべき親による暴力は，子どもの心に深刻なダメージを与え，子どもの心身の健全な発達を損なう危険性が非常に高い．身体的虐待だけでなく，心理的虐待やネグレクト（育児の放棄または怠慢），性的虐待が子どもに与える危害はトラウマ（心的外傷）となり，その子の一生を支配する．

　今，小学校でキレる子どもの増加が問題になっている．その中には虐待を受けながら育った子どもたちが多く含まれている．また私が担当している精神科「小児・思春期」専門外来では，虐待を受けながらも，小学校までは「いい子」を演じてきた子どもがいる．思春期・青年期になり不適応を起こし，受診するのである．1990年代の中頃に，「アダルトチルドレン」という言葉が話題になり，多くの出版物が発行された．アダルトチルドレンも言わば子ども虐待の産物である．自分が親になる時期になり，自分のつらい幼少期がよみがえり，結婚や子育てに支障をきたす事例も多い．私の基本的な志向は，これらの幼少期に心の傷を負ったが故に，思春期になり，大人になって精神的問題を抱えざるをえない事例をなくしたいという思いである．そのために子育て支援のボランティア活動をはじめたのである．

　一方，親は誰でもいい親でありたいと願い，子どもの健康な成長を願っている．にもかかわらず，なぜ子ども虐待というような事態が生じるのか．そのことを明らかにしたい，というのが「兵庫レポート」の基礎になった調査の元々のテーマであった．すなわち，「児童虐待発生要因の構造分析と地域における効果的予防方法の開発に関する研究」というテーマの厚生労働科学研究の一環として本書で報告している実態調査は実施されたのである．子ども虐待は何も日本だけの問題ではない．先進国と言われる諸国の共通の問題である．それは，子どもの人権に関心が向けられたために子ども虐待が問題になったという側面もある．発展途上国では子どもの人権ということはまだ視野に入っていない国もあるであろう．しかし，発展途上国やかつての日本における子どもの虐待と現在先進諸国といわれている国で起こっている子ども虐待とは質的に原因が異なる，と私は考えている．先進諸国の子ども虐待は経済的問題がベースにありながらも，親になる

ための準備がなされないままに親になるために，育児に対する経験不足や子どもを知らないことからくる育児でのストレスなど，心理的な問題が虐待の大きな原因になっている．その傾向は日本において特に顕著である．

　今日本では，子ども虐待への関心が高まっている．しかし，テレビや新聞等では，死に至ったケースにのみ焦点が当てられる傾向が強い．すでに起こってしまった死に至るような深刻な事例にのみ関心を寄せ，虐待に至った親を責める．そして，何も解決策を提示しないままに，次々に起こる虐待事件に埋没して終わっている現状はよくない．子ども虐待については，予防にこそ重点が置かれるべきである．ところが，現在使われている「子ども虐待予防」という言葉の意味するところが，私の考えている「予防」とはかなり異なるのである．この点についてはすでに触れたが，現在「子ども虐待予防」として現実にされていることは，すでに起こってしまった虐待ケースの進行予防である．さらに虐待がひどくならないように，という対策である．それも重要であるが，すでに本書で明らかになっているように，現在の日本の子育て現場の状況は"いつどこで子ども虐待が起こっても不思議がない"という状況である．この現状を放置した状態では，子ども虐待は後を絶たないであろう．今必要なことは，現代日本の子育て現場全体が抱えている深刻な現状をまず正確に把握することである．そして何をすることが，真に子ども虐待予防になり得るのか，を大人社会自身の問題として真剣に考えることである．

　この節で取り扱う内容のひとつは，身体的虐待と最も関係が深いと考えられる「体罰」である．ここでは，体罰を使用する母親の特徴をも調査データから明らかにしたい．この節で取りあげるもうひとつの内容は，親子関係である．親子関係に関する「兵庫レポート」の質問項目を検討し，育児における親子関係の特徴と子どもの年齢による変化，「大阪レポート」での親子関係との比較などについて考察する．

　「大阪レポート」の基礎になった調査結果を分析するなかで，私は親子関係にあらわれた強い「体罰指向」に非常に驚いた．そのため，『大阪レポート（名大出版会）』では，母性性の危機 (maternal deprivation) に言及せざるを得なかった．また，『大阪レポート（名大出版会）』では日本の親子関係がきわめて歪んだものであり，従来言われてきた育児不安にもとづく過保護・過干渉だけでは説明できないことを指摘した．

　今回の調査であきらかになった親子関係は，『大阪レポート（名大出版会）』のときとはまた違った意味で考えさせられるデータである．現在の親子関係の特徴は，「子どもを親の思い通りに支配しようとする親」と「子育て競争の激化」と言いあらわせるものである．また，強い体罰指向はそれほど変化していなかった．体罰との関連で，今回の調査結果から浮かびあがってきた子ども虐待予防方策についてもここで述べることにする．

## II-8-1　親子関係のパターンの変化とその特徴——「不安と支配」傾向の増大

　この項では，親子関係に関する質問の説明と，「大阪レポート」と今回の調査での親子関係の変化について，考える．

### 親子関係診断用の質問についての説明

まず，この調査で使用している親子関係に関する質問について説明する．

親子関係の調査では，「田研式親子関係診断テスト」から代表的な質問項目を選び使用した．田研式の親子関係診断テストでは，消極的拒否型，積極的拒否型，厳格型，期待型，干渉型，不安型，溺愛型，盲従型，矛盾型，不一致型の10の軸を設定し親子関係を考えている．そして，それぞれの軸について標準化された10個の質問，合計100個の質問で総合判定をするように構成されている．本調査ではボリュームの制約があるため，それぞれの軸について代表的な質問を1つずつ選び，調査した．本書で主に取り上げている今回の第一・二次調査で使用した質問項目は以下のとおりである．

〈「兵庫レポート」の第一・二次調査の質問内容〉
　①消極的拒否：このお子さんとはなんとなく気があわないように思いますか
　②体罰：お子さんを叱るとき，たたく，つねるとか，けるなどの体罰を用いますか
　③厳格・禁止：お子さんのしていることを「あれはいけない」「これはいけない」と禁止しますか
　④比較・期待：お子さんをよそのお子さんと比較して見ることが多いですか
　⑤干渉：お子さんがしていることを黙ってみていられなくて，口出ししますか
　⑥不安：育児で不安になることはありますか
　⑦溺愛：子どもだけが生きがいだと思っていますか
　⑧盲従：お子さんがおもしろそうにしていれば悪いことでもしかったり禁止したりできにくいですか
　⑨矛盾：お子さんが同じことをしているのに，ある時はしかり，ある時はみのがしたりしますか
　⑩片親任せ：お子さんの事に関しては，一方の親だけが責任をとり他方はまかせっきりですか

なお，4か月児健診と10か月児健診では上の質問中の「お子さん」という言葉は「赤ちゃん」と言い換えている．また，本調査は標準化した質問群を使用している訳ではないので，「田研式親子関係診断テスト」の診断軸とは異なる表記も使用している．

以下に，「大阪レポート」で使用した質問項目を示す．下線部は「兵庫レポート」の第一・二次調査で使用した質問と表現が異なる箇所である．

〈「大阪レポート」の質問内容〉
　①消極的拒否：(今回の第一・二次調査と同じ)
　②体罰：子どもをしかる時，打つとか，つねるとか，しばるというような体罰を用いますか
　③厳格・禁止：(今回の第一・二次調査と同じ)
　④比較・期待：子どもを他家の子どもと比較して気にしていますか
　⑤干渉：子どもがしていることを黙ってみていられなくて干渉しますか
　⑥不安：親としてもっと子どもにしてやるべきことがあるように思われて心配ですか
　⑦溺愛：あなたは子どもを目の中に入れても痛くないほどかわいがったり，子どもだけをただひとつのなぐさめとしていますか

⑧盲従：（今回の第一・二次調査と同じ）
⑨矛盾：（今回の第一・二次調査と同じ）
⑩片親任せ：（今回の第一・二次調査と同じ）

「大阪レポート」で使用した質問内容と，今回の第一・二次調査で使用した質問内容は，①③⑧⑨⑩以外の5つの質問内容が異なっている．その理由のひとつは，例えば体罰の質問の場合，「子どもをしかる時，打つとか，つねるとか，しばるというような体罰を用いますか」という表現が少し古風であり，新しい質問に変えた方がいいと考えたためである．もうひとつの理由は，「大阪レポート」との比較を当初それほど意識していなかったことである．

なお，今回の第三次調査では，「⑥不安」と「⑦溺愛」以外は「大阪レポート」と同じ質問にもどして調査をしなおした．

### 親子関係の変化──増大する育児不安と子ども支配傾向

図II-8-1-1に，上記の質問を使用した親子関係の図を「大阪レポート」と比較して示している．なお，「不安」については上記⑥の質問を使わず，図II-8-1-1(a)(b)ともに「育児のことで今

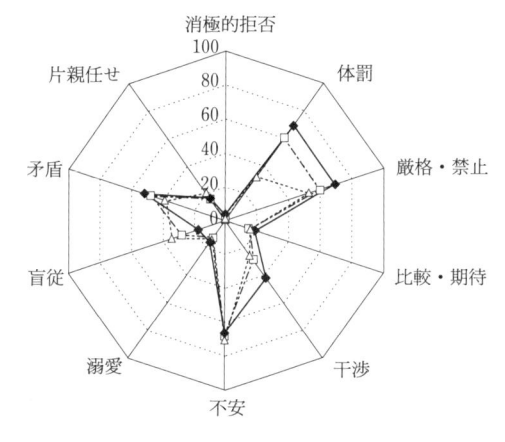

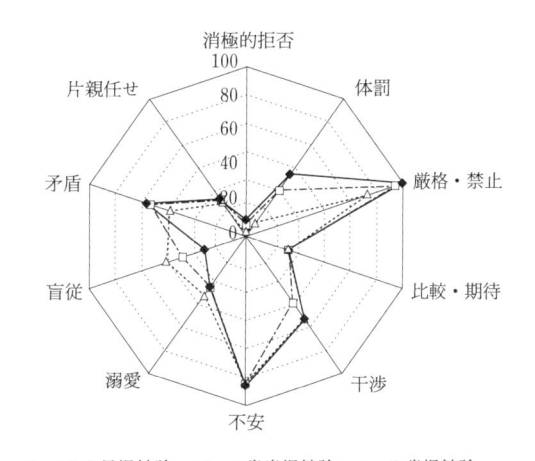

図II-8-1-1　親子関係の月齢変化

表II-8-1-1　親子関係に関する質問結果の比較

|  | 大阪レポート | | | 兵庫レポート | | |
|---|---|---|---|---|---|---|
|  | 10か月児健診 | 1歳6か月児健診 | 3歳6か月児健診 | 10か月児健診 | 1歳6か月児健診 | 3歳児健診 |
| 消極的拒否 | 0.8 | 1.8 | 4.0 | 2.7 | 5.8 | 8.5 |
| 体罰 | 32.4 | 61.0 | 69.4 | 8.3 | 32.3 | 44.1 |
| 厳格・禁止 | 53.1 | 60.3 | 70.0 | 77.5 | 94.8 | 101.4 |
| 比較・期待 | 15.8 | 14.4 | 18.2 | 26.0 | 26.9 | 26.0 |
| 干渉 | 25.0 | 28.2 | 41.4 | 59.9 | 48.4 | 59.9 |
| 不安 | 70.4 | 68.1 | 67.0 | 87.4 | 86.8 | 88.6 |
| 溺愛 | 13.7 | 12.8 | 15.7 | 42.0 | 36.9 | 36.8 |
| 盲従 | 34.5 | 27.7 | 17.2 | 50.2 | 40.4 | 26.4 |
| 矛盾 | 38.9 | 47.7 | 51.7 | 47.8 | 60.2 | 61.6 |
| 片親任せ | 20.2 | 15.7 | 16.3 | 25.2 | 24.3 | 26.8 |

まで心配なことがありましたか」という質問を使用した．また，②体罰，④比較・期待，⑤干渉については第三次調査のデータを使用した．そのため，図II-8-1-1および以下に示す図II-8-1-2〜4では「⑦溺愛」を除いては，「大阪レポート」と同じ質問になっている．また，数値は，『大阪レポート（名大出版会）』では回答の「いつも」と「ときどき」のパーセンテージの和を使用したが，今回は「田研式親子関係診断テスト」と同じく，「いつも」のパーセンテージを2倍にし「ときどき」のパーセンテージと和した値を使用した．本書で出てくる親子関係の図はすべてそのように計算した値である．そのため，図II-8-1-1(b)の「厳格・禁止」軸のように100を越える数字も登場している．

　図II-8-1-1には，(a)に「大阪レポート」の親子関係の月齢変化を，(b)には今回の調査「兵庫レポート」の図を示している．また，表II-8-1-1には，それらの数値を示している．図II-8-1-1のような親子関係を表すレーダーチャート図では，値が大きくなるほど，すなわち，図の外側に行くほど，親子関係は良くない状態である．

　『大阪レポート（名大出版会）』では，親子関係の10個の質問間のクロス集計を行い，相互に強い相関があることを示した．そして，図II-8-1-1の親子関係のパターンは，日本の母親の平均的な親子関係を示していることを説明した．今回の調査でも同様のことが言えている．その結果，図II-8-1-1(a)は，1980年代初頭の平均的な親子関係をあらわし，図II-8-1-1(b)は現在の平均的な親子関係をあらわしていると理解していただいて差し支えない．当然，個々の親子によって親子関係は異なるものである．今回の調査では，そのあたりのことを親子関係とのクロス集計結果の図とし

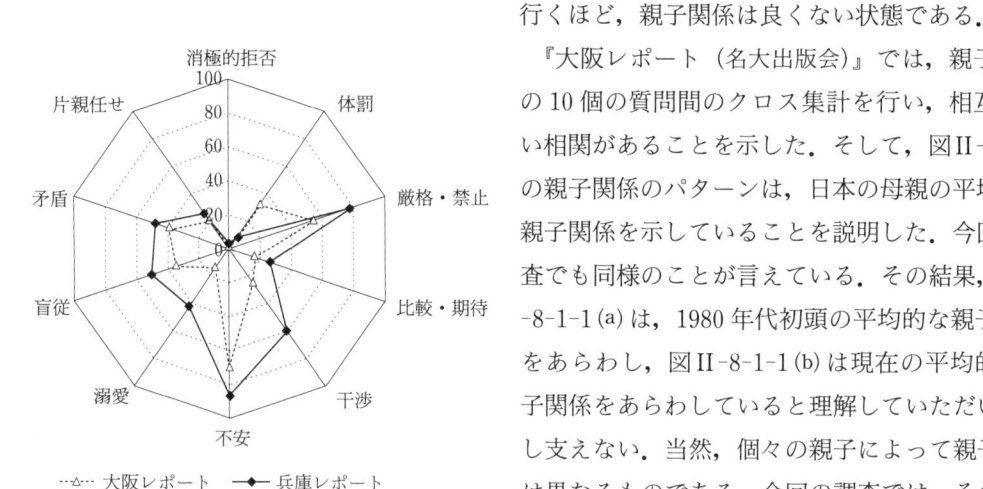

図II-8-1-2　親子関係の比較（10か月児健診）

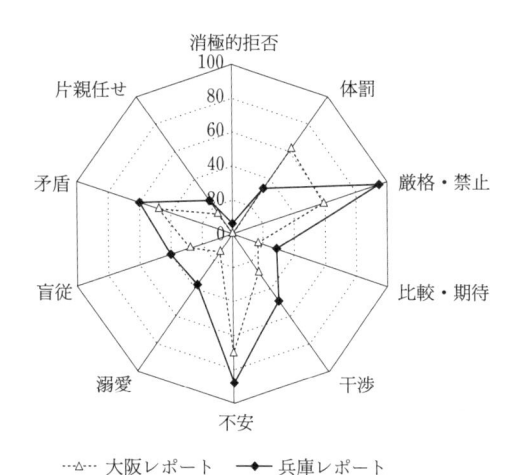

図II-8-1-3　親子関係の比較（1歳6か月児健診）

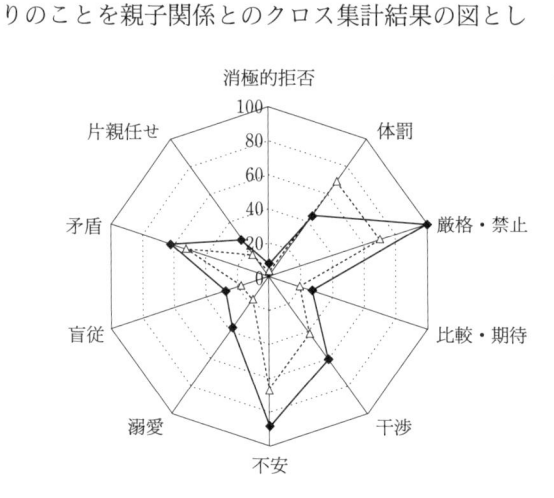

図II-8-1-4　親子関係の比較（3歳児健診）

てあきらかにしている．

　図II-8-1-1(a)の「大阪レポート」の図では，「体罰」と「厳格・禁止」「不安」「矛盾」の4つの軸の突出が特徴であった．一方，今回の調査では，「厳格・禁止」と「不安」の2つの軸が「大阪レポート」よりもさらに大きく突出したこと，「干渉」軸が大きく増えたこと，そして「体罰」が減少したことが特徴である．ただし，この「体罰」に関しては後で検討するように，減少したとは必ずしも言い切れないところがある．

　さらに月齢ごとに詳しく見ていきたい．図II-8-1-2には，「大阪レポート」と「兵庫レポート」の10か月児健診での親子関係を比較している．図からわかるように，「体罰」以外は今回の調査の方が大きく外側に寄っている．特に，子どもがしていることを「あれはいけない」「これはいけない」と禁止するという「厳格・禁止」の傾向が非常に強くなり，子どもがしていることを黙ってみていられなくて干渉するという傾向も強くなっていることがわかる．「不安」もかなり強くなっている．「溺愛」については，質問が異なるので，ここでは議論しない．また，「体罰」については項を改めて議論する．

　図II-8-1-3には，1歳6か月児健診での親子関係を比較している．ここでも「厳格・禁止」が大きく外側に変化している．そして，「不安」「干渉」もかなり強くなり，「比較・期待」「矛盾」も強くなっている．「体罰」は大きく減少している．図II-8-1-4には3歳児健診での結果を比較している．ここでも「厳格・禁止」が強くなっており，101.4と100を越える大きな値になっている．また，「不安」「干渉」が増えている．「体罰」は減少している．

　これらの図表にあらわれた親子関係の変化は，育児不安の増大と，子どもがしていることを黙ってみておれず，口出ししたり，「あれはいけない」「これはいけない」と禁止したりという，子どもを親の意向に従せようという傾向，すなわち，「子ども支配」の傾向が強くなっていると言える．「体罰」は，ここでは減少している，となっているが，本節3項で検討するように，必ずしも減少しているとは言い切れない．

## II-8-2　新しい質問による親子関係図と親子関係とのクロス集計結果の図

　本書では前項で「兵庫レポートの第一・二次調査の質問内容」としてあげた10個の親子関係に関する質問と他項目とのクロス集計結果を，親子関係とのクロス集計結果としてレーダーチャート図で表示し，すでに使用してきた．このような親子関係と他項目とのクロス集計のレーダーチャート図は，『大阪レポート（名大出版会）』では使用していない．今後は「兵庫レポートの第一・二次調査の質問」を「兵庫レポートでの親子関係の質問」と呼ぶことにする．ここでは「兵庫レポートでの親子関係の質問」とそれによる親子関係パターンおよび親子関係の質問と他項目とのクロス集計結果のレーダーチャート図について説明する．

### 親子関係のクロス集計に使用した質問について

　「兵庫レポートでの親子関係の質問」を使用した場合の親子関係パターンの月齢変化を図II-8-2-1に示す．クロス集計をするためには，同一調査用紙に質問が入っていなければいけない．そ

図II-8-2-1 親子関係の月齢変化（第一・二次調査の質問を使用）

……△…… 10か月児健診　――□―― 1歳半児健診　――◆―― 3歳児健診

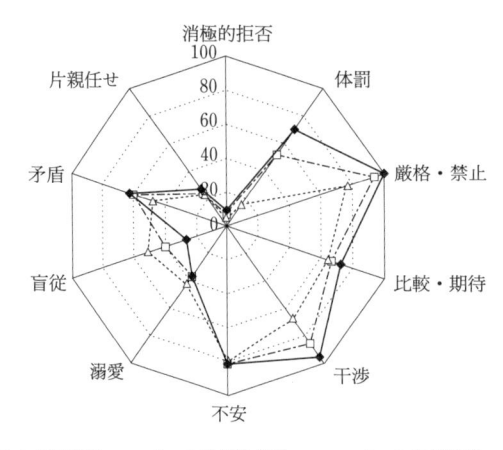

のため，親子関係の質問と他項目とのクロス集計という場合には，すべて図II-8-2-1で使用した質問を使っている．

図II-8-2-1と図II-8-1-1(b)では，「体罰」「比較・期待」「干渉」「不安」の4つの質問が異なる．図II-8-2-1と図II-8-1-1(b)を比較するとき，「不安」についてはほとんど変化がないが，「体罰」「比較・期待」「干渉」については新しい質問を使用した図II-8-2-1の方が値が大きくなっていることがわかる．このように質問の表現のちょっとした違いで結果は大きく異なるのである．そのため，それらの質問内容の違いについて，簡単に触れておく．

「不安」については，図II-8-1-1(b)では本章第7節で詳しく検討した「育児のことで今まで心配なことがありましたか」という質問を使用している．一方，図II-8-2-1では「育児で不安になることはありますか」という質問を使用している．「不安」という言葉と「心配」という言葉は，これまであまり区別していなかったが，「不安」というのは本来は具体的対象のない漠然とした心配である．一方，「心配」は具体的な対象に対するものである．しかし，一般にはそれほど厳密には区別されていない．

「干渉」では，図II-8-1-1(b)は「子どもがしていることを黙ってみていられなくて干渉しますか」を使用し，図II-8-2-1では「お子さんがしていることを黙ってみていられなくて，口出ししますか」を使用した．「子どもがしていることを黙ってみていられなくて干渉しますか」という質問では，「干渉」という言葉がかなり否定的ニュアンスが強いため，「口出ししますか」という質問の方がいいように思う．

「比較・期待」については，図II-8-1-1(b)では「子どもを他家の子どもと比較して気にしていますか」を使用し，図II-8-2-1では「お子さんをよそのお子さんと比較して見ることが多いですか」という質問を使用している．後者の質問はあまりにも中性的であり，「比較して気にしていますか」という方がよかったか，とも思う．しかし，クロス集計結果では，この質問でもはっきりとした相関があらわれている．

「体罰」については，図II-8-1-1(b)では「子どもをしかる時，打つとか，つねるとか，しばるというような体罰を用いますか」を使用し，図II-8-2-1では「お子さんを叱るとき，たたく，つねるとか，けるなどの体罰を用いますか」を使用した．前者の質問では「打つ」というのが文語調のため，「たたく」のほうがよく，また，「しばる」ということは昔はよくあったのだが，今は「しばる」というよりは「ける」という体罰が多用されていると考えられるので，後者の質問の方が適当と考える．ただ，「大阪レポート」との比較という点で，第三次調査では「子どもをしかる時，打つとか，つねるとか，しばるというような体罰を用いますか」を使った．しかし，

今の親たちの感覚からすると，なかなか「はい」とは答えにくい質問文である．この点については次の項で検討する．

### 親子関係とのクロス集計結果について——「イライラ感」を例に

図II-8-2-2に，「育児でいらいらすることは多いですか」と「兵庫レポートでの親子関係の質問」とのクロス集計結果をレーダーチャート図で示す．この図を例に，親子関係と他項目とのクロス集計結果のレーダーチャート図を説明する．これまで，クロス集計結果の図としては，図II-8-2-3のような，帯グラフが主であった．図II-8-2-3は，「育児でいらいらすることは多いですか」と「比較・期待」である「お子さんをよそのお子さんと比較して見ることが多いですか」とのクロス集計結果を示している．この帯グラフと図II-8-2-2のレーダーチャート図との関係を説明する．

図II-8-2-3には，「育児でいらいらすることは多いですか」という質問に，「はい」「どちらともいえない」および「いいえ」と回答した群ごとに，「お子さんをよそのお子さんと比較して見ることが多いですか」という質問の結果を帯グラフとして示している．この図から，育児でのイライラ感の強い母親は，よその子と自分の子を比較して見ることが多い，と結論づけられる．このようにクロス集計結果を見てきたが，図II-8-2-2の親子関係と「イライラ感」とのクロス集計結果では，10個の質問とのクロス集計結果を1つの図で表している．図II-8-2-3に示した結果は，図II-8-2-2の「比較・期待」軸のところに示されている．どのように示しているか，というと，図II-8-2-2の「はい」の線の「比較・期待」のところには，図II-8-2-3の「はい」の帯グラフの「いつも」のパーセンテージ，6.9の2倍と「ときどき」のパーセンテージ，60.7を足した値，すなわち，6.9×2+60.7＝74.5がプロットされている．同様に，図II-8-2-2の「どちらともいえない」の線の「比較・期待」のところには，図II-8-2-3の「どちらともいえない」の帯グラフの「いつも」のパーセンテージ，2.9の2倍と「ときどき」のパーセンテージ，57.7

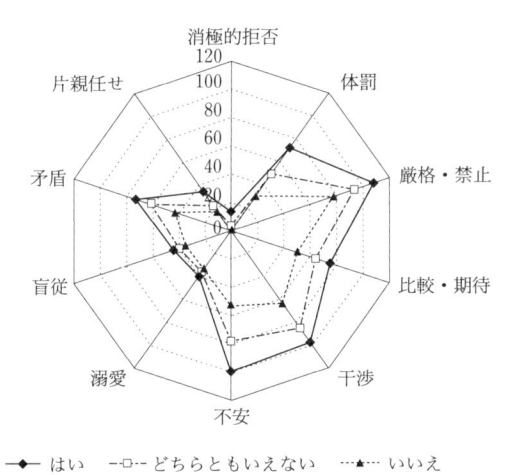

図II-8-2-2 「育児でいらいらすることは多いですか」と親子関係とのクロス集計結果（1歳6か月児健診）

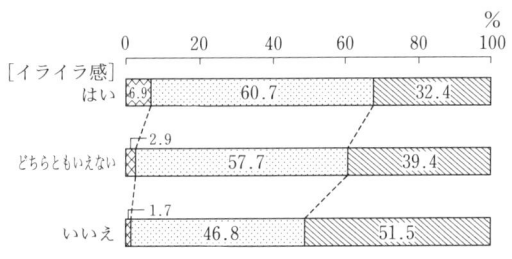

図II-8-2-3 「育児でいらいらすることは多いですか」と「お子さんをよそのお子さんと比較して見ることが多いですか」とのクロス集計結果（1歳6か月児健診）

200　第II章　変わる親子，変わる子育て

を足した値，すなわち，2.9×2+57.7=63.5 がプロットされているのである．このようにして，図II-8-2-2 のような親子関係と他項目とのクロス集計結果の図が作られている．図II-8-2-2 は，図II-8-2-3 のような帯グラフ 10 個を 1 つの図にして示しているので，情報量は少ない部分もあるが，親子関係のパターンが見えるという利点がある．例えば，図II-8-2-2 の「イライラ感」と親子関係とのクロス集計結果の図を見れば，育児での「イライラ感」が強い親は「イライラ感」が低い親に比べ，あきらかに不安が強く，自分の子をよその子と比較して見ることが多く，子どものしていることを黙ってみていることができず口出しし，矛盾した子どもへのかかわりが多く，「あれはいけない」「これはいけない」と禁止することが多く，体罰もよく使っているということが，一目でわかるのである．

## II-8-3　日本の親たちの強い体罰指向は改善されているのだろうか

ここでは，親子関係の質問の中の体罰についての質問結果について考える．「大阪レポート」の分析の過程では，あまりにも多い体罰の使用に私は非常に驚いたが，当時の感覚としては，「叩かないでどうやってしつけるのか」という親も多かったと思う．しかし現在，子ども虐待が大きな社会問題になる中で，子どもを叩くことについては"よくないこと"である，という認識はかなりひろがっているように感じる．にもかかわらず，叩かずにはおれない育児の現実があり，一度叩き始めると自分を止められない親たちがいるのである．親たちの体罰指向はどう変化しているのであろうか．

図II-8-1-1 に「大阪レポート」と今回の調査での親子関係を比較して示した．図II-8-1-1 を見ると，20 数年前の「大阪レポート」の頃に比べ，親の体罰指向は減少しているように見える．しかし，図II-8-1-1 では「子どもをしかる時，打つとか，つねるとか，しばるというような体罰を用いますか」という質問を使っている．この質問についてはすでに述べたが，「打つ」とか「しばる」という文語調は，現在の親には違和感の強いものである．第一・二次調査で使用した「あなたはお子さんを叱るとき，たたく，つねるとか，けるなどの体罰を用いますか」という質問では，図II-8-2-1 からわかるように，「体罰」軸の値は「大阪レポート」の値とほとんど変わりがない．そのことをもう少し明確化するために，図II-8-3-1 に，今回の調査で使用した質問，「あなたはお子さんを叱るとき，たたく，つねるとか，けるなどの体罰を用い

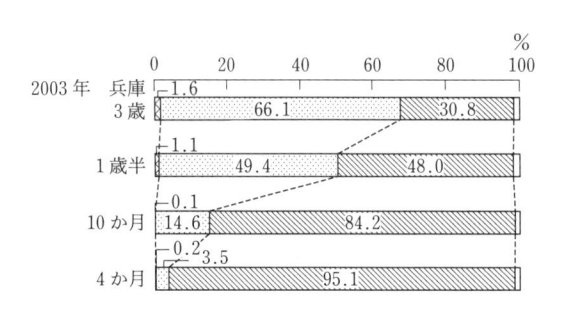

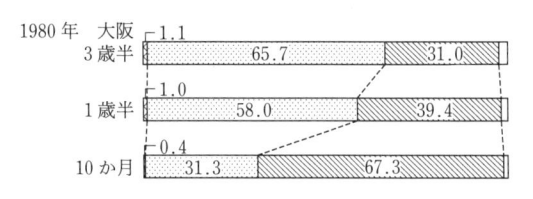

図II-8-3-1　お子さんを叱るとき，たたく，つねるとか，けるなどの体罰を用いますか

注：ただし，「大阪レポート」での質問は，「子供をしかる時，打つとか，つねるとか，しばるというような体罰を用いますか」である．

ますか」に対する結果と「大阪レポート」での結果を比較した帯グラフを示す．図からわかるように，10か月児健診時点では，「兵庫レポート」の方が「大阪レポート」よりも体罰の使用は約2分の1に減っているが，1歳6か月児健診では今回の調査では，「いつも」：1.1％，「ときどき」：49.4％であり，「大阪レポート」の結果と「ときどき」が約9ポイント少ないが，「いつも」は変わらない．3歳児健診では，今回の調査は「いつも」：1.6％，「ときどき」：66.1％であり，「大阪レポート」の値とほとんど変わらない．すなわち，3歳児健診時点では，3人に2人という多くの母親が体罰を使用していることがわかる．「大阪レポート」よりも少ないとは言え，1歳6か月児健診では半数の母親が体罰を使用しているのである．10か月の赤ちゃんにも体罰を使う母親がかなりあるが，非常に気になる結果である．

我々が今実践しているカナダの親支援プログラム "Nobody's Perfect" では親が安心して話ができる場を提供することを最もたいせつにしている．カナダでの状況を聞くと，そのようなプログラムの中でさえ，親が子どもを叩いているということを聞くとファシリテーターは虐待として通報をするのだそうだ．「日本では体罰指向が強く，カナダのようにはいかない」ということを説明すると，「カナダでも20年くらい前まではそうでした」とのこと．日本でも，一刻も早くカナダのようになることを願わずにはいられない．

よく「体罰を使わないで，どうやってしつけるのですか」と聞かれることがある．しかし，しつけと体罰とは直接的には関係がない．体罰で「してはいけないこと」が理解できるということがない訳ではないが，体罰の弊害の方が大きく，危険な方法である．体罰を使わなくてもしつけられる子育てスキルを親が身につけるよう支援することが必要である．それとともに，日本社会にある根強い体罰指向を是正することが何よりもたいせつである．

## II-8-4 体罰を用いている母親の特徴

「お子さんを叱るとき，たたく，つねるとか，けるなどの体罰を用いますか」という質問と他項目とのクロス集計結果では，多くの項目できわめてはっきりとした相関関係があった．それらを以下に列挙した．ここに挙げた項目はすべて，$\chi^2$検定において0.0％未満の有意差水準で相関のあった質問項目ばかりである．なお，カッコ内は$\chi^2$値である．$\chi^2$値が大きいほど相関が高いことをあらわしている．

### 1歳6か月児健診での「体罰を用いる母親の特徴」

1歳6か月児健診で，「お子さんを叱るとき，たたく，つねるとか，けるなどの体罰を用いますか」という質問と$\chi^2$検定において0.0％未満の有意差水準で相関のあった質問項目を以下に列挙する．子どもを叱るとき，「たたく，つねるとか，ける」などの体罰を用いる母親の特徴として述べる．

①育児でイライラすることが多い（180）
②育児に自信がもてない，と感じることが多い（122）
③子どもが何を要求しているかがわかりにくい（59）

④子どもをかわいいと思えない（60）
⑤「お子さんと一緒にいると楽しいですか」という質問に「はい」と答えられない（48）
⑥天気の良い日でも，子どもを外では遊ばせない（29）
⑦子育てを大変と感じている（40）
⑧自分の子どもを持つ前にイメージしていた育児と実際の育児とのギャップを感じる（36）
⑨自分の親（又は親に代わる人）に，かわいがられなかった（81）
⑩自分の親（又は親に代わる人）から厳しい体罰を受けたことがある（87）
⑪子どもと離れたい，と思う（110）
⑫この子を産んでよかったと思えない（45）
⑬子どもが同じことをしているのに，ある時はしかり，ある時はみのがしたりする（61）
⑭子どもがしていることを黙ってみていられなくて，口出しする（86）
⑮子どもをよその子と比較して見ることが多い（32）
⑯子どものしていることを「あれはいけない」「これはいけない」と禁止する（148）
⑰この子とはなんとなく気があわないように思う（31）
⑱「母親の関心事」として「お金（家計）」をあげる（43）
⑲「経済状態についてお聞きします」に，「苦しい」と答える（25）
⑳「育児情報」についてのニーズが少ない（15）

などの特徴が，体罰を用いる母親にはあることがはっきりとした結果として得られている．

### 3歳児健診での「体罰を用いる母親の特徴」

次に，3歳児健診での，「お子さんを叱るとき，たたく，つねるとか，けるなどの体罰を用いますか」という質問と相関のあった質問項目を以下に列挙する．ここに挙げるものは，$\chi^2$検定において0.0％未満の水準で有意差のあったものばかりである．項目としては，子どもを叱るとき，「たたく，つねるとか，ける」などの体罰を用いる母親の特徴として述べる．

①育児でイライラすることが多い（130）
②育児に自信がもてない，と感じることが多い（63）
③子どもが何を要求しているかがわかりにくい（50）
④「お子さんと一緒にいると楽しいですか」という質問に「はい」と答えられない（73）
⑤子どもにどうかかわったらいいか迷う（54）
⑥天気の良い日でも，子どもを外では遊ばせない（72）
⑦子育てを大変と感じている（43）
⑧トイレットトレーニングについて「まだ考えていない」と答える（37）
⑨食事など何も与えないことがある（18）
⑩食事で気をつけていることとして，「栄養のバランス」をあげない（27）で，「しつけ」をあげる（19）
⑪子どもに話しかけながら世話をしたり，遊んだりすることが少ない（29）
⑫おむつや食事の世話以外に子どもと遊んだり散歩したりする時間が少ない（29）

⑬育児のことで今まで「しょっちゅう」心配だった（47）
⑭夫が育児に協力的でない（24）
⑮夫が子どもと一緒に遊ばない（62）
⑯自分の子どもを持つ前にイメージしていた育児と実際の育児とのギャップを感じる（31）
⑰自分の思い通りにものごとをすすめたい（29）
⑱子どもと離れたい，と思う（55）
⑲この子を産んでよかったと思えない（43）
⑳育児で不安になることが多い（52）
㉑子どもが同じことをしているのに，ある時はしかり，ある時はみのがしたりする（107）
㉒子どもがしていることを黙ってみていられなくて，口出しする（157）
㉓子どもをよその子と比較して見ることが多い（52）
㉔子どものしていることを「あれはいけない」「これはいけない」と禁止する（137）
㉕この子とはなんとなく気があわないように思う（44）
㉖叱るとき，顔や頭などをたたいてしまうことがある（409）
㉗叱るとき，ものを使ってたたいてしまうことがある（48）
㉘「母親の関心事」として「お金（家計）」をあげる（43）

というような特徴が体罰を使用する母親にはある．

このように，現実に体罰を用いている母親の特徴を見たとき，しつけのためには体罰も必要だ，という主張はとうてい容認できるものではない．

### 体罰傾向と相関がなかった質問項目

一方，1歳6か月児健診および3歳児健診ともに，体罰傾向との相関関係が認められなかった項目の中で，注目に値する項目を以下に列挙する．

①育児の手伝いをしてくださる方はありますか
②近所でふだん世間話をしたり，赤ちゃんの話をしたりする人がいますか（「近所の話し相手」）
③親子で一緒に過ごす子育て仲間がいますか（「子育て仲間」）
④育児や家庭のことについて，他の人とおしゃべりするのは好きですか（「話好き」）
⑤育児サークルに参加したことがありますか（「子育てサークル」）
⑥あなたは自分の子どもが生まれるまでに，他の小さい子どもさんを抱いたり，遊ばせたりした経験はありましたか（「子どもとの接触経験」）
⑦あなたは自分の子どもが生まれるまでに，他の小さい子どもさんに食べさせたり，おむつをかえたりした経験はありましたか（「育児経験」）
⑧家族構成
⑨住居形態
⑩子どもの発達

私は「近所の話し相手」「子育てサークル」など，当事者同士の支え合いやセルフヘルプ・グ

ループに注目してボランティア活動をすすめているが，今回の調査では体罰傾向とは直接関係がないことがわかった．また，子どもの発達との関係も認められなかった．

## II-8-5　体罰の原因と子ども虐待予防方策について

前項で列挙した体罰を使用する母親の特徴から，体罰の原因をいくつかのグループに分けて考えてみる．これらの原因を解消する方策が，すなわち子ども虐待の予防につながる対策である．

### 親になるための準備ができていないこと

結果として，本章のほとんどすべての節で取り上げることになっているが，親になるための準備ができていないことがまず大きな原因として挙げられる．本章第5節で現代の母親について検討したが，日本社会の急激な変化の中で，親自身が育ちの中で育児を体験できなくなっていること，結果として，乳幼児を知らないことや育児のスキルが身についていないことなどが体罰の誘因になっている．具体的には，

①自分の子どもを持つ前にイメージしていた育児と現実の育児とのギャップが大きい場合
②子どもが何を要求しているかがわかりにくい場合
③子どもにどうかかわったらいいか迷うことが多い場合
④育児に自信がもてない，と感じることが多い場合

などである．

これらの一例として，図II-8-5-1に，1歳6か月児健診での「育児に自信がもてない，と感じることがありますか」と「お子さんを叱るとき，たたく，つねるとか，けるなどの体罰を用いますか」とのクロス集計結果を示す．この図より，育児に自信がもてないと感じることが多い場合に，体罰が多用されていることがわかる．

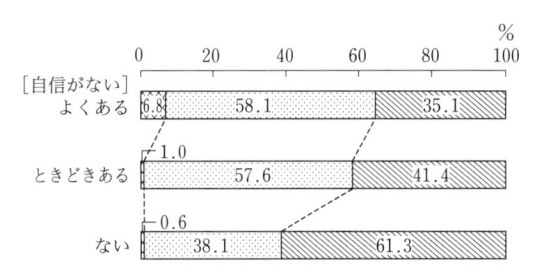

図II-8-5-1　「育児に自信がもてない，と感じることがありますか」と「お子さんを叱るとき，たたく，つねるとか，けるなどの体罰を用いますか」とのクロス集計結果（1歳6か月児健診）

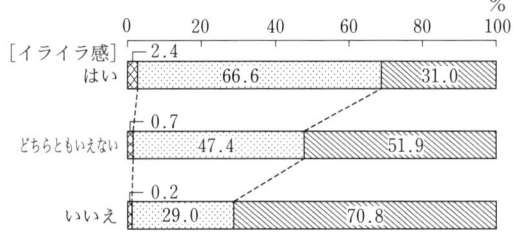

図II-8-5-2　「育児でいらいらすることは多いですか」と「お子さんを叱るとき，たたく，つねるとか，けるなどの体罰を用いますか」とのクロス集計結果（1歳6か月児健診）

### 不安やイライラなど，精神的ストレスが溜まっていること

2つ目の体罰の原因は，育児における心配や不安が強く，育児でのイライラや負担感がつのっていることである．これらは先の①〜④よりも，より直接的に体罰の使用とむすびついているものである．列挙すると，

⑤育児での心配や不安が強い場合（図Ⅱ-7-7-8）
⑥育児でのイライラ感が強い場合
⑦育児での負担感が強い場合
⑧夫が協力的でない場合
⑨経済的に苦しい場合

これらの一例として，図Ⅱ-8-5-2に，1歳6か月児健診での「育児でいらいらすることは多いですか」と「お子さんを叱るとき，たたく，つねるとか，けるなどの体罰を用いますか」とのクロス集計結果を示す．

これら⑤〜⑨の「不安やイライラなど，育児における精神的ストレスが溜まっていること」の内，育児不安については，前節で検討した．精神的ストレスについては，次節「現代母親の精神的ストレスとその新たな原因」で，さらに検討する．

### 子どもに対する拒否感を感じる場合

3番目に子どもに対する拒否感を強く感じている場合が挙げられる．具体的には，

⑩子どもと一緒にいることが楽しいと思えない場合
⑪子どもがかわいいと思えない場合
⑫子どもと離れたい，と思う場合
⑬この子を産んでよかったと思えない場合
⑭子どもとなんとなく気があわないと感じる場合

など，子どもに対する拒否感を感じる状況が体罰の誘因となっている．これらの一例として，図Ⅱ-8-5-3に，1歳6か月児健診での「お子さんと離れたい，と思うことはありますか」と「お子さんを叱るとき，たたく，つねるとか，けるなどの体罰を用いますか」とのクロス集計結果を示す．

この「子どもに対する拒否感を感じる場合」については，次項で事例を挙げてさらに説明を加えることにする．

### 親子関係に無理がある場合

親子関係に無理がある場合にも，体罰が多用されている．この場合，子どもは乳幼児であるから，子どもの方に何か原因がある場合は少ないと考えられる．そのため，親の方の

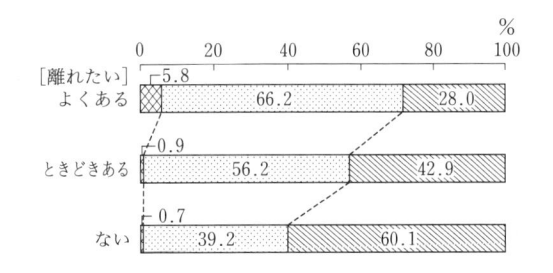

[離れたい]
よくある： 5.8 / 66.2 / 28.0
ときどきある： 0.9 / 56.2 / 42.9
ない： 0.7 / 39.2 / 60.1

［体罰］ いつも　ときどき　いいえ

図Ⅱ-8-5-3　「お子さんと離れたい，と思うことはありますか」と「お子さんを叱るとき，たたく，つねるとか，けるなどの体罰を用いますか」とのクロス集計結果（1歳6か月児健診）

図II-8-5-4 「お子さんのしていることを「あれはいけない」「これはいけない」と禁止しますか」と「お子さんを叱るとき、たたく、つねるとか、けるなどの体罰を用いますか」とのクロス集計結果（1歳6か月児健診）

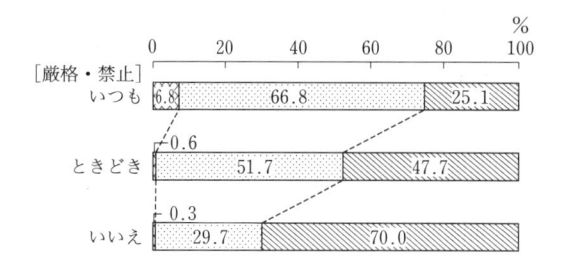

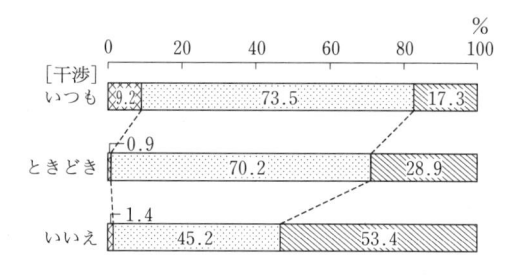

図II-8-5-5 「お子さんがしていることを黙ってみていられなくて、口出ししますか」と「お子さんを叱るとき、たたく、つねるとか、けるなどの体罰を用いますか」とのクロス集計結果（3歳児健診）

問題ということになる．親子関係に無理がある場合とは，具体的にどういうことか，というと，
⑮子どもがしていることを黙ってみておれず，口出しをしてしまうことが多い場合（干渉型）
⑯子どもがしていることを「あれはいけない」「これはいけない」と禁止することが多い場合（厳格・禁止型）
⑰子どもが同じことをしているのに，ある時はしかり，ある時はみのがしたりすることが多い場合（矛盾型）
⑱自分の子とよその子を比較して見ることが多い場合（比較・期待型）

などである．すでに挙がっているので，ここには挙げなかったが，不安の強い親子関係も体罰の原因となっている．これらの例として，図II-8-5-4に，1歳6か月児健診での，「お子さんのしていることを「あれはいけない」「これはいけない」と禁止しますか」と体罰とのクロス集計結果を示す．また，図II-8-5-5に，3歳児健診での「お子さんがしていることを黙ってみていられなくて，口出ししますか」と体罰とのクロス集計結果を示す．

### 親自身が体罰を受けながら育った場合

「自分の親（又は親に代わる人）に，かわいがられなかった親」「自分の親（又は親に代わる人）から厳しい体罰を受けたことがある親」が自分の子どもの子育てにおいて体罰を使う傾向が極めて強い（有意差水準0.0％未満）ことが1歳6か月児健診でわかった．3歳児健診でもそのような傾向は認められた．このことは，一般に言われている虐待の世代間連鎖を示唆するものである．3歳児健診でその傾向が不明確であったのは，体罰の使用が3人に2人とあまりにも一般化してしまっているために，親の生育歴は表面化しなかったものと考えられる．この結果から浮かび上がる子ども虐待予防対策は，「子育てにおける体罰の弊害についての啓発活動の展開」である．この点については，体罰を使うことの弊害についての啓発とともに，体罰を使わなくても済む子どもとのかかわり方を伝えることが必要である．

体罰の原因に通し番号をつけてきたので，挙げておくと，

⑲自分の親（又は親に代わる人）に，かわいがられなかった場合
⑳自分の親（又は親に代わる人）から厳しい体罰を受けたことがある場合

である．

この項のまとめとして，体罰を使用する原因となっている5つの状況を列挙すると

(1)親になるための準備ができていないこと
(2)不安やイライラなど，育児における精神的ストレスが溜まっていること
(3)子どもに対する拒否感を感じる場合
(4)親子関係に無理がある場合
(5)親自身が体罰を受けながら育った場合

である．

子育て支援，次世代育成支援，子ども虐待予防においては，ここに挙げた5つの状況および20の体罰の原因を解決するための取り組みを実践する必要がある．

## II-8-6　誰か，私の子ども虐待に気づいて欲しい
――「子どもと離れたい！」は，母親のSOSか!?

前項で，体罰の原因の3つ目として，「子どもに対する拒否感を感じる場合」として⑩〜⑭を挙げた．実際，「子どもと少しの間でも離れたい」という声を多くの母親から聞く．四六時中子どもと一緒にいる母親にとって，それは当然の欲求である．しかし，一般にはそのようには理解されていない．「子どもと離れたい」という欲求が強い母親は，育児不安が強いことを先に述べた．図II-8-6-1に示すように，「子どもと離れたい」という欲求が強い母親は，イライラ感を強く感じていることがわかる．現に虐待をしている親自身，何とかして虐待をやめたいと考えている事例も多い．それが「子どもと離れたい」という欲求になって表れている可能性もある．最近，こんな事例があった．

その母親は，3歳くらいの女の子とまだ歩きだす前の赤ちゃんを連れて，1か月ほど前から毎日のように市役所の1階ホールに来ていた．毎日来るもので，市の職員も気はついていたが，特に声をかけることもしていなかった．朝10時すぎには姿をあらわす．しかし，特に何か市役所に用事があるというのではなく，出たり入ったりしながら午後3時近くまでロビーで時間を過ごしていた．そんなある日，市民から「市役所の裏庭で子どもをひどく叩いている母親がいる」という訴えがあり，居合わせた保健師が見に行ったところ，その母親だった．聞くと，家では3歳の娘を毎日ひどく叩いてしまったり，風呂で溺れさせそうになるとのこと．こんな自分が怖くて，できる

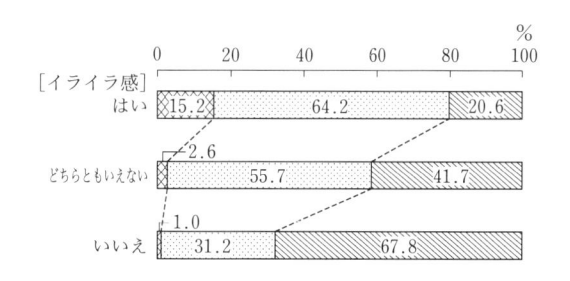

図II-8-6-1　「育児でいらいらすることは多いですか」と「お子さんと離れたい，と思いますか」とのクロス集計結果（1歳6か月児健診）

だけ人のいる場所にいるようにしているのだけど，今日はそれでも自分の感情を抑えきれず叩いてしまったという．

この母親は毎日市役所に通うことにより「虐待をしている自分を誰か見つけて欲しい，助けて欲しい」と，無意識的に訴えていたのではないだろうか．

別の虐待事例であるが，たどってみると，過去3回の健診で，3度とも「イライラするんです」と訴えていたとのこと．保健師から「なぜ母親のSOSに気づかなかったのか，と反省してるんですけど……，どうやって母親のSOSをキャッチしたらいいのでしょうか」という相談を受けたことがある．

このように虐待をしている母親は，「それはいけないことであり，何とかしてやめたい」と思っている人が多いものである．日頃は子どもをかわいいと思っていても，夫婦喧嘩や舅・姑とのいさかい，近所とのトラブル，自分の将来への不安等々から，子どもに辛く当たってしまう．子どもが泣けば，なんでそのくらいのことで泣くのかと腹が立ち，おびえる子どもの顔を見て逆上し，暴力はエスカレートする．あるいは，叱っても泣かない子どもに，「かわいくない」と腹が立ち，泣くまで叩いてしまう．子どもの泣き声にあおられるように暴力がエスカレートして止まらなくなる，というのがよくあるパターンである．冷静になると，そんな些細なことで，なんでそこまで小さい子どもを叩いてしまったのか，と自己嫌悪に陥る．自分ではどうしようもない怒りの暴発におびえ，母親は意識して，あるいは無意識にSOSを発する．しかし，「私は子どもを虐待しています」とは言えず，時間が過ぎてしまうのである．

母親のストレスの原因は，子育てそのものにあるとは限らない．むしろ，ほんとうの原因は，夫婦関係とか，誰からもほめてもらえないとか，自己実現が閉ざされていることに対するイライラである場合が多い．そして，怒りは弱者である子どもに向かう．

「子どもと離れたい」という欲求は，「このままでは虐待してしまう」という母親のSOSである場合がある．そして，図II-3-9-1で示したように，子育てサークルへの参加が3歳児健診時点で26％という驚くべき数値も，「母子カプセル」状態の危うさを何とか回避したい，という母親のSOSの場合もあるものと考える．

## II-8-7 子ども虐待の潜在的危険因子――「望まない妊娠・出産」と貧困

子ども虐待の予防を考えるとき，虐待の潜在的危険因子（リスク・ファクター）を考えることが重要である．本調査からは，潜在的リスク・ファクターとして「望まない妊娠・出産」と貧困が浮かび上がっている．すなわち，「このお子さんを産んでよかったと思いますか」という質問に「はい」と答えられない母親に体罰傾向が極めて強い．また，「母親の関心事」として「お金（家計）」をあげた母親，および「経済状態が苦しい」と答える母親に体罰傾向が極めて強いことが判明している．

「望まない妊娠・出産」と貧困という子ども虐待のリスク・ファクターは，一般に言われていることである．これらの結果から浮かび上がる子ども虐待予防対策は，「望まない妊娠を防ぐ性教育の充実」「子育て家庭の経済的安定化を図る若者施策の充実」である．2006年3月4日の5

大新聞は一斉に厚生労働省が発表した人口動態統計特殊報告を報じた．その内容のひとつは，30歳時点で出産していない女性が初めて50%を越えたことである．もう一点は，結婚前に妊娠する，いわゆる「できちゃった婚」が2004年に生まれた第一子の26%を占めたことである．このように，予期しない妊娠が増えることは，子ども虐待が増加する危険性を予告するものである．

性教育については，「望まない妊娠を防ぐ」というだけではなく，エイズ予防の観点からも急務である．WHOが日本におけるHIV感染爆発の危険性を指摘しているように，日本の若者の性の実態は想像をはるかに越えて活発化している．ちなみに，2003年1年間に人工妊娠中絶した18歳の女性の数は，18歳女性人口の50%にも達しているという驚くべき実態が厚生労働省から発表された．このように日本人の若者の間では性に関する価値観が大きく変わり，性行為も活発に行われている．そして，若者自身は性に関する正確な知識を求めている．にもかかわらず，大人社会が若者の性の実態を正視しようとしないところに問題がある．実効のある性教育は，エイズ対策とあわせて急務になっている．

経済的貧困の問題は，若者施策としてとらえる必要がある．2004年秋に『フリーター，417万人の衝撃』というNHKスペシャルが放映された．その中でも明らかにされたように，個々の企業は低賃金の労働力，雇用調整などで若者をフリーターとして便利使いしている．しかし，国全体の施策としては，それでいいのだろうか．欧米ではかなり以前から若者施策を国の重要な施策として展開している．日本の場合，10数年前までは若者の問題がそれほど表面化していなかったこともあり，取り組みが遅れている．子ども虐待の予防という視点からも「若者施策」を真剣に考える必要がある．この点に関しては，宮本みち子著『若者が〈社会的弱者〉に転落する』（洋泉社，2002年）を参照されたい．

# II−9
# 現代母親の精神的ストレスとその新たな原因

　この節では，育児での母親の精神的状態，特に育児におけるイライラ感や負担感，子どもに対する拒否感などの精神的ストレスを取り上げる．そして，それらが何によってもたらされるのか，について検討する．育児における母親の精神状態については，すでに本章第5節で，「子どもとのかかわり方に迷う」，「育児に自信がもてない」，「イメージと現実の育児とのギャップでのとまどい」などについて，また本章第7節では「育児の心配や不安」について取り上げた．それらも含めて，本節では育児における母親の精神的ストレスとして検討することにする．

## II-9-1　多くの母親たちは精神的には健康である

### 子ども（赤ちゃん）はかわいいし，一緒にいると楽しい

　図II-9-1-1に，「お子さん（赤ちゃん）と一緒にいると楽しいですか」という質問の結果を示す．「はい」と答える母親の率は子どもの月齢とともに減少するが，4か月児健診で95.0%，10か月児健診で94.9%，1歳6か月児健診で92.8%，3歳児健診では89.3%と高い値である．また，「お子さん（赤ちゃん）をかわいいと思いますか」という質問に「はい」と答える母親は，「お子さん（赤ちゃん）と一緒にいると楽しいですか」という質問と同様に，子どもの月齢とともに率は減少するが，4か月児健診で99.0%，10か月児健診で98.7%，1歳6か月児健診で98.4%，3歳児健診では96.9%と非常に高い値であることがわかった．

　このように母親たちは子どもに対するプラスの感情をしっかりと持って子育てをしていることがわかる．これらの結果は大多数の母親が精神的には健康である，ということを示している．

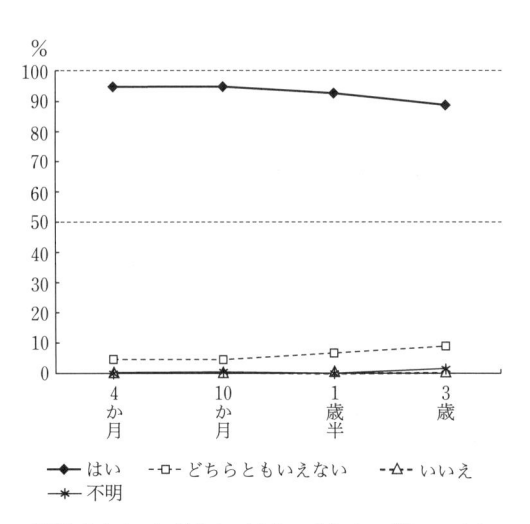

図II-9-1-1　お子さん（赤ちゃん）と一緒にいると楽しいですか

### ただちに支援が必要な母親たち

一方，大半の母親が「はい」と答える「お子さん（赤ちゃん）をかわいいと思いますか」とか，「お子さん（赤ちゃん）と一緒にいると楽しいですか」という質問に，「はい」と答えられない少数の母親の状況を他項目とのクロス集計により検討してみると，きわめて良くない状況にあることがわかっている．例えば，「子どもの要求」がわからない，子どもに話しかけることが少ない，「イライラ感」が強い，「イメージと現実の育児とのギャップ」が大きい，夫が育児に協力的でない，育児での心配が多く不安が高い，体罰を多用している，などである．これらはすべて 0.0％未満の有意差水準である．このように，ほとんどの母親が「はい」と答える質問に「はい」と答えられない少数の母親の状況がきわめて良くないことがわかった．そのため，これら少数の母親に対しては，何らかの形でただちに支援が必要であると考える．

「お子さん（赤ちゃん）をかわいいと思いますか」とか，「お子さん（赤ちゃん）と一緒にいると楽しいですか」という質問は簡単なものであり，乳幼児健診でも使用することが可能である．実際に使われている市町村も多いと思う．これらの質問に「はい」と答えられない母親に対して，専門職が子ども虐待予防の視点からかかわることは，的確かつ有効な予防対策である．

## II-9-2 育児での精神的ストレスが非常に大きくなっている

第I章5節では図I-5-2-1に示した「精神的ストレスの概念図」を使用し，何気なく使われている「精神的ストレス」という言葉の意味するところを，ストレスの原因である「ストレッサー」とその結果としておこる心身の反応である「ストレス反応」とに分けて説明した．この項で扱うものは，「ストレス反応」に当たるものである．ストレス反応とは，精神的ストレスにより身体や心が発する症状のことである．

### 増大する育児不安，育児での迷いや自信の無さ

「育児のことで今まで心配なことがありましたか」という質問の結果は，本章第7節の図II-7-3-1に「大阪レポート」と比較して示した．そこでも説明したように，心配なことが「しょっちゅうあった」と答える親が「大阪レポート」の際の約2倍に増加し，どの健診時点でも13～14％にも達していた．一方，「あまりなかった」と答える親は，34～40％から26～27％へと減少していた．このように育児での心配や不安はこの20数年間に増大していることがわかる．育児不安は，育児での「ストレス反応」の代表的なものである．

「育児に自信がもてない，と感じることがありますか」および「お子さん（赤ちゃん）にどうかかわったらいいか迷う時がありますか」という2つの質問の結果をそれぞれ図II-5-6-1, 2 に示した．「子どもとのかかわり方での迷い」や「育児での自信の無さ」，そのものも「ストレス反応」である．これらの質問は「大阪レポート」にはない質問であるため，ここ20数年間で増加しているかどうかについては特に何も言えない．

他項目とのクロス集計結果より，「子どもとのかかわり方での迷い」や「育児での自信の無さ」が，母親の育児不安や育児でのイライラ感，負担感の原因になっていることが判明している．

### 想像をはるかに超える「イライラ感」の急増

図II-9-2-1に「育児でいらいらすることは多いですか」（以後，「イライラ感」と略称する）という質問の結果を「大阪レポート」の結果と比較して示す．この図より，今回の調査では，「イライラ感」が子どもの月齢とともに急増していることがわかる．すなわち，「大阪レポート」では「はい」が1歳6か月児健診：10.8％，3歳6か月児健診：16.5％であったのに対し，今回の調査では，4か月児健診：10.7％，10か月児健診：20.2％，1歳6か月児健診：31.8％，3歳児健診：42.8％，と大幅に増加しているのである．1歳6か月児健診時点で比べると，20数年前には10.8％だったものが，今回は31.8％へと約3倍に増加している．また，3歳児健診時点では16.5％であったものが42.8％と増え，半数に近い母親が子育てにおける「イライラ感」を強く訴えるようになっている．逆に，「育児にいらいらすることは多いですか」という質問に「いいえ」と答える母親は，1歳6か月児健診では46.8％であったものが，今回の調査では18.7％に，3歳児健診でも，38.3％から11.6％へと大きく減少している．この結果は，想像をはるかに超えた結果である．「イライラ感」は，典型的な「ストレス反応」であり，母親たちにストレスによる強い症状が出ていることを示している．

以下に示すように，「イライラ感」を訴える母親は体罰を多用し，子どもに対する拒否感も非常に強いことがわかっている．このように現代日本の子育て現場では，どこで子ども虐待が起こっても不思議でない状況が広がっているのである．

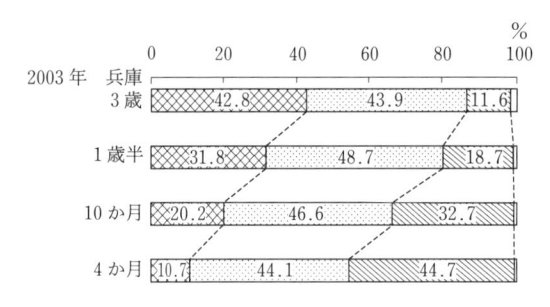

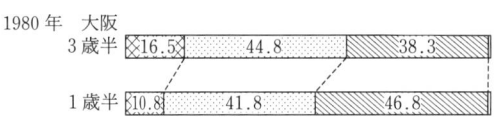

**図II-9-2-1 育児でいらいらすることは多いですか**

### 「子育ての負担感」を訴える母親たち

図II-9-2-2に「子育てを大変と感じますか」という質問の結果を示す．図から，「子育てを大変と感じますか」（以後，「子育ての負担感」と略称する）という質問に「はい」と答える母親は，乳児期よりも幼児期の方が増える傾向にあることがわかる．すなわち，4か月児健診では48.8％と半数弱であるが，1歳6か月児健診では64.4％，3歳児健診では63.3％と約3人に2人にのぼっている．一方，「いいえ」と答える母親は少なく，4か月児健診で14.3％，10か月児健診で11.7％，1歳6か月児健診で6.9％，3歳児健診では7.4％である．なお，この質問は「大阪レポート」にはない質問であり，比較できないのが残念である．

「子育ての負担感」も典型的な「ストレス反応」であるが，乳児期よりも幼児期の方が

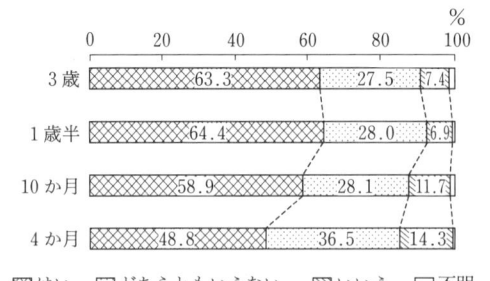

**図II-9-2-2 子育てを大変と感じますか**

育児の負担感が増すのは，他の項目とも一致した結果である．

　以上示したように，子どもに対するプラスの感情をしっかりともっているにもかかわらず，多くの母親が子育てでの心配や不安，子どもとのかかわり方での迷いや育児での自信の無さ，イライラ感や負担感などの「精神的ストレス」を強く訴えていることがわかった．

### 子どもの月齢とともに，母親のストレスがつのるのは，なぜか

　図II-9-2-1に示した「育児でいらいらすることは多いですか」という質問の結果でも，また図II-9-2-2に示した「子育てを大変と感じますか」という質問の結果でも，子どもの月齢とともに「はい」と答える母親の率が大きく増えている．これはなぜであろうか．赤ちゃんの時期の方が1〜3歳の幼児期よりも，育児の負担が大きいのではないか，と考える方もあると思う．しかし，実際はそうはなっていない．図I-5-2-3に示したラザルスの「心理学的ストレスモデル」を使い，子どもの月齢とともになぜ「子育ての負担感」や「イライラ感」が増大するのか，について考えてみる．

　子どもの自我がめばえてくるにつれ，何に対しても「イヤ，イヤ」という時期があり，また何でも「自分で！　自分で！」という時期もあり，何かが欲しいと泣きわめき，自分の欲求を主張することもある．同年代の子に関心があるがまだ一緒に遊ぶところまで成長していない2歳児では，けんかが絶えない．育児経験のない現代の母親にとっては，どうかかわっていいのか迷ったり，自分のかかわり方に自信が持てなかったりする場面が多くなる時期が幼児期である．図I-5-2-3で考えると，幼児期には「対処」方法がよりむつかしい出来事が日々起こるのである．そのことが，「ストレス反応」を高める原因である．

　また，子育てしにくい日本社会の現実が子育てでのイライラ感や負担感を増大させている原因でもある．現代では地域に子どもをゆだねることができない．そのため，エネルギーに溢れている幼児と母親は四六時中一緒にいることになる．四六時中子どもの相手をし，自分のことが何もできないことも母親の精神的ストレスの大きな原因である．特に，子どもが生まれるまでは，家業を手伝うようなこともなく，時間を自分の意志で自由に使ってきた現代の子育て世代にとって，「自分の時間がもてないこと」は，とりわけ強いストレッサーになるものと考えられる．この自分の時間が持てないこと，自分の身が拘束されてしまうことについては，後の「新たなストレスの原因」のところで再度検討する．

　このように，乳児期とはちがった育児の悩みが生じるのが幼児期である．その結果として，「子育ての負担感」が乳児期よりも幼児期の方が強くなるのである．この結果は，育児での心配や不安が退院直後には強いが，その後の乳児期には弱くなり，子どもが1歳前後から再び心配や不安が増大するという図II-7-1-1〜4に示した子どもの月齢による育児における心配の度合いの変化とも一致するものである．

## II-9-3　育児における「イライラ」の原因は何か

　ここでは，子育てにおける「イライラ感」と他項目とのクロス集計結果を検討することによ

り，母親のストレスの原因を考える．前項では，図Ⅰ-5-2-1に示した「精神的ストレスの概念図」での「ストレス反応」について検討したが，この項では，ストレスの原因である「ストレッサー」について考える．

### 乳幼児を知らないことや育児経験不足がストレスの原因のひとつ

どのようなことが子育てでのイライラの原因になっているのであろうか．「育児でいらいらすることは多いですか」と他項目とのクロス集計結果では，次のような母親に「イライラ感」が強いことがわかった．すなわち，

①子どもの要求がわかりにくい
②子どもにどうかかわっていいか，迷うことが多い（図Ⅱ-9-3-1）
③育児に自信が持てない（図Ⅱ-5-6-8）
④子どもを生む前にイメージしていた子育てと現実の子育てとのギャップが大きい（図Ⅱ-5-7-2）
⑤育児での心配や不安が多い（図Ⅱ-7-7-10）
⑥育児での心配が解決されないまま放置されている（図Ⅱ-9-3-2）

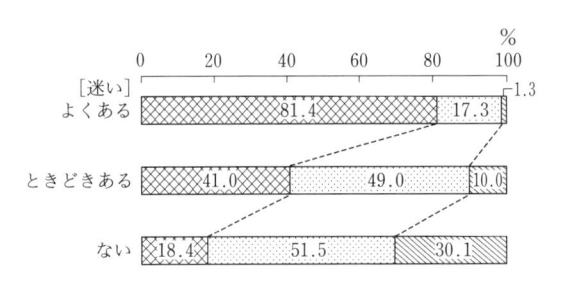

図Ⅱ-9-3-1 「お子さんにどうかかわったらいいか迷う時がありますか」と「育児でいらいらすることは多いですか」とのクロス集計結果（1歳6か月児健診）

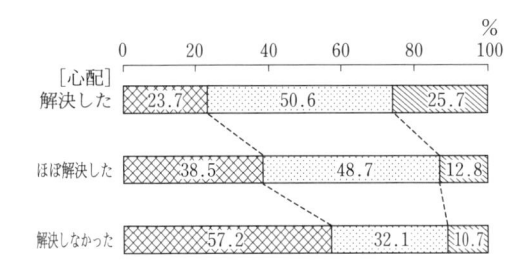

図Ⅱ-9-3-2 「子育ての心配は，そのつど解決しましたか」と「育児でいらいらすることは多いですか」とのクロス集計結果（1歳6か月児健診）

というような特徴が，「イライラ感」の強い母親にはあることがわかった．それらの例として，図Ⅱ-9-3-1，2に，それぞれ1歳6か月児健診での「お子さんにどうかかわったらいいか迷う時がありますか」および「子育ての心配は，そのつど解決しましたか」と「育児でいらいらすることは多いですか」とのクロス集計結果を示す．これらの図より，子どもとのかかわりで迷うことの多い母親や心配が未解決の母親は，「イライラ感」が強いことがはっきりと読み取れる．また，図Ⅱ-5-6-8や図Ⅱ-5-7-2，図Ⅱ-7-7-10には，それぞれの項目についてクロス集計結果を示しているので，参照されたい．

上記①〜④は，乳幼児をよく知らないままに母親になってしまうこと，少女時代から親になる過程で小さい子どもとかかわる体験が不足していることが原因と言い換えることができる．また，⑤⑥の育児不安も①〜④と同様に，親の経験不足により，乳幼児の普通の発達過程を知らないことが心配や不安の大きな原因であることがわかっている．

「承認欲求」「自己実現欲求」などが満たされないこともイライラの原因

しかし今回の調査結果を検討してみると，子育てでの「イライラ感」や不安が母親の経験不足だけで説明できる訳ではないことに気づく．というのは，以下のような母親にも「イライラ感」が強いのである．すなわち，

⑦育児に努力している自分をほめて欲しい
⑧育児に関する他人の評価が気になる
⑨自分の思いどおりにもの事をすすめたい
⑩よその子と自分の子とを比較して見ることが多い（図II-8-2-3）
⑪子どもがしていることを黙って見ておれなくて，口を出してしまう
⑫子どもがしていることを「あれはいけない」「これはいけない」と禁止する

という母親である．

上記⑦〜⑨の質問は「大阪レポート」の調査項目にはないために，比較検討はできないが，これらの質問は図I-5-1-3の「マズローの欲求の階層」の上位2つである「承認欲求」「自己実現欲求」と関係の深い質問である．これらの質問については本節7項で改めて扱うことにする．

上記⑩〜⑫の質問は親子関係に関する質問である．図II-8-2-2に「育児でいらいらすることは多いですか」と親子関係とのクロス集計結果を示した．そこでも説明したが，「イライラ感」と親子関係はきわめて高い相関関係があり，「イライラ感」の強い母親は，不安が強く，自分の子をよその子と比較してみることが多く，子どものしていることを黙ってみておれず口出ししたり，「あれはいけない」「これはいけない」と禁止することが多く，体罰も多用していることがわかっている．

夫婦関係も母親のイライラに大きな影響を与えていることがわかっている．すなわち，

⑬子育てについて夫婦で話し合わない夫婦
⑭子育てが一方の親任せになっている夫婦

では，母親の「イライラ感」が強くなっている．つまり，母親ひとりで子育てをしている状況が「イライラ感」がつのる原因になっていることがわかる．

以上みてきたように，母親のイライラの原因は，育児における経験不足とともに，承認欲求や自己実現欲求が満たされないこと，子育てをひとりでしていることなど多面的であることがわかる．

## II-9-4　子ども虐待につながる育児でのイライラ感

「育児でいらいらすることは多いですか」と他の質問とのクロス集計結果について，ここまでは母親のイライラの原因について考えてきた．原因と結果とは，必ずしもはっきりと区別できる訳ではないが，次に母親のイライラが結果としてもたらすものと考えられる内容について考える．「育児でいらいらすることは多いですか」と他の質問項目とのクロス集計結果から，「イライラ感」が強い母親は以下のような傾向があることがわかっている．すなわち，

⑮体罰をよく使う（図II-8-5-2）

⑯ 子どもと離れたい，と思う（図II-8-6-1）
⑰「この子を産んでよかったと思いますか」という質問に「はい」と答えられない
⑱ この子とはなんとなく気があわないように思う

母親たちである．

⑮～⑱に示した体罰指向や子どもに対する拒否感は，前節で検討したように子ども虐待と直接的につながるものである．

## II-9-5 親子関係に悪影響を与える精神的ストレス

現代の子育て真っ最中の母親が，不安や心配，育児での迷いや自信のなさ，イライラ感や負担感などの育児での精神的ストレスを強く感じていることがわかった．ここではこれらのストレス反応と親子関係とのクロス集計結果を検討する．

図II-9-5-1, 2にそれぞれ，1歳6か月児健診での「育児のことで今まで心配なことがありましたか」および「子育てを大変と感じますか」と親子関係とのクロス集計結果を示す．また，図II-5-6-10および図II-8-2-2にはそれぞれ，1歳6か月児健診での「育児に自信がもてない，と感じることがありますか」および「育児でいらいらすることは多いですか」と親子関係とのクロス集計結果を示した．これらの図から共通に言えることは，「育児不安」や「育児の負担感」，「育児での自信の無さ」，「イライラ感」などのストレス反応が強い母親ほど，親子関係とのクロス集計結果を示すレーダーチャート図は，外側に大きくくずれることである．すなわち，育児における精神的ストレスが強い母親ほど，親子関係がはっきりとよくないことがわかる．

個々にみるとそれぞれに特徴がある．図II-9-5-1の「育児のことで今まで心配なことがありましたか」と親子関係とのクロス集計結果では，「不安」軸に大きな差が出るのは当然であるが，

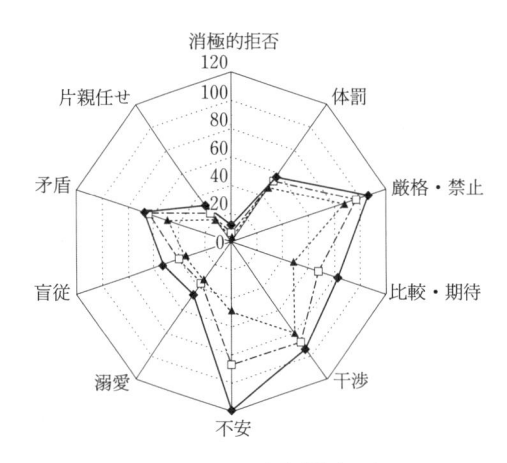

図II-9-5-1 「育児のことで今まで心配なことがありましたか」と親子関係とのクロス集計結果（1歳6か月児健診）

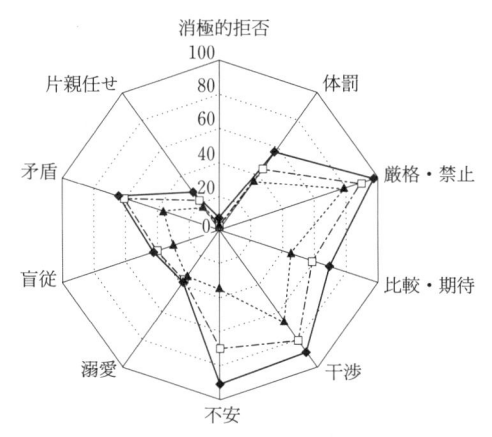

図II-9-5-2 「子育てを大変と感じますか」と親子関係とのクロス集計結果（1歳6か月児健診）

「よその子と比較してみることが多い」という「比較・期待」軸で大きな差異が生じている．一方，「干渉」軸や「体罰」軸，「厳格・禁止」軸についてはそれほど大きな差は認められない．

図Ⅱ-9-5-2の「子育てを大変と感じますか」と親子関係とのクロス集計結果では，「不安」軸が最も大きな差異を示しているが，「比較・期待」軸や「干渉」軸，「厳格・禁止」軸，「体罰」軸，「矛盾」軸でもはっきりとした差異が認められる．

図Ⅱ-5-6-10の「育児に自信がもてない，と感じることがありますか」と親子関係とのクロス集計結果は，形は図Ⅱ-9-5-2に示した「育児の負担感」と非常によく似ている．すなわち，「不安」軸で最も大きな差異を示し，「比較・期待」軸や「干渉」軸，「厳格・禁止」軸，「体罰」軸，「矛盾」軸でもはっきりとした差異が認められる．ただし，図Ⅱ-9-5-2の「育児の負担感」の図は，軸の目盛りの最大値が100に対して，図Ⅱ-5-6-10の「育児に自信がもてない」では160である．すなわち，「育児に自信がもてない」ことと親子関係との相関が，「育児の負担感」よりもかなり高いのである．

図Ⅱ-8-2-2の育児での「イライラ感」と親子関係とのクロス集計結果の図も「育児に自信がもてない」および「育児の負担感」と親子関係とのクロス集計結果の図と形はよく似ている．図Ⅱ-8-2-2で特に目立つのは「体罰」軸での差異が大きいことである．すなわち，「イライラ感」と体罰指向とは，すでに指摘してきたようにきわめて高い相関があるのである．

承認欲求である「あなたが育児に努力しているのをほめて欲しいと思うことがありますか」と親子関係とのクロス集計結果は（図Ⅱ-9-8-4），形は図Ⅱ-9-5-1とよく似ており，「不安」軸と「比較・期待」軸で大きな差異が認められるのが特徴である．

このように，育児での精神的ストレスは親子関係にも大きな影響をあたえていることがわかる．このことは，母親の精神的ストレスが子どもの人格発達に悪影響を及ぼしている可能性を示唆している．

## Ⅱ-9-6　育児での精神的ストレスと産後うつ病

母親の精神的ストレスとの関連で，「産後うつ病」とマタニティー・ブルー（maternity blue）について触れておく．ここ数年，「産後うつ病」に対する関心が医療・保健分野で高まっている．それは，「産後うつ病」の発生率が高まっていることと関係している．最近の調査では，「産後うつ病」の発症率は13％（10～15％）と言われているので，非常に多い数字である．

マタニティー・ブルーと産後うつ病とは明確に分けて考える必要がある．マタニティー・ブルーは，産後の急激なホルモン環境の変化などにより，産後3～5日くらいからみられる気分の変調で，気分が変わりやすく涙もろくなったり，イライラしたり，不安になったりというものが典型的である．2週間くらいで治まるもので，一過性のものである．約半数の産婦が経験すると言われているが，初産婦の8割に認められるという報告もある．マタニティー・ブルーは特に治療が必要なものではない．

一方，産後うつ病はマタニティー・ブルーよりも多少遅れて，産後1か月くらいまでに発症する「うつ病」である．一般の「うつ病」と特に変わりはないが，育児を担っている母親が患うと

いう点で、一般の「うつ病」とは異なり、精神科的治療も含めた緊急の対応が必要である。
　「うつ病」は、典型的ストレス疾患であり、このように精神的ストレスの高い現代日本では増えるのは必然である。具体的事例を診ていると、自分の子どもを産むまでにまったく乳幼児にかかわったことがないこと、その結果赤ちゃんの普通のこと、たとえばおっぱいをもどすとか、しゃっくりをするとか、などがこのまま放っておいていいものかどうかがわからないこと、相談相手がいないこと、夫が出勤した後は赤ちゃんとふたりきりで何時間も過ごさないといけないという母子の孤立、親子が集まっているようなところに出向いても、すでにグループのようなものが出来ていて入れず、かえって孤立感を深める、そのような中で、子どもと離れたい、逃げ出したいとの思いが強まり、そのことに対して「母親失格か」と悩み……、というような経過で、育児放棄になるというケースが典型的である。しかし、このような事例を診ていると、「命にかかわるかも……」という育児での不安を抱えながら、まったく未知の育児という世界で孤軍奮闘しているのであるから、うつ病になっても当然か、と感じる。結果としては「うつ病」と診断できるが、いわゆる内因性のうつ病ではなく、子育ての困難な日本の環境要因が大きく関与した心因性うつ病である。13％、約7人に1人が「産後うつ病」にかかっているというデータ自身が、現代日本の育児での母親の精神的ストレスがいかに高いかを物語っている。
　表II-9-6-1に「エジンバラ出産後うつ病評価尺度（EPDS）」とその使用方法を参考までに示す。この尺度は表に記載のとおりプライマリケア医が出産後のうつ病に悩む女性患者を早期に発見するために開発されたものである。

表II-9-6-1　エジンバラ出産後うつ病評価尺度（EPDS）

★使用上の注意
　エジンバラ出産後うつ病評価尺度は、出産後のうつ病に悩む女性患者を対象に、プライマリケア医がうつ病を検知するのを助けるために開発されました。これまでの研究によると、約10％の女性が出産後うつ病になることがわかっており、その多くは治療を受けていません。
　本評価尺度は10項目の質問からなっています。各質問には4種類の選択肢があり、患者は過去1週間を振り返り自分の気分に最も近いものを選びます。平均所要時間はおよそ5分です。答えを選ぶ際には一切他人と相談してはいけません。
　これまでの評価試験では、閾値13以上となった患者のおよそ92.3％が何らかのうつ症状を示しています。そのような場合、診断を行う前に、さらに慎重な臨床評価を行わなければなりません。本評価尺度は患者の過去1週間の気分を反映したものなので、疑いのある場合はさらに2週間続けて実施しても構いません。なお、不安神経症、恐怖症、ならびに人格障害には本評価尺度を適用することはできません。

★質問紙
　すべての質問事項に答えてください。
1．物事のおかしな側面を考えたり笑ったりすることができたか。
　　普段のようにできた。　　　　　　　　　　　　　　　　（　）
　　何となくできなかった。　　　　　　　　　　　　　　　（　）
　　ほとんどできなかった。　　　　　　　　　　　　　　　（　）
　　まったくできなかった。　　　　　　　　　　　　　　　（　）
2．物事に対して楽しいことを考える気持ちになれたか。
　　普段のようになれた。　　　　　　　　　　　　　　　　（　）
　　普段のようにはなれなかった。　　　　　　　　　　　　（　）
　　ほとんどなれなかった。　　　　　　　　　　　　　　　（　）
　　まるでなれなかった。　　　　　　　　　　　　　　　　（　）
3．物事が悪い方向に行った時、不必要に自分を責めることがあったか。*
　　常に自分を責めていた。　　　　　　　　　　　　　　　（　）
　　時々自分を責めることもあった。　　　　　　　　　　　（　）

それほど自分を責めるようなことはなかった．　　　　　（　）
　　　まったく自分を責めるようなことはなかった．　　　　　（　）
4．特に理由もなく不安になったり，心配したりしたことがあったか．
　　　まったくならなかった．　　　　　　　　　　　　　　　（　）
　　　ほとんどならなかった．　　　　　　　　　　　　　　　（　）
　　　時々なった．　　　　　　　　　　　　　　　　　　　　（　）
　　　頻繁になった．　　　　　　　　　　　　　　　　　　　（　）
5．特に理由もなく怖がったり，パニックになったことがあったか．*
　　　頻繁になった．　　　　　　　　　　　　　　　　　　　（　）
　　　時々なった．　　　　　　　　　　　　　　　　　　　　（　）
　　　それほどならなかった．　　　　　　　　　　　　　　　（　）
　　　まったくならなかった．　　　　　　　　　　　　　　　（　）
6．物事にうまく対処できないことがあったか．*
　　　ほとんどの場合対処できなかった．　　　　　　　　　　（　）
　　　時々対処できないことがあった．　　　　　　　　　　　（　）
　　　多くの場合うまく対処できた．　　　　　　　　　　　　（　）
　　　いつもと同じように対処できた．　　　　　　　　　　　（　）
7．あまりに不幸な気分のため，よく眠ることができなかったことがあったか．*
　　　常に眠れなかった．　　　　　　　　　　　　　　　　　（　）
　　　時々眠れなかった．　　　　　　　　　　　　　　　　　（　）
　　　ほとんど眠れなかった．　　　　　　　　　　　　　　　（　）
　　　まったく眠れなかった．　　　　　　　　　　　　　　　（　）
8．悲しいまたは惨めな気分になったことがあったか．*
　　　常になっていた．　　　　　　　　　　　　　　　　　　（　）
　　　時々なった．　　　　　　　　　　　　　　　　　　　　（　）
　　　それほどならなかった．　　　　　　　　　　　　　　　（　）
　　　まったくならなかった．　　　　　　　　　　　　　　　（　）
9．あまりに不幸な気分のため，いつも泣いていたようなことがあったか．*
　　　常に泣いていた．　　　　　　　　　　　　　　　　　　（　）
　　　よく泣いていた．　　　　　　　　　　　　　　　　　　（　）
　　　時おり泣いていた．　　　　　　　　　　　　　　　　　（　）
　　　まったく泣いたことがない．　　　　　　　　　　　　　（　）
10．自分を傷つけたい衝動にかられたことがあったか．*
　　　頻繁になった．　　　　　　　　　　　　　　　　　　　（　）
　　　時々なった．　　　　　　　　　　　　　　　　　　　　（　）
　　　ほとんどならなかった．　　　　　　　　　　　　　　　（　）
　　　まったくならなかった．　　　　　　　　　　　　　　　（　）

★採点法
　回答に0～3の順で点数をつけ，値が大きいほど症状も重くなります．
　星印（*）の付いた項目は逆の順で点数をつけます（3～0）．
　すべての項目の点数を加算し，合計点数を算出します．

J.L. Cox, J.M. Holden, R. Sagovsky, British Journal of Psychiatry June, 1987, Vol. 150 より

## II-9-7　マズローの欲求の階層論と母親たちの訴え

　育児における母親の精神的ストレスがここ20数年の間に急増していることがわかり，その原因として，親になるための準備がほとんどされないままに親になるという現代日本の子育て世代の不幸があることを述べてきた．一方，育児での「イライラ感」を例に検討したように，育児でのストレスが単に経験不足だけでは説明できないこともわかっている．

### マズローの欲求の階層論

　そこで以下では，第Ⅰ章5節で述べた「マズローの欲求の階層論」（図I-5-1-3）を使い，母親

の精神的ストレスの内容に迫りたい，と考えている．そのため，簡単にマズローの欲求の階層論を母親たちの精神的ストレスと関連させて紹介する．

「人間はなんらかの欲求をもっている．その欲求を満たすために人間は行動する．欲求は人間のエネルギーの源である．その欲求が満たされない場合に，人は精神的ストレスを感じる．」これがマズローの欲求の階層論の前提となる考え方である．欲求はエネルギーの源であり，欲求が満たされないことが精神的ストレスの原因になるという考え方である．

マズローの欲求の階層論の基本的な考え方は，「人間は欲求を満たすために，なんらかの行動をする．しかし，満たされていなかった欲求が満たされてしまうと，その欲求はもはや次の行動を動機づける力をもたなくなる」というものである．この考え方のポイントは，満たされてしまった欲求はもはや人に満足を与える力をもたないという点である．言い換えると，人は次々に新しい欲求をもつものであるという人間観に立っているのである．そして，マズローは欲求には実現しやすいものと実現がむつかしいものがあると考え，図Ⅰ-5-1-3に示した欲求の階層論を展開した．図Ⅰ-5-1-3では，下から上へと実現しやすい欲求から実現がむつかしい欲求へと順に積み重ねられている．人の欲求というものは，図Ⅰ-5-1-3に示したように単純に順位がつけられるものではないが，図Ⅰ-5-1-3はマズローの欲求の階層論を理解していただきやすいように，単純化して示している．

### 現代の親たちの欲求は，所属・愛情欲求，承認欲求，そして自己実現欲求である

現代の子育て真っ最中の親に対して，60歳代70歳代の世代の人たちが，自分たちの子育てと比較し，「なにもかも揃ってる現代の育児で何が不満なのか，私たちの頃は粉ミルクもないし，洗濯機も紙おむつもないし，たいへんだった」とよく言われる．しかし，マズローの欲求の階層論からすれば，生まれたときから家事が電化されていた今の子育て世代にとって，洗濯機や電子レンジ，粉ミルク，紙おむつなどは"あって当たり前"のものであり，それらがあるからと言って満足が得られるものではない．今の子育て世代の欲求は図Ⅰ-5-1-3で言えば，もっと高いレベルの「所属・愛情欲求」であり，「承認欲求」，「自己実現欲求」である．

「所属・愛情欲求」についての母親の代表的な訴えは，「社会からどんどん取り残されていく不安」である．夫は子どもが生まれても，なんら変わらずに社会的キャリアを積んでいる．にもかかわらず，私はどんどん社会から取り残される気がして焦る，というような訴えである．

「承認欲求」については，「あなたが育児について努力しているのをほめて欲しいと思うことがありますか」，および「他の人があなたの育児をほめたり批判したりするのは気になりますか」という質問との関連で以下で説明する．

図Ⅰ-5-1-3のマズローの欲求の階層で最も高い位置にある「自己実現」の欲求も現代の母親たちがまさに直面している欲求である．そのような実現困難な欲求が当面の欲求になっていることが，現代の子育てを困難なものにしている大きな原因である．自己実現の欲求については，なぜ現代の育児がそんなにストレスが高いものになっているのか，との関連で次に検討する．

## II-9-8　現代母親の精神的ストレスの新たな原因

「兵庫レポート」が明らかにした最も大きいことのひとつは，母親の精神的ストレスの原因が変わってきていることを解明した点ではないか，と考えている．このことについて本項で取り上げることにする．

### 「自己実現」を目標に育てられてきた世代

すでに述べてきたように今回の調査「兵庫レポート」では，現代の子育て現場の状況が20数年前の状況と大きく変わってきていることが明らかになった．変わった点として，母親の精神的ストレスが非常に増大していることがあげられる．その原因としては，子育て中の「母子の孤立化」や育児に関する経験不足のための不安感の増大，子育ての負担が母親のみにかかっていること，などがあげられる．これらのことは「大阪レポート」においても，母親の精神的ストレスの原因としてあげられてきたものである．今回の調査ではそれらがさらに深刻化しているのである．一方，「大阪レポート」であげられた原因だけでは現代の母親の精神的ストレスは説明がつかないことも明らかになっている．そのことについて，ここでは検討をしたい．

今の世代は，男女ともに「いかに自分のしたいことを実現するか，自分の夢をかなえるか」「きっと自分のしたいことが見つかるはずだ」「自分の能力を最大限活かして，他の人とはちがうあなただけの人生を生きなさい」という「自己実現」を目標に育てられてきた世代である．NHKの朝の連続ドラマのどれを観ても女性の「自己実現」がテーマである．ところが，現代日本の子育ては，「自己実現」とは対極の「自己犠牲」という側面が今なお強い世界である．育ってきた価値観，目標である「自己実現」とまったく逆なのである．そのあたりが現在日本において，子育てが非常にしんどくなっている大きな要因である．このことは，子育てが精神的ストレスの高いものになっているということだけでなく，結婚や子育てに夢や価値が見出せないこととつながっており，少子化が急速に進行する大きな要因のひとつでもある．そのことを「兵庫レポート」は映し出しているのである．

### 他者からの評価が気になる現代の子育て世代

1950年代の子どものいる風景写真を集めた『雪国はなったらし風土記』という写真集の中から何枚かの写真を写真I-2-1-1～7に掲載している．この写真集には，写真I-2-1-1に示した1歳過ぎの子をおんぶして子守りをしている5,6歳の幼児をはじめ，子どもたちが子守りをしている写真や，地域の子ども集団の中でイキイキと遊ぶ子どもたち，無くてはならない小さな労働力として家の手伝いをする子どもたちの姿が写されている．1950年代と言えば，つい50年程前にすぎない．にもかかわらず，この写真集に登場する子どものいる風景は，今の子育て現場の風景とは別世界のものである．この写真集は，日本社会の変貌の大きさを改めて認識させるものである．また，この当時の子どもたちは親に育てられているというよりも地域の子ども集団の中で育っていることがよくわかる写真集である．というのは，大人は昼間はほとんど登場しないのである．この写真集は，日本の子育て環境がここ50年間に大きく変わったことを理解する上で貴

重な資料である．

　この写真集に登場する子どもたちが初代専業主婦の終わり頃の世代（現在，60歳代の世代）である．この世代は，幼少期には同世代の子ども集団の中で育ち，自分の弟や妹などの子守りを当たり前のようにしてきた世代である．そのため，都会に出てきて，専業主婦になっても，家事には長けているし，子育てに戸惑うことはなかったのである．ところが今の子育て世代は，同じ専業主婦と言われても，初代専業主婦とはまったく生育環境のちがう中で育った世代である．専業主婦に育てられた世代であり，つねに親や大人の視線の中で育った世代である．そのためか，親や先生など他者からの評価がすごく気になるのである．

　図II-9-8-1に「他の人があなたの育児をほめたり批判したりするのは気になりますか」という質問の結果を示している．図からわかるように，「はい」と答える母親は，40％前後であり，「いいえ」は15〜17％と少ない．この質問は「大阪レポート」にはないため，比較できない．そのため，「はい」という回答が40％前後というのが多いのかどうか，あるいは最近増えているのかどうかについては，このデータからは何にも言えない．

　ところで，他人の目がまったく気にならないというのも問題であるし，気になり過ぎるのも問題である．バランスがたいせつなのであるが，最近の子どもたちや大学生たち，そして子育て真っ最中の母親たちとのかかわりの中では，他人の評価がすごく気になり過ぎる人と，まったく気にならない人の両極に分かれているような気がする．そして，全体としては気になる人が増えているように感じる．

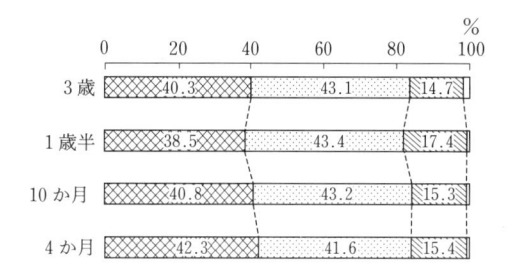

### 「ほめて欲しい」という承認欲求

　図II-9-8-2に「あなたが育児について努力しているのをほめて欲しいと思うことがありますか」という質問の結果を示している．半数近くの母親が「はい」と答え，自分の子育てでの努力を「ほめて欲しい」とはっきりと答えている．一方，「いいえ」は15〜17％，6人に1人程度と少ない．このように，多くの母親が「子育てでの努力」をほめて欲しいと訴えている．しかし，現実には，育児は母親として当たり前のことであり，何も評価されないのである．このあたりが現代の育児における精神的ストレスの大きな原因である．

　図II-9-8-3に，3歳児健診での「他の人があなたの育児をほめたり批判したりするのは気になりますか」と「あなたが育児について努力しているのをほめて欲しいと思うことがありますか」と

|  | はい | どちらでもない | いいえ | 不明 |
|---|---|---|---|---|
| 3歳 | 40.3 | 43.1 | 14.7 | |
| 1歳半 | 38.5 | 43.4 | 17.4 | |
| 10か月 | 40.8 | 43.2 | 15.3 | |
| 4か月 | 42.3 | 41.6 | 15.4 | |

図II-9-8-1　他の人があなたの育児をほめたり批判したりするのは気になりますか

|  | はい | どちらでもない | いいえ | 不明 |
|---|---|---|---|---|
| 3歳 | 43.5 | 37.2 | 16.6 | |
| 1歳半 | 45.0 | 36.6 | 17.2 | |
| 10か月 | 47.0 | 35.0 | 16.5 | |
| 4か月 | 47.2 | 35.9 | 15.3 | |

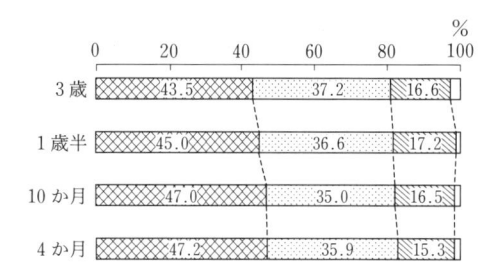

図II-9-8-2　あなたが育児について努力しているのをほめて欲しいと思うことがありますか

のクロス集計結果を示す．図からわかるように，他の人の評価が気になる人ほど，「ほめて欲しい」という欲求が強いことがわかる．他者の目が気になるということは，「あなたはよく頑張っていますね」「それでOKですよ」という他者からの承認がほしいのである．図Ⅰ-5-1-3の「マズローの欲求の階層」では，上から2番目に書かれている「承認欲求」である．

しかし現実には，母親なんだから，「子育てして当たり前ではないか」という感覚は根強いものがある．特に専業主婦の場合，「一日中家にいて，子どもの相手をしてるだけなんだから，楽だろう，暇だろう」と思われがちである．そのため，四六時中休みなく子どもの世話をしていても誰からもほめられないのである．このような事態は今の子育て世代には耐え難いことにちがいない．事実，多くの母親たちが「ほめられたい！」と訴えている．

母親が「つらい」と訴えれば，「それがお前の仕事だろう．仕事はつらいものだ」と言われてしまう．しかし，今の子育て世代は，子育てをする人生を目標に育てられた世代ではないのである．「社会の中で，あなたらしく輝け」と「自己実現」を目標に育てられてきた今の母親たちにとって「子育てが仕事だろう」と言われても，仕事をしていないものだから反論もできないが，納得もできないのである．そして，反論できないが故に，悶々とストレスは溜まるのである．

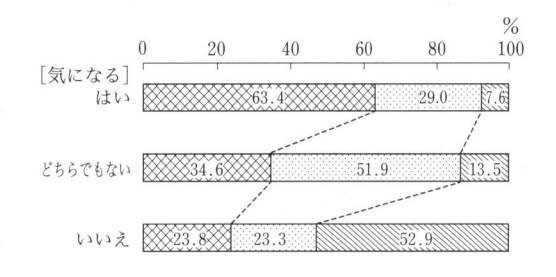

図Ⅱ-9-8-3 「他の人があなたの育児をほめたり批判したりするのは気になりますか」と「あなたが育児について努力しているのをほめて欲しいと思うことがありますか」とのクロス集計結果（3歳児健診）

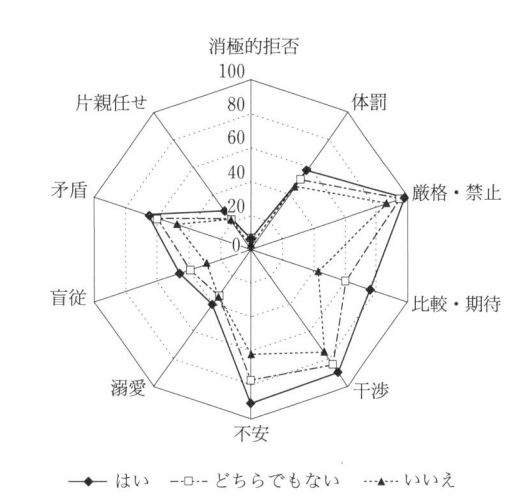

図Ⅱ-9-8-4 「あなたが育児について努力しているのをほめて欲しいと思うことがありますか」と親子関係とのクロス集計結果（1歳6か月児健診）

図Ⅱ-9-8-4に，「あなたが育児について努力しているのをほめて欲しいと思うことがありますか」と親子関係とのクロス集計結果を示す．この図から，「ほめて欲しい」母親は，不安が強く，子どもをよその子と比較して見る傾向が強いことがわかる．

### 専業主婦の「ほめて欲しい」という承認欲求は，切実である

「ほめられたい」という承認欲求は，専業主婦に限ったことでは当然ない．子育て中の母親は，誰でもみんな自分がこんなに子育てで頑張っていることを，ほめて欲しいものである．それは当然の欲求である．図Ⅱ-9-8-5に3歳児健診での母親の仕事と「あなたが育児について努力しているのをほめて欲しいと思うことがありますか」とのクロス集計結果を示している．「ほめて欲

図Ⅱ-9-8-5 母親の仕事と「あなたが育児について努力しているのをほめて欲しいと思うことはありますか」とのクロス集計結果（3歳児健診）

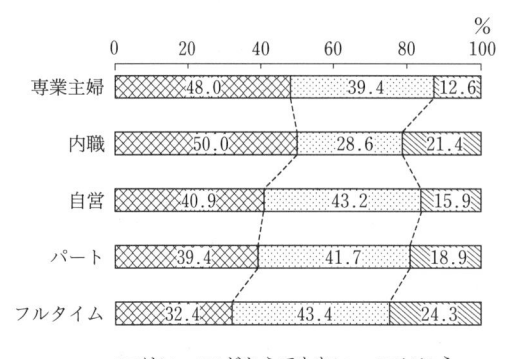

| | はい | どちらでもない | いいえ |
|---|---|---|---|
| 専業主婦 | 48.0 | 39.4 | 12.6 |
| 内職 | 50.0 | 28.6 | 21.4 |
| 自営 | 40.9 | 43.2 | 15.9 |
| パート | 39.4 | 41.7 | 18.9 |
| フルタイム | 32.4 | 43.4 | 24.3 |

しい」は，専業主婦が48.0％，内職：50.0％，自営：40.9％，パートタイム：39.4％，フルタイム：32.4％となっている．内職と自営の場合，人数が少ないので，必ずしも一般化はできないが，専業主婦，パートタイムおよびフルタイムについては一般化できる結果である．フルタイムで働いている母親が「ほめて欲しい」という欲求は32.4％と最も少なく，専業主婦の場合は48.0％であり，フルタイムで働いている母親よりも，約15ポイントも多くなっている．

現実には働いている母親はほめてもらえる機会がない訳ではない．一方，専業主婦の場合はほめてもらえる機会はほとんどないのが現状である．そのため，専業主婦の「ほめて欲しい」という欲求は，より切実なものではないだろうか．このあたりのことを解決しないかぎり，子ども虐待は減らないであろうし，少子化の歯止めもかからないであろう．

## Ⅱ-9-9 「自己実現」と「親役割」の狭間で悩む母親たち

子育てをしながら仕事をしている母親は，肉体的にも精神的にもたいへんである．仕事をしている母親に対する子育て支援は当然であり，多くの方が理解しやすいものである．しかし，現代の特徴は在宅で子育てをしている母親の方がより危機的状況を抱えていることである．それはなぜか．

今の子育て世代は「自己実現」を目標に育てられてきた世代である．「自分探し」というテーマをかかげるフリーターやニートの若者が多くなっている現実が，そのことを象徴している．結婚するまで，子どもが生まれるまでは，自分の好きなように時間を使ってきた世代である．ところが，赤ちゃんが生まれた途端，自分の時間がまったくなくなってしまう．60歳くらい以上の世代であれば，小さいときから家に帰れば，農作業など家の仕事が待っていた．自分がしたいと思うことを抑えて，家の手伝いをしてきた経験をもっている．人間にとって経験ほどたいせつなものはない．初代専業主婦と現代の母親たちとの生育歴での体験の違いは，その中ではぐくまれた価値観や思考，感覚などに大きな変貌をもたらしている．

現代の母親にとっては，四六時中自分を拘束され，したいことが何もできないという体験は，自分の子どもを産み，初めて体験するものである．かつて経験したことのない体験がどれほど精神的にストレスの高いものであるかは，想像に難くない．というより，60歳以上の世代の想像をはるかに超えているのである．子育ては「自己実現」とは対極の「自己犠牲」の世界という面が歴然とある．

図Ⅱ-9-9-1に「あなたは，自分の思い通りにものごとをすすめたい方ですか」という質問の

結果を示す．この質問も「大阪レポート」にはなかった質問のため，比較できないのが残念である．図II-9-9-1からわかるように，「はい」という母親が約半数であり，「いいえ」という母親は4〜5%にすぎない．比較するデータがないので，この結果については評価しにくいが，「自分の思うようにものごとをすすめたい」という母親が約半数というのは多いように感じる．一方，「いいえ」という回答は少なすぎると私は感じるのだが，この感じ方は世代によっても異なるであろう．

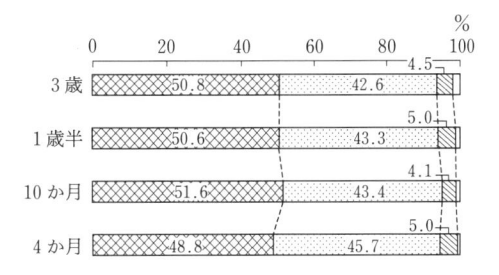

|  | はい | どちらともいえない | いいえ | 不明 |
|---|---|---|---|---|
| 3歳 | 50.8 | 42.6 | 4.5 | |
| 1歳半 | 50.6 | 43.3 | 5.0 | |
| 10か月 | 51.6 | 43.4 | 4.1 | |
| 4か月 | 48.8 | 45.7 | 5.0 | |

図II-9-9-1 あなたは，自分の思い通りにものごとをすすめたい方ですか

一方，子育ては母親の思うようにはいかないものである．母親の思うように子どもを支配してもらっては困るのである．早期知育教育とか，スポーツ選手や芸能関係など，親は子どもにいろいろな期待をかけて子育てをしている．子どもの人生を親の思うように操作して，子どもの人生で親の「自己実現」を図るという事例が多々見受けられる．精神科思春期専門外来や私がかかわっている進学校での事例はほとんどそのような育ちの子どもたちである．これも「自己実現」というテーマで育ってきた現代の親ならではの現象ではないだろうか．しかし，子どもの人生を使って，親が親自身の「自己実現」を図る場合，子どもの心の発達は歪む可能性が高い．

親としての役割を果たすためには，自分のしたいことを一時的に横に置いておくことも必要である．言わば「自己犠牲」が必要なのである．そのため，子育てしている年齢の親の心の発達課題は，自分個人としての「自己実現」と「親としての役割」とのバランスをどのように取るか，ということがテーマである．この心の発達課題に遭遇し，戸惑っているのが現代日本の母親たちである．

第III章の図III-5-1-1に示す「原田のピエロ・バランス」で考えると，「社会的要請」である「親としての役割」と，「生の欲求」である「自己実現」とを，いかにバランスをとるか，が問われているのである．ピエロ・バランスは，心の健康を表現したものである．そのため，「社会的要請」である「親としての役割」ばかりでも心の健康は保てない．逆に，「親の役割」は果さず，「自己実現」ばかりにエネルギーをそそいでいる状態も親として心の健康な状態とは言えない．現代日本は，「親の役割」と「自己実現」とのバランスがとりにくい社会である．そのあたりをどうするか，が今問われているのである．

現在の国の子育て支援，次世代育成支援は，「子育てと仕事との両立支援」であると言える．上に述べた「親としての役割」と「自己実現」とのバランスという時，「自己実現」を仕事によって成し遂げるということであれば，「子育てと仕事との両立支援」は理にかなっている．しかし，子どもが育つのを側でみていたい，という欲求は親として当然のものである．若い世代がみな「子育てと仕事の両立」をめざしているかと言えば，そうでもないのである．そのように考えたとき，あるいは現実問題として父親か母親のどちらかが在宅で子育てをしなければ，どうにも仕方がないとき，ピエロ・バランスでの「生の欲求」は何になるのであろうか．この場合も

「自己実現」と言ってしまってもいいのではあるが，社会の中で自分を輝かすといういわゆる「自己実現」とは少し異なった自己実現の仕方になる．この場合は，子育てしている自分を，社会的に役立っている，社会的に有意義な仕事をしていると感じ，満足できることが必要である．そのためには，子育てに努力している自分をほめてもらう必要がある．すなわち，上にも述べてきた「承認欲求」が満たされる必要があるのである．それには，子育てについての社会的評価を高めることが必要であろう．それは単に「ほめる」というレベルだけではなく，よくわかる形で，例えば子育てに対する経済的評価（賃金）という形で子育ての社会的価値を表現することも必要ではないだろうか．デンマークやノルウェーでは，子育てに対する経済的評価が実施されている．このあたりのことについては，池本美香著『失われる子育ての時間―少子化社会脱出への道―』（勁草書房，2003年）を参照されたい．

## II-10
# 母性は育つもの，引き出されるもの
### 母性・父性について考える

『大阪レポート（名大出版会）』では，当時の日本の育児現場の状況を「育児不安と母性性の危機」と特徴づけた．また，「大阪レポート」のデータ自身が，母性は育つものであり，母性性が発揮されるためには適切な環境が必要であることを明らかにした．この節では「大阪レポート」の結果を検証するとともに，母性と父性について考える．

### II-10-1 母親の母性の成長・発現をうながす要因は何か

ここでは，ある母親個人がどのような母性性をもつかは，何によって決まるのか，そして，その母性性が発揮できるためにはどのような条件が必要か，について考える．

#### 母性や父性は人格特徴のひとつの要素

『大阪レポート（名大出版会）』が出版された際に，いくつかのインタビューを受けた．女性の生き方に関する著書をたくさん書いておられる，ある著名な女性フリーライターの方がインタビューに来られて「大阪レポートは，母性をはじめて科学的に解明した本だ」と評価していただいた．「なぜ」と聞くと，「母性」というと"女性が生まれながらにしてもっている母としての天分"という考え方が一般には強い，ところが「大阪レポート」では母性の成り立ちを科学的に規定しているからだ，と言われた．確かに，「母性」というと持って生まれたものという印象が強いかも知れない．そこで，私が母性というものについてどのように考えているか，をまず述べることにする．

私は，母性は母親の持つ性格特徴のひとつであり，父性とも共通するものと考えている．そして，母性は成熟した人間が持つ幼いものを受容し，慈しむ優しさであり，また，幼いものを受容し慈しむことに喜びを感じる人格だと考えている．従って，一般的性格特性と同様に，

①持って生まれた素因
②母親が育った生育環境
③現在母親が置かれている環境

の3つの要素によって，母親の母性性の豊かさは規定されると考えている．

①の「持って生まれた素因」は，遺伝的に決まっているものであり，一般に言われている「天分としての母性」にあたる．しかし，この「持って生まれた素因」は，欧米の母親やアラブ諸国の母親などの母性と日本の母親の母性とを比較する場合には問題になるが，本書で問題にしている現代日本の母親の母性性の検討においては，検討対象にならないものである．というのは，日本社会においては少なくともここ千数百年間，日本人の遺伝的素因が変わるような歴史的事実，例えば他民族が日本列島に大量に移民してきたというような歴史的事実はないからである．

ここで問題にする『大阪レポート（名大出版会）』で述べた「母性性の危機」あるいは，「maternal deprivation（母性的養育の欠如）」を検証するためには，以上に述べた理由により，①の「持って生まれた素因」そのものは問題にならない．ここで考えるべきは，②の「母親が育った生育環境」と③の「現在母親が置かれている環境」である．「母性」を天分あるいは本能としてのみとらえる考え方は，一面的であり科学性に欠けている．

### 母性は育つもの，引き出されるもの

「大阪レポート」では，母性は育つものであること，また，母親の持つ母性性が発揮されるためには，適切な環境が必要であることを明らかにした．そして，子育てにおいて母性が豊かに発揮されている母親は，以下のような特徴をもつ母親であることをデータで明らかにした．

(a) 少女・娘時代の子どもとの接触経験や育児経験が多かった母親
(b) 自分自身の子どもの育児経験のある母親（第2子以上を育てている母親）
(c) 夫が育児によく参加・協力する母親

(a)の「少女・娘時代の子どもとの接触経験や育児経験」と(b)の「自分自身の子どもの育児経験のある母親（第2子以上を育てている母親）」は，母性は育つものであることを示すものであり，②の「母親が育った生育環境」にあたる．また，(c)は「夫が育児に協力的な場合は母親の子どもへのかかわり方が母性的である」というものであり，③の「現在母親が置かれている環境」にあたる．

第Ⅲ章図Ⅲ-4-4-1にエリクソンの「人格形成における心の発達チャート」を示すが，成人期の心の発達課題として，「人を愛することと人の世話をすること」があげられている．これは親としての役割を果せるようになることが成人期の心の発達課題であることを示している．このように，親としての役割を果せる人格，すなわち，母性や父性は育ちの中で獲得されるものであることをエリクソンも明示している．

## II-10-2　少女・娘時代の子どもとの接触経験・育児経験は，母性を育てる

「大阪レポート」は，出産以前の「子どもとの接触経験」や「育児経験」の多い母親ほど，具体的育児の状況が好ましく，精神的に安定し，育児を楽しめていること，そして，そのことが子どもの発達にも好ましい結果を与えていることを明らかにした．

今回の調査「兵庫レポート」でも同様の結果が得られている．すなわち，本章第5節3項で述べたように，他項目とのクロス集計結果は，「子どもとの接触経験」や「育児経験」のある母親は，「育児に自信がもてない，と感じること」が少なく，「赤ちゃんとのかかわりの時間」が多く，「育児での心配」が少なく，かつその解決度が高い，など育児そのものが良い傾向を示している．また，「子どもの要求の理解」も良く，「イメージと現実の育児とのギャップ」が少ないという結果も出ている．これらの結果は，「子どもとの接触経験」や「育児経験」という体験が多い母親は，母性的である．すなわち，親としての役割がそれ程苦痛なく果せていることを示している．

出産以前の「子どもとの接触経験」や「育児経験」が多い母親ほど，母性が豊かである，という「大阪レポート」や「兵庫レポート」の結果は，ふたつの見方ができる．ひとつは，小さな子どもを見れば無意識に近づき，抱き上げ，遊び相手になろうとする行動は，精神的に子どもを生む準備のできた女性の自然な行動であり，母性性の表出そのものである．そのため，出産以前の子どもとの接触経験は，母親の母性の豊かさのひとつの目安であるという見方である．

もうひとつの見方は，少女時代や娘時代の子どもとの接触や具体的育児の体験が母親の母性の成長にとって大きな役割を果たしたのではないか，という見方である．子どもが少なくなった現在，出産以前に子どもと接触する機会は少なくなっている．まして，「おむつをかえたり，食べさせたり」という育児経験は，少女や娘たちが自分で努力して得られるものではない．まさにチャンスに恵まれるかどうか，にかかっている．そのチャンスというのは，本章第5節3項でデータをもとに検討したように，自分のきょうだい，特に姉がいるかどうか，が大きいことがわかっている．そして，「大阪レポート」や「兵庫レポート」の調査結果は，そのようなチャンスをたまたま得られた母親は，母性が豊かであるということを示しているのである．このことから，「少女時代や娘時代の小さな子どもとの接触経験や育児経験は，母性を育てる」と結論してもいいのではないかと考えている．

## II-10-3　自分自身の子育ての中でも，なお，母性は育つ

出生順位で第1子と第2子，第3子以上とに母親をグループ分けして，育児の状況その他について，比較検討してみた．具体的育児の状況をみると，第1子の場合，母親は子どもとかかわれる時間的余裕があり，また，育児に対する関心度も高く，赤ちゃん体操や「ものを持たせたり」という形では熱心にかかわっている．しかし，「天気の良い日の遊び場所」や「日光浴」では有意差がなかった．母親の「近所の話し相手」も第2子以上の母親の方が多かった．これらの結果は，「大阪レポート」での結果と同様の傾向である．

先に，出産以前の「子どもとの接触経験」は，母親の母性の豊かさのひとつの目安であると述べたが，「子どもの要求の理解度」も，母親の母性性の豊かさのひとつの目安である．図II-10-3-1に4か月児健診での出生順位と「赤ちゃんが何を要求しているかわかりますか」とのクロス集計結果を示す．図より，第1子より第2子，第2子より第3子以上と出生順位が高くなるほど，母親は「赤ちゃんの要求の理解度」がはっきりと良くなっていることがわかる．

図II-10-3-2に、4か月児健診での出生順位と「育児のことで今まで心配なことがありましたか」とのクロス集計結果を示す。図II-7-7-3には、1歳6か月児健診での結果を示した。これらの図より出生順位が高くなるほど、母親の育児での心配が少ないことがわかる。このことは、どの健診時点でも同様の結果であった。

4か月児健診では、出生順位が高くなるほど、「赤ちゃんにどうかかわっていいか迷う」ことははっきりと少なくなり、育児に自信が持てないという訴えは少なくなっていることがわかっている。1歳6か月児健診や3歳児健診では有意差が認められなかった。

「大阪レポート」では、育児での「イライラ感」が第2子以上の方が少ないという結果が出ていたが、今回の調査では「イライラ感」については差が認められなかった。

以上の結果は、自分の子どもを育てる経験がある母親ほど、子どもにかかわる時間は少ないが、かかわりの質や子どもの要求の理解度、精神的安定度などが明らかに良くなっていることを示している。すなわち、第1子あるいは第2子を育てる中で、母親の母性性はさらに育ち、豊かになっているのである。この結果は「大阪レポート」の結果を支持するものである。

図II-10-3-1 出生順位と「赤ちゃんが何を要求しているかわかりますか」とのクロス集計結果(4か月児健診)

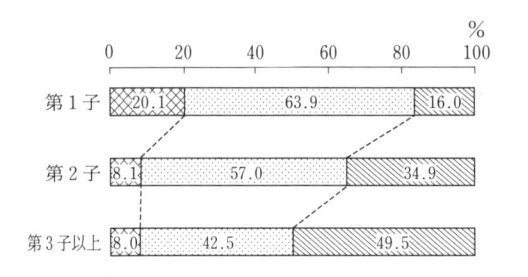

図II-10-3-2 出生順位と「育児のことで今まで心配なことがありましたか」とのクロス集計結果(4か月児健診)

## II-10-4 母性性の発現をうながす夫の育児への参加・協力

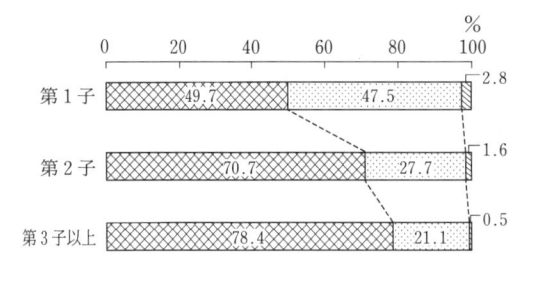

母親が母性性を豊かに発揮できるかどうかは、母親個人が持っている母性性の豊かさの度合とともに、それがうまく引き出される環境があるかどうかにも大きく依存する。

「大阪レポート」では、夫の育児への参加・協力の有無と母親の具体的育児の状況や育児における感情などとの相関関係を検討し、その結果、夫の育児への参加・協力は、母親の精神的安定だけでなく、母親の育児姿勢や具体的育児の内容などすべてにわたり、好ましい影響を与えていることを明らかにした。

今回の調査でも、本章第6節2項「父親の子育て参加が母親に及ぼす影響」で同様の結果を紹介した。すなわち、「父親が育児に協力的でない」場合や「一方の親が責任をとり、他方は任せきり」になっている場合には、母親に「近所の話し相手」がいない傾向がはっきりと出ており、「子育て仲間」もいない傾向が強い。また、子どもにも「一緒に遊ぶ同年代の子ども」がいない傾向が強いことがわかった。

父親が育児に協力的でなかったり，母親が一身に子育ての責任を負っている場合には，母親は「子どもの要求の理解」がしにくく，子育てに自信が持てず，子どもとのかかわりに迷うことが多いことがわかっている．また，心配や不安が強く，その心配が解決されず放置されており，育児でのイライラ感も強いことがわかった．このような傾向は，子どもの月齢が高いほど強くなり，3歳児健診で最も相関が高く出ることが判明している．これらの調査結果は，母親の母性性が発揮されるためには，育児に対する夫の協力的な姿勢が極めて大きな役割を担っていることを示している．

以上述べたように，「大阪レポート」や今回の調査結果は，母親の母性性が，母親の少女・娘時代の子どもとの接触経験や育児経験，自分自身の子どもの子育て経験，および，夫の育児への参加・協力などに大きく影響されていることを実証した．これらのことは，「母性」というものは，"女性が生まれながらにしてもっている母としての天分"というようなものだけではなく，母性は母親自身の子ども時代からの体験により育つものであること，また，母親がもつ母性性が十分に発揮されるためには適切な環境が必要であることを示している．

今社会に要請されていることは，子どもたちが母親として，また父親としての資質を身につけられるような育ちの環境を準備することであり，また，母親が十分母性性を発揮できるような社会環境を備えることである．

## II-10-5　母親の母性性の発現は環境要因に大きく左右される
### ──「愛の手」欄の親子のデータより

「大阪レポート」のデータではないが，『大阪レポート（名大出版会）』をまとめた直後に，私が集計・分析したデータがある．そのデータにより，私は母親の母性の発現には母親が置かれている環境要因が大きいということを確信した．その結果をここに紹介する．

ご存じの方もあるかと思うが，毎日新聞に毎週『あなたの愛の手を』という里親募集の記事が出ている．昭和39年（1964年）から続いている欄である．私はボランティアとして里親運動をしている㈳家庭養護促進協会の仕事を手伝っていた．そのきっかけは，㈳家庭養護促進協会の大阪事務所が1991年1月に開設した「思春期妊娠危機センター（APCC: Adolescent Pregnancy Crisis Center）」の開設準備を手伝ったことである．「30年近く里親運動を続けてきたが，かつてとは異なり，最近（当時）ははじめから育てるつもりがまったくないにもかかわらず出産するというケースが多くなってきた．このような状況になってきているのだから，生まれた子の里親探しもたいせつであるが，望まない妊娠の防止の方もたいせつではないか」という所長の岩崎美枝子さんの思いから，思春期の妊娠に関する電話相談窓口としてAPCCを開設する運びになったのである[1]．

APCCの開設にあたっては，新聞が取り上げてくれた．そのためもあり，電話が殺到して，それ以降は宣伝をストップせざるを得ない状態であった．開設後1年間の相談件数は768件であり，内容は多岐にわたっていた．768件の内訳は，高校生が3分の2以上を占め，高校生や中学生，20歳以下の若者自身からの相談が多かった．その状況を見て，私は性に関する相談に対す

るニーズの高さを実感した．768件の内，妊娠の相談は320件で，ほとんどは女子ケースである．男子ケースの相談は多様であり，精神的問題が多いのが特徴であった．

　少し話が逸れたが，私が母親の母性性の発現には環境要因が大きいことを実感したのは，毎日新聞『あなたの愛の手を』欄（以下，『愛の手』欄と略称する）に，昭和39年〜63年までの25年間に掲載された1,282ケースについて，ケース記録をもとに作成したデータを，私が分析した際である[2]．詳細は文献にゆずるが，母親の母性性の指標としては，子どもを乳児院などに預ける際およびその後の母親の子どもへの「愛着感」の有無と母親の子どもへの「肯定的イメージ」の有無を使用した．母親の子どもへの「愛着感」とは，できれば子どもを手放したくない，という思いである．母親の子どもへの「肯定的イメージ」とは，その子に対して，「こんないいところがある」というふうに振りかえるとか，肯定的に子どものことを語るとかということである．

　図II-10-5-1に，「愛着感」の有無の経年的変化を示している．「不明」がかなり多いが，最初の10年は「愛着感」が「ある」母親と「ない」母親の比は約4対1であり，子どもに「愛着感」を示す母親が多かった．ところが，後半の10年では約1対1になっており，子どもへの「愛着感」を示す母親が年とともに減っていることがわかる．

　婚姻関係と「愛着感」の有無とのクロス集計結果では，婚姻関係についての世間一般の感覚（すなわち社会通念）と「愛着感」の有無との間に，きわめて高い相関があることがわかった．すなわち，既婚内子（夫婦間の子ども）の場合は，「愛着感」が「ある」母親と「ない」母親の比は約5対1であり，「愛着感」を示す母親が多い．そして，離婚内子では約3.4対1，既婚外子（いわゆる不倫による子）では約1対2.3と比が逆転し，10歳代未婚の場合は約1対6.8と「愛着感」を示さない母親が圧倒的に多くなっている．この結果は世間一般が母親をどのように見ているか，により母親の子どもへの「愛着感」の有無が大きく左右されることを示している．

　父親の状況と母親の子どもへの「愛着感」の有無とのクロス集計結果では，「就労中」の場合は「愛着感」が「ある」母親と「ない」母親の比は約7対1であり，「愛着感」を示す母親が圧倒的に多い．そして，「死亡」では約3対1，「家出・行方不明」では約1対1.4と比が逆転し，「不詳」では約1対2.7となっており，父親の現在の状況が母親の「愛着感」の有無に大きく関与していることがわかる．

　『愛の手』欄への掲載時の母親の状況と「愛着感」の有無とのクロス集計結果では，「入院中」では「愛着感」が「ある」母親と「ない」母親の比は約4対1，「就労中」では約4対3，「家出・行方不明」では約1.7対1であるが，「就学中」が極端に悪く，約1対6になっている．本章第5節7項でハワイの高等学校での育児教室の話を紹介したが，日本では学校に行きながら子どもを育てることはきわめて困難なことがこのデータからもうかがえる．なお，「家出・行方不明」とは，

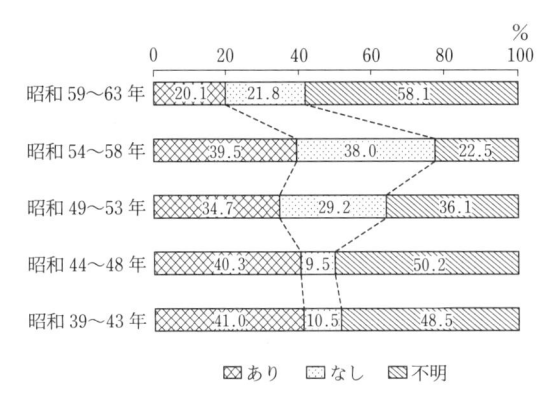

|  | あり | なし | 不明 |
|---|---|---|---|
| 昭和59〜63年 | 20.1 | 21.8 | 58.1 |
| 昭和54〜58年 | 39.5 | 38.0 | 22.5 |
| 昭和49〜53年 | 34.7 | 29.2 | 36.1 |
| 昭和44〜48年 | 40.3 | 9.5 | 50.2 |
| 昭和39〜43年 | 41.0 | 10.5 | 48.5 |

図II-10-5-1　「愛の手」欄掲載年次と本児への「愛着感」の有無

子どもを預けた後，母親が家出したり，行方不明になったという場合である．

　母親の出産の意志と「愛着感」の有無とのクロス集計結果では，「望んだ」母親では「愛着感」が「ある」母親と「ない」母親の比は約7対1であるが，「望まなかった」母親では約1対3であり，望まない妊娠で生まれた子どもには母親は「愛着感」が持ちにくいことがわかる．ところで，母親の出産の意志は何に左右されるのか，検討してみた．そ

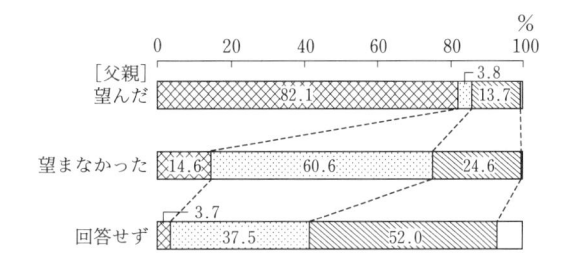

[父親]
望んだ　82.1　3.8　13.7
望まなかった　14.6　60.6　24.6
回答せず　3.7　37.5　52.0

[母親]　望んだ　望まなかった　不明　回答せず

図II-10-5-2　父親の出産に対する意向と母親の出産に対する意向とのクロス集計結果

の結果は，図II-10-5-2に示すように，母親自身の意志というよりも父親が出産を望んだかどうかに大きく依存していることがわかった．すなわち，図II-10-5-2からわかるように，父親が出産を「望んだ」場合には，82.1%の母親が出産を望んでおり，「望まなかった」は3.8%にすぎない．他方，父親が望まない場合には出産を「望んだ」母親は14.6%にすぎず，「望まなかった」が60.6%にもなっているのである．

　以上述べた母親の子どもへの「愛着感」についての結果と同様の結果が，母親の子どもへの「肯定的イメージ」についても得られている．

　私はこのデータを集計・分析する前には，母親の子どもへの「愛着感」や「肯定的イメージ」は，母親の生育歴と高い相関があるだろうと予測していた．しかし，母親の「生育歴での問題の有無」と子どもへの「愛着感」や「肯定的イメージ」とは，ほとんど相関が認められなかった．この結果を見て，母親の母性性の発現には母親が置かれている環境が非常に大きな影響を与えることを実感したものである．

　以上みてきたように，母親の母性というものは父親の父性と同じく人格特徴のひとつであり，幼少期からの育ちの中で，また自分の子どもの子育ての中で育つものである．そして，母親の母性的性格は，母親が現在置かれた環境により発揮のされ方が大きく左右されることがわかった．「母性神話」などは，非科学的なものである．

### 参考文献

1) 原田正文著：相談内容の統計から，『APCC（思春期妊娠危機センター）開設一年の報告』，社団法人家庭養護促進協会刊，10-29，1990年．
2) 原田正文著：母性と環境―25年間の「愛の手」欄掲載ケース，1,282人の分析より―，『親することの危機』，社団法人家庭養護促進協会刊，64-87，1991年．

# II−11
# 子ども虐待などの不適切な養育を予防するために
## 第三次調査結果

　ここまでは，第一次調査と第二次調査の結果について述べてきた．第一・二次調査は，「大阪レポート」との比較を目的に実施した調査であり，「大阪レポート」で意味のあったほとんどすべての質問について，できるだけ同じ質問文を使用し調査した．一方，本章第1節「調査体系と調査対象」で述べたように，今回の研究では，多変量解析ができる形のアンケート調査用紙を新規に作成し，第三次調査として実施した．本節ではその結果を紹介する．詳細については，『厚生労働科学研究（子ども家庭総合研究事業）服部祥子研究班（平成16年度報告書）』に掲載している，第三次調査の分析を主に担当した共同研究者の山野則子論文を参照されたい[1]．

　なお，第三次調査の結果は，第一・二次調査の結果と矛盾するものはなく，第一・二次調査の結果を追認するものとなっている．第三次調査で明らかになったことで最も注目すべきものは，「自己効力感（self-efficacy）が高い」母親は，育児場面では困難な状況に陥っているだけではなく，そのような母親の子どもの発達は遅れている，という結果である．言い換えると，現代日本社会が求めている人材は，学業や仕事には適しているが，子育てには不向きであるという結果である．この結果自体は，私がボランティア活動や精神科思春期臨床などで感じていることと一致するものであるが，さらに詳細な研究が待たれる内容である．

## II-11-1　第三次調査の目的と方法

　今回の厚生労働科学研究（子ども家庭総合研究事業）での，私の分担研究班のテーマは「児童虐待発生要因の構造分析と地域における効果的予防方法の開発に関する研究」というものであった．そのため，「大阪レポート」との比較を目的とした第一・二次調査だけではなく，一般に認められている評価尺度を使用し，児童虐待発生要因の構造分析をおこなうことを目的に，第三次調査を実施した．

　第三次調査では，先行研究において論じられてきた育児負担感[2,3]やソーシャルサポート，特性的自己効力感など[4,5]の要因相互の関係を，データに基づいて明らかにすることと，これらの要因と不適切な養育との関連を明らかにすることを目的とした．また，母親自身の自分の子ども

を生む前の「育児経験」や，「子育てサークル」や子育て仲間，早期教育，仕事などと，育児負担感や不適切な養育との関係を明らかにすることによって，子ども虐待の予防的支援方法を明らかにすることを目的にした．

調査方法は本章第1節に述べたが，第二次調査と基本的には同じである．回収されたデータのうち，多変量解析を実施するために欠損値のあるデータを除外した結果，4か月児健診：864人，10か月児健診：959人，1歳6か月児健診：1,200人，3歳児健診：1,344人分のデータを分析対象とした．

## II-11-2　第三次調査の調査項目

第三次調査で使用した1歳6か月児健診での調査用紙を巻末資料（pp. 336～339）に示す．他の健診で使用した調査用紙も基本的には同じである．この調査用紙は，第二次調査で使用した質問のいくつかに加えて，以下の評価尺度から構成されている．評価尺度の使用にあたって，質問文の表現等に関して，本節7項に述べるような困難な問題が生じたため，以下のような変更を加えた．

①「育児負担感」尺度

「育児負担感」尺度としては，中嶋らの論文[2]で共通性が0.3以上であったと報告されている項目12項目のうち，「活動制限認知」6項目のうち5項目，「否定的感情認知」6項目のうち5項目を選び使用した．なお，次項で述べる共分散構造分析に使用した「育児困難感」は，「育児負担感」尺度としてアンケート内容に取り入れた10項目の内の6項目であるため，違いを明確にするために「育児困難感」という表記を使用した（表II-11-3-1参照）．

②「支援ネットワーク」尺度

「支援ネットワーク」尺度としては，Munakata. T.[6] により標準化されている「支援ネットワーク」尺度の「情緒的支援ネットワーク」「手段的支援ネットワーク」の項目を，田中らの項目[7] も参考にして，この年齢の子どもをもつ親への質問に対応するように変更したもの12項目を使用した．

③「特性的自己効力感」尺度

「特性的自己効力感」尺度としては，成田ら[8] により妥当性が確認された尺度23項目から，16項目に絞り込み，かつ表現をポジティブ表現に変更して使用した．

④「不適切な養育」尺度

「不適切な養育」尺度としては，大原ら[9]，妹尾[10] が使用した虐待項目を参考に4項目選択して使用した．

巻末資料には，第三次調査の1歳6か月児健診で使用した質問紙を掲載しているが，質問紙の問3が「支援ネットワーク」尺度，問6が「育児負担感」尺度および「不適切な養育」尺度，問7が「特性的自己効力感」尺度に当たっている．

## II-11-3 「不適切な養育」は，何によってもたらされるのか
### ——共分散構造分析による「子ども虐待予防モデル」

「不適切な養育が何によってもたらされ，どうすれば予防できるか」という，不適切な養育と他項目との因果関係をあらわした図II-11-3-1「不適切な養育予防モデル」を共分散構造分析により作成した．共分散構造分析では，まず出発点として仮説を立てる．そして，その仮説を検証するために「モデルを作成し，検証を重ねる」という作業をおこなう．本研究では，『「育児困難感」は，「不適切な養育」に大きな影響を与えている．その軽減には，ソーシャルサポート（社会的支援）を増やし，自己効力感を高めることが有益である．そしてソーシャルサポートとしては，個人的サポートよりも子育て仲間や子育てサークルなどの集団的サポートがより有効な役割を果たす』という仮説を立てた．そして，モデルを作成し，検証を重ねた．その結果，図II-11-3-1に示した「不適切な養育予防モデル」（3歳児健診）という結果が得られた．各健診時点で分析は実行したが，モデルフィットの最も良かった3歳児健診についての結果を，本項では報告する．

### 予備分析

図II-11-3-1「不適切な養育予防モデル」を説明する前に，この図を作成する過程を説明する．専門的な内容になるので，結果だけを知りたいという方は，この項目は飛ばしていただいてけっこうである．

「不適切な養育予防モデル」を作成する過程では予備分析として，すでに尺度化された項目についても，因子分析を行った．各尺度についての因子分析は，最尤法，プロマックス回転を用いた．そして，共通性0.3以下のもの，因子負荷量が0.3以下のものについては除外した．ただし，「不適切な養育」尺度については，1因子であると予想されたため，主成分分析を行った．それらの結果を表II-11-3-1に示す．

「育児困難感」尺度は，各年齢とも「否定的感情認知」，「活動制限認知」という2因子構造であり，非常に高い因子負荷量であることが確認された（否定的感情認知：0.715～0.555，活動制限認知：0.918～0.630）．

同様に，「支援ネットワーク」尺度についても，「情緒的支援サポート」，「手段的支援サポート」という2因子構造であり，非常に高い因子負荷量であった（情緒的支援サポート：0.777～0.646，手段的支援サポート：0.825～0.713）．

本調査で使用した「特性的自己効力感」尺度については，質問紙の内容の検討段階で既存の尺度から削除された項目が7項目と多く，かつ表現をポジティブ表現に変更して使用したため，既存の尺度とは考えにくい．因子分析の結果からも，共通性（0.3未満のものが8項目），因子負荷量ともに低かった．そのため，共分散構造分析の段階では，項目数がさらに減少し，表II-11-3-1に示すように6項目となった．2因子構造にまとまったが，既存の特性的自己効力感とは考えずに，本調査結果で出現した因子として検討することとした．そのことを明確にするために，「行動完了の意志」および「行動生起での自信」という表記を使用した．質問紙作成の段階で削

表II-11-3-1 共分散構造分析に用いた変数（3歳児健診）

| | 潜在変数 | 因子負荷量 | 観測変数 |
|---|---|---|---|
| 育児困難感 | 否定的感情認知<br>(0.95)<br>(e35) | 0.65 | お子さんのやっていることで，どうしても理解に苦しむことがありますか（e8） |
| | | 0.66 | 必要とも思われないようなことをお子さんは求めすぎていると感じることはありますか（e9） |
| | | 0.68 | あなたがお子さんにしてあげていることで，むくわれないと感じることがありますか（e39） |
| | 活動制限認知<br>(0.64)<br>(e34) | 0.82 | お子さんの世話が自分で責任を負わなければならない家事等の仕事と比べて，重荷になっていると感じることがありますか（e4） |
| | | 0.74 | お子さんの世話のために，かなり自由が制限されていると感じることがありますか（e5） |
| | | 0.68 | お子さんがいるために，趣味や学習，その他の社会活動などに支障をきたしていると感じることがありますか（e6） |
| 支援ネットワーク | 情緒的サポート | 0.86 | 心配事や悩み事を親身になって聴いてくれる（e11） |
| | | 0.84 | あなたの気持ちを察して思いやってくれる（e12） |
| | | 0.61 | 趣味や興味のあることを一緒に話して，気分転換させてくれる（e14） |
| | | 0.63 | 子どもの発達やしつけについて，適切な助言をしてくれる（e19） |
| | 手段的サポート | 0.82 | 留守を頼める（e15） |
| | | 0.83 | 買い物に行くぐらいの間，お子さんをみてくれる（e16） |
| | | 0.70 | お子さんの体調が悪いとき，医療機関に連れて行ってくれる（e21） |
| 特性的自己効力感 | 行動完了の意志 | 0.67 | はじめはうまくいかない仕事でも，できるまでやり続ける（e25） |
| | | 0.73 | 重要な目標を決めたら最後まで成し遂げる（e24） |
| | | 0.65 | 自分が立てた計画をうまくできる自信がある（e23） |
| | 行動生起での自信 | 0.80 | 人の集まりの中では，うまく振舞える（e28） |
| | | 0.76 | 私は自分から友達を作るのがうまい（e27） |
| | | 0.55 | 思いがけない問題が起こった時，それをうまく処理できる（e26） |
| 不適な養育 | 不適切な養育<br>(e30) | 0.56 | お子さんを大きな声で叱ることはありますか（e1） |
| | | 0.56 | お子さんが泣いていても放っておくことがありますか（e3） |
| | | 0.67 | お子さんが傷つくことを言うことはありますか（e10） |

注：e8などの番号は図II-11-3-1と対応している．

除したり，ポジティブ表現に変更したのは，調査対象者に配慮したためである．

「不適切な養育」尺度は，主成分分析によって，1因子構造であることを確認した．

共分散構造分析に先立ち，それぞれの因子において負荷量が0.6以上あることを基本としながら，最低3項目を保障できる形で観測変数を設定した．また，二次因子として「育児困難感」を考えたため，「育児困難感」を構成する2つの因子には，誤差相関を規定した．このようにして，表II-11-3-1に示した7つの潜在変数を設定した．

## 共分散構造分析による「不適切な養育予防モデル」

本研究では表II-11-3-1に示した7つの潜在変数（すなわち，育児困難感の「否定的感情認知」「活動制限認知」，支援ネットワークの「情緒的サポート」「手段的サポート」，特性的自己効力感に関連する「行動完了の意志」「行動生起での自信」，および「不適切な養育」）の関係を明らかにするために，共分散構造分析を用いた．なぜならば，共分散構造分析は，抽出した因子の妥当性と因子間関係の検証が同時に可能になるからである．なお，ここでいう因子とは，潜在変数のことであ

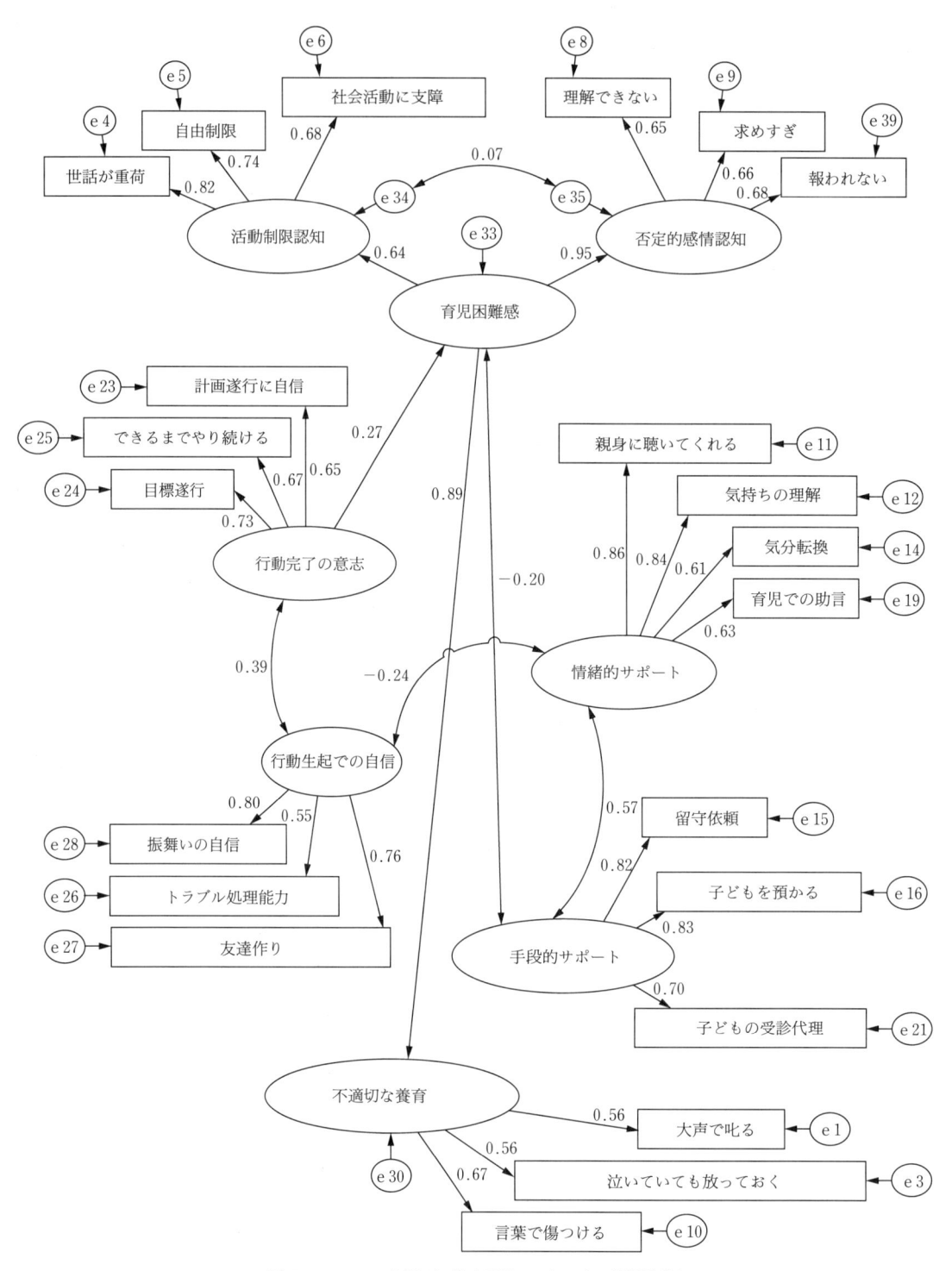

図II-11-3-1 不適切な養育予防モデル（3歳児健診）

注：$\chi^2$値は733.155（df＝201，p＝0.000）
　　(e 8)などの記号は，表II-11-3-1の質問文（観測変数）と対応している．

る．

　分析結果は，図II-11-3-1に示すとおりである．図II-13-3-1の「不適切な養育予防モデル」の中の一方向の矢印の横に記した数字は，因子負荷量を表わしている．また，双方向の矢印は相関係数を表わしている．相関係数は2つの潜在変数間の相関を表わしており，値が大きい程相関が強くなる．負の値は逆相関，つまり，一方の変数が大きくなれば他方は小さくなることを意味している．モデル全体を評価すると，$\chi^2$値は，733.155（自由度(df)=201，有意差水準(p)=0.000）で，適合度指標は，いずれもモデルとデータが適合していることを示す良好な結果であった（GFI 0.952, CFI 0.946, RMSEA 0.044）．

　モデルを詳しく評価すると，潜在変数が個々の観測変数に与えている影響指標は図II-11-3-1，表II-11-3-1に示す通り，非常に高い指標を示している．制約を加えていない指標すべて，有意差水準p=0.000（0.0%）で統計的に有意である．潜在変数は個々の観測変数を十分規定していることがわかる．次に各潜在変数間の関係を見ると，因果関係を表す係数も相関を表す係数もt検定の結果，p=0.000で統計的に有意であった．

　先に述べた「不適切な養育予防モデル」仮説に基づいて検証を重ね，図II-11-3-1を作成したが，この図が示す内容を説明する．「育児困難感」は，支援的ネットワークとの関連では，「手段的サポート」から-0.20と負の影響を受けており，特性的自己効力感に関する項目との関連では，「行動完了の意志」から+0.27と正の影響を受けている．これらの結果を言い換えると，「手段的サポート」は，親の「育児困難感」を下げることができること，また「行動完了の意志」が強い親は，弱い親に比して，「育児困難感」が高いことを示している．いずれも，大きな値ではないが，関連があると言える．「不適切な養育」は，「育児困難感」から0.89と大きな値で影響を受けていた．すなわち，「育児困難感」が「不適切な養育」の大きな原因になっていることがわかる．また，「育児困難感」に直接関連が見られなかった「行動生起での自信」は，「行動完了の意志」との相関が0.39，「情緒的サポート」との相関が-0.24であった．このことは言い換えると，「行動生起での自信」の高い人は，「行動完了の意志」があるが，「情緒的サポート」を持っていない傾向が強いと言える．

　「情緒的サポート」は「育児困難感」とも，また「不適切な養育」とも直接相関が認められなかった．しかし，「情緒的サポート」は「行動生起での自信」との相関は前述のとおり-0.24であるが，「手段的サポート」との相関は0.57と高かった．このことは，「情緒的サポート」を持っている親ほど，「手段的サポート」も持っていることを示している．つまり，「行動生起での自信」の高い人は，「情緒的サポート」も「手段的サポート」も持っておらず，孤立している傾向が強いと言える．

　子育て仲間，子育てサークルや育児体験との関連をモデルの中に入れて考えられないか検討したが，いずれも「育児困難感」に与える影響としての指標は，0.01～0.09という小さな値であった．そのため，図II-11-3-1のモデルからは削除した．そして，これらの項目については，以下の本節第4項において検討する．なお，「育児困難感」を説明するのに統計的に有意であった項目として，子育てサークル（偏回帰係数=-0.07），経済状況（偏回帰係数=0.09）が存在した．すなわち，子育てサークルに「参加したことがない」親ほど「育児困難感」が少し少ない．

また，経済状況が良い親ほど「育児困難感」が少し少ないという結果であった．

まとめると，先に述べた仮説，すなわち，『「育児困難感」は，「不適切な養育」に大きな影響を与えている．その軽減には，ソーシャルサポート（社会的支援）を増やし，自己効力感を高めることが有益である．そしてソーシャルサポートとしては，個人的サポートよりも子育て仲間や子育てサークルなどの集団的サポートがより有効な役割を果たす』という仮説の中で検証できたのは，『「育児困難感」は，「不適切な養育」に大きな影響を与えており，その軽減には，ソーシャルサポートのなかの「手段的サポート」が有益である』という点であった．仮定には入っていないが，『「行動完了の意志」が強い場合，反対に「育児困難感」が高まる』という結果が得られた．そして，はじめに立てた仮説の後半の『ソーシャルサポートとしては，個人的サポートよりも子育て仲間や子育てサークルなどの集団的サポートがより有効な役割を果たす』という点については実証できる有効な結果が得られなかった．

なお，本節7項で述べるように，既存の評価尺度そのものにかなり問題があるように思う．特に表II-11-3-1の「支援ネットワーク」の観測変数（質問）の選択肢として，「①いない」，「②1人」，「③2～3人」，「④4～5人」，「⑤6人以上」という人数を使用している点については懐疑的である．例えば，「情緒的サポート」の場合，「③2～3人」と回答した母親よりも「⑤6人以上」と回答した母親の方がよりサポートされているとは言い切れないのではないだろうか．そのような事情があるため，図II-11-3-1が示す「情緒的サポート」が「育児困難感」には関与していないという結果は，再検討の余地があると考えている．

## II-11-4　子育て状況と「育児負担感」との関連についての検討

この項では，いろいろな子育て状況と「育児負担感」との関連についての調査結果を示す．ここでは，第三次調査の質問に使用した「育児負担感」に関する質問10項目すべてを使用し，「育児負担感」尺度とした．尺度の値は1～5である．10項目すべてにおいて「育児負担感」を感じることが「いつも」あると回答した場合に5になるように，また逆に10項目すべてにおいて「育児負担感」を感じることが「全くない」と回答した場合に1になるように設定している．ここで使用している「育児負担感」と，本節3項および図II-11-3-1，表II-11-3-1で使用した「育児困難感」とは質問項目が少し異なるので注意されたい．

### 「子育て仲間」と「育児負担感」との関連

「親子で一緒に過ごす子育て仲間がいますか」という質問の結果と「育児負担感」との相関の有無をt検定で調べた．t検定および次に述べるF検定は，これまでにクロス集計結果の有意差検定で用いてきた $\chi^2$ 検定と同様に，相関関係を統計的に調べる手法である．検定の結果，1歳6か月児健診と3歳児健診では有意な相関は認められなかったが，10か月児健診（df=957，t=-4.929，p=0.000），4か月児健診（df=862，t=-3.727，p=0.000）では，有意な差が認められた．すなわち，乳児（0歳児）の親の場合は，「子育て仲間がいる」と答えた親の方が「いない」と答えた親に比べて「育児負担感」が低い傾向であった（巻末表J-1）．ここで，dfは自由度

であり，tはt検定での値である．pは，本章第2節で述べたように，有意差水準をあらわしている．p＝0.000は0.0％未満の有意差水準であることを示している．

本章第7節8項に述べたように，第一・二次調査では，「子育て仲間」の有無と「育児不安」や育児での「イライラ感」などの母親の精神的ストレスの関係はそれ程明確には出なかったが，第三次調査で「育児負担感」尺度を使用した場合，「子育て仲間」の存在が乳児期の子育ての負担感を軽減するという結果が得られた．

なぜ乳児期にのみ「子育て仲間」の存在が「育児負担感」を軽減するのだろうか．それは乳児期の子育ての悩みが似通っているために，「子育て仲間」の存在が「育児負担感」の軽減につながるのであろう．一方，幼児期には親の価値観や子どもの気質などにより育児の悩みも多様になるために，「子育て仲間」の存在が「育児負担感」の軽減にはなかなかつながらないのであろうと考えられる．

### 「子育てサークル」と「育児負担感」の関連

子育てサークルについての質問は，「育児サークルに参加したことがありますか」であるが，選択肢は第一・二次調査とは異なり，「現在参加している」「過去に参加したことがあるが現在は参加していない」「参加したことはない」である．3項目間の差の検定には，F検定を使用した．4か月児健診と10か月児健診では有意ではないが，1歳6か月児健診（df＝2/1197, F＝4.056, p＝0.018），3歳児健診（df＝2/1341, F＝4.023, p＝0.018）において差が有意であった．項目間をさらに見ると，1歳6か月児健診では「過去に参加したことがあるが現在は参加していない」群と「参加したことはない」群において相関があり（p＝0.025），3歳児健診では「現在参加している」群と「参加したことはない」群とに相関があった（p＝0.019）．いずれも「参加したことはない」群の方が「育児負担感」の値が少し低いという結果であった（巻末表J-2）．

第一・二次調査での，「子育てサークル」への参加と母親の育児での心配・不安についての結果を本章第7節8項で述べたが，精神的ストレスとの関係はそれ程明確には出なかった．一方，第三次調査での結果は，幼児期において「子育てサークル」と「育児負担感」の相関が少しあり，「子育てサークル」を利用している親は「育児負担感」が強い傾向が少しみられた．このことは，第一・二次調査の結果でも明らかになったように，「子育てサークル」に集まる親が"元気で，支援の必要がない親"では決してないことを示している．

### 親になるまでの「育児経験」は，「育児負担感」を軽減する

「あなたは自分の子どもが生まれるまでに他の小さい子どもに食べさせたり，オムツを替えたりした経験はありますか」という「育児経験」についての質問では，すべての健診時点で，差は有意であった．どの健診時点においても「育児経験」が「よくあった」群の方が，「なかった」群よりも「育児負担感」が低いという結果が得られている（巻末表J-3）．

この結果は，第一・二次調査での結果を支持するものである．すなわち，「育児負担感」の原因として，親が親になるまでの成育過程での育児の経験不足が大きいことを示している．

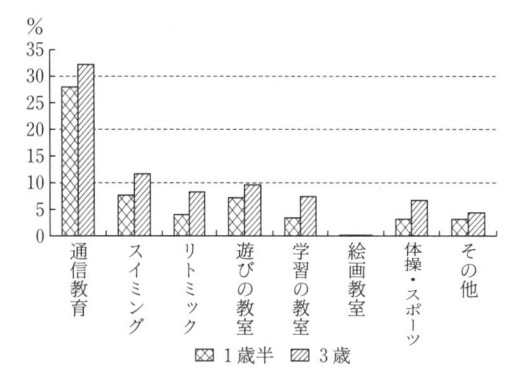

図II-11-4-1 習いごとについてお聞きします。このお子さんのために利用したことのある習い事の番号を○で囲んでください。

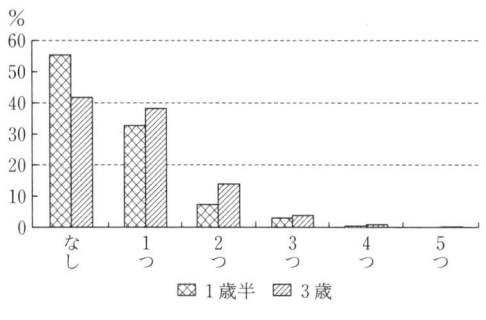

図II-11-4-2 習い事の数

## 習い事・早期教育と育児負担感の関連

第三次調査では，「習い事についてお聞きします．このお子さんのために利用したことのある習い事の番号を○で囲んでください．①ビデオや教材などの通信教育，②スイミングスクール，③リトミック，④遊びを目的とした幼児教室，⑤学習を目的とした幼児教室（数字，文字，語学などの学習），⑥絵画教室，⑦体操・スポーツ教室，⑧その他」という質問を1歳6か月児健診と3歳児健診でおこなっている．この質問は，第一・二次調査にはなかった質問である．この質問の結果を図II-11-4-1に示す．この図からわかるように，最も多い習い事は「①ビデオや教材などの通信教育」であり，1歳6か月児健診では28.2％と約4人に1人，3歳児健診では32.3％と約3人に1人となっている．このことから，多くの親が子どものために「ビデオや教材などの通信教材」を買っていることがわかる．「⑤学習を目的とした幼児教室（数字，文字，語学などの学習）」という選択肢は，いわゆる早期知育教育を聞いたものであるが，1歳6か月児健診では3.5％，3歳児健診では2倍以上に増え，7.5％となっている．約13人に1人である．

また，図II-11-4-2には，習い事をいくつしているか，を示している．何も「していない」子どもが，最も多く，1歳6か月児健診では55.8％，3歳児健診では42.0％である．3つ以上は少ないが，1歳6か月児健診で3.7％，3歳児健診では5.0％である．1～3歳児で3つ以上の習い事は多い．4つ以上となると虐待の域に達していると考えられる．4つ以上は，1歳6か月児健診では0.5％，3歳児健診では1.1％である．

「育児負担感」と習い事との関連では，明確な結果は得られていない（巻末表J-4）．

## 母親の仕事と育児負担感の関連

母親の仕事と「育児負担感」との関連では，10か月児健診（df＝4/954, F＝2.781, p＝0.026）と3歳児健診（df＝4/1398, F＝2.434, p＝0.046）において差が有意と出ているが，項目ごとに細かく見ていくと，3歳児健診では有意差がなかった．10か月児健診でも有意に差があったのは，「フルタイム」群と専業主婦群（回答「いいえ」）との間のみであり（p＝0.025），「仕事をしていない」群に比べて「フルタイム」群は「育児負担感」が低いという結果であった（表J-5）．この結果は，第一・二次調査の結果と一致するものである．

**経済状況と育児負担感との関連**

経済状況については，各年齢において差が有意であった．「経済的に苦しい」生活を送っていると感じている群の方が「安定している」と答えた群よりも「育児負担感」が高いという結果であった（表J-6）．

## II-11-5　子育て状況と「不適切な養育」との関連についての検討

ここでは，第三次調査のアンケート調査用紙で使用した「不適切な養育」に関する質問4項目すべてを使用し，「不適切な養育」尺度とした．この項では，いろいろな子育て状況と「不適切な養育」との関連についての調査結果を示す．しかし，4か月児健診および10か月児健診のデータについては，因子分析の段階で共通性が低く，因子としてまとまらなかった．そのため，分析は不適切と考え行っていない．以下，1歳6か月児健診および3歳児健診について検討する．

「不適切な養育」と，親になるまでの「育児経験」や習い事については，明確な結果は得られていない．

母親の仕事と「不適切な養育」との関連では，3歳児健診で少し差が出ている（df=4/1339, F=3.385, p=0.046）．就労形態の違いが，「不適切な養育」に何らかの影響を与えているものと考えられる．細かく項目ごとに見ていくと「フルタイム」と「内職」と「専業主婦」においての差が有意（p=0.05）であり，「フルタイム」が最も「不適切な養育」へのポイントは低く，「内職」が最も高い（表J-7）．ただし「内職」は人数が少ないので一般化はできない．専業主婦に育児での精神的ストレスが少し高く，「不適切な養育」の傾向が少し強いという結果は，第一・二次調査の結果と同じである．

経済状況と「不適切な養育」との関連では，1歳6か月児健診（df=2/1197, F=11.022, p=0.000），3歳児健診（df=2/1341, F=7.963, p=0.000）と，いずれも回答の差が有意であった（表J-8）．そして，「経済的に苦しい」と感じている群の方が「安定している」と答えた群より「不適切な養育」の傾向が高いという結果であった．

## II-11-6　子どもの発達に及ぼす影響

子どもの発達に第三次調査で使用した評価尺度（本節2項）とがどのように関係しているのか，また，子育て状況がどのような影響を与えているのか，について検討した．

**7つの評価尺度と子ども発達との関係**

表II-11-6-1に，第三次調査に使用した評価尺度（本節2項）と子どもの発達との関係をまとめている．表II-11-6-1には，発達の差異が認められた健診についてのみ示した．第三次調査で使用した子どもの発達項目は第一・二次調査で使用したものと同じである．ただ，第一・二次調査の分析では，身体発達と精神発達とに分けて検討したが，第三次調査の分析においては分け

表II-11-6-1 子どもの発達と各因子との相関

| 因子 | 年齢 | 検定 | 発達 | 平均値 | 因子 | 年齢 | 検定 | 発達 | 平均値 |
|---|---|---|---|---|---|---|---|---|---|
| 否定的感情認知 | 10か月 | df=2/898<br>F=6.437<br>p=0.002 | 良好<br>普通<br>不良 | 1.4414<br>1.5170<br>1.5967 | 行動完了の意志 | 3歳 | df=2/1190<br>F=12.356<br>p=0.000 | 良好<br>普通<br>不良 | 2.4090<br>2.5325<br>2.6842 |
| 活動制限認知 | 1歳半 | df=2/1104<br>F=6.921<br>p=0.001 | 良好<br>普通<br>不良 | 1.8817<br>2.0816<br>2.1066 | | 1歳半 | df=2/1104<br>F=12.651<br>p=0.000 | 良好<br>普通<br>不良 | 2.4573<br>2.5061<br>2.6467 |
| | 10か月 | df=2/898<br>F=7.050<br>p=0.001 | 良好<br>普通<br>不良 | 1.9508<br>2.0956<br>2.1892 | | 10か月 | df=2/898<br>F=8.071<br>p=0.000 | 良好<br>普通<br>不良 | 2.3452<br>2.5146<br>2.6050 |
| | 4か月 | df=2/757<br>F=3.535<br>p=0.030 | 良好<br>普通<br>不良 | 1.9712<br>2.0484<br>2.1890 | | 4か月 | df=2/757<br>F=4.173<br>p=0.016 | 良好<br>普通<br>不良 | 2.5453<br>2.6336<br>2.7083 |
| 情緒的サポート | 3歳 | df=2/1190<br>F=20.182<br>p=0.000 | 良好<br>普通<br>不良 | 3.1635<br>3.0121<br>2.7960 | 行動生起での自信 | 3歳 | df=2/1190<br>F=12.356<br>p=0.000 | 良好<br>普通<br>不良 | 2.4090<br>2.5325<br>2.6842 |
| | 1歳半 | df=2/1104<br>F=12.651<br>p=0.000 | 良好<br>普通<br>不良 | 3.0801<br>2.9979<br>2.7769 | | 1歳半 | df=2/1104<br>F=18.391<br>p=0.000 | 良好<br>普通<br>不良 | 2.6463<br>2.7733<br>3.0657 |
| | 10か月 | df=2/898<br>F=9.825<br>p=0.000 | 良好<br>普通<br>不良 | 3.1255<br>2.9135<br>2.8501 | | 10か月 | df=2/898<br>F=12.106<br>p=0.000 | 良好<br>普通<br>不良 | 2.3452<br>2.5146<br>2.6050 |
| 手段的サポート | 3歳 | df=2/1190<br>F=18.14<br>p=0.000 | 良好<br>普通<br>不良 | 2.5321<br>2.4318<br>2.2193 | | | | | |
| | 1歳半 | df=2/1104<br>F=15.668<br>p=0.000 | 良好<br>普通<br>不良 | 2.4598<br>2.3865<br>2.1431 | | | | | |
| | 10か月 | df=2/898<br>F=8.693<br>p=0.000 | 良好<br>普通<br>不良 | 2.5573<br>2.3572<br>2.3160 | | | | | |

ず,全体の通過率で発達「良好」群,「普通」群,「不良」群に分けている.

表II-11-6-1からわかるように,「育児負担感」の内の「否定的感情認知」では,10か月児健診でのみ発達との相関が認められた.その内容は,「否定的感情認知」の少ない母親の子どもは,発達が少し良いというものである.

育児負担感の内の「活動制限認知」と子どもの発達との関連では,3歳児健診以外の3つの健診時点で相関が認められた.その内容は,「活動制限認知」の少ない母親の子どもは,発達が少し良いというものである.

支援ネットワークの「情緒的サポート」および「手段的サポート」ともに,4か月児健診以外の3つの健診時点で,子どもの発達とはっきりとした相関が認められた.その内容は,「情緒的サポート」および「手段的サポート」ともに,サポートのある母親の子どもは発達がはっきりと良いという結果であった.

特性的自己効力感の2つの因子「行動完了の意志」および「行動生起での自信」と子どもの発

表 II-11-6-2 子どもの発達と子育て仲間，親になるまでの「育児経験」との関連

| 因　子 | 年　齢 | 検　定 | 発達 | 平均値 | 因　子 | 年　齢 | 検　定 | 発達 | 平均値 |
|---|---|---|---|---|---|---|---|---|---|
| 子育て仲間 | 3歳 | df=2/1190<br>F=13.390<br>p=0.000 | 良好 | 1.88 | 親になるまでの「育児経験」 | 3歳 | df=2/1190<br>F=4.005<br>p=0.018 | 良好 | 1.73 |
| | | | 普通 | 1.80 | | | | 普通 | 1.66 |
| | | | 不良 | 1.70 | | | | 不良 | 1.55 |
| | 1歳半 | df=2/1104<br>F=8.740<br>p=0.000 | 良好 | 1.8232 | | 1歳半 | df=2/1104<br>F=9.844<br>p=0.000 | 良好 | 1.7988 |
| | | | 普通 | 1.7967 | | | | 普通 | 1.5994 |
| | | | 不良 | 1.6825 | | | | 不良 | 1.4745 |
| | 10か月 | df=2/898<br>F=7.587<br>p=0.001 | 良好 | 1.8536 | | 10か月 | df=2/898<br>F=8.696<br>p=0.000 | 良好 | 1.7657 |
| | | | 普通 | 1.7443 | | | | 普通 | 1.6320 |
| | | | 不良 | 1.7072 | | | | 不良 | 1.4586 |
| | 4か月 | df=2/757<br>F=3.368<br>p=0.035 | 良好 | 1.7407 | | 4か月 | df=2/757<br>F=4.370<br>p=0.013 | 良好 | 1.7901 |
| | | | 普通 | 1.6912 | | | | 普通 | 1.6452 |
| | | | 不良 | 1.6098 | | | | 不良 | 1.5427 |

達との相関は，かなり明確に認められた．「行動完了の意志」と子どもの発達との相関は，4か月児健診では $p=0.016$ であるが，他の健診では $p=0.000$ の水準で相関が認められた．結果は「行動完了の意志」の強い母親の子どもは発達が良くないという結果である．一方，「行動生起での自信」と子どもの発達との相関は，4か月児健診以外の3つの健診時点で，子どもの発達とはっきりとした相関が認められた．結果は，「行動生起での自信」がある母親の子どもは発達が良くないという結果である．この結果については，本節8項でさらに検討する．

「不適切な養育」と子どもの発達との相関は認められなかった．この点については，本節7項で検討する．

### 親になるまでの「育児経験」や「子育て仲間」の存在は，子どもの発達に良い

表 II-11-6-2 に，「子育て仲間」の有無，親になるまでの「育児経験」の有無と子どもの発達との相関をまとめている．なお，質問の選択肢は，「子育て仲間」が①いる②いないとなっているが，表 II-11-6-2 では，「いる」を2，「いない」を1としている．また「育児経験」でも，「よくあった」を3に，「ときどきあった」を2に，「なかった」を1にしている．

表 II-11-6-2 からわかるように，「子育て仲間」の有無と子どもの発達との相関は，子どもの月齢とともに，より明確になり，「子育て仲間」のいる母親の子どもは発達が良いという結果である．この結果は，母親の「子育て仲間」の有無が直接関係している点もあるかと思うが，第一・二次調査で明らかになった「子育て仲間」のいる母親の子どもには，一緒に遊ぶ「同年代の子ども」が多いことが大きく影響しているものと考えられる．

親になるまでの「育児経験」の有無と子どもの発達との相関は，10か月児健診と1歳6か月児健診とで明確であり，4か月児健診および3歳児健診でも少し有意な差が認められている．結果は，「育児経験」のある母親の子どもは，発達が良いというものである．

## II-11-7　評価尺度を使っての分析結果の読み方について

　第三次調査の結果の読み方については，少し注意すべき点がある．そのため，その点について触れておく．

　ひとつは，評価尺度そのものについてである．評価尺度については，その道の専門家が作成したものである．作成の過程で，調査を繰り返ししているので，一般には信頼性が高いとされている．ただ，今回調査に使用する段になり，調査用紙を作成し始めたが，いろいろと困難な問題が浮上した．今回の調査は，兵庫県H市が実施するというものである．病院や相談機関で来談者に対して実施するのであれば，問題はないのであろうが，行政が実施する市民に対するアンケート調査では使用しにくい表現が多く登場した．そのため，本節2項で述べたように修正した．その結果，既存の評価尺度そのものは使用できなかったという点がひとつである．

　もう一点は，図II-11-3-1のようなパス図をコンピューターによる統計処理で作成すると，「尺度名が一人歩きする」という点である．たとえば，"支援ネットワークの内の「情緒的サポート」は，「育児困難感」に寄与していない"という図II-11-3-1の結果が一人歩きしてしまうという問題である．振り返って，「情緒的サポート」の質問（巻末資料の第三次調査のアンケート用紙の問3）に戻り考えてみると，不可解な事実が浮かびあがる．選択肢が「①いない，②1人，③2〜3人，④4〜5人，⑤6人以上」となっている．確かに，「①いない」と「②1人」あるいは「③2〜3人」とでは，「情緒的サポート」において差が出るであろうが，「②1人」と「③2〜3人」，あるいは「③2〜3人」と「⑤6人以上」とでは差があるのだろうか．1人でも親身になって話を聞いてくれる人がいれば，それはそれでいいのではないだろうか，というような疑問である．この疑問は，調査用紙を作成する段階から出ていた疑問である．いろいろと議論をした結果，既存の評価尺度のとおりに選択肢を設定したが，得られた結果は，妥当性に問題が残るものであると考えている．

　また，「不適切な養育」と子どもの発達とは相関がないという結果であったが，この「不適切な養育」という尺度名からイメージする内容と実際の質問内容（表II-11-3-1）がかけ離れているのである．このようにイメージと内容がかけ離れてしまった理由には，「不適切な養育」尺度の中の質問のかなりの部分を，実際には使用できず，削除したという経過が関係している．このように，コンピューターによる統計処理から得られた結果を，尺度名だけを見て考察すると，現実からずれた結論になる場合がある．そのあたりも十分注意が必要である．

## II-11-8　現代日本社会が求めている人材は，子育てには不向きである!?
　　　　　──少子化や子ども虐待の背景

　自己効力感（self-efficacy）が高い，すなわち，「行動完了の意志」が強く，「行動生起での自信」があるということは，一般には「良いことである」と考えられている．最近，「在宅で子育てしている母親の自己効力感が低い」という点については，大きな課題であると常に言われ続けている．しかし，第三次調査の結果は，「自己効力感が高い」ということが，育児場面では困難

な状況を招いている，ということを明らかにした．

すなわち，図Ⅱ-11-3-1に示した「不適切な養育予防モデル」図からわかるように，「行動完了の意志」が強いことが「育児困難感」を高めている．また，「行動完了の意志」が強い母親は，「行動生起での自信」が強い傾向にあるが，「行動生起での自信」が強い母親は，「情緒的サポート」を受けにくく，また「手段的サポート」も少なく孤立する傾向があることも判明している．

また，「行動完了の意志」が強い母親の子どもは，発達が遅れている．同様に，「行動生起での自信」がある母親の子どもは発達が遅れているということが判明している．

これらの結果は，「自己効力感が高い」という母親の特性は，育児場面では困難な状況を招いているだけではなく，子どもの発達に悪影響を与えている，ということを明らかにしている．質問文からわかるように「行動完了の意志」が強く，「行動生起での自信」が強い母親は，学齢期や会社社会では有能な母親であろう．ところが，学齢期や会社社会では，有能で良くできると言われていた母親が，子育てでは困難を抱えているという事例はよく見聞きする．ここに示した第三次調査の結果は，そのことをデータとして証明しているのである．言い換えると，「現代日本社会が育てようとしている人材あるいは，有能と評価している人材は，子育てには不向きな人格である」と言える．これが真実であれば，これはかなり深刻な問題である．このようなことは，多くの事例から，何となく感じていたことであるが，データとして明らかになったのは初めてではないだろうか．「次世代育成支援」が叫ばれているが，実際に日本社会が育てようとしている人材，求めている人材は，子育てには不向きな人材であるとすれば，その当然の結果として，少子化は進み，子ども虐待が広がるであろう．どうもこの推論は，あたっているように思う．

本調査結果は，今後の人材養成の根幹にかかわる問題を提起している．これまでにも本書では「次世代の親育て」に言及してきたが，この第三次調査結果は，単に親になるまでの「子どもとの接触経験」や「育児経験」を増やすということに留まらず，社会にも適応でき，しかも子育てもできるバランスの取れた人格の人材を育てることが急務であることをデータで示している．子育て支援，次世代育成支援，子ども虐待予防もこのレベルまで質を向上させないと，実効はあがらないのではないだろうか．

## 参考文献

1) 山野則子：育児負担感と不適切な養育の関連に関する構造分析，『平成16年度厚生労働科学研究（子ども家庭総合研究事業），服部祥子班報告書』，484-525，2005年．
2) 中嶋和夫ほか：母親の育児負担感に関する尺度化，『厚生の指標』，第46巻26号，11-18，1999年．
3) 川井尚ほか：子ども総研式・育児支援質問紙（ミレニアム版）の手引きの作成，『日本子ども家庭総合研究所紀要』，第37集，159-170，2000年．
4) 藤田大輔・金岡緑：乳幼児をもつ母親の精神的健康度に及ぼすソーシャルサポートの影響，『日本公衆衛生雑誌』，第4号，305-312，2002年．
5) 金岡緑・藤田大輔：乳幼児をもつ母親の特性的自己効力感及びソーシャルサポートと育児に対する否定的感情の関連性，『厚生の指標』，第49巻第6号，22-30，2002年．
6) Munakata, T.: *Psycho-Social Influence on Self-Care of The Hemodialysis Patient*. Social Science and Medicine, 16 (13), 1253-1264, 1982.
7) 田中共子ほか：在宅介護者のソーシャルサポートネットワークの機能―家族・友人・近所・専門職に関する

検討―,『社会心理学研究』,第18巻第1号,39-50,2002年.
8) 成田健一ほか:特性的自己効力感尺度の検討,『教育心理学研究』,第43巻第3号,306-314,1995年.
9) 大原美和子:大都市一般人口における母親による児童虐待の実態（その2）虐待行動と母性意識との関連,第22回日本社会精神医学会,2002年.
10) 妹尾栄一:児童虐待の現況:調査結果から見える深刻な実態,『子どもの虐待とネグレクト』,第4巻第2号,264-275,2002年.

## II−12
# ここ20数年間の日本社会の大きな変貌を映し出す「兵庫レポート」

　ここまでは，特に説明することなく「大阪レポート」と「兵庫レポート」の結果の差異は，20数年という年月の差であるという前提で話を進めてきた．しかし，その差異は「地域差ではないのか」という疑問が生じても不思議ではない．そこで本章の最後に，「大阪レポート」と「兵庫レポート」の結果のちがいは，地域差によるものか，それとも時代の変化によるものか，という問題を検討する．結論から先に言うと，地域差ではなく日本社会のここ20数年間の急激な変化によるものである．このことを説明するこの節の内容は，結果として，これまでの記載内容を復習することにもなる．

### II-12-1　大阪府Ⅰ市での調査結果と「大阪レポート」「兵庫レポート」との比較

　本章第1節「調査体系と調査対象」で述べたように，本研究では大阪府Ⅰ市でも兵庫県H市での第一次調査の調査用紙を使用し，平成15年（2003年）2～3月に調査を実施した．ここでは大阪府Ⅰ市の調査結果（図では，「2003年Ⅰ市」と表記）と「大阪レポート」（図では，「1980年大阪」と表記）および「兵庫レポート」（図では，「2003年兵庫」と表記）との比較をする．その目的は，「大阪レポート」と「兵庫レポート」の結果のちがいは，地域差によるものか，それとも20数年間の日本社会の変化によるものか，という疑問に答えることである．そのため個々のデータの意味については深く触れることはしない．それらについては，すでに述べている箇所を参照されたい．

#### まったく子どもを知らないままに親になる親たち

　本章第5節2項では，「ますます増える乳幼児をまったく知らないまま親になる母親たち」というタイトルで，親になる準備がほとんどされないままに親になる日本の現状について述べた．そして，カナダや米国などで20年も前から実施されている「親を親として育てるプログラムの展開が日本でも必要ではないか」と述べた．

図II-12-1-1に「あなたは自分の子どもが生まれるまでに，他の小さい子どもさんに食べさせたり，おむつをかえたりした経験はありましたか」という質問の結果を示す．このデータは，すべての健診時点での結果を合計した数値である．「不明」については除き，全体を100%に補正している．大阪府I市の結果と兵庫県H市の結果を比べると，I市の母親の場合，「よくあった」は15.1%，「なかった」が59.5%である．一方，兵庫県H市の母親の場合，「よくあった」は18.1%，「なかった」が54.5%である．このように，大阪府I市の母親の方が「兵庫レポート」の結果よりも，乳幼児との触れ合いの経験がないままに親になっていることがわかる．大阪府I市の場合，回収率が26%と低いため，信頼度は低いが，少なくとも大阪府I市の結果は兵庫県H市の結果に近く，「大阪レポート」の結果とは「兵庫レポート」よりもさらに大きな差異が生じていると言える．

この結果は，「兵庫レポート」と「大阪レポート」との差異が，地域差ではなく，20数年間の日本社会の変化を反映したものであるということを支持している．以下に紹介するデータも，すべてこの結論を支持するものである．

### ますます孤立する子育て中の母と子

社会の中で孤立することは，精神的ストレスの最大の原因である．「大阪レポート」の時点でも地域のなかで孤立する母親と子どもの問題は表面化していた．この問題については，本章第3節7項で取り上げた．

そこでは，図II-3-7-1に，「近所でふだん世間話をしたり，赤ちゃんの話をしたりする人がいますか」という質問の結果を「大阪レポート」と比較し，4か月児健診時点で，今回の調査「兵庫レポート」では約3人に1人の母親が孤立していることを述べた．

図II-12-1-2に「近所でふだん世間話をしたり，赤ちゃんの話をしたりする人がいますか」という質問の4か月児健診での結果を比較して示す．近所の話し相手が「1〜2名」もいない，まったく孤立している母親は，大阪府I市では30.2%であり，「兵庫レポート」の32.0%とほとんど同じであることがわかる．

大阪府I市の場合，「数名いる」が39.8%と「兵庫レポート」よりも高く，「大阪レポート」

図II-12-1-1 あなたは自分の子どもが生まれるまでに，他の小さい子どもさんに食べさせたり，おむつをかえたりした経験はありましたか（すべての健診結果の合計）

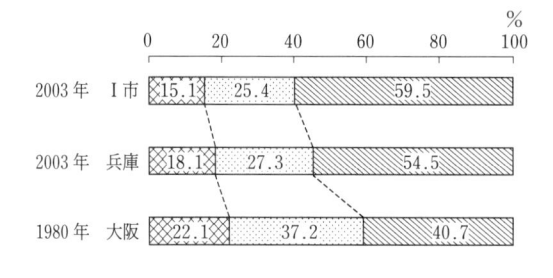

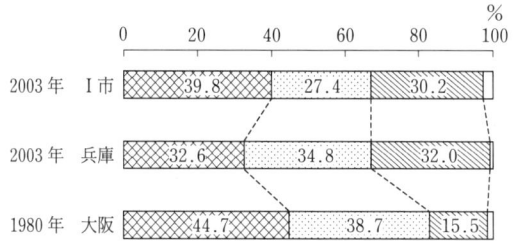

| | よくあった | 少しあった | なかった |
|---|---|---|---|
| 2003年 I市 | 15.1 | 25.4 | 59.5 |
| 2003年 兵庫 | 18.1 | 27.3 | 54.5 |
| 1980年 大阪 | 22.1 | 37.2 | 40.7 |

図II-12-1-2 近所でふだん世間話をしたり，赤ちゃんの話をしたりする人がいますか（4か月児健診）

| | 数名 | 1〜2名 | いない | 不明 |
|---|---|---|---|---|
| 2003年 I市 | 39.8 | 27.4 | 30.2 | |
| 2003年 兵庫 | 32.6 | 34.8 | 32.0 | |
| 1980年 大阪 | 44.7 | 38.7 | 15.5 | |

と「兵庫レポート」の中間の値になっている．大阪府Ｉ市での「育児や家庭のことについて，他の人とおしゃべりするのが好きですか」という質問結果では，「はい」と答える母親が82％と「兵庫レポート」よりも10ポイント程多くなっている．そのため，大阪府Ｉ市で回答された26％の母親たちは，まじめで律儀で，なおかつ社交性も高い方が回答されたようである．その結果が，図Ⅱ-12-1-2で「数人いる」が39.8％と高くなっている理由ではないだろうか．

どちらにしても，約3人に1人の母親が孤立しているという結果は，大阪府Ｉ市と兵庫県Ｈ市で共通した結果であり，「兵庫レポート」と「大阪レポート」との差異が，地域差ではなく，20数年間の日本社会の変化を反映したものであるということを支持している．

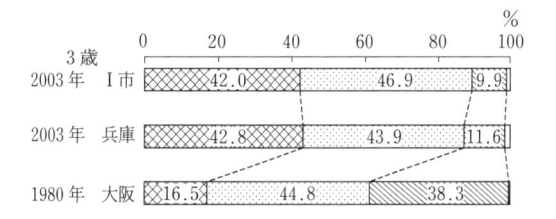

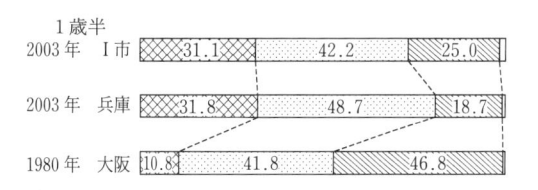

図Ⅱ-12-1-3　育児でいらいらすることは多いですか

### 子育てにおける母親のイライラ感

今回の調査のひとつの特徴は，育児での母親の精神的ストレスが非常に高くなっていることである．この点については，本章第9節2項で取り上げた．すなわち，図Ⅱ-9-2-1に「育児でいらいらすることは多いですか」という質問の結果を「大阪レポート」と「兵庫レポート」とで比較して示した．「大阪レポート」では，この質問は1歳6か月児健診と3歳児健診でのみ実施している．

図Ⅱ-12-1-3には，「育児でいらいらすることは多いですか」という質問の結果を，大阪府Ｉ市と兵庫県Ｈ市，「大阪レポート」とを比較して示している．この図からわかるように，大阪府Ｉ市の結果と兵庫県Ｈ市との結果は，ほとんどぴたりと一致している．やはり時代の大きな変化が子育て現場を変えていると言える．

ここでは，3つのデータのみを示したが，他の質問結果も大阪府Ｉ市のデータと兵庫県Ｈ市のデータはほとんど同じであった．このようなことより，本章で紹介した「兵庫レポート」の結果が「大阪レポート」と大きく異なった理由は，調査地域の差ではなく，ここ20数年間の日本社会の大きな変化を反映したものであると言えるのである．

本章では，ここ20数年間の子育て現場の変貌を紹介した．この現実に対して大人社会が真剣に向き合い，子育て支援，次世代育成支援，子ども虐待予防のあり方，そして日本社会自体のあり方を真剣に考え，行動することが求められている．そして，親がイキイキと子育てができ，かつ社会参加ができる社会をつくること，そして子どもたちが健やかに育つ社会をつくり上げることが，大人社会の責務である．これらについては，第Ⅲ章以降でさらに述べることにする．

# 第III章

# 親子の心の発達と環境

子育て支援には大きく2つの目的がある．ひとつは，親がイキイキと子育てができ，かつ社会参加できる社会を作り上げることである．他のひとつは，心身ともに健康な子どもを育てることである．本章では，後者の子どもの心の発達について考える．この章の内容については，すでにいろいろな角度から私の著作の中で述べてきた[1~5]．本書ではエッセンスのみになるが，必要なところは詳しく書いた著作を紹介するので，参照していただきたい．

　どの親も自分の子どもが心身ともに健康に育って欲しいと願っている．しかし，どのように育てると，子どもが健康に育つのか，については単純明快な指針がある訳ではない．精神科思春期臨床や子育てボランティア活動などの私の経験では，子育ての拠り所は「発達論」であり，バランス感覚である．本章では，この2点に焦点をあてて述べることにする．

# III−1
# 子どもの発達に大きな影響をもつ子育て環境

## III-1-1　事実にもとづいた子育て論の大切さ

　子育てには，いろいろな要素が関与していて，一つの単純明解な方法がある訳ではない．子育ては明確な答えのない応用問題である．同じことをしてもうまくいく場合と，そうでない場合がある．そのあたりが今の子育て世代にはなかなか納得しにくいことのように感じられる．もうずいぶん前から「育児書は嘘ばっかり書いている」という母親からの不満が取りざたされている．しかし，私は読み方の問題だ，と思っている．長年「答えは，ひとつ」という学校生活を送ってきたがために，少しでも自分の子どもが育児書に書いていることとちがっていれば，気になって仕方がないのであろう．かと言って，ひとり一人の子どもにピタッと合った育児書が書けるか，というと，それは不可能なことである．子育ては応用問題なのである．

　子育ての結果は思春期にならなければ，誰にでもはっきりとわかる形ではあらわれない．そのため，乳幼児期だけに焦点をあてると，どのような子育て方法もその正当性を主張しようと思えばできないことはない．そのため，書店の本棚には正反対の主張の本がたくさん並べられているのである．

　そのような状況の中で，私は科学的な事実や実態調査，現状把握をもとに子育て方法を考えることが，何よりもたいせつなことだと考えている．大人はみな，自分なりの「子育て論」を持っている．そのため，子育て談義や教育論はいたるところでなされている．そのこと自体は悪いことではない．しかし，事実ぬきの子育て談義は，水かけ論に終わる．個人的な育児経験や事実ぬきの議論だけでは，ほんとうにどのような子育て方法がいいのか，子どもの心身の発達に何がプラスになり，何が良くないのか，などの判断はできないのである．

　例として，体罰について考えてみる．現代日本では体罰を肯定する風潮がきわめて強い．第II章で紹介したように，子どもたちは小さい頃から体罰を多く受けて育っていることが，「大阪レポート」「兵庫レポート」で明らかになっている．確かに，体罰を肯定する人たちの言い分には，一理はある．しかし第II章8節で紹介したように，現実に体罰を使用している親の子育ては，あらゆる面で好ましくないことが明らかになっている．このような事実のうえに立つと，はっきりと「体罰は子どもに良くない」と言える．事実にもとづいて子育てを考えるという意味では，「兵庫レポート」「大阪レポート」は貴重なものである．

## III-1-2　乳幼児期の体験は，ほんとうに子どもの育ちに影響するのだろうか

　子どもの育ちと環境との関係は，フロイトを創始者とする精神分析以来ひろく議論され，関心が寄せられてきた．フロイトなどの精神分析の方法は，ノイローゼになった大人の患者の診察から幼少期の子育て環境を論じたものである．フロイトの考え方は非常に画期的なもので，今も心理学の中心的な考え方のひとつである．

　しかし，考えてみると，3～4歳以前のことはほとんど記憶には残っていない．記憶にまったく残っていない幼少期の体験がその人の人格の根幹を形成するというのはほんとうだろうか．改めて考えてみると，どうだろうかと疑いたくなる面もある．心理学でも，フロイトやユングなどの系統を引く精神力動・精神分析の方たちは，理路整然と幼少期の体験などからその人の心の動きを説明される．しかし，それはほんとうだろうか．幼稚園の頃や小さい頃に，いろんなところに連れて行ったり，絵本を読み聞かせたり，親はいろいろと努力しているが，小学校高学年の子どもや中学生に聞くと，その頃のことはまったく覚えていない．だとしたら，「小さい頃の子育てなんか，どうでもいいのでは……」という指摘が出てきても不思議ではない．

　しかし，第II章で述べたように，幼少期の子育て環境が子どもの心や身体の発達に大きな影響をもつということは事実である．「大阪レポート」や「兵庫レポート」のデータは，子育て環境が子どもの発達にきわめて大きな影響を与えていることを証明した．また，以下で紹介する最近の大脳生理学の研究結果は，なぜ幼少期の体験がその人の感情や行動などの心の動きを支配するのか，ということを明らかにしつつある．そして，フロイトなどがいう幼少期の体験がその人の人格を支配するという考え方に科学的根拠があることを証明しつつある．実際，精神科の「小児・思春期」専門外来でたくさんの事例を診ていると，幼少期の体験が決定的にたいせつであることを，私は実感している．

## III-1-3　子育て支援では，早期知育教育の問題は避けて通れない

　かつてNHKは『新　日本人の条件』というNHKスペシャルのなかで『ママ，わたしをどのように育てたいのですか』というタイトルで早期知育教育を取り上げた（1992年12月20日）．NHKは早期知育教育の是非については一切言及せず，ただ現実はここまで行っているということのみを放映するというスタンスであった．それまで私は早期教育についてはほとんど知らなかったが，精神科医として直感的に"これは危ない！"と衝撃を受けた．それ以来，早期教育の動向には注目してきた．この放映が契機になったという人もいるが，これ以降，早期知育教育は非常に広がっている．しかし，その実態は私の知るかぎり放映されていない．どのようなことが早期知育教育の現場で起こっているのか．その実態に社会は関心を持つべきではないだろうか．

　『ママ，わたしをどのように育てたいのですか』というタイトルは，本質をついている．子育ての方法はまさに親の価値観・人生観を反映したものである．『ママ，わたしをどのように育てたいのですか』というタイトルは，子どもが親に突きつけた質問状である．

　このNHKスペシャルでも「天才児」が何人か登場した．早期知育教育の成功例として宣伝さ

れている事例を見ると，「2歳で本が読める」「5歳で英検四級に合格」「5歳の数学博士，高校生でもむつかしい三角関数の問題を解きこなす」「小学校2年生で大学の微分積分を解く」などというもので，確かにそのような子どもたちがあらわれているようである．しかし，私が知りたいのはその子たちが思春期になり，大人になってどうなったか，である．子育ての結果は思春期にあらわれるのである．このNHKスペシャルでは大手教育産業が登場し，全国大会で毎年「天才児」を表彰してきたことも放映された．その「天才児」たちはすでに大人になっている．その「天才児」たちが，今どうなっているのか，一切触れられていないのである．幼児期や小学校低学年の時期に「天才児」であることよりも，20歳代30歳代でどのような人生を送っているかの方が大切である．

「大阪レポート」や「兵庫レポート」の調査は，自然に普通に子育てをした子どもたちが対象である．一方，早期知育教育はきわめて特殊な親のかかわりによる人為的な実験である．そのような実験によって，早期知育教育は「親のかかわりによって子どもの発達は大きく左右される」ということを証明した，と見ることもできる．「大阪レポート」「兵庫レポート」も早期知育教育という実験も，ともに，「子どもの発達は，赤ちゃんの時期から，親のかかわりによって大きく左右される」ということを証明した．言い換えると，親のかかわりにより，子どもはどの方向にでも育つ可能性があるということである．

そういう意味では，母親あるいは父親が何をめざしているのか，どのような子どもに育てたいのか，が子どもの将来を大きく左右すると言える．そのため，子育て支援では，何をたいせつにして子育て支援をすべきか，ということがひとつの大きなテーマとなるべきである．しかし，そこまで突っ込んだ議論はまったくされていない．親の側も，便利で手軽な情報は欲しがるが，それ以上には進まない傾向が強い．子どもを心身ともに健康に育てたいと願っていながら，そのためにはどうしたらいいのだろうか，ということについて学びたいという意欲はきわめて少なく，商業宣伝などが流す目先の成果に振り回されているように感じる．子育て支援の大きな目的のひとつは，心身ともに健康な子どもに育てるということである．そのため，早期知育教育の問題は避けて通れないと私は考えている．早期知育教育は，私は子ども虐待であると考えている．なお，早期知育教育については，拙著『みんな「未熟な親」なんだ』（農文協，1999年)[2]を参照されたい．

## III-1-4　幼少期の不適切な子育ては「キレる子」をつくる

私は今大学で「脳と心」という講義を担当している．脳神経系と心というのはどのような関係にあるのだろうか，ということをテーマにした講義である．その講義の準備で，脳神経系と心との関係がどこまで解明されているのか，についてずいぶん勉強をした．

早期知育教育の推進者は，事あるごとに「最近の大脳生理学の研究によると，……」という言葉を宣伝に使う．しかし，最近の大脳生理学の研究結果では，早期知育教育のような不自然なかかわりは，感情がコントロールできない子ども（いわゆる，すぐキレる子ども）をつくる可能性があることを証明しているのである．そのことを簡単に紹介する．

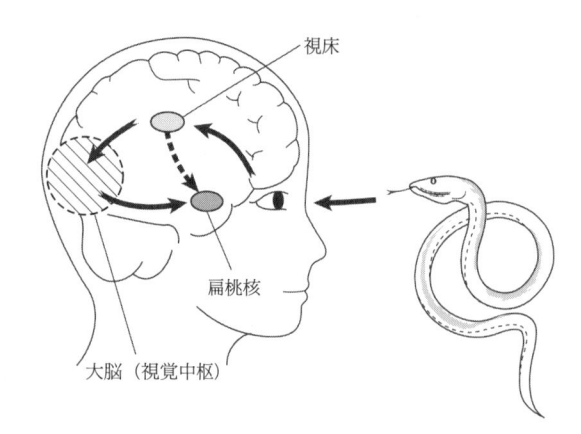

図Ⅲ-1-4-1 脳が情動の嵐にハイジャックされるメカニズムの模式図

図Ⅲ-1-4-1は，「キレる」メカニズムを模式的にあらわしたものである．目や耳，皮膚などの感覚器官から入ってきた信号は，まず「視床」に送られ，そこから大脳に転送されて初めて認識される．そして，大脳から情動中枢である「扁桃核」へ指令が届くことにより初めて感情や情動が起こる，と従来から考えられていた．ここで「情動」とは，急激に起こる強い感情やそれにもとづく行動である．激怒・恍惚・驚愕・憎悪などの激しい感情は，表情・動作・声の変化・自律神経（呼吸・脈・顔色など）の変化を伴う．そのため，「情動」と言われる．「キレる」というのは，典型的な情動反応である．

従来は，感覚器官→視床→大脳→扁桃核→情動の発現，というルートのみと考えられていた．ところが，最近のルドゥーの研究（詳細については，参考図書『EQ こころの知能指数』[6]を参照のこと）は，図Ⅲ-1-4-1に示すように，目や耳，皮膚などから入った感覚信号はまず視床に届くが，すべて大脳に届けられるのではなく，視床から直接「扁桃核」に情報を伝える神経回路の存在を証明した．ルドゥーの研究は，扁桃核が情動反応を起こすには大脳に頼るしかない，という従来の考え方をくつがえしたのである．

大脳が情報を吟味したり，あるいは正確に吟味した情報を扁桃核に向けて発信している間に，扁桃核が非常用の直通ルート（感覚器官→視床→扁桃核）から入った独自の情報にもとづいて判断し，情動反応にゴーサインを出せるのである．大脳の命令ではなく，扁桃核だけの判断で反射的に情動が起こってしまうのである．困ったことに，この反射行動は大脳で吟味していないので，当然のこととして正確さを欠いている．そのため，あとで本人も"しまった"と思うような凄惨な事件になることがある．これが「キレる」ということである．

精神科の「小児・思春期」専門外来では，「家庭内暴力」の事例によく出会う．その子たちは，「カッとなると，もう何にもわからなくなる」「自分でも抑えられない」とよく訴える．そして，物を壊したり，親がケガをするまで殴ったりするのである．一度情動反応が起きると，理性などは吹き飛ばされてしまう．「キレる」というのは，脳全体が扁桃核による"情動の嵐にハイジャックされている状態"である．ここ10数年の間に起こっている少年事件では，相手を50回も60回も刺しているのが従来になかったひとつの特徴である．これは，相手を殺すことが目的というよりも，自分の怒りや恨みという感情を相手に思いっきりぶつけているという方があたっている．まさに，情動の嵐に大脳がハイジャックされた状態である．

困ったことに，この情動の中枢「扁桃核」は生後2～3歳までの早期にでき上がってしまうと言われている．そのため，生後2～3歳までの不適切な子育て（虐待や過度の早期知育教育など）によって子どもが被ったトラウマは，扁桃核に深くきざまれてしまう．そして，後年，それに似た光景に出会うと，反射的に扁桃核が反応し，キレるのである．熱いものに触ると反射的に手を

引っ込める脊髄反射と同じように，「キレる」というのは自分の身を守るための反射的な行動（感覚器官→視床→扁桃核→情動の発現）なのである．

　私は養護教諭の先生方との事例検討会をずっと続けているが，最近親により虐待を受けて育った子どものケースが事例として提出されるようになった．親に虐待された子どもの心は深く傷ついている．最近の子ども虐待の広がりは「キレる子」の増加につながっている．また，幼少期からの早期知育教育も想像をはるかに超えて広がっているようである．精神発達的に見て，早期知育教育には明らかに無理がある．そのような不自然な体験も突然キレる原因になるものである．

　フロイトに発した精神発達の理論では幼少期の体験が重要視されるが，幼少期の情動体験が一生を支配するという最近の大脳生理学の研究は，フロイトの理論のひとつの裏づけになっているのである．

# III-2
# 人生を成功に導くのは，「IQ」ではなく「EQ」である

## III-2-1 時代は「IQ」に疑問を抱き，「EQ」を求めていた

　アメリカでの大流行を受けて日本でも，EQ（Emotional Quotient）という言葉が使われるようになっている．EQの発端になったのはアメリカの雑誌『ニューヨーク・タイムズ』を中心に活躍している心理学者D・ゴールマンが書いた『EQ　こころの知能指数』である[6]．日本語訳はこの書名になっているが，原著のタイトルは『Emotional Intelligence』で，EQという言葉は使っていない．IQ（Intelligence Quotient，知能指数）に対峙するものとしてEQ（Emotional Quotient）というキャッチフレーズ的なネーミングを最初に使い，EQという言葉を一躍全米に定着させたのは，アメリカの雑誌『ニューヨーク・タイムズ』（1995年10月9日号）である．

　なぜ，EQがこれほどの反響があったのだろうか．それはひとつには，第一次世界大戦中に考え出されたIQという概念が支配してきた二〇世紀も世紀末になって，人間の心の荒廃による事件が相次ぎ，IQ万能主義に対する疑念が高まっていたことである．そしてゴールマン著『EQ　こころの知能指数』は，「キレる」という感情の暴発による事件がアメリカでも頻発している中で，「キレる」メカニズムを解明した現代の大脳生理学の成果をわかりやすく紹介していたこと，しかもどうしたら「キレずに済むか」という感情のコントロール法を最新の認知行動療法などにより提示していたことが2つ目の理由であろう．また，「人生を成功に導くのは，IQではなく，EQだ」という膨大な追跡調査結果も，EQが爆発的に広がった理由である．「人生を成功に導くのは，IQではなく，EQだ」ということは，次に説明する「EQとは何か」を読めば，生活感覚として納得していただけるものと思う．時代は「IQ」に疑問を抱き，「EQ」を求めていたのである．

## III-2-2　EQとは，心の健康度指数

　EQは「こころの知能指数」とか，「こころの知性」とか，いろいろと日本語訳されているが，要するに"心の健康度"の尺度，あるいは指標である．"心の健康度"であるから，数値で表さ

れるようなはっきりとした指標が今はまだないが，次の5つの能力の高低で測れるものとされている．

①自分のほんとうの気持ちを自覚できること．そして自分の気持ちを尊重して，心から納得できる決断を下す能力（自己認識・現実認識能力と自己決定能力）
②不安や怒りのようなストレスの原因になる感情を自己コントロールできる能力（感情の自己コントロール能力）
③目標の追求に失敗したときでも楽観を捨てず，自分自身を励ます能力（七転び，八起きの精神）
④他人の気持ちを感じとり，共感できる能力（人との共感能力）
⑤集団のなかで調和を保ち，協力しあえる能力．すなわち，豊かなコミュニケーション能力や社会的役割が果たせる能力（上手な対人距離感覚と社会に溶け込み，社会を動かす能力）

ここにあげた5つのEQの構成要素は，心の健康度をあらわしたものである．そのため，私はEQのことを「心の健康度指数」と呼んでいる．

## III-2-3　激動する人生をのりこえるだけの精神的な強さと柔軟さを養いたい

親は，いい学校に入れたいとか，スポーツや芸術的な才能を伸ばしたいとか，いろいろと子どもに夢を託す．それはそれでいいとは思う．しかしその前に，人間関係が豊かにむすべる人格に育てることを，まず第一にこころがけるべきである．社会の中で，人と柔軟に豊かに交われなければ，いくら勉強ができても，スポーツや芸術的才能があっても，それを活かすことはできないのである．人生は長い．大学を出るまでは華だったとか，スポーツ選手で20歳までは華だった，ではいけないのである．これからの日本は急激な国際化，雇用形態の変化，少子高齢化などの中で激動することが予測されている．その激動の人生を乗りきるだけの精神的な強さと柔軟さを子育ての中でつちかうこと，すなわちEQを高めること，が親や社会の役割として求められているのである．

「人と交わる能力」の土台は乳幼児期にできあがる．「大阪レポート」と「兵庫レポート」は，「人と交わる能力」を伸ばす親のかかわりは，従来から心理学・精神医学で「適切な子育て」と言われてきたものばかりであることを実証している．しかし，現在の子育て環境は，少子化の進む中でテレビ・ゲームや早期知育教育などの広がりに象徴されるように，従来から言われている「適切な子育て」から大きくかけ離れつつある．大人社会として，この急激な日本社会の変貌を直視し，子どもたちを心身ともに健康に育てるために，すなわち，高いEQの獲得を保障するために，今何が必要なのか，について真剣に考えるべきである．そして，時代に見合った子育て環境を創り上げることが急務である．

# III-3
# 子どもの心の発達には，道筋があることを知ろう

　精神科「小児・思春期」専門外来を担当し，子育て支援ボランティア活動に従事しながら，私が強く感じることは，現代日本では子どもの心が自然に育つ環境が急速に失われつつあるということである．そして，その最も大きな原因は，親や子どもにかかわる大人たちが乳幼児期から思春期までを視野に入れた「子どもの心の発達の道筋」について知らないことである．

## III-3-1　赤ちゃんから思春期までを視野に入れた子育て観を！

　かつては，家族が寄り添って集落をつくり，一体となって農業や漁業・林業などを共同で行わなければ生きていけなかった．農業に例えれば，水田の水の確保は個々の家庭で完結できるものではない．ひとつの集落全体で，あるいは利害が絡む他の集落も含めて協議する必要があった．生産物の出荷についても一家族でできるものではない．そのように農業を営む上でお互いに協力せざるを得なかったのである．その結果として地域社会の結束も生まれていたのである．
　子どもは労働力としても，跡継ぎとしても，また老後をみてもらう上でも必要であった．それは単に一家族の跡継ぎや働き手というだけではなく，その集落の宝であり，村として子どもを育てるという意識もあったと思う．そして，自宅でお産をし，近所には赤ちゃんや幼稚園年代の幼児，小学生や思春期の若者まで，いろいろな年齢の子どもたちがたくさんいた．また，子どもたちは小さい頃から子守りをするのが当たり前であった．そのため，大人たちは年齢による子どもの特徴や子どもの成長や変化については自然にわかっていた．
　例えば，この年齢の子にはどの程度のことが期待できるかなどについては，自然に理解ができていたのである．7か月頃から始まる人見知りは一時的なものだとか，2〜3歳頃は何でも"自分でする！　自分でする！"と，一見親に反抗しているかのように見えるとか，小学生は元気がいいとか，そして，思春期に入るとむつかしいけど，20歳もすぎるとすっかり大人になって，親ともおだやかに話ができるようになり，むしろ，親をいたわるようになるなど，子どもの誕生から成人するまでの過程を大人集団として把握していたのである．0歳の時期から思春期を越えて大人になるまでの子どもたちをたくさん見ており，子どもがどのような道筋を通って大人に成

長するのかについては，地域社会の知恵として理解していたのである．

しかし，現在はガラッと状況が変わってしまった．第II章で紹介したように，ほとんどの親は自分の子どもを生むまで，赤ちゃんに接する機会がない．また，保育園や幼稚園，あるいは小学校の先生方のように仕事として子どもにかかわっている方々でさえ，見ている子どもはある特定の年齢層の子どもたちだけである．そのため，赤ちゃんから思春期までを視野に入れた子どもの見方はほとんどできていない．その結果，親や先生方が子どもに要求したり，期待したりする内容が子どもの年齢に見合っていないという事態がいたるところで生じている．そして，小学校まではどの担任からも「いい子ですね，明るくて元気で，言うことありません」と言われ続けてきた，いわゆる「いい子」たちが思春期で行き詰まるという事態が多発しているのである．

子どもの心の発達の道筋が，自然には会得できなくなった現代日本では，親や子どもにかかわる大人が「子どもの心の発達の道筋」を学ぶ必要が生じている．特に子どもに仕事としてかかわる専門職が思春期を見通したしっかりとした子ども観をもつことは，急務である．

## III-3-2　からだの発達と相呼応して，心は育つ

子どもの心の発達にはからだの発達と同じように，はっきりとした道筋がある．からだの発達の道筋は目に見えるので，誰にでも理解しやすい．からだの発達の道筋について例をあげると，4か月頃に首が座り，8か月頃にはお座りができるようになり，1歳すぎには独り歩きができるようになる．3歳頃にはすべり台を昇り降りできるようになり，簡単な衣服の脱ぎ着ができるようになる．小学校3，4年の男の子はお母さんが相手できないほど速いボールを投げられるようになる．そして，小学校高学年になると，あたかもスイッチが入れられたかのように，第二次性徴がはじまり，男の子は男のからだへ，女の子は女のからだへと変化していく．

からだの発達と同じように，心の発達にも順序がある．心も順序を踏んで育っていくものである．ただ，心の発達はからだの場合のように誰の目にもはっきりと見えるという訳にはいかない．そのため，心の発達のひずみや停滞には気がつきにくい．例えば，被虐待児は親の前では虐待を回避しようと従順な「いい子」を演じる．心の発達のひずみや停滞がはっきりと見えるようになるのは，思春期になってからである．

私がここで強調したいことは，からだの発達と心の発達との間には，密接な関係があるということである．からだと心とが別々の道筋を通って発達するのではなく，からだの発達に相呼応して，心も発達するのである．そのことを親や子どもにかかわる大人はよく認識する必要がある．"何でも早くできればいい"という感覚で，子どもに年齢不相応のことを要求している場合が多い．例えば，早期知育教育のように「知的能力」だけを早く伸ばそうとしたり，まだからだができていないのに過度なトレーニングを課すスポーツ・クラブなどである．しかし，「早く，早く」と"おとなのような子ども""小さな完成品"をめざす子育てでは，心身ともに健康な子どもは育たない．今の日本の子どもたちは小学校までは元気でも，思春期になり元気がなくなり，しぼんでしまう事例が多い．そうではなく，先を急がないで「思春期になり，芽を出し，花ひらく子育て」をめざしたいものである．

## III-4
# 子どもの心の発達，4つの特性

　さて，子どもの心の発達論にはいろいろあるが，私はE・H・エリクソン（1902-1994）の社会・心理学的発達論が最もよく当てはまり，わかりやすいと感じている．そのため，ここではエリクソンの発達理論をもとに，子どもの心の発達の4つの特徴を説明する．エリクソンは思春期の心の発達危機を「アイデンティティ（identity）」という言葉で表現した．この「アイデンティティ」という言葉が大きな話題になり，一般にも広く使われるようになっている．そのため，エリクソンの社会・心理学的発達論は，「アイデンティティの心理学」とも呼ばれる[7,8]．

### III-4-1　心の発達の特性①：「個人差・性差」
　　　　──発達には個人差・性差があり，早い遅いが問題ではない

　最近の日本人について，価値観の多様化や個性化がよく言われる．しかし，現実には多様化や個性化というよりは，むしろ同質化指向や均質化指向の方が強い．異質なものをもつ子どもがいじめられるのも，均質化指向のひとつのあらわれである．最近「学歴身分性社会日本」という言葉が言われるようになった[8]．学歴や学校歴が実社会で何の役にも立たないと一方では言われながら，学歴や学校歴信仰はますますエスカレートしている．実際，自分の子に高い学歴・学校歴をつけたいというのは，極めて強い親の願いである．「勝ち組，負け組」という言葉も流行語になっている．親同士でものすごい子育て競争をしているのである．競争心が強いからこそ，抜きんでた子を妬み，遅れた子をさげすみ，優越感を感じるという心理が働くのである．そして，自分の子が他の子に比べ，遅れているような気がしたら，すごく焦って不安になってしまう．その不安が「みんな一緒」指向を生んでいるのである．表面的には同質化・均質化を指向し，牽制し合い，実のところでは激しく子育て競争をしているのが現実である．これでは子どもの心は育たない．

　本書で紹介しているカナダの親支援プログラム"Nobody's Perfect"のキー・コンセプトは，「価値観の尊重」と「体験から学ぶ」の2つである．カナダは多民族国家であるため，「ちがって当たり前」から出発している．一方，日本は「みんな一緒」が基本である．現実には子育てもきわめて多様化し，両極化しているが，当の本人は「他の人も自分と同じような子育てをしているはず」と漠然と考えている．それは孤立しているために他の親の具体的子育て方法を知らないた

めであり，ほんとうの意味での個性化とは言いがたい．ほんとうの意味の「価値観の多様化」や「個性化」は，ちがいを前提とし，相手の価値観や個性を尊重した上で，自分の価値観や個性を大事にするというものである．また，自分の価値観や個性とも向き合い，大事にするものは大事にするし，変えるべき所は変える，というものである．人はみなちがい，個性がある．ちがうということを前提に，「人間としては，同じ価値がある」というのが本来あるべき姿である．

しかしここ数十年の日本の学校では，それぞれが"ちがう"ということを無視した「みんな一緒」教育がなされてきた．そのような教育の中で育った子どもたちが，今子育てをしているのである．だから，個人差も性差も当たり前のこととは認められない傾向が強い．しかし，男の子と女の子では生まれながらに持っているものがちがう．染色体の種類がちがうのであるから，それは当然のことである．個々の子どももそれぞれの親の特徴を受け継いでいるので，早熟な子もいれば，晩生（おくて）の子もいる．同じ親から生まれたきょうだいでも，持って生まれたものはちがう．このことをしっかりと認識すべきである．

歩き始める時期や言葉の出る時期，オムツの取れる時期などは，母親の努力もさることながら子どもの個性によって決まる部分も大きい．小学校の運動会を見ると，高学年の子どもたちの発達の個人差には目を見張るものがある．それほど，発達には個人差があるのである．早いばかりがいい訳ではない．晩稲には晩稲のいいところがある．その良さをしっかりと認めることが子育てではたいせつである．親はどうしても焦りがちになるが，そのような親を支えるのが支援者のひとつの大きな役割である．

この章では心の発達について考えているが，早く発達すればいいということでは決してない．早い遅いが問題ではなく，それぞれの時期の心の発達課題をしっかりと獲得して成長しているかどうか，が問題なのである．発達には個人差があり，性差がある．一般に思春期に入る時期は，女子が男子より1，2年くらい早いと言われている．男女の性差を認めた上で，人としての対等・平等を指向し協働する社会が望まれる社会である．

個人差と性差があるということに十分に留意し，早く早くと焦らないことである．そして，持って生まれたものをたいせつに子育てをしたい．日本では欠点を指摘する指導や教育がいまなお主流である．ともすると，無いものねだりになっている．無いものを要求された子どもは，それはつらいと思う．しかし，年齢が小さい間は親や大人の力が絶対的に強いため，子どもは否応なしに親や大人の期待に応えざるを得ないのである．子どもの心の発達の特徴として，第1に個人差・性差を挙げたのは，子どもにかかわる上でそれが非常に重要な前提であるからである．

## III-4-2　心の発達の特性②：「積み重ね」

図III-4-2-1に，思春期までの心の発達過程を，家を建てる場合になぞらえて概念的に示している．そして，それぞれの時期の心の発達課題も示している．乳児（0歳児）期には，人間や人間社会に対する「基本的信頼感」という心の基礎を築き，その上に1歳から2歳には「自律心」という床を積み重ね，3歳から5歳には「自発性・積極性・良心」という柱を立てる，というように順序だって心は育つものである．基礎がしっかりしていない場合には，いくら柱や屋根を丈

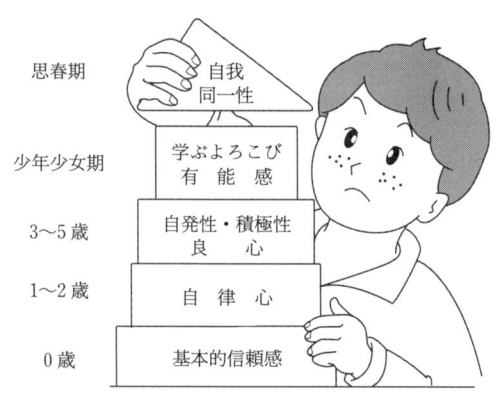

図III-4-2-1　心の発達の概念図

夫にしてもしっかりした家は建たない．それと同様に，乳幼児期の心の発達課題を無視して，早く早くと早期知育教育にやっきになっても，しっかりとした人格の若者には育たないものである．図III-4-2-1は，前節で述べた「心の発達には道筋がある」ということを，より具体的に示したものである．

### 生きていく上で，よりたいせつな課題から積み上げていく

年齢ごとの心の発達課題については，拙著『育児不安を超えて―思春期に花ひらく子育て―』[1]に詳しく説明したので，参照されたい．乳児（0歳児）期の発達課題：「人間や人間社会に対する基本的信頼感」，幼児期前期（1歳～2歳）の発達課題：「自律心」，幼児期後期（3歳から5歳）の発達課題：「自発性・積極性・良心」は，人が社会生活をする上で，どの時代にも共通して必要なものばかりである．だから，人生の早い段階で獲得すべき心の発達課題になっているのである．

### 早く始まり，ますます長くなる思春期

第I章で「日本女性三世代のライフコースの変化」の図（図I-2-2-1）を使い説明したように，現代日本では，子どもの心の発達とからだの発達の順序が昭和生まれの世代あたりから，逆転してしまった．かつては，大人社会で大人と一緒に仕事をする中で，自分も一人前だ，と自覚できるようになった段階で，すなわち心が一人前になった段階で，からだが大人になり始めたのである．ところが，今では，心はまだ子どもの状態であるにもかかわらず，からだが大人のからだへと変化する時代になった．

また，思春期が早くはじまるようになったがために，少年・少女期は極端に短くなっている．そのように時代が大きく変わったため，エリクソンのいう少年少女期の課題，すなわち，「学ぶ喜び」「有能感」「適格性」の内，「自分も大人社会でやっていける」という自信である「適格性」の獲得は少年・少女期だけではなかなかむつかしくなり，思春期にずれ込んで行かざるを得なくなっている．

思春期の発達課題「自我同一性（アイデンティティ）の確立」というのは，平たく言えば，「自

分は，どんな大人になれるのだろうか」「男として，女としてどう生きたらいいのだろうか」という人生の根幹にかかわる2つの問に，自分も周囲も納得できる答えを出すことである．その答えが出せる時期は現代日本では，どんどん遅くなっている．

**普通に無理なく育てていれば大丈夫！　しかし，……**

私は精神科「小児・思春期」専門外来でいろいろな子どもたちを診ているが，その際，乳幼児期から少年・少女期の心の発達がどうだったのかという点に，常に注目して診ている．そこがしっかりしている場合，いま現在，学校に行けなくて，生きる意欲さえ失いかけている子どもでも，将来的にはそれほど心配はしていない．普通に無理なく育てていると大丈夫なものである．これが私が思春期外来でたくさんの子どもたちを診てきた実感である．

しかし，今は早期知育教育とか，お受験とか，過激な習い事など，無理な子育てが一般化して，何が普通なのか，どのような子育てが無理のない子育てなのか，がわからなくなっている．相談事業にかかわっているボランティア仲間から，「かつてのお母さんは，子どもの症状を訴えて，相談の電話をしてきたんだけど，今のお母さんたちの相談は，"私の子育て，これでいいのでしょうか"というものなので，なかなかすぐには答えられない」という悩みを聞くようになって，もう10数年になる．何が普通の子育てなのかがわからなくなっているため，「自分の子育てがこれでいいのか」と，不安になるのも当然かと思う．事実，第Ⅱ章5節6項で取り扱ったように，子どもにどうかかわっていいか迷うとか，自分の育児に自信が持てない，という悩みは，現代の母親たちを象徴する悩みである．このように悩む母親たちを支えることが，支援者には要求されているのである．

## Ⅲ-4-3　心の発達の特性③：適時性
### ——個々の心の発達課題には，獲得しやすい時期がある

子どもの心の発達には，図Ⅲ-4-2-1に示した「積み重ね」という特性の他に，「適時性」という特性がある．例として，赤ちゃんの時期の心の発達課題「人や人間社会に対する基本的信頼観」について考える．赤ちゃんは，自分では食べることも，濡れて気持ちが悪いおむつを取り替えることも，また，暑いからといって服を脱ぐことも，まだできない．そのように自分では何もできない赤ちゃんだからこそ，お母さんをはじめとする自分をとりまく人たちが，自分をどう扱うのかを敏感に感じ取れるのである．そして赤ちゃんの時期に，生まれ出てきたこの世の中が「暖かくて信頼できる」と感じ，生きるための"希望"をしっかりと胸にいだけるか，それとも，「冷たくて寒々とした世の中だ」と不信感を胸の奥深くにきざみ込んでしまうか，がかなり決まるのである．

自分の感情をコントロールできないキレる子が増えているが，将来，自分を律して頑張り，努力できるための土台である「自律心」は，1歳から2歳頃が最も獲得しやすく，この時期を逃すと他の年齢では獲得しにくい発達課題であると言われている．このようにそれぞれの心の発達課題には，それを獲得しやすい時期がある．この心の発達上の特性を「適時性」と言う．獲得しや

すい時期があるのは，からだの発達と心の発達が深く関係しているからである．1歳から2歳頃は，歩けるようになったり，ことばで意志を伝えられるようになったり，簡単な服は脱ぎ着できるようになる．このように身辺自立の時期であり，自分のことを自分でできるようになる時期だからこそ，「自律心」という心が芽生える時期なのである．からだの発達がそこまで行っていないのに，「心だけ，知識だけ，先に」と言っても，それは無理なことである．

ここ20年間に急速に広がった早期知育教育を例に「適時性」について考えてみる．早期知育教育は，「頭のよい子は2歳までの家庭教育で決まる」，「IQ 200の天才児は母親しだい！」などという宣伝をおこなっている．あたかも0歳や1歳・2歳の時期が，学力を伸ばすうえで「最も適した時期」であるかのような宣伝の仕方である．しかし，漢字や数字など大人社会で働くために必要なことを「学ぶ」というのは，基本的には小学校に入ってからの課題である．そのため私は，早期知育教育をまじめにさせた親の子は，「人間や人間社会に対する基本的信頼感」や「自律心」，「自発性・積極性・良心」などの，人間社会で人と交わり生きていくうえで基本的にたいせつな心が育っているのだろうか，と大きな危惧を抱いている．実際，精神科「小児・思春期」専門外来では，早期知育教育などで育ったがために，小学校低学年ですでに大きく人格が歪んでいる事例に出会う．

ところで，早期知育教育推進者が2歳前の子どもをなぜターゲットにするのか，については理由がある．2歳を過ぎると自我が出てきて，大人の思い通りには子どもは座らなくなる．だから，2歳までの子をターゲットにしているのである．怖い話である．そのような小さい子どもを座らせて，お勉強をさせることは，私は明らかに子ども虐待であると考えている．

親が子どもにいろいろな夢を託すのは，それはそれで悪いことではない．それが親だろうとも思う．しかし，年齢に見合わないかかわりは，子どもの心を歪めるものである．このあたりのことを専門職はしっかりと認識して，親を支えるべきである．ところが意外なことに，小学校や園の先生，子どもにかかわる専門職の方々が，自分の子どもには虐待のような過密スケジュールで塾通いをさせ，勉強に駆り立てているという実態がある．日本の状況はかなり根が深いのである．

## III-4-4　心の発達の特性④：「育ちなおし」
　　　　——行きつ戻りつしながら心は発達していく

人間は，弱いようでなかなか強いものである．図III-4-2-1の模式図では，心の発達は一直線で，過ぎ去った時期はもう取り返しがつかないような気がするかも知れない．しかし，実際は取り返しがつかないというものではない．

私が精神科「小児・思春期」専門外来を初めて担当した頃，「乳幼児期から小学校時期の子育てがもう少し違ったものであれば，こんなに悩まなくてもよかったのに……」という思いを強く感じた．私のように元々小児科から出発して，その後思春期の若者を診るようになった精神科医は，そんな印象を強くもっているのが普通であろう．ところが，元々大人を診ていた精神科医で，思春期の若者を診るようになったという方たちは，「思春期は最後の調整時期だ」という言

葉を好んで使う．「思春期は最後の調整時期だ」という言葉は，乳幼児期から小学校時期に積み残した心の発達課題を，思春期にいろいろな症状を出すことにより，もう一度獲得しなおすのだ，という意味である．その言葉には，「大人はもう固くて変わりにくいが，思春期の若者はまだまだ柔らかく，変わり得る」というニュアンスが含まれている．この言葉を最初に聞いたとき，私は"えらい楽観的やなぁ"という印象を持った．しかし，思春期の若者たちをたくさん診てきた現在では，「思春期は最後の調整時期だ」という言葉も当たっているなぁ，と実感している．当然それは簡単なものではなくて，子どもが症状を出す中で，親子ともどもに地獄をみるような苦しい思いをして，初めて育ちなおしができるということであるが……．だから，できればそういうことにならないように乳幼児期から適切なかかわりをしたいものだと私は思っている．

　図Ⅲ-4-4-1 は，エリクソンが作ったもともとの「人格形成における心の発達チャート」を服

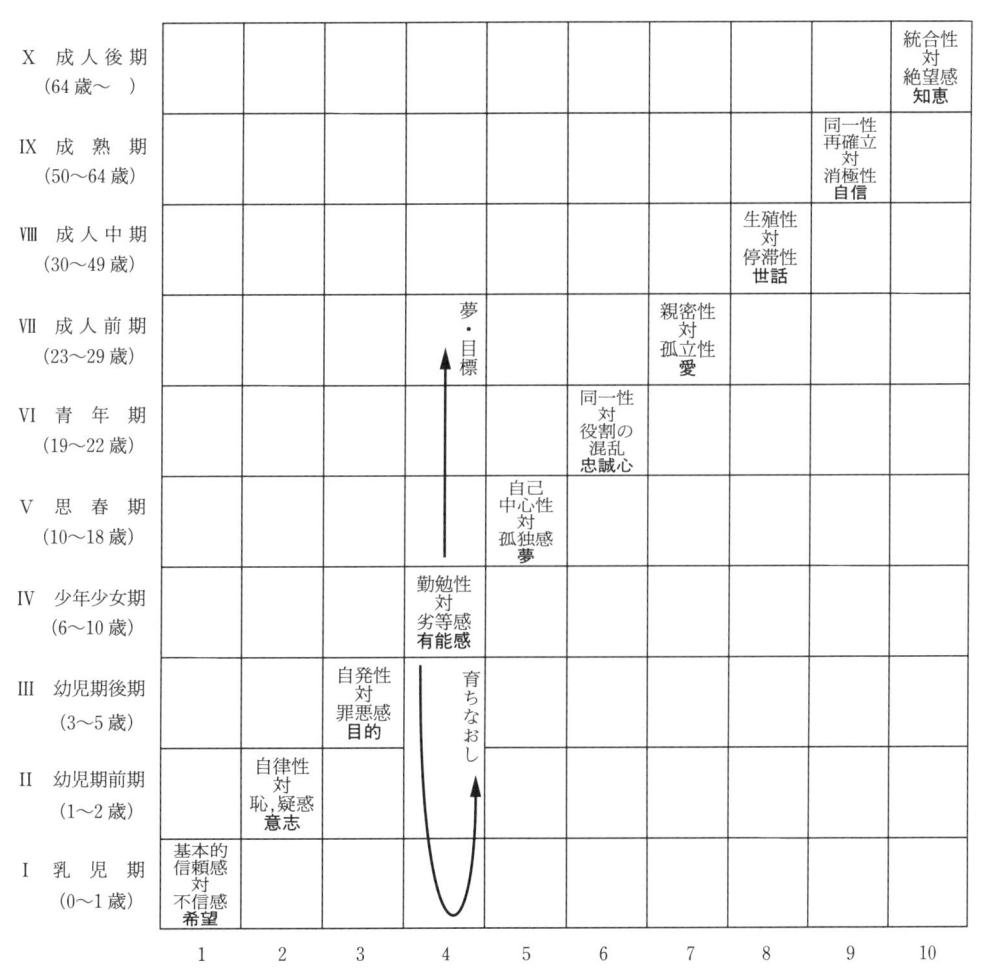

| 段階 | 1 | 2 | 3 | 4 | 5 | 6 | 7 | 8 | 9 | 10 |
|---|---|---|---|---|---|---|---|---|---|---|
| Ⅹ 成人後期 (64歳〜) | | | | | | | | | | 統合性 対 絶望感 知恵 |
| Ⅸ 成熟期 (50〜64歳) | | | | | | | | | 同一性再確立 対 消極性 自信 | |
| Ⅷ 成人中期 (30〜49歳) | | | | | | | | 生殖性 対 停滞性 世話 | | |
| Ⅶ 成人前期 (23〜29歳) | | | | 夢・目標 | | | 親密性 対 孤立性 愛 | | | |
| Ⅵ 青年期 (19〜22歳) | | | | | | 同一性 対 役割の混乱 忠誠心 | | | | |
| Ⅴ 思春期 (10〜18歳) | | | | | 自己中心性 対 孤独感 夢 | | | | | |
| Ⅳ 少年少女期 (6〜10歳) | | | | 勤勉性 対 劣等感 有能感 | | | | | | |
| Ⅲ 幼児期後期 (3〜5歳) | | | 自発性 対 罪悪感 目的 | 育ちなおし | | | | | | |
| Ⅱ 幼児期前期 (1〜2歳) | | 自律性 対 恥,疑惑 意志 | | | | | | | | |
| Ⅰ 乳児期 (0〜1歳) | 基本的信頼感 対 不信感 希望 | | | | | | | | | |

**図Ⅲ-4-4-1** エリクソンの「人格形成における心の発達チャート」と心理・社会的危機，及び生きるための活力

注：○○対△△は，心理・社会的危機を表わし，その下「希望」「意志」などは，生きるための活力を表わしている．この図は，エリクソンの原図を服部祥子が現代風にアレンジしたもの[8]に，筆者がループと矢印を加えたものである．

部祥子先生が現代風に少し手直ししたものである[8]．なお，図Ⅲ-4-4-1 の中に書かれたループや矢印は私が付け加えたものである．エリクソンは図Ⅲ-4-2-1 のように，一直線に育つという図ではなく，図Ⅲ-4-4-1 の，縦軸にも横軸にも年齢をとった図を書いている．なぜエリクソンは，図Ⅲ-4-4-1 のようにしたのかというと，"人間は，何回も何回も育ちなおす" ということを，対角線の右下の空白部分で表現したかったのである．図Ⅲ-4-4-1 には，"育ちなおす" ということをよりわかりやすくするために，少年少女期のところでループの矢印で "育ちなおし" を示している．

この "育ちなおす" ということは，どの時期にもあることである．2 人目の赤ちゃんが産まれたとき，上の子がよく "赤ちゃん返り" をするが，それは親の愛情をもう一度確認するために無意識にしていることである．そして，親（特にこの時期は母親）が，"あなたも大事な子だよ" とやさしく受け入れてくれることで，親子の信頼関係を再確認して，再びおねえちゃん・おにいちゃんとしての役割を担えるようになるのである．このように人の心は，行きつ戻りつしながら，育っていくものである．

「行きつ戻りつしながら心は発達していく」という，この 4 番目の心の発達の特徴は，3 番目の心の発達の特徴である「適時性」と矛盾するようであるが，その時期その時期でしっかりと心の発達課題を獲得していると，行きつ戻りつするときの回復が早いということである．また，最も獲得しやすい時期というものはあるが，後になっても獲得可能であるということでもある．

ついでに，図Ⅲ-4-4-1 の対角線の左上の空白部分は何をあらわしているのか，について述べる．それは "将来の目標や夢" をあらわしているのである．人間はどの年齢でも，将来に対する何か夢とか，目標がないとイキイキとは生きていけないものである．「日本の若者は，中学から高校生年代になって，急に元気がなくなる」といわれている．それは，将来の目標がはっきりと持てないことと深く関係している．また，第Ⅱ章 9 節で述べたように，現代の専業主婦が子育てのイライラ感をより強く感じている理由のひとつは，子どもが巣立ってから 40 年 50 年という人生が残っているにもかかわらず，満足できるような社会参加の道が開かれていないこと，すなわち将来の目標や夢がもちにくいためである．

エリクソンの発達論のひとつの特徴は，「人間の心は一生発達していく」というものである．親も子育ての中で，大きく成長を遂げる．それを支援するのが，子育て支援職の専門性のひとつである．親の心の成長については，本章第 8 節で述べることにする．

## Ⅲ-4-5 「発達障害」について

ここで「発達障害」について，付記しておきたい．「発達障害」は，障害そのものに周囲が気づきにくい障害である．子どもにかかわる専門職は，幼児期に特徴的症状を出す発達障害の子どもたちの存在を知っている必要がある．

2005 年度から「発達障害者支援法」が施行された．法には，発達障害者を以下のように定義している．

「この法律において「発達障害」とは，自閉症，アスペルガー症候群その他の広汎性発達障害，

表Ⅲ-4-5-1　DMS-IV-TRにおける発達障害関連疾患の分類

1．広汎性発達障害：Pervasive Developmental Disorders
　(1)　自閉性障害：Autistic Disorder
　(2)　レット障害：Rett's Disorder
　(3)　小児期崩壊性障害：Childhood Disintegrative Disorder
　(4)　アスペルガー障害：Asperger's Disorder
　(5)　特定不能の広汎性発達障害（非定型自閉症を含む）
2．注意欠陥／多動性障害：Attention-Deficit/Hyperactivity Disorders
　(1)　注意欠陥／多動性障害，混合型
　(2)　注意欠陥／多動性障害，不注意優勢型
　(3)　注意欠陥／多動性障害，多動性-衝動性優勢型
　(4)　特定不能の注意欠陥／多動性障害
3．学習障害：Learning Disorder
　(1)　読字障害：Reading Disorder
　(2)　算数障害：Mathematics Disorder
　(3)　書字表出障害：Disorder of Written Expression
　(4)　特定不能の学習障害

高橋三郎他訳『DMS-IV-TR　精神疾患の分類と診断の手引(新訂版)』，医学書院，2002年より．

学習障害，注意欠陥多動性障害その他これに類する脳機能の障害であってその症状が通常低年齢において発現するものとして政令で定めるものをいう．」

　現在，発達障害の子どもたちが増えている．「発達障害者支援法」の定義にあるように，これらの障害は，幼児期に最も診断がつきやすいものである．表Ⅲ-4-5-1にDSM-IV-TRでの発達障害関連の診断名を掲載する．DSM-IV-TRとは，DSM，すなわち米国精神医学会が作成している「精神疾患の診断と統計のためのマニュアル」の第Ⅳ版の新訂版である[9]．

　高等学校の養護教諭の先生方との事例検討会の中では，ある時点で調べてみると，5人に1人は「発達障害」の子どもたちであった．私が気になっているのは，高校生になり学校から勧められて外来を受診するまで，ほとんどの親が子どもの障害について，何も知らないことである．「発達障害」の子どもたちは，幼児期に最も典型的な症状を示す．もし，幼児期に診断され，親が適切な対策を講じていれば，別の人生になっていたのではないか，と悔やまれる．

　発達障害者支援法が施行され，社会の認識も急速に進んでいるが，子どもにかかわる専門職として，発達障害についての認識を深めるとともに，その支援方法の開発が急務である．

# III−5
# 心の発達とバランス感覚

　心の発達については，ここまではエリクソンの考え方をベースに述べた．この節では別の角度，すなわち，バランス感覚の発達という視点から心の発達を考える．そして，以降の6節では，なぜ「いい子」が思春期で行き詰まるのかについて，7節では子育てで最も頭を悩ませる「しつけ」という具体的問題について，そして8節では親の心の発達について，バランス感覚という視点から検討する．

## III-5-1　心の健康とは何だろうか？

　具体的な病気については，説明しやすいが，「心が健康な状態とは，どのような状態か」と聞かれると，それにはなかなか答えられないものである．図III-5-1-1は「心の健康とはなんだろうか」を説明するために，私が考えた概念図で「ピエロ・バランス」と名付けている．このピエロ・バランスを使い，心の健康について考えてみる．

　人間には「……したい」という「個人的な生(なま)の欲求」がある．人間はだれも不完全で，煩悩のかたまりのようなものであるから，人に言えないようなことを考えたり，夢想したりする．一方，人間は社会生活をしているので，「……すべきだ」という社会からの要請がある．一般にこの「個人的な生の欲求」と「社会的要請」とは相対立したり，矛盾したりすることが多いものである．この2つのバランスをとる役割が，図III-5-1-1にピエロで描いた「自我機能」である．「自我機能」とは，人間の「……したい」という個人的な生の欲求と，「……すべきだ」という社会的要請との調整役，すなわち，バランス感覚である．どこで自分の「……したい」という欲求を譲らず，どこで「……すべきだ」という社会的要請を甘受するかは，その人の"人となり"を決める．だから，図III-5-1-1の「自我機能・バランス感覚」は，その人の人格

図III-5-1-1　原田のピエロ・バランス（心の健康と「自我機能」の概念図）

そのものと言える．

　心の健康な状態とは，図Ⅲ-5-1-1のように，「個人的な生の欲求」と「社会的要請」とのバランスが保たれて，綱渡りになぞらえた人生を綱から落ちずに送っている状態である．

## Ⅲ-5-2　心の発達とは，「バランス感覚」をグレード・アップしていく過程

　「個人的な生の欲求」も「社会的要請」も年齢とともに変わる．例えば，おむつをしていた赤ちゃんが，2歳頃になると，昼間は「おしっこ」と母親に教えることを要求されるし，5歳頃には夜も失敗しないようにと，要求される（最近は紙おむつの普及でこのあたりの事情は大きく変わっているが……）．6歳では小学校に通い，勉強することを要求されるというふうに，社会的要請は年齢とともに変わっていく．一方，「個人的な生の欲求」の方も変わる．ハイハイができるようになると，どこへでも行きたいし，触るものは口に入れて確かめたい．3歳頃には自分の意志で自分の思うようにしたくなり，小学校に入ると先生の期待に応えたいと思ったり，思春期になると性的な欲求も出てくる．

　「個人的な生の欲求」や「社会的要請」が変わった時，今までのバランス感覚ではバランスが保てなくなる．そして，一時的に図Ⅲ-5-1-1の綱から落ちそうになったり，実際に落ちてしまうという事態も生じる．図Ⅲ-5-1-1の「心の健康のバランス」を保つためには，あるいは，崩れてしまったバランスを再度取り直すには，「個人的な生の欲求」や「社会的要請」の変化に応じて，新たな「バランス感覚」を獲得する必要がある．このように年齢にともなって，常にバランス感覚を磨きあげていく作業，あるいは，グレード・アップしていく過程が，心の発達過程である．

　20歳代後半には「人の表面的言動のバックにあるものを理解する」能力が身についてくる．そして，見る角度によって，同じ物でも見え方が異なることもわかってくる．さらに人生経験を重ねる中で，多種多様な要素がないまぜになって成り立っている人間社会の多様性や重層性が見えてくるようになり，高度なバランス感覚がそなわってくるのである．これらが子育て中の親の心の発達課題である．

　図Ⅲ-5-1-1のピエロ・バランスにおけるバランス感覚は，人生の中で常に問いなおされ，磨きあげられるものである．心の発達というと，子どもの場合だけを考えがちであるが，人間の心は一生成長し続けるものである．

# Ⅲ—6
# 思春期になり，行き詰まる「いい子」たち

　読者のみなさんは信じられないかも知れないが，私が担当している精神科「小児・思春期」専門外来を訪れる子どもたちのほとんどは，小学校ではどの担任からも「いい子ですね．元気で明るくて，いうことありません」と言われ続けてきた子どもたちで占められている．小学校までは「いい子」と言われてきた子たちが，中学校・高校で不適応を起こして，私の外来を訪れるのである．「いつ頃まで順調に育っていると思っていましたか」と母親に聞いてみると，「小学校4，5年までは期待どおり育っていると思っていました」とほとんどの母親が答える．

　現代日本の子育て環境の大きな問題点のひとつは，親と子の距離が近すぎることである．四六時中，子どもは親や大人の視点の中で育っている．その状況が生んだ結果が，ここで取り上げる問題，すなわち小学校までは「いい子」だと言われつづけてきた子が思春期で行き詰まるという問題である．

## Ⅲ-6-1　子ども集団の論理を体得できていない「いい子」たち

　親の意向に従って小学校まで頑張ってきた「いい子」たちが，思春期になり，なぜ行き詰まるのか．一所懸命に育ててきたのに，なぜ子どもの心が育っていなかったのだろうか．

　小学校高学年の子どもたちのほとんどは，すでに先生や親のいういわゆる「正しい」ことは建前であることを見抜いている．そして，多くの子どもたちは子ども集団の中では，先生や親のいういわゆる「正しい」こととは別の論理で行動しているのである．小学校高学年以降になってなお，いわゆる「正しい」ことをそのまま信じ，言ったりしたりしている「いい子」は，ある日，「自分の言動がクラスメートに怪訝な顔をされている」という事態に気づく．「こんなこと言ったら，"ぶりっ子"と言われるのではないか，嫌われるのではないか」と悩みはじめるのである．そして，「友だちの中での会話で，どう言えばいいのかわからない」と同年代の子ども集団の中で立ち往生し，孤立して，対人緊張や集団不適応がはじまるのである．

　親のいうままに「いい子」を演じてきた子どもたちの共通点のひとつは，集団遊びなどを通しての子どもたちとのコミュニケーションには重きを置いて来なかったことである．そのため，子ども集団の中での論理が理解できていないのが特徴である．これは「現実認識が弱い」という言い方もできる．現実認識とは，自分を取り巻く子どもたちをはじめとした環境とのイキイキとし

たやりとりの中で，自分の置かれている立場や状況を的確にとらえることである．この現実認識という能力は幼児期からの子ども集団の中でトレーニングされ，獲得されていくものである．いわゆる「いい子」の場合，そのあたりの生活体験が希薄になってしまったのである．それは，「考えるまでもなく自分のするべきことが決まっていた」幼児期から小学校時代のつけが回ってきた結果である．しかし，それは子ども本人の責任でも，親の責任でもないように思う．常に子どもが親や大人の視線の中で育たざるを得ない現代日本の子育て環境がもたらす必然の結果である．

## III-6-2　集団の中での生きた生活体験の中でこそ，心は磨かれる

前節で，心の発達とは図III-5-1-1の「個人的な生の欲求」と「社会的要請」とのバランス感覚を磨きあげていく作業，あるいはグレード・アップしていく過程であることを述べた．「子どもの心の発達にとって，集団の中での生きた生活体験が必要だ」とよく言われる．それは，幼児期や少年少女期の子ども集団の中では，子ども自身の「……したい」という生の欲求にもとづいた行動により，図III-5-1-1の心の健康のバランスが崩れる体験ができるからである．そして，新たなバランス感覚を獲得するという体験を繰り返して心が成長できるからである．

精神科「小児・思春期」専門外来を受診するほとんどの子どもが小学校まで親の意向に従って「いい子」を演じている．図III-5-1-1で考えると，子どもは「社会的要請」に従い，親や先生にほめられることを生きがいに頑張ってきたのである．ところが，自分の「ほんとうにしたい」という欲求にもとづく行動はほとんどしていない．そのために，「心のバランス」感覚を磨く機会がないままに思春期を迎えてしまったのである．その結果，同年代の子どもたちの中で柔軟にコミュニケーションをとることができず，対人緊張を強く感じて不登校になったり，家庭内暴力のケースのように自分の感情がコントロールできなくてキレたりしているのである．

思春期やせ症の若者は，ほとんどまちがいなく発症前は典型的な「いい子」である．多くの子が中学校後半から対人関係の行き詰まりを感じ，過度のダイエットをはじめている．そして過食になり，私の外来を受診する．その子たちの訴えの共通している点は，「さみしい」である．母親に自分に対する愛を執拗に確かめ，承認を求めるが，満たされず「さみしさ」を訴える．このことが象徴しているように，「いい子」たちは「親にほめられること」を最大の支えとして，幼少期から少年・少女期を生きてきているのである．

親にほめられたい，という欲求はどの子も持っているものであり，いいことである．「いい子」たちの行き詰まりを診ながら，最近私が強く感じていることは，親子の距離が近すぎる，ということである．必ずしも親が悪いわけでもない．子どもも悪いわけでもない．子どもがいつも親や先生など大人の視線の届くところで生活していることが問題なのである．常に親や先生など大人の視線の届くところにいるために，親や先生などの期待に過剰に適応してしまう子どもが登場するのである．子ども集団での遊びの機会が減少したことも，拍車をかけている．このような現代日本の子育て環境の中で，親や大人たちは，どのように子どもにかかわるべきか，次節で考えることにする．

# III−7
# 「しつけ」とバランス感覚

　かつては，子どもの成長に親の影響はそれほど大きくはなかった．子どもは子ども集団の中で，地域の中で育っていたのである．しかし，現代では子どもは常に親の視線の届くところにいる．そのため，親のかかわりが子どもの成長に大きな影響を与えるようになっている．そのことは，第II章で述べた「兵庫レポート」の中でもはっきりとあらわれている．すなわち，「大阪レポート」では3歳児にもなると，他の刺激が多くなるために，親のかかわりと子どもの発達との間にはほとんど相関関係が認められなかった．ところが，「兵庫レポート」では親のかかわりと子どもの発達との間の相関関係が3歳児健診時点で最も強いという結果があらわれている．この結果は，親以外からの子どもへの刺激が少なくなっているためであると考えられる．

　子育てでは「しつけ」が常に問題になるが，親子の距離が近すぎる現代日本では，親のかかわり方が，あるいは「しつけ」方が，子どもの成長にきわめて大きな影響を与えるようになっている．前節で紹介したように，私が担当している精神科「小児・思春期」専門外来を訪れるいわゆる「いい子」たちをたくさん診ていると，子育てや「しつけ」に一般論が通用しなくなっている日本の現状を実感する．そこで，この節では「しつけ」について心の発達という視点から考えることにする．

　子育て全般についてもそうであるが，「しつけ」も"適度である""good-enough"ということが最もたいせつなポイントである．ところが，この適度というのが，現代の子育て世代にとっては最もわかりにくいことになっているのである．何かはっきりとした基準があって，そのとおりに，ということであれば，それほど苦労はない．しかし，そのような○×式の子育てではうまくいかない．そこで「しつけ」とはなにか，またその適度さはなにで測ればいいのだろうか，について考える．

## III-7-1 「しつけ」で問われる「親子の信頼関係」

　図III-5-1-1に「心の健康の概念図」，「ピエロ・バランス」を示した．このピエロ・バランスで考えると，「しつけ」とは「……すべきだ」という「社会的要請」を子どもに受け入れさせることである．さて，しつけの適度さは，なにで測ればいいのだろうか．それは，図III-5-1-1の「心の健康のバランス」が大きく崩れない程度，ということである．しつけの適度さは，「……す

べきだ」という「社会的要請」の強さと，「……したい」という「子ども自身の生の欲求」とのバランスを目安にするのである．

　子ども自身が心底「楽しい」という体験をたくさんしていれば，「しつけ」が少々きつくても，心のバランスは崩れない．ところが，「楽しい」ことがほとんどない場合には，ちょっとのことでも子どもは受け入れられず，バランスを崩す原因になる．

　かつては子どもたちは地域の子ども集団の中で揉まれながら育っていた．そのような中では，楽しみと「しつけ」（仲間どうしのルール）のバランスが自然に取れている．遊びの中でのぶつかり合いやもめごとなどを通して，無理なく，心が育ち，からだも鍛えられていたのである．ところが，親や大人が「しつけ」という形で子どもに期待したり，要求したりする場合には，楽しい仲間遊びとちがい，楽しみと「しつけ」のバランスが取れているという保証はない．その点，十分注意が必要である．

　このことを図III-5-1-1のピエロ・バランスで考えてみる．図で左右の「生の欲求」と「社会的要請」の大きさに注目する．「生の欲求」と「社会的要請」の大きさ，あるいは重さがそれほど変わらないとバランスが取りやすい．ところで，「しつけ」は「社会的要請」を子どもに受けいれさせることであるから，「しつけ」では「社会的要請」の重さが増える．元々の「生の欲求」や「社会的要請」の重さが大きければ，少々「しつけ」で「社会的要請」の重さが増えてもバランスを保つことができる．すなわち，子ども自身の「生の欲求」がかなり満たされていれば，少々きつくしつけても大丈夫である．ところが，元々の「生の欲求」や「社会的要請」の重さが小さければ，少し片方が増えただけでバランスが崩れてしまう．すなわち，自分の「生の欲求」が満たされていなければ，ちょっとの「しつけ」で心のバランスが崩れてしまうのである．

　図III-4-2-1には，思春期までの心の発達過程を，家を建てる場合になぞらえて概念的に示した．この図はエリクソンの発達理論をもとにしているが，「しつけ」の適齢期は幼児期後期（3～5歳）になっている．幼児期後期の心の発達課題は，"積極性・自発性・良心"を育てることであるが，「良心を育てる」という部分がしつけに当たる．良心とは"していいこと，いけないことをわきまえる"ことである．良心は心の発達過程で獲得するものであるから，「しつけ」の時期に至るまでの"土台"がしっかりできているかどうかで，「しつけ」の成果も大きく変わる．このことは，上に述べた「生の欲求」と「社会的要請」の大きさ，あるいは重さが元々大きければ，少々の「しつけ」でバランスが崩れることはない，ということと関連している．「しつけ」の時期に至るまでの"土台"がしっかりできているということは，「生の欲求」が十分満たされているし，バランス感覚もよく磨かれている，と言い換えることができるのである．すなわち，しつけるという行為のベースとして，親子の信頼関係が問われるのである．

　子育てで気をつけたいことはたくさんあるが，最近私が強く感じていることは，「子どもが小さい時ほど，親の力が圧倒的に強いこと」である．子どもがぐずぐず言ったり，聞き分けがないとき，親が力ずくで子どもの意志を抑えつけるということが重なると，子どもは「自分の意志を出すことは悪いことだ」と思ってしまったり，怖くて自分の気持ちが表現できない子に育ってしまう．そして，見かけ上「聞き分けのいい子，素直な子」を演じる．しかし，最も信頼できるはずの親の前でさえ自分の気持ちを表現できない子どもは，当然他人の中では自分をすなおな形で

は出すことはできない．そして，思春期につまずくことになる．思春期で行き詰まるひとつの典型的なタイプは，「素の自分を出せない，出し方がわからない」と訴える若者たちである．

## III-7-2　子どもにより，「しつけ」の強弱を変えることの必要性

　思春期で行き詰まる「いい子」たちを診る中で，かなり前から私は，その子の持って生まれた性格によって，しつけの強弱を変えるべきではないか，と考えるようになっている．

　子どもによっては，持って生まれた性格として「親や先生の期待に応えたい」「親や先生にほめられたい」という気持ちが強い子がいる．このタイプの子を「よい子タイプ」と呼ぶことにする．この「よい子タイプ」の子どもは，生まれ持った性格として，図III-5-1-1の「社会的要請」に関心が高い．結果として，自分の個人的な「……したい」という欲求にはあまり関心を向けないできたためか，自分の個人的な「生の欲求」を出すのは不得意である．というか，自分の個人的な「生の欲求」を自覚することさえ，ほとんどなかったという子が多い．

　親と子は当然よく似ているので，「よい子タイプ」の子どもの親はまじめできっちりしていて，子どもをちゃんとしつける傾向がある．そこで悪循環が起こってしまう．親や先生の意向にばかりに忠実で，自分がほんとうにしたいことや自分の「嫌だ！」という感情には無頓着な子どもができあがってしまうのである．

　しかし，親や先生の意向に従って生きていけるのは，せいぜい小学校までである．思春期に入ったとき，そのような「いい子」たちは，子ども集団の中で浮いてしまう．そして，不登校や家庭内暴力，思春期やせ症，心身症など，いろいろな不適応症状を出すのである．

　一方，生まれながらに，自分の「個人的な生の欲求」に関心が高く，「社会的要請」には無関心な子どももいる．このタイプの子を「きかん気タイプ」と呼ぶことにする．「きかん気タイプ」の子どもには，「よい子タイプ」とは逆に，しっかりと「しつけ」をする必要がある．ところが，おうおうにして，このタイプの子どもの親は，「しつけ」に無頓着な場合が多い．その結果，このタイプの子どもは，まったく社会的ルールが身についておらず，学校場面でも逸脱行為を繰り返すことになる．

　このように，子どもの性格によって，「しつけ」の強弱は変える必要がある．子どもに仕事としてかかわっている専門職や子育て支援にかかわっている大人は，「しつけ」についての見識もしっかりと身につける必要がある．小学校まで，どの担任からも「いい子ですね．言うことありません」と言われ続けてきた子が，思春期で行き詰まっているという事実を専門職はしっかりと受け止める必要があるのではないだろうか．

## III-7-3　叱れない親，叱らない親の問題

　前項では，子どもが生まれながらに持っている性格のちがいにより，「しつけ」に強弱をつけることの必要性について述べた．しかし，現在の「しつけ」の問題では，新しい事態も生じている．

## 「子どもの意志を尊重して」一辺倒ではいけない

『NPO法人こころの子育てインターねっと関西』を1995年に立ち上げて、子育て支援ボランティア活動をはじめ、1年目くらいから気づいていたことであるが、現在の子育て現場では「親が子どもを叱らない、あるいは叱れない」という奇妙な現象が起こっている。そして、したい放題に育てられたために、「していいこと、いけないこと」がまったくわかっていない子どもたちが実際に多くなっているのである。親は「元気な子」と考えているらしいが、「元気な子」と「したい放題に振る舞う」のとは違う。

「なぜ、叱れないのか、叱らないのか」には、いくつかの原因がある。ひとつは、「子どもの意志を尊重するように！」という考え方が広まる中で、子どもに「しつけ」らしいことは何も言えなくなっているケースである。他のひとつは、社会の急激な変化の中で、社会規範が不明確になり、叱るべき線が不明確になり、叱るべきところがわからないケースである。

ここ10数年来、種々雑多な育児情報が氾濫している。そのような中で、「子どもの意志を尊重するように！」というカウンセリング・マインド的な考え方も当然流されている。それはそれでたいせつなことである。ところが、「子どもの意志を尊重するように！」ということを、〇×思考で固く理解する親がいる。そのため、子どもに「しつけ」らしいことは何も言えず、「子どものしたい放題」という放任の子育てになっているのである。"子どもの意志を大切に"ということ自体は、それでたいせつなことであり、私も常にそのように伝えている。しかし、まだ人生経験の浅い幼児に、すべてをゆだねるという育児姿勢では子どもは育たない。

## 幼児期は、「しつけ」の適齢期

子どもが3歳くらいになると、いわゆる第一反抗期に入り、何でも自分でしたがり、自分の意志を主張するようになる。これは正常な発達である。一方、幼児期は「しつけ」の時期である。なぜかと言うと、3歳前後の子どもは当然のこととして、「していいこと、いけないこと」や「ここはしていい場所、いけない場所」などという社会的ルールはわかっていない。自分の意志を出すことができるようになった幼児期だからこそ、その出し方を親が教える必要がある。時には、子どもと対決し、「しかる」ということも当然必要なことである。

「どういう時に、どのようにしかるか」は、子育ての真髄の部分である。体罰を使ったり、頭ごなしに禁止したりでは、子どもの心に届かない。日常的な親子のつながりの中で、折りにふれて、それとなく教えることが「しつけ」のポイントである。

「……しなさい」という「社会的要請」と「……したい」という「子ども自身の生の欲求」とのバランスをとらなければいけない「しつけ」という行為では、親自身のバランス感覚が問われているのである。

## III—8
# 親の心の発達課題

　私が精神科医として子育てサークルやネットワークなどのグループ子育てに期待することは，グループ子育ての中で親自身が「成熟した市民」として成長することであり，子育てにおけるバランス感覚を獲得することである．ここでは20～30歳代の心の発達課題について考える．

### III-8-1　人の表面的言動のバックにあるものを理解する

　人間の人生は，ひとり一人の個人の努力ではどうしようもないことがある．歴史の大きな流れに個々人の人生が翻弄されるという事態は，今の時代にでもしばしば起こっている．また，一般に20歳代は激動の時期である．だれでも皆，偶然の積み重ねにより，今の人生を送っているのである．私も歴史の波に揉みくちゃにされた，という想いをもっている．それは大学紛争があったために，よりその感が強くなっているのであろう．

　東大医学部でのインターン闘争に端を発した大学紛争は，またたく間に全国の大学に広がった．学内が大学紛争で騒然となったのは，京都では1969年（昭和44年）も押し詰まった頃であった．私は大学院の2回生になっていて，すでに自分のペースで研究をしていた．そのため，私自身の研究生活は紛争の影響をほとんど受けていない．しかし，とにかく学内の世論が二分されて，誰もが自分の思想や立場を問われ，白黒をはっきりさせないとどうにもならない状況が生まれていた．ちょうど，江戸時代末期の幕末の頃，「佐幕」か「尊王攘夷」かで，日本国中が真っぷたつに分かれた時のような状況が大学の中で生まれていたのである．

　その結果，大学紛争の中で新しい友だちができた反面，意見や立場のちがいがはっきりしたために，今までの友だちと疎遠になってしまったというケースも多いと思う．私も例外ではない．

　20歳代は青年期の特徴で，"理想に燃え，正義感が強く，真理を追求したい"と思う時期である．現在はむしろ，そのような生真面目な生き方をダサイという風潮があるが，私は非常に大事なことだと思っている．

　ところが20歳代も後半になってくると，世の中の出来事をもう少し多面的に見られるようになる．私が山本周五郎を読んでいたのはちょうど20歳代後半で，就職もなく「先が見えないなぁ」と暗たんたる想いで暮らしていた頃である．そして，山本周五郎の幕末長編小説『天地静大』を読み，新しい視界が開けたような感動をおぼえた．

『天地静大』は，「若いあなたには，わからないのよ」と，不幸な結婚に一度失敗した娘「なほ」が結婚を迫る主人公の青年にさとすように言う場面から始まる．城主の血を引いているというだけの理由で「尊王攘夷」派と「佐幕」派の勢力争いに巻き込まれるもうひとりの主人公や，そのような喧騒とはまったく無関係に天心爛漫に生きている娘など，多彩な登場人物とストーリーの完成度の高さで，私は山本周五郎のたくさんの作品の中で，『天地静大』が一番好きである．そこで扱われているテーマのひとつは，「尊王攘夷」派も「佐幕」派もそれぞれに"自分たちが唯一正しいと主張しているけれど，それは単に彼ら自身の不安とエゴによるものではないのか"というものだったように思う．

大学紛争の中で，いろいろなセクトがカンカンになって，自分たちの主張を述べてきたし，私のまわりの人々もその人なりの紛争へのかかわり方をしてきた．大学紛争が去り，あれは何だったのか，と考える時期にあった私は，個々の人たちの表面的な言動のバックにある事情や背景などが見られるようになっていて，『天地静大』に，新しい視界が開けたような想いをしたのではないだろうかと振り返っている．

### 他人の気持ちを感じとり，共感する能力

「人の表面的な言動のバックにあるものを理解する」というのは，なかなか高度な思考である．私は20歳代の心の発達課題のひとつは，このことだと思う．本章第2節に示したEQ概念の4番目「他人の気持ちを感じとり，共感できる能力（人との共感能力）」とは，「人の表面的な言動のバックにあるものを理解する」能力でもある．表面的な言動だけの理解ではケンカ別れになるところが，"なぜ，彼（彼女）はそのような言動になるのか"がわかれば，別の対応も生まれるのである．

子育てにおいては，子どもの表面的な言動，例えば，泣くとか，暴力的になるとか，これ見よがしにいたずらをするとか，種々雑多な子どもの言動の裏に隠されている子どものほんとうの気持ちを，親が推察する必要がある．それができて初めて，子どもを受け入れるということもできるようになるのである．表面的な言動に親が振り回されて，親も一緒になってパニックに陥ってしまっては，おさまるものもおさまらない．

「子育てサークル」については「人間関係がややこしくないですか」「トラブルは嫌やから」という声もよく聞かれる．また，お客さんとしてならいいけど，サークルリーダーになるのは，「目立ちたくない」「わざわざトラブルを背負いこむようなもの」と敬遠されがちである．しかし，サークルに入ったり，特にリーダーとして運営にたずさわると，母親自身の対人関係の能力は飛躍的に磨かれる．それは，「人の表面的な言動のバックにあるものを理解する」という能力が自然に身につくからである．このような能力がそなわってこそ，EQ概念の5番目「集団のなかで調和を保ち，協力しあえる能力．すなわち，豊かなコミュニケーション能力や社会的役割が果たせる能力」も発揮できるのである．

## III-8-2　物事を多面的に見る能力

　20歳代の心の発達課題として，前項では「人の表面的言動のバックにあるものを理解する」という能力について述べた．もうひとつの発達課題は「物事を多面的に見る能力」である．「きちんと」「ちゃんと」という指向は日本人のひとつの大きな特性である．しかし，その几帳面さはいい面もあるが，行き過ぎると「完璧主義」にもなる．行き過ぎてしまうと，そのことにばかり気が取られて周囲や他のことが見えなくなる．すなわち，「物事を多面的に見る」ということができなくなる．

　先ほどの『天地静大』の舞台，幕末のころの話に戻るが，「尊王攘夷」派も「佐幕」派もそれぞれに自分たちが唯一正しいと主張していたが，実際は「どちらかが絶対に正しくて，他方がまちがいである，ということではない」「見る角度によって，物事は幾様にも見える」のである．これが，物事の多面性である．

　山本周五郎は『栄華物語』でも「人の表面的言動のバックにあるものを理解する」と「物事の多面性」というテーマを扱っているように思う．『栄華物語』はわいろ政治で悪名をはせた田沼父子を主人公にしている．私が高校生の頃の日本史の授業では，田沼時代（1772年から10年ほど）は政治が乱れた時代と教えられた．しかし，今では田沼時代の評価はかなり変わってきている．

　八代将軍吉宗の改革を皮切りに，江戸時代には「三大改革」というものがある．吉宗の「享保の改革」（1716年），松平定信の「寛政の改革」（1787年），そして，水野忠邦の「天保の改革」（1841年）である．これらの改革の基本的な指向はすべて，徳川幕府の全盛期，すなわち三代将軍家光の頃（1620年頃）を手本として，生活スタイルすべてを当時のスタイルにもどそうとする「改革」である．私が習った日本史では，これら「三大改革」を善とし，田沼政治は悪である，と教えられた．しかし，考えてみると，吉宗の「享保の改革」の時でさえ，すでに家光の時代から100年という年月が経っている．今から100年前というと，明治の初めである．時代の流れは，今ほどは早くなかったとは思うが，「100年前にもどれ！」と言われても，それは無理な要求ではないだろうか．「天保の改革」に至っては200年以上も経っているのに，200年前にもどそうとしているのである．だから，それはきわめて非現実的な改革である．そのため当然のこととして，すぐに失敗に終わっている．

　一方，田沼父子は時代の流れに積極的に乗った政治をしたようである．田沼政治の方がより現実的で，庶民生活に根ざしているように思う．『栄華物語』では，従来，悪の代表のように言われてきた田沼父子を主人公に，従来とは逆の視点，すなわち，庶民の生活を向上させようという田沼父子の苦労を描きあげている．

　私は自分の人生の岐路に立っていた20歳代後半に，『栄華物語』や『天地静大』などを読んだために，物事は見方によってまったく異なって見えるんだ，ということに強く心を打たれた．そして，自分の人生にひとつの区切りをつけて，10年あまりをすごした京都での研究生活を捨てて，医学部に入りなおした．

## III-8-3　子育てで問われる親のバランス感覚

　もう20数年程前になるが，私は池波正太郎の本を片っ端から読んでいた時期がある．新国劇の戯曲作家として出発した池波正太郎の，観客の心をつかんで離さないストーリーの展開に，胸はずませて読みふけっていた．池波正太郎のたくさんの作品の中で，私は『黒白（こくびゃく）』という長編小説が一番好きである．池波正太郎の作品には，『鬼平犯科帳』『仕掛人・藤枝梅安』『剣客商売』という三つのシリーズものがある．『黒白』は『剣客商売』というシリーズものの番外編として書かれたものである．

　28歳で独身の剣客，波切八郎はふとしたことから，名将軍のほまれ高い八代将軍吉宗の隠密組織「かげろう組」とかかわり，歴史の流れにもみくちゃにされた数奇な人生を送る．

　池波正太郎の作品に流れている彼の人生観の基本部分は，『黒白』というタイトルそのものずばりで，「世の中は，白黒がはっきりつくというものではなく，黒白（こくびゃく）なのだ」というものではないだろうか．人間社会は，単純明解なものではなく，いろいろな要素が折り重なって成り立っている．そのため，物事を判断するには，バランス感覚がたいせつであり，○×思考のような単純明解な論理は通用しない，こんなことを言っているのだろうと私は理解している．

　この人間社会の重層性・多面性をどのように理解しているかで，その人の生き方が変わってくる．というのは，どのくらいのところでバランスをとるのか，が変わってくるからである．人間社会の中で，このバランスの取り方が上手にできるようになるのは，やはり30歳代になってからではないだろうか．この人間社会の重層性・多面性を理解した上でこそ，EQ概念のもっとも高度な部分である5番目の「集団のなかで調和を保ち，協力しあえる能力．すなわち，豊かなコミュニケーション能力や社会的役割が果たせる能力（上手な対人距離感覚と社会に溶け込み，社会を動かす能力）」が発揮できるのである．

　私は子育てで最もたいせつなものは，この「バランス感覚」だと思う．ところが，日本の学校教育では，常に答えはひとつであり，はっきりしている．また，高校入試にしても，大学入試のセンター試験にしても，答えはすでに用意されていて，今の子育て世代はその中から正しい答えを選ぶというトレーニングばかりを受けてきた．また，社会に出ても仕事にはマニュアルがあったり，上からの指示があったりで，それに従って仕事をすればいいという生活が多かった．すなわち，今の子育て世代は，答えのはっきりした「○か×か」の生活をこれまでずっとしてきたのである．

　ところが，子育てには正しい答えはない．子育てには私が述べているような基本的な考え方はあるが，事細かにそれぞれの子どもにピッタリというようなマニュアルは書けない．子育ては答えのない応用問題なのである．だから，今の子育て世代の若い親たちが戸惑うのも無理ないことだと思う．赤ちゃんはなぜマニュアルつきで生まれてこないのか，という怒りの声があがるのもわかるような気がする．

　子どもを育てるなかで，30歳前後の心の発達課題，「人の表面的言動のバックにあるものを理解する」能力や「物事を多面的に見る」能力が身についてくるものである．そして，子育てでた

いせつな「バランス感覚」も身についてくるものである．

### 参考文献（第Ⅲ章）

1）原田正文著：『育児不安を超えて―思春期に花ひらく子育て―』，朱鷺書房，1993年．
2）原田正文著：『みんな「未熟な親」なんだ―グループ子育てのすすめ―』，農文協，1999年．
3）原田正文著：『こころの育児書―思春期に花開く子育て―』，エイデル研究所，1995年．
4）原田正文著：『小学生の心がわかる本―低学年と高学年でちがう処方箋―』，農文協，2001年．
5）原田正文著：『不登校をプラス思考でのりこえる―親子の道しるべ，30の事例―』農文協，1995年．
6）ダニエル・ゴールマン著，土屋京子訳：『EQ こころの知能指数』，講談社，1996年．
7）西平直著：『エリクソンの人間学』，東京大学出版会，1993年．
8）服部祥子著：『生涯人間関係論』，医学書院，2003年．
9）髙橋三郎，大野裕，染矢俊幸訳：『DSM-IV-TR 精神疾患の分類と診断の手引（新訂版）』，医学書院，2002年．

# 第IV章

# 真に実効のある次世代育成支援,子ども虐待予防の実現のために

子育て支援，次世代育成支援の目的は大きく分ければ，子どもたちを心身ともに健康に育てることと，親がイキイキと子育てができ，かつ社会参加ができる社会をつくることである．第Ⅰ章では，現在すでに表面化している親子の問題を精神科思春期臨床の視点を軸に紹介した．そして，第Ⅱ章では「兵庫レポート」を詳細に分析することにより，現代日本の子育て現場が20数年前の「大阪レポート」に比し，ますます危機的状況を深めていることを示した．また，「兵庫レポート」のデータ自身が示す解決の方向性についても紹介した．第Ⅲ章では，子育て支援，次世代育成支援の2つの目的のひとつ，子どもたちを心身ともに健康に育てるために，ぜひ知っておくべき「心の発達」について述べた．本章では，もうひとつの子育て支援，次世代育成支援の目的である「親がイキイキと子育てができ，かつ社会参加ができる社会をつくる」という課題について考える．

　私が子育て支援のボランティア活動をはじめてもう10年以上が過ぎた．私はあまり意識していなかったが，「エンゼルプラン」が始まった1995年は，ちょうど私たちのボランティア団体『こころの子育てインターねっと関西』が生まれた年にあたる．そのため，私は国の子育て支援策の動向を子育て現場から，母親の視線を通して，ずっと見続けてきたことになる．

　この間の子育て支援，次世代育成支援をめぐる状況は，目まぐるしく変化してきた．特に，自然発生的に生まれた子育て真っ最中の母親たちを中心とした市民自身によるグループ子育てや子育て支援の活動は，国を挙げての公的子育て支援の推進により，大きな影響を受けたし，大きく変化せざるを得なかった．このような状況は今後もつづくものと考えられる．

　本章で述べるように，子育て支援，次世代育成支援，子ども虐待予防というテーマは，公的支援主体で達成可能な課題ではない．当事者を中心とした市民活動が主体的に担っていかなければ効果があがらない課題である．しかし，この間の公的支援は，市民活動を支え，育てるというものではなかった．カナダの家族支援のモットーである"親を運転席に！　支援職は助手席に！"が端的にあらわしているように，当事者を中心とした市民活動が主体的に担っていくようになれるかどうかが，子育て支援，次世代育成支援の成否を握っているのである．

　この章のテーマについては，その都度，いくつかの著作で述べてきた[1〜3]．子育て支援，次世代育成支援，子ども虐待予防をめぐる状況は，今後とも大きく変動するものと考えている．そのため，本章ではこれまでを振り返るとともに，現在の課題，そして将来のあるべき姿を主に述べることにする．詳細については，それぞれの著作を参照されたい．

# IV−1
# 森を育てるように，社会が子どもを育てよう

　現在，国を挙げて子育て支援，次世代育成支援に取り組んでいる．しかし，「なぜ今子育て支援が必要なのか」という最も根本的なところでの社会的コンセンサス（合意）ができていない，と私は強く感じている．子育て支援は，トップダウンの施策である．すなわち，仕事として子どもにかかわる専門職の中から子育て支援の必要性が叫ばれて生まれたものでは，残念ながらない．国の施策として降ろされてきたものである．そのためもあり，一般社会のコンセンサスができていないばかりか，仕事として子どもにかかわっている専門職の間でさえ「なぜ今，子育て支援が必要なのか」という点があいまいなのである．

## IV-1-1　対人サービスの本来あるべき姿とエンゼルプラン

　対人サービスの部門では，生活現場の状況が先行するものである．それを現場にかかわるスタッフがいち早く感じ取り，さまざまな新しい取り組みが各地でなされ，それを国が取り上げ，全国に広げたり，法律が追認する形で制度化されるというプロセスが本来の形である．

　例えば，プロローグでも触れた乳幼児健診のシステムは，「従来多かった出産での母子の死亡は減少したが，障害のある子どもがたくさん生まれているではないか」ということに気づいた子育て現場にかかわる保健師や医師などにより始められたものである．乳幼児健診が母子保健法の成立（1965年）により法制化されたのはその後である．しかもその当時の母子保健法には3歳児健診のみしか明確には記載されていない．しかし，障害の早期発見，早期支援には，乳児期での健診がたいせつであり，実際に4か月児健診や10か月児健診，などが実施されていた．

　また，「障害者基本法」（1993年）が成立し，それを受けて「精神保健法」が「精神保健福祉法」（1995年）に改定されたことにより，精神障害者が福祉の対象として正式に認められた．それまでの過程で，精神保健福祉士や精神科医などの先進的取り組みや努力により，「精神衛生法」の昭和40年改定においても，また「精神衛生法」に代わり1987年（昭和62年）に成立した「精神保健法」の中にも，精神障害者に対する福祉施策が盛り込まれていた．このように対人サービス分野においては，現場から積み上げて施策がつくられ，法制化されるというプロセスが一般的であり，望ましい形である．それは，対人サービス現場で働いているスタッフの方が，国民の生活現場に密着しているからである．

ところが，少子化対策として1995年度より開始されたエンゼルプランは子どもに直接かかわっている保育士や保健師，幼稚園，学校の教師などから出てきたものではなく，国のトップから出たトップダウンの施策である．子どもや親にかかわっている専門職よりも国のトップの方が子育て現場の状況に対する危機感が強かったのである．この点では，専門職が遅れていたと言わざるを得ない．

## IV-1-2 意外に知られていない「国の子ども施策の大転換」

子育て支援はトップダウンの施策であるためもあり，「なぜ，エンゼルプランが出てきたのか」という点についても，現場のスタッフにはほとんど伝わっていないことに，私は驚いている．エンゼルプランがなぜ出てきたのかを知らないことも，社会的コンセンサスが得られない理由のひとつになっているように思う．そこで，エンゼルプランが出てきた経過をここに簡単に説明する．

年号が昭和から平成にかわり，ひとつの時代の転換点に立っていた1990年前後に，それを象徴するかのように，子どもと家庭をめぐる各種の報告書がたて続けに出されている．厚生省（当時）関係では，中央児童福祉審議会（よく知られている文部省の中央教育審議会に当たるもの）から「児童手当制度基本問題研究会報告書—今後の児童手当制度のあり方について—」（1989年7月）が出され，同審議会のワーキング・グループとして組織された「新しい時代の母子保健を考える研究会」の報告が1989年（平成元年）12月に出された．また，厚生大臣の私的懇談会である「これからの家庭と子育てに関する懇談会」の報告が1990年1月に出されている．

「これからの家庭と子育てに関する懇談会」の報告書は，子どもをとりまく環境について，"縮小化と希薄化"という言葉で象徴される「深刻で静かなる危機」が進行していることを指摘するとともに，今世紀の残された短い時間の中で，この危機に対応することが，今や緊急の課題であると警鐘を打ち鳴らしている．また，この報告書の冒頭では，古代ローマ帝国を引合いに出し，"歴史をひもといてみても，古代ローマの末期がそうであったように，未来を担う子どもが減少し，人々が未来に夢を持たなくなることは，文明が衰退する一つの前兆であると言われている"と述べ，現代日本において進行している「深刻で静かなる危機」は，日本の存亡そのものがかかった重大問題である事を強調している．その他の報告書，答申も同様のトーンで，子どもをめぐる問題の重要性，緊急性を述べている．

### 「すべての子育て家庭に社会が責任をもつ」とは，どういう意味か？

平成元年（1989年）度版の厚生白書には「長寿社会における子ども・家庭・地域」というタイトルがつけられている．厚生白書に"子ども"がタイトルとして登場したのは，戦後初めてのことである．これは意外に思われる方も多いのではないだろうか．意外に思われるかも知れないが，それまでの国の子ども施策は，ある特定の子どもや家庭に限定したものだったのである．前述の中央児童福祉審議会の答申「児童手当制度基本問題研究会報告書—今後の児童手当制度のあり方について—」は，その基本的考え方として次のように述べている．

"これまでの児童対策がどちらかと言えば，低所得家庭，母子家庭の児童や心身にハンディキャップを持つ要保護児童に対するものが中心であった．しかし，……近年，友達や大人との交流の機会を喪失した児童や遊びをしない児童の増大など，児童全体を取り巻く環境の変化は著しく，新しい児童問題が生じている．このような観点から，要保護児童対策だけでなく一般児童の健全育成を図るための施策に一層の配慮が必要である"

この答申を受けて，国は「親も当然役割を果たしてもらわないといけないが，社会としても子育て中の全家庭に責任をもつ」という子ども施策の大転換をしたのである．その具体策として出てきたのが，エンゼルプラン（1994年12月）である．

国は「すべての子育て家庭に社会が責任をもつ」という子ども施策の基本方針を打ち出した．しかし，「社会が責任をもつ」というときの"社会"とは具体的に誰なのか．トップダウンの施策であるから，「私には関係ないわ」と思われる方も多かったと思う．しかし，この"社会"とは，保育士，幼稚園や学校の教師，保健師，児童施設のスタッフ，医師，カウンセラーなど，仕事として子どもにかかわる専門職が"社会"を代表しているのである．当然，民生児童委員など地域で活動されている人々も含まれる．

## IV-1-3　国民的コンセンサスを醸成しよう

「深刻で静かなる危機が進行している」と言われてから10数年が経った．"今世紀の残された短い時間の中で，この危機に対応することが，今や緊急の課題である"と警鐘を打ち鳴らされたにもかかわらず，「深刻で静かなる危機が進行している」という予言は的中し，"静かなる危機"ではなく，少年事件の多発や「学級崩壊」，子ども虐待などとして顕在化してきている．そして「兵庫レポート」に見たように子育て現場の危機はますます深まっている．

一方，エンゼルプランが実施に移されてからかなりの年月が経過する中で，公的子育て支援（民間の園や子育て支援センター等の取り組みも含む）は大きく変わってきた．変わったというより，何も無いところから，かなりたくさん支援が生まれてきたというべきであろう．子育て支援センター，保育園，保健センター，児童館，公民館などを中心に子育て支援はずいぶんと広がってきた．子育て支援センターなどでは，子育てサークルをつくったり，子育てサロンなどを実施している．保育園の延長保育や園庭開放事業，子育て広場，ファミリー・サポート事業も広がってきた．つどいの広場事業も広がってきている．私自身は，"Nobody's Perfect"のような親支援プログラムがまだほとんど実施されていないと考えているが，「子育て支援，次世代育成支援のメニューは出揃った」という認識が，今広がっている．

しかし，子育て支援，次世代育成支援については，最も根本的なところでの国民のコンセンサスが得られていないように感じる．今なぜ子育て支援が必要か，どんな支援がもとめられているのか，という点に関する国民的コンセンサスの醸成に力を入れるべきである．それとともに，少子化が進行している現在，子育ての社会的価値を問い直す必要性を感じている．個人のレベルでは，子どもを生み育てる価値は見つけにくくなっている．その結果，予想を大きく超えて，少子化が進行しているのである．

国民的コンセンサスを醸成する上では，子どもに仕事としてかかわっているすべての専門職や民生児童委員など地域子育て支援にかかわっている人々が，子育て真っ最中の親子の現状を正確に把握することが，ひとつのキー・ポイントである．また晩婚化・非婚化が急速に進んでいる現在，なぜ結婚しないのか，子どもを生むことになぜ夢がもてないのかについて，若者世代の生の声を聞き対策を考えることが，もうひとつのキー・ポイントである．

## IV-1-4 森を育てるように，子どもを育てたい
―― 子育て支援の発想の転換

　国の施策も「新エンゼルプラン」，「健やか親子21」，「少子化社会対策基本法」，「次世代育成支援対策推進法」と次々に出され，公的子育て支援はここ数年急速に広がってきた．2005年度からは「次世代育成支援対策推進法」にもとづく行動計画が実行に移されている．行動計画の中心的支援の方向は，「仕事と子育てとの両立支援」である．

　しかし，「仕事と子育てとの両立支援」という指向だけで，ほんとうに効果が上がるのであろうか．「自分のしたいことを見つけて，自分の力を発揮し，自分らしい人生を生きなさい！」という自己実現を目標に育てられてきた現在の子育て世代にとっては，第II章9節で紹介したように，専業主婦として四六時中子どもに拘束されている生活は想像以上に精神的ストレスの高いものである．そして，子育てと自己実現のバランスをいかにとるかが，母親にとって大きな課題になっている．とは言え，専業主婦指向が高まっているという現実があるなかで，子どもを預けて仕事に打ち込むということで，今の子育て世代が幸せと感じるのだろうか．このように考えると，これもどこかちがうのではないか，と思う．しかも，仕事に打ち込んでいる女性は子どもを生まない傾向にあることが判明している．仕事で自己実現をはかる，という路線だけでは，若い世代のニーズを満たすことはできない．ましてや少子化をくい止めることは不可能であろう．

　一方，公的支援が広がる中，私が"希望の灯"を感じ，子育て支援ボランティア活動をはじめる動機になった親たちの自主的グループ子育ての機運は急速に消滅しつつある．そのような現実を目の当たりにして，私は少なからず無力感を感じることがあった．古代ローマが滅んだように，栄えた国や民族は必ず滅びるのではないか，欧米諸外国の状況も紹介されるが，一様に子ども虐待は深刻であり，少年事件や「いじめ」が多発し，少子化が進んでいるではないか，というような感慨に浸ることもたまにはあった．

　そのような状況もあり，また必要に迫られたという面もあり，「少子化」に関する書物を集めて読んでみた．私が驚いたことのひとつは，「少子化」や「少子化対策」に関する単行本がここ数年の間にたくさん出版されていることである．「少子化がこのまま進むと，日本は衰退する」と危機感を訴えるものから，「少子化は歓迎すべきものであり，なんら心配することはない」というものまで，考え方も千差万別である．

　その中で，私がかなり納得できる本に出会った．池本美香著『失われる子育ての時間—少子化社会脱出への道—』[4)]という単行本である．池本美香氏は，まだ30歳代である．今の子育て世代（「少子化世代」と彼女は呼んでいるが）と同年代の著者ならではの感性と，民間シンクタンク

の専門研究員という専門性とで，今の少子化対策の問題点と今後の方向性について，支援を受ける世代の立場から書かれている．世界各国の少子化対策も詳細に調査し，紹介している．一言でいうと，「子どもを生み育てる」という人間としての基本的権利を保障する少子化対策が必要である，というものである．

　森に木を植えても，それが木材として商品になるのは孫の代あるいはもっと後の世代である．現代のような個人レベルの商業ベースの考え方では，森に木を植えてもなんの価値もない．しかし，森が荒れると社会として困ることは目に見えている．だから，個人の損得ではなく，社会として森に木を植え，森を守っていく必要がある．そのような長いスパーンでものを考えないと，森は荒れてしまう．同様に，子どもの価値や子育てに費やす時間の価値を短いスパーンでお金に換算しようとすると，子育てには何の価値も見いだせない．跡を継がすものもなければ，労働力としての必要性もない，老後の面倒をみてもらえるということも期待できない．というように，個人レベルでは子どもを生み育てる価値はなかなか見いだせない状況になっているのである．しかし，民族として次の世代が育っていないということは，不健康であり，大問題である．このように子どもを生み育てることは，個人の必要性よりも社会としての必要性が高くなっている．にもかかわらず，子育ては母親個人に一切の負担を強いている．その結果，子育ては辛くてしんどい，というマイナスイメージばかりが流れている．しかし，子育ては本来楽しい部分も多いものである．また，子育ての中で親も育つものであり，子どもに託すことで未来を変えることも可能な壮大な事業が子育てである．子どもを育てるということを，現在の商業的経済感覚ではなく，森を育てるような感覚でもう一度見直す必要があるのではないだろうか，と池本氏は述べている．子育て支援・次世代育成支援に対する国民的コンセンサスを醸成するためには，このような発想の転換が必要であろうと思う．

# IV-2
# 子育て支援，次世代育成支援の課題とその特徴

　私は保健所に長らく勤めていた．当時，全国でも最も高齢者対策が進んでいると言われた大阪府松原市を所轄している大阪府松原保健所に勤務し，「大阪府痴呆性老人対策ネットワーク・モデル事業」(1984年から2年間)を担当していた．その後，1986年より5年間はもうひとつのモデル地区であった大阪府茨木市を所轄している大阪府茨木保健所に勤務し，高齢者問題ネットワーク会議を担当していた．そのため，私の保健所での仕事では高齢者問題の占める割合が大きかった．ご存じのように，高齢者問題では「高齢者保健福祉推進10カ年戦略」，いわゆる「ゴールドプラン」が1989年より開始された．国の高齢者対策は，2000年4月より実施に移された「介護保険制度」により，一応の決着をみた．このように高齢者対策「ゴールドプラン」は10年あまりで飛躍的に進んだが，少子化対策である「エンゼルプラン」は，まだまだの感が強い．

　高齢者問題でも子育て支援でも同じようなことが言われた．すなわち，「介護の社会化」と「子育ての社会化」である．「介護が必要になった親の面倒をみるのは，子どもの責任である」という従来の考え方に対して，「高齢者の介護は社会の責任である」というのが「介護の社会化」の考え方である．一方，子育てにおいても，「子育ては親の責任である」という考え方から，「子育ては親も努力が必要であるが，社会もすべての子育て家庭に責任をもつべきである」と児童福祉法で決められた．「介護の社会化」の考え方は，あっという間に世間の一般的考え方になった．もはや，子どもに老後をみてもらおう，という人は少数になった．しかし，子育てに関しては，相変わらず「子育ては親の責任である」という考え方が根強く，「子育ての社会化」という考え方はほとんど広がっていない．そこに子育て支援という課題のむつかしさが象徴的にあらわれている．

## IV-2-1　子育て支援の課題は，まったく新しい質の課題

　子育て支援と次世代育成支援とは，少し意味合いが異なるが，子ども虐待予防は子育て支援の中に含まれるものである．そのため，単に「子育て支援」という場合には，子ども虐待予防も含まれるものと理解いただきたい．

## 子育て支援には，従来の手法は通用しない

子育て支援には，従来の手法は通用しない．子育て支援は保育園や幼稚園での従来の取り組みの延長線上にはない．この点については，エンゼルプランが始まった当初は，保育関係者からは強い反発があった．しかし，子育て支援を実際に実施するなかで，子育て支援が，従来の保育園や幼稚園での取り組みの延長線上にはないことは理解していただけたようである．

かといって，現在保健部門が実施している乳幼児健診などは，大きく時代の要請から遅れたものになっている．しかも，問題のあるケースを健診で見つけて，直接専門職がかかわるという「医療モデル」は，今求められている子育て支援には通用しない．今求められている子育て支援は，従来の保健・福祉・医療部門や学校・園での方法論では対応できない，まったく新しい手法である．

「なぜ従来の手法が通用しないか」というと，ひとつには「支援対象が，すべての子育て家庭である」という点にある．すべての子育て家庭を対象とした子育て支援では，「すべてを行政や専門職がお膳立てをし，市民をお客さんとして招く」という従来の仕事のスタイルは通用しないのである．直接専門職がかかわるには，仕事量が膨大すぎる．従来の手法が通用しない2つ目の理由は，現在求められている支援は「子育てという"日常の営み"に対する支援である」という点にある．従来の乳幼児健診のような「医療モデル」が通用しないのは，そのためである．

また，保育園・幼稚園・学校などの先生方は，従来主に子どもにかかわってきた．しかし，今求められているのは，子育て中の親を支え，励まし，育てることにより，子どもを育てようという，親支援である．ところが，日本の専門職は子どもへのかかわり方については学んではいるが，"親を育てる"という点に関しては教育を受けていないし，技術も持ち合わせていない．何より，そのような意識がまだ持てていない．この点でも，子育て支援にかかわる専門職には，今その意識を180度転換することが求められているのである．

子育ては誰でもしてきたことであるため，子育て支援は一見いかにも簡単なことのように思われがちである．しかし，子育て支援ほどむつかしい課題には，今までどの専門職もかかわって来なかったのである．子育て支援の課題とその特徴を表IV-2-1-1にまとめている．表IV-2-1-1にあげた9つの課題のどれひとつを取っても大きな課題であり，方法論が確立されていない未知の課題ばかりである．以下で，これらの課題のいくつかについて述べることにする．

表IV-2-1-1　子育て支援の9つの課題とその特徴

① 「子育て」という日常的な営みへの支援
② 特定の対象ではなく，すべての親子が対象
③ 育児不安や子ども虐待など，心理・社会的な課題への支援
④ 子どもの心を育て，思春期の諸問題を解決するための支援
⑤ 親が親として育つための支援
⑥ 親の人生そのものへの支援
⑦ 親と親をつなぎ，親どうしのネットワークづくりへの支援
⑧ 地域の教育力・問題解決能力を高めること
⑨ 子育てしやすいまちや社会をつくること

### 「子育て」という，日常の営みに対する支援

　私がたずさわってきた保健・医療分野では，従来は，病気や障害などの「非日常」の出来事への支援を主にしてきた．病気の種類によって，それぞれにかかわり方が異なるので高い専門性が必要であるが，それらの支援方法は永年の人類の英知の蓄積により，医学や看護学などとして集大成されている．そして，基本的には専門職が直接かかわり支援できる内容である．

　ところが，「子育て」という日常的な営みへの支援は初めてのことである．「子育て」などは，人類が地球上に登場して以来，ずっと行なってきたことである．しかし，第Ⅰ章2節に示した写真集『雪国はなったらし風土記』からもわかるように，かつては親が四六時中みていなくても，子どもが育つ地域社会があったのである．地域社会が崩壊し，都市化や匿名社会化，TVゲームやインターネットなどによる仮想現実社会化が進む中で，今のように母親と子どもが母子カプセル状態で孤立しているという事態は，かつてなかった事態である．四六時中母子が一緒にいるという子育ては，人類はじまって以来初めてのことである．そこで悩んでいる母子に対して，専門職あるいは社会は何をしたらいいのか，という点については蓄積が何もないのである．

### 地域のすべての親子が支援対象

　エンゼルプランが開始された頃，保育園や幼稚園の先生方は「地域の親子に対して支援しなさい」と言われ，戸惑っていた．それは当然だと思う．日本の保育園や幼稚園は，自分の園の子どもに対してだけ責任を持ってきたのであり，不特定多数の「地域の親子」と言われても，そんなことは考えたこともなかったのではないだろうか．園庭開放事業や電話相談など，いろいろな取り組みが開始されたが，私は地域全体を見るという視点が根本的に欠けているのではないか，と感じている．例えば，園庭開放事業で，50組の母子が来れば，たぶん園庭はいっぱいになる．そして，保育士さんが前に立って，手遊びやエプロンシアターなどの日頃鍛えている演技を披露すれば，子どもは乗せられて，母親も喜ぶ．しかし，それが子育て支援か，というと，無いよりはいいかも知れないが，「対象者の何％の親子に支援ができていますか」と私は聞きたくなる．例えば，人口10万人の市であれば，就園前の在宅の親子が2,000組はいる．その内の何％の親子が園庭開放に参加しているだろうか．「日常の毎日の営みに対する支援」ということを考えたとき，月30日，1日24時間の内，何時間をカバーできているのか．このように考えると，保育士さんが前面に立って，親子をお客さんとして迎えるというスタイルでは，ほんの一握りの親子に対して，瞬間的にかかわるだけになってしまう．それでは，あまり効果は期待できないのである．

　私は保育士さんが従来の「子どものケア」職としての専門性を披露するのではなく，親が家で子どもとどう過ごせば良いのか，を学べるような取り組みをすべきだと考えている．それが子育て支援職としての専門性である．なお付け加えておくと，エンゼルプランが開始されて，すでに10年以上が経ち，子育て支援の実践を積んで来られた保育士たちの意識が大きく変化してきていることは確かであり，新しい実践もここ数年間に広がっている．今後に期待したい．

## 従来のスクリーニングという手法は，子育て支援には通用しない

　保健部門では，1960年代以降，乳幼児健診が定着している．乳幼児健診は管轄地域のすべての子どもを対象にしている点では，子育て支援と似ている．保健部門は，公衆衛生の考えに立っているので，福祉部門よりは地域全体を見るという考え方は以前から持っている．しかし，従来の乳幼児健診はスクリーニングの場である．「障害や病気の子を早く見つけて，早く支援をしたい」という理念で開発されたものである．

　「健やか親子21」が始まった頃，厚生労働省が深くかかわっているあるシンポジウムで，「乳幼児健診のように，親の心理検査をして，支援すべき親をスクリーニングして絞り込んではどうか」という発表があった．そんなことをすれば，ただでさえ悪評高い乳幼児健診なのに……，と私は危惧を抱いた．乳幼児健診は，あくまでも「医療モデル」である．スクリーニングというのは，専門職が関わるべき対象者を絞り込む方法である．そして，スクリーニングにより抽出された子どもに専門職が直接かかわるという「医療モデル」は，子育て支援では通用しない．親の心理検査をして……，という「医療モデル」的な発想は，現代の親たちの心理状態に無頓着な発想だと思う．しかし，現実には実施されている．専門職が子育て現場の親たちの生の声をもっと真摯に聞かないままに従来の医療モデルで子育て支援を実施するならば，善意ではあっても，親たちを傷つけることになるのではないか，と危惧するものである．

　とは言え，専門職がかかわるべき親子を早期に発見することは必要である．産後うつ病が増えていると言われている中で，うつ病評価尺度などを使用し，早期に発見，早期に支援をしたいという気持ちはよく理解できる．私が「親の心理検査」に対して，なぜ強い危惧を抱いたのかをよくよく考えてみると，基本的なスタンスのちがいに気がついた．それは子ども虐待予防についても言えることであるが，「臨床ケースから出発しているか，それとも親全体への支援から出発しているか」というちがいである．臨床ケースから出発すると，スクリーニングという発想になる．しかし，スクリーニングの対象になる親たちは，その意味がわからず，「何もしてくれない」という不満ばかりが残るのである．

## 子育てを通して，親自身が育つような支援

　トップダウンの施策とはいえ，エンゼルプランは着実に市区町村にまで降りてきている．その中で，保育園や子育て支援センター，保健センター，児童館など，現場で子育て支援に直接携わっておられる方々は，一所懸命に努力されている．ところが，こうした新たなサービス提供の前面に立って，真剣に子育て支援に取り組んでいる担当者の中から，「子育て支援をすればするほど，依存的で要求ばかりする親が増えるのではないか」「親のニーズに迎合するばかりでは，親や地域の育児能力が失われるのではないか」という疑問が出されている．これは「園がすべてを準備して，地域の親をお客さんとして招く」というスタイルの子育て支援では，「ほんとうの意味で子育て支援にはなっていない」と，直接担当している意識の高い保育士さんたちが気づいた結果，生じてきた疑問だと思う．

　子育て支援は，「子育てを通して，親自身が育つように支援をすること」が主な課題である．親が親として育つように支援すること，また，親の人生そのものを支援することが子育て支援で

ある．親子をお客さんとして招き，保育士が子どもを遊ばせるということだけでは，それらの課題は達成できない．その結果，「子育て支援をすればするほど，依存的で要求ばかりする親が増えるのではないか」「親のニーズに迎合するばかりでは，親や地域の育児能力が失われるのではないか」という疑問が生じるのである．子育て支援には，「親を育て，そのことにより間接的に子どもを育てる」という，従来の保育や幼児教育にはない，まったく新しい発想が必要である．

### 子どもの心を育て，思春期の諸問題を解決する課題

私が子育て支援のボランティア活動をはじめた動機は，思春期で行き詰まる多くの若者たちをなんとかしたい，という思いからである．思春期を見通した子育て支援が必要であるということが，私の原点である．子育ての結果は思春期にあらわれる．この事は私にとっては自明のことであるが，現在の子育て支援では，まだそこまで意識はされていない．

第Ⅰ章1節で，欧米の子ども虐待の分野で言われている「10歳まで社会が子どもを守らなければ，10歳以降，その子から社会を守らなければならない」という言葉を紹介した．すでに日本では，社会から守られて来なかった子どもたちが起こす事件が多発し，悪循環に陥っている．この悪循環を断ち切ることは急務である．そのためには，乳幼児期の子どもたちを社会が守り，育てなければならない，と痛感している．第Ⅲ章で述べたように，子どもの心の発達には道筋がある．その道筋を大事にしながら，心身ともに健康な子どもを育てたい．そのために何をすべきか，という視点が子育て支援ではぜひ必要である．

今までも園や学校の先生方は一所懸命に努力をされてきている．しかし，子どもの心は育っていない．この現実を直視すべきである．そして，従来の方法ではなく，発想を変える必要がある．第Ⅰ・Ⅱ章で見てきたように，日本社会のここ数十年の変化はすさまじいものがある．親も変わり，子も変わってきている．にもかかわらず，園も学校もほとんど変わっていない．小学校での「学級崩壊」が象徴するように，小学校はすでにシステム疲労を露呈している．

現代の学齢期の子どもの問題で一番重要なのは，「いじめ」である．今の親たちはすでに「いじめの風景」を見ながら長い学校生活を送った世代である．だから，人に対する距離の取り方にも非常に神経を使っている．本音でなかなかしゃべれないなどという問題も表面化している．いじめられた当事者であれば，かなりひどい PTSD（心的外傷後ストレス障害）を抱えている場合が多い．周辺でいじめられないように見て見ぬふりをしてきた多くの親たちにも，その経験が対人関係のぎこちなさとして残っているように思う．そして子育てにも影響している．私は，この悪循環を断ち切らない限り，子どもの諸問題は解決しないと考えている．

私が子育てサークルや子育てネットワークに対して"希望の灯"を感じている理由のひとつは，親同士のネットワークを乳幼児期につくるという点である．親同士のつながりは，子どもが小学校に入ってしまうとなかなかつくれないものである．しかし，ほんとうに親同士のネットワークが必要なのは，子どもが小学校に入ってからである．親同士のつながりにより，学齢期で起こる諸問題を解決し，今日本が陥りかかっている悪循環を断ち切りたい．親同士のネットワークをつくり，21世紀に見合った新しい地域社会を作ること，そして思春期の子どもたちの諸問題を解決していくこと，それが子育て支援の大きな目的のひとつでなければならない．

## IV-3
# 親たちの自己防衛としての市民活動のひろがり
### 自主的グループ子育てに"希望の灯"を見つけて

　前節では，子育て支援，次世代育成支援，子ども虐待予防の課題を述べた．ここでは，それらの課題を達成していく上での基本的な方向性について述べたい．ここで述べることは，一言でいえば，"親を運転席に！　支援職は助手席に！"というカナダの家族支援のモットーになる．この当事者主体の施策運営という方向は，この子育て支援の分野だけの課題ではなく，あらゆる分野で実践され，その成果がかなりあがりつつある．そのことも紹介したい．

## IV-3-1　母親たちの熱い期待に支えられて

　現在，私が代表を務めている『NPO法人こころの子育てインターねっと関西』（URL:http://www9.big.or.jp/~kokoro-i/）（以下では，『インターねっと関西』と略称する）の前身であるボランティア団体『こころの子育てインターねっと関西』は，1980年代後半から自然発生的に広がっていた母親たちの自主的なグループ子育てに"希望の灯"を感じて，専門職と地域でグループ子育てにたずさわっている親たちとで立ち上げた会である．

　すでに述べたように，私は精神科「小児・思春期」専門外来を担当した当初から，乳幼児期の子育てを何とかしなければ，という思いが強かった．しかし，その手がかりが見つからないために，もうひとつ関心の高かった「心の問題を抱えた子どもたちへの支援システムづくり」という仕事を中心にしていた[5~7]．私が子育て現場の変化に気づき，注目しはじめたのは，1980年代の後半である．そして，仕事仲間や地域で子育てサークルやネットワーク活動をしていた母親たちと『インターねっと関西』を1995年に立ち上げた．

　旗揚げの準備段階で何回か準備会を持った．しかし，この会がどのような性格の会か，どのようなことをするべきなのか，などについては運営委員の間でも一致したイメージが描けなかった．そのような状況のままに1995年12月17日（日），大阪市立福島区民センター・大ホールで「子育て新時代をきりひらく！」と題して「旗揚げフォーラム」を開催した．そして，2か月後の1996年2月10日（土）に「ひろがれ！　子育てネットワーク」と題して大阪府堺市のサンスクエア堺で第2回フォーラムを開催した．この2つのフォーラムは，私たちの予想をはるかに超

表IV-3-1-1　NPO法人『こころの子育てインターねっと関西』が主催したこれまでのフォーラム（1995年〜）

| 回 | 年 | 月日 | テーマ | ところ |
|---|---|---|---|---|
| 1 | 1995 | 12/17 | 旗揚フォーラム<br>「子育て新時代をきりひらく」 | 大阪市立<br>福島区民センター |
| 2 | 1996 | 2/10 | 堺フォーラム<br>「ひろがれ！　子育てネットワーク」 | サンスクエア堺 |
| 3 | | 6/22 | 「お父さん！　いよいよあなたの出番ですよ」 | 大阪市立<br>福島区民センター |
| 4 | | 12/15 | 設立1周年記念フォーラム<br>「いじめ対策に新しい風を！　―地域からの発言―」 | 大阪市立<br>西区民センター |
| 5 | 1997 | 7/13 | 「ひとりから仲間，そしてネットワークへ　―さびしい子育てしていませんか―」 | 大阪市立<br>西区民センター |
| 6 | | 12/13 | 滋賀フォーラム<br>「あたらしい出会いと発見！　子育てきらめきフォーラム」 | 滋賀県大津市立<br>勤労福祉センター |
| 7 | 1998 | 6/28 | 第1回　心の子育て　心の教育　全国フォーラム<br>「大阪での実践活動からの報告」 | 大阪市立<br>中央区民センター |
| 8 | | 12/12 | 伊丹フォーラム<br>「子どもの生き抜く力を育てる　―心の子育てってなに？―」 | 兵庫県伊丹市立<br>文化会館 |
| 9 | 1999 | 7/10 | 第2回　心の子育て　心の教育　全国フォーラム<br>「みんなで考えよう学級崩壊」 | 大阪市立<br>平野区民センター |
| 10 | 2000 | 1/30 | 第1回　子育てネットワーク　全国研究交流集会<br>「子育てネットワークで切り拓こう！　子育て新時代」 | 大阪市立<br>西成区民センター |
| 11 | | 7/9 | 「みんなで考えよう！　ほんとうに必要な"子育て支援"」 | 大阪市立<br>西成区民センター |
| 12 | | 12/9 | 「新世紀に向けて切り拓こう！　子育て新時代　―親・おとなが育ち，子どもが育つ，まちづくりをめざして―」 | 大阪市立<br>西成区民センター |
| 13 | 2001 | 7/20 | 第2回　子育てネットワーク　全国研究交流集会<br>「ひろがれ！　子育てネットワーク」 | 大阪市立<br>浪速区民センター |
| 14 | 2002 | 1/27 | 「育てあいで育ちあう　ゆたかな子育てしませんか？」 | 大阪府立<br>貝塚高等学校 |
| 15 | | 7/13 | 第3回　子育てネットワーク　全国研究交流集会<br>「子育て支援の新段階を切り拓く！」<br>（共催：『国立女性教育会館（ヌエック）』） | 大阪市立<br>西成区民センター |
| 16 | | 12/7 | 「家族で地域でサークルで　みんなで育もう子育ての輪」<br>（共催：『国立女性教育会館（ヌエック）』，『NPO法人　高槻子育て支援ネットワーク　ティピー』） | 高槻市立<br>総合市民交流センター |
| 17 | 2003 | 7/19 | Nobody's Perfect プロジェクト　旗揚げフォーラム<br>「完璧な親なんていない―カナダの親支援プログラムに学ぶ―」 | 大阪市<br>北区民センター |
| 18 | | 12/13 | 第4回　子育てネットワーク　全国研究交流集会<br>「今，あらためて『子育てネットワーク』とは何か，を考える」<br>（共催：『国立女性教育会館（ヌエック）』） | 大阪人間科学大学<br>庄屋学舎 |
| 19 | 2004 | 12/12 | 安心して子どもを生み育てられる子育て支援・次世代育成支援を！　　　　　（共催：保育・子育ての環境づくりを進める会） | 大阪人間科学大学<br>庄屋学舎 |
| 20 | 2005 | 7/9 | 次世代育成支援に，新しい風を！<br>　―カナダ生まれの親支援プログラムNobody's Perfectを中心に―　　　　　　（共催：Nobody's Perfect Japan） | 大阪人間科学大学<br>庄屋学舎 |

表IV-3-1-2　NPO法人『こころの子育てインターねっと関西』の出版物

1．単行本
　『みんなで子育てQ&A－はじめの一歩からネットワーク作りまで－』（服部祥子・原田正文，1997年6月，B6判，297p）
　『こころの子育てマップ OSAKA CITY』（こころの子育てインターねっと大阪／編，1999年1月，A5判，132p）
2．こころの子育てブックレット
　『子どもの心　見えますか－精神科医からのメッセージ－』（服部祥子・原田正文，1998年12月，A5判，72p）
　『子育てサークルって、なあに？－グループ紹介と活動法アドバイス－』（石村綾子・梅原直子・村田和子，1998年12月，A5判，62p）
　『さあ作ろう！　子育てサークル「ノウハウ集」』（こころの子育てインターねっと大阪／編，2004年9月，A5判，64p）
3．調査報告書
　『あなたのまちの子育てサークル Vol.1』（関西地域の子育てサークル　アンケート調査，A4判，121p）
　『あなたのまちの子育てサークル Vol.2』（関西地域の子育てサークル　アンケート調査，A4判，112p）
　『あなたのまちの子育てサークル Vol.3』（関西地域の子育てサークル　アンケート調査，2001年4月，A4判，147p）
　『ひろがれ！　全国の子育てネットワーク』（全国の子育てネットワーク調査，2001年4月，A4判，184p）
　『全国の子育てネットワーク　実践事例集』（2003年3月，A4判，140p）
4．会報「こころの子育てインターねっと関西」
　月刊「こころの子育てインターねっと関西」（A4判，12p）を発行．（2004年度より隔月発行）

えて熱気のあふれるものであった．それぞれ300人以上にも達した参加者の多くは，地域で子育てネットワーク活動やサークル活動，子育て情報誌づくりなどをしている母親たちであった．『インターねっと関西』が今日まで活動を続けて来られたのは，この2つのフォーラムに示された母親たちの『インターねっと関西』に対する期待の高さではなかったかと感じている．

フォーラムでは，『インターねっと関西』の梅原直子前代表のように地域でグループ子育てを実践されているみなさんにたくさん登壇していただいた．そして子育てにおける母親たちの苦しい現状の報告とそこから生まれたグループ子育ての実践の紹介をひとつの柱にフォーラムは企画された．また，初代代表の服部祥子先生（現，大阪人間科学大学教授，精神科医）をはじめとした専門職にも登場していただき，『インターねっと関西』の特徴のひとつである「こころの子育て」という側面からの啓発活動にも力を入れてきた．1996年より，7月と12月の年2回，フォーラムを開催するという活動スタイルが定着し，今日に至っている．そして，その時々の子育てをめぐる状況に応じてフォーラムのテーマを設定してきた．表IV-3-1-1に『インターねっと関西』が実施してきたフォーラムのテーマの一覧表を示す．このように振り返ってテーマを眺め，それぞれのフォーラムの光景を思い浮かべてみると，この10年あまりの子育ておよび子育て支援をめぐる日本社会の激変がよくわかる．

『インターねっと関西』が発足した直後の1996年に，当時主な会員であった地域でグループ子育てを実践している母親たちからの実践記録を募集した．それは膨大な量になり，どれひとつをとっても貴重な実践記録であった．それらを編集して，『みんなで子育てQ&A－はじめの一歩からネットワークづくりまで－』[3]として，発刊した．私が編集とナレーションを担当した．当時，私自身はグループ子育てや子育て支援についての情報も知識もほとんどもってはいなかった．ただ，乳幼児期の子育てを何とかしなければ，という思いだけであった．膨大な母親たちの記録を読んで，母親たちの力量に感心した．グループ子育てのノウハウや子育て支援の課題とそ

の実践方法などは，すでに母親たちの活動の中で蓄積されていたのである．冊子『みんなで子育てQ&A』のなかには，そのエッセンスが詰まっているが，その内容は現在も十分通用するものである．冊子『みんなで子育てQ&A』は，その後，全国の母親たちの活動のひとつの指針になった．そのことを多くの母親ネットワーカーから聞き，企画したものとしては大きな喜びを感じたものである．

　表IV-3-1-2に，『インターねっと関西』としての出版冊子の一覧を示す．子育てサークルに対する調査は，3回にわたって実施した．それらの結果は『あなたのまちの子育てサークル』Vol.1～3にまとめられている．これらの調査は，関西地域の子育てサークルに対する調査であり，第Ⅱ章3節9項に紹介した兵庫県H市の母親全体を対象とした調査結果とは対象が異なるものである．

## IV-3-2　"当事者主体"が時代の流れ

　私がグループ子育てに"希望の灯"のようなものを感じたのは，それが当事者である母親たちの自主的な活動であったという点にある．この点が子育て支援，次世代育成支援，子ども虐待予防の課題を解決する上でキー・ポイントである．現在の日本の子育て支援の現状は，行政や旧来型の組織が"当事者主体"という点での認識が不足していたり，認識していても，どうそれを実現したらいいのかについてのノウハウを持ち合わせていない，というところに最大の問題がある，と私は考えている．

　話は少しそれるようではあるが，ここ10年ほどの医療現場の変貌は，子育て支援，次世代育成支援，子ども虐待予防を考える上で，参考になる変化である．かつて医療は最もパターナリズムの強い分野であった．パターナリズム（paternalism）とは，「家父長主義」「温情主義」などと訳されるものであるが，「医療については，知識と経験の豊かな専門の医師に万事を任せておけば，すべて患者に良いように取り計らってくれる．だから患者は医師に安心してすべてを任せればよい」という考え方である．このパターナリズムという医者―患者関係は，ここ10年で大きく変わった．その背景には，インターネットの普及がある．医療に関する知識を医者が独占していた時代は終わった．慢性疾患については，当事者である患者の方が医師よりも多くの知識をもっているというケースも出現している．その結果もあり，医者―患者関係は大きく変化した．その方向は，医療提供者と患者とのパートナーシップである．その根幹をなすのは，①インフォームド・コンセント，②情報開示（カルテ開示），③医療事故のない安全な医療，である．インフォームド・コンセントは，日本では多くの場合「説明と同意」とか，「知らされた上での同意」などと訳されていたが，今は適当な訳語がないということで，「インフォームド・コンセント」という言葉そのものを使うようになっている．インフォームド・コンセントとは，単に医師が病気や治療法について通り一遍の説明をし，患者がそれに同意すればよい，というものではない．医療を行う側と患者との間で，行おうとする医療の内容を明らかにした上で，患者自身が理解できる言葉で十分な説明をし，患者が納得した上で同意をすることが重要であると言われている．そして，十分な話し合いがなされ，患者自身が納得して同意し，治療法を選択するプロセ

スこそが，インフォームド・コンセントである，と言われ，その実践が急速に進んでいる．

　また，私の専門領域のひとつである「統合失調症を主体とした精神障害者支援」「精神科リハビリテーション」においても，"当事者主体"は原則であり，大前提である．実際，当事者が社会復帰施設の運営などに積極的に参加している．

　このように当事者主体という方向性は時代の流れであり，また，当事者が主体にならなければ，実効のある施策は実現しないこともあきらかになっているのである．子育て支援，次世代育成支援，子ども虐待予防の分野においてもこの"当事者主体"をどう保障するか，が今後の中心課題である．

## IV−4
# 市民活動と公的子育て支援との関係はどうあるべきか
### 親を運転席に！　支援職は助手席に！

　私たちが意図した訳ではなかったが，『インターねっと関西』が旗揚げした1995年という年は国の少子化対策「エンゼルプラン」が開始された年である．そのため，『インターねっと関西』は地域でグループ子育てを実践している母親の目を通して，公的子育て支援を最初から見てきたことになる．『インターねっと関西』は，Ａ４判12ページの会報を毎月発行してきた（現在は隔月）．現在100号を越えているが，この会報は，地域での母親たちのグループ子育ての実践記録や子育て支援に関する専門職や母親ネットワーカーたちの論文などで構成されている．この会報は，ここ10年あまりの日本の子育て支援の動向を知る上で，今となっては貴重な資料である．

## IV-4-1　母親たちの自主的な活動が消えていく

　「行政は融通がきかず，なかなか変わらない」という認識が一般には強い．しかし，行政で長らく仕事をしてきた私は，行政の仕事は3，4年もするとガラッと変わるということを実体験としてよく理解している．国の施策は最初はなかなか浸透しないが，3，4年もすると地方にまで徐々に浸透してくるものである．エンゼルプランも2000年頃までに当初は考えられなかったほどの広がりを見せてきた．そして，2000年あたりから一種のブームのようになり，どの団体も子育て支援を標榜するようになった．しかし，なぜ子育て支援が必要なのか，という最も根本のところでの社会的コンセンサスは，今でもまだまだである．この点については，本章第1節で述べた．

　公的支援として広がってきたものは，母親たちを中心とした市民活動が作り出した手法をもっぱら真似たものばかりである．たとえば，子育て支援センターや児童館などが「子育てサークル」をつくるとか，「子育てサロン」を開設するとかである．そのような公的支援のあおりを受けて，自主的に作り上げてきた「子育てサークル」や「子育てサロン」などが成り行かなくなり，消滅するという事態が，地域の母親ネットワーカーたちから『インターねっと関西』にもたくさん寄せられてきた．一方では，我が市は「子育て支援をやっている」と胸を張る公的機関の方々も登場した．そのため，「あなたたちがされている子育て支援を，一度チェックしてみてく

表Ⅳ-4-1-1　公的子育て支援がほんとうに機能するための，15のチェック項目

① 「子育て支援は，子育てしやすい地域づくり・社会づくりである」ということを職員全体で，はっきりと確認しあって，仕事をされていますか．
② 参加した親同士をつなぎ，親同士で助け合い，支え合えるような親同士のつながりを意識してつくろうとかかわっていますか．
③ 子育ては日常の営みです．子育て支援が単なる非日常のイベントになっていませんか．
④ 自分の施設の事業にしか目がいっていないことはありませんか．市域全体の親子の数の内，何パーセントの子育て家庭に支援ができているかという視点を持ち，事業の評価・検討ができていますか．
⑤ すべてを専門職が準備をし，市民をお客さんとして招くというスタイルになっていませんか．
⑥ 専門職が前で何かをして，親子を楽しませるというスタイルではなく，親が地域や家庭に帰ってから役に立つような子どもへの関わり方を伝えていますか．
⑦ 園庭開放や子育てサロンに参加した母親たちの子育てでの「生の声」を聞いていますか．また，それを一般社会に向かって発信していますか．
⑧ 参加者のニーズに合わせて，積極的に新しい企画を取り入れていますか．職員のキャパシティーがないという理由で，参加者のニーズは聞かない，ということになっていませんか．
⑨ 子育て支援をすすめる上で，市民活動は無くてはならない行政や公的機関のパートナーである，と認識されていますか．
⑩ 自分の施設の周囲の市民活動を把握していますか．また，それらを活性化することを目的に事業を組み立てていますか．
⑪ 自分の施設あるいは市域全体での市民活動を把握し，そこに欠けているものを補おうという姿勢で事業を組み立てていますか．
⑫ 乳幼児期（あるいは就園前）の子どもとその親だけしか考えていない子育て支援になってはいませんか．言い換えますと，思春期を見通した子育て支援，が考えられていますか．
⑬ 次世代の親育て，という位置付けで，小・中・高校生などを積極的にボランティアとして受け入れていますか．
⑭ 「専門職が直接」というスタイルでは，仕事量が大きすぎるという認識のもと，ボランティアの養成や導入，あるいは，事業自体を市民にまかせて運営するということができていますか．
⑮ 子育て支援をする中で気がついた必要な手立て，例えば「小学生が遊べる時間と仲間，空間」がないので，社会が意識的に小学生の遊べる条件づくりをしていかなければいけない，というような提案や実践ができていますか．

『子育て支援とNPO―親を運転席に！　支援職は助手席に！―』（原田正文著，朱鷺書房，2002年）より

ださい」と，私は表Ⅳ-4-1-1に示した「公的子育て支援がほんとうに機能するための，15のチェック項目」を2002年に作成した[1]．公的子育て支援が，地域の市民活動を無視し，市民活動を模倣した施策を無料で実施すると，当然市民活動は成り行かなくなる．

　そのような中で，2000年頃から地域で活動する母親たちの姿が，スーと消えてしまった．『インターねっと関西』のフォーラムの参加者を見ても当事者の母親たちの参加は，めっきり減り，支援者ばかりが参加されるという事態になってきた．そのような状況の中で『インターねっと関西』は，今ほんとうに必要な子育て支援とは何か，という点に関して，子育て真っ最中の親の代弁をするとともに，具体的方向性について提言をしてきた．『インターねっと関西』が提示してきた「子育てサークル」や「子育てネットワーク」などの「グループ子育て」の重要性はひろく認識され，行政もその方向で取り組みをされている．そして最近，公的子育て支援の質も少しずつあがってきているように感じる．特に「つどいの広場事業」は，消滅しつつあった市民活動を生き返らせる役割を果たしている．

## IV-4-2 なぜ，従来の事業展開方法が子育て支援では成功しないのか

　本章第1節で，「対人サービスの本来あるべき姿とエンゼルプラン」と題して，エンゼルプランがトップダウンの施策であることを述べた．そして，対人サービスというものは，現場のスタッフの先進的取り組みを国が全国に広げ，また法制化するのが正常な姿であることを述べた．そして，ここ11年間の国の子育て支援策は，母親たちの自主的な活動を真似たものであるということも述べた．この点を中心に，公的支援と当事者活動との関係について考えたい．

　対人サービスにおいて，現場の先進的取り組みを取り上げ，全国に普及するというスタイルと，母親たちの自主的な取り組みを公的支援として全国に普及するというスタイルとは，似ているといえば似ている．従来のスタイルと同じであると言えば，同じである．どこがちがうのか，なぜ成功しないのか，ここが多分ポイントであろう．どこがちがうのか，と考えると，従来の対人サービスの取り組みを全国展開する際には，同じ職種に降ろしているのである．例えば，乳幼児健診にしても老人保健法にもとづく検診にしても，先進的地域の保健師や医師の取り組みを同じ職種である保健師や同じ機関に降ろしているのである．だから，それほど異質な事態は生じない．ところが，子育て支援については，地域の母親たちの自主的活動を，仕事として子どもにかかわっている専門職や旧来型の地域の組織（民生委員や自治会など）などに降ろしているのである．そのため，開発し，ノウハウを蓄積してきた地域の母親ネットワーカーたちとは関係なく，公的支援が広がった．そして，母親たちの自主的活動は成り行かなくなった．ところが，公的支援を推進している方々には，ノウハウの蓄積はなかったし，"当事者主体"という根幹になる考え方もなかった．そのため，実施してはみたものの，なかなか実効があがらないという事態が各地で起こったのである．

　このあたりの整理と事業評価が今重要になってきているのではないだろうか．従来の国の施策展開は，都道府県，市町村という行政ルートでまず降ろす．そして，それぞれの行政機関が抱えている関係団体（民生委員や自治会，各種職能団体など）の協力を得ながら展開するというものであった．しかし，これらの機関や団体は，現在の子育て真っ最中の世代とほとんど接点がない．接点がないばかりか，相互に理解することが最も困難な関係にある．行政や旧来型の地域組織は，"当事者主体"という考え方からは，まだまだほど遠い存在である．ただ，努力されていることはよくわかる．地域で活動してきた母親ネットワーカーたちが各種委員会に参加していることは，10年前には考えられなかったことである．しかし，それは「形だけの当事者参加」になってはいないだろうか．特定の母親ネットワーカーがいろいろな委員会に参加させられて，疲弊している．一方で，振り返ってみると，その母親ネットワーカーには，母親たちは誰もついて行っていないという実態がある．後継者が育っていないのである．このあたりの実態を見据えて，今後の方向を考え直す時期に，今至っているのではないだろうか．それは，"当事者主体"をどう保障していけばいいのか，というテーマである．

## IV-4-3　市民活動と公的子育て支援との関係——市民活動の2つの使命

　確かに公的機関がはじめた子育て支援は，不十分な点が多かった．しかし，それも最初の5年10年は試行錯誤の期間であり，仕方なかったのか，とは思う．そんな中で，公的子育て支援と私たちのような市民活動との関係について，私はずいぶん考えさせられた．結論として現在私が考えていることは，『インターねっと関西』のような市民団体の使命のひとつは行政などに一歩先んじて新しい実践をしていくことである．そして，もうひとつの使命は，当事者の立場からの意見などを公的機関にフィードバックすることにより，公的支援の質を向上させることである．

　私は『子育て支援とNPO—親を運転席に！　支援職は助手席に！—』[1]を2002年に上梓した．その前後から子育て支援を主としたNPO法人がたくさん誕生し，活動をはじめている．『こころの子育てインターねっと関西』も，2004年度からNPO法人として活動をはじめた．私は2002年の夏に米国ミネソタ州に2か月滞在した．そこで，知的障害者や精神障害者関係のNPO法人をいくつか視察したが，日本で想像していたNPO法人との規模のちがいに驚いた．常勤職員が数十名，歴史も100年というものもあった．行政関係者が口を揃えて言う「NPO法人はパートナーである」「NPO法人ぬきに行政の仕事は考えられない」という言葉に日本との大きなちがいを感じた．日本では行政の位置が圧倒的に大きい．また，市民活動もまだ育っていない．公的機関には，市民活動を育てるという意識をしっかりともっていただきたいと願っている．

　子育て支援をめぐる状況はこの10年で急激に変化してきた．今後も変化すると思う．ここまでの経過をみると，『インターねっと関西』が提唱してきた「子育てサークル」や「子育てネットワーク」などの「グループ子育て」の重要性はひろく認識されてきている．行政もその方向で取り組みをされている．ファミリー・サポート事業もつどいの広場事業も，市民活動が先にあったものである．このように見てくると市民団体の使命のひとつは，子育て現場のニーズや状況に即して，行政などに一歩先んじて新しい実践をし，そこから提言していくことではないか，と最近は考えている．そのような認識から，『インターねっと関西』では現在，カナダの親支援プログラム「Nobody's Perfect（完璧な親なんていない！）」を日本に広げていくための活動を展開している．「子育て支援のメニューは出揃った」という認識が広がっているが，親支援プログラムはまだ日本ではほとんど実施されていない．このような現場に即した新しい活動を実践する中で，今ほんとうに必要な子育て支援とは何か，を提案するのが市民活動のひとつの役割であろう．

　つどいの広場事業では，公的機関も実施主体になっているし，市民活動である子育て支援NPOも実施主体になっている．このように，市民活動と公的機関が同じ事業を並行して実施することは，めずらしいと思う．つどいの広場事業の交流会も全国で盛んに実施されているが，その中で市民活動と公的機関とが相互に刺激し合い，学び合うということは，非常に意義深いことである．また，前述のとおり公的委員会に市民活動の代表が参加するようになっている．市民活動の使命の2つ目である「公的子育て支援の質を保障する役割」を果す上で，公的事業への市民参加は重要なことである．

# IV—5
# 子育て支援の基本戦略

　表IV-5-1に，私が市民活動の立場から考えた「子育て支援の基本戦略」を示す．考え方の基本をまず述べると，(1) 大多数の親子への支援は，市民主体の「子育てネットワーク」を軸にして進める．行政や公的機関は，「子育てネットワーク」を支援することにより，間接的に子育て支援をするというスタンスに徹する．(2) 一方，集団に馴染めない親の層や現に虐待が起こっている事例などの困難事例に対しては，専門職や公的機関が前面に立って支援する，というものである．これは，「子育てサークル」や「子育てネットワーク」などのような地域に密着した"グループ子育て"を広げることを基本にしたストラテジー（戦略）である．

## IV-5-1　基本戦略(1)：大多数の親子への支援は，市民主体の「子育てネットワーク」を軸に！

　親や市民が主体となった「子育てネットワーク」を各市区町村ごとにつくり，育成し，重点的に支援することにより，以下に述べる基本戦略(1)の中の①〜④の子育て支援の課題を実行する．これが最も中心的な戦略のひとつである．そして，以下の基本戦略(3)〜(6)もこの市民主体の「子

表IV-5-1　子育て支援の基本戦略（ストラテジー）の表

(1) 大多数の親子への支援は，市民主体の「子育てネットワーク」を軸にして，グループ子育てを広げることにより進める．行政や公的機関は「子育てネットワーク」を直接支援することにより，子育て支援の全地域への浸透をはかる．
　① グループ子育ての場に参加できる親の層は，できるだけそこで支援していく．
　② 親子の出会いの場を増やし，ひとりぼっちの親をなくす取り組みを進める．
　③ 「子育てサークル」などが，グループ子育ての場としての本来の機能が発揮できるように支援する．特に，「子育てサークル」のリーダーを支える．
　④ 市民主体に，学習を組織していく．
(2) 困難事例には，専門職が前面に立って積極的にかかわる．
(3) 地域全体を視野に入れた「子育て支援ネットワーク」を各市区町村につくる．
(4) 時代に見合った新しい園・学校づくりを進める．
(5) 次世代の親育てに，学齢期からしっかりと取り組む．
(6) 「子育てをする人生を選んで，良かった！」と言えるまちづくりを進める．
　上記(1)と(2)がストラテジーの基本的指向である．(3)〜(6)も(1)の「子育てネットワーク」の育成支援を軸にして展開するものである．

育てネットワーク」を軸に考える．

　親や市民が主体となった「子育てネットワーク」が前面に立ち，行政や専門職は「子育てネットワーク」を後方から支援することにより，間接的に支援するのである．

### ①グループ子育ての場に参加できる親の層は，できるだけそこで支援していく

　第Ⅱ章3節の「兵庫レポート」の結果でもあきらかになったように，現在，多くの親たちが子育て仲間を求めている．そのため，子育てサークルは呼びかける人がいれば，容易にできる状況にある．そのような状況をしっかりと踏まえて，子育てサークルに参加できる大多数の親の層については，そこをベースにして支援をしていきたい．これが基本的な方向性である．

　子育てサークルは子育て支援センターなど公的な機関が呼びかければ容易にできる．現在そのような取り組みはけっこうされている．しかし，そのつくり方に工夫が必要である．新しいサークルをつくる際に大切なことは，地域にある「子育て自主サークル」の状況を把握し，自主サークルが活性化される方向で，新しいサークルを増やしていくことがポイントである．これまではその逆で，子育て支援センター周辺の自主サークルが消滅していくという実態があった．

### ②親子の出会いの場を増やし，ひとりぼっちの親をなくす取り組み

　「子育てサロン」や「子育て広場」などのような親子の居場所づくりや親同士の出会いの場を積極的につくっていくこと．

　現在おこなわれている「子育て支援」は，孤立した親子を孤立した状態のまま支援しよう，という方向のように感じる．しかし，これでは「子育て支援」の目的は達成できない．親同士をつなげる方向での支援を考えていくことがポイントである．そのために，乳幼児健診などを，親同士の出会いの場として利用するとか，「子育てサロン」や「つどいの広場」など親同士が出会える場をあらたに積極的につくっていき，グループ子育てを意識的に広げていくことが必要である．

　現在，公的支援として，「子育てサロン」や「つどいの広場」などもかなり実施されるようになっている．しかし，そこを親同士の出会いの場として積極的に活かしているというところはあまりないようである．"親同士をつなげる"という指向があるかないかが，有効な子育て支援ができるかどうかの大きな分かれ目である．

### ③「子育てサークル」などが，グループ子育ての場としての本来の機能が発揮できるように支援する

　表Ⅳ-5-1-1に，「グループ子育てのメリットと目的」をまとめている．これらについては，『子育て支援とNPO』の第5章で精神医学的・心理学的視点から詳しく述べたが，ただ親同士が集まって子育てをすれば，表Ⅳ-5-1-1に示した「グループ子育てのメリット」がすぐに実現するかというと，決してそのような簡単なものではない．親同士が集まれば，そこが子育て競争の場になる可能性もあり，また，グループに入れないで，かえって孤立する親も出てくる．グループの中でのトラブルも発生する．

308　第IV章　真に実効のある次世代育成支援，子ども虐待予防の実現のために

表IV-5-1-1　グループ子育ての6つの目的とメリット

① イキイキと遊べる仲間と空間，時間を子どもに保証できる．
② 母親の仲間づくりができ，育児不安が解消できる．
③ いろいろな親子をみることにより，子どもとのかかわり方が自然に学べる．
④ 親子ともどもに対人関係のトレーニングができる．特に社会性が育つ．
⑤ 子育てなどについての"学習の場"がつくれる．
⑥ 親同士のつながりが生まれることにより，いじめや非行などに対する地域の問題解決能力が高まる．

　エンゼルプランに「子育てサークルの育成・支援」という一行が書き込まれたことにより，子育てサークルをつくる取り組みはけっこうされている．しかし，子育てサークルの目的やなぜサークルが必要なのか，についての理解不足のために，子育てサークルをつくるまでの支援しかできていないところがほとんどである．グループ子育てに対する支援は，むしろ子育てサークルが生まれてからはじまるのである．
　子育てサークルが「セルフヘルプ・グループ」として，また，「ピア・カウンセリングの場」として，ほんとうに機能できるように支援することが，専門職には求められている．すなわち，専門職は親同士のコーディネーターあるいはファシリテーターの役割を担うことが求められているのである．最近，「保育ソーシャルワーク」という言葉が聞かれるようになった．新しい保育指針に登場した言葉だそうだが，この子育てサークルへの支援の役割は，ソーシャルワーカー的な役割である．

#### ④学習を組織していく

　子育てをする上で考えなくてはいけないことはたくさんある．何をたいせつにして子育てをすべきか，という子育てそのものについてのテーマは当然であるが，子どもを育てる中でこそ気づくことや学びたいことは出てくるものである．子どもを生んでから初めて子どもに触るという今の親たちには，学習が必要である．多種多様な情報が飛び交う中で，「自分自身で考えられる市民づくり」という面でも，子育て時期の学習は出発点かも知れない．子育て支援の大きな目標のひとつは，成熟した市民を育てることである．私はボランティア活動をしながら，全国各地で自然発生しているグループ子育ての中で，着実に母親たちが成熟した市民として育っていることを実感している．学習を組織することは子育て支援の大きな課題である．

### IV-5-2　基本戦略(2)：困難事例には，専門職が前面に立って積極的にかかわる

　"グループ子育て"に馴染む層については，徹底して市民に任せ，専門職は後方支援にまわる．そこで生まれた余力を，集団には馴染めない親たちや困難事例に対する支援に当てる．集団に馴染めない親たちに対しては，専門職がアウトリーチ（出かけていく）という方法も使いながら，直接的な支援をしていくことが必要である．困難事例に対応できてこそ専門職である．
　現在の「子育て支援」は"待ちの姿勢"である．園や支援センターなどの公的機関（公立も私立も含めて）がしている「園庭開放」にしても「子育てサロン」にしても，来る親子を待ってい

るだけの"待ちの姿勢"である．サークルやサロンなどに参加できる層については，徹底して親の自主運営にゆだね，専門職はそれらに参加できない親の層への支援に力を入れるようにしていただきたい．例えば，現に子ども虐待が起こっているような事例などに対してである．

現在の子育て支援は，サークルにしても，サロンや「つどいの広場」にしても，親たちが主体的に創り出してきたものを公的機関が真似て，無料で実施しているのである．多額の税金を使い，お客さんを無料で呼び，しかもタレントを呼んだりしてイベントなどすることが，現実にはボランティア団体や市民の自発的なグループ子育てを圧迫してきた．また，やってくれるのであれば，何も自分たちで苦労してする必要はないと，依存的な風潮を助長している．その結果，親の主体性を奪い，市民活動を潰す事態が生じている．それでは子育て支援とは言えないと思う．

また一方では，きわめて困難な事例を，地域のネットワーカーに紹介するという事態も頻繁に起こっている．一般の親が運営している子育てネットワークやサークルで抱えられる問題には当然限界がある．困難事例にかかわるのは，専門職の仕事である．私が提案している子育て支援の基本戦略のひとつのポイントはここにある．

## IV-5-3　基本戦略(3)：地域全体を視野に入れた「子育て支援ネットワーク」を各市区町村につくる

上記基本戦略(1)と(2)に述べた支援も含めて，地域全体の子育てを考え，企画し，実施する主体として，「子育て支援ネットワーク」を各市区町村ごとにつくることが必要である．この「子育て支援ネットワーク」は，行政機関が主体的に関与するものであるが，市民団体も当然参加すべきである．そして，市民の主体的活動を全面的に支援するための企画・立案・実施という役割を担うものである．

今，「子育てネットワーク」と「子育て支援ネットワーク」という2つの言葉が，混同して使われている．言葉の定義をする必要は必ずしもないが，本書では市民の活動と行政の役割を明確化する目的で，次のように定義して役割を考えることにする．まず，「子育てネットワーク」というのは市民主体のものであり，同一市区町村の中に複数の「子育てネットワーク」がそれぞれの持ち味を発揮して活動している，というのが普通であり，望ましい姿である．

一方，現在ある「子育て支援ネットワーク」は，行政レベルで組織された各関係機関の代表者からなる会議というイメージのものである．自然発生的な市民レベルのサークルやネットワークとは無関係に組織されているところがほとんどである．しかし将来的には，行政がコーディネーター役になり，各「子育てネットワーク」や市民団体が主体的に参加するものになって欲しいものである．そして，「子育て支援ネットワーク」が，その地域全体の子育て状況を把握したり，不足している支援を考えたり，また市民レベルのサークルやネットワークを支援したり，というような役割が担えるものになっていただきたいと考えている．すなわち，「子育て支援ネットワーク」は，行政や各専門機関，各種「子育てネットワーク」などの市民団体により組織され，表IV-2-1-1にあげた子育て支援の9つの課題全体を担えることを目標に活動すべきものである．

なお現実には，国の施策「健やか親子21」の方針により，"子ども虐待予防"を主目的に「子育て支援ネットワーク」が作られつつある．それはそれで大事なものであるが，ここに述べた「子育て支援ネットワーク」とは異なるものである．現在行われている"子ども虐待予防"は，現に虐待が起こっている事例，ほとんどは通報があった事例に対しての支援に限られている．私が考えている子ども虐待予防は，子ども虐待の発生そのものを予防するものであるが，現在行われている"子ども虐待予防"は，まだそこまでは視野に入っていない．このギャップは意外に重要なポイントであると最近私は考えている．

現に子ども虐待が起こっている臨床ケースと"グループ子育て"で解決できる親の層とは明確に区別して，支援プログラムを作る必要がある．子ども虐待予防策として，グループ子育てはかなり有効であることは確かである．しかし，それは私が言うような発生予防である．現に虐待が起こっている事例についての深刻化予防や親子の再統合などは，親が主体的に担っているグループ子育てでは荷が重すぎるのである．

以上述べてきた子育て支援の基本戦略(1)〜(3)は，子育て支援として現在すでに視野に入れられていることであるが，子育て支援というのは，乳幼児期の子育てだけに限定したものではない．以下の3つの課題もしっかりと見つめて，子育てしやすい社会の実現をはかりたいものである．

## IV-5-4　基本戦略(4)：時代に見合った新しい園・学校づくりを！

現在の子どもをめぐる問題は，乳幼児期の子育て支援だけでは解決できる質の問題ではない．乳幼児期につちかった親同士のネットワークが真価を発揮するのは，子どもが学齢期に入ってからである．今の学校での問題，例えば，「いじめ」や「学級崩壊」などは学校だけで解決できるものではない．学校を攻撃するばかりの親ではなく，教師と一緒になり，新しい学校づくりができる親たちの学校参加が，ぜひとも必要である．グループ子育ての中で，すでにそのような親たちは育ってきている．子育て支援の中に，「時代に見合った新しい学校づくり」という課題もはっきりと位置づける必要がある．それは，保育園，幼稚園についても言えることである．時代に見合った新しい保育園，幼稚園づくりがぜひとも必要になっているのである．

この基本戦略(4)「時代に見合った新しい園・学校づくりを！」と，以下の2つの基本戦略(5)，(6)，すなわち「次世代の親育てを学齢期から，しっかりと！」および「「子育てをする人生を選んで，良かった！」と言える街づくりを！」は，市民主体の「子育てネットワーク」だけでできる課題ではないが，市民主体の「子育てネットワーク」が中心にならなければできない課題である．

## IV-5-5　基本戦略(5)：次世代の親育てを学齢期から，しっかりと！

次世代の親を育てるという課題は，2つに分けて考える必要がある．新しく子どもを生み，親になる人たちは次々に登場している．ひとつは，この新しく親になった親たちを育てるという課題である．もうひとつは，現在学齢期にいる若者たちを対象とした取り組みである．

まず1つ目の日々生まれている新しい親たちへの支援であるが，これはグループ子育てで育った親たちがピア・カウンセリング的にかかわる中で，育てるのが一番かと思う．"ピア（peer）"というのは，"同等の人""仲間"という意味である．偉い先生よりも，同じように子育てを体験した人同士の方が学びが多いのが子育ての特徴である．今は子どもが幼稚園に入ると「子育てサークル」を卒業する親がほとんどである．しかし，子どもがいるところはどこでも「子育てサークル」であるべきである．サークルの中で培ったノウハウは貴重なものである．ぜひ，サークル育ちの親が活躍できる場を園のなかにも開拓していきたいと思う．そのことが，園を変える原動力になり，また子育てしやすい地域づくりのポイントではないかと考えている．

2つ目は現在学校にいる子どもたちを将来の親として育てる課題である．中学生・高校生は10年も経てば親になる世代である．小学生も20年もすれば親になる．10年20年は，あっという間にすぎるものである．現在の学校教育では，親になるための準備はほとんどされていない．まず乳幼児を知るという取り組みからはじめて，「次世代の親育て」という課題を「子育て支援」の中にしっかりと位置づけたいと思う．この課題については，すでに先進的な実践例も各地で報告されているが，基本戦略(4)「時代に見合った新しい園・学校づくりを！」と連動させ，真剣に取り組みたいものである．

## IV-5-6 基本戦略(6)：「子育てをする人生を選んで，良かった！」と言える街づくりを！

「国民の10人に1人がパラサイト・シングル」という問題がクローズアップされたのは，つい5年ほど前である[8]．パラサイト・シングルは基本的には親が豊かであることを前提にしている．団塊の世代が定年を目前にしている現在では，若者層が社会的弱者に転落することが予測され[9]，さらに新しい「下流」層の出現[10]が問題になっている．それは必然の結果であり，ますます少子化が進む日本社会を象徴している．そのような中で，子どもを生み育てている子育て家庭への支援が実効をあげるかどうかは，今後の日本社会の動向を左右するほど重要な意味をもっている．

子育て真っ最中の親たちが「子育てをする人生を選んで，良かった！」というメッセージを世に発信できない限り，日本の少子化はますます進行していくことは避けられない．ところが，今の子育て真っ最中の親たちは，第Ⅱ章で見てきたように，「子育てがこんなに辛くしんどいとは，思わなかった」「こんなはずではなかった！」という発信しかできない状況にある．この状況を打開せずに，少子化を憂いても，何も改善されないであろう．

工場誘致や宅地開発の際などには，「インフラの整備が急務だ」という言葉をよく使う．インフラとは，インフラストラクチャー（infrastructure）の略であるが，学校や病院，道路，上下水道など，人間の社会生活に必要不可欠な社会資源のことを指している．私は，現代日本の子育てにおいては，子育てサークルやサロン，子育てネットワークなどは，まさに必要不可欠な地域のインフラであると考えている．「子育て支援ネットワーク」がしっかりと市民主体の「子育てネットワーク」を支援し，育てる中で，"地域の子育てインフラ"を整備し，子育て中の親たち

が「子育てをする人生を選んで，良かった！」と言える街づくりをぜひ推進していきたいものである．

ここに述べた私の少子化対策は子育て支援の延長線上にある．そして，その子育て支援の基本的な考え方は，「親を孤立したままにして支援をする」というのではなく，親同士をつなげて，そのグループの力で，親を親として育て，子どもを育てていこうというものである．

## IV-5-7 「孤立と不安，競争の子育て」から，「安心と信頼，共同の子育て」へ

私は行政で長い間働いていたので，「市民が手をつなぐことを極端に嫌い，できるだけ市民を孤立させておきたい」という気持ちが行政や専門職の中に根強くあることを知っている．これは，日本の行政や専門職が持つ根深い体質のようなものである．市民が手をつなぐと，行政に対して要求を突きつけてくる危険性があり，それを極端に警戒しているのである．しかし，すべてを行政や公的機関がお膳立てをし，市民をお客さんとして招くという子育て支援や保育園，幼稚園，学校などの運営方法は，ますます依存的な市民をつくるばかりである．結果として，要求ばかりを突きつける市民をつくることになる．

現在おこなわれている「子育て支援」は残念ながら，従来のスタンスのままである．そのため，子育て支援センターや児童館などの多くが「個人としての親子に対してのみ支援をし，自主的子育てサークルを嫌う」という傾向にある．サークルといっても自分のところでつくったサークルのみを優先し，自主サークルには冷たいものである．しかし，親子を孤立させたままでは，今求められている子育て支援，次世代育成支援，子ども虐待予防の目的は達成できない．

私たちが『インターねっと関西』を立ち上げた当時から，専門職の方からは「サークルに入るような元気なお母さんへの支援は必要ない」とよく批判されてきた．しかし，現代の子育て問題の深刻さは，本来健康なはずの大多数の親たちの子育てが危ういことである．ここに示した基本戦略は，健康な大多数の親たちが「子育てしてよかった」と言えるような状況を一方で作り，他方で，それでも困難な少数の事例には専門職が前面に立って支援すべきだ，という戦略である．決して困難ケースをないがしろにしている訳ではない．健康な大多数の親たちの子育て状況を，現在の「孤立と不安，競争の子育て」から，「安心と信頼，共同の子育て」に変えていかないかぎり，困難な事例の解決方法も見えて来ないのである．

## IV—6
# 次世代育成支援を飛躍的にレベルアップするために
### 親と親をつなぎ，親を育てるプログラムの実践

　エンゼルプランの開始からすでに10年以上の年月が経ち，子育て支援，次世代育成支援については，メニューが出揃ったという見解が多い．しかし，カナダや米国では20年来実施されている親支援プログラムが日本ではまだほとんど実施されていない．私は，子育て支援，次世代育成支援，子ども虐待予防の質を飛躍的にグレードアップするものとして，親支援プログラムの導入がぜひ必要であると考えている．

　『インターねっと関西』では，第20回フォーラム『次世代育成支援に，新しい風を！―カナダ生まれの親支援プログラム Nobody's Perfect を中心に―』を，厚生労働省・大阪府などの後援を得て，2005年7月に開催した．午前の全体会に続き，午後の4つの分科会のひとつとして，『日本における各種親支援プログラムから学ぶ』という分科会を企画した．これは，"『インターねっと関西』ならでは"の企画ではないかと考えている．親支援プログラムについての関心が高まる中で，特に関西ではいくつかのしっかりしたプログラムが今展開されている．しかし，プログラムを実施しているお互い同士の交流は今までなかった．そこでフォーラムを機会に，「お互いに知り合い，交流し合う」という趣旨で分科会を企画した．参加したのは，カナダの親支援プログラム"Nobody's Perfect"の他に，「My Tree Parenting」「Common Sense Parenting」「Star Parenting」などのプログラムである．"Nobody's Perfect"以外は，子ども虐待がすでに起こっている親を対象にしたものであった．"Nobody's Perfect"は以下で説明するように，予防的プログラムであり，すでに子ども虐待が起こっている事例は対象としていない．

　私がカナダの親支援プログラム"Nobody's Perfect"に出会った経過は，第II章5節8項で述べた．ここでは，私たちが実践している"Nobody's Perfect"（以下，NPと略称する）について紹介する．

## IV-6-1 「Nobody's Perfect Japan」とは？

　少し横道にそれるようではあるが，資格認定機構「Nobody's Perfect Japan」（URL：http://homepage3.nifty.com/NP-Japan/）の話から入る．「Nobody's Perfect Japan（通称：NP-Japan）」

は，カナダ生まれの親支援プログラム"Nobody's Perfect"を進行するファシリテーターの資格認定機構であり，日本でのNP展開のためのセンターとしての役割を担う組織でもある．NP-Japanはカナダ政府保健省により，2004年2月に公式に認定機関として認められた．

ご存じの方もあるかと思うが，日本語訳されたNPの親向けテキストはほとんど同時に2社から出版された．すなわち，『Nobody's Perfect―カナダからの子育てメッセージ―』[11]と『完璧な親なんていない！―カナダ生まれの子育てテキスト―』[12]である．

私はNPとの出会い（第II章5節8項）の経過で述べたように，以前から「ひとなる出版」の編集者の方と交流があったために，発刊直後に『完璧な親なんていない！』[12]と『親教育プログラムのすすめ方』[13]が届けられた．そしてまた，第I章4節2項で紹介したように『殺意をえがく子どもたち』を通して三沢直子先生は存じあげていたので，直ちに三沢先生とお会いし，一緒にNPに取り組むことになった．

ところが，2つのテキストがあるがために，ややもするとNPには2つの流派があるように見えるようで，誤解されたり，現場での混乱も少しあったようである．そのようなことではいけないと，2004年度1年間をかけて，関係者同士で協議を重ねた．その結果，2005年度より資格認定機構『Nobody's Perfect Japan』に対等平等な形で関係3団体すべてが参加し，統一体としてNPを展開することができることになった．統一して一緒にNPを日本で広げていけることになったことは，私たちNP-Japanの関係者の大きな喜びであるばかりではなく，子育て支援にかかわる多くの方々からも喜びと安堵の声が届けられた．ありがたいことである．多くのみなさんのご期待に応えられるように，今後とも努力と研鑽を積みたいと考えている．

## IV-6-2　カナダの親支援プログラム"Nobody's Perfect"とは？

NPは，1980年代はじめに，カナダ保健省（当時の保健福祉省）と大西洋4州の保健部局によって開発された親教育のためのプログラムである．地域で働いている保健師などの専門職が中心になり，つくられたものである．1987年にカナダ全土に導入された．現在では全州・準州において実施されている．NPの特徴として，親のための教材[11,12]とともに，NPを進行するファシリテーター用のためのテキスト[13]，ファシリテーターを養成するトレーナー用のテキストなどが用意されている点があげられる．カナダでは，親用のテキストは無料でNP参加者に提供されている．私は個人的には，ファシリテーター用のテキスト『親教育プログラムのすすめ方』が非常によくできていると感心している．

表IV-6-2-1に，NP-Japanの「Nobody's Perfectプログラム規定」を示す．NPは，親だけのグループワークであり，「参加者中心アプローチ」である．表IV-6-2-1に示すように，対象は，就学前の子どもをもつ親であり，参加人数は20人以下の少人数で，固定メンバーで実施するクローズドのプログラムである．子どもは別室で一時保育を実施する．1回約2時間のセッションを，原則として毎週1回，連続6回以上開催する．NPを運営する人をファシリテーターという．ファシリテーターは，資格が必要である．その資格認定機構が，NP-Japanである．

NPに対する関心は日増しに高まっているが，社会的評価が定まっている訳ではない．NP-

表IV-6-2-1 Nobody's Perfect プログラム規定（Nobody's Perfect Japan の規約より）

1. NPプログラムの社会的評価を確保するため，「Nobody's Perfect プログラム」と称して親支援プログラムを実施する際には以下の条件を満たさなければならない．この条件に満たないものは「Nobody's Perfect プログラム」と称してはならない．
    (1) 認定資格のある Nobody's Perfect ファシリテーター（Nobody's Perfect Japan 認定ファシリテーター）が実施すること．ただし，Nobody's Perfect ファシリテーター養成講座修了者が，資格認定のために実施する場合は例外とする．また，全回を通し，同じファシリテーターが担当することを原則とする．
    (2) 1回約2時間のセッションを，原則として週1回，連続して6回以上開催すること．
    (3) 対象は，就学前の乳幼児の親であること．
    (4) 保育つきとし，親だけのグループでの実施を原則とすること．
    (5) 20人を越えない少人数で実施すること．

2. NPプログラムは予防的プログラムであり，専門的な個別対応を必要とする危機的状況や深刻な問題をかかえる家族を対象にしたプログラムではない．

Japanとして，表IV-6-2-1の「NPプログラム規定」を作成し，きちんとしたNPを展開することを決めた理由は，中途半端なプログラムが広まり，結果として「NPって，つまらないプログラムだ」という風評が広まるのを避けるためである．今日本の子育て支援は重大な局面に立っている．ここでNPが頓挫することは，日本の親支援を5年10年と遅らせてしまう危険性を秘めている．そのような事態はなんとしても避けなければ，という思いで「NPプログラム規定」を作成したのである．

表IV-6-2-1は，NP-Japanのプログラム規定であるが，『インターねっと関西』としては，もう少し厳しいNPプログラム規定を作成し，実施している．それは，ファシリテーターは必ず2人で行うこととと，人数は6～14人の少人数としている．NPは親同士のグループの力で学び合うプログラムであるため，あまり人数が少なくても学びにならないところがある．

表IV-6-2-2 Nobody's Perfect の1回のセッションの基本構造

☆オープニング（Introduction）
　　　－Welcome（あいさつと受け入れ）
　　　－アイスブレーキング
　　　－ルールの確認
　　　－チェック・イン（一人一言）

☆主部（Main part），前半
　　　－参加者のニーズにもとづく学習活動

★コーヒー・ブレイク

☆主部（Main part），後半
　　　－参加者のニーズにもとづく学習活動

☆結び（Conclusion）
　　　－振り返り

表IV-6-2-2に，NPの構造を示す．NPは構造化されたプログラムであり，ファシリテーターは表IV-6-2-2に示した構造はきちんと守る必要がある．

NPのキー・コンセプトは2つで，「価値観の尊重」と「体験から学ぶ」である．ファシリテーターはこの2つのキー・コンセプトのもとに，親たちが自分たちの生活や子どものこと，親としての役割などについて，安心して話し合い，考えられる場を保障できるように，ファシリテートする．ファシリテート（facilitate）とは，「……を容易にする」「……を促進する」という意味であるが，ファシリテーターは指導者でも教師でもなく，参加者とともに学ぶ存在である．そして，参加者に安心して話し考えられる場を保障し，参加者が学びの目的を達成できるように手助けする人である．

## IV-6-3 なぜカナダのプログラムを使うのか，なぜ資格が必要なのか

　NP-Japan が決めているもうひとつ重要な規定は表IV-6-3-1 に示した「NP ファシリテーター養成講座規定」である．「カナダのプログラムをなぜ日本でそのまま使うのか」「エッセンスだけ取って我が県独自のプログラムを開発してもらえないか」という質問や依頼をよく受ける．

　NP は確かにカナダ政府保健省が音頭を取り，開発し，練り上げられたカナダ発のプログラムである．しかし，NP は表IV-6-2-2 に示したように，構造化されたプログラムであり，1回のセッションは「導入部」「主部」「結び」という構造がある．「主部」は参加した親のニーズにもとづき計画し，親の意向をフィードバックしながら柔軟にファシリテーターが進行するものである．日本でする場合は，当然日本の親のニーズにもとづいて主部は計画・実施される．そのため，日本の親のためのプログラムになるのである．

　NP は参加者中心プログラムであり，参加者のニーズにもとづいて主部が企画される．このようなプログラムであるから，ファシリテーターの力量によってプログラムが大きく左右される．そのため，NP を進行するファシリテーターは資格を取得し，その後も常に研鑽を積む必要がある．『インターねっと関西』では，2人のファシリテーターでNP を運営することを原則にしているのは，1人では NP の質が十分保てないためである．

## IV-6-4　日本の親にこそ，Nobody's Perfect を届けたい！

　私は当初，自分自身がNP を実施しようと考えていた訳ではない．『インターねっと関西』として取り組むからには，「私も知っておく必要がある」程度の認識でファシリテーターの資格を取り，NP を何回か実施して，NPトレーナーの資格を取った．この過程で，実際に NP を実施して，これはいいプログラムだと実感するとともに，私自身の学びが大きかった．そのため，今も続けてNP を実践している．NPの「参加者中心アプローチ」は，大学の講義やゼミでも非常に参考になっている．NP は成人の生涯学習理論にもとづいている．従来の指導者型の講義スタイルは変えていかなければ，と痛感している．

　NP に取り組んでから，3年あまりが経つが関西でも徐々に広がっている．私の勤めている大学のある大阪府摂津市では 2003 年から，奈良県，熊本県，大阪府高槻市では 2005 年度から正式にNP を導入している．その他，子育て支援センターや公民館，民間団体などでも NP を実施し

表IV-6-3-1　Nobody's Perfect ファシリテーター養成講座規定（Nobody's Perfect Japan の規約より）

| |
|---|
| NPファシリテーターの質を確保するため，本機構が認定する NP ファシリテーターの養成講座は，以下の条件を満たすものとする． |
| (1) 原則として，連続4日間（午前・午後），あるいは連続5日間（初日午後のみ，最終日午前のみ）の講座とする．ただし，土日2日間で連続2週間，合計4日間の講座も認める．それよりも短期間の講座は認定の対象としない． |
| (2) 本機構認定のNPトレーナー（Nobody's Perfect Japan 認定トレーナー）が担当すること． |
| (3) 原則として14人以下の少人数で実施すること． |

ている.『インターねっと関西』の関与したNPは,2005年度には約60プログラムが実施され,参加者は約700人にのぼっている.参加者や主催団体のNPに対する評価は高く,確かな手応えを感じている.第II章の「兵庫レポート」「大阪レポート」で見てきたように,日本の母親たちの悩みはかなり心理レベルのものである.そのため,日本の親にこそNPはぴったりのプログラムであると考えている.今後とも研鑽を積み,ファシリテーターの質を高め,NPが日本に定着できるように努力したいと考えている.

NPの詳細については,『インターねっと関西』(http://www9.big.or.jp/~kokoro-i/)および「NP-Japan」(http://homepage3.nifty.com/NP-Japan/)のホームページを参照していただきたい.

### 参考文献（第IV章）

1) 原田正文著:『子育て支援とNPO—親を運転席に！ 支援職は助手席に！—』,朱鷺書房,2002年.
2) 原田正文著:『みんな「未熟な親」なんだ—グループ子育てのすすめ—』,農文協,1999年.
3) 服部祥子,原田正文編著:『みんなで子育てQ&A—はじめの一歩からネットワークづくりまで—』,農文協,1997年.
4) 池本美香著:『失われる子育ての時間—少子化社会脱出への道—』,勁草書房,2003年.
5) 原田正文著:『学校に行きたくないと言われたとき—保健室からのアプローチ—』,農文協,1993年.
6) 原田正文著:『不登校をプラス思考でのりこえる—親子の道しるべ,30の事例—』,農文協,1995年.
7) 原田正文,府川満晴,林秀子著:『スクールカウンセリング再考—コーディネーター型教育相談の実践—』,朱鷺書房,1997年.
8) 山田昌弘著:『パラサイト・シングルの時代』,ちくま新書,1999年.
9) 宮本みち子著:『若者が《社会的弱者》に転落する』,洋泉社,2002年.
10) 三浦展著:『下流社会—新たな階層集団の出現—』,光文社新書,2005年.
11) 子ども家庭リソースセンター編:『Nobody's Perfect—カナダからの子育てメッセージ—』,ドメス出版,2002年.
12) ジャニス・ウッド・キャタノ著,三沢直子監修,幾島幸子翻訳:『完璧な親なんていない！—カナダ生まれの子育てテキスト—』,ひとなる書房,2002年.
13) ジャニス・ウッド・キャタノ著,三沢直子監修,杉田真,幾島幸子他翻訳:『親教育プログラムのすすめ方—ファシリテーターの仕事—』,ひとなる書房,2002年.

## エピローグ
# 「兵庫レポート」からの提言

　子育ては多くの人が体験してきたことである．そのため，子育て支援というのは簡単なことのように思われがちである．しかし，本書で述べてきたように，現代日本の子育ては非常に困難になってきている．その原因は親が育ちの中で小さい子どもと触れ合う体験をして来なかったこと，母親自身の人生の将来展望が開けていないことなどであり，どれをとっても日本社会のあり様が問われる問題ばかりである．私はここ10年あまり，子育て支援ボランティア活動にたずさわっているが，「子育て支援，次世代育成支援のむつかしさ，奥の深さを実感している」というのが，現在の心境である．

　表1に，「兵庫レポート」および私のボランティア活動から浮かびあがってきた子育て支援，次世代育成支援，子ども虐待予防に関する提言を一覧にして，まとめている．エピローグでは「兵庫レポート」からの提言として，今後の子育て支援，次世代育成支援，子ども虐待予防の方向について述べる．

## 1　当事者主体の次世代育成支援を！
### ──"親を運転席に！　支援職は助手席に！"

　表1の最初に挙げている項目「当事者主体の子育て支援を！」は，子育て支援，次世代育成支援，子ども虐待予防の方向性に関するものである．具体的には，
　①子育て現場の実情をまず正確に把握しよう
　②子育て真っ最中の親たちの生の声を聞こう
という最も基本的な事柄をていねいに実践して欲しいということである．

　現在，子育て支援，次世代育成支援の必要性については，かなり認識が広がってきている．しかし，それは国なり，上部団体からの指令による部分が強い．それも必要ではあるが，親身になった支援ができるためには，子育て真っ最中の当事者の実情を正確に把握し，また生の声を聞くことが何よりも重要である．そして，なぜ今子育て支援，次世代育成支援が必要なのか，という点について，子育て現場の状況の上に立って支援者が納得する必要がある．

　上記①②の「子育て真っ最中の当事者の実情を正確に把握し，生の声を聞くこと」の必要性は，当事者主体の事業展開をするためである．カナダの子育て支援・家族支援のモットーである

**表1　子育て支援，次世代育成支援，子ども虐待予防に関する「兵庫レポート」からの提言**

(1) 当事者主体の子育て支援を！
　① 子育て現場の実情をまず正確に把握しよう
　② 子育て真っ最中の親たちの生の声を聞こう
(2) 親を親として育て，子どもを育てよう
　① 小・中・高校生や大学生など，将来親になる世代が乳幼児と触れ合う機会を意識的に作り，親になるための準備性をはぐくむ
　② 小・中・高校生など次世代の親たちを育てるプログラムの開発とその積極的な実施
　③ 親を親として育てるための親支援プログラム（Nobody's Perfect など）を全国で広汎に実施
(3) 親子を孤立から解放し，親同士が安心して話ができ，支えあえるグループ子育ての推進
　① 「母子カプセル」状態で孤立している母子を孤立から救い出す
　② 子育てサークルやつどいの広場・子育てサロンをあらたにつくる，そして親自身が主体的に運営できるように支援する
(4) 育児の具体的方法のスキルアップと啓発
　① 体罰を使わなくても済む子育て方法のスキル・アップ
　② 子育てにおける体罰の弊害についての啓発活動の展開
　③ 望まない妊娠を防ぐ性教育の充実
(5) 子どもが心身ともに健康に育つ環境の整備
　① 「兵庫レポート」で明らかになった子どもの発達によい子育て環境の保障（第II章3節参照）
(6) 現代に見合った子育てインフラの整備と支援者の質の向上
　① 従来型の相談窓口とは一味違った，親が子育てや子どものことについて，気軽に相談できる場の確保
　② 親と親を積極的につなぐコーディネーター，ネットワーカーの育成
　③ 子育てサークルやつどいの広場，子育てサロンなどが，親の仲間づくりをコーディネートできるように機能アップを図ること
(7) 親がイキイキと子育てができ，しかも社会参加できる社会の実現
　① 母親自身の時間が持てるような子育て環境の整備
　② 子育て家庭の経済的安定化を図る若者施策の充実
　③ 日本人の働き方の見直し
　④ 子育てに共感の輪を！

"親を運転席に！ 支援職は助手席に！"が明確に述べているように，次世代育成支援は"当事者主体"で進める必要がある．これがキー・ポイントである．しかし，日本での次世代育成支援は"当事者主体"にはなっていない．この当事者主体という事業の運営スタイルを確立することが大事なことである．

　行政や支援者の多くは，"当事者主体"が望ましい，ということを理念ではわかってきている．しかし，現実はパターナリズム（家夫長主義）の傾向がまだまだ強い．私が"当事者主体"が必要であると言うのは，理念で言っているのではない．そういう理由ではなく，"当事者主体"にしないと実効のある支援にならないという現実認識から言っているのである．旧来のパターナリズムで，事がうまく運ぶのであれば，それはそれでいい．しかし現代日本では，特に次世代育成支援においては，パターナリズムではうまくいかないのである．

　本書では，「大阪レポート」の結果と「兵庫レポート」の結果がなぜこのように大きく異なるのか，という点について，世代という切り口で分析した．子育て支援，次世代育成支援を実施する上でひとつの重要な留意点は，世代間のギャップである．日本社会の急激な変化により，例えば60歳以上の世代と現在の子育て真っ最中の世代とでは，感性や発想，価値観などが大きく変化している．それは"どちらが，いい悪い"ということではなく，異なっていることがポイントである．そのため，旧来型の地域組織などが善意でいろいろと支援をされても，それらが当事者

の満足のいくものになり得ないばかりか，当事者を傷つけることさえ多々生じているのである．このような現実を直視する必要がある．このような現実認識に立つと，"利用者が満足する支援""子育てに前向きに取り組む意欲が沸くような支援"は，当事者の声を聞き，それに応える形で進める事業展開しかないのである．

当事者主体を実現するためには，表1の(1)①②に示したように，支援者が子育て現場の実情をよく把握することと，子育て真っ最中の親たちの生の声に耳を傾けることが，まず必要である．そのことにより，利用者のニーズに合った事業展開が可能になるし，また自らの事業を正確に評価することができるのである．

一方，当事者主体の事業展開を進めるためには，支援者が"当事者（参加）主体"の場の運営方法について，スキルアップすることが緊急の課題である．

## 2 親を親として育て，間接的に子どもを育てる

表1の2番目に「親を親として育て，子どもを育てよう」を挙げている．これも子育て支援，次世代育成支援の方向性を示したものである．具体的には，
① 小・中・高校生や大学生など，将来親になる世代が乳幼児と触れ合う機会を意識的に作り，親になるための準備性をはぐくむ
② 小・中・高校生など次世代の親たちを育てるプログラムの開発とその積極的な実施
③ 親を親として育てるための親支援プログラム（Nobody's Perfectなど）の全国での広汎な実施
などである．

現代の子育ての問題点を単純化すると2点である．ひとつは，親が子どもを知らないことである．そして，もうひとつは，親の役割を引き受けきれないことである．第Ⅱ章9節「現代母親の精神的ストレスとその新たな原因」で述べたように，現代の子育て真っ最中の世代は「自己実現」をテーマに育てられてきた世代である．「自己実現」というのは，「自分の能力を最大限に伸ばし，自分のしたいことを実現できるような人生を切り開くこと」である．ところが，子育ては「自己実現」とは対極にある「自己犠牲」という側面が強い．親自身のことは横に置いて「子どものペースに合わせ，子どものニーズを満たす」というようなことを，子育てでは親は要求される．ところが，現代の親はそのようには育っていないのである．現代の親たちは，自分の子育てをはじめてから，初めて子育ての現実に気づく．そして，「こんなはずではなかった！」という叫び声を発している．

第Ⅱ章11節で述べたように，「兵庫レポート」の第三次調査結果は，「現代社会が求めている人材は，子育てには不向きである」ことを示唆している．すなわち，特性的自己効力感の内の「行動完了の意志」が強い母親は，育児の負担感が強い．また，特性的自己効力感の内の「行動生起での自信」の強い母親は，孤立傾向が強いという結果が得られている．そして，それらの母親の子どもは発達が遅れているのである．このことが示唆しているように，現代の日本社会では親になるための準備がされていないばかりでなく，順調に学校生活を送り，社会では有能と言わ

れた人が却って，子育てがしんどいという状況が生まれているのである．

第III章では，バランス感覚という視点から心の発達を考えたが，現代の親たちは図III-5-1-1での，自己実現という「生の欲求」と，親としての役割を果たすという「社会的要請」とのバランスを取ることがむつかしく，それが育児における精神的ストレスの大きな原因となっている．子どもを知らないという点からの"親育て"だけでなく，親が親としての役割を精神的に引き受けるという心の発達課題達成への支援も含めて，親を親として育てるという支援が現代日本では必要になっているのである．

子育ての主体は親である．親の代わりに子育てをするというのではなく，「親を親として育て，間接的に子どもを育てる」という支援が，今求められている．子どもを生んだからと言って，すぐ親の役割を抵抗なく引き受けられる訳ではない．また，引き受けようとしても，現実に親として役割を果たすことは簡単にできるものではない．表1の(2)①〜③に示した「親を親として育て，間接的に子どもを育てる」ための取り組みが，現代日本では緊急の課題になっているのである．

## 3　親子を孤立から解放し，親同士安心して話ができ，支えあえるグループ子育ての推進

表1の3番目に，「親子を孤立から解放し，親同士が安心して話ができ，支えあえるグループ子育ての推進」を挙げている．具体的には，

①「母子カプセル」状態で孤立している母子を孤立から救い出す
②子育てサークルやつどいの広場・子育てサロンをあらたにつくる，そして親自身が主体的に運営できるように支援する

などである．

孤立は，最も大きな精神的ストレスの原因である．しかし，2006年の滋賀県長浜市で起きたグループ通園の園児2人が通園の途中，車の中で同じ通園グループの母親に刺殺されるという事件や，東京・文京区の春名ちゃん事件などが起こると，グループの危うさも懸念される．正に，"ヤマアラシ・ジレンマ"である．"ヤマアラシ・ジレンマ"とは，「ヤマアラシたちが暖を取ろうと身を寄せると針が刺さり痛い，離れると寒い」というジレンマである．親たちが孤立すると，ストレスが溜まるが，寄り合うと対人関係のトラブルが起きるというジレンマが現実には起こっている．このようなジレンマを解決することも差し迫った子育て支援，次世代育成支援，子ども虐待予防の課題になっている．これらについては，表1の(6)に挙げている．

## 4　具体的育児での親のスキルアップと幅広い啓発活動

表1の4番目には，具体的育児場面での親のスキルアップの必要性と幅広い啓発活動の必要性について挙げた．これらは子ども虐待予防にとっても緊急な課題である．

叩かなくても済む子育て方法を，親が身につけるためにはどうしたらいいか．親支援プログラ

ム"Nobody's Perfect"では，親のニーズが高いこともあり，よくこのテーマを取り上げる．そのようなセッションを進める中で，具体的子育て場面でのスキルアップは，やはり当事者主体で進める体験学習でこそ身につく学習であることを実感している．親は皆，毎日同じような子育て体験をしている．それらの体験を当事者同士出し合う中で，体罰を使わなくても済む子育て方法を親自身見つけ出すのである．このような子育てでの困り事を出し合い，学び合える場をたくさん作る必要がある．

望まない妊娠，エイズ教育など，現実の若者の性の実態に則して，科学的知識を伝えていく必要がある．若者たちもそれを望んでいるが，性の問題となると大人社会の側にまだまだ抵抗感が強い．いろいろな性の実態があることを正確に把握し，画一的なプログラムではなく，その若者に見合ったプログラムの開発と提供が急がれる．

## 5 子どもの心身の健康な発達を保障しよう

表1の5番目には，「子どもが心身ともに健康に育つ環境の整備」を挙げた．子育て支援の大きな柱のひとつは，当然子どもを心身ともに健康に育てることである．「兵庫レポート」および「大阪レポート」では，子どもの発達と他項目とのクロス集計をおこない，どのような子育てが子どもの発達に良いか，を明らかにした．その結果は，第II章3節および巻末資料表I-1〜8にまとめている．「兵庫レポート」および「大阪レポート」で検討した子どもの発達に良い環境は，「子どもの同年代の遊び相手」の存在が子どもの発達に非常に良いという内容以外は，母親のかかわり方が子どもの発達にどのような影響を与えるか，という母子関係に関する内容であった．しかし，それらは単に母親についてだけということではなく，子どもにかかわる大人一般にも通じることである．

子どもの心身の発達に関しては，かなり研究が進みつつある．例えば，テレビやテレビ・ゲームが子どもの脳に与える影響などもかなり研究されるようになっている．そのような科学的データを集積し，子どもの心身の発達に良い環境を保障することは，子育て支援にとってきわめて重要な課題である．

虐待を受けながら育った子どもには人格の歪みが大きいことが，個別ケースを通してかなり明確に指摘されている．子ども虐待の予防は子どもの心を育てるという点においても重要な課題である．

私自身は，子どもを心身ともに健康に育てたい，という思いから子育て支援ボランティア活動を始めたが，現在の心境としては，"まず母親をサポートしなければ，子どもの心は育たない"という思いの方が強くなっている．

## 6 現代に見合った子育てインフラの整備と支援者の質の向上

表1の6番目に，「現代に見合った子育てインフラの整備と支援者の質の向上」を挙げた．具体的には，

①従来型の相談窓口とは一味違った，親が子育てや子どものことについて，気軽に相談できる場の確保
②親と親を積極的につなぐコーディネーター，ネットワーカーの育成
③子育てサークルやつどいの広場，子育てサロンなどが，親の仲間づくりをコーディネートできるように機能アップを図ること

などである．

親同士をつなぐ，というのが基本的な方向であるが，人が集まれば必ずトラブルが発生する．また，表面的な付き合いだけでは，子育て競争になってしまう危険性を子育て現場は常にはらんでいる．にもかかわらず，親が孤立したのでは，親の精神的ストレスが溜まるし，子どもの発達にも良くない．そのような状況が常にあるために，支援者がコーディネーターとして，ネットワーカーとしての力量を高める必要がある．そして，"トラブルは必ず発生するもの"という前提に立って，それをも解決できるような力量が支援者には求められているのである．私は精神科医という立場上，いろいろと困難な問題を抱えた人たちを診ている．そのため，グループというのが，手放しで安全とは考えていない．にもかかわらず，グループ子育てが必要であると考えている．

現在，旧来型の地域組織が子育て支援に乗り出してきた．残念なことに，これらの地域組織は，一段と古風な思考パターンがまだまだ多い．確かに旧来型の組織は数も多いし，力も持っている．そのような組織に仕事を降ろしていけば，数はこなせるであろう．しかし，「ほんとうに子育て支援になっているのか」という点に関しては，常に第三者評価をし，フィードバックをかける必要があると考えている．

## 7　親がイキイキと子育てができ，しかも社会参加できる社会の実現

表1の最後（7番目）に，「親がイキイキと子育てができ，しかも社会参加できる社会の実現」を挙げた．具体的には，
①母親自身の時間が持てるような子育て環境の整備
②子育て家庭の経済的安定化を図る若者施策の充実
③日本人の働き方の見直し
④子育てに共感の輪を！

と，次元の異なる課題を列挙した．

子育て支援，次世代育成支援において，親を親として育てることも重要であるが，社会が今のままでは，どうにもならない部分があまりにも大きい．いくら親が努力をしようと考えても，今の日本社会が変わらなければ，親がイキイキと子育てをすることは困難である．また，少子化に歯止めがかかることもないであろう．

エンゼルプランが始まった当初は，"少子化対策"は社会的に受けいれられなかった．"少子化対策"には，第二次世界大戦中の「産めよ，増やせよ」という国策が，あまりにもダブるのである．そんなこともあり，エンゼルプランは"子育て支援"を前面に出して進められてきた．そし

て，"少子化対策"を"次世代育成支援"と言いなおし，2003年に「少子化社会対策基本法」および「次世代育成支援対策推進法」が成立し，"少子化対策"を進めているという経緯である．とは言え，この間，予想を大きく越えて少子化が進む中で，"少子化対策"という言葉については，特に抵抗はなくなったように感じる．「少子化は困る」という意見は強くなっている．ところが，「子どもを生んで欲しい」という理由が，年金や労働力などの問題で困るから，という理由である．ほんとうに子育て真っ最中の親たちの訴えの上に立って，子育て支援をしようという訳ではない．この点に大きな問題がある．第IV章1節で述べたように，"森を育てるように子どもを社会が育てる"ということにならなければ，子育て真っ最中の親の悩みは根本的には解決しないし，少子化にも歯止めはかからないであろう．それを別の言葉で表現すると，"子育てに共感の輪を！"ということになる．

　本書の中で，何度となく触れてきたが，ほんとうに今子育て支援が必要なんだ，という社会的コンセンサスがまだできていない．子育ては相変わらず，母親の責任である，個々の家庭の責任であるという考え方が強い．そして，子育てそのものに対する評価が低い．子育ては相変わらず，個人のレベルである．「社会にとって子どもは，かけがいのない宝である」という意識が国民に浸透しないかぎり，少子化は止まらないし，子ども虐待も広がるであろう．とは言え，この10年あまりの次世代育成支援にまつわる世の中の意識は大きく変わった．今後もいい方向に変わることを期待し，地道に市民活動の役割を果たしていきたいと考えている．

# 資　料　編

# 4か月児健診アンケート調査用紙（第二次調査）

アンケート記入日　　月　　日
アンケートを記入された時の赤ちゃんの月齢（　　）か月（　　）日　男・女
このアンケートにご記入いただくのは　　お母さん・お父さん・その他（　　）
赤ちゃんの主な養育者は　　　　　　　　お母さん・お父さん・その他（　　）

※以下の質問について，該当する番号に○をおつけください．できるだけ赤ちゃんの主な養育者の方がお答えください．
　お母さん以外の方が養育者である場合は，わかる範囲でお答えください．

### 1. 赤ちゃんの妊娠中，お産の前後についてお聞きします．

(1) 妊娠中に何か異常がありましたか……………………………………………①はい　　　　②いいえ
　　「はい」の方にお聞きします ……………①つわりが重かった　②流産・早産のおそれがあった
　　　　　　　　　　　　　　　　　③その他（　　　　　　　　　　　　　　　　　　　　　）
(2) 妊娠中は，つらかったですか……………①とてもつらかった　②どちらでもない　③あまりつらくなかった
(3) 出産のときに何か異常がありましたか………………………………………①はい　　　　②いいえ
　　「はい」の方にお聞きします ……………①帝王切開　　　②早産　　　　　③出産時のトラブル
　　　　　　　　　　　　　　　　　④その他（　　　　　　　　　　　　　　　　　　　　　）
(4) お産は，つらかったですか………………①とてもつらかった　②どちらでもない　③あまりつらくなかった
(5) 生まれた時の赤ちゃんに次のようなことがありましたか……………①低出生体重　②強い黄疸
　　　　　　　　　　　　　　　　　③チアノーゼ　④その他（　　　　　　　　　　　　　　　）
(6) 入院中，赤ちゃんと一緒の部屋で寝ていましたか…………………………①はい　　　　②いいえ

### 2. 赤ちゃんの最近の様子をお聞きします．

(1) お乳の飲みはどうですか……………………①よい　　　　　　②わるい　　　　　③むらがある
(2) 栄養法について具体的にお聞きします．
　　　　イ）母乳　①1日（　　）回　　　　②泣いたら与える　　③時間を決めている
　　　　ロ）人工乳　①（　　）mlを1日（　　）回　②泣いたら与える　③時間を決めている
　　　　ハ）混合　1日母乳（　　）回と，ミルク（　　）回　母乳のあと（　　）mlミルクをたしている
(3) お乳以外に与えているものはありますか……………………………………①はい　　　　②いいえ
　　「はい」の方にお聞きします ……………①果汁　②おもゆ　③湯ざまし　④砂糖湯　⑤番茶　⑥乳酸飲料
　　　　　　　　　　　　　　　　　⑦みそ汁，スープ　⑧その他（　　　　　　　　　　　　）
(4) お乳など何も与えない時がありますか………①ない　　　　②ときどきある　　③よくある
(5) 赤ちゃんはよく眠りますか………………①1日中うとうとしているようだ
　　　　　　　　　　　　　　　　　②起きている時と寝ている時のリズムがはっきりしているようだ
　　　　　　　　　　　　　　　　　③すぐ目をさましてむずがる
(6) 入浴の間隔はどのくらいですか……………①1日1回　　　②2〜3日に1回　　③1週間に1回
(7) やけどをしたことはありますか………………………………………………①はい　　　　②いいえ
(8) 大きなけがをしたことはありますか…………………………………………①はい　　　　②いいえ
(9) 近所に子どもの遊び場になるような場所（公園・広場など）がありますか……①はい　　　　②いいえ

### 3. 赤ちゃんの育児についてお聞きします．

(1) 育児でいらいらすることは多いですか………………………①はい　　②どちらともいえない　③いいえ
(2) 赤ちゃんが何を要求しているかわかりますか………………①はい　　②どちらともいえない　③いいえ
(3) 赤ちゃんにどうかかわったらいいか迷う時がありますか………①よくある　②ときどきある　③ない
(4) 育児に自信がもてない，と感じることがありますか………①よくある　②ときどきある　③ない
(5) 赤ちゃんをかわいいと思いますか……………………………①はい　　②どちらともいえない　③いいえ
(6) 赤ちゃんと一緒にいると楽しいですか………………………①はい　　②どちらともいえない　③いいえ
(7) 子育てを大変と感じますか……………………………………①はい　　②どちらともいえない　③いいえ

(8) お母さんは赤ちゃんの世話をしたり遊ぶ時，話しかけますか…①いつもよく話しかけている　②よく話しかけている
　　　　　　　　　　　　　　　　　　　　　　　　　　　　③まあまあ話しかけている　④あまり話しかけていない
(9) 赤ちゃん体操をしていますか……………………①ほとんど毎日　　　②ときどきある　　　③ほとんどしない
(10) 手にものをもたせたことはありますか………①ほとんど毎日　　　②ときどきある　　　③ほとんどしない
(11) 日光浴をさせていますか…………………………①ほとんど毎日　　　②ときどきある　　　③ほとんどしない
(12) 天気の良い日，外で遊ばせますか……………①よくある　　　　　②ときどきある　　　③ない
(13) おむつや食事の世話以外に赤ちゃんと遊んだり散歩したりする時間は一日どのくらいですか
　　　………………………………………………………①2時間以上　　②1時間くらい　　③30分くらい　　④ほとんどない
(14) 赤ちゃんが病気の時，主に看護するのは誰ですか……①お母さん　②お父さん　③母方祖母　④母方祖父
　　　　　　　　　　　　　　　　　　　　　　　　　　　⑤父方祖母　⑥父方祖父　⑦保育所（園）　⑧その他（　　　　）
(15) 育児の手伝いをしてくださる方はありますか…………………………………………①はい　　　　②いいえ
　　　「はい」の人にお聞きします．それは誰ですか（当てはまる人に○，いくつでも可）
　　　………………………………………………………………①夫　　　②妻　　　③母方祖父母　　④父方祖父母
　　　　　　　　　　　　　　　　　　　　　　　⑤兄弟姉妹　⑥親戚　⑦近隣　　⑧その他（　　　　）
(16) 赤ちゃんを一人で置いたまま出かけることはありますか……………①ない　　　②ときどきある　　③よくある
(17) 育児のことで今まで心配なことがありましたか………①しょっちゅうあった　②ときどきあった　③あまりなかった
　　・(17)で①，②と回答した方にお聞きします．誰かに相談しましたか…………①相談した　　　　②相談しなかった
　　　　　　　　　　　　　　　　　　　　　　　　　　③どうしていいのかわからなかった
　　・上の問いで「相談した」と回答した方は，誰に相談しましたか（当てはまる人に○，いくつでも可）
　　　………………………①夫　②妻　③母方祖父母　④父方祖父母　⑤兄弟姉妹　⑥親戚　⑦友人　⑧近隣　⑨医師
　　　　　　　　　　　　　⑩保健師　⑪保育士　⑫看護師・助産師　⑬電話相談　⑭その他（　　　　　　　）
(18) 子育ての心配は，そのつど解決しましたか…………①解決した　　　②ほぼ解決した　　　③解決しなかった
(19) 育児の中で一番心配なときは，いつでしたか（一つに○）
　　　………………………①出産入院中　　②退院直後　　③退院から1か月　　④1〜2か月　　⑤2〜3か月　　⑥現在
(20) 育児について心配なとき，一番たよりにする人はだれですか
　　　………………………①夫　②妻　③母方祖父母　④父方祖父母　⑤兄弟姉妹　⑥親戚　⑦友人　⑧近隣　⑨医師
　　　　　　　　　　　　　⑩保健師　⑪保育士　⑫看護師・助産師　⑬電話相談　⑭その他（　　　　　　　）
(21) お父さんは育児に協力的ですか……………………①はい　　　②どちらともいえない　　　③いいえ
(22) お父さんは赤ちゃんと一緒に遊びますか…………①はい　　　②どちらともいえない　　　③いいえ
(23) 育児の事について夫婦でよく話し合いますか……①はい　　　②ときどき　　　　　　　　③いいえ

4．赤ちゃんをよく観察してお答えください．（なお，まだ月齢に達していないため，できない項目も含まれています．そのため，赤ちゃんがまだできないからといって気になさる必要はありません）
　(1) 音のでるものに対して反応しますか……………………………………………………①はい　　　②いいえ
　(2) 動くものを眼で追いますか………………………………………………………………①はい　　　②いいえ
　(3) ガラガラやものをもたせるとすこしの間持っていますか……………………………①はい　　　②いいえ
　(4) ガラガラやものをふったり，なめたりしてあそびますか……………………………①はい　　　②いいえ
　(5) あおむけにねていると自分の手や指をみていますか…………………………………①はい　　　②いいえ
　(6) あおむけにねていると両手をあわせますか……………………………………………①はい　　　②いいえ
　(7) ささえて立たせると足をまげたり，伸ばしたりしますか……………………………①はい　　　②いいえ
　(8) スプーンから飲むことができますか……………………………………………………①はい　　　②いいえ
　(9) からだのそばにあるものに手をのばしますか…………………………………………①はい　　　②いいえ
　(10) 小さいものをじっと見つめますか………………………………………………………①はい　　　②いいえ
　(11) 相手になることをやめると不機嫌になりますか………………………………………①はい　　　②いいえ
　(12) 腹ばいにするとひじでつっぱって，頭と肩をもちあげますか………………………①はい　　　②いいえ
　(13) あおむけからよこむきになりますか……………………………………………………①はい　　　②いいえ
　(14) 立てて抱いても首はしっかりすわっていますか………………………………………①はい　　　②いいえ

5．その他，次の事をおたずねします．
(1) 近所でふだん世間話をしたり，赤ちゃんの話をしたりする人がいますか………①数名いる　②1～2名いる　③いない
(2) 育児や家庭のことについて，他の人とおしゃべりするのは好きですか…………①はい　②どちらでもない　③いいえ
(3) 親子で一緒に過ごす子育て仲間がいますか……………………………………………①はい　②いいえ
　　1)「はい」の方にお聞きします．子育て仲間ができて特に感じるところを3つまで○をつけてください．
　　　　a）子どもへの関わり方の参考になった　　b）子どものことがわかるようになった　　c）自分の友人ができた
　　　　d）子どもに遊び仲間ができた　　e）人間関係がわずらわしくなった　　f）子育てが楽になった
　　　　g）特に自分の子育てには影響しなかった　　h）子育ての情報が得やすくなった　　i）その他（　　　　　）
(4) 育児サークルに参加したことがありますか……………………………………………①はい　②いいえ
　　1)「はい」の方にお聞きします．どのくらいの期間ですか　……………①2年以上　②1年～2年　③1年未満
　　2)「はい」の方にお聞きします．特に感じるところを3つまで○をつけてください．
　　　　a）子どもへの関わり方の参考になった　　b）子どものことがわかるようになった　　c）自分の友人ができた
　　　　d）子どもに遊び仲間ができた　　e）人間関係がわずらわしくなった　　f）子育てが楽になった
　　　　g）特に自分の子育てには影響しなかった　　h）子育ての情報が得やすくなった　　i）その他（　　　　　）
(5) 他の人があなたの育児をほめたり批判したりするのは気になりますか………①はい　②どちらでもない　③いいえ
(6) あなたが育児について努力しているのをほめて欲しいと思うことがありますか
　　……………………………………………………………………………………………①はい　②どちらともいえない　③いいえ
(7) あなたは自分の子どもが生まれるまでに，他の小さい子どもさんを抱いたり，遊ばせたりした経験はありましたか
　　………………………………………………………………………………①よくあった　②ときどきあった　③なかった
(8) あなたは自分の子どもが生まれるまでに，他の小さい子どもさんに食べさせたり，おむつをかえたりした経験はありましたか……………………………………………………………………①よくあった　②ときどきあった　③なかった
(9) 育児をする上でモデルとなる人はいますか……………………………………………①いる　②いない
　　「いる」の方にお聞きします．それは誰ですか（当てはまる人に○，いくつでも可）
　　　……………①両親　②祖父母　③兄弟姉妹　④親戚　⑤友人　⑥タレント　⑦近所の人　⑧その他（　　　　　）
(10) 自分の子どもをもつ前にイメージしていた育児と実際の育児とでは違いがありましたか
　　……………………………………………………………………………①大いにあった　②少しあった　③なかった
(11) あなたは親（又は親に代わる人）にかわいがられましたか………①はい　②どちらともいえない　③いいえ
(12) あなたは，自分の思い通りにものごとをすすめたい方ですか……①はい　②どちらともいえない　③いいえ
(13) 赤ちゃんと離れたい，と思うことはありますか………………………①よくある　②ときどきある　③ない
(14) あなたは自分の親（又は親に代わる人）から厳しい体罰を受けたことがありましたか
　　………………………………………………………………………………①よくあった　②ときどきあった　③なかった
(15) あなたは自分の夫から暴力を受けていますか…………………………①よくある　②ときどきある　③ない
(16) この赤ちゃんを産んでよかったと思いますか…………………………①よく思う　②思う　③あまり思わない
(17) 赤ちゃんの事に関しては，一方の親だけが責任をとり他方はまかせっきりですか
　　………………………………………………………………………………①いつも　②たいてい　③いいえ
(18) 子どもだけが生きがいだと思っていますか……………………………①いつも　②ときどき　③いいえ
(19) 育児で不安になることはありますか……………………………………①いつも　②ときどき　③いいえ
(20) あなたは赤ちゃんをよその赤ちゃんと比較して見ることが多いですか
　　………………………………………………………………………………①いつも　②ときどき　③いいえ
(21) あなたは赤ちゃんを叱るとき，たたく，つねるとか，けるなどの体罰を用いますか
　　………………………………………………………………………………①いつも　②ときどき　③いいえ
(22) 頭や顔などをたたいてしまうことがありますか………………………①ない　②ときどきある　③よくある
(23) ベッドに投げたり，落としたりすることがありますか………………①ない　②ときどきある　③よくある
(24) この赤ちゃんとはなんとなく気があわないように思いますか………①いつも　②ときどき　③いいえ

6．H市で現在おこなわれている「子育て支援事業」についてお聞きします．
(1) 子育てについて相談できるところをご存知ですか．知っている機関に○をつけてください．
　　　　①市役所児童福祉課（家庭児童相談室）　②保健所（保健センター・保健福祉サービスセンター）
　　　　③保育所（園）　④すこやかセンター　⑤その他（　　　　　　）

(2) 子育てについて以下の相談機関に相談したことがありますか．相談した機関に○をつけてください．
　　①市役所児童福祉課（家庭児童相談室）　②保健所（保健センター・保健福祉サービスセンター）
　　③保育所（園）　④すこやかセンター　⑤その他（　　　　　　）
(3) 「すこやかセンター」に「子育て支援施設」があることをご存知ですか．
　　①利用したことがある　②知っているが利用したことはない　③知らない
(4) 会員間の育児援助組織である「ファミリーサポートセンター」をご存知ですか．
　　①会員になっている　②将来会員になろうと思っている　③知らない
(5) 子どもを一時的に預かってもらえる「子育て支援短期利用事業」をご存知ですか．
　　①利用したことがある　②知っているが利用したことはない　③知らない
(6) 保育所などへ通所している乳幼児が，病気の回復期に預かってもらえる「乳幼児健康支援デイサービス事業」をご存知ですか．
　　①利用したことがある　②知っているが利用したことはない　③知らない
(7) 保健師が家庭訪問をしていることをご存知ですか．
　　①家庭訪問をしてもらったことがある（新生児　その他）　②知っているが訪問してもらったことがない
　　③知らない

7．子育てに最も必要と思われることに○をしてください．（3項目まで）
　　①保育所，一時預かりなどの保育サービス　②遊び場　③育児サークルなどのような親子で集まれる場
　　④育児サロンのように気軽に立ち寄って自由に話が出来る場　⑤子育ての学習の場
　　⑥専門職等による相談　⑦育児情報の提供　⑧家事サービスや経済的支援などの生活支援

8．ご家族について，お聞きします．
(1) お子さんは，（　）人中，（　）番目
　　お子さんの年齢をすべて記入してください　（　）歳（　）歳（　）歳（　）歳（　）歳（　）歳（　）歳
(2) お母さんの年代はどれですか…………①20歳未満　　②20歳〜24歳　　③25歳〜29歳
　　　　　　　　　　　　　　　　　　　　④30歳〜34歳　⑤35歳〜39歳　⑥40歳以上
(3) お父さんの年代はどれですか…………①20歳未満　　②20歳〜24歳　　③25歳〜29歳
　　　　　　　　　　　　　　　　　　　　④30歳〜34歳　⑤35歳〜39歳　⑥40歳以上
(4) お母さんは現在仕事をしていますか　…①はい（a）フルタイム，b）パートタイム，c）自営，d）内職）②いいえ
(5) 家族構成はどれですか…………………①夫婦と子どもだけの家庭　②三世代家庭　③その他（　　　　）
(6) 住居状況はどれですか…………………ア）①一戸建て　　　　　　②集合住宅　　③その他（　　　　）
　　　　　　　　　　　　　　　　　　　　イ）H市に住んで（　）年目
(7) 経済状況についてお聞きします………①安定している　②まあまあ暮らせる　③苦しい
(8) お母さんが日常最も関心のあることに一つ○をつけてください．
　　………………………①家族の健康　②仕事のこと　③お金（家計）のこと　④家族関係　⑤趣味　⑥その他（　　　　）

# 1歳6か月児健診アンケート調査用紙（第二次調査）

アンケート記入日　　月　　日
アンケートを記入された時のお子さんの月齢　1歳（　　）か月（　　）日　男・女
このアンケートにご記入いただくのは　　　　お母さん・お父さん・その他（　　）
お子さんの主な養育者は　　　　　　　　　　お母さん・お父さん・その他（　　）

※以下の質問について，該当する番号に○をおつけください．できるだけお子さんの主な養育者の方がお答えください．お母さん以外の方が養育者である場合は，わかる範囲でお答えください．

## 1．お子さんの最近の様子をお聞きします．

(1) 食事についてお聞きします．何時頃に何分ぐらいで食べていますか………………………………………………
　　　　朝食（　時頃：　分位で）昼食（　時頃：　分位で）夕食（　時頃：　分位で）
(2) 夕食はどのように食べていますか……………………………①家族みんなで食べる　　②父親以外みんなで食べる
　　　　　　　　　　　　　　　　　　　　　　　　　　　　　③子どもだけで食べる　　④その他（　　　　　　）
(3) 食事の時，お子さんはどうしていますか……………………①スプーン，フォークを持って食べようとしている
　　　　　　　　　　　　　　　　　　　　　　　　　　　　　②手づかみで食べている　③親が全部食べさせている
　　　　　　　　　　　　　　　　　　　　　　　　　　　　　④その他（　　　　　　　　　　　　　　　　　）
(4) 食事など何も与えないことがありますか……………………①ない　　　　　②ときどきある　　　③よくある
(5) 食事はテレビを見ながら食べていますか……………………①はい　　　　　②ときどき　　　　　③いいえ
(6) お子さんの食事で特に気をつけているもの2つに○をつけてください
　　　………………………………………………………………①食べる量　　②栄養のバランス　　③しつけ　　④清潔
　　　　　　　　　　　　　　　　　　　　　　⑤食べる楽しみ　　⑥その他（　　　　　　　　）
(7) 母乳についてお聞きします……………………①今も飲ませている　　②（　　）歳（　　）か月まで飲ませていた
　　　　　　　　　　　　　　　　　　　　　　　　③人工乳のみ
(8) お子さんは，朝目覚める時間と夜眠る時間がだいたい決まっていますか…………①はい　　　②いいえ
　　「はい」の方にお聞きします．　　　　　　目覚める時間　朝（　　）時頃，眠る時間　夜（　　）時頃
(9) お子さんは昼寝をしますか………………………………①はい（　　時間くらい）　　　　②いいえ
(10) 入浴の間隔はどのくらいですか……………………①1日に1回　　②2～3日に1回　　③1週間に1回くらい
(11) トイレットトレーニング（おしっこ）は始めていますか……………①始めている　　　②そろそろ始めようと思う
　　　　　　　　　　　　　③もう少し先にしようと思う　　④まだ考えていない　　⑤完了した（昼間）
(12) お子さんが一人でテレビやビデオを一日どのくらい見ますか………①見ない　　②30分前後　　③1～2時間
　　　　　　　　　　　　　　　　　　　　　　　　　　　④3～4時間　　⑤5時間以上
(13) やけどをしたことはありますか……………………………………………………………①はい　　②いいえ
(14) 大きなけがをしたことはありますか………………………………………………………①はい　　②いいえ
(15) 近所に子どもの遊び場になるような場所（公園・広場など）がありますか………①はい　　②いいえ

## 2．お子さんの育児についてお聞きします．

(1) 育児でいらいらすることは多いですか……………………………………①はい　②どちらともいえない　③いいえ
(2) お子さんが何を要求しているかわかりますか……………………………①はい　②どちらともいえない　③いいえ
(3) お子さんにどうかかわったらいいか迷う時がありますか………………①よくある　②ときどきある　③ない
(4) 育児に自信がもてない，と感じることがありますか……………………①よくある　②ときどきある　③ない
(5) お子さんをかわいいと思いますか…………………………………………①はい　②どちらともいえない　③いいえ
(6) お子さんと一緒にいると楽しいですか……………………………………①はい　②どちらともいえない　③いいえ
(7) 子育てを大変と感じますか…………………………………………………①はい　②どちらともいえない　③いいえ
(8) お母さんは赤ちゃんの世話をしたり遊ぶ時，話しかけますか
　　　…………①いつもよく話しかけている　②よく話しかけている　③まあまあ話しかけている　④あまり話しかけていない
(9) 天気の良い日，外で遊ばせますか…………………………………………①よくある　②ときどきある　③ない
(10) お子さんと一緒に遊ぶ同年代の子どもがいますか………………………①数名いる　②1～2人いる　③ほとんどいない

(11) 排泄や食事の世話以外にお子さんと遊んだり散歩したりする時間は一日どのくらいですか
　　　　　　　　　　　　　　　　　　　　　　……①2時間以上　②1時間くらい　③30分くらい　④ほとんどない
(12) お子さんが病気の時，主に看護するのは誰ですか……①お母さん　②お父さん　③母方祖母　　④母方祖父
　　　　　　　　　　　　　　　　　　　　　⑤父方祖母　⑥父方祖父　⑦保育所（園）　⑧その他（　　　）
(13) 育児の手伝いをしてくださる方はありますか……………………………………………①はい　②いいえ
　　　「はい」の人にお聞きします．それは誰ですか（当てはまる人に○，いくつでも可）
　　　　　　　　　　　　　　　　　　　　①夫　　　②妻　　③母方祖父母　④父方祖父母
　　　　　　　　　　　　　　　　　　　　⑤兄弟姉妹　⑥親戚　⑦近隣　　⑧その他（　　　）
(14) お子さんを一人で置いたまま出かけることはありますか………………①ない　②ときどきある　③よくある
(15) 育児のことで今まで心配なことがありましたか…………①しょっちゅうあった　②ときどきあった　③あまりなかった
　　・(15)で①，②と回答した方にお聞きします．誰かに相談しましたか
　　　　　　　　　　　　　　　　　　　　　　①相談した　②相談しなかった　③どうしていいのかわからなかった
　　・上の問いで「相談した」と回答した方は，誰に相談しましたか（当てはまる人に○，いくつでも可）
　　　　　　　　　①夫　②妻　③母方祖父母　④父方祖父母　⑤兄弟姉妹　⑥親戚　⑦友人　⑧近隣　⑨医師
　　　　　　　　　⑩保健師　⑪保育士　⑫看護師・助産師　⑬電話相談　⑭その他（　　　　）
(16) 子育ての心配は，そのつど解決しましたか……………………①解決した　②ほぼ解決した　③解決しなかった
(17) 育児の中で一番心配なときは，いつでしたか（一つに○）
　　　　　　　　　　　　　　　　……①出産入院中　②退院直後　③退院から1か月　④1〜2か月　⑤2〜3か月
　　　　　　　　　　　　　　　　　⑥3〜6か月　⑦6〜10か月　⑧1歳前後　⑨現在
(18) 育児について心配なとき，一番たよりにする人はだれですか
　　　　　　　　　①夫　②妻　③母方祖父母　④父方祖父母　⑤兄弟姉妹　⑥親戚　⑦友人　⑧近隣　⑨医師
　　　　　　　　　⑩保健師　⑪保育士　⑫看護師・助産師　⑬電話相談　⑭その他（　　　　）
(19) お父さんは育児に協力的ですか………………………………①はい　　②どちらともいえない　③いいえ
(20) お父さんはお子さんと一緒に遊びますか………………………①はい　　②どちらともいえない　③いいえ
(21) お父さんと一緒にいる時のお子さんの様子はどうですか………①喜んでそばに行く　②遊んでもらうと喜ぶ
　　　　　　　　　　　　　　　　　　　　　　　　③お母さんと二人の時とかわらない　④機嫌が悪くなる
(22) 育児の事について夫婦でよく話し合いますか………………………①はい　　②ときどき　　③いいえ

3．お子さんの毎日の様子をよく観察して，お答えください．（なお，まだ月齢に達していないため，できない項目も含まれています．そのため，お子さんがまだできないからといって気になさる必要はありません）
(1) 10m以上歩きますか　……………………………………………………………①はい　　②いいえ
(2) 片手をひくと階段を昇りますか……………………………………………………①はい　　②いいえ
(3) 走ることができますか………………………………………………………………①はい　　②いいえ
(4) 気分がのると音楽に合わせて手・足・指を動かしますか………………………①はい　　②いいえ
(5) 砂いじりをしますか…………………………………………………………………①はい　　②いいえ
(6) 水や砂などを容器に移し替えて遊びますか………………………………………①はい　　②いいえ
(7) 「〜をとってきて」など簡単な言いつけを理解し，行動しますか ……………①はい　　②いいえ
(8) 絵本を見て「ワンワンどれ？」と聞くと指さしますか…………………………①はい　　②いいえ
(9) 困ったことがあると助けを求めますか……………………………………………①はい　　②いいえ
(10) パパ，ママ，ワンワンなど意味のあることばを言いますか……………………①はい　　②いいえ
(11) 小さい子どもを見ると近づいて，服やからだなどをさわりますか……………①はい　　②いいえ
(12) 積み木やブロックなどを2〜3個積み上げて遊びますか………………………①はい　　②いいえ
(13) 少し離れたところからボールをやりとりできますか……………………………①はい　　②いいえ
(14) 階段一段くらいの高さのところから飛び降りますか……………………………①はい　　②いいえ
(15) まねをしてグルグル円を描きますか………………………………………………①はい　　②いいえ
(16) 食べ物以外の物は口に入れなくなってきましたか………………………………①はい　　②いいえ

4．その他，次の事をおたずねします．
(1) 近所でふだん世間話をしたり，お子さんの話をしたりする人がいますか…①数名いる　②1〜2名いる　③いない
(2) 育児や家庭のことについて，他の人とおしゃべりするのは好きですか……①はい　②どちらでもない　②いいえ
(3) 親子で一緒に過ごす子育て仲間がいますか……………………………………………①はい　②いいえ
　　1)「はい」の方にお聞きします．子育て仲間ができて特に感じるところを3つまで○をつけてください．
　　　　a) 子どもへの関わり方の参考になった　　b) 子どものことがわかるようになった　　c) 自分の友人ができた
　　　　d) 子どもに遊び仲間ができた　　　　　　e) 人間関係がわずらわしくなった　　　　f) 子育てが楽になった
　　　　g) 特に自分の子育てには影響しなかった　h) 子育ての情報が得やすくなった　　　　i) その他（　　　　　）
(4) 育児サークルに参加したことがありますか……………………………………………①はい　②いいえ
　　1)「はい」の方にお聞きします．どのくらいの期間ですか　………………①2年以上　②1年〜2年　③1年未満
　　2)「はい」の方にお聞きします．特に感じるところを3つまで○をつけてください．
　　　　a) 子どもへの関わり方の参考になった　　b) 子どものことがわかるようになった　　c) 自分の友人ができた
　　　　d) 子どもに遊び仲間ができた　　　　　　e) 人間関係がわずらわしくなった　　　　f) 子育てが楽になった
　　　　g) 特に自分の子育てには影響しなかった　h) 子育ての情報が得やすくなった　　　　i) その他（　　　　　）
(5) 他の人があなたの育児をほめたり批判したりするのは気になりますか………①はい　②どちらでもない　③いいえ
(6) あなたが育児について努力しているのをほめて欲しいと思うことがありますか
　　………………………………………………………………………………………①はい　②どちらでもない　③いいえ
(7) あなたは自分の子どもが生まれるまでに，他の小さい子どもさんを抱いたり，遊ばせたりした経験はありましたか
　　………………………………………………………………………………①よくあった　②ときどきあった　③なかった
(8) あなたは自分の子どもが生まれるまでに，他の小さい子どもさんに食べさせたり，おむつをかえたりした経験はありましたか
　　………………………………………………………………………………①よくあった　②ときどきあった　③なかった
(9) 育児をする上でモデルとなる人はいますか……………………………………………①いる　②いない
　　「いる」の方にお聞きします．それは誰ですか（当てはまる人に○，いくつでも可）
　　…………………①両親　②祖父母　③兄弟姉妹　④親戚　⑤友人　⑥タレント　⑦近所の人　⑧その他（　　　　　）
(10) 自分の子どもをもつ前にイメージしていた育児と実際の育児とでは違いがありましたか
　　　………………………………………………………………………………①大いにあった　②少しあった　③なかった
(11) あなたは親（又は親に代わる人）にかわいがられましたか………①はい　②どちらともいえない　③いいえ
(12) あなたは，自分の思い通りにものごとをすすめたい方ですか……①はい　②どちらともいえない　③いいえ
(13) お子さんと離れたい，と思うことはありますか……………………①よくある　②ときどきある　③ない
(14) あなたは自分の親（又は親に代わる人）から厳しい体罰を受けたことがありましたか
　　　…………………………………………………………………………①よくあった　②ときどきあった　③なかった
(15) あなたは自分の夫から暴力を受けていますか………………………①よくある　②ときどきある　③ない
(16) このお子さんを産んでよかったと思いますか………………………①よく思う　②思う　③あまり思わない
(17) お子さんの事に関しては，一方の親だけが責任をとり他方はまかせっきりですか
　　　…………………………………………………………………………①いつも　②たいてい　③いいえ
(18) お子さんが同じことをしているのに，ある時はしかり，ある時はみのがしたりしますか
　　　…………………………………………………………………………①いつも　②ときどき　③いいえ
(19) お子さんがおもしろそうにしていれば悪いことでもしかったり禁止したりできにくいですか
　　　…………………………………………………………………………①いつも　②ときどき　③いいえ
(20) 子どもだけが生きがいだと思っていますか…………………………①いつも　②ときどき　③いいえ
(21) 育児で不安になることはありますか…………………………………①いつも　②ときどき　③いいえ
(22) お子さんがしていることを黙ってみていられなくて，口出ししますか
　　　…………………………………………………………………………①いつも　②ときどき　③いいえ
(23) お子さんをよそのお子さんと比較して見ることが多いですか……①いつも　②ときどき　③いいえ
(24) お子さんのしていることを「あれはいけない」「これはいけない」と禁止しますか
　　　…………………………………………………………………………①いつも　②ときどき　③いいえ
(25) お子さんを叱るとき，たたく，つねるとか，けるなどの体罰を用いますか
　　　…………………………………………………………………………①いつも　②ときどき　③いいえ

㉖　叱る時頭や顔などをたたいてしまうことがありますか………①ない　　　　②ときどきある　　　③よくある
　㉗　叱る時物を使ってたたいてしまうことがありますか………①ない　　　　②ときどきある　　　③よくある
　㉘　このお子さんとはなんとなく気があわないように思いますか……①いつも　　　②ときどき　　　　　③いいえ

5．H市で現在おこなわれている「子育て支援事業」についてお聞きします．
　(1)　子育てについて相談できるところをご存知ですか．知っている機関に○をつけてください．
　　　　①市役所児童福祉課（家庭児童相談室）　②保健所（保健センター・保健福祉サービスセンター）
　　　　③保育所（園）　④すこやかセンター　⑤その他（　　　　　　　）
　(2)　子育てについて以下の相談機関に相談したことがありますか．相談した機関に○をつけてください．
　　　　①市役所児童福祉課（家庭児童相談室）　②保健所（保健センター・保健福祉サービスセンター）
　　　　③保育所（園）　④すこやかセンター　⑤その他（　　　　　　　）
　(3)　「すこやかセンター」に「子育て支援施設」があることをご存知ですか．
　　　　①利用したことがある　　②知っているが利用したことはない　　③知らない
　(4)　会員間の育児援助組織である「ファミリーサポートセンター」をご存知ですか．
　　　　①会員になっている　　②将来会員になろうと思っている　　③知らない
　(5)　子どもを一時的に預かってもらえる「子育て支援短期利用事業」をご存知ですか．
　　　　①利用したことがある　　②知っているが利用したことはない　　③知らない
　(6)　保育所などへ通所している乳幼児が，病気の回復期に預かってもらえる「乳幼児健康支援デイサービス事業」をご存知ですか．
　　　　①利用したことがある　　②知っているが利用したことはない　　③知らない
　(7)　今までに受診されたことのあるすべての乳幼児健診に○をつけてください．　①4か月　②10か月
　(8)　保健師が家庭訪問をしていることをご存知ですか．
　　　　①家庭訪問をしてもらったことがある（新生児　その他）　②知っているが訪問してもらったことがない
　　　　③知らない

6．子育てに最も必要と思われることに○をしてください．（3項目まで）
　　　①保育所，一時預かりなどの保育サービス　　②遊び場　　③育児サークルなどのような親子で集まれる場
　　　④育児サロンのように気軽に立ち寄って自由に話が出来る場　　⑤子育ての学習の場
　　　⑥専門職等による相談　　⑦育児情報の提供　　⑧家事サービスや経済的支援などの生活支援

7．ご家族について，お聞きします．
　(1)　お子さんは，（　　）人中，（　　）番目
　　　　お子さんの年齢をすべて記入してください　（　）歳（　）歳（　）歳（　）歳（　）歳（　）歳（　）歳
　(2)　お母さんの年代はどれですか……………①20歳未満　　②20歳～24歳　　③25歳～29歳
　　　　　　　　　　　　　　　　　　　　　　④30歳～34歳　⑤35歳～39歳　　⑥40歳以上
　(3)　お父さんの年代はどれですか……………①20歳未満　　②20歳～24歳　　③25歳～29歳
　　　　　　　　　　　　　　　　　　　　　　④30歳～34歳　⑤35歳～39歳　　⑥40歳以上
　(4)　お母さんは現在仕事をしていますか　…①はい（a）フルタイム，b）パートタイム，c）自営，d）内職）　②いいえ
　(5)　家族構成はどれですか………………………①夫婦と子どもだけの家庭　　②三世代家庭　　③その他（　　　　）
　(6)　住居状況はどれですか………………………ア）①一戸建　　　　　　　　②集合住宅　　　　③その他（　　　　）
　　　　　　　　　　　　　　　　　　イ）H市に住んで（　　）年目
　(7)　経済状況についてお聞きします……………①安定している　　②まあまあ暮らせる　　③苦しい
　(8)　あなたが日常最も関心のあることに一つ○をつけてください．
　　……………………①家族の健康　②仕事のこと　③お金（家計）のこと　④家族関係　⑤趣味　⑥その他（　　　　）

# 1歳6か月児健診アンケート調査用紙（第三次調査）

アンケート記入日　　月　　日
アンケートを記入された時のお子さんの年齢　　（　）歳（　）か月　男・女
このアンケートにご記入いただいたのは，　お母さん・お父さん・その他（　　）
お子さんの主な養育者は　　　　　　　　　　お母さん・お父さん・その他（　　）

※以下の質問について，該当する番号に○をおつけください．できるだけお子さんの主な養育者の方がお答えください．お母さん以外の方が養育者である場合は，わかる範囲でお答えください．

1. H市で現在おこなわれている「子育て支援事業」についてお聞きします．選択するものに○をつけてください．
   (1) 子育てについて相談できるところをご存知ですか．知っている機関に○をつけてください．
      ①市役所子育て応援課（旧　児童福祉課）　②保健所（保健センター・保健福祉サービスセンター）
      ③保育所（園）　　④すこやかセンター　　⑤医療機関　　⑥その他（　　　　）
   (2) 子育てについて以下の相談機関に相談したことがありますか．相談した機関に○をつけてください．
      ①市役所子育て応援課（旧　児童福祉課）　②保健所（保健センター・保健福祉サービスセンター）
      ③保育所（園）　　④すこやかセンター　　⑤医療機関　　⑥その他（　　　　）
   (3) 「すこやかセンター」に「子育て支援施設」があることをご存知ですか．
      ①利用したことがある　　②知っているが利用したことはない　　③知らない
   (4) 会員間の育児援助組織である「ファミリーサポートセンター」をご存知ですか．
      ①会員になっている　　　　　　　　　②将来会員になろうと思っている
      ③知っているが会員になるつもりはない　④知らない
   (5) 子どもを一時的に預かってもらえる「子育て支援短期利用事業」をご存知ですか．
      ①利用したことがある　　②知っているが利用したことはない　　③知らない
   (6) 保育所などに通所している乳幼児が，病気の回復期に預かってもらえる「乳幼児健康支援デイサービス事業」をご存知ですか．
      ①利用したことがある　　②知っているが利用したことはない　　③知らない
   (7) 今までに受診されたことのあるすべての乳幼児健診に○をつけてください．
      ①1カ月　②4カ月　③7カ月　④10カ月
   (8) 保健師が家庭訪問をしていることをご存知ですか．
      ①家庭訪問をしてもらったことがある　②知っているが訪問してもらったことがない　③知らない

2. 子育てをしていくうえで必要と思われることに○をしてください．（3項目まで）
   ①保育，一時預かりなどの保育サービス　②遊び場　③育児サークルなどのような親子で集まれる機会
   ④育児サロンのように気軽に立ち寄って自由に話ができる場　⑤子育ての学習の場　⑥専門職等による相談
   ⑦育児情報　⑧家事サービス等の生活支援　⑨その他（　　　　　）

3. あなたを支援し，手伝ってくれる人はいますか．選択するものに○をつけてください．
   (1) 趣味や興味のあることを一緒に話して，気分転換させてくれる人
      ……………………………………………………①いない　②1人　③2～3人　④4～5人　⑤6人以上
   (2) 一緒にいると心が落ち着く人………………①いない　②1人　③2～3人　④4～5人　⑤6人以上
   (3) 子どもの遊び場や一時保育などのサービスを教えてくれる人
      ……………………………………………………①いない　②1人　③2～3人　④4～5人　⑤6人以上
   (4) 子どもの発達やしつけについて，適切な助言をしてくれる人
      ……………………………………………………①いない　②1人　③2～3人　④4～5人　⑤6人以上
   (5) お子さんが病気の時，薬や医療機関について教えてくれる人
      ……………………………………………………①いない　②1人　③2～3人　④4～5人　⑤6人以上
   (6) あなたの体調が悪いとき，お子さんの面倒をみてくれる人
      ……………………………………………………①いない　②1人　③2～3人　④4～5人　⑤6人以上

(7) お子さんの体調が悪い時，医療機関に連れて行ってくれる人
　　………………………………………………………①いない　②1人　③2～3人　④4～5人　⑤6人以上
(8) 買い物に行くぐらいの間，お子さんをみてくれる人…………①いない　②1人　③2～3人　④4～5人　⑤6人以上
(9) 留守を頼める人……………………………………………………①いない　②1人　③2～3人　④4～5人　⑤6人以上
(10) あなたの代わりに，銀行やいろいろな手続きに行ってくれる人
　　………………………………………………………①いない　②1人　③2～3人　④4～5人　⑤6人以上
(11) 心配事や悩み事を親身になって聴いてくれる人…………①いない　②1人　③2～3人　④4～5人　⑤6人以上
(12) あなたの気持ちを察して思いやってくれる人……………①いない　②1人　③2～3人　④4～5人　⑤6人以上

4．子育てについておうかがいします．選択するものに○をつけてください．
　(1) お子さんに話しかけながら世話をしたり，遊んだりしますか
　　…………………………………………①いつもよく話しかけている　　②よく話しかけている
　　　　　　　　　　　　　　　③まあまあ話しかけている　　　④あまり話しかけていない
　(2) お子さんと一緒に遊ぶ同年代の子どもがいますか……………①数名いる　②1～2人いる　③ほとんどいない
　(3) 親子で一緒に過ごす子育て仲間がいますか………………………………………①いる　②いない
　(4) 「育児サークル」に参加したことがありますか
　　…………①現在参加している　②過去に参加したことがあるが現在は参加していない　③参加したことはない
　(5) あなたは自分の子どもが生まれるまでに他の小さい子どもに食べさせたり，オムツを替えたりした経験はありましたか
　　……………………………………………………①よくあった　②ときどきあった　③なかった
　(6) 習い事についてお聞きします．このお子さんのために利用したことのある習い事の番号を○で囲んでください．
　　………①ビデオや教材などの通信教育　②スイミングスクール　③リトミック　④遊びを目的とした幼児教室
　　　　　⑤学習を目的とした幼児教室（数字，文字，語学などの学習）　⑥絵画教室　⑦体操・スポーツ教室
　　　　　⑧その他（　　　　　）
　(7) お子さんの事に関しては，一方の親だけが責任をとり他方はまかせっきりですか
　　…………………………………………………………………………①いいえ　②はい（たいてい　いつも）
　(8) お子さんが同じことをしているのに，ある時はしかり，ある時はみのがしたりしますか
　　………………………………………………………………①いいえ　②はい（ときどき　いつも）
　(9) お子さんがおもしろそうにしていれば悪いことでもしかったり禁止したりできにくいですか
　　………………………………………………………………①いいえ　②はい（ときどき　いつも）
　(10) 子どもだけが生きがいだと思っていますか………………①いいえ　②はい（だいたい　いつも）
　(11) 子育てのことで心配なことがありましたか………………①いいえ　②はい（ときどき　いつも）
　(12) あなたはお子さんがしていることを黙ってみていられなくて干渉しますか…①いいえ　②はい（ときどき　いつも）
　(13) あなたはお子さんをよその赤ちゃんと比較して気にしていますか……①いいえ　②はい（たびたび　いつも）
　(14) あなたはお子さんのしていることを「あれはいけない」「これはいけない」と禁止しますか
　　………………………………………………………………①いいえ　②はい（ときどき　いつも）
　(15) あなたはお子さんを叱るとき，打つとか，つねるとか，しばるなどの体罰を用いますか
　　………………………………………………………………①いいえ　②はい（ときどき　いつも）
　(16) 「この子がいなければいいのに」と思うことがありますか ………①いいえ　②はい（ときどき　いつも）

5．お子さんの毎日の様子をよく観察して，お答えください．選択するものに○をつけてください．
　（なお，まだ月齢に達していないため，できない項目も含まれています．そのため，お子さんがまだできないからといって気になさる必要はありません）
　(1) 10m以上歩きますか ………………………………………………………①はい　　②いいえ
　(2) 片手をひくと階段を昇りますか……………………………………………①はい　　②いいえ
　(3) 走ることができますか………………………………………………………①はい　　②いいえ
　(4) 気分がのると音楽に合わせて手・足を動かしますか……………………①はい　　②いいえ
　(5) 砂じりをしますか……………………………………………………………①はい　　②いいえ
　(6) 水や砂などを容器に移し替えて遊びますか………………………………①はい　　②いいえ
　(7) 「～をとってきて」など簡単な言いつけを理解し，行動しますか ……①はい　　②いいえ

(8) 絵本をみて「ワンワンどれ？」に指さしますか……………………………………①はい　②いいえ
(9) 困ったことがあると助けを求めますか………………………………………………①はい　②いいえ
(10) パパ，ママ，ワンワンなど意味のあることばを言いますか………………………①はい　②いいえ
(11) 小さい子どもを見ると近づいて，服やからだなどをさわりますか………………①はい　②いいえ
(12) 積み木やブロックなどを２～３個積上げて遊びますか……………………………①はい　②いいえ
(13) 少し離れたところからボールをやりとりできますか………………………………①はい　②いいえ
(14) 階段一段くらいの高さのところから飛び降りますか………………………………①はい　②いいえ
(15) まねをしてグルグル円を描けますか……………………………………………………①はい　②いいえ
(16) 食べ物以外の物は口に入れなくなってきましたか…………………………………①はい　②いいえ

## 6．最近の１か月間の状況をお尋ねします．選択するものに○をつけてください．

(1) お子さんの世話のために，かなり自由が制限されていると感じることがありますか
　　　　…………………………………………①全くない　②たまにある　③時々ある　④よくある　⑤いつも
(2) お子さんの世話が家事等の仕事と比べて，重荷になっていると感じることがありますか
　　　　…………………………………………①全くない　②たまにある　③時々ある　④よくある　⑤いつも
(3) お子さんの手を叩くことはありますか　………………①全くない　②たまにある　③時々ある　④よくある　⑤いつも
(4) お子さんがいるために，趣味や学習，その他の社会活動などに支障をきたしていると感じることがありますか
　　　　…………………………………………①全くない　②たまにある　③時々ある　④よくある　⑤いつも
(5) お子さんを大きな声で叱ることはありますか…………①全くない　②たまにある　③時々ある　④よくある　⑤いつも
(6) お子さんとのかかわりで，気づかれを感じることがありますか
　　　　…………………………………………①全くない　②たまにある　③時々ある　④よくある　⑤いつも
(7) お子さんの世話で健康をそこねてしまったと感じることがありますか
　　　　…………………………………………①全くない　②たまにある　③時々ある　④よくある　⑤いつも
(8) お子さんとのかかわりで，腹を立てることがありますか
　　　　…………………………………………①全くない　②たまにある　③時々ある　④よくある　⑤いつも
(9) あなたがお子さんにしてあげていることで，むくわれないと感じることがありますか
　　　　…………………………………………①全くない　②たまにある　③時々ある　④よくある　⑤いつも
(10) お子さんのやっていることで，どうしても理解に苦しむことがありますか
　　　　…………………………………………①全くない　②たまにある　③時々ある　④よくある　⑤いつも
(11) お子さんが傷つくことを言うことはありますか………①全くない　②たまにある　③時々ある　④よくある　⑤いつも
(12) お子さんとのかかわりに，イライラしたり気がめいってしまうことがありますか
　　　　…………………………………………①全くない　②たまにある　③時々ある　④よくある　⑤いつも
(13) 必要とも思われないようなことをお子さんは求めすぎていると感じることはありますか
　　　　…………………………………………①全くない　②たまにある　③時々ある　④よくある　⑤いつも
(14) お子さんが泣いていても放っておくことがありますか
　　　　…………………………………………①全くない　②たまにある　③時々ある　④よくある　⑤いつも

## 7．あなた自身についておうかがいします．選択するものに○をつけてください．

(1) あなたは，自分が立てた計画をうまくできる自信がある方ですか
　　　　………………………①そう思う　②まあそう思う　③どちらともいえない　④あまりそう思わない　⑤そう思わない
(2) あなたは，はじめはうまくいかない仕事でも，できるまでやり続ける方ですか
　　　　………………………①そう思う　②まあそう思う　③どちらともいえない　④あまりそう思わない　⑤そう思わない
(3) あなたは，重要な目標を決めたら，それを成しとげる方ですか
　　　　………………………①そう思う　②まあそう思う　③どちらともいえない　④あまりそう思わない　⑤そう思わない
(4) あなたは，会いたい人を見かけたら，向こうから来るのを待たないでその人の所へ行く方ですか
　　　　………………………①そう思う　②まあそう思う　③どちらともいえない　④あまりそう思わない　⑤そう思わない
(5) あなたは，非常にややこしく見えることには，手を出そうとは思わない方ですか
　　　　………………………①そう思う　②まあそう思う　③どちらともいえない　④あまりそう思わない　⑤そう思わない
(6) あなたは，面白くないことをする時でも，それが終るまでがんばる方ですか

………………………①そう思う　②まあそう思う　③どちらともいえない　④あまりそう思わない　⑤そう思わない
(7) あなたは，何かをしようと思ったら，すぐにとりかかる方ですか
………………………①そう思う　②まあそう思う　③どちらともいえない　④あまりそう思わない　⑤そう思わない
(8) あなたは，新しいことを始めようと決めても，出だしでつまずくとすぐにあきらめてしまう方ですか
………………………①そう思う　②まあそう思う　③どちらともいえない　④あまりそう思わない　⑤そう思わない
(9) あなたは，最初は友達になる気がしない人でも，すぐにあきらめないで友達になろうとする方ですか
………………………①そう思う　②まあそう思う　③どちらともいえない　④あまりそう思わない　⑤そう思わない
(10) あなたは，思いがけない問題が起こった時，それをうまく処理できる方ですか
………………………①そう思う　②まあそう思う　③どちらともいえない　④あまりそう思わない　⑤そう思わない
(11) あなたは，難しそうなことでも，新たに学ぼうと思う方ですか
………………………①そう思う　②まあそう思う　③どちらともいえない　④あまりそう思わない　⑤そう思わない
(12) あなたは，失敗すると一生懸命やろうと思う方ですか
………………………①そう思う　②まあそう思う　③どちらともいえない　④あまりそう思わない　⑤そう思わない
(13) あなたは，人の集まりの中で，うまく振舞う方ですか
………………………①そう思う　②まあそう思う　③どちらともいえない　④あまりそう思わない　⑤そう思わない
(14) あなたは，何かしようとする時，自分にそれができるかどうか不安になる方ですか
………………………①そう思う　②まあそう思う　③どちらともいえない　④あまりそう思わない　⑤そう思わない
(15) あなたは，人に頼らない方ですか
………………………①そう思う　②まあそう思う　③どちらともいえない　④あまりそう思わない　⑤そう思わない
(16) あなたは，自分から友達を作るのがうまい方ですか
………………………①そう思う　②まあそう思う　③どちらともいえない　④あまりそう思わない　⑤そう思わない

8．**ご家族**についてお聞きします．選択するものに○をつけてください．
(1) お子さんの人数（　　　）人
(2) このお子さんは（　　　）番目．
(3) すべてのお子さんの年齢を記入してください．（　）歳（　）歳（　）歳（　）歳（　）歳（　）歳
(4) お母さんの年代は次のどれにあたりますか
………………………①20歳未満　②20～24歳　③25～29歳　④30～34歳　⑤35～39歳　⑥40歳以上
(5) お父さんの年代は次のどれにあたりますか
………………………①20歳未満　②20～24歳　③25～29歳　④30～34歳　⑤35～39歳　⑥40歳以上
(6) あなたは現在お仕事をされていますか
………………………………はい（①フルタイム　②パートタイム　③自営業　④内職）　⑤いいえ
(7) 家族構成はどれですか……………①夫婦と子どもだけの家庭　　②三世代家庭　　③その他（　　　　）
(8) 住居の状況はどれですか……………①一戸建て　　　　　　　　②集合住宅　　　③その他（　　　　）
(9) H市に住んで………………（　　　）年目
(10) 経済状況についてお聞きします ……………………①安定している　　②まあまあ暮らせる　　③苦しい

# アンケート集計結果

## A．「赤ちゃんの妊娠中，お産の前後についてお聞きします．」（4か月児健診）

**表A-1　妊娠中に何か異常がありましたか**

|  | はい | いいえ | 不明 | 計 |
|---|---|---|---|---|
| 人数 | 478 | 1,178 | 13 | 1,669 |
| (%) | (28.6) | (70.6) | (0.8) | (100.0) |

**表A-1-a　「はい」の方にお聞きします**

|  | つわりが重かった | 流産・早産のおそれがあった | その他 |
|---|---|---|---|
| 人数 | 168 | 215 | 106 |
| (%) | (10.1) | (12.9) | (6.4) |

パーセントは全体に対する値

**表A-2　妊娠中は，つらかったですか**

|  | とてもつらかった | どちらでもない | あまりつらくなかった | 不明 | 計 |
|---|---|---|---|---|---|
| 人数 | 368 | 711 | 580 | 10 | 1,669 |
| (%) | (22.0) | (42.6) | (34.8) | (0.6) | (100.0) |

**表A-3　出産のときに何か異常がありましたか**

|  | はい | いいえ | 不明 | 計 |
|---|---|---|---|---|
| 人数 | 296 | 1,333 | 40 | 1,669 |
| (%) | (17.7) | (79.9) | (2.4) | (100.0) |

**表A-3-a　「はい」の方にお聞きします**

|  | 帝王切開 | 早産 | 出産時のトラブル | その他 |
|---|---|---|---|---|
| 人数 | 193 | 35 | 30 | 71 |
| (%) | (11.6) | (2.1) | (1.8) | (4.3) |

パーセントは全体に対する値

**表A-4　お産は，つらかったですか**

|  | とてもつらかった | どちらでもない | あまりつらくなかった | 不明 | 計 |
|---|---|---|---|---|---|
| 人数 | 710 | 518 | 436 | 5 | 1,669 |
| (%) | (42.5) | (31.0) | (26.1) | (0.3) | (100.0) |

**表A-5　生まれた時の赤ちゃんに次のようなことがありましたか**

|  | 低出生体重 | 強い黄疸 | チアノーゼ | その他 | 異常なし | 計 |
|---|---|---|---|---|---|---|
| 人数 | 92 | 73 | 13 | 110 | 1,381 | 1,669 |
| (%) | (5.5) | (4.4) | (0.8) | (6.6) | (82.7) | (100.0) |

**表A-6　入院中，赤ちゃんと一緒の部屋で寝ていましたか**

|  | はい | いいえ | 不明 | 計 |
|---|---|---|---|---|
| 人数 | 567 | 1,090 | 12 | 1,669 |
| (%) | (34.0) | (65.3) | (0.7) | (100.0) |

## B.「お子さん（赤ちゃん）の最近の様子をお聞きします．」

**表B-1** 食事についてお聞きします．何時頃に何分ぐらいで食べていますか

### 表B-1-a 朝食の時刻

|  | 4か月児健診 | 10か月児健診 | 1歳半児健診 | 3歳児健診 |
|---|---|---|---|---|
| 6時台以前 | － | 14 (0.9) | 64 (2.8) | 37 (1.5) |
| 7時台 | － | 191 (11.7) | 548 (24.2) | 648 (27.5) |
| 8時台 | － | 535 (32.6) | 923 (40.8) | 1,009 (42.6) |
| 9時台 | － | 452 (27.5) | 496 (22.0) | 469 (19.8) |
| 10時台 | － | 264 (16.1) | 165 (7.3) | 123 (5.2) |
| 11時台以降 | － | 60 (3.6) | 14 (0.6) | 11 (0.5) |
| 不明 | － | 125 (7.6) | 42 (1.9) | 67 (2.8) |
| 計 | － | 1,641 (100.0) | 2,252 (100.0) | 2,364 (100.0) |

### 表B-1-d 朝食の所要時間

|  | 4か月児健診 | 10か月児健診 | 1歳半児健診 | 3歳児健診 |
|---|---|---|---|---|
| 10分未満 | － | 60 (3.7) | 20 (0.9) | 28 (1.2) |
| 10〜19分 | － | 647 (39.4) | 669 (29.7) | 694 (29.4) |
| 20〜29分 | － | 395 (24.1) | 626 (27.8) | 545 (23.1) |
| 30〜39分 | － | 351 (21.4) | 755 (33.5) | 814 (34.4) |
| 40〜49分 | － | 21 (1.3) | 56 (2.5) | 84 (3.6) |
| 50分以上 | － | 6 (0.4) | 26 (1.2) | 61 (2.6) |
| 不明 | － | 161 (9.8) | 100 (4.4) | 138 (5.8) |
| 計 | － | 1,641 (100.0) | 2,252 (100.0) | 2,364 (100.0) |

### 表B-1-b 昼食の時刻

|  | 4か月児健診 | 10か月児健診 | 1歳半児健診 | 3歳児健診 |
|---|---|---|---|---|
| 10時台以前 | － | 2 (0.2) | 1 (0.0) | 2 (0.0) |
| 11時台 | － | 81 (5.0) | 222 (9.9) | 264 (11.2) |
| 12時台 | － | 804 (48.9) | 1,378 (61.1) | 1,535 (64.8) |
| 13時台 | － | 415 (25.3) | 499 (22.2) | 405 (17.1) |
| 14時台 | － | 188 (11.4) | 85 (3.8) | 33 (1.4) |
| 15時台以降 | － | 70 (4.3) | 16 (0.5) | 8 (0.3) |
| 不明 | － | 81 (4.9) | 51 (2.5) | 117 (5.2) |
| 計 | － | 1,641 (100.0) | 2,252 (100.0) | 2,364 (100.0) |

### 表B-1-e 昼食の所要時間

|  | 4か月児健診 | 10か月児健診 | 1歳半児健診 | 3歳児健診 |
|---|---|---|---|---|
| 10分未満 | － | 23 (1.4) | 16 (0.7) | 15 (0.6) |
| 10〜19分 | － | 533 (32.5) | 402 (17.9) | 304 (12.9) |
| 20〜29分 | － | 469 (28.6) | 623 (27.7) | 573 (24.2) |
| 30〜39分 | － | 449 (27.4) | 949 (42.1) | 1,034 (43.7) |
| 40〜49分 | － | 29 (1.8) | 84 (3.7) | 96 (4.1) |
| 50分以上 | － | 15 (0.9) | 29 (1.3) | 67 (2.8) |
| 不明 | － | 123 (7.5) | 149 (6.6) | 275 (11.6) |
| 計 | － | 1,641 (100.0) | 2,252 (100.0) | 2,364 (100.0) |

### 表B-1-c 夕食の時刻

|  | 4か月児健診 | 10か月児健診 | 1歳半児健診 | 3歳児健診 |
|---|---|---|---|---|
| 16時台以前 | － | 18 (1.1) | 2 (0.1) | 3 (0.0) |
| 17時台 | － | 135 (8.2) | 66 (2.9) | 74 (3.1) |
| 18時台 | － | 688 (41.9) | 951 (42.0) | 951 (40.2) |
| 19時台 | － | 625 (38.1) | 1,031 (45.6) | 1,113 (47.1) |
| 20時台 | － | 120 (7.3) | 159 (7.0) | 160 (6.7) |
| 21時台以降 | － | 15 (1.0) | 15 (0.5) | 11 (0.4) |
| 不明 | － | 40 (2.4) | 28 (1.9) | 52 (2.5) |
| 計 | － | 1,641 (100.0) | 2,252 (100.0) | 2,364 (100.0) |

### 表B-1-f 夕食の所要時間

|  | 4か月児健診 | 10か月児健診 | 1歳半児健診 | 3歳児健診 |
|---|---|---|---|---|
| 10分未満 | － | 19 (1.2) | 11 (0.5) | 18 (0.8) |
| 10〜19分 | － | 461 (28.1) | 203 (9.0) | 140 (5.9) |
| 20〜29分 | － | 460 (28.0) | 514 (22.8) | 410 (17.3) |
| 30〜39分 | － | 550 (33.5) | 1,114 (49.5) | 1,157 (48.9) |
| 40〜49分 | － | 52 (3.2) | 186 (8.3) | 251 (10.6) |
| 50分以上 | － | 26 (1.6) | 137 (6.1) | 271 (11.5) |
| 不明 | － | 73 (4.4) | 87 (3.9) | 117 (4.9) |
| 計 | － | 1,641 (100.0) | 2,252 (100.0) | 2,364 (100.0) |

表B-2　夕食はどのように食べていますか

|  | 4か月児健診 | 10か月児健診 | 1歳半児健診 | 3歳児健診 |
|---|---|---|---|---|
| 家族みんなで食べる | — | 702 (42.8) | 1,082 (48.0) | 1,133 (47.9) |
| 父親以外みんなで食べる | — | 430 (26.2) | 864 (38.4) | 1,020 (43.1) |
| 子どもだけで食べる | — | 423 (25.8) | 189 (8.4) | 60 (2.5) |
| その他 | — | 67 (4.1) | 100 (4.4) | 124 (5.2) |
| 不明 | — | 19 (1.2) | 17 (0.8) | 27 (1.1) |
| 計 | — | 1,641 (100.0) | 2,252 (100.0) | 2,364 (100.0) |

表B-3　食事の時，お子さん（赤ちゃん）はどうしていますか

|  | 4か月児健診 | 10か月児健診 | 1歳半児健診 | 3歳児健診 |
|---|---|---|---|---|
| スプーン，フォークを持って食べようとしている | — | 226 (13.8) | 1,853 (82.3) | — |
| 手づかみで食べている | — | 274 (16.7) | 240 (10.7) | — |
| 親が全部食べさせている | — | 1,068 (65.1) | 103 (4.6) | — |
| その他 | — | 61 (3.7) | 48 (2.1) | — |
| 不明 | — | 12 (0.7) | 8 (0.1) | — |
| 計 | — | 1,641 (100.0) | 2,252 (100.0) | — |

表B-4　食事はテレビを見ながら食べていますか

|  | 4か月児健診 | 10か月児健診 | 1歳半児健診 | 3歳児健診 |
|---|---|---|---|---|
| はい | — | 474 (28.9) | 857 (38.1) | 1,042 (44.1) |
| ときどき | — | 750 (45.7) | 944 (41.9) | 909 (38.5) |
| いいえ | — | 409 (24.9) | 441 (19.6) | 406 (17.1) |
| 不明 | — | 8 (0.5) | 10 (0.4) | 7 (0.3) |
| 計 | — | 1,641 (100.0) | 2,252 (100.0) | 2,364 (100.0) |

表B-5　お子さん（赤ちゃん）の食事で特に気をつけているもの2つに○をつけてください

|  | 4か月児健診 | 10か月児健診 | 1歳半児健診 | 3歳児健診 |
|---|---|---|---|---|
| 食べる量 | — | 804 (49.0) | 1,068 (47.4) | 1,119 (47.3) |
| 栄養のバランス | — | 1,296 (79.0) | 1,624 (72.1) | 1,665 (70.4) |
| しつけ | — | 160 (9.8) | 631 (28.0) | 986 (41.7) |
| 清潔 | — | 183 (11.2) | 154 (6.8) | 140 (5.9) |
| 食べる楽しみ | — | 641 (39.1) | 809 (35.9) | 602 (25.5) |
| その他 | — | 25 (1.5) | 26 (1.2) | 29 (1.2) |

表B-6　お子さん（赤ちゃん）は，朝目覚める時間と夜眠る時間がだいたい決まっていますか

|  |  | 4か月児健診 | 10か月児健診 | 1歳半児健診 | 3歳児健診 |
|---|---|---|---|---|---|
| はい | | — | 1,328 (80.9) | 1,865 (82.8) | 1,856 (78.5) |
| | 〈目覚め〉6時まで | — | 7 (0.4) | 7 (0.3) | 6 (0.2) |
| | 6時台 | — | 189 (11.5) | 199 (8.8) | 162 (6.9) |
| | 7時台 | — | 482 (29.4) | 758 (33.7) | 879 (37.2) |
| | 8時台 | — | 408 (24.9) | 610 (27.1) | 591 (25.0) |
| | 9時台 | — | 162 (9.9) | 217 (9.6) | 168 (7.1) |
| | 10時以降 | — | 80 (4.9) | 74 (3.3) | 50 (2.1) |
| | 〈眠り〉19時まで | — | 2 (0.1) | 0 (0.0) | 0 (0.0) |
| | 19時台 | — | 13 (0.8) | 13 (0.6) | 12 (0.5) |
| | 20時台 | — | 117 (7.1) | 159 (7.1) | 117 (4.9) |
| | 21時台 | — | 415 (25.3) | 723 (32.1) | 738 (31.2) |
| | 22時台 | — | 453 (27.6) | 676 (30.0) | 710 (30.0) |
| | 23時台 | — | 233 (14.2) | 225 (10.0) | 216 (9.2) |
| | 24時以降 | — | 95 (5.8) | 69 (3.1) | 63 (2.7) |
| いいえ | | — | 216 (13.2) | 251 (11.1) | 334 (14.1) |
| 不明 | | — | 97 (5.9) | 136 (6.0) | 174 (7.4) |
| 計 | | — | 1,641 (100.0) | 2,252 (100.0) | 2,364 (100.0) |

表B-7　お子さん（赤ちゃん）は昼寝をしますか

|  |  | 4か月児健診 | 10か月児健診 | 1歳半児健診 | 3歳児健診 |
|---|---|---|---|---|---|
| はい | | — | 1,597 (97.3) | 2,195 (97.5) | 1,866 (78.9) |
| | 1時間 | — | 392 (23.9) | 486 (21.6) | 630 (26.6) |
| | 2時間 | — | 725 (44.2) | 1,283 (56.9) | 1,018 (43.0) |
| | 3時間 | — | 331 (20.2) | 386 (17.2) | 171 (7.2) |
| | 4時間以上 | — | 122 (7.4) | 38 (1.6) | 8 (0.2) |
| | 不明 | — | 27 (1.6) | 2 (0.1) | 39 (1.6) |
| いいえ | | — | 16 (1.0) | 27 (1.2) | 422 (17.9) |
| 不明 | | — | 28 (1.7) | 30 (1.3) | 76 (3.2) |
| 計 | | — | 1,641 (100.0) | 2,252 (100.0) | 2,364 (100.0) |

表B-8 入浴の間隔はどのくらいですか

|  | 4か月児健診 | 10か月児健診 | 1歳半児健診 | 3歳児健診 |
|---|---|---|---|---|
| 1日1回 | 1,635 (98.0) | 1,594 (97.2) | 2,175 (96.6) | 2,290 (96.9) |
| 2～3日に1回 | 28 (1.7) | 43 (2.6) | 62 (2.7) | 62 (2.6) |
| 1週間に1回くらい | 0 (0.0) | 0 (0.0) | 2 (0.1) | 1 (0.0) |
| 不明 | 6 (0.3) | 4 (0.2) | 13 (0.6) | 11 (0.5) |
| 計 | 1,669 (100.0) | 1,641 (100.0) | 2,252 (100.0) | 2,364 (100.0) |

表B-9 トイレットトレーニングは始めていますか

|  | 4か月児健診 | 10か月児健診 | 1歳半児健診 | 3歳児健診 |
|---|---|---|---|---|
| 始めている | ― | 18 (1.1) | 248 (11.0) | 721 (30.5) |
| そろそろ始めようと思う | ― | 50 (3.0) | 631 (28.0) | 134 (5.7) |
| もう少し先にしようと思う | ― | 287 (17.5) | 753 (33.4) | 48 (2.0) |
| まだ考えていない | ― | 1,275 (77.7) | 610 (27.1) | 8 (0.3) |
| おしっこのみ完了した（昼間） | ― | 0 (0.0) | 2 (0.1) | 164 (6.9) |
| おしっこ、うんち共に完了した（昼間） | ― | ― | ― | 1,269 (53.7) |
| 不明 | ― | 11 (0.7) | 8 (0.3) | 20 (0.9) |
| 計 | ― | 1,641 (100.0) | 2,252 (100.0) | 2,364 (100.0) |

表B-10 歩行器を使うことがありますか

|  |  | 4か月児健診 | 10か月児健診 | 1歳半児健診 | 3歳児健診 |
|---|---|---|---|---|---|
| いいえ |  | ― | 931 (56.7) | ― | ― |
| ある |  | ― | 692 (42.2) | ― | ― |
|  | 30分前後 | ― | 332 (20.2) | ― | ― |
|  | 1時間前後 | ― | 240 (14.6) | ― | ― |
|  | 2時間前後 | ― | 82 (5.0) | ― | ― |
|  | 3時間前後 | ― | 31 (1.9) | ― | ― |
|  | 4時間前後 | ― | 3 (0.2) | ― | ― |
|  | 5時間以上 | ― | 4 (0.2) | ― | ― |
| 不明 |  | ― | 18 (1.1) | ― | ― |
| 計 |  | ― | 1,641 (100.0) | ― | ― |

表B-11 やけどをしたことはありますか

|  | 4か月児健診 | 10か月児健診 | 1歳半児健診 | 3歳児健診 |
|---|---|---|---|---|
| はい | 1 (0.1) | 100 (6.1) | 363 (16.1) | 488 (20.6) |
| いいえ | 1,658 (99.3) | 1,538 (93.7) | 1,882 (83.6) | 1,867 (79.0) |
| 不明 | 10 (0.6) | 3 (0.2) | 7 (0.3) | 9 (0.4) |
| 計 | 1,669 (100.0) | 1,641 (100.0) | 2,252 (100.0) | 2,364 (100.0) |

表B-12 大きなけがをしたことはありますか

|  | 4か月児健診 | 10か月児健診 | 1歳半児健診 | 3歳児健診 |
|---|---|---|---|---|
| はい | 1 (0.1) | 28 (1.7) | 92 (4.1) | 211 (9.0) |
| いいえ | 1,660 (99.5) | 1,600 (97.5) | 2,150 (95.5) | 2,138 (90.4) |
| 不明 | 8 (0.4) | 13 (0.8) | 10 (0.4) | 15 (0.6) |
| 計 | 1,669 (100.0) | 1,641 (100.0) | 2,252 (100.0) | 2,364 (100.0) |

表B-13 近所に子どもの遊び場になるような場所（公園・広場など）がありますか

|  | 4か月児健診 | 10か月児健診 | 1歳半児健診 | 3歳児健診 |
|---|---|---|---|---|
| はい | 1,378 (82.6) | 1,343 (81.8) | 1,909 (84.8) | 2,060 (87.1) |
| いいえ | 280 (16.8) | 280 (17.1) | 329 (14.6) | 297 (12.6) |
| 不明 | 11 (0.6) | 18 (1.1) | 14 (0.6) | 7 (0.3) |
| 計 | 1,669 (100.0) | 1,641 (100.0) | 2,252 (100.0) | 2,364 (100.0) |

## C.「お子さん（赤ちゃん）の育児についてお聞きします．」

### 表C-1　育児でいらいらすることは多いですか

|  | 4か月児健診 | 10か月児健診 | 1歳半児健診 | 3歳児健診 |
| --- | --- | --- | --- | --- |
| はい | 179 (10.7) | 330 (20.1) | 717 (31.8) | 1,011 (42.8) |
| どちらともいえない | 736 (44.1) | 764 (46.6) | 1,096 (48.7) | 1,038 (43.9) |
| いいえ | 746 (44.7) | 537 (32.7) | 420 (18.7) | 274 (11.6) |
| 不明 | 8 (0.5) | 10 (0.6) | 19 (0.8) | 41 (1.7) |
| 計 | 1,669 (100.0) | 1,641 (100.0) | 2,252 (100.0) | 2,364 (100.0) |

### 表C-2　お子さん（赤ちゃん）が何を要求しているかわかりますか

|  | 4か月児健診 | 10か月児健診 | 1歳半児健診 | 3歳児健診 |
| --- | --- | --- | --- | --- |
| はい | 1,022 (61.2) | 1,156 (70.5) | 1,813 (80.5) | 2,059 (87.1) |
| どちらともいえない | 606 (36.3) | 447 (27.2) | 414 (18.4) | 266 (11.3) |
| いいえ | 34 (2.1) | 28 (1.7) | 15 (0.7) | 6 (0.3) |
| 不明 | 7 (0.4) | 10 (0.6) | 10 (0.4) | 33 (1.4) |
| 計 | 1,669 (100.0) | 1,641 (100.0) | 2,252 (100.0) | 2,364 (100.0) |

### 表C-3　お子さん（赤ちゃん）にどうかかわったらいいか迷う時がありますか

|  | 4か月児健診 | 10か月児健診 | 1歳半児健診 | 3歳児健診 |
| --- | --- | --- | --- | --- |
| よくある | 44 (2.6) | 50 (3.1) | 75 (3.3) | 133 (5.6) |
| ときどきある | 632 (37.9) | 642 (39.1) | 1,151 (51.1) | 1,363 (57.7) |
| ない | 988 (59.2) | 934 (56.9) | 1,013 (45.0) | 829 (35.1) |
| 不明 | 5 (0.3) | 15 (0.9) | 13 (0.6) | 39 (1.6) |
| 計 | 1,669 (100.0) | 1,641 (100.0) | 2,252 (100.0) | 2,364 (100.0) |

### 表C-4　育児に自信がもてない，と感じることがありますか

|  | 4か月児健診 | 10か月児健診 | 1歳半児健診 | 3歳児健診 |
| --- | --- | --- | --- | --- |
| よくある | 56 (3.3) | 83 (5.1) | 120 (5.3) | 158 (6.7) |
| ときどきある | 764 (45.8) | 817 (49.8) | 1,248 (55.4) | 1,365 (57.7) |
| ない | 839 (50.3) | 727 (44.3) | 870 (38.7) | 801 (33.9) |
| 不明 | 10 (0.6) | 14 (0.8) | 14 (0.6) | 40 (1.7) |
| 計 | 1,669 (100.0) | 1,641 (100.0) | 2,252 (100.0) | 2,364 (100.0) |

### 表C-5　お子さん（赤ちゃん）をかわいいと思いますか

|  | 4か月児健診 | 10か月児健診 | 1歳半児健診 | 3歳児健診 |
| --- | --- | --- | --- | --- |
| はい | 1,653 (99.0) | 1,619 (98.7) | 2,215 (98.4) | 2,291 (96.9) |
| どちらともいえない | 11 (0.7) | 12 (0.7) | 27 (1.2) | 34 (1.4) |
| いいえ | 2 (0.1) | 1 (0.1) | 2 (0.1) | 7 (0.3) |
| 不明 | 3 (0.2) | 9 (0.5) | 8 (0.4) | 32 (1.4) |
| 計 | 1,669 (100.0) | 1,641 (100.0) | 2,252 (100.0) | 2,364 (100.0) |

### 表C-6　お子さん（赤ちゃん）と一緒にいると楽しいですか

|  | 4か月児健診 | 10か月児健診 | 1歳半児健診 | 3歳児健診 |
| --- | --- | --- | --- | --- |
| はい | 1,586 (95.0) | 1,558 (94.9) | 2,090 (92.8) | 2,112 (89.3) |
| どちらともいえない | 77 (4.6) | 74 (4.5) | 152 (6.8) | 215 (9.1) |
| いいえ | 2 (0.1) | 1 (0.1) | 3 (0.1) | 4 (0.2) |
| 不明 | 4 (0.2) | 8 (0.5) | 7 (0.3) | 33 (1.4) |
| 計 | 1,669 (100.0) | 1,641 (100.0) | 2,252 (100.0) | 2,364 (100.0) |

### 表C-7　子育てを大変と感じますか

|  | 4か月児健診 | 10か月児健診 | 1歳半児健診 | 3歳児健診 |
| --- | --- | --- | --- | --- |
| はい | 815 (48.8) | 966 (58.9) | 1,451 (64.4) | 1,497 (63.3) |
| どちらともいえない | 609 (36.5) | 462 (28.1) | 631 (28.0) | 649 (27.5) |
| いいえ | 238 (14.3) | 192 (11.7) | 154 (6.9) | 175 (7.4) |
| 不明 | 7 (0.4) | 21 (1.3) | 16 (0.7) | 43 (1.8) |
| 計 | 1,669 (100.0) | 1,641 (100.0) | 2,252 (100.0) | 2,364 (100.0) |

### 表C-8　お子さん（赤ちゃん）の世話をしたり遊ぶ時，話しかけますか（第二次調査）

|  | 4か月児健診 | 10か月児健診 | 1歳半児健診 | 3歳児健診 |
| --- | --- | --- | --- | --- |
| いつもよく話しかけている | 545 (62.2) | 500 (57.0) | 649 (61.2) | 578 (47.7) |
| よく話しかけている | 237 (27.1) | 273 (31.1) | 286 (27.0) | 375 (30.9) |
| まあまあ話しかけている | 88 (10.0) | 96 (10.9) | 115 (10.8) | 212 (17.5) |
| あまり話しかけていない | 1 (0.1) | 2 (0.2) | 4 (0.4) | 10 (0.8) |
| 不明 | 5 (0.6) | 6 (0.7) | 6 (0.7) | 37 (3.1) |
| 計 | 876 (100.0) | 877 (100.0) | 1,060 (100.0) | 1,212 (100.0) |

表C-9　天気の良い日，外で遊ばせますか

|  | 4か月児健診 | 10か月児健診 | 1歳半児健診 | 3歳児健診 |
| --- | --- | --- | --- | --- |
| よくある | 375 (22.5) | 492 (30.0) | 1,272 (56.5) | 1,353 (57.2) |
| ときどきある | 796 (47.7) | 955 (58.2) | 925 (41.1) | 939 (39.7) |
| ない | 468 (28.0) | 185 (11.3) | 46 (2.0) | 35 (1.5) |
| 不明 | 30 (1.8) | 9 (0.5) | 9 (0.4) | 37 (1.6) |
| 計 | 1,669 (100.0) | 1,641 (100.0) | 2,252 (100.0) | 2,364 (100.0) |

表C-10　お子さん（赤ちゃん）と一緒に遊ぶ同年代の子どもがいますか

|  | 4か月児健診 | 10か月児健診 | 1歳半児健診 | 3歳児健診 |
| --- | --- | --- | --- | --- |
| 数名いる | — | 514 (31.3) | 889 (39.5) | 1,182 (50.0) |
| 1～2人いる | — | 606 (36.9) | 789 (35.0) | 748 (31.6) |
| ほとんどいない | — | 507 (30.9) | 553 (24.5) | 384 (16.3) |
| 不明 | — | 14 (0.8) | 21 (1.0) | 50 (2.1) |
| 計 | — | 1,641 (100.0) | 2,252 (100.0) | 2,364 (100.0) |

表C-11　排泄（おむつ）や食事の世話以外にお子さん（赤ちゃん）と遊んだり散歩したりする時間は一日どのくらいですか

|  | 4か月児健診 | 10か月児健診 | 1歳半児健診 | 3歳児健診 |
| --- | --- | --- | --- | --- |
| 2時間以上 | 841 (50.4) | 841 (51.2) | 1,218 (54.1) | 1,042 (44.1) |
| 1時間くらい | 554 (33.2) | 529 (32.2) | 742 (32.9) | 823 (34.8) |
| 30分くらい | 219 (13.1) | 225 (13.7) | 227 (10.1) | 329 (13.9) |
| ほとんどない | 37 (2.2) | 32 (2.0) | 51 (2.3) | 113 (4.8) |
| 不明 | 18 (1.1) | 14 (0.9) | 14 (0.6) | 57 (2.4) |
| 計 | 1,669 (100.0) | 1,641 (100.0) | 2,252 (100.0) | 2,364 (100.0) |

表C-12　育児の手伝いをしてくださる方はありますか

|  | 4か月児健診 | 10か月児健診 | 1歳半児健診 | 3歳児健診 |
| --- | --- | --- | --- | --- |
| はい | 1,529 (91.6) | 1,509 (92.0) | 2,100 (93.3) | 2,091 (88.5) |
| いいえ | 67 (4.0) | 59 (3.6) | 91 (4.0) | 141 (6.0) |
| 不明 | 73 (4.4) | 73 (4.4) | 61 (2.7) | 132 (5.5) |
| 計 | 1,669 (100.0) | 1,641 (100.0) | 2,252 (100.0) | 2,364 (100.0) |

表C-12-a　「はい」の方にお聞きします．それは誰ですか（当てはまる人に○，いくつでも可）

|  | 4か月児健診 | 10か月児健診 | 1歳半児健診 | 3歳児健診 |
| --- | --- | --- | --- | --- |
| 夫 | 1,105 (66.2) | 1,155 (70.4) | 1,670 (74.2) | 1,561 (66.0) |
| 妻 | 77 (4.6) | 60 (3.7) | 85 (3.8) | 61 (2.6) |
| 母方祖父母 | 1,001 (60.0) | 936 (57.0) | 1,303 (57.9) | 1,273 (53.8) |
| 父方祖父母 | 543 (32.5) | 534 (32.5) | 777 (34.5) | 786 (33.2) |
| 兄弟姉妹 | 379 (22.7) | 345 (21.0) | 461 (20.5) | 447 (18.9) |
| 親戚 | 47 (2.8) | 44 (2.7) | 87 (3.9) | 79 (3.3) |
| 近隣 | 59 (3.5) | 65 (4.0) | 105 (4.7) | 155 (6.6) |
| その他 | 26 (1.6) | 33 (2.0) | 46 (2.0) | 54 (2.3) |

パーセントは全体に対する値

表C-13 育児のことで今まで心配なことがありましたか

|  | 4か月児健診 | 10か月児健診 | 1歳半児健診 | 3歳児健診 |
|---|---|---|---|---|
| しょっちゅうあった | 229 (13.7) | 218 (13.3) | 304 (13.5) | 337 (14.3) |
| ときどきあった | 966 (57.9) | 977 (59.5) | 1,328 (59.0) | 1,364 (57.7) |
| あまりなかった | 457 (27.4) | 424 (25.8) | 597 (26.5) | 603 (25.5) |
| 不明 | 17 (1.0) | 22 (1.3) | 23 (1.0) | 60 (2.5) |
| 計 | 1,669 (100.0) | 1,641 (100.0) | 2,252 (100.0) | 2,364 (100.0) |

表C-13-a 「しょっちゅうあった」「ときどきあった」と解答した方にお聞きします。誰かに相談しましたか

|  | 4か月児健診 | 10か月児健診 | 1歳半児健診 | 3歳児健診 |
|---|---|---|---|---|
| 相談した | 1,096 (91.7) | 1,089 (91.1) | 1,487 (91.1) | 1,534 (90.2) |
| 相談しなかった | 48 (4.0) | 57 (4.8) | 74 (4.5) | 78 (4.6) |
| どうしていいのかわからなかった | 11 (0.9) | 14 (1.1) | 21 (1.3) | 22 (1.3) |
| 不明 | 40 (3.4) | 35 (3.0) | 50 (3.1) | 67 (3.9) |
| 計 | 1,195 (100.0) | 1,195 (100.0) | 1,632 (100.0) | 1,701 (100.0) |

パーセントは「しょっちゅうあった」および「ときどきあった」に対する値

表C-13-b 「相談した」と回答した方は，誰に相談しましたか（当てはまる人に○，いくつでも可）

|  | 4か月児健診 | 10か月児健診 | 1歳半児健診 | 3歳児健診 |
|---|---|---|---|---|
| 夫 | 589 (53.7) | 625 (57.4) | 901 (60.6) | 948 (61.8) |
| 妻 | 10 (0.9) | 3 (0.3) | 12 (0.8) | 3 (0.2) |
| 母方祖父母 | 827 (75.5) | 796 (73.1) | 1,041 (70.0) | 1,039 (67.7) |
| 父方祖父母 | 291 (26.6) | 272 (25.0) | 355 (23.9) | 359 (23.4) |
| 兄弟姉妹 | 291 (26.6) | 272 (25.0) | 411 (27.6) | 379 (24.7) |
| 親戚 | 63 (5.7) | 60 (5.5) | 83 (5.6) | 88 (5.7) |
| 友人 | 558 (50.9) | 644 (59.1) | 882 (59.3) | 905 (59.0) |
| 近隣 | 94 (8.6) | 119 (10.9) | 175 (11.8) | 238 (15.5) |
| 医師 | 286 (26.1) | 283 (26.0) | 315 (21.1) | 221 (14.4) |
| 保健師 | 186 (17.0) | 202 (18.5) | 183 (12.3) | 146 (9.5) |
| 保育士 | 18 (1.6) | 27 (2.5) | 94 (6.3) | 154 (10.0) |
| 看護師・助産師 | 122 (11.1) | 64 (5.9) | 51 (3.4) | 35 (2.3) |
| 電話相談 | 76 (6.9) | 80 (7.3) | 74 (5.0) | 69 (4.5) |
| その他 | 10 (0.9) | 16 (1.5) | 12 (0.8) | 18 (1.2) |

パーセントは「相談した」に対する値

表C-14 子育ての心配は，そのつど解決しましたか

|  | 4か月児健診 | 10か月児健診 | 1歳半児健診 | 3歳児健診 |
|---|---|---|---|---|
| 解決した | 810 (48.5) | 796 (48.5) | 1,010 (44.8) | 933 (39.5) |
| ほぼ解決した | 775 (46.4) | 768 (46.8) | 1,118 (49.6) | 1,229 (52.0) |
| 解決しなかった | 29 (1.8) | 21 (1.3) | 56 (2.6) | 82 (3.5) |
| 不明 | 55 (3.3) | 56 (3.4) | 68 (3.0) | 120 (5.0) |
| 計 | 1,669 (100.0) | 1,641 (100.0) | 2,252 (100.0) | 2,364 (100.0) |

表C-15 育児の中で一番心配なときは，いつでしたか（一つに○）

|  | 4か月児健診 | 10か月児健診 | 1歳半児健診 | 3歳児健診 |
|---|---|---|---|---|
| 出産入院中 | 164 (9.8) | 123 (7.5) | 155 (6.9) | 104 (4.4) |
| 退院直後 | 337 (20.2) | 237 (14.4) | 339 (15.1) | 216 (9.1) |
| 退院から1か月 | 656 (39.3) | 460 (28.0) | 417 (18.5) | 376 (16.0) |
| 1～2か月 | 278 (16.7) | 296 (18.0) | 253 (11.2) | 231 (9.8) |
| 2～3か月 | 75 (4.5) | 142 (8.7) | 111 (4.9) | 81 (3.4) |
| 3～6か月 | — | 117 (7.1) | 166 (7.4) | 89 (3.7) |
| 6～10か月 *(6～9か月) | — | *82 *(5.0) | 184 (8.2) | 88 (3.7) |
| 1歳前後 | — | — | 262 (11.6) | 302 (12.8) |
| 2歳前後 | — | — | — | 332 (14.0) |
| 現在 | 67 (4.0) | 102 (6.2) | 211 (9.4) | 333 (14.1) |
| 不明 | 92 (5.5) | 82 (5.0) | 154 (6.8) | 212 (9.0) |
| 計 | 1,669 (100.0) | 1,641 (100.0) | 2,252 (100.0) | 2,364 (100.0) |

表C-16 育児について心配なとき,一番たよりにする人はだれですか

|  | 4か月児健診 | 10か月児健診 | 1歳半児健診 | 3歳児健診 |
|---|---|---|---|---|
| 夫 | 911 (54.6) | 1,078 (65.7) | 1,297 (57.6) | 1,366 (57.8) |
| 妻 | 3 (0.2) | 0 (0.0) | 3 (0.1) | 4 (0.2) |
| 母方祖父母 | 528 (31.6) | 394 (24.0) | 647 (28.7) | 638 (27.0) |
| 父方祖父母 | 51 (3.1) | 42 (2.6) | 55 (2.4) | 73 (3.1) |
| 兄弟姉妹 | 62 (3.7) | 29 (1.8) | 71 (3.2) | 62 (2.6) |
| 親戚 | 3 (0.2) | 1 (0.1) | 3 (0.1) | 9 (0.4) |
| 友人 | 48 (2.9) | 36 (2.2) | 74 (3.3) | 84 (3.6) |
| 近隣 | 4 (0.2) | 0 (0.0) | 6 (0.3) | 13 (0.5) |
| 医師 | 22 (1.3) | 17 (1.0) | 22 (1.0) | 16 (0.7) |
| 保健師 | 9 (0.5) | 5 (0.3) | 6 (0.3) | 4 (0.2) |
| 保育士 | 14 (0.8) | 0 (0.0) | 7 (0.3) | 5 (0.2) |
| 看護師・助産師 | 6 (0.4) | 2 (0.1) | 3 (0.1) | 1 (0.0) |
| 電話相談 | 3 (0.2) | 2 (0.1) | 2 (0.1) | 1 (0.0) |
| その他 | 5 (0.3) | 8 (0.5) | 12 (0.5) | 5 (0.2) |
| 不明 | 0 (0.0) | 27 (1.6) | 44 (2.0) | 83 (3.5) |
| 計 | 1,669 (100.0) | 1,641 (100.0) | 2,252 (100.0) | 2,364 (100.0) |

表C-17 お父さんは育児に協力的ですか

|  | 4か月児健診 | 10か月児健診 | 1歳半児健診 | 3歳児健診 |
|---|---|---|---|---|
| はい | 1,307 (78.3) | 1,218 (74.2) | 1,609 (71.4) | 1,577 (66.7) |
| どちらともいえない | 302 (18.1) | 346 (21.1) | 512 (22.7) | 576 (24.4) |
| いいえ | 48 (2.9) | 52 (3.2) | 91 (4.0) | 123 (5.2) |
| 不明 | 12 (0.7) | 25 (1.5) | 40 (1.8) | 88 (3.7) |
| 計 | 1,669 (100.0) | 1,641 (100.0) | 2,252 (100.0) | 2,364 (100.0) |

表C-18 お父さんはお子さん(赤ちゃん)と一緒に遊びますか

|  | 4か月児健診 | 10か月児健診 | 1歳半児健診 | 3歳児健診 |
|---|---|---|---|---|
| はい | 1,353 (81.1) | 1,385 (84.4) | 1,887 (83.8) | 1,880 (79.5) |
| どちらともいえない | 257 (15.4) | 197 (12.0) | 277 (12.3) | 324 (13.7) |
| いいえ | 47 (2.8) | 29 (1.8) | 47 (2.1) | 69 (2.9) |
| 不明 | 12 (0.7) | 30 (1.8) | 41 (1.8) | 91 (3.9) |
| 計 | 1,669 (100.0) | 1,641 (100.0) | 2,252 (100.0) | 2,364 (100.0) |

表C-19 お父さんと一緒にいる時のお子さん(赤ちゃん)の様子はどうですか

|  | 4か月児健診 | 10か月児健診 | 1歳半児健診 | 3歳児健診 |
|---|---|---|---|---|
| 喜んでそばに行く | — | 983 (60.0) | 1,549 (68.8) | 1,601 (67.7) |
| 遊んでもらうと喜ぶ | — | 585 (35.6) | 622 (27.6) | 606 (25.6) |
| お母さんと二人の時とかわらない | — | 26 (1.6) | 17 (0.7) | 39 (1.7) |
| 機嫌が悪くなる | — | 15 (0.9) | 6 (0.3) | 7 (0.3) |
| 不明 | — | 32 (1.9) | 58 (2.6) | 111 (4.7) |
| 計 | — | 1,641 (100.0) | 2,252 (100.0) | 2,364 (100.0) |

表C-20 育児の事について夫婦でよく話し合いますか

|  | 4か月児健診 | 10か月児健診 | 1歳半児健診 | 3歳児健診 |
|---|---|---|---|---|
| はい | 1,002 (60.0) | 914 (55.7) | 1,163 (51.7) | 1,144 (48.4) |
| ときどき | 563 (33.7) | 612 (37.3) | 903 (40.1) | 966 (40.9) |
| いいえ | 90 (5.4) | 85 (5.2) | 129 (5.7) | 143 (6.0) |
| 不明 | 14 (0.9) | 30 (1.8) | 57 (2.5) | 111 (4.7) |
| 計 | 1,669 (100.0) | 1,641 (100.0) | 2,252 (100.0) | 2,364 (100.0) |

表 C-21　あなたはいらいらしたり，腹が立ったときに，このお子さん（赤ちゃん）に対して次のようなことがありますか．（第一次調査）

表 C-21-a　食事を与えない

|  | 4か月児健診* | 10か月児健診# | 1歳半児健診 | 3歳児健診 |
|---|---|---|---|---|
| ない | 791 (99.7) | 756 (99.1) | 1,179 (98.8) | 1,125 (97.7) |
| ときどきある | 2 (0.3) | 5 (0.7) | 6 (0.5) | 7 (0.6) |
| よくある | 0 (0.0) | 0 (0.0) | 0 (0.0) | 2 (0.2) |
| 不明 | 0 (0.0) | 2 (0.3) | 8 (0.7) | 17 (1.5) |
| 計 | 793 (100.0) | 763 (100.0) | 1,193 (100.0) | 1,151 (100.0) |

＊ミルクを与えない
＃ミルク，食事を与えない

表 C-21-b　頭や顔などをたたいてしまう

|  | 4か月児健診* | 10か月児健診 | 1歳半児健診 | 3歳児健診 |
|---|---|---|---|---|
| ない | 767 (96.7) | 672 (88.1) | 695 (58.3) | 399 (34.7) |
| ときどきある | 26 (3.3) | 88 (11.5) | 456 (38.2) | 682 (59.3) |
| よくある | 0 (0.0) | 0 (0.0) | 34 (2.8) | 59 (5.1) |
| 不明 | 0 (0.0) | 3 (0.4) | 8 (0.7) | 11 (1.0) |
| 計 | 793 (100.0) | 763 (100.0) | 1,193 (100.0) | 1,151 (100.0) |

＊たたいてしまう

表 C-21-c　物を使ってたたいてしまう

|  | 4か月児健診* | 10か月児健診 | 1歳半児健診 | 3歳児健診 |
|---|---|---|---|---|
| ない | 791 (99.7) | 757 (99.2) | 1,141 (95.6) | 1,050 (91.2) |
| ときどきある | 2 (0.3) | 4 (0.5) | 43 (3.6) | 76 (6.6) |
| よくある | 0 (0.0) | 0 (0.0) | 0 (0.0) | 6 (0.5) |
| 不明 | 0 (0.0) | 2 (0.3) | 9 (0.8) | 19 (1.7) |
| 計 | 793 (100.0) | 763 (100.0) | 1,193 (100.0) | 1,151 (100.0) |

＊ベッドに投げたり，落としたりする

表 C-21-d　お子さん（赤ちゃん）を置いたまま出かけてしまう

|  | 4か月児健診 | 10か月児健診 | 1歳半児健診 | 3歳児健診 |
|---|---|---|---|---|
| ない | 783 (98.7) | 757 (99.2) | 1,173 (98.3) | 1,105 (96.0) |
| ときどきある | 9 (1.1) | 1 (0.1) | 10 (0.8) | 27 (2.3) |
| よくある | 1 (0.1) | 1 (0.1) | 1 (0.1) | 3 (0.3) |
| 不明 | 0 (0.0) | 4 (0.5) | 9 (0.8) | 16 (1.4) |
| 計 | 793 (100.0) | 763 (100.0) | 1,193 (100.0) | 1,151 (100.0) |

表 C-22　食事など何も与えないことがありますか（第二次調査）

|  | 4か月児健診* | 10か月児健診 | 1歳半児健診 | 3歳児健診 |
|---|---|---|---|---|
| ない | 812 (92.7) | 866 (98.7) | 1,033 (97.5) | 1,172 (96.7) |
| ときどきある | 14 (1.6) | 6 (0.7) | 21 (2.0) | 14 (1.2) |
| よくある | 2 (0.2) | 0 (0.0) | 0 (0.0) | 0 (0.0) |
| 不明 | 48 (5.5) | 5 (0.6) | 6 (0.6) | 26 (2.1) |
| 計 | 876 (100.0) | 877 (100.0) | 1,060 (100.0) | 1,212 (100.0) |

＊「お乳など何も与えない時がありますか」

表 C-23　お子さん（赤ちゃん）を一人で置いたまま出かけることはありますか（第二次調査）

|  | 4か月児健診 | 10か月児健診 | 1歳半児健診 | 3歳児健診 |
|---|---|---|---|---|
| ない | 696 (79.5) | 761 (86.8) | 932 (87.9) | 1,059 (87.4) |
| ときどきある | 160 (18.3) | 105 (12.0) | 106 (10.0) | 119 (9.8) |
| よくある | 13 (1.5) | 3 (0.3) | 10 (0.9) | 6 (0.5) |
| 不明 | 7 (0.8) | 8 (0.9) | 12 (1.1) | 28 (2.3) |
| 計 | 876 (100.0) | 877 (100.0) | 1,060 (100.0) | 1,212 (100.0) |

表 C-24　叱る時頭や顔などをたたいてしまうことがありますか（第二次調査）

|  | 4か月児健診* | 10か月児健診 | 1歳半児健診 | 3歳児健診 |
|---|---|---|---|---|
| ない | 813 (92.8) | 763 (87.0) | 616 (58.1) | 461 (38.0) |
| ときどきある | 26 (3.0) | 72 (8.2) | 396 (37.4) | 683 (56.4) |
| よくある | 27 (3.1) | 27 (3.1) | 32 (3.0) | 45 (3.7) |
| 不明 | 10 (1.1) | 15 (1.7) | 16 (1.5) | 23 (1.9) |
| 計 | 876 (100.0) | 877 (100.0) | 1,060 (100.0) | 1,212 (100.0) |

＊「頭や顔などをたたいてしまうことがありますか」

表 C-25　叱る時物を使ってたたいてしまうことがありますか（第二次調査）

|  | 4か月児健診* | 10か月児健診 | 1歳半児健診 | 3歳児健診 |
|---|---|---|---|---|
| ない | 845 (96.5) | 839 (95.7) | 993 (93.7) | 1,091 (90.0) |
| ときどきある | 0 (0.0) | 3 (0.3) | 32 (3.0) | 92 (7.6) |
| よくある | 21 (2.4) | 22 (2.5) | 16 (1.5) | 7 (0.6) |
| 不明 | 10 (1.1) | 13 (1.5) | 19 (1.8) | 22 (1.8) |
| 計 | 876 (100.0) | 877 (100.0) | 1,060 (100.0) | 1,212 (100.0) |

＊「ベッドに投げたり，落としたりすることがありますか」

## D.「その他，次の事をおたずねします．」

表D-1 近所でふだん世間話をしたり，お子さん（赤ちゃん）の話をしたりする人がいますか

|  | 4か月児健診 | 10か月児健診 | 1歳半児健診 | 3歳児健診 |
|---|---|---|---|---|
| 数名いる | 544<br>(32.6) | 633<br>(38.6) | 941<br>(41.8) | 1,121<br>(47.4) |
| 1～2名いる | 580<br>(34.8) | 564<br>(34.4) | 820<br>(36.4) | 805<br>(34.1) |
| いない | 534<br>(32.0) | 431<br>(26.2) | 475<br>(21.1) | 400<br>(16.9) |
| 不明 | 11<br>(0.6) | 13<br>(0.8) | 16<br>(0.7) | 38<br>(1.6) |
| 計 | 1,669<br>(100.0) | 1,641<br>(100.0) | 2,252<br>(100.0) | 2,364<br>(100.0) |

表D-2 育児や家庭のことについて，他の人とおしゃべりするのは好きですか

|  | 4か月児健診 | 10か月児健診 | 1歳半児健診 | 3歳児健診 |
|---|---|---|---|---|
| はい | 1,237<br>(74.1) | 1,225<br>(74.6) | 1,625<br>(72.2) | 1,643<br>(69.5) |
| どちらでもない | 376<br>(22.5) | 367<br>(22.4) | 548<br>(24.3) | 606<br>(25.6) |
| いいえ | 48<br>(2.9) | 37<br>(2.4) | 61<br>(2.7) | 75<br>(3.2) |
| 不明 | 8<br>(0.5) | 12<br>(0.7) | 18<br>(0.8) | 40<br>(1.7) |
| 計 | 1,669<br>(100.0) | 1,641<br>(100.0) | 2,252<br>(100.0) | 2,364<br>(100.0) |

表D-3 親子で一緒に過ごす子育て仲間がいますか

|  | 4か月児健診 | 10か月児健診 | 1歳半児健診 | 3歳児健診 |
|---|---|---|---|---|
| はい | 1,132<br>(67.8) | 1,162<br>(70.8) | 1,650<br>(73.3) | 1,799<br>(76.1) |
| いいえ | 514<br>(30.8) | 451<br>(27.5) | 560<br>(24.9) | 508<br>(21.5) |
| 不明 | 23<br>(1.4) | 28<br>(1.7) | 42<br>(1.8) | 57<br>(2.4) |
| 計 | 1,669<br>(100.0) | 1,641<br>(100.0) | 2,252<br>(100.0) | 2,364<br>(100.0) |

表D-3-a 「はい」の方にお聞きします．子育て仲間ができて特に感じるところを3つまで○をつけてください．

|  | 4か月児健診 | 10か月児健診 | 1歳半児健診 | 3歳児健診 |
|---|---|---|---|---|
| 子どもへの関わり方の参考になった | 630<br>(55.7) | 628<br>(54.0) | 809<br>(49.0) | 883<br>(49.1) |
| 子どものことがわかるようになった | 226<br>(20.0) | 179<br>(15.4) | 204<br>(12.4) | 224<br>(12.5) |
| 自分の友人ができた | 377<br>(33.3) | 412<br>(35.5) | 639<br>(38.7) | 817<br>(45.4) |
| 子どもに遊び仲間ができた | 577<br>(51.0) | 787<br>(67.7) | 1,180<br>(71.5) | 1,358<br>(75.5) |
| 人間関係がわずらわしくなった | 7<br>(0.6) | 15<br>(1.3) | 25<br>(1.5) | 26<br>(1.4) |
| 子育てが楽になった | 206<br>(18.2) | 211<br>(18.2) | 268<br>(16.2) | 297<br>(16.5) |
| 特に自分の子育てには影響しなかった | 28<br>(2.5) | 32<br>(2.8) | 52<br>(3.2) | 56<br>(3.1) |
| 子育ての情報が得やすくなった | 799<br>(70.6) | 741<br>(63.8) | 1,057<br>(64.1) | 998<br>(55.5) |
| その他 | 14<br>(1.2) | 9<br>(0.8) | 15<br>(0.9) | 12<br>(0.7) |

パーセントは，「はい」に対する値

表D-4　育児サークルに参加したことがありますか

| | | 4か月児健診 | 10か月児健診 | 1歳半児健診 | 3歳児健診 |
|---|---|---|---|---|---|
| はい | | 174 (10.4) | 296 (18.0) | 467 (20.7) | 613 (25.9) |
| | 2年以上 | 33 (2.0) | 29 (1.8) | 46 (2.0) | 125 (5.3) |
| | 1～2年 | 55 (3.3) | 57 (3.5) | 93 (4.1) | 171 (7.2) |
| | 1年未満 | 86 (5.1) | 202 (12.3) | 319 (14.2) | 306 (12.9) |
| | 不明 | 0 (0.0) | 8 (0.5) | 9 (0.4) | 11 (0.5) |
| いいえ | | 1,475 (88.4) | 1,323 (80.6) | 1,749 (77.7) | 1,688 (71.4) |
| 不明 | | 20 (1.2) | 22 (1.4) | 36 (1.6) | 63 (2.7) |
| 計 | | 1,669 (100.0) | 1,641 (100.0) | 2,252 (100.0) | 2,364 (100.0) |

表D-4-a　「はい」の方にお聞きします．特に感じるところを3つまで○をつけてください

| | 4か月児健診 | 10か月児健診 | 1歳半児健診 | 3歳児健診 |
|---|---|---|---|---|
| 子どもへの関わり方の参考になった | 100 (57.5) | 156 (52.7) | 259 (55.5) | 285 (46.5) |
| 子どものことがわかるようになった | 28 (16.1) | 27 (9.1) | 75 (16.1) | 79 (12.9) |
| 自分の友人ができた | 72 (41.4) | 129 (43.6) | 163 (34.9) | 240 (39.2) |
| 子どもに遊び仲間ができた | 79 (45.4) | 142 (48.0) | 214 (45.8) | 301 (49.1) |
| 人間関係がわずらわしくなった | 5 (2.9) | 17 (5.7) | 19 (4.1) | 40 (6.5) |
| 子育てが楽になった | 25 (14.4) | 40 (13.5) | 52 (11.1) | 87 (14.2) |
| 特に自分の子育てには影響しなかった | 15 (8.6) | 24 (8.1) | 48 (10.3) | 66 (10.8) |
| 子育ての情報が得やすくなった | 90 (51.7) | 176 (59.5) | 260 (55.7) | 316 (51.5) |
| その他 | 2 (1.1) | 7 (2.4) | 11 (2.4) | 12 (2.0) |

パーセントは「はい」に対する値

表D-5　他の人があなたの育児をほめたり批判したりするのは気になりますか

| | 4か月児健診 | 10か月児健診 | 1歳半児健診 | 3歳児健診 |
|---|---|---|---|---|
| はい | 706 (42.3) | 670 (40.8) | 867 (38.5) | 952 (40.3) |
| どちらでもない | 695 (41.6) | 708 (43.2) | 977 (43.4) | 1,019 (43.1) |
| いいえ | 257 (15.4) | 251 (15.3) | 391 (17.4) | 349 (14.7) |
| 不明 | 11 (0.7) | 12 (0.7) | 17 (0.7) | 44 (1.9) |
| 計 | 1,669 (100.0) | 1,641 (100.0) | 2,252 (100.0) | 2,364 (100.0) |

表D-6　あなたが育児について努力しているのをほめて欲しいと思うことがありますか

| | 4か月児健診 | 10か月児健診 | 1歳半児健診 | 3歳児健診 |
|---|---|---|---|---|
| はい | 788 (47.2) | 772 (47.0) | 1,014 (45.0) | 1,029 (43.5) |
| どちらでもない | 599 (35.9) | 575 (35.0) | 824 (36.6) | 879 (37.2) |
| いいえ | 255 (15.3) | 271 (16.5) | 387 (17.2) | 393 (16.6) |
| 不明 | 27 (1.6) | 23 (1.5) | 27 (1.2) | 63 (2.7) |
| 計 | 1,669 (100.0) | 1,641 (100.0) | 2,252 (100.0) | 2,364 (100.0) |

表D-7 あなたは自分の子どもが生まれるまでに、他の小さい子どもさんを抱いたり、遊ばせたりした経験はありましたか

|  | 4か月児健診 | 10か月児健診 | 1歳半児健診 | 3歳児健診 |
|---|---|---|---|---|
| よくあった | 583 (34.9) | 534 (32.5) | 694 (30.8) | 724 (30.6) |
| ときどきあった | 692 (41.5) | 672 (41.0) | 923 (41.0) | 904 (38.3) |
| なかった | 384 (23.0) | 424 (25.8) | 618 (27.4) | 686 (29.0) |
| 不明 | 10 (0.6) | 11 (0.7) | 17 (0.8) | 50 (2.1) |
| 計 | 1,669 (100.0) | 1,641 (100.0) | 2,252 (100.0) | 2,364 (100.0) |

表D-8 あなたは自分の子どもが生まれるまでに、他の小さい子どもさんに食べさせたり、おむつをかえたりした経験はありましたか

|  | 4か月児健診 | 10か月児健診 | 1歳半児健診 | 3歳児健診 |
|---|---|---|---|---|
| よくあった | 337 (20.2) | 302 (18.4) | 373 (16.6) | 410 (17.3) |
| ときどきあった | 453 (27.1) | 425 (25.9) | 644 (28.6) | 619 (26.2) |
| なかった | 867 (52.0) | 902 (55.0) | 1,217 (54.0) | 1,289 (54.5) |
| 不明 | 12 (0.7) | 12 (0.7) | 18 (0.8) | 46 (2.0) |
| 計 | 1,669 (100.0) | 1,641 (100.0) | 2,252 (100.0) | 2,364 (100.0) |

表D-9 育児をする上でモデルとなる人はいますか

|  | 4か月児健診 | 10か月児健診 | 1歳半児健診 | 3歳児健診 |
|---|---|---|---|---|
| いる | 958 (57.4) | 865 (52.7) | 1,114 (49.5) | 1,073 (45.4) |
| いない | 603 (36.1) | 707 (43.0) | 993 (44.1) | 1,096 (46.4) |
| 不明 | 108 (6.5) | 69 (4.3) | 145 (6.4) | 195 (8.2) |
| 計 | 1,669 (100.0) | 1,641 (100.0) | 2,252 (100.0) | 2,364 (100.0) |

表D-9-a 「いる」の方にお聞きします。それは誰ですか（当てはまる人に○、いくつでも可）

|  | 4か月児健診 | 10か月児健診 | 1歳半児健診 | 3歳児健診 |
|---|---|---|---|---|
| 両親 | 516 (30.9) | 475 (28.9) | 623 (27.7) | 653 (27.6) |
| 祖父母 | 60 (3.6) | 41 (2.5) | 76 (3.4) | 76 (3.2) |
| 兄弟姉妹 | 412 (24.7) | 337 (20.5) | 451 (20.0) | 388 (16.4) |
| 親戚 | 111 (6.7) | 95 (5.8) | 127 (5.6) | 142 (6.0) |
| 友人 | 451 (27.0) | 379 (23.1) | 464 (20.6) | 450 (19.0) |
| タレント | 9 (0.5) | 13 (0.8) | 21 (0.9) | 17 (0.7) |
| 近所の人 | 74 (4.4) | 75 (4.6) | 107 (4.8) | 129 (5.5) |
| その他 | 15 (0.9) | 10 (0.6) | 17 (0.8) | 21 (0.9) |

パーセントは全体に対する値

表D-10 自分の子どもをもつ前にイメージしていた育児と実際の育児とでは違いがありましたか

|  | 4か月児健診 | 10か月児健診 | 1歳半児健診 | 3歳児健診 |
|---|---|---|---|---|
| 大いにあった | 514 (30.8) | 574 (35.0) | 853 (37.9) | 911 (38.5) |
| 少しあった | 868 (52.0) | 792 (48.3) | 1,032 (45.8) | 1,058 (44.8) |
| なかった | 278 (16.7) | 250 (15.2) | 334 (14.8) | 325 (13.7) |
| 不明 | 9 (0.5) | 25 (1.5) | 33 (1.5) | 70 (3.0) |
| 計 | 1,669 (100.0) | 1,641 (100.0) | 2,252 (100.0) | 2,364 (100.0) |

表D-11 あなたは親（又は親に代わる人）にかわいがられましたか

|  | 4か月児健診 | 10か月児健診 | 1歳半児健診 | 3歳児健診 |
|---|---|---|---|---|
| はい | 1,473 (88.3) | 1,432 (87.3) | 1,935 (86.0) | 1,976 (83.6) |
| どちらともいえない | 163 (9.8) | 176 (10.7) | 276 (12.3) | 307 (13.0) |
| いいえ | 20 (1.2) | 18 (1.1) | 25 (1.1) | 33 (1.4) |
| 不明 | 13 (0.8) | 15 (0.9) | 16 (0.7) | 48 (2.0) |
| 計 | 1,669 (100.0) | 1,641 (100.0) | 2,252 (100.0) | 2,364 (100.0) |

表 D-12　あなたは，自分の思い通りにものごとをすすめたい方ですか

|  | 4か月児健診 | 10か月児健診 | 1歳半児健診 | 3歳児健診 |
|---|---|---|---|---|
| はい | 815 (48.8) | 847 (51.6) | 1,139 (50.6) | 1,200 (50.8) |
| どちらともいえない | 762 (45.7) | 712 (43.4) | 975 (43.3) | 1,008 (42.6) |
| いいえ | 84 (5.0) | 67 (4.1) | 112 (5.0) | 107 (4.5) |
| 不明 | 8 (0.5) | 15 (0.9) | 26 (1.1) | 49 (2.1) |
| 計 | 1,669 (100.0) | 1,641 (100.0) | 2,252 (100.0) | 2,364 (100.0) |

表 D-13　お子さん（赤ちゃん）と離れたい，と思うことはありますか

|  | 4か月児健診 | 10か月児健診 | 1歳半児健診 | 3歳児健診 |
|---|---|---|---|---|
| よくある | 28 (1.7) | 80 (4.9) | 140 (6.2) | 143 (6.1) |
| ときどきある | 662 (39.7) | 603 (36.7) | 1,201 (53.3) | 1,366 (57.8) |
| ない | 972 (58.2) | 941 (57.3) | 888 (39.5) | 807 (34.1) |
| 不明 | 7 (0.4) | 17 (1.0) | 23 (1.0) | 48 (2.0) |
| 計 | 1,669 (100.0) | 1,641 (100.0) | 2,252 (100.0) | 2,364 (100.0) |

表 D-14　あなたは親（又は親に代わる人）から厳しい体罰を受けたことがありましたか

|  | 4か月児健診 | 10か月児健診 | 1歳半児健診 | 3歳児健診 |
|---|---|---|---|---|
| よくあった | 39 (2.3) | 40 (2.4) | 62 (2.8) | 63 (2.7) |
| ときどきあった | 174 (10.4) | 206 (12.6) | 325 (14.4) | 392 (16.6) |
| なかった | 1,448 (86.8) | 1,374 (83.7) | 1,835 (81.5) | 1,855 (78.5) |
| 不明 | 8 (0.5) | 21 (1.3) | 30 (1.3) | 54 (2.3) |
| 計 | 1,669 (100.0) | 1,641 (100.0) | 2,252 (100.0) | 2,364 (100.0) |

表 D-15　このお子さん（赤ちゃん）を産んでよかったと思いますか

|  | 4か月児健診 | 10か月児健診 | 1歳半児健診 | 3歳児健診 |
|---|---|---|---|---|
| よく思う | 1,444 (86.5) | 1,392 (84.8) | 1,825 (81.0) | 1,830 (77.4) |
| 思う | 207 (12.4) | 224 (13.6) | 393 (17.5) | 471 (20.0) |
| あまり思わない | 6 (0.4) | 6 (0.4) | 12 (0.5) | 15 (0.6) |
| 不明 | 12 (0.7) | 19 (1.2) | 22 (1.0) | 48 (2.0) |
| 計 | 1,669 (100.0) | 1,641 (100.0) | 2,252 (100.0) | 2,364 (100.0) |

表 D-16　お子さん（赤ちゃん）の事に関しては，一方の親だけが責任をとり他方はまかせっきりですか

|  | 4か月児健診 | 10か月児健診 | 1歳半児健診 | 3歳児健診 |
|---|---|---|---|---|
| いつも | 54 (3.2) | 64 (3.9) | 76 (3.4) | 96 (4.1) |
| たいてい | 248 (14.9) | 273 (16.6) | 375 (16.7) | 407 (17.2) |
| いいえ | 1,316 (78.8) | 1,256 (76.5) | 1,714 (76.1) | 1,736 (73.4) |
| 不明 | 51 (3.1) | 48 (3.0) | 87 (3.9) | 125 (5.3) |
| 計 | 1,669 (100.0) | 1,641 (100.0) | 2,252 (100.0) | 2,364 (100.0) |

表 D-17　お子さん（赤ちゃん）が同じことをしているのに，ある時はしかり，ある時はみのがしたりしますか

|  | 4か月児健診 | 10か月児健診 | 1歳半児健診 | 3歳児健診 |
|---|---|---|---|---|
| いつも | — | 31 (1.9) | 41 (1.8) | 26 (1.1) |
| ときどき | — | 712 (43.4) | 1,258 (55.9) | 1,375 (58.2) |
| いいえ | — | 874 (53.3) | 927 (41.1) | 914 (38.7) |
| 不明 | — | 24 (1.4) | 26 (1.2) | 49 (2.0) |
| 計 | — | 1,641 (100.0) | 2,252 (100.0) | 2,364 (100.0) |

表 D-18　お子さん（赤ちゃん）がおもしろそうにしていれば悪いことでもしかったり禁止したりできにくいですか

|  | 4か月児健診 | 10か月児健診 | 1歳半児健診 | 3歳児健診 |
|---|---|---|---|---|
| いつも | — | 47 (2.8) | 22 (1.0) | 26 (1.1) |
| ときどき | — | 720 (43.9) | 856 (38.0) | 560 (23.7) |
| いいえ | — | 856 (52.2) | 1,354 (60.1) | 1,730 (73.2) |
| 不明 | — | 18 (1.1) | 20 (0.9) | 48 (2.0) |
| 計 | — | 1,641 (100.0) | 2,252 (100.0) | 2,364 (100.0) |

表 D-19　子どもだけが生きがいだと思っていますか

|  | 4か月児健診 | 10か月児健診 | 1歳半児健診 | 3歳児健診 |
|---|---|---|---|---|
| いつも | 166 (10.0) | 162 (9.9) | 175 (7.8) | 175 (7.4) |
| ときどき | 393 (23.5) | 357 (21.8) | 469 (20.8) | 501 (21.2) |
| いいえ | 1,082 (64.8) | 1,103 (67.2) | 1,581 (70.2) | 1,640 (69.4) |
| 不明 | 28 (1.7) | 19 (1.1) | 27 (1.2) | 48 (2.0) |
| 計 | 1,669 (100.0) | 1,641 (100.0) | 2,252 (100.0) | 2,364 (100.0) |

表D-20 育児で不安になることはありますか

|  | 4か月児健診 | 10か月児健診 | 1歳半児健診 | 3歳児健診 |
|---|---|---|---|---|
| いつも | 91 (5.5) | 91 (5.5) | 108 (4.8) | 146 (6.2) |
| ときどき | 1,160 (69.5) | 1,122 (68.4) | 1,581 (70.2) | 1,606 (67.9) |
| いいえ | 400 (24.0) | 411 (25.0) | 534 (23.7) | 567 (24.0) |
| 不明 | 18 (1.0) | 17 (1.0) | 29 (1.3) | 45 (1.9) |
| 計 | 1,669 (100.0) | 1,641 (100.0) | 2,252 (100.0) | 2,364 (100.0) |

表D-21 お子さん（赤ちゃん）がしていることを黙ってみていられなくて，口出ししますか

|  | 4か月児健診 | 10か月児健診 | 1歳半児健診 | 3歳児健診 |
|---|---|---|---|---|
| いつも | ― | 49 (3.0) | 118 (5.3) | 188 (7.9) |
| ときどき | ― | 996 (60.7) | 1,656 (73.5) | 1,841 (77.9) |
| いいえ | ― | 580 (35.3) | 453 (20.1) | 295 (12.5) |
| 不明 | ― | 16 (1.0) | 25 (1.1) | 40 (1.7) |
| 計 | ― | 1,641 (100.0) | 2,252 (100.0) | 2,364 (100.0) |

表D-22 お子さん（赤ちゃん）をよそのお子さん（赤ちゃん）と比較して見ることが多いですか

|  | 4か月児健診 | 10か月児健診 | 1歳半児健診 | 3歳児健診 |
|---|---|---|---|---|
| いつも | 81 (4.9) | 76 (4.6) | 87 (3.9) | 106 (4.5) |
| ときどき | 914 (54.8) | 934 (56.9) | 1,260 (56.0) | 1,465 (62.0) |
| いいえ | 655 (39.2) | 620 (37.8) | 881 (39.1) | 749 (31.7) |
| 不明 | 19 (1.1) | 11 (0.7) | 24 (1.0) | 44 (1.8) |
| 計 | 1,669 (100.0) | 1,641 (100.0) | 2,252 (100.0) | 2,364 (100.0) |

表D-23 お子さん（赤ちゃん）のしていることを「あれはいけない」「これはいけない」と禁止しますか

|  | 4か月児健診 | 10か月児健診 | 1歳半児健診 | 3歳児健診 |
|---|---|---|---|---|
| いつも | ― | 65 (4.0) | 191 (8.5) | 249 (10.5) |
| ときどき | ― | 1,128 (68.7) | 1,720 (76.4) | 1,859 (78.6) |
| いいえ | ― | 430 (26.2) | 305 (13.5) | 216 (9.1) |
| 不明 | ― | 18 (1.1) | 36 (1.6) | 40 (1.7) |
| 計 | ― | 1,641 (100.0) | 2,252 (100.0) | 2,364 (100.0) |

表D-24 お子さん（赤ちゃん）を叱るとき，たたく，つねるとか，けるなどの体罰を用いますか

|  | 4か月児健診 | 10か月児健診 | 1歳半児健診 | 3歳児健診 |
|---|---|---|---|---|
| いつも | 3 (0.2) | 1 (0.1) | 25 (1.1) | 39 (1.6) |
| ときどき | 58 (3.5) | 239 (14.6) | 1,112 (49.4) | 1,562 (66.1) |
| いいえ | 1,588 (95.1) | 1,382 (84.2) | 1,080 (48.0) | 727 (30.8) |
| 不明 | 20 (1.2) | 19 (1.1) | 35 (1.6) | 36 (1.5) |
| 計 | 1,669 (100.0) | 1,641 (100.0) | 2,252 (100.0) | 2,364 (100.0) |

表D-25 このお子さん（赤ちゃん）とはなんとなく気があわないように思いますか

|  | 4か月児健診 | 10か月児健診 | 1歳半児健診 | 3歳児健診 |
|---|---|---|---|---|
| いつも | 2 (0.1) | 2 (0.1) | 6 (0.3) | 6 (0.3) |
| ときどき | 27 (1.6) | 41 (2.5) | 115 (5.1) | 183 (7.7) |
| いいえ | 1,621 (97.1) | 1,579 (96.2) | 2,097 (93.1) | 2,133 (90.2) |
| 不明 | 19 (1.1) | 19 (1.2) | 34 (1.5) | 42 (1.8) |
| 計 | 1,669 (100.0) | 1,641 (100.0) | 2,252 (100.0) | 2,364 (100.0) |

## E.「H市で現在おこなわれている「子育て支援事業」についてお聞きします．」

**表E-1** 子育てについて相談できるところをご存知ですか．知っている機関に○をつけてください

|  | 4か月児健診 | 10か月児健診 | 1歳半児健診 | 3歳児健診 |
|---|---|---|---|---|
| 市役所児童福祉課（家庭児童相談室） | 358 (21.4) | 375 (22.9) | 618 (27.4) | 698 (29.5) |
| 保健所（保健センター・保健福祉サービスセンター） | 1,312 (78.6) | 1,322 (80.6) | 1,634 (72.6) | 1,537 (65.0) |
| 保育所（園） | 332 (19.9) | 357 (21.8) | 605 (26.9) | 841 (35.6) |
| すこやかセンター* | 395 (23.7) | 484 (29.5) | 764 (33.9) | 733 (31.0) |
| その他 | 32 (1.9) | 26 (1.6) | 34 (1.5) | 35 (1.5) |

＊大型子育て支援センター

**表E-2** 子育てについて以下の相談機関に相談したことがありますか．相談した機関に○をつけてください

|  | 4か月児健診 | 10か月児健診 | 1歳半児健診 | 3歳児健診 |
|---|---|---|---|---|
| 市役所児童福祉課（家庭児童相談室） | 12 (0.7) | 12 (0.7) | 21 (0.9) | 30 (1.3) |
| 保健所（保健センター・保健福祉サービスセンター） | 339 (20.3) | 397 (24.2) | 387 (17.2) | 310 (13.1) |
| 保育所（園） | 47 (2.8) | 43 (2.6) | 122 (5.4) | 179 (7.6) |
| すこやかセンター* | 12 (0.7) | 33 (2.0) | 25 (1.1) | 36 (1.5) |
| その他 | 32 (1.9) | 34 (2.1) | 43 (1.9) | 43 (1.8) |

＊大型子育て支援センター

**表E-3** 「すこやかセンター」に「子育て支援施設」があることをご存知ですか

|  | 4か月児健診 | 10か月児健診 | 1歳半児健診 | 3歳児健診 |
|---|---|---|---|---|
| 利用したことがある | 42 (2.5) | 86 (5.2) | 145 (6.5) | 105 (4.4) |
| 知っているが利用したことはない | 550 (33.0) | 620 (37.8) | 904 (40.1) | 961 (40.7) |
| 知らない | 1,047 (62.7) | 908 (55.3) | 1,133 (50.3) | 1,232 (52.1) |
| 不明 | 30 (1.8) | 27 (1.7) | 70 (3.1) | 66 (2.8) |
| 計 | 1,669 (100.0) | 1,641 (100.0) | 2,252 (100.0) | 2,364 (100.0) |

**表E-4** 会員間の育児援助組織である「ファミリーサポートセンター」をご存知ですか

|  | 4か月児健診 | 10か月児健診 | 1歳半児健診 | 3歳児健診 |
|---|---|---|---|---|
| 会員になっている | 12 (0.7) | 26 (1.6) | 50 (2.2) | 31 (1.3) |
| 将来会員になろうと思っている | 92 (5.5) | 123 (7.5) | 191 (8.5) | 157 (6.6) |
| 知らない | 1,468 (88.0) | 1,401 (85.4) | 1,820 (80.8) | 1,918 (81.1) |
| 不明 | 97 (5.8) | 91 (5.5) | 191 (8.5) | 258 (10.9) |
| 計 | 1,669 (100.0) | 1,641 (100.0) | 2,252 (100.0) | 2,364 (100.0) |

**表E-5** 子どもを一時的に預かってもらえる「子育て支援短期利用事業」をご存知ですか

|  | 4か月児健診 | 10か月児健診 | 1歳半児健診 | 3歳児健診 |
|---|---|---|---|---|
| 利用したことがある | 4 (0.3) | 10 (0.6) | 16 (0.7) | 23 (1.0) |
| 知っているが利用したことはない | 346 (20.7) | 407 (24.8) | 647 (28.7) | 631 (26.7) |
| 知らない | 1,286 (77.1) | 1,204 (73.4) | 1,539 (68.4) | 1,658 (70.1) |
| 不明 | 33 (1.9) | 20 (1.2) | 50 (2.2) | 52 (2.2) |
| 計 | 1,669 (100.0) | 1,641 (100.0) | 2,252 (100.0) | 2,364 (100.0) |

**表E-6** 保育所などへ通所している乳幼児が，病気の回復期に預かってもらえる「乳幼児健康支援デイサービス事業」をご存知ですか

|  | 4か月児健診 | 10か月児健診 | 1歳半児健診 | 3歳児健診 |
|---|---|---|---|---|
| 利用したことがある | 1 (0.1) | 3 (0.2) | 9 (0.4) | 8 (0.3) |
| 知っているが利用したことはない | 409 (24.5) | 493 (30.0) | 733 (32.5) | 849 (35.9) |
| 知らない | 1,235 (74.0) | 1,121 (68.3) | 1,460 (64.8) | 1,447 (61.2) |
| 不明 | 24 (1.4) | 24 (1.5) | 50 (2.2) | 60 (2.6) |
| 計 | 1,669 (100.0) | 1,641 (100.0) | 2,252 (100.0) | 2,364 (100.0) |

**表E-7** 今までに受診されたことのあるすべての乳幼児健診に○をつけてください

|  | 4か月児健診 | 10か月児健診 | 1歳半児健診 | 3歳児健診 |
|---|---|---|---|---|
| 4か月 | — | 1,559 (95.0) | 2,024 (89.9) | 2,032 (86.0) |
| 10か月 | — | — | 1,939 (86.1) | 1,919 (81.2) |
| 1歳半 | — | — | — | 2,078 (87.9) |

**表E-8** 保健師が家庭訪問をしていることをご存知ですか

|  | 4か月児健診 | 10か月児健診 | 1歳半児健診 | 3歳児健診 |
|---|---|---|---|---|
| 家庭訪問をしてもらったことがある | 481 (28.8) | 474 (28.9) | 546 (24.2) | 545 (23.0) |
| 知っているが訪問してもらったことがない | 899 (53.9) | 916 (55.8) | 1,198 (53.3) | 1,212 (51.3) |
| 知らない | 261 (15.6) | 230 (14.0) | 458 (20.3) | 541 (22.9) |
| 不明 | 28 (1.7) | 21 (1.3) | 50 (2.2) | 66 (2.8) |
| 計 | 1,669 (100.0) | 1,641 (100.0) | 2,252 (100.0) | 2,364 (100.0) |

F．「子育てに最も必要と思われることに○をしてください．（3項目まで）」

表F-1　子育てに最も必要なこと

|  | 4か月児健診 | 10か月児健診 | 1歳半児健診 | 3歳児健診 |
|---|---|---|---|---|
| 保育所，一時預かりなどの保育サービス | 851<br>(51.0) | 823<br>(50.2) | 1,210<br>(53.7) | 1,374<br>(58.1) |
| 遊び場 | 910<br>(54.5) | 988<br>(60.2) | 1,544<br>(68.6) | 1,555<br>(65.8) |
| 育児サークルのような親子で集まれる場 | 533<br>(31.9) | 574<br>(35.0) | 671<br>(29.8) | 634<br>(26.8) |
| 育児サロンのように気軽に立ち寄って自由に話が出来る場 | 444<br>(26.6) | 491<br>(29.9) | 569<br>(25.3) | 502<br>(21.2) |
| 子育ての学習の場 | 150<br>(9.0) | 134<br>(8.2) | 190<br>(8.4) | 175<br>(7.4) |
| 専門職等による相談 | 295<br>(17.7) | 224<br>(13.7) | 211<br>(9.4) | 220<br>(9.3) |
| 育児情報の提供 | 604<br>(36.2) | 565<br>(34.4) | 578<br>(25.7) | 606<br>(25.6) |
| 家事サービスや経済的支援などの生活支援 | 447<br>(26.8) | 381<br>(23.2) | 554<br>(24.6) | 573<br>(24.2) |

## G．回答者の特性

### 表G-1　対象児の性別

| | 4か月児健診 | 10か月児健診 | 1歳半児健診 | 3歳児健診 |
|---|---|---|---|---|
| 男 | 795 (47.6) | 832 (50.7) | 1,137 (50.5) | 1,148 (48.6) |
| 女 | 811 (48.6) | 751 (45.8) | 1,045 (46.4) | 1,097 (46.4) |
| 不明 | 63 (3.8) | 58 (3.5) | 70 (3.1) | 119 (5.0) |
| 計 | 1,669 (100.0) | 1,641 (100.0) | 2,252 (100.0) | 2,364 (100.0) |

### 表G-2　アンケートの記入者

| | 4か月児健診 | 10か月児健診 | 1歳半児健診 | 3歳児健診 |
|---|---|---|---|---|
| 母親 | 1,624 (97.3) | 1,617 (98.5) | 2,197 (97.6) | 2,272 (96.1) |
| 父親 | 8 (0.5) | 7 (0.4) | 9 (0.4) | 19 (0.8) |
| その他 | 1 (0.1) | 1 (0.1) | 5 (0.2) | 14 (0.6) |
| 不明 | 36 (2.1) | 16 (1.0) | 41 (1.8) | 59 (2.5) |
| 計 | 1,669 (100.0) | 1,641 (100.0) | 2,252 (100.0) | 2,364 (100.0) |

### 表G-3　赤ちゃんの主な養育者

| | 4か月児健診 | 10か月児健診 | 1歳半児健診 | 3歳児健診 |
|---|---|---|---|---|
| 母親 | 1,580 (94.7) | 1,594 (97.1) | 2,113 (93.8) | 2,196 (92.9) |
| 父親 | 41 (2.4) | 22 (1.3) | 53 (2.4) | 68 (2.9) |
| その他 | 3 (0.2) | 7 (0.4) | 25 (1.1) | 27 (1.1) |
| 不明 | 45 (2.7) | 18 (1.2) | 61 (2.7) | 73 (3.1) |
| 計 | 1,669 (100.0) | 1,641 (100.0) | 2,252 (100.0) | 2,364 (100.0) |

### 表G-4　子どもの人数（第二次調査）

| | 4か月児健診 | 10か月児健診 | 1歳半児健診 | 3歳児健診 |
|---|---|---|---|---|
| 1人 | 375 (42.8) | 384 (43.8) | 451 (42.5) | 303 (25.0) |
| 2人 | 343 (39.2) | 346 (39.5) | 439 (41.4) | 647 (53.4) |
| 3人 | 111 (12.7) | 100 (11.4) | 124 (11.7) | 198 (16.3) |
| 4人以上 | 17 (1.9) | 19 (2.2) | 17 (1.6) | 30 (2.5) |
| 不明 | 30 (3.4) | 28 (3.2) | 29 (2.7) | 34 (2.8) |
| 計 | 876 (100.0) | 877 (100.0) | 1,060 (100.0) | 1,212 (100.0) |

### 表G-5　母親の年代

| | 4か月児健診 | 10か月児健診 | 1歳半児健診 | 3歳児健診 |
|---|---|---|---|---|
| 20歳未満 | 14 (0.8) | 14 (0.8) | 7 (0.3) | 4 (0.2) |
| 20～24歳 | 172 (10.3) | 144 (8.8) | 171 (7.6) | 102 (4.3) |
| 25～29歳 | 619 (37.1) | 546 (33.3) | 737 (32.7) | 602 (25.5) |
| 30～34歳 | 657 (39.4) | 674 (41.1) | 929 (41.3) | 1083 (45.8) |
| 35～39歳 | 162 (9.7) | 223 (13.6) | 334 (14.8) | 436 (18.4) |
| 40歳以上 | 27 (1.6) | 22 (1.3) | 35 (1.6) | 89 (3.8) |
| 不明 | 18 (1.1) | 18 (1.1) | 39 (1.7) | 48 (2.0) |
| 計 | 1,669 (100.0) | 1,641 (100.0) | 2,252 (100.0) | 2,364 (100.0) |

### 表G-6　父親の年代

| | 4か月児健診 | 10か月児健診 | 1歳半児健診 | 3歳児健診 |
|---|---|---|---|---|
| 20歳未満 | 4 (0.2) | 5 (0.3) | 1 (0.0) | 0 (0.0) |
| 20～24歳 | 113 (6.8) | 98 (6.0) | 111 (5.0) | 58 (2.5) |
| 25～29歳 | 502 (30.1) | 420 (25.6) | 517 (23.0) | 403 (17.0) |
| 30～34歳 | 617 (37.0) | 669 (40.8) | 889 (39.5) | 937 (39.6) |
| 35～39歳 | 293 (17.6) | 304 (18.5) | 474 (21.0) | 581 (24.6) |
| 40歳以上 | 105 (6.3) | 111 (6.8) | 188 (8.3) | 284 (12.0) |
| 不明 | 35 (2.2) | 34 (2.0) | 72 (3.2) | 101 (4.3) |
| 計 | 1,669 (100.0) | 1,641 (100.0) | 2,252 (100.0) | 2,364 (100.0) |

### 表G-7　お母さんは，現在お仕事をしていますか（第二次調査）

| | | 4か月児健診 | 10か月児健診 | 1歳半児健診 | 3歳児健診 |
|---|---|---|---|---|---|
| はい | | 122 (13.9) | 148 (16.8) | 284 (26.8) | 402 (33.2) |
| | フルタイム | 65 (7.4) | 66 (7.5) | 111 (10.5) | 125 (10.3) |
| | パートタイム | 26 (3.0) | 41 (4.7) | 121 (11.4) | 199 (16.4) |
| | 自営 | 21 (2.4) | 31 (3.5) | 28 (2.6) | 49 (4.1) |
| | 内職 | 10 (1.1) | 10 (1.1) | 24 (2.3) | 29 (2.4) |
| いいえ | | 742 (84.7) | 710 (81.0) | 757 (71.4) | 784 (64.7) |
| 不明 | | 12 (1.4) | 19 (2.2) | 19 (1.8) | 25 (2.1) |
| 計 | | 876 (100.0) | 877 (100.0) | 1,060 (100.0) | 1,212 (100.0) |

表G-8　家族構成

|  | 4か月児健診 | 10か月児健診 | 1歳半児健診 | 3歳児健診 |
|---|---|---|---|---|
| 夫婦と子どもだけの家庭 | 1,400 (83.9) | 1,388 (84.6) | 1,809 (80.3) | 1,858 (78.6) |
| 三世代家庭 | 188 (11.3) | 172 (10.5) | 288 (12.8) | 326 (13.8) |
| その他 | 57 (3.4) | 53 (3.2) | 102 (4.5) | 115 (4.9) |
| 不明 | 24 (1.4) | 28 (1.7) | 53 (2.4) | 65 (2.7) |
| 計 | 1,669 (100.0) | 1,641 (100.0) | 2,252 (100.0) | 2,364 (100.0) |

表G-9　住居建物形態

|  | 4か月児健診 | 10か月児健診 | 1歳半児健診 | 3歳児健診 |
|---|---|---|---|---|
| 一戸建て | 557 (33.4) | 595 (36.3) | 865 (38.4) | 1,013 (42.9) |
| 集合住宅 | 913 (54.7) | 888 (54.1) | 1,130 (50.2) | 1,083 (45.8) |
| その他 | 111 (6.6) | 78 (4.8) | 109 (4.9) | 102 (4.3) |
| 不明 | 88 (5.3) | 80 (4.8) | 148 (6.5) | 166 (7.0) |
| 計 | 1,669 (100.0) | 1,641 (100.0) | 2,252 (100.0) | 2,364 (100.0) |

表G-10　H市に住んで何年目か

|  | 4か月児健診 | 10か月児健診 | 1歳半児健診 | 3歳児健診 |
|---|---|---|---|---|
| 1年未満 | 158 (9.5) | 93 (5.7) | 85 (3.8) | 75 (3.2) |
| 1年以上〜2年未満 | 177 (10.6) | 199 (12.1) | 176 (7.8) | 87 (3.7) |
| 2年以上〜5年未満 | 344 (20.6) | 401 (24.4) | 603 (26.8) | 551 (23.3) |
| 5年以上〜10年未満 | 190 (11.4) | 206 (12.6) | 313 (13.9) | 483 (20.4) |
| 10年以上〜25年未満 | 126 (7.5) | 115 (7.0) | 146 (6.5) | 180 (7.6) |
| 25年以上 | 322 (19.3) | 293 (17.9) | 426 (18.9) | 409 (17.3) |
| 不明 | 352 (21.1) | 334 (20.4) | 503 (22.3) | 579 (24.5) |
| 計 | 1,669 (100.0) | 1,641 (100.0) | 2,252 (100.0) | 2,364 (100.0) |

表G-11　母親の関心事

|  | 4か月児健診 | 10か月児健診 | 1歳半児健診 | 3歳児健診 |
|---|---|---|---|---|
| 家族の健康 | 952 (57.0) | 947 (57.7) | 1,207 (53.6) | 1,310 (55.4) |
| 仕事 | 37 (2.2) | 26 (1.6) | 59 (2.6) | 76 (3.2) |
| お金（家計） | 355 (21.3) | 358 (21.8) | 540 (24.0) | 535 (22.6) |
| 家族関係 | 230 (13.8) | 225 (13.7) | 305 (13.5) | 299 (12.7) |
| 趣味 | 26 (1.6) | 21 (1.3) | 34 (1.5) | 36 (1.5) |
| その他 | 39 (2.3) | 30 (1.8) | 38 (1.7) | 39 (1.6) |
| 不明 | 30 (1.8) | 34 (2.1) | 69 (3.1) | 69 (3.0) |
| 計 | 1,669 (100.0) | 1,641 (100.0) | 2,252 (100.0) | 2,364 (100.0) |

## H. 各健診での発達スクリーニング項目と発達分類

**表H-1　4か月児健診での発達スクリーニング項目：「精神発達」**

|  | は い | いいえ | 不 明 |
|---|---|---|---|
| 音のでるものに対して反応しますか | 1,658 (99.3) | 5 (0.3) | 6 (0.4) |
| 動くものを眼で追いますか | 1,658 (99.3) | 5 (0.3) | 6 (9.4) |
| ガラガラやものをふったり，なめたりしてあそびますか | 1,270 (76.1) | 376 (22.5) | 23 (1.4) |
| あおむけにねていると自分の手や指をみていますか | 1,501 (89.9) | 148 (8.9) | 20 (1.2) |
| あおむけにねていると両手をあわせますか | 1,138 (68.2) | 498 (29.8) | 33 (2.0) |
| スプーンから飲むことができますか | 1,013 (60.7) | 586 (35.1) | 70 (4.2) |
| からだのそばにあるものに手をのばしますか | 1,070 (64.1) | 564 (33.8) | 35 (2.1) |
| 小さいものをじっと見つめますか | 1,119 (67.0) | 453 (27.1) | 97 (5.8) |
| 相手になることをやめると不機嫌になりますか | 1,358 (81.4) | 285 (17.1) | 26 (1.6) |

|  | 良好群 | 普通群 | 不良群 |
|---|---|---|---|
| 到達項目 | 9個 | 6〜8個 | 0〜5個 |
| % | 25.5 | 58.3 | 16.2 |

**表H-2　4か月児健診での発達スクリーニング項目：「身体発達」**

|  | は い | いいえ | 不 明 |
|---|---|---|---|
| 音のでるものに対して反応しますか | 1,658 (99.3) | 5 (0.3) | 6 (0.4) |
| ガラガラやものをもたせるとすこしの間持っていますか | 1,494 (89.5) | 157 (9.4) | 18 (1.1) |
| ガラガラやものをふったり，なめたりしてあそびますか | 1,270 (76.1) | 376 (22.5) | 23 (1.4) |
| あおむけにねていると両手をあわせますか | 1,138 (68.2) | 498 (29.8) | 33 (2.0) |
| ささえて立たせると足をまげたり，伸ばしたりしますか | 1,293 (77.5) | 325 (19.5) | 51 (3.1) |
| からだのそばにあるものに手をのばしますか | 1,070 (64.1) | 564 (33.8) | 35 (2.1) |
| 腹ばいにするとひじでつっぱって，頭と肩をもちあげますか | 1,149 (68.8) | 461 (27.6) | 59 (3.5) |
| あおむけからよこむきになりますか | 813 (48.7) | 810 (48.5) | 46 (2.8) |
| 立てて抱いても首はしっかりすわっていますか | 1,388 (83.2) | 245 (14.7) | 36 (2.2) |

|  | 良好群 | 普通群 | 不良群 |
|---|---|---|---|
| 到達項目 | 9個 | 6〜8個 | 0〜5個 |
| % | 25.8 | 55.3 | 18.8 |

**表H-3** 10か月児健診での発達スクリーニング項目：「精神発達」

| | はい | いいえ | 不明 |
|---|---|---|---|
| 器の中から物を出しますか | 1,575 (96.0) | 51 (3.1) | 15 (0.9) |
| 積み木やガラガラなど2つの物を両手に持つと打ち合わせて遊んだりしますか | 1,459 (88.9) | 169 (10.3) | 13 (0.8) |
| コップで飲めますか | 661 (40.3) | 949 (57.8) | 31 (1.9) |
| お父さん，お母さんのあと追いをしますか | 1,515 (92.3) | 114 (6.9) | 12 (0.7) |
| チョチチョチやイナイナイバーなどの動作をまねしますか | 1,103 (67.2) | 506 (30.8) | 32 (2.0) |
| 「いってらっしゃい」「バイバイしましょう」「メンメ」等おとなの言葉を理解して行動しますか | 898 (54.7) | 699 (42.6) | 44 (2.7) |
| 食事を「マンマ」といって催促するなど意味のある言葉を使いますか | 788 (48.0) | 827 (50.4) | 26 (1.6) |
| 「ちょうだい」をすると手に持っているものをわたしますか | 617 (37.6) | 989 (60.3) | 35 (2.1) |
| 興味のあるものや動くものをみつけると指さして喜びますか | 592 (36.1) | 1,018 (62.0) | 31 (1.9) |

| | 良好群 | 普通群 | 不良群 |
|---|---|---|---|
| 到達項目 | 8～9個 | 5～7個 | 0～4個 |
| % | 19.1 | 51.2 | 29.7 |

**表H-4** 10か月児健診での発達スクリーニング項目：「身体発達」

| | はい | いいえ | 不明 |
|---|---|---|---|
| 自分で何かにつかまって立ちあがりますか | 1,426 (86.9) | 203 (12.4) | 12 (0.7) |
| ひとりで起きてすわりますか | 1,395 (85.0) | 233 (14.2) | 13 (0.8) |
| はいはいができますか | 1,460 (89.0) | 169 (10.3) | 12 (0.7) |
| 器の中から物を出しますか | 1,575 (96.0) | 51 (3.1) | 15 (0.9) |
| 器の中に物を入れますか | 1,010 (61.5) | 593 (36.1) | 38 (2.3) |
| 積み木やガラガラなど2つの物を両手に持つと打ち合わせてあそんだりしますか | 1,459 (88.9) | 169 (10.3) | 13 (0.8) |
| コップで飲めますか | 661 (40.3) | 949 (57.8) | 31 (1.9) |
| 両手を持ってやると（支えてやると）歩きますか | 1,061 (64.7) | 557 (33.9) | 23 (1.4) |

| | 良好群 | 普通群 | 不良群 |
|---|---|---|---|
| 到達項目 | 8個 | 6～7個 | 0～5個 |
| % | 20.6 | 53.8 | 25.7 |

**表H-5　1歳6か月児健診での発達スクリーニング項目:「精神発達」**

| | はい | いいえ | 不明 |
|---|---|---|---|
| 気分がのると音楽に合わせて手・足・指を動かしますか | 2,220 (98.6) | 21 (0.9) | 11 (0.5) |
| 砂いじりをしますか | 2,149 (95.4) | 90 (4.0) | 13 (0.6) |
| 水や砂などを容器に移し替えて遊びますか | 1,999 (88.8) | 225 (10.0) | 28 (1.2) |
| 「～をとってきて」など簡単な言いつけを理解し、行動しますか | 2,134 (94.8) | 105 (4.7) | 13 (0.6) |
| 絵本を見て「ワンワンどれ?」と聞くと指さしますか | 1,882 (83.6) | 319 (14.2) | 51 (2.3) |
| 困ったことがあると助けを求めますか | 2,227 (98.9) | 10 (0.4) | 15 (0.7) |
| パパ,ママ,ワンワンなど意味のあることばを言いますか | 2,110 (93.7) | 125 (5.6) | 17 (0.8) |
| 小さい子どもを見ると近づいて,服やからだなどをさわりますか | 1,842 (81.8) | 375 (16.7) | 35 (1.6) |
| 少し離れたところからボールをやりとりできますか | 2,016 (89.5) | 209 (9.3) | 27 (1.2) |
| まねをしてグルグル円を描けますか | 1,100 (48.8) | 1,089 (48.4) | 63 (2.8) |
| 食べ物以外の物は口に入れなくなってきましたか | 1,194 (53.0) | 1,040 (46.2) | 18 (0.8) |

| | 良好群 | 普通群 | 不良群 |
|---|---|---|---|
| 到達項目 | 11個 | 9～10個 | 0～8個 |
| % | 23.1 | 54.2 | 22.7 |

**表H-6　1歳6か月児健診での発達スクリーニング項目:「身体発達」**

| | はい | いいえ | 不明 |
|---|---|---|---|
| 10m以上歩きますか | 2,186 (97.1) | 52 (2.3) | 14 (0.6) |
| 片手をひくと階段を昇りますか | 2,068 (91.8) | 169 (7.5) | 15 (0.7) |
| 走ることができますか | 1,884 (83.7) | 340 (15.1) | 28 (1.2) |
| 水や砂などを容器に移し替えて遊びますか | 1,999 (88.8) | 225 (10.0) | 28 (1.2) |
| 積み木やブロックなどを2～3個積み上げて遊びますか | 1,920 (85.3) | 297 (13.2) | 35 (1.6) |
| 少し離れたところからボールをやりとりできますか | 2,016 (89.5) | 209 (9.3) | 27 (1.2) |
| 階段一段くらいの高さのところから飛び降りますか | 872 (38.7) | 1,352 (60.0) | 28 (1.2) |
| まねをしてグルグル円を描けますか | 1,100 (48.8) | 1,089 (48.4) | 63 (2.8) |

| | 良好群 | 普通群 | 不良群 |
|---|---|---|---|
| 到達項目 | 8個 | 6～7個 | 0～5個 |
| % | 23.6 | 51.6 | 24.8 |

**表H-7　3歳児健診での発達スクリーニング項目：「精神発達」**

| | はい | いいえ | 不明 |
|---|---|---|---|
| 男女がだいたいわかっていますか | 2,038 (86.2) | 251 (10.6) | 75 (3.2) |
| 「なぜ」「どうして」など聞きますか | 2,053 (86.8) | 262 (11.1) | 49 (2.1) |
| ごっこ遊びができますか | 2,196 (92.9) | 119 (5.0) | 49 (2.1) |
| 指示されて衣服を着ますか | 2,046 (86.5) | 262 (11.1) | 56 (2.4) |
| 積み木やブロックで家や乗り物などを作りますか | 1,993 (84.3) | 304 (12.9) | 67 (2.8) |
| 目や口などのついた顔が書けますか | 1,355 (57.3) | 930 (39.3) | 79 (3.3) |
| 自分で見たり，聞いたりしたことを父や母に話しますか | 2,232 (94.4) | 87 (3.7) | 45 (1.9) |
| 年下の子の世話をやきたがりますか | 1,640 (69.4) | 648 (27.4) | 76 (3.2) |
| 友達とけんかをすると言いつけにきますか | 1,584 (67.0) | 694 (29.4) | 86 (3.6) |
| 大便を知らせ，自分でパンツを脱いでできますか（昼間） | 1,456 (61.6) | 857 (36.3) | 51 (2.2) |
| 「かわいそう」「うれしい」「きれい」などの感情語をいいますか | 2,219 (93.9) | 98 (4.1) | 47 (2.0) |

| | 良好群 | 普通群 | 不良群 |
|---|---|---|---|
| 到達項目 | 11個 | 8〜10個 | 0〜7個 |
| % | 24.2 | 58.4 | 17.4 |

**表H-8　3歳児健診での発達スクリーニング項目：「身体発達」**

| | はい | いいえ | 不明 |
|---|---|---|---|
| すべり台にのぼり，すべりおりますか | 2,284 (96.6) | 45 (1.9) | 35 (1.5) |
| 片足で2，3秒立てますか | 1,996 (84.4) | 238 (10.1) | 130 (5.5) |
| 簡単な衣服の着脱ができますか | 2,178 (92.1) | 148 (6.3) | 38 (1.6) |
| ケンケンができますか | 1,247 (52.7) | 923 (39.0) | 194 (8.2) |
| 大便を知らせ，自分でパンツを脱いでできますか（昼間） | 1,456 (61.6) | 857 (36.3) | 51 (2.2) |
| スプーンを使ってあまりこぼさずに食べられますか | 2,123 (89.8) | 199 (8.4) | 42 (1.8) |
| 自分でパンツを脱いで，おしっこができますか（昼間） | 1,656 (70.1) | 650 (27.5) | 58 (2.5) |

| | 良好群 | 普通群 | 不良群 |
|---|---|---|---|
| 到達項目 | 7個 | 5〜6個 | 0〜4個 |
| % | 33.8 | 45.2 | 21.0 |

## I．子どもの発達に関するクロス集計結果（第一・二次合計データ）

（注1：「良い（悪い）」は「発達程度」が良い（悪い）をあらわす．注2：カッコ内は，$\chi^2$値）

### 表I-1 「精神程度」とのクロス集計結果の表（4か月児健診）

表I-1-a　p=0.000以下の有意水準

| 「赤ちゃん体操をしている」：良い(59) | 「手にものを持たせたことがある」：良い(234)（きわめて明確） | 「日光浴をさせている」：良い(51) |
|---|---|---|
| 「天気の良い日外で遊ばせる」：良い(52) | かかわりの時間「長い」：良い(43) | 子どもとの接触経験「あり」：良い(22) |

### 表I-2 「身体程度」とのクロス集計結果の表（4か月児健診）

表I-2-a　p=0.000以下の有意水準

| 「赤ちゃん体操をしている」：良い(32) | 「手にものを持たせたことがある」：良い(187)（きわめて明確） | 「日光浴をさせている」：良い(45) |
|---|---|---|
| 「天気の良い日外で遊ばせる」：良い(54) | かかわりの時間「長い」：良い(30) | 「育児の事について夫婦でよく話し合う」：良い(22) |

### 表I-3 「精神程度」とのクロス集計結果の表（10か月児健診）

表I-3-a　p=0.000以下の有意水準

| 赤ちゃんが何を要求しているか「わかる」：良い(43) | 赤ちゃんにどうかかわったらいいか「迷わない」：良い(21) | 育児に自信がもてないと感じること「ない」：良い(31) |
|---|---|---|
| 「天気の良い日外で遊ばせる」：良い(23) | 子育ての不安「解決した」：良い(23) | 母親の近所の話し相手「いる」：良い(28) |
| 子どもとの接触経験「あり」：良い(30) | 育児経験「あり」：良い(48) | 育児での不安「ない」：良い(42) |
| 「食事をスプーン，フォークまたは手づかみで食べる」：良い(71) | 「トイレットトレーニング（おしっこ）を始めている」：良い(29) | 「夕食を家族みんなで食べる」：良い(34) |
| 「よく話しかける」：良い(23)…（二次調査のみ） | | |

表I-3-b　p=0.001～0.01以下の有意水準

| 「一緒にいると楽しい」：良い(14) | 子育てを大変と感じない：良い(14) | かかわりの時間「長い」：良い(21) |
|---|---|---|
| 育児での心配「あまりなかった」：良い(17) | 体罰「よくあった」：良い(14) | 「第2子以上」：良い(20) |
| 「話好き」：良い(17) | 居住年数5年未満：悪い，10年以上：良い(21) | 食事での注意点「食べる楽しみ」：良い(14) |
| 「子どもの遊び相手がいる」：良い(19) | 「父親がいると喜んでそばに行く」：良い(18) | 母親が仕事をしている：良い(20) |

### 表I-4 「身体程度」とのクロス集計結果の表（10か月児健診）

表I-4-a　p=0.000以下の有意水準

| 赤ちゃんが何を要求しているか「わかる」：良い(25) | 赤ちゃんにどうかかわったらいいか「迷わない」：良い(26) | 育児での心配「あまりなかった」：良い(24) |
|---|---|---|
| 近所に話をする人「いる」：良い(26) | 子育て仲間「いる」：良い(16) | 「第2子以上」：良い(40) |
| 「夕食を家族みんなで食べる」：良い(27) | 「食事をスプーン，フォークまたは手づかみで食べる」：良い(51) | 「トイレットトレーニング（おしっこ）を始めている」：良い(39) |
| 「子どもの遊び相手がいる」：良い(31) | 「父親がいると喜んでそばに行く」：良い(48) | 母乳「今も飲ませている」：良い(24) |

表I-4-b　p=0.001～0.01以下の有意水準

| | | |
|---|---|---|
| 育児に自信がもてないと感じること「ない」：良い(17) | 「天気の良い日外で遊ばせる」：良い(18) | 「話好き」：良い(16) |
| 子どもとの接触経験「あり」：良い(18) | 育児経験「あり」：良い(18) | 他の子と比較「しない」：良い(14) |
| 子どもと気が合わない「思う」：悪い(16) | 食べる量「気をつけない」：良い(9) | 歩行器「使わない」：良い(10) |
| 「よく話しかける」：良い(17)…(二次調査のみ) | | |

表I-5　「精神程度」とのクロス集計結果の表（1歳6か月児健診）

表I-5-a　p=0.000以下の有意水準

| | | |
|---|---|---|
| 子どもが何を要求しているか「わかる」：良い(64) | 育児に自信がもてないと感じること「ない」：良い(29) | 「天気の良い日外で遊ばせる」：良い(55) |
| かかわりの時間「長い」：良い(27) | 育児での心配「あまりなかった」：良い(22) | 「心配の解決度高い」：良い(27) |
| 夫婦でよく話し合う：良い(28) | 母親の近所の話し相手「いる」：良い(48) | 「話好き」：良い(22) |
| 子育て仲間「いる」：良い(38) | 子どもとの接触経験「ある」：良い(24) | 育児での不安「ない」：良い(35) |
| 他の子と比較「しない」：良い(20) | 「食事をスプーン，フォークで食べる」：良い(115) | 睡眠・覚醒のリズム「一定」：良い(29) |
| 「トイレットトレーニング（おしっこ）を始めている」：良い(64) | 「子どもの遊び相手がいる」：良い(48) | 「父親がいると喜んでそばに行く」：良い(34) |

表I-5-b　p=0.001～0.01の有意水準

| | | |
|---|---|---|
| 近くに遊び場がある：良い(11) | 「いらいらすることが多い」：悪い，「いらいらすることが少ない」：良い(17) | 父親が育児に協力的：良い(17) |
| 育児経験「ある」：良い，「ない」：悪い(17) | 育児のモデル「いる」：良い(12) | 「産んでよかった」：良い(18) |
| 「第1子」：悪い(25) | 片親まかせ：悪い(17) | 子どもをときどき一人で置いて出かける：悪い(14)…(二次調査のみ) |

表I-6　「身体程度」とのクロス集計結果の表（1歳6か月児健診）

表I-6-a　p=0.000以下の有意水準

| | | |
|---|---|---|
| 子どもが何を要求しているか「わかる」：良い(24) | 「天気の良い日外で遊ばせる」：良い(48) | 育児での心配「あまりなかった」：良い(20) |
| 母親の近所の話し相手「いる」：良い(43) | 子育て仲間「いる」：良い(31) | 育児での不安「ない」：良い(27) |
| 他の子と比較「しない」：良い(30) | 「第2子以上」：良い(36) | 「食事をスプーン，フォークで食べる」：良い(101) |
| 睡眠・覚醒のリズム「一定」：良い(19) | 「トイレットトレーニング（おしっこ）を始めている」：良い(64) | 「子どもの遊び相手がいる」：良い(39) |

表I-6-b　p=0.001～0.01以下の有意水準

| | | |
|---|---|---|
| 育児に自信がもてないと感じること「ない」：良い(14) | 「心配の解決度高い」：良い(14) | 父親が育児に協力的：良い(19) |
| 夫婦でよく話し合う：良い(17) | 「夕食を家族みんなで食べる」：良い(17) | 「父親がいると喜んでそばに行く」：良い(22) |

表I-7 「精神程度」とのクロス集計結果の表（3歳児健診）

表I-7-a　p=0.000以下の有意水準

| | | |
|---|---|---|
| 子どもが何を要求しているか「わかる」：良い(32) | 子どもにどうかかわったらいいか「迷わない」：良い(20) | 育児に自信がもてないと感じること「ない」：良い(22) |
| 「天気の良い日外で遊ばせる」：良い(34) | 育児での心配「あまりなかった」：良い(34) | 「心配の解決度高い」：良い(35) |
| 母親の近所の話し相手「いる」：良い(38) | 子育て仲間「いる」：良い(35) | 育児での不安「ない」：良い(30) |
| 「第2子以上」：良い(44) | 食べる量「気をつけない」：良い(24) | 睡眠・覚醒のリズム「一定」：良い(23) |
| 一人でテレビを見る時間「少ない」：良い(31) | 「子どもの遊び相手がいる」：良い(87) | トイレットトレーニング「おしっこ・うんち共に完了した」：良い，「始めている」：悪い(409)（きわめて明確） |
| 「よく話しかける」：良い(19)…(二次調査のみ) | | |

表I-7-b　p=0.001～0.01以下の有意水準

| | | |
|---|---|---|
| 一緒にいると楽しい：良い(20) | 「話好き」：良い(18) | 子どもとの接触経験「あり」：良い(14) |
| 育児経験「あり」：良い(17) | 子どもを産んでよかった：良い(17) | 他の子と比較「しない」：良い(14) |
| 食事中にテレビを見ない：良い(14) | 栄養のバランス「気をつける」：良い(14) | 昼寝をする：良い(15) |

表I-8 「身体程度」とのクロス集計結果の表（3歳児健診）

表I-8-a　p=0.000以下の有意水準

| | | |
|---|---|---|
| 「天気の良い日外で遊ばせる」：良い(64) | 育児での心配「あまりなかった」：良い(38) | 「心配の解決度高い」：良い(37) |
| 母親の近所の話し相手「いる」：良い(33) | 「話好き」：やや良い(20) | 子育て仲間「いる」：良い(37) |
| 子どもとの接触経験「あり」：良い(41) | 育児経験「あり」：良い(31) | 育児での不安「ない」：良い(28) |
| 「第2子以上」：良い(38) | 睡眠・覚醒のリズム「一定」：良い(29) | 昼寝をする：良い(22) |
| 一人でテレビを見る時間「少ない」：良い(51) | 「子どもの遊び相手がいる」：良い(66) | トイレットトレーニング「おしっこ・うんち共に完了した」：良い，「始めている」：悪い(667)（きわめて明確） |

表I-8-b　p=0.001～0.01以下の有意水準

| | | |
|---|---|---|
| 子どもが何を要求しているか「わかる」：良い(20) | 育児のモデル「あり」：良い(10) | 食べる量「気をつけない」：良い(14) |
| 栄養のバランス「気をつける」：良い(12) | 食事中のしつけ「気をつけない」：悪い(10) | 「よく話しかける」：良い(19)…(二次調査のみ) |

## J. 第三次調査結果

**表J-1 子育て仲間と育児負担感**

表J-1-a 4か月児健診

|  | 子育て仲間 | 度数 | 平均値 | 標準偏差 | 平均値の標準誤差 |
|---|---|---|---|---|---|
| 育児負担感 | いる | 591 | 1.6639 | 0.48513 | 0.01996 |
|  | いない | 273 | 1.8054 | 0.58509 | 0.03541 |

表J-1-b 10か月児健診

|  | 子育て仲間 | 度数 | 平均値 | 標準偏差 | 平均値の標準誤差 |
|---|---|---|---|---|---|
| 育児負担感 | いる | 734 | 1.7459 | 0.46098 | 0.01702 |
|  | いない | 225 | 1.9300 | 0.57574 | 0.03838 |

**表J-2 子育てサークルと育児負担感**

表J-2-a 1歳6か月児健診

|  | 子育てサークル | 度数 | 平均値 | 標準偏差 | 標準誤差 | 平均値の95%信頼区間 下限 | 平均値の95%信頼区間 上限 | 最小値 | 最大値 |
|---|---|---|---|---|---|---|---|---|---|
| 育児負担感 | 現在参加している | 181 | 1.7827 | 0.52504 | 0.03903 | 1.7057 | 1.8597 | 1.00 | 3.88 |
|  | 過去に参加したことがあるが現在は参加していない | 194 | 1.8205 | 0.52368 | 0.03760 | 1.7463 | 1.8946 | 1.00 | 4.50 |
|  | 参加したことはない | 825 | 1.7171 | 0.48415 | 0.01686 | 1.6840 | 1.7502 | 1.00 | 4.40 |
|  | 計 | 1,200 | 1.7437 | 0.49829 | 0.01438 | 1.7155 | 1.7719 | 1.00 | 4.50 |

表J-2-b 3歳児健診

|  | 子育てサークル | 度数 | 平均値 | 標準偏差 | 標準誤差 | 平均値の95%信頼区間 下限 | 平均値の95%信頼区間 上限 | 最小値 | 最大値 |
|---|---|---|---|---|---|---|---|---|---|
| 育児負担感 | 現在参加している | 188 | 1.9793 | 0.52930 | 0.03860 | 1.9031 | 2.0554 | 1.10 | 4.00 |
|  | 過去に参加したことがあるが現在は参加していない | 293 | 1.9154 | 0.50301 | 0.02939 | 1.8575 | 1.9732 | 1.00 | 4.10 |
|  | 参加したことはない | 863 | 1.8645 | 0.53566 | 0.01823 | 1.8288 | 1.9003 | 1.00 | 4.50 |
|  | 計 | 1,344 | 1.8917 | 0.52901 | 0.01443 | 1.8634 | 1.9200 | 1.00 | 4.50 |

**表J-3 育児経験と育児負担感**

表J-3-a 4か月児健診

|  | 育児経験 | 度数 | 平均値 | 標準偏差 | 標準誤差 | 平均値の95%信頼区間 下限 | 平均値の95%信頼区間 上限 | 最小値 | 最大値 |
|---|---|---|---|---|---|---|---|---|---|
| 育児負担感 | よくあった | 162 | 1.5833 | 0.45145 | 0.03547 | 1.5133 | 1.6534 | 1.00 | 3.63 |
|  | ときどきあった | 261 | 1.6762 | 0.45647 | 0.02825 | 1.6206 | 1.7319 | 1.00 | 3.50 |
|  | なかった | 441 | 1.7738 | 0.57214 | 0.02724 | 1.7203 | 1.8274 | 1.00 | 4.13 |
|  | 計 | 864 | 1.7086 | 0.52262 | 0.01778 | 1.6737 | 1.7435 | 1.00 | 4.13 |

表J-3-b 10か月児健診

|  | 育児経験 | 度数 | 平均値 | 標準偏差 | 標準誤差 | 平均値の95%信頼区間 下限 | 平均値の95%信頼区間 上限 | 最小値 | 最大値 |
|---|---|---|---|---|---|---|---|---|---|
| 育児負担感 | よくあった | 165 | 1.6356 | 0.43396 | 0.03378 | 1.5689 | 1.7023 | 1.00 | 4.00 |
|  | ときどきあった | 281 | 1.7375 | 0.47630 | 0.02841 | 1.6816 | 1.7935 | 1.00 | 3.67 |
|  | なかった | 513 | 1.8666 | 0.51107 | 0.02256 | 1.8223 | 1.9110 | 1.00 | 4.13 |
|  | 計 | 959 | 1.7891 | 0.49618 | 0.01602 | 1.7576 | 1.8205 | 1.00 | 4.13 |

表J-3-c 1歳6か月児健診

| | 育児経験 | 度 数 | 平均値 | 標準偏差 | 標準誤差 | 平均値の95%信頼区間 | | 最小値 | 最大値 |
|---|---|---|---|---|---|---|---|---|---|
| | | | | | | 下限 | 上限 | | |
| 育児負担感 | よくあった | 188 | 1.6290 | 0.48620 | 0.03546 | 1.5590 | 1.6989 | 1.00 | 4.50 |
| | ときどきあった | 341 | 1.7031 | 0.45398 | 0.02458 | 1.6547 | 1.7514 | 1.00 | 4.40 |
| | なかった | 671 | 1.7965 | 0.51618 | 0.01993 | 1.7574 | 1.8356 | 1.00 | 4.25 |
| | 計 | 1,200 | 1.7437 | 0.49829 | 0.01438 | 1.7155 | 1.7719 | 1.00 | 4.50 |

表J-3-d 3歳児健診

| | 育児経験 | 度 数 | 平均値 | 標準偏差 | 標準誤差 | 平均値の95%信頼区間 | | 最小値 | 最大値 |
|---|---|---|---|---|---|---|---|---|---|
| | | | | | | 下限 | 上限 | | |
| 育児負担感 | よくあった | 231 | 1.8186 | 0.47140 | 0.03102 | 1.7575 | 1.8797 | 1.00 | 4.10 |
| | ときどきあった | 399 | 1.8459 | 0.50238 | 0.02515 | 1.7964 | 1.8953 | 1.00 | 3.90 |
| | なかった | 714 | 1.9409 | 0.55609 | 0.02081 | 1.9000 | 1.9818 | 1.00 | 4.50 |
| | 計 | 1,344 | 1.8917 | 0.52901 | 0.01443 | 1.8634 | 1.9200 | 1.00 | 4.50 |

**表J-4 習い事と育児負担感**

表J-4-a 1歳6か月児健診

| | 習い事 | 度 数 | 平均値 | 標準偏差 | 標準誤差 | 平均値の95%信頼区間 | | 最小値 | 最大値 |
|---|---|---|---|---|---|---|---|---|---|
| | | | | | | 下限 | 上限 | | |
| 育児負担感 | なし | 670 | 1.7106 | 0.47949 | 0.01852 | 1.6742 | 1.7470 | 1.00 | 4.50 |
| | 1つ | 397 | 1.7844 | 0.53775 | 0.02699 | 1.7314 | 1.8375 | 1.00 | 4.40 |
| | 2つ | 89 | 1.7112 | 0.39002 | 0.04134 | 1.6291 | 1.7934 | 1.00 | 3.10 |
| | 3つ | 38 | 1.9309 | 0.53006 | 0.08599 | 1.7567 | 2.1051 | 1.10 | 3.33 |
| | 4つ | 6 | 2.0417 | 0.66964 | 0.27338 | 1.3389 | 2.7444 | 1.40 | 3.28 |
| | 計 | 1,200 | 1.7437 | 0.49829 | 0.01438 | 1.7155 | 1.7719 | 1.00 | 4.50 |

表J-4-b 3歳児検診

| | 習い事 | 度 数 | 平均値 | 標準偏差 | 標準誤差 | 平均値の95%信頼区間 | | 最小値 | 最大値 |
|---|---|---|---|---|---|---|---|---|---|
| | | | | | | 下限 | 上限 | | |
| 育児負担感 | なし | 564 | 1.8484 | 0.50318 | 0.02119 | 1.8068 | 1.8900 | 1.00 | 4.10 |
| | 1つ | 519 | 1.9060 | 0.53215 | 0.02336 | 1.8601 | 1.9519 | 1.00 | 4.50 |
| | 2つ | 194 | 1.9649 | 0.55131 | 0.03958 | 1.8869 | 2.0430 | 1.00 | 4.30 |
| | 3つ | 52 | 1.8981 | 0.62355 | 0.08647 | 1.7245 | 2.0717 | 1.00 | 3.70 |
| | 4つ | 11 | 1.9364 | 0.59544 | 0.17953 | 1.5363 | 2.3364 | 1.00 | 2.80 |
| | 5つ | 4 | 2.3750 | 0.68496 | 0.34248 | 1.2851 | 3.4649 | 1.40 | 3.00 |
| | 計 | 1,344 | 1.8917 | 0.52901 | 0.01443 | 1.8634 | 1.9200 | 1.00 | 4.50 |

**表J-5 仕事と育児負担感**

表J-5-a 10か月児健診

| | 仕 事 | 度 数 | 平均値 | 標準偏差 | 標準誤差 | 平均値の95%信頼区間 | | 最小値 | 最大値 |
|---|---|---|---|---|---|---|---|---|---|
| | | | | | | 下限 | 上限 | | |
| 育児負担感 | フルタイム | 88 | 1.6477 | 0.43521 | 0.04639 | 1.5555 | 1.7399 | 1.00 | 3.42 |
| | パートタイム | 53 | 1.6997 | 0.44663 | 0.06135 | 1.5766 | 1.8228 | 1.08 | 3.04 |
| | 自営業 | 25 | 1.7733 | 0.62420 | 0.12484 | 1.5157 | 2.0310 | 1.00 | 4.13 |
| | 内職 | 14 | 1.7113 | 0.49825 | 0.13316 | 1.4236 | 1.9990 | 1.08 | 2.71 |
| | いいえ | 779 | 1.8130 | 0.49898 | 0.01788 | 1.7779 | 1.8481 | 1.00 | 4.00 |
| | 計 | 959 | 1.7891 | 0.49618 | 0.01602 | 1.7576 | 1.8205 | 1.00 | 4.13 |

表J-5-b　3歳児健診

| | 仕事 | 度数 | 平均値 | 標準偏差 | 標準誤差 | 平均値の95%信頼区間 | | 最小値 | 最大値 |
|---|---|---|---|---|---|---|---|---|---|
| | | | | | | 下限 | 上限 | | |
| 育児負担感 | フルタイム | 172 | 1.8058 | 0.46763 | 0.03566 | 1.7354 | 1.8762 | 1.00 | 3.20 |
| | パートタイム | 201 | 1.8368 | 0.48553 | 0.03425 | 1.7693 | 1.9043 | 1.00 | 3.70 |
| | 自営業 | 59 | 1.8966 | 0.57505 | 0.07486 | 1.7468 | 2.0465 | 1.00 | 4.10 |
| | 内職 | 32 | 1.9813 | 0.53003 | 0.09370 | 1.7902 | 2.1723 | 1.00 | 3.00 |
| | いいえ | 880 | 1.9174 | 0.54460 | 0.01836 | 1.8814 | 1.9534 | 1.00 | 4.50 |
| | 計 | 1,344 | 1.8917 | 0.52901 | 0.01443 | 1.8634 | 1.9200 | 1.00 | 4.50 |

**表J-6　経済状況と育児負担感**

表J-6-a　4か月児健診

| | 経済状況 | 度数 | 平均値 | 標準偏差 | 標準誤差 | 平均値の95%信頼区間 | | 最小値 | 最大値 |
|---|---|---|---|---|---|---|---|---|---|
| | | | | | | 下限 | 上限 | | |
| 育児負担感 | 安定している | 330 | 1.6678 | 0.48526 | 0.02671 | 1.6153 | 1.7204 | 1.00 | 3.88 |
| | まあまあ暮らせる | 414 | 1.7074 | 0.50948 | 1.02504 | 1.6582 | 1.7566 | 1.00 | 3.88 |
| | 苦しい | 120 | 1.8250 | 0.64075 | 0.05849 | 1.7092 | 1.9408 | 1.00 | 4.13 |
| | 計 | 864 | 1.7086 | 0.52262 | 0.01778 | 1.6737 | 1.7435 | 1.00 | 4.13 |

表J-6-b　10か月児健診

| | 経済状況 | 度数 | 平均値 | 標準偏差 | 標準誤差 | 平均値の95%信頼区間 | | 最小値 | 最大値 |
|---|---|---|---|---|---|---|---|---|---|
| | | | | | | 下限 | 上限 | | |
| 育児負担感 | 安定している | 383 | 1.7219 | 0.45243 | 0.02312 | 1.6765 | 1.7674 | 1.00 | 3.63 |
| | まあまあ暮らせる | 432 | 1.8228 | 0.50008 | 0.02406 | 1.7755 | 1.8701 | 1.00 | 4.00 |
| | 苦しい | 144 | 1.8663 | 0.57211 | 0.04768 | 1.7721 | 1.9606 | 1.00 | 4.13 |
| | 計 | 959 | 1.7891 | 0.49618 | 0.01602 | 1.7576 | 1.8205 | 1.00 | 4.13 |

表J-6-c　1歳6か月児健診

| | 経済状況 | 度数 | 平均値 | 標準偏差 | 標準誤差 | 平均値の95%信頼区間 | | 最小値 | 最大値 |
|---|---|---|---|---|---|---|---|---|---|
| | | | | | | 下限 | 上限 | | |
| 育児負担感 | 安定している | 474 | 1.7045 | 0.48861 | 0.02244 | 1.6604 | 1.7486 | 1.00 | 4.50 |
| | まあまあ暮らせる | 551 | 1.7416 | 0.48010 | 0.02045 | 1.7014 | 1.7818 | 1.00 | 4.40 |
| | 苦しい | 175 | 1.8566 | 0.56244 | 0.04252 | 1.7727 | 1.9405 | 1.00 | 3.88 |
| | 計 | 1,200 | 1.7437 | 0.49829 | 0.01438 | 1.7155 | 1.7719 | 1.00 | 4.50 |

表J-6-d　3歳児健診

| | 経済状況 | 度数 | 平均値 | 標準偏差 | 標準誤差 | 平均値の95%信頼区間 | | 最小値 | 最大値 |
|---|---|---|---|---|---|---|---|---|---|
| | | | | | | 下限 | 上限 | | |
| 育児負担感 | 安定している | 541 | 1.8536 | 0.50407 | 0.02167 | 1.8110 | 1.8962 | 1.00 | 4.10 |
| | まあまあ暮らせる | 621 | 1.8787 | 0.49115 | 0.01971 | 1.8400 | 1.9174 | 1.00 | 4.10 |
| | 苦しい | 182 | 2.0489 | 0.68000 | 0.05041 | 1.9494 | 2.1484 | 1.00 | 4.50 |
| | 計 | 1,344 | 1.8917 | 0.52901 | 0.01443 | 1.8634 | 1.9200 | 1.00 | 4.50 |

**表J-7 仕事と不適切な養育の関連（3歳児健診）**

|  | 仕事 | 度数 | 平均値 | 標準偏差 | 標準誤差 | 平均値の95%信頼区間 | | 最小値 | 最大値 |
|---|---|---|---|---|---|---|---|---|---|
|  |  |  |  |  |  | 下限 | 上限 |  |  |
| 不適切な養育 | フルタイム | 172 | 2.4419 | 0.61694 | 0.04704 | 2.3490 | 2.5347 | 1.00 | 5.00 |
|  | パートタイム | 201 | 2.5456 | 0.64485 | 0.04548 | 2.4559 | 2.6353 | 1.33 | 4.33 |
|  | 自営業 | 59 | 2.5932 | 0.66109 | 0.08607 | 2.4209 | 2.7655 | 1.33 | 4.00 |
|  | 内職 | 32 | 2.8437 | 0.68775 | 0.12158 | 2.5958 | 3.0917 | 1.67 | 4.00 |
|  | いいえ | 880 | 2.6144 | 0.73763 | 0.02487 | 2.5656 | 2.6632 | 1.00 | 4.67 |
|  | 計 | 1,344 | 2.5866 | 0.70803 | 0.01931 | 2.5487 | 2.6244 | 1.00 | 5.00 |

**表J-8 経済状況と不適切な養育の関連**

表J-8-a　1歳6か月児健診

|  | 経済状況 | 度数 | 平均値 | 標準偏差 | 標準誤差 | 平均値の95%信頼区間 | | 最小値 | 最大値 |
|---|---|---|---|---|---|---|---|---|---|
|  |  |  |  |  |  | 下限 | 上限 |  |  |
| 不適切な養育 | 安定している | 474 | 2.1767 | 0.60239 | 0.02767 | 2.1223 | 2.2311 | 1.00 | 5.00 |
|  | まあまあ暮らせる | 551 | 2.2627 | 0.63071 | 0.02687 | 2.2009 | 2.3155 | 1.00 | 4.50 |
|  | 苦しい | 175 | 2.4414 | 0.75606 | 0.05715 | 2.3286 | 2.5442 | 1.00 | 4.75 |
|  | 計 | 1,200 | 2.2548 | 0.64506 | 0.01862 | 2.2183 | 2.2913 | 1.00 | 5.00 |

表J-8-b　3歳児健診

|  | 経済状況 | 度数 | 平均値 | 標準偏差 | 標準誤差 | 平均値の95%信頼区間 | | 最小値 | 最大値 |
|---|---|---|---|---|---|---|---|---|---|
|  |  |  |  |  |  | 下限 | 上限 |  |  |
| 不適切な養育 | 安定している | 541 | 2.5588 | 0.71670 | 0.03081 | 2.4983 | 2.6194 | 1.00 | 5.00 |
|  | まあまあ暮らせる | 621 | 2.5539 | 0.66438 | 0.02666 | 2.5016 | 2.6063 | 1.00 | 4.67 |
|  | 苦しい | 182 | 2.7802 | 0.79473 | 0.05891 | 2.6640 | 2.8965 | 1.00 | 4.67 |
|  | 計 | 1,344 | 2.5866 | 0.70803 | 0.01931 | 2.5487 | 2.6244 | 1.00 | 5.00 |

# 調査結果一覧

調査結果が図や表の形で示されているもののページ
数を示す．斜体は単純集計結果のページ数である．

## ア行

愛着感(『愛の手』欄調査)　232
赤ちゃん体操：赤ちゃん体操をしていますか　*130*
朝目覚める時間と夜眠る時間：お子さんは，朝目覚める時間と夜眠る時間が大体決まっていますか　115, 116, *342*
朝目覚める時刻　113, *342*
遊び相手：お子さんと一緒に遊ぶ同年代の子どもがいますか　100, 100, 101, 102, *345*
遊び場：近所に子どもの遊び場になるような場所(公園・広場など)がありますか　*343*
頭や顔を叩くか：叱る時頭や顔などをたたいてしまうことがありますか　*348*
アンケートの記入者　*356*
育児経験：あなたは自分の子どもが生まれるまでに，他の小さい子どもさんに食べさせたり，おむつをかえたりした経験はありましたか　11, 142, 144, 145, 150, 157, 250, *351*
イメージと現実とのギャップ：自分の子どもをもつ前にイメージしていた育児と実際の育児とでは違いがありましたか　154, 155, 156, 157, *351*
イライラ感：育児でいらいらすることは多いですか　126, 151, 155, 190, 199, 204, 205, 207, 212, 214, 251, *344*
産んでよかったか：このお子さんを産んでよかったと思いますか　*352*
思い通りにものごとを進めたいか：あなたは，自分の思い通りにものごとをすすめたい方ですか　225, *352*
親からの体罰：あなたは親(又は親に代わる人)から厳しい体罰を受けたことがありましたか　*352*
親子関係(レダーチャート)　89, 131, 153, 156, 195, 196, 198, 199, 216, 223
親にかわいがられたか：あなたは親(又は親に代わる人)にかわいがられましたか　*351*

## カ行

かかわり方での迷い：お子さんにどうかかわったらいいか迷う時がありますか　148, 149, 150, 151, 214, *344*
家族構成：家族構成はどれですか　86, *357*
片親任せ：お子さんの事に関しては，一方の親だけが責任をとり他方はまかせっきりですか　165, 167, 168, 170, *352*
かわいいか：お子さんをかわいいと思いますか　*344*
干渉：お子さんがしていることを黙ってみていられなくて，口出ししますか　206, *353*
関心事：あなたが日常最も関心のあることに一つ○をつけてください　146, *357*
居住年数：H市に住んで(　)年目　85, *357*
経済状況：経済状況についてお聞きします　89, 89, 100
けが：大きなけがをしたことはありますか　128, *343*
厳格・禁止：お子さんのしていることを「あれはいけない」「これはいけない」と禁止しますか　206, *353*
言語・社会性の発達(大阪レポート)　178
子育てサークルへの参加：育児サークルに参加したことがありますか　103, 107, 108, 109, 168, *350*
　　子育てサークルで感じたこと：「はい」の方にお聞きします．特に感じるところを3つまで○をつけてください　109, *350*
「子育て支援事業」について：H市で現在おこなわれている「子育て支援事業」についてお聞きします　*354*
子育て仲間：親子で一緒に過ごす子育て仲間がいますか　95, 95, 96, *349*
　　子育て仲間で感じたこと：「はい」の方にお聞きします．子育て仲間ができて特に感じるところを3つまで○をつけてください　109, *349*
子どもとの接触経験：あなたは自分の子どもが生まれるまでに，他の小さい子どもさんを抱いたり，遊ばせたりした経験はありましたか　142, 144, 157, *351*

## サ行

(子どもとかかわる)時間：排泄や食事の世話以外にお子さんと遊んだり散歩したりする時間は一日どのくらいですか　133, 134, 135, *345*
仕事：お母さんは現在仕事をしていますか　76, 87, 88, 134, 166, 224, *356*
自信の無さ：育児に自信がもてない，と感じることがありますか　149, 150, 151, 152, 153, 155, 187, 204, *344*
住居建物形態：住居状況はどれですか　84, *357*

出産の異常：出産のときに何か異常がありましたか　　340
出産の状態：お産は，つらかったですか　　340
出生順位　　108, 151, 164, 185, 230, 356
出生直後の赤ちゃんの状態：生まれた時の赤ちゃんに次のようなことがありましたか　　340
消極的拒否：このお子さんとはなんとなく気があわないように思いますか　　353
食事を与えない：食事など何も与えないことがありますか　　348
食事で気をつけていること：お子さんの食事で特に気をつけているもの2つに○をつけてください　　123, 342
食事とテレビ：食事はテレビを見ながら食べていますか　　123, 342
食事のときの状態：食事の時，お子さんはどうしていますか　　121, 122, 342
身体発達　　8, 74, 76, 88, 102, 116, 122, 125, 130, 132, 135, 136, 180, 181
心配な項目(大阪レポート)：子供さんについて心配なことをお聞きします　　176, 178
心配なことの有無：育児のことで今まで心配なことがありましたか　　151, 155, 179, 180, 184, 185, 187, 188, 189, 190, 216, 230, 346
　心配を相談したか：「しょっちゅうあった」「ときどきあった」と解答した方にお聞きします。誰かに相談しましたか　　346
　心配な時の相談相手：「相談した」と解答した方は，誰に相談しましたか　　182, 346
心配なのはいつか：育児の中で一番心配な時は，いつでしたか　　174, 175, 346
心配は解決したか：子育ての心配は，そのつど解決しましたか　　179, 180, 181, 185, 214, 346
精神発達　　74, 76, 88, 98, 102, 116, 122, 125, 130, 132, 135, 136, 145, 148, 171, 180, 181
(対象児の)性別　　356

## タ行
体罰：お子さんを叱るとき，たたく，つねるとか，けるなどの体罰を用いますか　　189, 200, 204, 205, 206, 353
大変：子育てを大変と感じますか　　152, 156, 190, 212, 216, 344
楽しいか：お子さんと一緒にいると楽しいですか　　210, 344
頼りにする人：育児について心配な時，一番たよりにする人はだれですか　　347
父親が子どもと遊ぶか：お父さんはお子さんと一緒に遊びますか　　170, 347
父親といる時の子どもの様子：お父さんと一緒にいる時のお子さんの様子はどうですか　　170, 170, 171, 347
父親の出産に対する意向(『愛の手』欄調査)　　233
父親の年齢：お父さんの年代はどれですか　　89, 356
父親は協力的か：お父さんは育児に協力的ですか　　163, 164, 165, 166, 167, 168, 171, 347
昼食の時刻・所要時間　　119, 341
朝食の時刻・所要時間　　119, 341
溺愛：子どもだけが生きがいだと思っていますか　　168, 352
手助けが欲しかったのはいつか(大阪レポート)：一番育児の手助けがほしかったのはいつですか　　92, 175
手伝いの有無：育児の手伝いをしてくださる方はありますか　　92, 345
　手伝いの内訳：「はい」の方にお聞きします．それは誰ですか　　93, 345
手にものを持たすか：手にものをもたせたことはありますか　　8, 74, 130
テレビを見る時間：お子さんが一人でテレビやビデオを一日どのくらい見ますか　　124, 125, 126
天気の良い日外で遊ぶか：天気の良い日，外で遊ばせますか　　131, 131, 132, 134, 345
トイレットトレーニング：トイレットトレーニングは始めていますか　　127, 343

## ナ行
習い事(第三次調査)：「習い事」についてお聞きします。このお子さんのために利用したことのある習い事の番号を○で囲んでください　　242
日光浴：日光浴をさせていますか　　130, 130
入院中の状態：入院中，赤ちゃんと一緒の部屋で寝ていましたか　　340
入浴：入浴の間隔はどのくらいですか　　343
妊娠中の異常：妊娠中に何か異常がありましたか　　340
妊娠中の状態：妊娠中は，つらかったですか　　340

## ハ行
話し相手：近所でふだん世間話をしたり，お子さんの話をしたりする人がいますか　　94, 95, 98, 101, 107, 109, 167, 250, 349
話しかけ：お子さんの世話をしたり遊ぶ時，話しかけますか　　135, 136, 344
話好き：育児や家庭のことについて，他の人とおしゃべりするのは好きですか　　96, 96, 107, 349
離れたい：お子さんと離れたい，と思うことはありますか　　190, 205, 207, 352
母親の出産に対する意向(『愛の手』欄調査)　　233
母親の年齢：お母さんの年代はどれですか　　89, 139, 356
比較・期待：お子さんをよそのお子さんと比較して見ることが多いですか　　188, 199, 353

必要なこと：子育てに最も必要と思われることに○をしてください　355
一人で置いていく：お子さんを一人で置いたまま出かけることはありますか　348
昼寝の時間：お子さんは昼寝をしますか　113, 342
不安：育児で不安になることはありますか　353
夫婦で話し合うか：育児の事について夫婦でよく話し合いますか　164, 171, 347
歩行器：歩行器を使うことがありますか　129, 343
ほめたり批判したりが気になるか：他の人があなたの育児をほめたり批判したりするのは気になりますか　188, 222, 223, 350
ほめて欲しいか：あなたが育児について努力しているのをほめて欲しいと思うことがありますか　188, 222, 223, 224, 350

## マ行

矛盾：お子さんが同じことをしているのに，ある時はしかり，ある時はみのがしたりしますか　352
盲従：お子さんがおもしろそうにしていれば悪いことでもしかったり禁止したりできにくいですか　352
モデルの有無：育児をする上でモデルとなる人はいますか　90, 351
　モデルの内訳：「いる」の方にお聞きします．それは誰ですか　90, 351
　モデルが兄弟姉妹　144
物を使ってたたく：叱る時物を使ってたたいてしまうことがありますか　348

## ヤ行

やけど：やけどをしたことがありますか　128, 343
夕食の時刻・所要時間　119, 341
夕食の食べ方：夕食はどのように食べていますか　120, 342
養育者　166, 356
要求の理解度：お子さんが何を要求しているかわかりますか　147, 148, 150, 184, 230, 344
夜眠る時刻　113

# 索 引

## A–Z

APCC　231
ECFE　160
EQ　260
FSCC ネットワークサポート　5, 61
FSC システムアプローチ　5
good-enough　276
HIV 感染爆発　209
IQ　260
NEET　42
Nobody's Perfect　55, 78, 98, 161, 201, 264, 305
Nobody's Perfect Japan　313
NP-Japan　313
PTSD　25, 59

## ア行

愛着感　232
アイデンティティ　31
『愛の手』欄　232
赤ちゃん体操　129
朝目覚める時刻　112
遊び相手　99
遊び場　84
遊び場所　131
足立己幸　43
アダルトチルドレン　192
安全の欲求　52, 154
安定成長期　138
育児経験　142, 186, 228, 241, 243, 245
育児困難感　235
育児に費やす時間　133
育児の伝承　83, 90
育児不安　173
　　——の原因　183, 184
育児負担感　235, 240
いじめ　58, 97, 310
1.57 ショック　36
イメージと現実の育児とのギャップ　153, 186, 187
イライラ感　189, 190, 212, 213, 251
医療モデル　293
インフラ　311

エイズ予防　209
エリクソン　264
エンゼルプラン　6, 101, 286, 292
大阪府保健問題研究会　70
大阪レポート　2, 7, 67, 70
『大阪レポート（名大出版会）』　3
親子関係　89, 132, 152, 156, 168, 189, 192, 193, 223
親子関係づくり型支援　159
親子の距離　276
親支援プログラム　305, 313
親育てプログラム　158, 160
親になるための準備　187
親のネットワーク　62

## カ行

$\chi^2$ 検定　74
回答率　67
かかわり方での迷い　149
確率　77
仮想現実　294
家族機能　85
家族構成　85, 162
家族類型　86
価値観　264
学級崩壊　15, 310
「学校恐怖症」　17
「学校ぎらい」　17
「学校になじめない」　17
活動制限認知　235
家庭養護促進協会　231
紙おむつ　127
下流社会　42
完璧主義　78
きかん気タイプ　278
基本的信頼感　265
虐待者　25
虐待の世代間連鎖　206
虐待の潜在的危険因子　208
共依存　40
居住年数　84
キレる子　257
近所の話し相手　93, 191
「金の卵」世代　140
グループ子育て　102, 307
クロス集計　74
　　——結果の見方　75

経済状況　88, 243
経済成長率　139
経済的支援　146
けが　128
現実認識　274
合計特殊出生率　37
恒常性維持機構　112
厚生労働科学研究　67
肯定的イメージ　232
行動完了の意志　236
行動生起での自信　236
高度経済成長期　32, 138
コーディネーター型教育相談　21
ゴールドプラン　292
心の健康度　260
こころの子育てインターねっと関西　6, 97, 158, 297
心の発達　225, 262, 273
個人差　264
個性化　264
子育てインフラ　311
子育て期間　32
子育て競争　188, 193
子育てサークル　97, 103, 168, 191, 208, 241, 297, 307
子育てサロン　307
子育て支援　257
　　——の基本戦略　306
子育て終了後の期間　32
子育てスキル　201
子育て仲間　93, 94, 191, 240, 245
子育てネットワーク　297, 306
子育て広場　307
小平記念会　159
子ども虐待　24, 143, 148, 156, 190, 212, 224, 242, 257, 259, 268
　　——予防　26, 153, 158, 165, 168, 169, 192, 206, 211, 295, 310, 313, 322
　　——予防策　106, 145, 204, 208
子ども支配　197
子どもとの親和性　145
子どもとの接触経験　142, 186, 228
子どもの発達　8, 73, 81, 98, 102, 115, 122, 125, 130, 132, 134, 136, 145, 171, 178, 180, 204,

索　引

243
子どもの要求の理解度　147, 184
子どもへの話しかけ　135
コミュニケーション能力　96

## サ 行

参加者中心アプローチ　314
産後うつ病　217
3歳児神話　88
産婦人科的思春期　31
支援ネットワーク　235, 244
自我機能　272
自我同一性　266
事故　128
自己犠牲　224
自己実現　321
　──欲求　52, 215, 220
自殺死亡者数　50
思春期妊娠危機センター　231
視床　258
自信の無さ　149, 186
しつけ　276
児童虐待の防止等に関する法律　24
自発性　265
自発的生活体験　121
社会生活技能　55
社会的要請　225, 272
社会不適応の原因　18
住居形態　84
周産期死亡　1
就労率　87
手段的支援ネットワーク　235
出産期間　32
出生順位　186, 229
種の保存　39
障害者基本法　287
生涯未婚率　39
少子化　36, 221, 224
情緒的支援ネットワーク　235
情動中枢　258
承認欲求　52, 188, 215, 220, 222
少年事件　22
食事中のテレビ　123
食事の方法　121
食卓の情景　43, 120
初経　34
所属・愛情欲求　52, 220
初代専業主婦　32, 222
初潮　34
自律心　265
心因性うつ病　218

人工乳　117
新人類　35, 41, 141
身体的虐待　24, 192
心的外傷　192
　──後ストレス障害　25
　──体験　53
心配　173
　具体的──事　176
　──の未解決放置　185
心理学的ストレスモデル　55, 77, 213
心理的虐待　24, 192
睡眠　111
睡眠・覚醒リズム　115
健やか親子21　295, 310
ストレス耐性　55, 77
ストレス反応　53, 211
ストレッサー　53, 211, 214
生育環境　227
性教育　208
性差　264
精神衛生法　287
精神科「小児・思春期」専門外来　4
精神科的思春期　31
精神的ストレス　53, 205, 210
精神分析　256
精神保健福祉法　287
精神保健法　287
精神力動　256
性的虐待　24, 192
青年期の様相　50
生理的欲求　52
脊髄反射　259
積極性　265
セルフヘルプ・グループ　308
専業主婦　88
素因　227
相関関係　74
早期知育教育　242, 256
相談相手　181
育ちなおし　269

## タ 行

第一次調査　68
第一次ベビーブーム　35
第一反抗期　279
体験型学習　158
第三次調査　68, 234
対処能力　55
体内時計　112
第二次調査　68

第二次ベビーブーム　35, 140
体罰　189, 192
　──指向　200
　──の原因　204
田研式親子関係診断テスト　194
多重人格症　25
多変量解析　68, 234
団塊ジュニア　42, 140
地域差　249
地域の問題解決能力　59
(公的子育て支援の)チェック項目　303
父親　162
父親と子ども　169
父親の育児参加　163
父親の年齢　162
中央児童福祉審議会　288
昼食の時刻　118
長期欠席児童・生徒　15
長期欠席の理由　16, 17
調査体系　67
調査対象　67
朝食の時刻　118
低成長期　138
適格性　266
手助け　91, 175
テレビ・ビデオ　124
トイレットトレーニング　126
統計データの見方　77
統計的結論　77
統合型HTP法　47
当事者主体　300, 319
特性的自己効力感　235, 244, 321
匿名社会　294
トラウマ　192, 258

## ナ 行

生の欲求　225, 272
習い事　242
ニート　42
二代目専業主婦　33
日常の営み　294
日光浴　129
日本語版GHQ　55
日本人のライフコース　31
乳児死亡率年次推移　1
ニューファミリー　35
乳幼児健診　67
入浴　126
人間関係の単純化・希薄化　82
認知行動療法　146
認知的評価　55

妊婦教室　158
ネグレクト　24, 192
望まない妊娠・出産　208

## ハ 行

パターナリズム　300, 320
発達スクリーニング　8, 73
話好き　96
母親　138
母親の関心事　146, 208
母親の就労（仕事）　9, 76, 87, 127, 134, 166, 191, 242, 243
母親の年齢　139
パラサイト・シングル　34, 39
バランス感覚　79, 272
晩婚化　140
晩産化　140
ピア・カウンセリング　308, 311
ピエロ・バランス　225
比較　187
被虐待児　25
非現実世界　125
日立家庭教育研究所　159
否定的感情認知　235
人見知り　262
ひとり親家庭　89
非日常　294
丙午　36
兵庫レポート　4, 67

開かれた学校　62
昼寝の時間　112
ファシリテーター　314
ファシリテート　315
不安→育児不安
父性　227
負担感　189, 212
不適応の原因　21
不適切な養育　235, 245
　──予防モデル　236
不登校　15, 16
　──の減少　20
フリーター　23
フロイト　256
扁桃核　258
放牧の子育て　91
ホームズの生活変化尺度　54
歩行器　129
母子家庭　162
母子カプセル　94
母子健康手帳副読本　117
母の孤立化　94
母子保健の発展過程　1
母子保健法　287
母性　227
母乳栄養　116

## マ 行

マズロー　50, 51

マタニティー・ブルー　217
学ぶ喜び　266
マニュアル指向　78
○×式の子育て　276
三浦展　41
未婚率　37
三沢直子　44
宮本みち子　41
無意識　47
無業者　42
無明舎出版　30
モデル　90

## ヤ・ラ・ワ行

やけど　128
ヤマアラシ・ジレンマ　322
山田昌弘　39
有意差水準　74
夕食の時刻　118
有能感　266
『雪国はなったらし風土記』　28, 221
よい子タイプ　278
幼児教室　242
欲求の階層論　50, 154, 215, 219
夜眠る時刻　112
ラザルス　55, 213
良心　265
若者施策　208

〈著者略歴〉

# 原田 正文
（はら　だ　まさ　ふみ）

| | |
|---|---|
| 1945年 | 高松市に生まれる |
| 1967年 | 京都大学理学部化学科卒業 |
| 1972年 | 同大学院理学研究科博士課程修了 |
| 1974年 | 理学博士の学位取得（京都大学） |
| 1980年 | 大阪大学医学部卒業 |
| | 大阪府立病院小児科，大阪府吹田保健所，大阪府松原保健所，大阪府茨木保健所，吹田保健所摂津支所長，池田保健所箕面支所長，大阪府貝塚保健所長，大阪府池田保健所長を経て |
| 現　在 | 大阪人間科学大学大学院人間科学研究科教授 |
| | NPO法人こころの子育てインターねっと関西代表 |
| | 資格認定機構　Nobody's Perfect Japan代表 |
| 著　書 | 『育児不安を超えて』（朱鷺書房，1993年） |
| | 『学校に行きたくないと言われたとき』（農文協，1993年） |
| | 『こころの育児書』（エイデル研究所，1995年） |
| | 『不登校をプラス思考でのりこえる』（農文協，1995年） |
| | 『みんな「未熟な親」なんだ』（農文協，1999年） |
| | 『小学生の心がわかる本』（農文協，2001年） |
| | 『子育て支援とNPO』（朱鷺書房，2002年）など |
| 共　著 | 『乳幼児の心身発達と環境』（名古屋大学出版会，1991年） |
| | 『みんなで子育てQ&A』（農文協，1997年） |
| | 『スクールカウンセリング再考』（朱鷺書房，1997年） |

---

**子育ての変貌と次世代育成支援**

2006年 7 月25日　初版第 1 刷発行
2007年 3 月25日　初版第 2 刷発行

定価はカバーに表示しています

著　者　原　田　正　文
発行者　金　井　雄　一

発行所　財団法人　名古屋大学出版会
〒 464-0814　名古屋市千種区不老町 1 名古屋大学構内
電話(052)781-5027/FAX(052)781-0697

© Masafumi HARADA, 2006　　　　Printed in Japan
印刷・製本　㈱クイックス　　ISBN978-4-8158-0543-2
乱丁・落丁はお取替えいたします。

Ⓡ〈日本複写権センター委託出版物〉
本書の全部または一部を無断で複写複製（コピー）することは，著作権法上での例外を除き，禁じられています．本書からの複写を希望される場合は，日本複写権センター（03-3401-2382）にご連絡ください．

| | |
|---|---|
| 服部祥子／原田正文著<br>**乳幼児の心身発達と環境**<br>―大阪レポートと精神医学的視点―<br>B5判・350頁・本体5,000円 | 本書は，一定地域の同年出生の乳幼児2,000名の発達過程を環境とのかかわりで6年にわたり追跡調査した世界でも類をみない貴重な子ども白書。社会の急激な変化にゆれる現代日本の子どもの実像を踏まえて，子どもの健全な心身発達のために，今大人は何をなすべきかを提言する。 |
| 服部祥子／山田冨美雄編<br>**阪神・淡路大震災と子どもの心身**<br>―災害・トラウマ・ストレス―<br>B5判・326頁・本体4,500円 | 震災が子どもの心の奥底に残したものは何か――約3,000人の子どもたちが示したストレス反応を，精神医学・心理学・看護学の専門家が独自の調査測定・評価によって多角的に分析し，震災後のケア及びストレスマネジメント教育をどのようにしていくのか，その指針と方法を提示する。 |
| フィリップ・ワロン他著<br>加藤義信／日下正一訳<br>**子どもの絵の心理学**<br>A5判・278頁・本体2,900円 | 子どもが描く絵には，どんな心の世界が隠されているのか？　フランス語圏の伝統ある「子どもの絵」研究を踏まえ，発達心理学によるアプローチを中心に，臨床的観点や比較文化的視点の導入，さらにはコンピュータを利用した描画や発達水準の評価など，研究の現況をバランスよく鳥瞰。 |
| 渡邊一功／森島恒雄／小島勢二監修<br>堀部敬三／梶田光春編<br>**小児科診療マニュアル**<br>四六判・648頁・本体7,500円 | 本書は，小児科医，研修医，内科医などを対象に第一線の現場ですぐ役に立つよう編集された「診断と治療」のハンドブックである。とくに小児科一般臨床で3年に1例は経験するであろう疾患を対象として，最新の治療法を具体的に詳述。名古屋大学小児科学教室の総力を結集した1冊。 |
| 後藤節子／森田せつ子／鈴木和代他編<br>**新版 テキスト母性看護Ⅰ**<br>B5判・222頁＋別冊32頁・本体3,700円 | 母性看護学の概論や保健分野を中心に扱いつつ，性差医学・生殖補助医療など最新の話題も解説。母子をめぐる日本社会の大きな変化や医学の発展を踏まえ，新たな知見を大幅に取り入れ全面的に改訂を加えた本書は，看護学生のみならず看護師のリフレッシュ教育としても最適のテキスト。 |
| 後藤節子／森田せつ子／久納智子他編<br>**新版 テキスト母性看護Ⅱ**<br>B5判・310頁・本体4,300円 | 妊・産・褥婦と新生児の生理学的特性，周産期の正常・異常経過とその看護を，看護教官・助産師・医師らが詳細に解説。改訂にあたり記述を全面的に改めるとともに，カンガルーケアや母乳育児の確立のためのポイント，周産期のメンタルヘルスなど最新の医療・ケアの情報も収録した。 |
| 浜島信之著<br>**多変量解析による臨床研究**<br>［第3版］<br>A5判・248頁・本体4,800円 | 治療効果などの判定に用いられる多変量解析の中心的手法，比例ハザードモデルとロジスティックモデルに焦点をあて解説。この第3版では臨床研究に使用され始めた「landmark法」「メタアナリシス」等，最新の知見と解析手法を盛り込み，臨床家・疫学者に必要十分の1冊に仕上げた。 |